# 云南通史

何耀华　总主编

## 第一卷
远古至战国时期
（距今约170万年—公元前221年）

李昆声　钱成润　主编

中国社会科学出版社

## 图书在版编目（CIP）数据

云南通史/何耀华主编. —北京：中国社会科学出版社，2011.6（2021.8 重印）
ISBN 978-7-5004-9685-4

Ⅰ.①云… Ⅱ.①何… Ⅲ.①云南省—地方史 Ⅳ.①K297.4

中国版本图书馆 CIP 数据核字（2011）第 060859 号

| | |
|---|---|
| 出 版 人 | 赵剑英 |
| 责任编辑 | 黄燕生　孙　萍 |
| 特约编辑 | 赵　威 |
| 责任校对 | 周　昊 |
| 责任印制 | 戴　宽 |

| | |
|---|---|
| 出　　版 | 中国社会科学出版社 |
| 社　　址 | 北京鼓楼西大街甲 158 号 |
| 邮　　编 | 100720 |
| 网　　址 | http://www.csspw.cn |
| 发 行 部 | 010-84083685 |
| 门 市 部 | 010-84029450 |
| 经　　销 | 新华书店及其他书店 |

| | |
|---|---|
| 印刷装订 | 北京君升印刷有限公司 |
| 版　　次 | 2011 年 6 月第 1 版 |
| 印　　次 | 2021 年 8 月第 2 次印刷 |

| | |
|---|---|
| 开　　本 | 710×1000　1/16 |
| 印　　张 | 159 |
| 字　　数 | 2789 千字 |
| 定　　价 | 820.00 元（全六卷） |

凡购买中国社会科学出版社图书，如有质量问题请与本社营销中心联系调换
电话：010-84083683
版权所有　侵权必究

图版 1　元谋人遗址纪念碑

图版 2　元谋人牙齿化石

图版 3　开远古猿化石发现地——小龙潭煤矿

图版 4　禄丰古猿化石发现地——石灰坝

图版 5　元谋古猿化石发现地——豹子洞箐

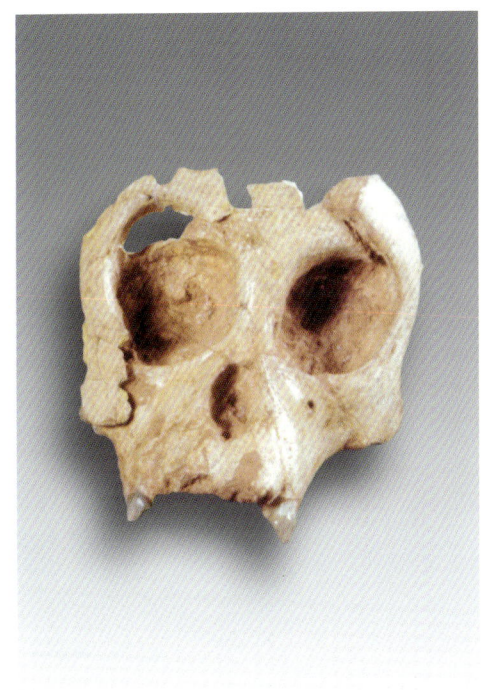

图版 6　元谋古猿头骨化石

图版 7　富源大河遗址莫斯特文化的旧石器

图版 8　富源大河遗址发掘现场

图版 9　鸡形陶壶（新石器时代）

图版 10　尖底瓶（新石器时代）

图版 11　红陶凸底盘（新石器时代）

图版 12　有段石锛（新石器时代）

图版 13　蚌刀（新石器时代）

图版 14　沧源岩画（新石器时代）

图版 15　麻栗坡大王岩岩画
　　　　　（新石器时代）

图版 16　剑川海门口发掘现场

图版 17　楚雄万家坝

图版 18　楚雄万家坝铜鼓（春秋）

图版 19　楚雄万家坝羊角编钟（春秋）

图版 20　牛虎铜案（战国）

图版 21　铜葫芦笙（战国）

图版 22　三叉式护手铜剑（战国）

图版 23　铜盒（战国）

图版 24　万家坝型铜鼓（曲八 M1：1·战国）

图版 25　青铜提桶（战国）

图版 26　巫师纹铜戈（战国）

图版 27　人面纹铜饰物（战国）

图版 28　青铜房屋扣饰（战国）

图版 29　蛇纹鞘铜剑（战国）

图版 30　大铜矛（战国）

图版 31　二人猎猪铜扣饰（战国）

图版 32 山字足铜案（战国）

图版 33 立鸟铜戚（战国）

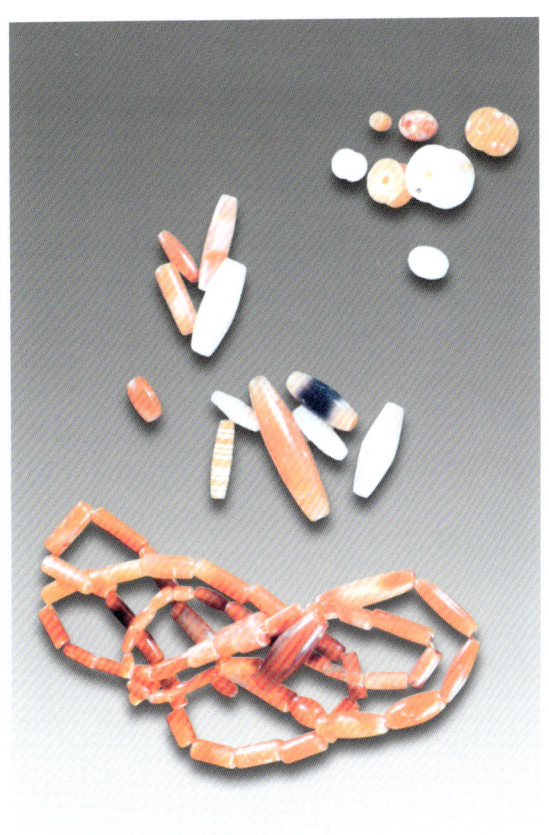

图版 34　玛瑙珠（战国）

图版 35　跪俑铜杖头（战国）

图版 36　立牛铜伞盖（战国）

图版 37　铜钺形仪仗（战国）

图版 38　鸟饰铜矛（战国）

图版 39　三狼噬羊铜扣饰（战国）

图版 40　虎噬牛狼牙棒（战国）

图版 41　铜箭箙（战国）

图版 42　祥云大波那铜棺（战国）

# 《云南通史》编辑委员会

**高级顾问** 王学仁　李慎明　丹珠昂奔
**主　任** 李纪恒
**副主任** 杨应楠　张田欣　顾伯平　吴光范　丁绍祥
　　　　　何耀华
**委　员** （按姓氏拼音排列）
　　　　　白翠琴　曹和平　车志敏　陈　理　丁绍祥
　　　　　杜荣坤　冯岫岭　顾伯平　郝时远　何　宣
　　　　　何耀华　李纪恒　陆学艺　吕大吉　纳　麒
　　　　　童志云　吴光范　熊月之　杨应楠　尤　中
　　　　　袁显亮　张瑞才　张田欣　张文勋　张　勇
　　　　　赵剑英　赵心愚　甄朝党　郑杭生　郑维川
　　　　　左学金
**秘　书** 颜恩泉　杨世领　邹逢佳
**主要著者** （按姓氏拼音排列）
　　　　　段玉明　何耀华　蒋中礼　荆德新　李昆声
　　　　　林超民　牛鸿斌　钱成润　王文成　夏光辅
　　　　　谢本书　朱惠荣

# 总目录

| | |
|---|---|
| 序 ································································ 王学仁(1) | |
| 总编前记 ························································ 何耀华(6) | |
| 绪论 融合、统一：云南历史发展的主轴 ························ 何耀华(8) | |

**第一卷** 远古至战国时期

      （距今约 170 万年—公元前 221 年）············ 李昆声 钱成润

**第二卷** 秦 汉 三国 两晋 十六国 南北朝 隋时期

      （公元前 221—公元 618 年）····························· 朱惠荣

**第三卷** 唐 五代 宋时期

      （公元 618—1254 年）····························· 林超民 段玉明

**第四卷** 元 明 前清时期

      （公元 1254—1840 年）···························· 何耀华 夏光辅

**第五卷** 近代前期

      （公元 1840—1919 年）···························· 蒋中礼 王文成

**第六卷** 近代后期

      （公元 1919—1949 年）···························· 牛鸿斌 谢本书

# 序

研究历史，编撰史学著作，是我国的一大优良传统。孔子作《春秋》，司马迁著《史记》，司马光作《资治通鉴》、郭沫若主编《中国史稿》、范文澜著《中国通史》，都是这个传统的不断持续。

历史是一面镜子，可以鉴对错，知得失。无论是从事经济工作还是其他工作的同志，都应该学习中国历史和世界史，特别是中国近代史、现代史和我们党的历史。重视历史经验的总结和研究。根据省委、省政府的安排，以何耀华研究员为总主编的编写组，系统探索云南五千多年的发展史，写出六卷本、300多万字、图文并茂的《云南通史》，为我们学习历史，借鉴历史经验提供了一部有科学价值的鸿著，可喜可贺。这是我省的首部通史，是我省建设文化软实力取得的一项重要成果，它将为我省各项建设发挥重要作用。

这部《云南通史》的亮点很多，其中重要的是写出了我省历史上的"重农"思想和力促农业发展的优良传统。战国时，楚国庄蹻开滇之所以成功，靠的就是"重农"，他以发展"滇池地方三百里，旁平地肥饶数千里"的农业为基础而建立滇国。秦、汉在云南成功置吏设郡，也是以发展农业为支柱的。先后任朱提郡（治在今昭通）、益州郡（治在今昆明）的太守文齐，因重视农业而名垂青史。在朱提郡，文齐"穿龙池、溉稻田，为民兴利"；在益州郡，他"造起陂池，开通灌溉，垦田二千余顷"。[①] 三国时，诸葛亮也以发展农业作为安定"南中"，平定天下的国策。他把建宁郡治从滇池县（治在今晋宁）移到味县（今曲靖），并大开

---

① 《华阳国志·南中志》。

屯田，使味县具有"屯下"的称呼；经过"屯田"兴农，建宁郡一跃而发展成为"南中"的政治、经济、文化中心。与此同时诸葛亮还令李恢将永昌郡（今保山市和德宏地区）的"濮民数千落"移民到今楚雄地区从事农耕，濮民"徙居平地，建城邑，务农桑"，社会获得了长足的进步。唐朝时期，南诏国重视农耕技术的开拓，牛耕农业发展到一个更高的阶段；稻麦复种制与江南先进农业地区相埒；不违农时的农耕制度得以创立；保护水土流失的梯田农业，使山区农业生态步入人地共生的循环系统。樊绰在《蛮书》卷七中说：大理等地"每耕田用三尺犁，格长丈余，两牛相去七八尺，一佃人前牵牛，一佃人持按犁辕，一佃人乘耒"；滇中地区，"土俗唯业水田。种麻豆黍稷，不过町疃。水田每年一熟。从八月获稻，至十一月十二月之交，便于稻田种大麦，三月四月即熟。收大麦后还种粳稻。小麦即于冈陵种之，十二月下旬已抽节，如三月小麦与大麦同时收刈。"又说："蛮治山田，殊为精好。"《南诏德化碑》说：其"高原为稻黍之田，疏决陂池，下隰树园林之业。易贫成富，徙有之无，家绕五亩之桑，国贮九年之廪"。

　　元朝实行"安业力农"的政策，在中央设立"劝农司"，在各省设立"劝农使"，并颁发《农桑辑要》，推广农业技术，"招怀生民"。为扩大滇池地区的灌溉面积，消除水旱灾害，云南行中书省平章政事（省长）赛典赤，云南"劝农使"张立道，向元世祖忽必烈提出治理滇池的方案，并力而行之，他们把治理滇池的工程分为上、中、下三段，在上段疏浚盘龙江，建松花坝水库；在中段疏浚盘龙江、金汁河、银汁河、马料河、宝象河、海源河等河道，将疏河、筑堤、建坝、修涵、泄洪及适时放水或闭水融为一体。又开岔河十二条，地河七十二条；在下段疏浚海口河，以解决洪水季节宣泄不畅的问题。公元1273年，劝农使张立道率丁夫二千人，用了三年时间，清除了海口河到石龙坝、龙王庙一带河道的积沙和淤泥，又整治了海口河内的鸡心、螺壳、牛舌等处险滩，清理了螳螂川、普渡河至金沙江的河道。其中海口至平地哨约十公里的一段河床，在清除淤泥的基础上挖低，以利湖水宣泄，在海口修建三座大型石闸，共二十一孔，以控制滇池水位，石闸至今保存完好。

　　明朝时期，云南"重农"的特点是开展军、民、商屯田，扩大耕地面积。"军屯"用以养兵，所谓"养兵百万，不费百姓一粒米"；"民屯"用以安民，鼓励无地和少地的农民开垦田地。从洪武中后期开始，到正德五年（1510），云南军屯的数字从四十三万五千多亩，扩大到一百二十七万六千多亩，一百二十一年中，仅军事屯田的面积就扩大了三倍。

清朝时期，云南"重农"的特点是开发山区，大力推广适宜山区生态环境的玉蜀黍和马铃薯的种植，以解决山区少数民族的生存问题，使山区和坝区人民安居共处。云南巡抚吴其濬在其所著《植物名实图考》中说："玉蜀黍，《云南志》曰玉麦，山民恃以活命"；"阳芋，滇、黔有之，疗饥救荒，贫民之储"。清代云南"重农"和开发山区的一个特点是，十分珍惜及合理利用每寸土地，对耕地、林地、牧地、湿地、矿产地进行有序地开发利用和保护。为保护林地，政府对入山"搭寮棚居住，砍树烧山，艺种包谷"的"流民"进行严格地管理。自道光年开始，云南将乱开乱砍的"流民""俱系入保甲编查，立册给牌"。因人口增长，对土地需求增大的矛盾，则在合理利用土地的原则下，对荒地进行有限制地开发。如在临安府（治在今建水），只准"流民""依山麓平旷处开凿田园。……至山势峻极，蹑坎而登。"结果使山区出现耕田"层层相间，远望如画"的图景。[①]

水是生命、生物存在的自然基础，更是农业经济的命脉。"重农必须重水"，这是云南历史留给我们的重要启示。水资源的补给靠大气降水，赋存形式为地表水、地下水、土壤水。通过大气降水，它以自然循环的形式逐年更新。云南由于受季风的影响，降水主要集中在夏季，大气降水量及地表水之赋存远远不能满足天然生态、人工生态两大系统的需要，缺水的矛盾突出。而降水季节的过分集中，使水资源的大部变为洪水径流量，这不仅引起春旱夏涝，而且造成江河的汛期洪水和非汛期的枯水，降水量年际间的剧烈变化，更造成江河的特大洪水和农业区的严重枯水；为了发展农业，克服水资源短缺和旱涝灾害，云南历史上有治理和改造水环境的优良传统。如在元朝治理滇池的基础上，明朝清朝又相继启动大规模的滇池治理工程。明朝正德年间"云南巡抚陈金，役军队夫卒数万，浚其泄处，于是池水顿落数丈，得池旁腴田数千顷，夷、汉利之"。[②] 清代康熙、雍正、乾隆、道光时期，又对滇池进行了九次治理。其中雍正三年（1725）云贵总督鄂尔泰、云南巡抚张允随、水利道副使黄士杰领导的一

---

① 见嘉庆《临安府志》。
② 见正德《云南志》卷二。

次成效最为显著。清代建立的滇池管理制度和河道的岁修制度，曾经被作为云南重农治水的范例。云贵总督鄂尔泰的《修浚海口六河疏》，云南巡抚王继文的《请修河坝疏》，云南水利道副使黄士杰的《六河总分图说》，孙髯翁的《盘龙江水利图说》，都是这个时期出现的治水名著。其中黄士杰的《六河总分图说》具有较大的理论和实践意义，是当时的设计理念和施工方案的总结，具有长远的科学技术价值。

明清云南的重农治水是全省性的，几乎各县都有治水兴农而载入史册的史事。如以今石林县为例，该县大可村的治水碑文说："民以耕为本，耕以水为先。"明嘉靖二十二年（1534），该县邹国玺倡筑鱼池堰，开东山沟、小乐台旧沟，引黑龙潭水灌溉；明神宗十三年（1585），跃宝山村民张爱普、毕季礼等六人，又"穿十二丈岩岭，筑丈八高之石闸灌溉万顷，泽被万民"（见《月湖碑序》）。

鸦片战争以后，西方帝国主义侵略我国，清廷拙于应付，订下各种不平等条约，云南坠入半封建半殖民地的深渊。农业一蹶不振，灾害肆虐，"省城一带洪水暴起，田园庐舍，一夕荡然"，"迤东迤南，赤地千里，人民之困于饥馑者，不下数百万"。[①] 辛亥革命后，云南军都督府在蔡锷的督促下成立农林局，调查土宜、水利、气候、荒地，推动农业发展，但因半封建半殖民地社会性质的制约，农业生产停滞不前，农村的贫困面貌未改变。

云南历史发展告诉我们：农业兴，百业兴；农业遭到破坏，则百业衰落，人民无以为生，社会无以为稳。邓小平说：总结历史，"是为了开辟未来"。[②] 透过阅读何耀华等众多专家编写的这部《云南通史》，仅从云南历史上的"重农"这个层面，就可以看到云南历史经验对未来云南发展的借鉴意义。

据中国科学院的一项研究，从农业劳动力的比例看，国际标准值为30，中国平均值为43，香港为0.7，北京为7，上海为7，贵州为57，四川为51，云南所占的比例最高，为69；从农业增加值占GDP的比例看，国际标准值为15，中国平均值为12，香港为0.1，台湾为1.5，北京为1，上海为1，云南为19，广西为21，海南最高，为33；从农业增加值/工业

---

[①] 《云南杂志选辑》，第309页。
[②] 《邓小平文选》第3卷，人民出版社1993年10月版，第272页。

增加值的比率看，中国平均值为 0.24，香港为 0.01，台湾为 0.06，北京为 0.05，上海为 0.02，云南为 0.44。上述三组比较数字说明，云南大多数劳动者从事农业，农业增加值占 GDP 的比例高，农业增加值与工业增加值的比率也高，说明重视农业，加快发展农业，仍然是我省长期面临的重大任务；解决好农业、农村、农民问题，事关我省改革发展和全面建设小康社会的大局。让我们重视云南通史的学习和研究，借鉴云南的历史经验，进一步强化农业的基础地位，走中国特色的农业现代化发展道路，全面开创我省各项建设和事业发展的新局面。

王学仁
2009 年 6 月 6 日

# 总编前记

奉献在读者面前的，是肇自远古，止于1949年的六卷本，共300多万字的《云南通史》。

自1954年周恩来总理视察云南，要求研究云南地方史、民族史以来，我省以方国瑜、江应樑、李埏、马曜、尤中为代表的老一辈史学家，力行周总理指示，曾写出众多石破天惊的云南史学著作；年轻史学家们跟进，又写出每多卓识高见、令人色喜的论著。

本书就是在前人研究基础上，坚持实事求是，既立足现实，面向未来，又以学术创新为本的集体研究成果。本书能否实现旨在认知云南、为建设云南、繁荣云南服务的立项初衷，尚有待实践的检验。

中共云南省委、省人大、省政府、省政协对编著出版本书高度重视；省委办公厅、省政府办公厅、省政协办公厅、省委宣传部、省委研究室、省政府研究室、省文史研究馆对编写工作进行指导和帮助；省财政厅提供经费；省社会科学院、云南大学、云南民族大学、云南师范大学、省地方志办公室派著名学者操笔；省社会科学院、云南民族大学、省文史研究馆对课题的前期、后期工作进行管理，谨在此表示衷心的感谢。

本课题立项时，省政府责成我主事，职司主编，深感自身要素不足，恳请政府示请有关单位选精锐共就。课题组的各位专家呕心沥血，以严谨科学的态度进行研究，耗时13年才完成写作。现在的书稿已是二稿、三稿甚至四稿。各位分卷主编及著者的敬业和团队合作精神，给我巨大的激励。在总编过程中，我作过章、节、目结构的改变；或补阙拾遗，作过内容的增删；或对论点论据进行变更；或作过文字的精简修饰，目的是为不负人民重托。但由于水平和能力的限制，书中仍存在论列有失、荒疏遗漏等问题，敬祈读者指正。

云南省社会科学院历史研究所先后三任所长荆德新、郭净、段玉明同志在课题前期参与管理；谢本书教授助审第五卷；课题组秘书颜恩泉、杨世领、邹逢佳同志，贡献了大量的时间和精力，谨在此深表谢忱。

何耀华

2009 年 5 月 26 日

# 绪 论

## 融合、统一：云南历史发展的主轴

一、引言
二、助周克商：云南土著与华夏族的政治交融
三、设置郡县：云南土著王国与秦、汉多民族统一国家的合一
四、南中大姓：汉族移民统治者与云南土著融合的产物
五、爨族：土著民族自融及融合汉族移民形成的民族共同体
六、南诏国、大理国：云南土著民族自融及融合汉族移民形成的政治实体
七、云南汉族：元、明、清汉族移民融合土著民族的融合体
八、近代革命与云南的民族融合
九、结束语

## 一 引言

云南地处祖国西南边陲，民族众多，山川秀丽，是中华文明最早发祥地之一。云南素有"人类历史博物馆""古生物宝库"之称。曾几何时，它改写了中国历史，将中国最早的人类，从距今五六十万年前的"北京人"、陕西"蓝田人"，推到距今170万年前的云南"元谋人"。

西方古人类、古生物学家断言，人类起源于非洲，古生物的源生地也在非洲。然而，这都已成为历史的陈说。云南澄江的动物群化石距今5.3亿年，其中的"云南虫"是人类的远祖。《纽约时报》曾发表评论说："如果'云南虫'这种古脊索动物夭折，动物的中心神经将永远不会发

展，地球就会像遥远的月亮那样，永远寂寞冷清。"① 禄丰的恐龙化石（120多具、24个属、33个种），距今1.8亿年。开远、禄丰发现的腊玛古猿化石，距今1400万年和800万年。上述发现证明：云南存在一条完整的古生物、古人类进化链；不仅是人类的发祥地，而且是古生物进化繁衍的摇篮。

云南远古人类创造的旧石器、新石器时代文化，不仅以多样性著称，而且具有黄河中、下游同类石器文化的风格。这说明自湮远的古代开始，云南各族人民的祖先，就与祖国内地各族先民进行交流与融合，共同缔造中国的古老文明。《通鉴前编》说："黄帝画野分州，得百里之国万区。颛顼高阳氏建九州……统领万国，北至幽陵，南至交趾，西至流沙，东至蟠木。"倪蜕《滇云历年传》解读说，云南为当时的"百里之国万区"的一部分，"建国即在万国之内，分州即在九州之内"②，万历《云南通志·沿革总论》说："云南，《禹贡》梁州之域，地曰百濮，三代时万国来朝，西南有百濮"。夏、商、周、春秋、战国时期，云南出现了羌、髳、濮、劳浸、靡莫、滇、嶲、昆明等众多的族群部落，这些族群与黄河中、下游的夏族、商族、周族进行频繁交流，经济文化获得了巨大的进步。迨至秦始皇统一中国，西汉王朝继之，云南就成为秦、汉以来中央集权统一多民族国家的一个组成部分。

**元谋猿人遗址**　姜定忠摄

纵观五千余年的历史，可用"融合、统一"四字来概括古代云南历

---

① 1991年4月23日《纽约时报》。见张墅：《澄江奇观》，云南大学出版社，2002年7月，第8页。
② 倪蜕辑：《滇云历年传》卷一引《通鉴前编》所作的按。引自李埏校点本，云南大学出版社1992年版，第5页。

史发展的规律。

"融合"是指云南土著民族与内地汉族，土著民族与土著民族的互融，基本形式为 A + B = C 或 A + B = A、A + B = B。融合形式有自然融合和非自然融合两种。自然融合的基础是自愿、团结、互助、共生、共荣，通过杂居、通婚，物质文化、精神文化、生态文化的互动和渗透，其中一个或几个民族丧失自己的特征，而变为另一个民族。也有经过相互对抗、冲突，而实现的非自然融合。民族融合，即自然同化，是世界上所有民族发展的必由之路。在阶级社会中，自然融合与非自然融合往往是同时存在，交错进行的。按马克思主义的观点，民族融合只有在全世界建成共产主义社会以后才能最终实现，到那时，民族差别不复存在，民族最终走向消亡。我们在本文中所说的是历史上的民族融合，指"夷变夷""汉变夷""夷变汉"的现象。这种融合是民族融合总过程中的一个组成部分。

"统一"是指云南各族与中华各族统一于中国的国土之内，接受一个中央政府的管辖。中国即中华各族之国。① 现代中国的国土指当今中华人民共和国56个民族居住的地域。尽管中国的国土在不同历史时期有伸有缩，但古今各个民族以中国之国土作为共同繁衍生息根基的历史从未改变。一个中央政府不是仅指汉族在全国建立的王朝或政权，也指少数民族在全国建立的王朝或政权。在长期的历史发展中，全国的统一政权，有时也会被分裂成多个政权（包括少数民族在边疆建立的王国），如三国鼎立、南北朝对峙、辽和西夏分治、宋金对立、南诏国、大理国的分立等。但分裂只是暂时的，西晋结束了三国的分立，隋唐结束了南北朝的对峙，元朝结束了五代十国和大理国等边疆王国的分立。不能因有短暂的分立就否认中国自秦汉以来就是一个统一的多民族国家的史实。国家的统一是中国历史发展的主流，分裂只是支流，而且暂时的分裂也为局部和更大的统一打下了基础，分裂的终极归宿是更大的统一。把中华各族之国（中国）

---

① "中国"早期称华夏。范文澜说："孔子说：'裔不谋夏，夷不乱华。'"（《左传》定公十年），裔指夏以外的地，夷指华以外的人……文化高的地区即周礼地区称夏，文化高的人或族称华，华夏合起来称为中国。对文化低即不遵守周礼的人或称蛮、夷、戎、狄。华族各国自称曰中国，称其他诸侯国为四方。（范文澜：《中国通史》第一册，第134—135页，人民出版社，1978年6月）本文所说的中华各族之国（中国），是指中华民族及其先民共同缔造的国家，包括夏、商、周至明、清有自己国号的王朝、辛亥革命后建立的中华民国及1949年10月1日建立的中华人民共和国。

作为国家统一体，是云南历史发展的基础，民族兴盛和社会进步的源泉和动力。

编写云南通史，旨在以史为鉴，为今天云南的物质文明、精神文明、生态文明建设服务，推动全省政治、经济、文化、社会、生态又好又快地发展。这是一件前人未做，难度颇大，社会期望值极高的系列工程，应坚持以马克思主义的辩证唯物主义、历史唯物主义为指导，用中国特色的社会主义理论分析问题；应认真发掘和核定史料，科学地揭示历史规律。

## 二 助周克商：云南土著与华夏族的政治交融

从遥远的古代开始，云南就分布着文化各异的众多部落、部族，他们都是"元谋人"的后裔，云南土著文明的开创者。在距今5000—3000年间，他们与黄河中、下游华夏族的交往，就达到密不可分的境地。他们与向西南延伸的华夏族人、西北的氐羌人、东南的濮、越人交融，在云南形成具有共同血缘和文化特征的羌、髳、濮、越等不同的族群。

传说羌人的一支姓姜，向东迁徙到陕西渭水流域，与姬姓的周人建立姻亲及部落联盟关系，周朝的国君是弃的子孙，弃为农神，为有邰氏女姜嫄所生，号称后稷，其后裔古公亶父自豳（陕西旬邑）迁岐山下周原（陕西岐山）建立周国，他的孙子昌为周君50年，施行裕民政策，国力强盛，向四方扩境称王，势力达到江汉流域。《史记·西南夷列传》说："太史公曰，楚之先岂有天禄哉！在周为文王师，封楚。及周之衰，地称五千里。秦灭诸侯，唯楚苗裔尚有滇王。"周国的凝聚力则达到江、汉西南之"蛮夷"地区，大约在公元前1066年，周文王子周武王克商灭纣，有"裔地"之八个"蛮夷"参与。《尚书·牧誓第四》说："庸、蜀、羌、髳、微、卢、彭、濮人，称尔戈，比尔干，立尔矛，予其誓。"《孔传》说："八国（指《牧誓》所说之八族）皆蛮、夷、戎、狄属文王者。"《疏》曰："此八国皆西南夷也。"云南是其中的羌、髳、濮族的重要分布地。

羌人是氐人的近亲，往往与氐人合称氐羌，是河（黄河）、湟（湟水）流域的游牧族群，《后汉书·西羌传》说："河关之西南，羌地是也，滨于赐支，至乎河首。"《史记·匈奴列传》说其"西接氐羌"。氐羌与中原关系密切，《诗经·商颂》说："自彼氐羌，莫敢不来享，莫敢不来王。"氐羌"随畜迁徙","逐水草而居",至少在距今三四千年的新石器时代，就因畜牧、狩猎、采集及发展农业的需要，开始不断向西南迁徙。西藏林芝出土的磨制石器（刀、凿）及陶器残片，具有齐家文化特点；昌都卡若出土的石器、陶器、古村落；云南宾川白羊村出土的古村落，元谋大墩子出土的尖底瓶器物、瓮棺葬及房屋建筑，皆具有仰韶文化特征，和滇池石寨山出土的具有羌文化色彩的带耳、带流陶器及陶器上的锥刺纹，都是羌人向西南迁徙，与西藏、云南土著融合的物证。在漫长的历史发展中，土著与羌人的融合体不断分化，今天云南的藏、彝、纳西、景颇、哈尼、拉祜、傈僳、白、基诺、普米、怒、独龙、阿昌等族，与其分化后形成的不同族群有渊源关系。

髳人分布在蜀之边地及云南、贵州一带。顾炎武《天下郡国利病书·四川·雅州》说："狄国，夏为防风氏，周为髳，汉之賨叟，地在蜀之边地也。"①《说文·髟部》："髳，汉令有髳长。"髳是古代的一种发式，"发至眉也"。苗人男女喜留长发，椎髻于头顶插上木梳，也有在额前留发至眉的，髳人当即苗人。又"髳""茅"同音，而苗通茅。段玉裁《说文解字注》："苗，古或假苗为茅。"汉郑玄注："古文茅作苗。"髳人可解读为苗人。时至今日，苗族尚有"毛"的自称。范文澜也认为：髳即苗。② 髳人与夏、商、周时期分布在荆楚长江中游的"三苗"有亲族关系，为同一族类而非同一支系，是"三苗"向西南迁徙与土著融合后形成的。道光《云南通志·南蛮志·种人》说："武王会孟津，庸、蜀、羌、髳、微、卢、彭、濮俱在列，滇居其三：曰髳、曰微、曰濮，而濮为独盛。"

濮人支系繁多。如"建宁郡南有濮夷，濮夷无君长总统，各以邑落自聚，故称百濮。"③ 夏、商、周时濮人分布在江汉流域，并向西南延至濮水（云南元江）及澜沧江流域。刘伯庄《史记地名》："濮在楚之西南。"《注》曰："西南之蛮，盖濮人也。诸濮地俱与哀牢相接。"朱希祖《云南濮族考》："余谓濮族因仆水而得名，不如谓仆水因濮族而得名。"

---

① "賨叟"即"賨蛮"，《华阳国志·巴志》有"賨蛮"之记载。二者皆为蜀、巴边地的苗人。秦并天下，薄其税赋，人出钱四十，巴人谓赋为賨，故该地苗人有賨蛮之称。

② 范文澜：《中国通史》第一册，人民出版社1978年版，第71页。

③ （晋）杜预：《春秋释例·土地名》。又见《左传》文公十六年《孔疏》引。

仆水即濮水，《汉书·地理志》："贪水首受青岭，南至邪龙入仆。"《华阳国志·南中志》："蜻蛉县有盐官。濮水出。"濮人在云南分布广泛，《华阳国志·南中志》说："南中，在昔盖夷、越之地，滇、濮、句町……侯王国以十数。"又说："（兴古郡）多鸠僚、濮"，"句町县……置自濮王"。云南濮人与江汉流域及巴、蜀的濮人有同源关系。《左传》文公十六年有"百濮离居"之语，说明百濮不断迁徙。其中一部分当迁到云南。迁至云南后，濮人与越人杂居，逐渐融入越人。"历史上凡分布在云南澜沧江以东广大地区的濮人，虽名为濮，实际属于百越族系。"[①]"后世被称为濮僚的族群，当是百越与百濮交融而形成的。"[②] 濮僚是今壮、布依、傣等族的先民。"濮人这一名称，一直保持在近代贵州、云南、广西布依族和壮族中。布依族自称'布依'，而'布'即'濮'，壮族自称'布壮''布侬''布土''布依''布寮'（寮读老音，实即'僚'）等，也都在内部保持着古代'濮'（'布'）的族名称呼。"[③] 在云南西南部地区，还有自中南半岛迁入，属于南亚语系孟高棉语族的濮人，称蒲蛮，是今布朗、佤、德昂等民族的先民。布朗族即濮曼，德昂族为濮龙，佤族为濮饶。

越人是中国南方的土著族群，史称"百越"。《汉书·地理志》注引臣瓒的话说："自交趾（今越南河内）至会稽（浙江绍兴）七八千里，百越杂处，各有种姓。"春秋时期的于越、吴越，汉晋时期的东瓯（又称瓯越）、扬越、南越、西瓯、骆越、瓯越等，都是越人在不同地区的不同支系。云南境内的越人支系有滇越、闽越、僄越等。《史记·大宛列传》说：昆明"西可千余里有乘象国，名曰滇越。"[④]《华阳国志·南中志》说："南中，在昔盖夷越之地"；永昌郡"有穿胸、儋耳种（儋通瞻。《说文》：垂耳也）、闽越濮、鸠僚。……僄越、裸濮、身毒之民。"[⑤] 儋耳种为瓯越。《史记·越世家·索隐》："儋耳谓之瓯人"；"鸠僚"则为骆越，

---

[①] 宋蜀华：《论古代云南高原的濮、僚族和百越的关系》，载《中央民族学院学报》1991年第5期。

[②] 王锺翰主编：《中国民族史》，中国社会科学出版社1994年版，第111页。

[③] 尤中：《西南民族史论集》，云南民族出版社1982年版，第82页。

[④] 《史记》卷一二三。

[⑤] 《华阳国志·南中志·宁州·永昌郡》。刘琳校注本（本文以下简称刘注本），巴蜀书社1984年版，第428—430页。

"骆即僚"①。"百越"是稻作民族，1973年在浙江余姚河姆渡发现古越人的稻作遗址，距今约七千年。有肩石斧、有段石奔、印纹陶器是越人的新石器时代遗物。从晋宁石寨山出土的有肩石斧、有段石奔和印纹陶可知，云南自古就有越人分布，他们自东南沿海西迁云南之后，与当地土著融合，共同创造了"耕田有邑聚"的古滇文明。"鄹发文身"、"金齿、银齿、黑齿"、居干栏式建筑是越人的文化习俗。时至今日，作为"百越"后裔的云南壮、傣、布依、水等民族，尚保有这些文化特征。

羌、髳、濮参加周武王伐纣，说明云南藏缅语族、苗瑶语族、壮傣语族诸民族的先民集团，早在夏、商、周时期就与华夏族进行交融。周武王灭商后，周景王使说："巴、濮、楚、邓，吾南土也。"②虽无材料说明当时云南也包括在周的"南土"之内，但周朝设"象胥"一官"掌蛮、夷、闽、貉、戎、狄之国使，掌传王之言而谕说焉，以和亲之"③，云南成为周朝"象胥"联络掌控的蛮夷之地，当不成问题。军事交融是以经济文化的长期交融为基础的。云南新石器时代文化与中原同属一个文化圈的史实，说明云南各族先民与华夏族的经济、文化，早已交融成一个整体；华夏族的发展壮大，是以吸收云南等地的蛮夷文化为依托，又以它们的经济为重要支柱之一而实现的。民族融合使华夏族成为不是单一血统的民族，而是诸夏与诸蛮夷的混合血统；诸蛮夷在血统上也往往是与诸夏混合。

## 三 设置郡县：云南土著王国与秦、汉多民族统一国家的合一

公元前221年，秦始皇统一中国，因势利导，采取建立中央集权统一国家的重大改革："废封建，置郡县。"由于以郡县制取代旧的分土封侯制，各自为政，诸侯争雄的单一民族的诸侯王国，被统一的中央集权的多民族国家所代替；"内诸夏而外夷狄"④的狭隘国家民族观，被"海内为

---

① 吕思勉：《燕石杂记》。
② 《左传》昭公九年。
③ 《册府元龟·外臣部·朝贡一》。
④ 《公羊传》成公十五年。

郡县，法令由一统"的大一统的多民族国家观所取代。秦始皇在全国设置的三十六郡（后增至四十郡），包括"蛮、夷、戎、狄"地区。郡下设县，任命郡守掌行政军事、郡尉辅郡守管军事；设监御史掌监察，直属中央的御史大夫、郡丞管文秘及综合协调。郡下设县，任命县令、县尉、县丞分掌行政、军事、文书。县以下设乡、亭、里。① 郡县制为中央集权的实施，提供了"如身之使臂，臂之使指"② 的良好的行政体制，它不仅为少数民族地区融入中华大一统国家创造了条件，而且为少数民族与汉族、少数民族与少数民族的融合构筑了广阔的平台。

秦始皇统一中国以前，云南土著部落、部族王国林立，其中比较有代表性的是滇国、哀牢国、句町国。《华阳国志·南中志》说："滇池县，郡治，故滇国也"；"永昌郡，古哀牢国"；"句町县，故句町王国"。

秦始皇

与夷人融合的古滇王庄蹻塑像
姜定忠摄

滇国的史实，始见于楚将军庄蹻拓疆西南的记载："楚威王时（前339年—前329年，威王应为顷襄王），使将军庄蹻将兵循江上，略巴、黔中以西……蹻至滇池，（地）方三百里，旁平地，肥饶数千里，以兵威

---

① 秦制地方行政为郡、县二级制。乡、亭、里不列为建制，其官吏由地方富豪充任。东汉后期在郡上设州，任命刺史（后改为牧）掌州事，为州、郡、县三级制。
② 《汉书》卷四十八《贾谊传》，中华书局1962年版，第2237页。

定属楚。欲归报，会秦击夺楚巴、黔中郡，道塞不通，因还，以其众王滇，变服从其俗以长之。"①滇国人口数万人。其东北的劳浸、靡莫等数十个部落王国，"皆同姓相扶"，为滇国的附庸。庄蹻王滇后，"分侯支党"，遣部属往各王国主政，"传数百年"。滇国的版图，大致相当于汉益州郡的地域，"东北部自今曲靖市（不包括沾益），往西南抵今保山市的怒江东岸；北部自今楚雄州北部的金沙江南岸，往南抵达今越南莱州省境内；东部自今南盘江西岸，往西到礼社江、元江北岸"。②滇国民族众多，主体是氐羌、濮越的融合体滇人。今晋宁是滇国的王都，在晋宁石寨山四次③发掘的西汉晚期50座古墓中，出土4000余件青铜工具、兵器和生活用具。第六号墓中还有篆刻着"滇王之印"四字的金印一方，可与汉武帝元封二年（109年）"赐滇王王印，复长其民"的记载相印证。出土的戈、矛、剑、钺、斧、矢等兵器，形式与蜀、楚的大致相同；出土的钱币为汉文帝时期的四铢半两和西汉末期的五铢钱。滇国青铜器制作技艺精湛，水平比之蜀、楚有过之而无不及，庄蹻入滇时，"将甲士二万人"④，楚兵不仅带来楚国的兵器，也传来生产兵器的技术，所以滇国的兵器与楚的相同。二万甲士融入"滇人"，极大地推动了滇国农业、牧业和手工业生产技术的进步。

哀牢国以今保山为政治中心，主体民族为哀牢夷。《华阳国志·南中志》说：

>永昌郡，古哀牢国。哀牢，山名也。其先有一妇人，名曰沙壶（壹）。依哀牢山下居，以捕鱼自给，忽于水中触有一沈木，遂感而有娠，度十月，产子男十人。后沈木化为龙出，谓沙壶曰：'若为我生子，今在乎？'而九子惊走，惟一小子不能去，陪龙坐，龙就而舐之。沙壶与言语，以龙与陪坐，因名曰元隆，犹汉言陪坐也。沙壶将

---

① 《史记》卷一一六《西南夷列传》，中华书局1966年版，第2993页。
② 尤中：《中华民族发展史》第1卷，晨光出版社2007年版，第191页。
③ 云南省博物馆：《云南晋宁石寨山古遗址及墓葬》，载《考古学报》1956年第1期；《云南晋宁石寨山古墓群发掘报告》，文物出版社1959年版；《云南晋宁石寨山古墓第三次发掘报告》，载《考古》1959年第9期；《云南晋宁石寨山古墓第四次发掘简报》，载《考古》1963年第9期。
④ 《太平寰宇记》卷一二二。

元隆居龙山下，元隆长大，才武。后九兄曰：'元隆能与龙言，而黠有智，天所贵也'，共推以为王。时哀牢山下复有一夫一妇，产十女，元隆兄弟妻之。由是始有人民，皆象之，衣后着十尾，臂胫刻文。元隆死，世世相继，分置小王，往往邑居，散在溪谷。（刘注本第424页）

《后汉书·南蛮西南夷列传》说："九隆代代相传，名号不可得而数，至于禁高，乃可记知。禁高死，子吸代；吸死，子建非代；建非死，子哀牢代；哀牢死，子桑耦代；桑耦死，子柳承代；柳承死，子柳貌代；柳貌死，子扈栗代。"扈栗，即贤栗。这个传说反映了原始时代哀牢人以龙为图腾，其社会生产由渔猎经济向农业经济，社会组织由母系氏族向父系氏族过渡的历史。春秋战国时，哀牢国的农业、手工业、矿冶业发达，"土地沃腴，有黄金、光珠、虎魄、翡翠、孔雀、犀、象、蚕桑、绵绢、采帛、文绣。……有大竹名濮竹，节相去一丈，大受一斛许；有梧桐木，其华柔如丝，民绩以为布，幅广五尺以还，洁白不受污，俗名桐华布，以覆亡人，然后服之及卖与人。有兰干细布，兰干僚言纻也，织成文如绫锦。……宜五谷，出铜、锡。""其地东西三千里，南北四千六百里"①，大致相当于今天的保山市、德宏傣族景颇族自治州、临沧市、普洱市、西双版纳傣族自治州及其延伸至境外的地带。哀牢国的民族为"闽濮、鸠僚、僄越、裸濮、身毒之民"。身毒为印度外来的民族，闽濮、鸠僚、僄越为我国汉藏语系壮侗语族的民族；裸濮为我国南亚语系孟高棉语族的民族。哀牢国有"蜀、身毒国道"与内地相通，政治、经济、文化受华夏族的影响大。"蜀身毒国道以滇池地区为枢纽，其西经叶榆（大理）、嶲唐（云龙、保山）、滇越（腾冲）、敦忍乙（缅甸太公城）而至曼尼坡入印度。其东出邛（西昌）、僰（宜宾）至蜀地，又出夜郎（安顺）、巴（重庆）而至楚地。"② 由于有这条古道与南亚相通，哀牢国受南亚各国的影响也大。蜀、身毒国道是伴随着中印两大文明的交往而开通的。"王嘉《拾遗记》载周成王之世，有旃涂国、祇因国、燃丘国来献方物，老子撰

---

① 《华阳国志·南中志》，刘注本，第428页。
② 方国瑜：《滇史论丛》，上海人民出版社1982年版，第21页。

《道德经》有浮提国人相助，《庄子·山木篇》有建德国，似皆指印度而言。"① 这说明这条古道最迟出现在公元前 10 世纪的周朝。季羡林说："在乔胝厘耶（Kautiliya）著的《治国安邦术》里，有'乔著耶和产生在脂那（即 China）的成捆的丝'的话，意为中国的成捆丝……乔胝厘耶据说是生于公元前四世纪，是孔雀王朝月护王的侍臣。假如这部书真是他著的话，那么，据此，最迟在公元前四世纪，中国的丝，必已输入印度。"② 中国丝是经哀牢国输往印度的，因为从西域或南海通往印度的丝路，是汉武帝时才开通的。哀牢国分布着的"身毒（印度）之民"，印度东北部、北部诸邦分布着的操汉藏语系藏缅语族语言的基拉塔人、卡查里人等族群，都是从这条古道东来西去的。印度历史学家达斯（S. T. Das）说："操汉藏语系多种方言的印度的蒙古人种，似乎是在三千年前开始由印度东部和北部孔道来到印度的。赋予阿萨姆居民特殊气质的这种基本的蒙古成分，主要是博多部落的贡献。（S. K 查特基，1959）据查特基教授研究，博多人曾一度在整个的北比哈尔、北孟加拉、东孟加拉和布拉马普特拉河流域，以及卡查尔山、加罗山和特里浦拉山延伸部，组成一个牢固的蒙古人种集团。他们的原居住地是长江、黄河上游之间的某处，他们是在连续的移民浪潮中，逐渐遍布阿萨姆的。"③ 哀牢国植桑养蚕的技术，以梧桐木丝织桐华布、纻布文如绫锦等的纺织技术，当传之于祖国内地。

句町国国王为南夷君长之一。地在今云南文山州及广西百色地区，中心在广南、富宁。主体民族为濮人。《华阳国志·南中志》说：句町王国"置自濮王，姓毋，汉时受封迄今"。濮王立国的时间不会晚于滇和哀牢。从广南牧宜白龙汉代木椁墓出土的竹筒、木雕车马模型、黄釉陶、漆木器耳杯来看，其受内地文化的影响，比滇、哀牢有过之而无不及。

秦始皇统一中国，在云南开道置吏以主之。《史记·西南夷列传》说："秦时常頞略通五尺道，诸此国颇置吏焉"。"五尺道"是古丝绸路中的一段，起自僰道（今宜宾）而达今曲靖。所谓"诸此国"，即指西南夷的滇、哀牢、句町等大大小小的土著王国。《史记·司马相如传》说诸此

---

① 见张星烺编注：《中西交通史料汇编》第 6 册，中华书局 1977 年版，第 7 页。
② 季羡林：《中印文化关系史论丛》，人民出版社 1957 年版，第 163—164 页。
③ S. T. 达斯：《东喜马拉雅民族》，王筑生译，载《民族研究译丛》（4），第 11、14 页，云南省民族研究所编。

国"秦时尝为郡县"。所谓"置吏",即设置郡、县,任命郡守、县令以主之。云南的一部分地方设置郡、县,始自秦朝毋庸置疑。

汉朝承秦制,亦在云南设置郡县。如汉武帝元封二年(前109年),发巴、蜀兵击劳浸、靡莫,以兵临滇,滇王举国降,请置吏入朝,汉武帝以滇国置益州郡,领县二十四①,户八万一千九百四十六,口五十八万四百六十三,郡治在滇池县(今晋宁县城)。

又置朱提郡,领县四,郡治在今昭通。

**汉益州郡滇池县治故址碑**
姜定忠摄

---

① 《汉书》卷二十八上《地理志》,中华书局1962年版,第1601页。方国瑜:《汉晋云南郡县考释》(见《新纂云南通志》卷三十二)列益州郡24县:滇池(晋宁、呈贡)、谷昌(昆明)、连然(安宁)、建伶(昆阳)、俞元(澄江、江川、玉溪)、秦臧(罗次、富民、禄丰)、双柏(易门)、味(曲靖)、同劳(陆良)、铜濑(马龙)、昆泽(宜良)、牧靡(嵩明、寻甸)、嶲唐(云龙)、不韦(保山)、叶榆(大理)、云南(祥云)、邪龙(巍山)、比苏(泸水、兰坪)、来唯(南涧)、弄栋(姚安)、律高(通海及建水曲江)、毋掇(建水)、贲古(蒙自)、胜休(石屏)。

永平十二年（69）年，哀牢国王柳貌遣子率种人内属，其称邑王者七十七人，户五万一千八百九十，口五十五万三千七百一十一，明帝以其地置哀牢（今保山）、博南（今永平）二县，并割益州郡西部都尉所领嶲唐、不韦、比苏、邪龙、叶榆、云南等六县，合置永昌郡（治今保山），郡域包括今保山、大理、德宏、临沧、普洱、西双版纳等市、州。

益州、朱提、永昌三郡之设置，标志着云南已完全融入中国大一统的多民族国家，部族、部落王国林立时代已经结束；云南各土著民族已成为中国多民族大家庭的成员。秦、汉王朝在云南任命郡守、县令统治的同时，对土著民族采取"仍令其君长治之"的政策。这一政策承认土著民族与汉族的发展差距，适应土著民族经济社会的发展水平，与夏、商、周、春秋、战国时期"内诸夏而外夷狄"①，"戎狄豺狼，不可厌也；诸夏亲昵，不可弃也"② 的民族歧视政策有所不同。

总而言之，秦、汉设置郡县，不仅标志着云南土著王国与中国多民族大一统国家的合一，而且标志着先秦"内诸夏而外夷狄"狭隘民族史观有所淡化。汉族与少数民族的"内""外"之别有所减弱，"中国可以退为夷狄，夷狄可以进为中国。"③

## 四　南中大姓：汉族移民统治者与云南土著融合的产物

华夏族是汉民族形成的核心，但在秦统一以前，华夏族"田畴异亩，车涂异轨，律令异法，衣冠异制，言语异声，文字异形"④，要形成像汉族那样具有统一特征的民族共同体是不可能的。秦始皇结束战国诸侯割据的局面，统一了诸夏及众多民族地区，《汉书·地理志》说：秦地，其界"南有巴、蜀、广汉、犍为、武都……又西南有牂柯，越嶲，益州"，这为汉族的形成及其融合少数民族人口创造了基础。在两汉 400 多年的大统一时期，共同的地域，共同的经济生活，共同的语言、共同的文化心理素质，使诸夏及融入其内的少数民族人口，进一步融为一个统一的民族，因

---

① 《公羊传》成公十五年。
② 《左传》闵公元年。
③ 章太炎语。见《中华民国解》，《民报》1907 年第十五期。
④ 《说文解字·序》。

其形成于两汉时期，所以称这个民族为汉族。

汉族形成以后，以多种原因被大批移居南中①，其一是被作为屯军而移入；其二是因应征作战流落云南；其三是被作为"死罪及奸豪"流放实边，如西汉"通博南山，度兰沧水、耆溪，置嶲唐、不韦二县，徙南越相吕嘉子孙宗族实之，因名不韦，以彰其先人恶"②；其四是因从事商贸而移入。西汉"益州郡户八万一千九百四十六，口五十八万四百六十三"③，东汉益州郡"辖十七城，户二万九千三十六，口十一万八百二"；东汉"永昌郡八城，户二十三万一千八百九十七，口百八十九万七千三百四十四"。④ 因少数民族不纳税不入户籍，这些数字反映的都是从内地移入的汉族人口。为扩大移入，王朝采取"使先至者安乐而不思故乡，……然后营邑立城，制里割宅，通田作之道，正阡陌之界，先为筑室，家有一堂二内、门户之闭，置器物焉，民至有所居，作有所用，……为置医巫，以救疾病，以修祭祀，男女有婚，生死相恤，坟墓相从，种树畜长，室屋完安，此所以使民乐其处，而有长居之心"⑤ 等一系列的政策，使移入的汉族人口与日俱增，而且能扎根，能与土著民族团结共处。

汉族移民在云南世世代代与土著民族错杂而居，水乳交融，在夷多汉少的历史条件下，逐渐融合于土著。从《华阳国志·南中志》的下列记载中，可窥见汉人夷化的情况："夷中有桀黠能言议屈服种人者，谓之'耆老'，便为主，论议好譬喻物，谓之'夷经'。今南人（汉人）

**南中大姓孟氏：孟孝琚碑（东汉中）**
姜定忠摄

---

① 南中，古地区名，因在蜀国之南，故称南中。其地包括蜀汉时期的建宁、朱提、牂柯、兴古、越嶲、云南、永昌等七郡。除牂柯、越嶲二郡之外，其余五郡皆在今云南省。
② 《华阳国志·南中志》永昌郡，刘注本，第427页。
③ 《汉书》卷二十八上《地理志》，中华书局1962年版，第1061页。
④ 《后汉书·郡国志》，中华书局1965年版，第3512—3513页。
⑤ 《汉书》卷四十九《晁错传》，中华书局1962年版，第2288页。

言论，虽学者亦半引'夷经'，与夷为姓（婚）曰'遑耶'，诸姓为'自有耶'。世乱犯法，辄依之藏匿。或曰，有为官所法，夷或为报仇；与夷至厚者，谓之'百世遑耶'，恩若骨肉，为其通逃之数。故南人轻为祸变，恃此也。"因汉人只有通夷语，懂夷文，才能"引夷经"；只有与夷通婚，才能成为夷人恩若骨肉的"百世遑耶"，才能依托夷人发动反对王朝的"祸变"，所以这里所谓的"南人"，即是夷化了的汉人。

**孟孝琚碑书法**
陈本明摄

东汉、三国时期出现的南中大姓，如滇东的焦、雍、雷（娄）、爨、孟、董（量）、毛、李；朱提郡（今昭通市）的朱、鲁、雷、兴、仇、递、高、李等，原来都是汉族移民的统治者，迁入南中后才逐渐被夷化。雍姓的祖先汉高祖六年（前206年）被封为什邡（今四川什邡）侯，元康四年（前62年）迁来滇池县，后与夷人融合，成为益州郡的夷人耆帅，《三国志·蜀书·张裔传》说："耆帅雍闿恩信著于南土。"他曾借助夷人力量反对王朝，杀建宁郡太守正昂，并假夷人"鬼教"缚太守张裔于吴。爨氏祖籍河东郡，迁来滇东后成为建宁郡（治今曲靖）的"方土大姓"。蜀时有"爨习为建伶（今昆阳）令，有违犯之事，[李]恢坐习免官，太守董和以习方土大姓，寝而不许"。为何不许？就因他已经夷化，有夷人的保护和支持。再如朱提郡的孟氏，原为严道县和武阳县令，东汉时迁来建宁郡，夷化后亦成为夷人首领，三国时有孟获追随雍闿抗蜀，为"夷汉所服"，当时益州夷不服从雍闿，"闿使孟获说夷叟曰：'官欲得乌狗三百头，膺前尽黑，蟎脑三斗，斫木构三丈者三千枚，汝能得不？'夷以为然，皆从闿。"① 孟获之所以能说服夷叟，也因他已是"桀黠能言议屈服种人"的"耆老"。诸葛亮曾把他作为夷人的代表而争取他的支持，诸葛亮"七纵七擒"孟获之说未必是事实，但"赦获使还""获等心服，夷汉亦思反善"②的记载，当有所据。因孟获是夷率，诸葛亮对他采取"攻心为上，攻城为下；心战为上，兵战为下"的策略，是可信的。

汉族移民被夷化，有以下原因：

**诸葛亮七纵孟获与夷人结盟的古盟台**
姜定忠摄

## （一）经济原因

汉族移民从某种意义上讲，在当时是先进生产力的代表者，手中不仅

---

① 《华阳国志·南中志》，刘注本，第352页。
② 《华阳国志·南中志》，刘注本，第353页。

掌有先进的生产技术，而且掌握先进的生产经营管理方式，土著民族对他们进行融合，可以学到先进的生产技术，取得经济实惠，所以乐而为之。王莽统治时期，文齐任益州太守，利用汉族移民"造起陂池，开通溉灌，垦田二千余顷"，直接向夷人传播修陂池的水利灌溉技术，推进夷、汉融合，收到"甚得其和"① 的效果。由经济相依共生导致的民族融合，是多民族统一国家民族融合发展的主流。

### （二）政治原因

郡县设置打破了民族和地区间的壁垒，为各民族的交往、迁徙、融合创造了条件。在实行郡、县统治的同时，封建王朝对土著民族进行羁縻统治，实行任用土长为王侯，让其"复长其民"；允许土著民族保留自己的生活习俗和宗教信仰，"齐其政不易其宜；修其教不易其俗"，并对苛掠土著人民的汉族官吏进行严惩的政策，客观上有利于社会的稳定和各民族的接近、团结与融合。如汉武帝"赐滇王王印"②；诸葛亮"皆即其渠率而用之"③；益州太守王阜"以法绳正"，严惩"放纵"苛掠夷人的汉官，使"吏民不敢犯禁"、"政教清静，百姓安业"④；东汉永初年间，益州刺使张乔"举劾奸贪长吏九十人，其绶六十人"，使益州郡"宁五十余年"⑤ 等，都是政治推进民族融合的事例。西汉以来移民实边屯垦，移民子孙世代为兵，久之成当地住户，子孙繁衍，渐成当地土著，也是政治促进民族融合的例子。

### （三）文化原因

中华文化是各民族文化的总合体，是自夏、商、周以来各民族共同创造的，对各民族的传统文化具有很大的包容性，各民族对它也有很强的认同性。章太炎说："中华之名词，不仅非一地域之国名，而且非一血统之种名，乃为一文化之族名。故《春秋》之义，无论同姓之鲁卫，异姓之

---

① 《后汉书·南蛮西南夷列传》，中华书局1965年版，第2846页。
② 《汉书》卷九十五《西南夷列传》，中华书局1962年版，第3842页。
③ 《汉晋春秋》，《三国志·蜀书·诸葛亮传》引，载《三国志》卷三十五，中华书局1959年版，第921页。
④ 《东观汉记》卷十八《王阜传》。
⑤ 《华阳国志·南中志》，刘注本，第348页。

齐宋，非种之楚越，中国可以退为夷狄，夷狄可以进为中国，专以礼教为标准，而无亲疏之别。其后经数千年，混杂数千百种人，而其称中华如故"。① 发端于春秋末年的孔子思想，经孟子继承发展形成的儒家学说，在中华传统文化中占有支配的地位，该学说"能行五者（恭、宽、信、敏、惠）于天下为仁""因民之所利而利之""四海之内皆兄弟"等的思想，在汉武帝"独尊儒术"后成为各民族团结相处，不断融合的思想基础。益州太守王阜的尊儒学"始兴起学校，渐迁其俗"②；益州西部都尉郑纯的"独尚清廉，毫毛不犯"③，因民之所利而利之；越嶲太守张翕的"政化清平，得夷人和"④，都是中华传统文化促进民族团结、融合的例子。

汉族移民大量移入云南，是在益州设郡之后。"汉武帝元封二年（前109年）叟反，遣将军郭昌讨平之，因开为郡，治滇池上，号曰益州。……汉乃募徙死罪及奸豪实之。"⑤ 至东汉末年，较早移入的汉民，大多融入土著。在夷化过程中移民中的统治者，亦夷化成为拥有"夷、汉部曲"的南中大姓。东汉的军制，屯军由领军、司马、军侯统领，"领军皆有部、曲。大将军营五部，校尉一人，比二千石；军司马一人，比千石；部下有曲，曲有军侯一人，比六百石；曲下有屯，屯长一人，比二百石。"⑥ 领军等移民统治者的"汉部曲"，从汉族移民屯卒中配给，"夷部曲"则由王朝"劝令大姓富豪出金帛"，在土著民族贫苦农民中进行招募。领军、司马、军侯既用"夷汉部曲"作战，又以他们从事农牧业和手工业生产。因此，南中大姓是具有政治特权、经济实力，能拥兵自重，左右地方政局的地方统治集团。在东汉末至东晋初年的一百多年中，他们一方面奴役夷人；另一方面利用夷人反抗王朝统治。他们虽还保有汉姓，甚至被封为太守，但实质上已是夷化了的汉人。他们中不少与夷人通婚，被夷人视为"恩若骨肉"的"百世遑耶"。如建宁大姓毛铣、李睿，朱提

---

① 章太炎：《中华民国解》，《民报》1907年第15期。
② 《后汉书》卷八十九《西南夷列传》，中华书局1965年版，第2847页。又见《华阳国志·南中志》，刘注本，第347页。
③ 《华阳国志·南中志》，刘注本，第347页。
④ 《后汉书》卷八十六《南蛮西南夷列传》，中华书局1965年版，第2853页。
⑤ 《华阳国志·南中志》，刘注本，第393—394页。
⑥ 《后汉书》志二十四《百官志》，中华书局1965年版，第3564页。

大姓李猛，都与夷人通婚。因建宁太守杜俊夺毛铣、李睿的部曲，朱提太守雍约触犯李猛，在太安元年（302年）三人联合起兵驱逐太守，晋王朝以南夷校尉李毅出兵镇压，毛铣、李猛被杀。"（李）睿走依遑耶五苓夷帅于陵承。……二年（302年），于陵承诣毅，请恕睿罪。毅许之。睿至，群下以为铣、睿破乱州土，必杀之。毅不得已，许诺。及睿死，于陵承及铣、猛遑耶怒，煽动谋反。"① 这件事说明南中大姓已不再是原来的汉族移民，已被土著融合，成为夷人生死与共的同族。

**昭通霍承嗣衣冠墓壁画中的"夷汉部曲""汉人部曲"（东晋）**
陈本明按原壁画绘

## 五 爨族：土著民族自融及融合汉族移民形成的民族共同体

西晋结束三国鼎立的局面，但因"五胡"（匈奴、羯、氐、羌、鲜卑五族）入主中原，晋室东迁，出现南北朝近三百年分治对峙的局面，各民族在相互斗争中碰撞、杂居、交流与融合，使南北朝成为我国各民族大分化、大组合、大融合的历史时期。作为这个时期民族大融合的一个有机

---

① 《华阳国志·南中志》，刘注本，第370页，亦见《华阳国志·后贤志·李毅传》、《晋书·李雄载记》。

组成部分，云南各土著民族通过自融及融合汉族移民，逐渐形成一个以"爨"为名称的新的历史民族共同体。这个共同体出现之前，南中的土著民族有属于氐、羌系的"昆人""叟人"（"大种曰昆，小种曰叟"）、僰人；属于百越系的濮人、"僚"人。《华阳国志·南中志》说："南中在昔盖夷、越之地"，诸葛亮南征，"李恢迁濮民数千落于云南、建宁界，以实二郡。""夷"即指氐羌系，"越""濮"指百越系。不管是氐羌，还是百越，都有大量的汉族移民融入其内。东汉末至东晋初的一百多年中，由于南中大姓的统治与争夺，不同土著民族之间、土著民族与汉族之间的融合，都创下了空前的纪录。爨族的形成，就是这两种融合的结果。

爨族与爨氏有密切相关。爨氏为三国、两晋、隋至唐时期之南中大姓，但史籍记载贫乏，"爨宝子""爨龙颜"二碑是考究爨族源流的重要史料，《爨龙颜碑》说：

> 君讳龙颜，字仕德，建宁同乐县人。其先世则少昊颛顼之玄胄，才子祝融之眇胤也。清源流而不滞，深根固而不倾，夏后之盛，敷陈五教，勋隆九土，纯化洽于千古，仁德播于万祀。故乃耀辉西岳，霸王郢楚，子文诏德于春秋，班朗绍纵于季汉。阳九远否，蝉退河东，逍遥中原，班彪删定汉纪，班固述修道训。爰暨汉末，采邑于爨，因氏族焉。……迁运庸蜀，流薄南入。

凌纯声认为："《爨龙颜碑》，文为爨氏自述，未尽可信，但有《新唐书·南蛮传下》'西爨自云本安邑人，十世祖晋南宁太守，中国乱，遂王蛮中的'记载，可作为可信之旁证。安邑在今山西之运城县，夏代禹所都，战国为魏都，战国策有魏爨襄其人。可见爨自云本安邑人亦不为无因，《后汉书》云'爨氏望出晋昌，后汉河南尹爨肃'，晋昌在今湖北之竹谿等县，为古之庸地，可为碑文'迁于庸蜀'的旁证，可见云南之爨，并非土著而汉化的民族，乃中原民族之没于蛮者。"[①] 持异说者认为，"战国时代已有姓爨者爨襄（见《战国策·魏策》），无须如《爨龙颜碑》所说'爰暨汉末，采邑于爨，因氏族焉。'此碑所述之祖先系统出诸攀附，

---

[①] 凌纯声：《唐代的乌蛮与白蛮》，《人类学集刊》第1卷第1期，第62—63页。

其源于中原之说为不可靠，汉晋之爨氏源于同乐（陆良）。《爨龙颜碑》所述其先世事迹当出伪造。建宁爨氏又为汉化极深之土著。"① 凌氏的"爨氏为中原民族没于蛮者说"，王氏的"爨氏为汉化极深的土著说"，有一个共同的特点，都是以民族融合为核心，而不管是汉族融合于土著，还是土著被逐渐汉化，爨氏的族属都是土著，爨族共同体的形成，是以土著为主体进行的。

"爨人"之名始于何时？关系到爨族共同体形成的时间，这是首先需要讨论的问题。元人李京《云南志略》说："爨深为兴古太守……爨人之名始此。"② 又说："晋成帝以爨深为兴古太守，自后爨瓒、爨震，相继不绝。"晋成帝在位于咸和元年（326 年）至咸康八年（342 年），惟不知具体是何年以爨琛（深）为兴古太守。永兴元年（304 年），李雄自称"成都王"③。咸和七年（332 年），李雄遣李寿征宁州，爨深和其他大姓投降李雄，次年宁州刺史尹奉降，李雄"遂有南中之地"。咸和八年（333年）"分宁州④置交州，以霍彪为宁州刺史，建宁爨深为交州刺史。"因此，晋成帝以爨深任兴古太守，不可能在咸和八年（333 年）之后，"爨人之名"当出现在咸和八年以前。换句话说，"爨族共同体"在咸和八年之前，已基本形成。但因当时大姓各自为政，五十八部夷族尚不统一，要形成爨民族共同体，条件尚未具备。咸康五年（339 年），"建宁太守孟彦率州人缚宁州刺史霍彪于晋"。次年三月，霍彪、孟彦死于李氏发动的攻击，至此，南中大姓担任刺史者，仅剩爨深一人。晋穆帝永和三年（347 年），晋将桓温代蜀，李氏亡，宁州复为晋有，但晋已无力顾及南中，从而造成爨氏称霸南中的局面。在爨氏的统治下，不仅南中五十八部夷族实现统一，而且未夷化的大姓及汉人融入其内，从而形成爨族共同体。

"爨人"是不是一个民族共同体？是另一个需要讨论的问题。天启

---

① 王吉林：《唐代南诏与李唐关系之研究》，东吴大学中国学术著作奖助委员会出版（1976年7月），第 70、67 页。

② "爨深"，《晋书·王逊传》、《元和姓纂》作"爨琛"。

③ 巴人李特、李雄父子在晋王朝"八王之乱"期间，聚集流民起事，于太安二年（303 年）攻入成都，次年（304 年）李雄据益州自称"成都王"（《华阳国志·李雄志》）。

④ 宁州为晋泰始六年（270 年）置。《华阳国志·南中志》说："以益州大，分南中四郡为宁州。"领建宁、云南、永昌、兴古四郡。太安元年朱提郡从益州改隶宁州。太康三年（282 年）罢宁州，置南夷府，以天水李毅为校尉，持节统兵镇南中，统五十八部夷族。

《滇志·爨蛮》条说,"爨人"之所以名"爨",是"从其酋长之姓耳"!此言不错,但"爨"字在此并不是指姓氏,而是指一个新的民族共同体。用唐人樊绰的话说,是"风俗名爨也"①。方国瑜说:"东晋以后,在爨氏统治地区,其原住土著之主要者曰叟人,迁徙而来者曰汉人,分别户籍后合而称曰爨人。所以有爨人之名,不仅与其统治家族有关,且有其社会基础而立新名。是时爨人为当地居民之称,实为叟人与汉人融合之共同体。"② 其言甚是。

作为一个新兴的民族共同体,"爨族"具有以下特征:

第一,有共同的地域。《爨龙颜碑》称其为"东西二境",即"东爨乌蛮"、"西爨白蛮"的分布地。樊绰《蛮书》说:"西爨,白蛮也。东爨,乌蛮也。当天宝中,东北自曲(今昭通地区)、靖州(今贵州威宁),西南至宣城(元江),邑落相望,牛马被野,在石城(今曲靖)、昆川(今昆明)、曲轭(今马龙)、晋宁(今晋宁)、喻献(今澄江)、安宁(今安宁)至龙和城(今禄丰),谓之西爨。在曲州(今昭通)、靖州(今贵州威宁)、弥鹿川(今泸西)、升麻川(今寻甸、嵩明),南至步头(今建水),谓之东爨。"③

用现今的地名表述,"东境"(东爨乌蛮地区),在昭通、鲁甸、镇雄、彝良、宣威、会泽、巧家、东川、寻甸、嵩明及贵州省的威宁、水城、毕节、大定、安顺、兴义等地。"东境"之北界与戎州(宜宾)接,梁睿上疏说:"爨瓒窃据一方,……朱提北境,即与戎州接界。"④ "西境"(西爨白蛮地区),在今曲靖、马龙、晋宁、昆明、澄江、江川、玉溪、安宁、禄丰、禄劝、武定、元谋、姚安、大姚、祥云、弥渡及洱海地区⑤,南至通海、石屏、建水、开远、蒙自、个旧、邱北、屏边、河口、马关、元江等地。《新唐书·南蛮传》说:"西爨故地与峰州为邻",峰州

---

① (唐)樊绰:《蛮书·名类第四》。引自向达《蛮书校注》(本文以下简称向注本),中华书局1962年版,第82页。
② 方国瑜:《隋书·梁睿传·梁睿请略定南宁疏概说》,载方国瑜主编:《云南史料丛刊》第一卷,云南大学出版社1998年版,第328—329页。
③ (唐)樊绰:《蛮书·名类第四》,向注本,第82页。
④ 《隋书》卷三十七,中华书局1973年版,第1126页。
⑤ 《隋书》卷五十三《史万岁传》:史万岁击西爨,"自蜻蛉川(今永仁、大姚),经弄栋(姚安),次小勃弄(今祥云)、大勃弄(今弥渡红崖),渡西二河,入渠滥川(今凤仪)。"因此西境达洱海地区,所以《通典》说,"爨之西,洱海为界"。

在今越南境，河口为峰州与西爨的交界。峰州以北有爨人分布，该地的"僚子""和蛮"多被融合。红河南岸未被融合的土著，也受爨氏家族统辖。概而言之，爨人的共同地域为明清时期的昭通、东川、曲靖、武定、寻甸、云南、澄江、广西、临安、元江诸府、州。在这个广大地域之内，居民以爨人为主，但也有非爨人的其他民族。方国瑜说："西爨或南宁州地区，可以包括洱海区域，但不能认为西爨或南宁州地名之内的居民就是爨人"①，这一看法反映了历史真实。

"东西二郡"皆由爨氏统治，北周时为爨瓒窃据，延袤两千余里，瓒死，"子震、玩分统其众。"隋开皇初，爨氏遣使朝贡，隋在东爨地朱提郡置恭州，为震所据；在西爨地置昆州，以玩为刺史。玩叛，史万岁击之，震、玩惧而入朝，文帝诛之。东、西两爨乌、白蛮之分，是由于二者的社会经济发展不平衡。西爨白蛮农牧业发达，出现"邑落相望""牛马被野"的繁荣景象。由于融合的汉人较多，受汉族的影响也较大，西爨白蛮有"熟蛮"之称。② 东爨乌蛮散居林谷，"土多牛马，无布帛，男女悉披牛羊皮"③，社会经济还处于以牧业为主的阶段。

第二，有共同的经济生活。东爨乌蛮牧业经济和西爨白蛮农业经济的互补，是爨人共同经济生活的基础和特征。《隋书·梁睿传·请略定南宁疏》说：南宁州"近代已来，分置兴古、云南、建宁、朱提四郡，户口殷众，金宝富饶。二河（洱海）有骏马、明珠，益宁出盐井犀角"。④ 所述四郡包括东西两爨的大部分地区，其经济上的繁荣富裕，是以两爨经济的互补共生为前提的。两爨除进行农产品和畜产品的互市之外，盐是西爨交换到东爨的一个大宗商品。樊绰《蛮书》说："安宁城中皆石盐井，深八十尺。城外又有四井，……升麻（今寻甸、嵩明）、通海（今通海）以来，诸爨蛮皆食安宁井盐。"⑤《南诏德化碑》说："安宁雄镇，诸爨要冲，山对碧鸡，波环碣石，盐池鞅掌，负荷频繁，利及牂欢。城邑绵延，势连戎夔（今四川宜宾）。"安宁盐井在西爨白蛮地区，牂即牂州（今贵州西部），是东爨乌蛮的分布地。欢，指欢州，驻越南荣市。戎夔以南至

---

① 方国瑜：《彝族史稿》，四川人民出版社1984年版，第199页。
② 《隋书·梁睿传》，中华书局1973年版，第1126页。
③ （唐）樊绰：《蛮书·云南界内途程第一》，向注本，第31页。
④ 《隋书》卷三十七，中华书局1973年版，第1126页。
⑤ （唐）樊绰：《蛮书·云南管内物产第七》，向注本，第184—187页。

石城（曲靖）亦为东爨乌蛮所居，所谓"城邑绵延，势连戎僰"，生动地说明东西两爨的食盐交易，不但范围广泛，而且有城镇作依托，在经济上已形成为一个整体。

第三，有"俗尚巫鬼"，崇拜鬼主的共同信仰及建立在鬼主崇拜基础上的政治制度。东爨乌蛮，"大部落则有大鬼生，百家二百家小部落亦有小鬼生，一切信使鬼巫，用相服制"。① 西爨白蛮亦崇拜巫鬼，其酋长亦称鬼主。如爨崇道"理曲轭川（今马龙），为两爨大鬼主"。② 樊绰《蛮书》说："两爨大鬼主崇道者，与弟日进、日用居安宁城左"。③《南诏德化碑》说：爨彦昌为"螺山大鬼主"，螺山在今昆明普吉，为西爨白蛮地区。鬼主是祭祀鬼神的主祭者，又是部落的酋长。鬼神崇拜是西南土著民族的原始宗教，源远流长。三国时期，诸葛亮以夷"俗征巫鬼……乃为夷作图谱，先画天、地、日、月、君长、城府；次神龙……夷甚重之"④ 建兴元年（223年），益州郡大姓雍闿杀太守正昂附吴，蜀以张裔为益州太守，闿不从，乃假"鬼教"曰："张府君如瓠壶，外虽泽而内实粗，不足杀，令缚与吴。"⑤ 诸葛亮、雍闿利用"鬼教"来实现政治目的，说明"鬼教"在夷人心目中占有重要的地位。但三国时，部落酋长未称"鬼主"，只是"桀黠能言议屈服种人者"的"耆老"。"鬼主"一词及"大部落则有大鬼主，百家二百家小部落亦有小鬼主，一切信使鬼巫，用相服制"的鬼主制度，是在爨人共同体形成之后才见于记录的，是"风俗名爨"的重要内涵和特征。爨崇道被称为"两爨大鬼主""南宁州大鬼主"⑥，说明崇拜鬼主，通行鬼主政治，是东、西两爨乌、白蛮具有共同心理素质和文化特征的反映。尽管西爨白蛮融合的汉人多，"其地沃壤，多是汉人"⑦"土俗惟业水田"⑧"收获亦与中夏同"⑨，而且还传承《爨

---

① （唐）樊绰：《蛮书·云南界内途程第一》，向注本，第31页。
② 《新唐书》卷2227下《南蛮下》，中华书局1975年版，第6316页。
③ （唐）樊绰：《蛮书·名类第四》，向注本，第83页。
④ 《华阳国志·南中志》，方国瑜主编：《云南史料丛刊》第一卷，云南大学出版社1998年版，第254页。
⑤ 《三国志》卷四十一，《蜀书·张裔传》，中华书局1959年版，第1011—1012页。
⑥ 见《南诏德化碑》。
⑦ 《隋书》卷三十七《梁睿传》，中华书局1973年版，第1127页。
⑧ （唐）樊绰：《蛮书·云南管内物产第七》，向注本，第171页。
⑨ 《通典》卷一八七。

宝子碑》《爨龙颜碑》"文体书法，汉晋正传，体制古茂，非唐宋人所及"①那样的汉文化，但他们崇拜"鬼主"，通行鬼主政治制度的民族特征没有改变。

第四，有夷化汉人作为沟通两爨语言的媒介。两爨蛮语言不同，樊绰《蛮书》说：西爨白蛮"言语音最正，蒙舍蛮（乌蛮）次之……大虫（虎）谓之波罗，犀谓之矣，带谓之佉苴，饭谓之喻，盐谓之宾……东爨谓城为弄，谓竹为蔑，谓盐为昫……言语并与白蛮不同"。②但这不影响"爨人共同体"的存在。因西爨白蛮、东爨乌蛮中都有大量汉人融入。许多夷化的汉人既通晓西爨、东爨的语言，又传承自己的母语（汉语），他们是两爨之间，也是同一爨不同部落之间相互沟通的媒介。在曲州、靖州分布的阿等路、阿旁、阿竿路、暴蛮、卢鹿蛮、磨弥殿等东爨部落，其语言"三译四译乃与华通"，说明即使同为东爨乌蛮的不同部落，也有语言障碍，充当翻译的亦是夷化了的汉人。东爨语与西爨语是两种不同的语言，二者之间的沟通，夷化汉人是主要的媒介。当然，因两爨之间的互融，不能排除他们之间也有能使用对方语言进行交流的情况。

爨族共同体的出现，标志着自秦汉中央集权统一多民族国家建立以来，云南土著民族之间及其与汉族之间的民族融合，已进入一个新的发展阶段。这是南北朝时期祖国内地民族大融合在云南的反映。民族融合产生的内聚力，使中国大一统多民族国家血肉不可分割。在云南，尽管因南北朝分裂，出现爨氏"恃远擅命，数有土反之虞"的情况，但爨氏仍奉中朝正朔，自命为中朝的刺史、太守，不能与中原王朝分裂。

爨族的形成为南诏统一云南奠定了基础。南诏国是云南土著各族自融及融合汉族的政治生成物。天宝元年（742年），唐朝在安宁筑城，图谋以安宁作为控制爨区，通往南部的重镇，诸爨反之，群杀筑城使者，唐朝调南诏兵进行镇压，诸爨"不战而降"，南诏进而以爨族共同体作为基础，将整个云南统一在自己的旗下。大理国主段思平亦利用爨族共同体对滇东地区进行统治。《石城会盟碑》说，大理国明政三年（971年），段思平"合集三十七部（黑爨、松爨）颁赐职赏，故乃与约盟誓"。所谓"颁赐职赏"，就是利用爨人共同体原有的基础进行统治。

---

① 袁嘉谷：《滇绎·爨世家》，《爨龙颜碑》为大爨碑、《爨宝子碑》为小爨碑。
② （唐）樊绰：《蛮书·蛮夷风俗第八》，向注本，第216页。

爨族共同体，自东晋永和三年（347年）爨氏统一南中形成，至唐天宝五载（746年）南诏阁罗凤灭爨氏而告终，历时四百余年。其后在南诏、大理国新的民族大融合、大分化中，形成名曰"白爨""黑爨"的两个民族实体，前者发展为今天的白族、后者发展为今天的彝族。像古代的匈奴、鲜卑、突厥、回纥、契丹、女真等相继消失的民族那样，爨族是云南历史上存在过的一个历史民族。它是在云南土著民族自融及融合汉族移民中产生的，也是在新的民族融合中分化解体消失的。

## 六　南诏国、大理国：云南土著民族自融及融合汉族移民形成的政治实体

初唐时期，洱海地区部族林立，其中较大者史称"六诏"。《旧唐书·南诏传》说："姚州之西，其先渠帅有六，自号六诏，兵力相埒，各有君长，无统帅。"其中的蒙嶲诏在今漾濞，蒙舍诏居蒙舍川（巍山盆地），邓赕诏在今洱源东南邓川，施浪诏在今洱源北部三营，浪穹诏在今洱源，越析诏在今宾川。蒙舍诏因位居六诏之南而称南诏。南诏王姓蒙，始祖舍龙自哀牢（今云南保山）东迁至蒙舍川。唐贞观二十三年（649），其王细奴逻以今巍山的陇圩图为都，建"大蒙国"。开元二十六年（738年），唐玄宗授南诏王皮逻阁为特进台登郡王，知沙壶州刺史，赐名归义。后又封他为"云南王"。皮逻阁在唐的支持下灭越析、邓赕、浪穹、施浪四诏，统一了洱源地区。开元二十七年（739），皮逻阁迁都于大和城，建立南诏国。"大和城北去阳苴咩城一十五里。巷陌皆垒石为之，高丈余，连延数里不断。城中有大碑，阁罗凤清平官郑蛮利之文，论阻绝皇化之由，受制西戎之意。"[①] 大和城即太和城，遗址在今大理县太和村。"大碑"即《南诏德化碑》，为全国重点保护文物，立于今太和村西里许之山坡上。游人参观此碑时，尚可见太和城古城墙遗迹，其中残留至今的一段高3米，是用土夯筑的。自开元二十七年（739）至大历十四年（779），太和城作为南诏之京都，历时40年。

南诏王国之建立，不但打破了洱海地区各部族林立的状态，而且为东晋以来云南的民族大融合构筑了一个更大的空间。推动这个时期民族大融

---

[①] （唐）樊绰：《蛮书·六睑第五》，向注本，第116页。

合的一个重要因素,是南诏进行多次规模空前的强制性大移民。第一次在天宝七载(748年),为阁罗凤所为。樊绰《蛮书》说:阁罗凤"遣昆川城使杨牟利以兵围胁西爨,徙二十余万户于永昌城(今保山市),……是后,自曲、靖州、石城、升麻川、昆川南至龙和以来,荡然兵荒矣。日用(安宁西爨白蛮鬼主)子孙今并在永昌城界内。"[1] 后来阁罗凤又将东爨乌蛮徙居西爨故地。如《元史·地理志·昆阳州》条说:"阁罗凤叛唐,令曲缚蛮居之";《安宁州》条说:阁罗凤令"乌、白蛮迁居";《弥勒州》条说:"些莫徒蛮之裔弥勒得郭甸、巴甸、部笼而居之。故名其部曰弥勒";《河西县》条说:"天宝后没于蛮为步雄部"。第二次在贞元十年(794年),为异牟寻所为。是年异牟寻破掠吐蕃城邑,收获弄栋城(白蛮),迁于永昌之地[2];同年,破铁桥(在今玉龙县西塔城)西北吐蕃控制的大施赕、小施赕、剑寻赕,迁乌蛮"施、顺、磨些"诸种数万户以实其地(指拓东,今昆明),又迁永昌(今保山)"望苴子、望外喻等千余户分隶城(拓东)傍"[3];洱河城邑的河蛮,先被皮逻阁逐往浪诏,后被移往云南东北拓东[4];铁桥北的裳人数千户,被徙于云南东北诸川;剑川、邓川的顺蛮及浪穹诏、邓赕诏王族,被置于云南白崖(今弥渡白崖)及永昌(今保山)[5]。被迁徙到西爨白蛮地区的还有金齿蛮。《元史·地理志·金齿宣抚司》说:"南诏蒙氏兴,异牟寻破群蛮,尽虏其人,以实云南东北。"所有被迁徙到新地的族类,均与当地原住民族错杂而居,从变服从其俗到互为"婚姻之家"而融为一体。

南诏时期民族大融合,以南诏"东西三千里,南北四千六百里"[6] 的疆域为空间,"东距爨,东南属交趾(今越南北部),西摩伽陀(即婆罗门,指今印度,见《旧唐书·天竺国传》),西北与吐蕃接,南女王(今老挝桑怒)、西南骠(即骠国,今缅甸中部)、北抵益州(指大渡河以

---

[1] (唐)樊绰:《蛮书·名类第四》,向注本,第86页。
[2] (唐)樊绰:《蛮书·名类第四》弄栋蛮条,向注本,第91页。
[3] (唐)樊绰:《蛮书·云南城镇第六·拓东城》,向注本,第138页。据方国瑜《中国西南历史地理考释》,望苴子,为望蛮军户,望蛮是佤族先民,望蛮外喻部落,可能在今澜沧、西盟、沧源等地。
[4] (唐)樊绰:《蛮书·名类第四·河蛮条》,向注本,第92页。浪诏亦称三浪,为浪蛮诏、施浪诏、邓赕诏之简称。
[5] (唐)樊绰:《蛮书·名类第四》及《六诏第三》,向注本,第95页。
[6] 王本《南诏野史》。

北），东北际黔巫（今贵州西北部）。"① 在这个广大地区，南诏设"十睑"（夷语睑若州）②及弄栋（治今姚安）、拓东（治今昆明）、永昌（治今保山）、宁北（治今剑川）、银生（治今景东）、镇西（即丽水，治在今伊洛瓦底江上游地区）、铁桥（治今玉龙县塔城）七节度及通海（治今通海）、会川（治今四川会理）二都督进行统治③，由节度使、都督领之。疆域内各族的迁徙与交融，皆由其统管。对境外居民，南诏则通过战争进行掳掠，通过奴役，让其与境内居民融合，如太和六年（832年），"劫掠骠国，掳其众三千人隶配拓东，令之自给"；太和九年（835年）破弥臣国，"掳其族三二千人，配丽水（伊洛瓦底江）淘金"。④ 隶配拓东的骠国人，与爨人杂居，共同耕垦，在密切交往中逐渐融合于爨；配丽水淘金的弥臣国人，一部分当流入南诏腹地，融入当地居民。南诏与四邻各国关系密切，"缅甸、暹罗（泰国）、大秦（指大秦婆罗门国印度），此皆（南诏）西通诸国；交趾（越南北部）、八百（秦国北部）、真腊（柬埔寨）、占城（越南中部）、挝国（老挝），此皆（南诏）南通诸国"。⑤ 这些国家的居民，因战争被掳，经济交往，行医传教等进入南诏，融入南诏民族的人数也不少。

南诏时期的民族融合，是云南历史上规模空前，汉文化备受推崇的民族融合，其主要表现是：

第一，被土著融合的汉族人口数量多。白居易《新丰折臂翁》说：唐朝前后征南诏，"千万人无一回"⑥。这个数字不免有夸大，但唐朝四次用兵征南诏，战败后流落云南，融入云南土著的汉人，数量是空前的。《旧唐书·杨国忠传》说："自仲通、李宓再举讨蛮（南诏）之军，其征发皆中国利兵……凡举二十万众，弃之死地，支轮不还。"又"李宓伐

---

① 《新唐书·南蛮下》卷二二二上，中华书局1975年版，第6267页。
② "十睑"为云南睑（治今祥云县云南驿）、白崖睑（即勃弄睑，治今弥渡县红岩）、品澹睑（治今祥云）、邓川睑（治今洱源县邓川）、蒙舍睑（治今巍山）、大厘睑（治今大理喜州）、羊苴咩睑（治今大理）、蒙秦睑（治今漾濞）、矣和睑（在今洱海东北）、赵川睑（治今下关凤仪）。
③ 《新唐书·南诏传》。樊绰《蛮书·云南城镇第六》所记为八节度：云南、拓东、永昌、宁北（即剑川）、镇西（即丽水）、开南、银生、铁桥。开南、银生（治景东），实为一个。
④ （唐）樊绰：《蛮书·南蛮疆界接连诸蕃国名第十》。
⑤ （元）张道宗：《纪古滇说集》。
⑥ 《全唐诗》排印本卷四二六。《白氏长庆集》卷三。

蛮，于龙尾城误，陷军二十万众，今为万人冢。"① 二十万之兵，除战死疆场之外，多数被俘后逐渐融入云南土著。南诏攻打嶲州（今四川西昌）、成都等地，被俘的汉人数量巨大，亦融入云南土著。如至德元年（756 年）南诏攻入越嶲，被俘掠的"子女玉帛百里塞途"。唐朝收复越嶲后，阁逻凤命长男凤迦异再攻越嶲，结果是"越嶲再扫，台登涤除，都督见擒，兵士尽虏"②。太和三年（829 年），蒙嵯巅"悉众掩邛、戎、嶲三州，陷之，入成都，止西郭十日……将还，掠子女工技数万引而南……至大渡河，谓华人（汉人）曰：'此南吾境，尔去国，当哭。'众号恸，赴水死者十三"。③ 被俘的汉人中，既有三十六巧匠，又有像嶲州西泸县令郑回、著名诗人雍陶那样的政治、文化人。"郑回者，本相州人，天宝中举明经，授嶲州西泸县令，嶲州陷，为所虏。阁罗凤以回有儒学，更名曰蛮利，甚爱重之，命教凤伽异。及异牟寻立，又命教其子寻梦凑（阁劝）。回久为蛮师，凡授学，虽牟寻、梦凑，回得棰挞。故牟寻以下，皆严惮之。蛮谓相为清平官，凡置六人，牟寻以回为清平官，事皆咨之，秉政用事。余清平官五人，事回卑谨，或有过，回辄挞之。"④ 他是《南诏德化碑》的作者，《蛮书·六睑第五》云："太和城中有大碑，阁罗凤清平官王蛮利之文。"郑回更名蛮利，成为南诏王决国事轻重，犹如唐朝宰相那样的重臣，说明他已经夷化。后来还成为当地人民崇拜的土主之一。雍陶，字国铸，成都人，工于词赋，太和三年（829 年）南诏攻入成都，他与数万汉人被掳至云南。他记录汉人被掳入云南的情况，著《哀蜀人为南蛮俘虏》诗五首：一曰《初出成都闻哭声》："但见城池还汉将，岂知佳丽属蛮兵，锦江南渡遥闻哭，尽是离家别国声。"二曰《过大渡河蛮使许之泣望乡国》："大渡河边蛮亦愁，汉人将渡尽回头，此中剩寄思乡泪，南去应无水北流。"三曰《出清溪关有迟留之意》："欲出乡关行步迟，此生无复却回时，千冤万恨何人见，唯有空山鸟兽知。"四曰《别嶲州一时恸哭云日为之变色》："越嶲城南无汉地，伤心从此便为蛮，冤声一恸悲风起，云暗青天日下山。"五曰《入蛮界不许有悲泣之声》："云南

---

① 《旧唐书》卷一〇六，中华书局 1975 年版，第 3243 页。
② 《南诏德化碑》。又见《旧唐书·南诏传》，卷一九七，中华书局 1975 年版，第 5281 页。
③ 《通典》卷一八七。亦载《旧唐书》卷一六三《杜元颖传》，中华书局 1975 年版，第 4264 页。
④ 《旧唐书》卷一九七，《南蛮·西南蛮传》，中华书局 1975 年版，第 5281 页。

路出陷河西，毒草长青瘴色低，渐近蛮城谁敢哭，一时收泪羡猿啼。"①

不堪官人压迫剥削逃入南诏，融入土著的汉人，数量也不可胜计。圣历元年（698年）蜀人陈子昂《蜀川安危事》疏说："蜀中诸州百姓所以逃亡者，实缘官人贪暴，……剥削既深，人不堪命，百姓失业，因而逃亡。"姚州（今姚安）是汉人大量逃往之地，"剑南逋逃，中原亡命，有二千余户，见散在彼州。"②因此，蜀州刺史张柬之上疏，主张罢姚州，而"于泸北置关，百姓自非未奉使入蕃，不许交通往来"。③

在融入南诏土著的汉人中，有不少是唐以前流入云南，但至南诏时才完全被夷化的汉人，如洱海地区被称为白蛮，铁桥（在今玉龙县塔城乡）地区被称为裳人的人就是这样。樊绰《蛮书》说，渠敛赵（今下关凤仪）"有大族王、杨、李、赵四姓，皆白蛮也，云是蒲州人，迁徙至此。"④蒲州在山西汾河下游。这些保留汉姓的人不知其迁徙年月。又"河蛮"是白蛮之一，"有数十百部落，大者五、六百户，小者二、三百户，无大君长，有数十姓，以杨、李、赵、董为名家，各据山川，不相役属。自云其先本汉人，有城郭村邑，弓立矛铤，言语虽小讹舛，大略与中夏同。有文字，颇解阴阳历数。"⑤其分布六诏皆有，他们聚族而居，在语言、城郭村邑、农业种植等方面尚保有"大略与中夏同"的特征，但他们已不是汉人，而是"蛮"，或是尚未完全被夷化的汉人后裔。后被移往拓东，部落被打散，最后在滇东被完全夷化。又"裳人，本汉人也。部落在铁桥北，不知迁徙年月。初袭汉服，后稍参诸戎风俗，迄今朝霞缠头，其余无异，贞元十年（794年），南诏异牟寻领兵攻破吐蕃铁桥节度城，获裳人数千户，悉移于云南东北诸川。"⑥由于裳人是正融入夷人的汉人，所以有"汉裳蛮"之称。《新唐书·汉裳蛮传》云："汉裳蛮本汉人，部种在铁桥（今玉龙县塔城），惟以朝霞缠头，余尚同汉服。"裳人被南诏异牟

---

① 《全唐诗》卷五一八。
② 《旧唐书》卷九十一，《张柬之传》，中华书局1975年版，第2940页。
③ 同上。
④ （唐）樊绰：《蛮书·六睑第五》。方国瑜主编：《云南史料丛刊》第2卷，云南大学出版社1998年版，第49页。
⑤ 梁建方：《西洱河风土记》。方国瑜主编：《云南史料丛刊》第2卷，云南大学出版社1998年版，第218页。
⑥ （唐）樊绰：《蛮书·名类第四》，向注本，第92页。

寻迁往云南东北诸川（今楚雄彝族自治州境内）后，亦最终夷化成土著。

第二，汉族的先进文化被大量吸收。汉族的先进生产技术促使南诏生产力发展，经济发展水平与内地相埒。樊绰《蛮书》说："蛮治山田，殊为精好"；"每耕田用三尺犁，格长丈余。两牛相去七八尺，一佃人前牵牛，一佃人持按犁辕，一佃人秉耒"；"从曲、靖州已南，滇池已西，土俗惟业水田。种麻豆黍稷，不过町疃。水田每年一熟，从八月获稻，至十一月十二月之交，便于稻田种大麦，三月四月即熟。收大麦后，还种粳稻。小麦即于冈陵种之，十二月下旬已抽节，如三月小麦与大麦同时收刈。"① 由此可见其耕作方法、耕作制度、农作物种类，与内地无异。若与"河蛮"的农耕作比较，可知这种"与中夏同"的农业生产技术，是由诸如"河蛮"一类的汉族移民传去的。又南诏"蛮地无桑，悉养柘蚕绕树，村邑人家柘林多者数顷，耸干数丈，二月初，蚕已生，三月中茧出，抽丝法稍异中土，精者为纺丝绫，亦织为锦及绢"，但"俗不解织绫罗，自太和三年（829年）蛮贼寇西川，虏掠巧儿及女工非少，如今悉解织绫罗也"。南诏的煮盐技术高，盐产量大，供整个爨区食用。其煮盐技术，虽不见有汉传的记载，但可从昆明（今四川盐源）盐的生产考之。樊绰《蛮书》说："昆明城有大盐池，比陷吐蕃，蕃中不解煮法，以咸池水沃柴上，以火焚柴成炭，即于炭上掠取盐也。真元十年（794年）春，南诏收昆明城，今盐池属南诏，蛮官煮之，如汉法也"；"蛮法煮盐，咸有法令"，南诏经营昆明盐池，从煮盐技术到生产管理，无不照搬汉式，估计就是从安宁盐井传去的。代表南诏生产力水平的是钢铁冶炼，以其钢铁所铸的兵器"铎鞘"，锋利无比，"所指无不洞"，而浪剑（南诏剑）"尤精利"，"造剑法，锻生铁，取进汁，如是者数次烹炼之，剑成即以犀装头，饰以金碧。"② 其炼铁铸剑，虽有地方民族特点，但工艺如汉法，为融入土著的汉人工匠所传是不成问题的。

汉文化对南诏的影响，还表现在社会生活的诸多方面："衣服略与汉同"；家居住宅"上栋下宇，悉与汉同"；"城池郭邑，皆如汉制"；丧葬"依汉法为墓，稍富室广栽杉松"；节日"粗与汉同"③。南诏京都阳苴哶

---

① （唐）樊绰：《蛮书·云南管内物产第七》，向注本，第171—172页。
② 同上书，第204—205页。
③ 同上书，第207—216页。

城，天宝二年（743年）筑，其建筑结构及风格都受唐朝宫殿的影响。《元史·地理志》说："城中有五华楼"，严希陵《南诏故都丛谈》认为，五华楼即"南诏大衙"①，"阳苴咩城，南诏大衙门，上重楼，左右又有阶道，高二丈余，甃以青石为磴。楼前方二三里，南北城门相对，大和往来通衢也。从楼下门行三百步至第二重门，门屋五间。两行门楼相对，各有榜，并清平官大军将六曹长宅也。入第二重门，行二百余步，至第三重门。门列戟，上有重楼。入门是屏墙，又行一百余步，至大厅，阶高丈余，重屋制如蛛网，架空无柱。两边皆有门楼。下临清池。大厅后小厅，小厅后即南诏宅也。客馆在门楼外东南二里，馆前有亭，亭临方池，周回七里，水深数丈，鱼鳖悉有。"②

大理崇圣寺之三塔，中者为大，高三十丈，外方内空，左右二塔差小，各铸金为金翅鸟，立其上以压龙，塔顶有铁铸款识，云贞观六年（632年）尉迟敬德监造，开元初、南诏修之，请唐匠恭韬、徽义重造。其样制精巧，风格似西安小雁塔。阮元声《南诏野史》说："磋巅建大理崇圣寺，基方七里，圣僧李贤者，定立三塔，高三十丈，佛一万一千四百，屋八百九十，铜四万五百五十斤"。蒙磋巅至成都，掠子女工技数万人入南诏，崇圣寺之建筑及冶金造像，皆出蜀人之手。崇圣寺六观音铜像，舜化贞时（唐昭宗光化二年，即889年）清平官郑买嗣合十六国铜所铸，成像者即为蜀人李嘉亭。③两铜观音高二丈四尺，全身鎏金，光芒四射。崇圣寺铜钟，径可丈余，厚及尺，声闻百里。上有"维建极十二年岁次辛卯三月丁未朔二十四日庚午建铸"的字样。建极为世隆年号，十二年为咸通十二年（871年），此时距太和三年（829年）嵯巅在成都掳数万汉人入南诏已经四十二年，汉文化在南诏的弘扬，已进入全盛时期，从钟上所镌金刚、智宝、大轮、妙法、胜业、梵响、波罗密、增长、大梵、广目、多闻、天主帝释、持国各天王像的内容和工艺来看，当亦出自汉人工匠之手。从下面《南诏图传》（《南诏史画卷》）所反映的唐风和社会文化生活，也可以看出汉文化对南诏、大理诸土著民族的巨大而深刻的影响。

---

① 见徐嘉瑞《大理古代文化史稿》，中华书局1978年版，第150页。
② （唐）樊绰：《蛮书·六睑第五》，向注本，第118—119页。
③ 参见徐嘉瑞《大理古代文化史稿》，中华书局1978年版，第147、251页。

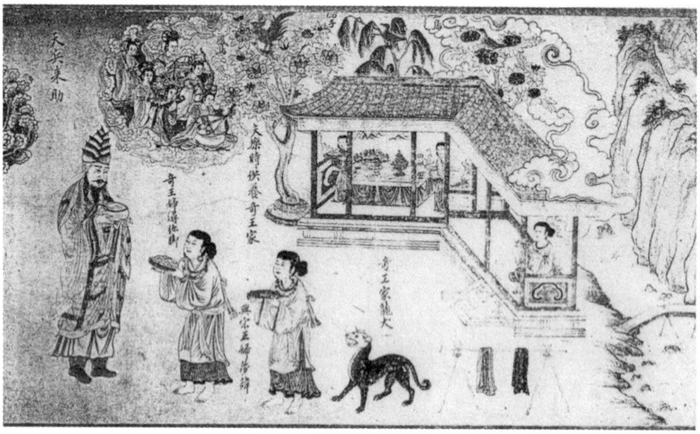

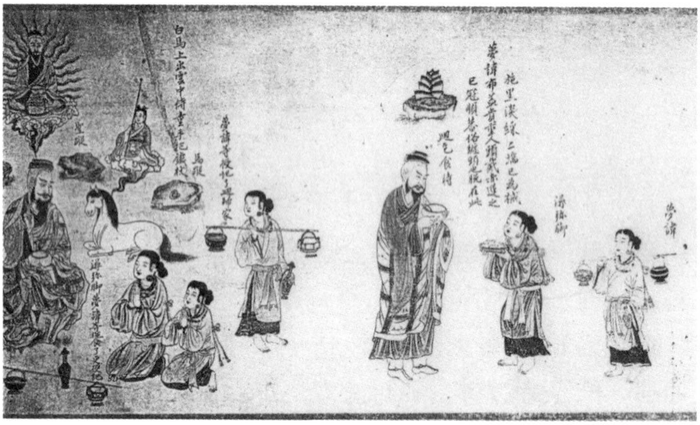

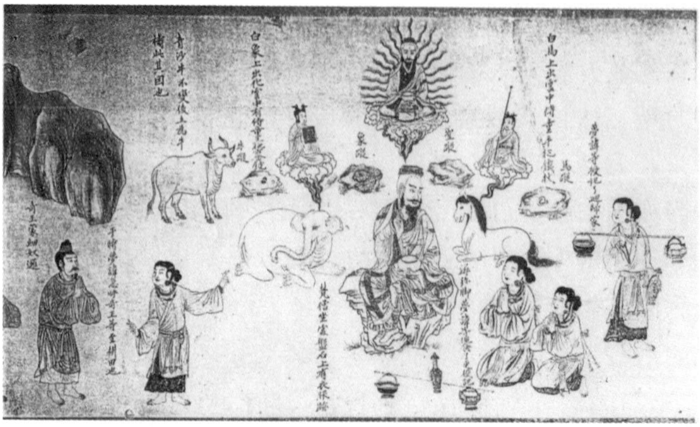

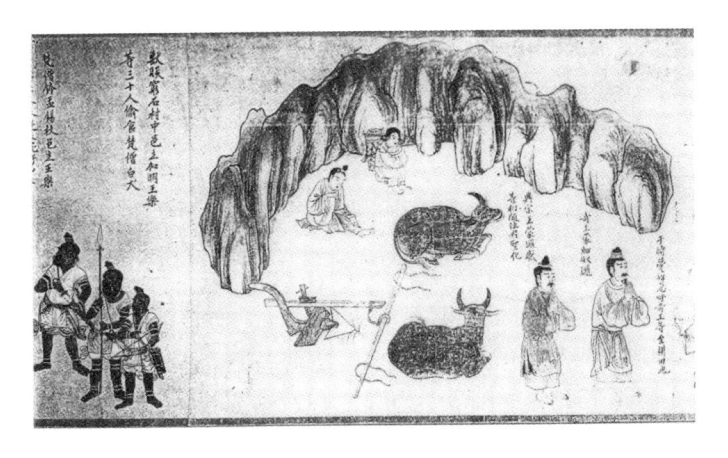

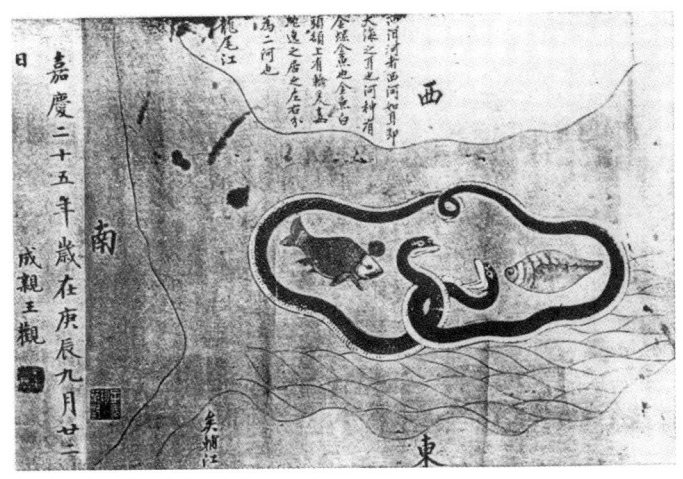

**《南诏图传》选**　日本京都有邻馆藏

剑川石宝山有南诏、大理时期雕琢精美的石刻，其风格具有内地石刻之特征。著名的《南诏史画卷》绘画技艺高超，寓意深刻，成画于南诏中兴二年（唐昭宗乾宁五年，即898年），为南诏国史图，题记云："巍山主掌内书金券赞卫理昌忍爽臣王奉宗等申：谨按巍山起因、铁柱、西洱河等记并国史所载图山圣教初入邦国之原，谨图样并载所闻，具列如左。王奉宗等谨奏。中兴二年三月十四日信博士内常士酋望忍爽臣张顺、巍山主掌内书金券赞卫理昌忍爽臣王奉宗等谨奏。"[①] 画工是谁无考，王奉宗、

---

① 方国瑜：《南诏史画卷概说》，载方国瑜主编：《云南史料丛刊》第二卷，云南大学出版社1998年版，第420页。

张顺是监制人。从绘画的风格、水平及监制人的汉姓可知，画工应是汉人或夷化汉人。

第三，土著民族自融及对汉人的深度融合，在大理中心地区形成了新的更为稳定的民族共同体"封人"。《新唐书·南诏传》说："酋龙（世隆）死，子法（隆舜）嗣，自号大封人。""封人"即"僰人"（白子），是今白族形成期出现的名称。这个名称出现在南诏建立一百四十多年后"爨人共同体"解体之时。引起"爨人共同体"解体的原因，是该共同体内部的经济发展不平衡出现了历史性的空前差距。"封人"是在大理地区昆明人、哀牢人、白蛮及乌蛮中的一部分自融及融合大理汉人后形成的，是大理地区各民族经济文化发展到更高阶段的产物，汉文化在南诏后期大量传入大理地区原住民族的结果。"封人"从"爨人共同体"中分化出来后，社会经济发展水平较低的那部分，仍保留"爨"的名称（黑爨），并在宋、元时期形成稳定的民族共同体："罗罗"。"罗罗"是今彝族形成期的称谓。

第四，民族融合是国家统一的基石。南诏与唐、大理国与宋的关系都是以民族融合为基础的，所以尽管因各种原因出现一时的曲折、冲突、分立，但南诏国、大理国作为唐、宋中央集权多民族统一国家不可分割的一部分之格局并未改变。天宝七载（748年），南诏王皮逻阁卒，子阁罗凤立，朝廷命袭云南王。其子凤迦异入朝，授鸿胪少卿，加授上卿兼阳瓜州刺史都知兵马大将。南诏"思竭忠诚，子弟朝不绝书，进献府无余月。谓君臣一德，内外无欺"，阁罗凤自称"万里忠臣"，效忠唐朝。后因不堪王朝的压迫，他北臣吐蕃，发动反对唐朝的战争。吐蕃在"天宝十一载（752年）正月一日于邓川册封阁罗凤为赞普钟南国大诏，授长男凤迦异大瑟瑟告身，都知兵马大将。凡在官僚，宠幸咸被，山河约誓，永固维城，改年为赞普钟元年"①、"号曰东帝，给以金印，蛮谓弟为钟"。② 二年指赞普钟二年，（天宝十二载，753年）唐朝、南诏发生再置姚府之战。（赞普钟）三年（天宝十三年，754年），唐云南郡都督李宓、广府节度何履光进兵西洱河攻南诏，唐兵大败，"血流成川，积尸壅水，三军溃衄，元帅沉江"。（赞普钟）五年（天宝十五载，756年，七月改至德元

---

① 《南诏德化碑》。
② 《旧唐书》卷一九七，《南蛮·云南蛮传》，中华书局1975年版，第5281页。

年）乘安禄山之乱，南诏与吐蕃同陷嶲州，取得"越嶲再扫，台登涤除，都督见擒，兵士尽房"的战果。（赞普钟）十四年（指广德二年，764年），凤迦异于昆川置拓东城，居二诏，佐镇抚，于是威慑步头，恩收曲、靖，颁告所及，翕然俯从"，"东爨悉归，步头已成内郡。"①

南诏的叛唐给各族人民带来深重的灾难，给国家的统一造成破坏，但民族融合是唐朝与南诏统一的基石，分裂不能持久。南诏的主体民族是汉、夷融合体，这个融合体与中原民族血脉相连，血肉不可分割。在南诏土著大量融合汉族人民的历史潮流中，唐王朝对南诏"许赐书而习读，遽降使而交欢，礼待情深，招延意厚；传周公之礼乐，习孔子之诗书。"② 牛丛《报南诏坦绰书》说：唐德宗"赐孔子之诗书，颁周公之礼乐，数年之后，蔼有华风，变腥膻蛮貊之邦，为馨香礼乐之域"。③ 南诏"人知礼乐，本唐风化"④，民族融合促进了民族文化的交融，文化的交融则使民族融合向更高水平更深层次发展，使国家统一的基础更加坚实。因

**盐津县豆沙关唐袁滋题名摩崖**

---

① 《南诏德化碑》。
② （唐）高骈：《大唐剑南西川节度使牒云南诏国牒》。载方国瑜主编：《云南史料丛刊》第 2 卷，云南大学出版社 1998 年版，第 166 页。
③ 牛丛：《报南诏坦绰书》，载方国瑜主编《云南史料丛刊》第 2 卷，云南大学出版社 1998 年版，第 163—164 页。
④ 《新唐书·南蛮上》卷二二三，中华书局 1975 年版，第 6273 页。

此，在与汉阻绝四十二年之后，于"贞元十年（794年），南诏王异牟寻请"归附圣唐，愿充内属，盟立誓言，永为西南藩屏"。异牟寻与唐剑南西川节度使巡官崔佐时在点苍山盟誓："愿归清化，誓为汉臣"。① 贞元十年（794）十月二十六日，唐宰臣袁滋至南诏京都阳苴咩城册封异牟寻；进一步推进唐朝与南诏的中央与地方的隶属关系，盐津县豆沙关尚存袁滋赴南诏途经该地的摩崖题名。

大理国与宋朝的关系，以土著民族与汉族的民间交融为特色。大理国时期，宋辽、宋金对立，宋王朝与大理国的政治联系相对松疏，历史上有"（宋）太祖鉴唐之祸基于南诏，以玉斧画大渡河曰：'此外非吾有也'，由是，云南三百年不通中国"② 之说。但历史事实并非如此，郭松年《大理行记》说："宋兴，北有大敌，不暇远略。相与使传往来，通于中国。"杨佐《云南买马记》说：大理国"其地东南距交趾，西北连吐蕃，而旁靠蜀。蜀自唐时常遭南诏难，惟太平兴国（976年12月—983年）初，首领有白万者，款塞乞内附，我太宗册为云南八国都王。"政和七年（117年）宋徽宗授大理王段和誉为"云南节度使金紫光禄大夫、检校司空、上柱国、大理王"。③

大理国时期（937—1253年），大理国与宋朝的政治联系是以人民之间的团结与交融为主轴进行的，这是人民之间经济相依共生的必然结果。北宋熙宁七年（1074年），峨眉进士杨佐应募至大理国买马，在束密见到汉族移民与夷人融合共生的实况，他在所著《云南买马记》中说：

> 嘉州峨眉县西十里有铜山寨，与西南生蕃相接界，户不满千，俗呼为小道虚恨。……（南）仅六七百里有束密，束密之西百五十里至苴咩城，乃八诏王之巢穴也。……自达虚恨界分，十有八日而抵束密之墟。前此三十里，渐见土田生苗稼，其山川、风物略如东蜀之资、荣，又前此五七里，遥见数蛮锄高山，俄望及华人，遑遽叫号，招群蛮虮聚。佐乃具巾纼，磬折而立，命其徒皆俯伏，毋辄动。须

---

① 贞元十年（794年）《云南诏蒙异牟寻与中国誓文》。
② （明）杨慎：《滇载记》。又《建炎以来系年要录》卷一〇五说："艺祖皇帝鉴唐之祸，乃弃越巂诸郡，以大渡河为界。"又卷171说："自太祖皇帝即位之初，指舆地图，弃越巂不毛之地，画大渡河为界，边民不识兵革垂二百年。"
③ 《宋会要辑稿·蕃夷四·大理国》。

夾，有老鬌自山而下，问佐何来？佐长揖不拜，俾其徒素谙夷语者，具以本路奉旨招诱买马事对，徐以二端茜罗啖之。老鬌涕泣而徐言："我乃汉嘉之耕民也。皇祐（1049—1053年）中，以岁饥，来活于兹，今发白齿落，垂死矣！不图复见乡人也。"乃为佐更好于束密王。久之，有马十数骑来邀迎，悉俾华人，乘而入。束密王悦蜀之缯绵，且知市马之来其国也，待佐等甚厚。①

虚恨为乌蛮部落，其地在今四川峨边。束密②是姚州（今姚安）罗罗（今彝族）部落之名称，亦用作地名，指撒马都部落分布地。杨佐所见"逳遽叫号，招郡蛮虮聚"及"骑马来邀迎"的华人，都是已经夷化的汉人。老鬌③自汉嘉移入已20余年，虽还能讲汉语，但能用夷语助杨佐"更好于束密王"，其发型已从撒马都夷人改为鬌髻，说明他也已经夷化。大理国时期通过民间的交往，融合于云南土著的汉人数量不少，他们与土著民族共同生产，话同语，饰同俗，完全融为一体。汉人的融入推动了经济的发展，所谓束密之"风物略如东蜀之资、荣"，即经济发展水平与四川资中、荣县相当。元朝初年，郭松年至大理，亦录耳闻目睹之情况作《大理行记》，他说："大理之民，宫室、楼观、言语、书数，以至冠、昏、丧、祭之礼，干戈战阵之法，虽不能尽善尽美，其规模、服色、动作，云为略本于汉，自今观之，犹有故国（唐、宋）之遗风焉。"郭松年所记，与其说是元初大理的社会情况，不如说是大理国时期，汉人又大量融入土著后所呈现的社会情景，因为他去大理时，距元灭大理国仅二十余年。大理国推崇内地的儒、佛文化，比南诏更盛。这可以从大理国的《维摩诘经》图观音像及张胜温《梵像图》的内容和高超的技艺得到证明。《维摩诘经》图，藏纽约大都会博物馆，李霖灿评论说：其"唐风俨然，斑烂多姿，金碧辉煌，使我们想到，若杂之于敦煌石室唐代画丛之中，真是不易剔出，由这里可以见到，大理国画家的造诣，实在是已达到很高的水准。"大理国观音像，藏美国加州圣地雅哥艺术馆，该像的背面

---

① （宋）杨佐：《云南买马记》载李焘《续资治通鉴长编》卷二六七。
② 方国瑜：《云南买马记概说》："束密即撒马都之异写。密字，《广韵》在入声，质韵，读七收声，《买马记》所谓束密王者，即撒马都之大长也。""撒马都即徙莫祇蛮"。（载《云南史料丛刊》第二卷第245页，云南大学出版社1998年版。
③ 鬌，音 zhuā，意为梳在头顶两旁的髻。

有铭文："皇帝……段政兴资为太子段易长生段易长兴等造记愿禄算尘沙为喻保庆千春孙嗣天地标机相承万世。"段政兴在位于1147—1172年，铸像的目的求段氏福禄，像尘沙一样不可胜数，保佑千秋吉祥，子孙万代相承不断。这种祈求的方式与内地无异，像的铸造水平极高，表面为红漆鎏金。

大理国"描工"张胜温所画《梵像图》（即《大理国梵像卷》，现藏于台北故宫博物院），场面极为宏大，描绘极为精细，色彩极为绚丽，创意和绘画艺术之高，为世界艺术史所罕见。此图历经宋、元、明、清五百余年，至清乾隆年间入皇帝内府，乾隆皇帝极为珍视。乾隆二十八年（1763），其在题记中说："顾卷中诸佛像，相好庄严，傅色涂金，并极精彩，楮质复，淳古坚细致，与金粟笺相埒。旧画流传若此，信可宝贵，不得以蛮徼描工而忽之。"乾隆考证后以是图"装池屡易，其错简固宜"。位置列序"多有倒置"，且大理国主、天竺十六国王在画面出现"亦不宜与净土庄严相混"等为由，命当时宫廷画家中的高手丁观鹏，在章嘉国师指导下，对梵像进行整理、临摹。丁氏于乾隆三十二年（1767）完成《法界源流图》。时隔二十五年后，乾隆又命画家黎明依照丁观鹏本再摹一卷《法界源流图》，黎摹本完成于乾隆五十七年（1792）。丁观鹏摹本藏吉林省博物馆，黎明摹本藏辽宁省博物馆。张胜温《梵像图》为云南省之极为璀璨夺目的历史艺术遗产，它系统反映了印度佛教、中国汉地佛教传入大理国及大理国经济、文化与祖国内地共同融合发展的历史。1992年台湾商务印书馆出版苏兴钧、郑国著：《〈法界源流图〉介绍与欣赏》（清丁观鹏摹宋·大理张胜温《梵像图》）。

崇宁二年（1103年），段正淳使高泰运奉表入宋，求经籍，得六十九家，药书六十二部。大理国佛教的师僧"往往读儒书，段氏而上，有国家者，设科选士，皆出此辈。"[①] 李京《云南志略》说："师僧教童子，多读佛书，少知六经者，段氏而上，选官置吏，皆出此。"[②] 师僧即阿吒力（阿者梨），是佛教密宗在唐代传入云南后的本土化教派僧人，熟悉密宗咒语法术，习儒书，传《真刚经》和儒家思想文化，在民间有影响，对推动夷、汉融合曾起到重要作用。

---

① （元）郭松年：《大理行记》。
② （元）李京：《云南志略》。

**《维摩诘经》图**　纽约大都会博物馆藏

总而言之，南诏国、大理国是云南土著民族自融及其融合汉族人民形成的政治实体，是唐宋时期民族大融合的产物。推进融合的主导因素是经济上的相互依存，文化上的互动，人民物质、文化生活的提高。共同的经济生活产生了共同的语言、文化；相互通婚则使其亲如骨肉，体质特征差

**大理国观音像**　美国加州圣地亚哥艺术馆藏

异消失，原来的民族意识淡忘。融合的规律是人口较少的民族融入人口较多的民族。经济文化较先进的民族融入人口较多的主体民族之后，其所代表的先进生产力、先进文化不仅不会消失，而且会成为主体民族经济发展升级和社会进步的动力。

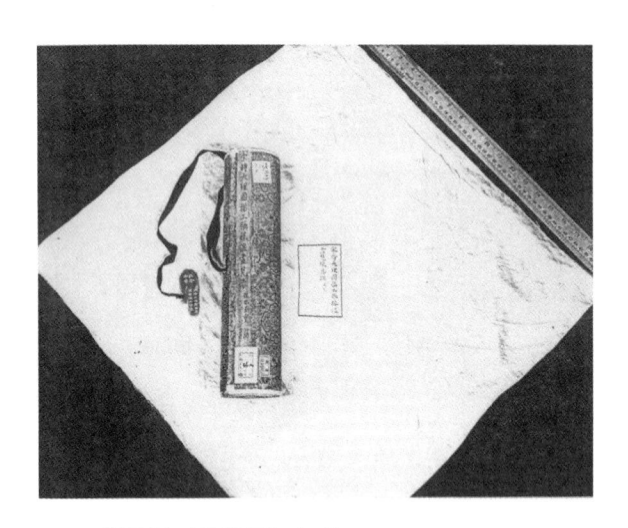

**张胜温《梵像图》全貌**　台湾故宫博物院藏

**张胜温《梵像图》选载**

张胜温《梵像图》选载　佛会图

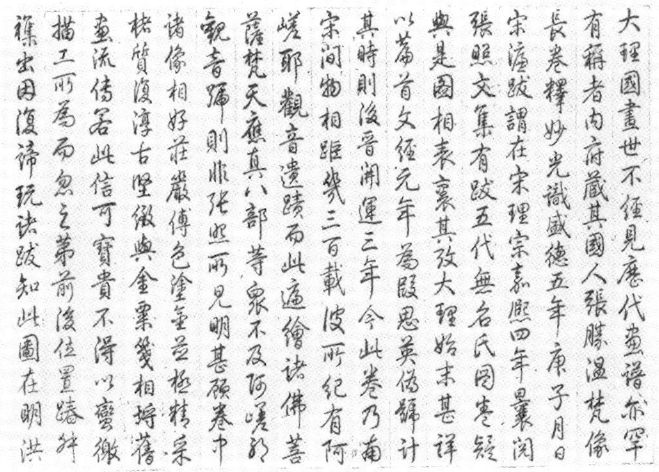

丁观鹏摹张胜温画《梵像图》　佛会图

大理国画世不经见唐代画谱亦罕有称者内府藏其国人张胜温梵像长卷释妙光识盛德五年庚子月日宋理宗淳熙四年岁闲张照攷集有跋五代无名氏图考疑典是图相表裏其致大理始末甚详以篇首文经元年为段思英僞号计其时则后晋闲运三年今此卷乃南宋间物相距几三百载皴所纪有阿嵯耶宋梵天冠遗蹟而此逼绘诸佛菩薩观音则非张即二所见明甚願卷中就音师天真八部等象不及阿嵯耶诸像相好莊严傳色塗金悉极精采画流傳淳古堅徽典金栗笺相拸荐枯质傳若此信可宝贵不得以蠻徼描工所为而忽之弟前后位置椿牸篆出因復諦玩铁跋知此图在明洪

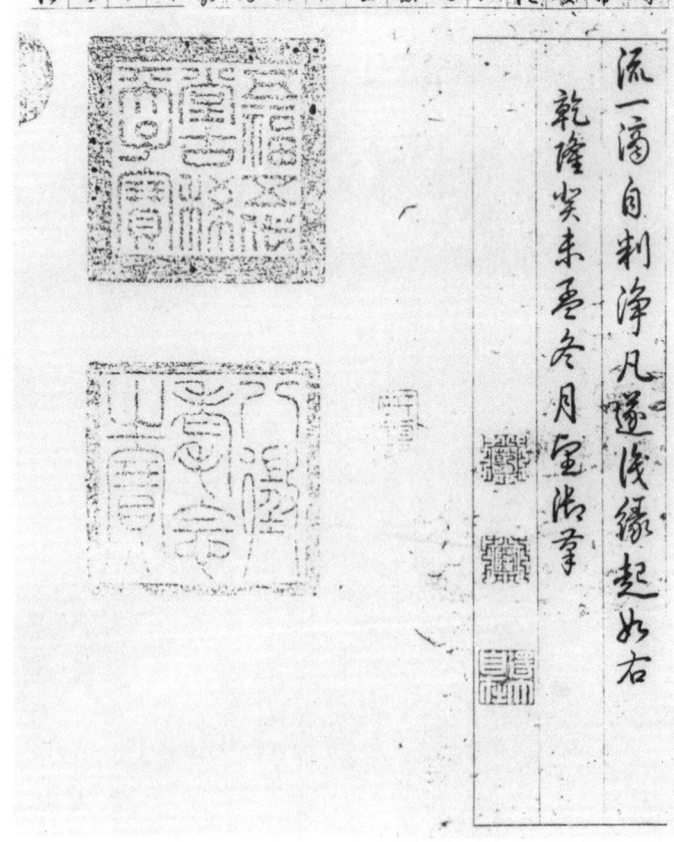

清乾隆皇帝对张胜温《梵像图》的题识

民族融合是南诏、大理王国建立的基础，又是南诏、大理国与祖国内地在政治、经济、文化发展上得以互动的保障。南诏、大理国时期的夷汉融合促进了南诏与唐的统一，促进了大理国与宋的一体化发展；而统一又推动南诏、大理国的民族融合向更高水平上攀升，促使更为稳定的民族共同体的诞生。而这一切都为元朝云南行省建立创造了良好的基础和条件。

## 七 云南汉族：元、明、清汉族移民融合土著民族的融合体

元代以前移入云南的汉族移民，绝大部分已在"汉变夷"的历史演变中融入土著，少数未夷化的，虽尚保有汉族的民族特征，但已不能在元代以后云南汉族移民融合土著中发挥历史作用，成为"夷变汉"的主导者，担当这一主导者的是元代以后大量从内地移入的汉人。

### （一）元代的云南汉族

蒙古宪宗三年（1253年），忽必烈率十万蒙古大军，自甘肃洮（今临潭县）、岷（今岷县）南征，灭大理国，对云南进行军事统治。至元十一年（宋咸淳十年，公元1274年）建云南行省，改置路、府、州以统之。[①] 至元十六年（1279年）灭南宋后，"命宗王将兵镇边徼襟喉之地"，"置军旅于蛮夷腹心，以控扼之。"[②] 镇边之军旅名曰镇戍军。在云南的镇戍军由蒙古军、探马赤军、汉军、新附军、爨僰军组成。《元史·兵志》说，至元二十一年（1284年）十月，"朝廷增兵镇守金齿（治永昌，即今保山），以其地民户刚狠，旧尝以汉军、新附军三千人戍守，今再调探马赤军、蒙古军二千人，令药剌海率赴之。"汉军、新附军皆由内地汉人组成。《经世大典》说："既平中原，发民为卒，曰汉军……既得宋兵，号新附军。……汉军戍南土，亦间厕新附军。"[③] 爨僰军由征募的土著爨人、僰人组成。镇戍军"因兵屯田，耕且战"，性质属屯垦军，因皆带有

---

[①] 元朝设置省管理地方，大都（北京）附近的今内蒙古、河北、山东、山西等地直属中书省，另设十个行省分管地方。省下设路、府、州，其下设县。

[②] 《经世大典·叙录·屯戍》。

[③] 《元文类》卷四十一。

家室，所以有"户军"之称。至元三十年（1293年），梁王遣使诣云南行省言，以汉军一千人置立屯田。延祐三年（1316年）壬申冬十月，"调四川军二千人、云南军三千人乌蒙（今昭通）等处屯田。①除军屯户以外，还有民屯户。军屯户、民屯户数，各路府有差。据《经世大典·叙录》所载，中庆（路）军屯七百九户，民屯四千一百户，田二万二千五百双；威楚（路）军屯，三百九十九户，民屯一千一百户，田七千一百双；武定路民屯，一百八十户，田七百四十八双；临安路建水州立民屯二千四百八十户，田五千一百双；又曲靖、澄江、仁德三路立屯，万一千户，田九千双。《元史·兵制》说，至元十二年（1275年）立曲靖路民屯，拘刷所辖州、郡诸色漏籍人户七百四十户立屯，十八年续佥民一千五百户增入。其所耕之田，官给一千四百八十双，自备已业田三千双。至元十二年（1275年）立澄江路民屯，所佥户与曲靖同，凡一千二百六十户。二十六年（1289年）立军屯，于爨僰军内佥一百六十九户，二十七年复佥二百二十六户增入。至元十二年（1275年）立仁德府民屯，所佥户与澄江同，凡八十户，官给田二百六十双。二十六年立军屯，佥爨僰军四十四户，二十七年（1290年）续佥五十六户增入，所给田亩四百双，具系军人已业。据方国瑜的研究，"元代在云南十二处屯田，见于记录，约有屯户二万八千，屯田四十五万五千亩。其中以民屯占多数，军屯只占少数；又军屯中以爨僰土军占多数，军屯只占少数，开屯的各种镇戍军都有。"② 云南镇戍军的主体是汉户，次为爨户、僰户、蒙古户、畏吾儿户数量不多。民屯者多为漏籍户，是内地流寓云南的汉人。由于长期驻屯，汉族军户、民户落地生根，本土化为云南的汉人。爨僰军户、蒙古军户、畏吾儿军户，与汉族军户团结共耕，在经济文化上形成生死与共的亲密关系，通过相互开亲而汉化。未及汉化的部分，到洪武初年，也因明朝实行的强迫同化政策，而被汉人同化。洪武五年（1372年），明朝发布的文告说："令蒙古、色目人氏，既居中国，许与中国人（指汉人）家结婚姻，不许与本类自相嫁娶，违者男女两家抄没，入官为奴婢。"③

元代开了云南汉族融合爨、僰土著的先河，揭开了汉族在云南作为一

---

① 《元史》卷二十五《仁宗本纪》，中华书局1976年版，第574页。
② 方国瑜著、林超民编：《方国瑜文集》第三辑，云南教育出版社2003年版，第148页。
③ 《明会典》卷二十，台北：新文丰出版公司出版，第367页。

个单一民族发展的历史。人们不禁要问,元以前迁往云南的汉族移民,为什么都被土著民族所融合?而自元代开始,汉族移民竟能作为一个单一的民族而发展呢?原因主要有二:其一是汉族移民已成为左右全省经济发展的主导力量。元朝建立行省,把云南与国家的统一推进到一个新的发展阶段,为云南构建了与内地一体发展的新平台。在元朝统治云南的一百二十多年中,汉族户军、民屯、商旅始终是经济发展的中坚,他们大兴水利,改良生产工具,选育良种,使农业生产力获得巨大提高,人民生活也得到不断的改善。《元史·张立道传》说:"云南之人,由是益富庶。"据《元史·兵志》记载,全省屯户每年缴纳的税粮为二十七万七千七百一十九石。这是汉晋以来各个历史时期的汉族移民所不可比拟的。汉族移民对云南经济发展的贡献,不仅使他们成为云南行省存在和发展的支柱,而且使其对土著民族的凝聚力、融合力增强,因此,他们不可能再大量融入夷人。其二是儒学在社会中普遍受到尊崇,汉文化成为左右云南发展的主流文化,东汉以来,汉文化在云南的传播不绝于史。从东汉章帝元和中(84—86年),益州太守王阜在云南"始兴学校,渐迁其俗",到南诏阁罗凤"不读非圣之书,尝学字人之术"①,"晟罗皮立孔子庙于国中"②,大理国段正谆崇宁二年(1103年)"使高泰运奉表入宋求经籍,得六十九家,药书六十二部。"③,到各阶层读儒书蔚然成风,汉文化在云南的传播日盛一日,但像元朝那样在学校教育中得到普及。首任云南行省平章政事赛曲赤,"询父老诸生利国便民之要",第一次作出的决定,就是要建学校,兴儒学。《元史·赛典赤传》说,云南"子弟不知读书,教之拜跪之节,婚姻行媒,死者为之棺椁奠祭,教民播种,为陂池以备水旱,创建孔子庙,明伦堂,购经史,授学田,由是文风稍兴。……赡思丁为云南平章时,建孔子庙为学校,拨田五顷,以供祭祀教养"。④ 至元二十九年(1292年)"设云南诸路学校,其教官以蜀士充之"。⑤ 是年后,云南各路、府、州、县,大兴建学兴儒之风。大德元年(1297年)"改云南行省

---

① 《南诏德化碑》。
② (明)杨慎:《滇载记》。
③ (明)倪辂辑:《南诏野史》。
④ 《元史》卷一二五,中华书局1976年版,第3065页。
⑤ 《元史·世祖本纪》,至元二十九年四月辛卯,中华书局1976年版,第362页。

右丞，下诸郡邑遍立学校。"① 石屏州学、河西县儒学、澄江府学、仁德路儒学、武定府儒学等，大致皆在大德年间（1297—1307年）问世。此前曾有《元史·张立道传》"至元二十二年（1285年），创庙学于建水路"、"立道首建孔子庙，置学舍，劝士人子弟以学，择蜀士之贤者，迎以为弟子师，岁时率诸生行释菜礼，人习礼让，风俗稍变"②的记载。建水文庙有至大元年（1308年）立的《追封孔子圣旨碑》。元代儒学有个重要的特点，就是土著与汉人子弟皆尊孔学儒。大德初年王彦撰的《中庆路重修泮宫记》说："创学宫，举师儒，敦劝诱掖，北人鳞集，爨、僰循理，渐有承平之风。"又泰定年间（1324—1327年）李源道撰《中庆路学讲堂记》说：设学校、"以栖生徒，使肄业其中，置田以资饩廪，虽爨、僰亦遣子入学，诸生将百五十人。"元朝大兴儒学，取得"垂六十年，吏治文化，埒于中土"③的效果。

从以上两个原因分析，元朝移入云南的汉人，不可能再像元代以前那样，由"汉变夷"。元朝统治者之所以奋力推进汉文化，是因为汉文化是反映先进生产力、先进文化的总合体，是国内各民族优秀文化的结晶；在云南行省建立的新的历史条件下，以汉文化作为社会的主流文化，是历史的必然选择。由于汉文化在云南社会经济发展中起主导作用，所以自元代开始，移入云南的汉族，就能作为一个单一的民族存在，并能作为一个母体，不断融合原住民族，最终发展为云南的主体民族。

### （二）明代的云南汉族

如果说元朝的镇戍军屯田，开了汉族作为一个单一民族在云南持续发展的先河，那么，明朝的卫所屯田，则书写了云南汉多夷少的篇章，揭开了云南土著"渐被华风，服食言语多变其旧，亦皆尚诗书，习礼节，渐与中州齿"④的民族融合新页。

明太祖统军定天下，改革元朝的镇戍军屯田制度，从京都至郡县，皆立卫所屯田。同时立民屯和商屯。《明史·食货志》说："屯田之制，曰

---

① 《元史·忽辛传》，中华书局1976年版，第3069页。
② 《元史·张立道传》，中华书局1976年版，第3917页。
③ 李源道撰《中庆路学礼乐记》。
④ 景泰《云南图经志书》卷一《云南府风俗》。

军屯,曰民屯。太祖初立民兵万户府,寓兵于农,其法最善。""其制,移民就宽乡,或召募或罪徙者为民屯,皆领之有司,而军屯则领之卫所。边地三分守城,七分屯种,内地,二分守城,八分屯种。……募盐商于各边开中,谓之商屯。"①

卫所军屯,大约以五千六百人为一卫,由卫指挥使司统领,卫指挥使司设指挥使一人(正三品),指挥同知二人(从三品)、佥事四人(正四品);所分正千户所、副千户所、百户所、试百户所。一千一百二十人为千户所,一百一十二人为百户所。设官为数不等,以百户所为例,设总旗二名、小旗十名,"大小联比,以成军。"②卫、所所需之军饷,皆屯田自给。"每军种田五十亩为一分,又或百亩、或七十亩、或三十亩、二十亩不等,军士三分守城,七分屯种;又有二八、四六、一九、中半等例,皆以田土肥瘠、地方冲缓为差。又令少壮者守城,老弱者屯种,余丁多者亦许。③ 屯军军士皆携家室,世代世袭。军士所生子弟称军余,或余丁、羡丁、帮丁。军余的任务是供给军士盘缠,每军一佐以余丁三。"卫、所军官的子弟称舍丁,舍丁的功能是补公差,递补军士之缺额。

云南卫所屯田始于洪武十五年(1382年),是年正月,明太祖谕言:"今云南既克,必置都司于云南,以统诸军"。卫所由都司管辖。都司是地方军事机构,与承宣布政使司、提刑按察使司合称"三司"。洪武二十三年(1390年),云南都司领云南左卫(驻今昆明东部)、右卫(驻今昆明西南)、前卫(驻今昆明西南)、临安卫(驻今建水)、曲靖卫(驻今曲靖西部)、金齿卫(驻今保山)、大理卫(驻今大理南部)、洱海卫(驻今祥云东部)、楚雄卫(驻今楚雄东部)等九卫,共有军官一千三十五,士卒八万七千三百七十人。④ 如果每军户以三人计算,这一年在云南的军屯汉族人口就达二十六万五千二百一十五人。这个数字未包括后来设置的澜沧、腾冲、大理等十卫及二十二个千户所的数字,按规定编制,官兵人数总共十三万一千四十人(户),若以每户三人计,总人口为三十九万三千一百二十人。这些汉人分别来自江西、浙江、湖广、河南、陕西、

---

① 《明史》卷七十七《食货志一》,中华书局1974年版,第1883—1885页。
② 《明史》卷九十《兵志二》,中华书局1974年版,第2193页。
③ 《大明会典》卷十八,台北:新文丰出版公司发行,第329页。
④ 《明太祖实录》卷二○二,洪武二十三年六月庚辰。(台北)"中研院"历史语言研究所校印本,第3032页。

山西、四川等地。如洪武十五年（1382年）三月丁丑，上谕征南将军颖川侯傅友德等："以云南既平，留江西、浙江、湖广、河南四都司兵守之，控制要害。"① 洪武二十年（1387年）九月乙酉，"调湖广官军五万六千五百六十人征云南"，十月壬戌，"调陕西、山西将士五万六千余人，赴云南听征"；十月丙寅，"诏长兴侯耿炳文，率陕西土军三万三千人往云南屯种听征"②。

洪武二十一年（1388年）六月癸丑，"命中军都督府发河南祥符等十四卫步骑军一万五千人往征云南"，③ 随军征讨云南及调往云南听征（即屯种待征）的步骑官兵，多落地生根，逐步本土化为云南的汉族。现以昆明市嵩明县牛栏江镇的把姓为例，洪武十四年，其一世祖把尔功，随征南将军傅友德、副将军蓝玉、沐英平云南，后在云南生息繁衍，成为嵩明县的名门望族。《把氏族谱》说：

> 余族原籍河北省保定府骆驼山人氏，本姓巴，明洪武初，始祖尔功公以把总之职，随征南元帅傅友德、蓝玉、沐英三公平滇，积功至副将衔，镇抚嵩明一带地方，嗣蒙黔国公保奏永镇该地，兼喜该地方风景秀丽，民情淳朴，遂占籍嵩明之白龙乡。当黔国公保奏始祖时，洪武帝以始祖由把总微职起家，位至专阃，平滇之役，战功尤伟，以朱笔于巴字左旁增添手字，赐姓为把，以示龙幸，而寓不忘厥初之意，故余族姓氏，为万姓族谱等所未载也。④

《把氏族谱》是新近发现的反映明清以来云南汉族历史的典型资料。系民国三十七年（1948年）九月十日把氏第十二代后裔、白龙乡（今为牛栏江镇）乡长把尚贤所记。把尚贤根据历世家谱及墓碑逐一清理，共

---

① 《明太祖实录》卷一四三，（台北）"中研院"历史语言研究所校印本，第2258页。
② 以上各条见《明太祖实录》卷一八五，（台北）"中研院"历史语言研究所校印本，第2777、2788、2789页。
③ 《明太祖实录》卷一九一，（台北）"中研院"历史语言研究所校印本，第2880页。
④ 此族谱为云南大学何大勇研究员2007年12月在嵩明县牛栏江镇上马坊村调查所得。该村是滇中一个有名的汉族聚居重镇，村民大都姓把。为一世祖把尔功、把尔康；二世祖把龙登、把龙昌、把龙清、把万钰、把万镒；三世祖把曰哲、把曰起、把曰规、把曰收、把曰彩、把曰有、把曰升、把曰义……的后裔。

**嵩明上马坊明代军屯移民把氏家谱**　何大勇摄

列十三代四百一十六人。上马坊村是滇中一个有名的汉族大村落,农牧业经济发达,人口兴旺,文化繁荣,是了解明代汉族移民本土化及卫所屯田推动云南经济社会发展的一面镜子。

民屯是汉族移民寓居云南的载体。"所谓移民就宽乡",就是招募或罪徙汉族移民进行民屯。洪武十五年(1382年)九月甲子,明太祖"命天下卫所,凡逃军既获者,谪戍云南"①,这是最早将逃兵送来云南进行民屯的记录。又洪武二十年(1387年)十月戊午,"诏湖广常德、辰州二府,民三丁以上者,出一丁往屯云南"②。洪武二十二年(1389年),沐英"携江南、江西人民二百五十余万入滇,给予籽种、资金,区别地亩,分布于临安、曲靖……各郡县。春(指沐英子沐春)镇滇七年(1392—1398年),再移南京人民三十万"入云南③,这都是招募内地汉人到云南进行民屯的记载。到云南民屯的汉人,总数不详于记录,但从沐英、沐春

---

① 《明太祖实录》卷一四八,(台北)"中研院"历史语言研究所校印本,第2338页。
② 《明太祖实录》卷一八六,(台北)"中研院"历史语言研究所校印本,第278页。
③ 《滇粹·云南世守黔宁王沐英传附后嗣略》。

一次就募集数百万、数十万的数量来看，数量不会比军屯的少。募盐商于各边开中，谓之商屯。所谓开中，即令明初盐商运粮到边地入仓，换取盐引，分销各地从中谋利。为使利益最大化，盐商一是招民垦种，就地直接种粮换取盐引；二是招民直接开盐矿，二者都使大批汉族人民从内地移徙到云南来。商人落籍者称客籍，数量也不可胜计。康熙《黑盐井志》说："井地自盐民设官，后有迁徙至者，有宦游及谪戍入籍，有商贸迁而家者。"在大姚县，"时征戍入滇者曰军家，或仕官之后曰官籍，或商贾流寓曰客籍，居近城郭。"① 在蒙化府（治今巍山），客籍"皆各省流寓之后及乱后寄籍于蒙者，而豫章巴蜀之人居多。勤贸易、善生财，或居圜圚，或走外彝。"② 在景东厅（治今景东），"卫所官兵皆江右人，并江右、川陕、两湖各省之贸易是地者，多家焉。"③ 在楚雄府（治今楚雄），内地"汉人有自明初谪戍来者，有宦游寄籍者，有商贾置业入籍者"。④

**会泽铸明代嘉靖通宝钱王，重40余千克**　姜定忠摄

以军户、民屯、商屯形式移至云南的汉族，洪武二十六年，为五万九千五百七十六户，二十五万九千二百七十口；至万历六年（1578年），增

---

① 康熙《大姚县志·风俗》。
② 康熙《蒙化府志》卷一。
③ 嘉庆《景东厅志》卷三。
④ 康熙《楚雄府志地理志·风俗》卷一。

至十三万五千五百六十户,一百四十七万六千六百九十二口。① 这个数字大大超过了云南各少数民族的总人口。实际上,早在明初,夷少汉多的情况在云南就已经形成。如谢肇制《滇略》所说"高皇帝既定滇中,尽徙江右良家间右以实之,及有罪窜戍者,咸尽室以行,其人土著者少,寄籍者多"。②

由于夷少汉多,明代开了土著民族大量融入汉族的先河。特别是在平坝地区,僰人、爨人融入汉族的速度更快。在云南府,"僰人有姓氏……今渐被华风,服食言语多变其旧,亦皆尚诗书,习礼节。"③ "九隆之地,在昔猡、僰之乡,在今变衣冠之俗,文教日兴,彬彬几垺中土"。④ "腾越州虽远阂两江（指澜沧江、怒江）,衣冠文物不异中土。冠婚丧祭,皆遵礼制。"⑤ 金齿军民指挥使司（治今保山）,"僰人与汉人同风……蒲蛮近城居者咸汉俗,而吉凶之礼,多变其旧。"⑥ "大理,故河蛮域也……迨明郡县其地……中国之名家大姓,又多迁徙于其间,熏陶洗濯,故举平日之语言衣食,悉耻其陋而革之,以游于礼教之域。"⑦ 因有土著融入,大理土著民族的一些风俗,也被汉族所承继。如一些地区汉人"货用贝"、"葬用火化"、"元旦采松毛铺地"、六月二十四日过火把节,"束薪以燎燃之"、"以青布蒙首,体掩羊皮"等等,都是从夷人那里继承下来的。在交通不便,夷多汉少的地区,汉人也融入夷人。如丽江"土人皆为么些,国初汉人之戍此者,今皆从其俗也"。⑧

### （三）清代的云南汉族

清代继续实行移民戍边的制度,称绿营兵制。仍募汉人携眷戍边,以镇、协、营分守各地,镇下为协,协下为营,营下为汛,汛下设塘,塘下设哨卡,又称汛塘制度,这种制度既具有明代卫所军屯的特点,又有适应

---

① 《明史》卷四十六《地理志》,中华书局1974年版,第1171—1172页。
② 谢肇浙《滇略》卷四。
③ 景泰《云南图经·风俗》卷一。
④ 天启《滇志》卷二十三,《请加额解疏》。
⑤ 万历《云南通志》卷二。
⑥ 正德《云南通志》卷十三。
⑦ 康熙《大理府志·风俗》卷十二。
⑧ 《徐霞客游记》卷七,二月初九日。

山区成守的功能。明朝的卫所多集中在平坝，屯种属平坝经济类型。清代的汛塘大量在山区，其屯种属山区经济的类型。汛塘制客观上是适应坝区经济向山区经济的发展而创立的，也是清代统治者为加强对山区民族的统治而采取的严密措施。汛、塘、关、哨、卡，从平地、河谷低地向海拔较高的山区推伸，成星罗棋布的立体网状。比之明代的卫所分布，汉族向云南移住的空间更大，可开发利用的土地、矿产、森林等资源更多，创造的价值也更大。顺治十八年（1661年）全省提供税粮的田亩为五百二十一万一千五百一十亩①，嘉庆十七年（1812年）猛增到九百三十一万五千一百五十六亩②，猛增的田亩，绝大部分为汛塘汉族屯民所开垦。明代的卫所军屯，多置于经济文化相对发达的坝区。清代的汛塘军屯，则多置于经济文化不发达的山区及明代未设卫所的府、州、县，在明代设置过卫所的县，大体每县只置一汛，而在明代未置过卫所军屯的县，则广置汛、塘，如普洱府领一县（宁洱）三厅：思茅、他郎（今墨江）、威远（今景谷），共设十六汛、八十二塘、十五哨。丽江府属丽江县，设十八汛、七十一塘、二十五哨。中甸、维西两厅设八汛、六十塘。开化府（今文山）设十二汛、七十一塘、三十二卡。广南府设二十一汛、七十七塘、六十一卡。汛、塘、哨、卡的兵卒，依防区的大小配置，且可根据需要随时增减。

  清代进入云南的汉族移民，一是汛兵塘卒；二是自发流入开荒为生的所谓"流民"；三是商贾寓居者。移民流向主要是山区和边远府、州、县的土著民族地区。如普洱府，顺治十七年（1660年），设临元镇元江协普洱营。普洱营汛地辽阔，配置汛、塘兵一千名。康熙十六年（721年），增置普威营，配汛兵一千四百名。雍正九年（1731年），云贵总督鄂尔泰又奏请增设一镇三营，配汛兵三千二百人，在元江、普洱、威远（今景东）、车里（今景洪）等处分汛防守。③ 根据先后配置的汛兵数字，以每兵户最低3人计算，顺治十七年（1660年）移入普洱营的军家汉人为三千人；康熙六十年（1721年）增至七千二百人；雍正九年（1731年），再增至一万六千八百人。七十一年中，光从内地移入的军屯人口，就比顺

---

① 清《文献通考·田赋考》。
② 道光《云南通志·赋役志》。
③ 见鄂尔泰《请添设普洱流官营制疏》。

治设营、汛时增加了十六点八倍。

自发流入的汉人,皆内地贫苦农民,他们移居特点是向山区,向边远府州,向兄弟民族区域推进。形式是"携眷依山傍寨,开挖荒土及租种地田"。道光《威远厅志》说:"云南地方辽阔,深山密箐未经开垦之区,多有湖南、湖北、四川、贵州穷民往搭寮棚居住,砍树烧山,艺种包谷之类。此等流民,于开化、广南、普洱三府为最多。"道光《广南府志》说:"广南向止夷户,不过蛮、獠、沙耳……楚、蜀、黔、粤之民携挈妻孥,风餐露宿而来,视瘴乡(指壮族地区)如乐土。故稽烟户不止较当年倍蓰教训而约束之,德威并用,宽兼施。"① 至临安府者,"依山麓平旷处开凿田园,层层相间,远望如画。至山势峻极,蹑坎而登,有石梯蹬,名曰梯田。"② 全省的自发"流民",总数不见记载,但从零星的记录可知,数量不少。如开化府(治今文山)所属的安平、文山等处,道光三年(1823年)清查,"计客户流民二万四千余户。广南府属宝宁、土富州等处,计客户流民二万二千余户。"③ 由于流民数量多,所以自道光年开始,将其"俱系入于保甲编查,立册给牌"。

因"通商贸易而流寓"云南的汉人,多数是经营店铺,不"归各里乡约附保甲","概归客长约束"。《景东厅志》说:"(景东)每有数十家村寨处,辄有江西人在彼开铺,熬酒、卖布、重利放债。二三月一换木刻,不过期年,一两之银可至十数两。每酒一壶,换粮食一斗。"④ 除经商之外,入滇开矿的商人也不少。乾隆十一年(1746年),云南总督张允随的一份奏书说:"滇省山多田少,在鲜恒产,惟地产五金,不但滇民以为生计,即江、广、黔各省民人,亦多来滇开采。"⑤ 个旧是汉商云集之地,在那里开采锡矿的汉人很多。《蒙自县志》说:"个旧为蒙自一乡,户皆编甲,居皆瓦舍,商贾贸易者十有八九,土著无几。……四方来采者不下数万人,楚人居其七,江右居其三,山、陕次之,别省又次之。"⑥ 除开采金属矿以外,相当多的一部分汉人是开采

---

① 道光《广南府志·民户》卷二。光绪乙己补刻本。
② 嘉庆《临安府志》卷二十。
③ 道光《威远厅志》卷三载《云南督抚稽查流民奏》。
④ 嘉庆《景东厅志》卷二十八。
⑤ 《东华录》乾隆十一年六月甲午。
⑥ 康熙《蒙自县志·厂务》,卷二。

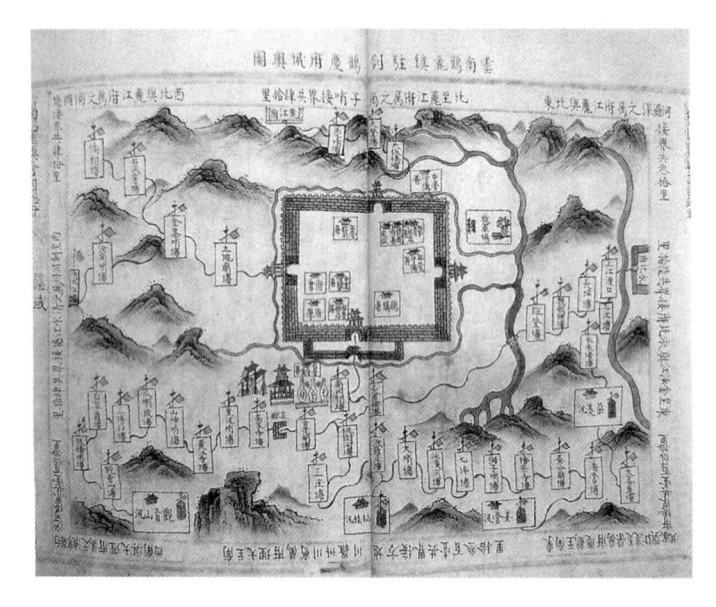

**鹤庆府汛塘图**

采自《云南营制苗蛮图册》，英国威尔康图书馆 Wellcome Library 藏

盐矿。如在云龙州（今云龙县），"四方汉人慕盐井之利，争趋之，因家焉，久之亦为土著。"[1]

总而言之，清代入滇的汉族移民，对开发云南山区谱写了卓有历史意义的篇章。他们不仅改写了全省山区的民族结构，而且把民族融合的舞台扩展到山区。至清朝后期，许多府、州、县的山区，夷多汉少的局面已发生根本的改变。如普洱府的宁洱县、思茅厅、威远厅、他郎厅，道光十六年（1836年），有屯民、客籍共四万八千五百五十五户，而土著户仅为三万九千九百二十九，汉户超过土著户八千六百二十六户[2]。这个数字未包括夷人汉化的数目。汉人进入山区，因给山区各族带来了先进的生产技术和先进的文化，备受山区土著民族的欢迎。土著民族与他们互通婚姻，在汉族移民人口多的山区，土著民族逐渐融于汉族；在土著民族人口较多的山区，土著民族亦受汉文化的影响，其原有的社会经济文化发生历史性的

---

[1] 康熙《大理府志·风俗》，卷十二。
[2] 道光《普洱府志·风俗》，卷七。

改变。像景谷那样"夷人渐摩华风,亦知诵读,有入庠序者"的情况几乎遍及全省。在偏远封闭的山区,入居的汉人也融入土著民族,但自元代以来,这已不是云南民族融合的主流。

## 八 近代革命与云南的民族融合

1840年鸦片战争以后,中国逐渐沦为半殖民地半封建的社会。云南各民族为改变国家和民族的命运,进行过一系列英勇的反帝、反封建斗争,但多次的斗争都失败了。直到1949年中华人民共和国建立,才在中国共产党的领导下,结束了这段灾难深重的历史。

云南近代革命时期的民族融合,主要是在反帝、反封建、反官僚资本主义的民主主义革命中进行的。为适应共同斗争的需要,少数民族吸收汉文化,许多人讲汉语、用汉字、着汉服、食汉食、改汉姓,与汉族通婚,这使民族之间的界限不再是不可逾越的鸿沟,一部分人就自然而然地融合到汉族之中去;由于生死相依,存亡与共,同呼吸,共命运,汉族也积极吸收少数民族的文化,有的也变服从俗,自然融合到少数民族之中去。一些少数民族也吸收另一些少数民族的文化,自觉不自觉地被他族同化或部分地同化。如杜文秀领导的滇西各族人民大起义失败后出现的"傣回""藏回""佤回"就是这样。

"傣回"居住在勐海县的曼赛回、曼乱回两个寨子里,傣语称他们为"帕西傣",汉语意为傣回族或傣回。"帕西傣""话傣语,使用傣文、傣族姓名,穿傣族服装,而信伊斯兰教。……寨子里有清真寺,严格遵守穆斯林的教规"。"他们和傣族一直到今日都处得很好,风俗习惯和傣族一样"。[①]

"藏回"住在中甸(今香格里拉)的安南村和德钦县的升平镇。安南村"有清真寺一座,有百多户回族,这些回族有的是在杜文秀起义前就到这里开矿的,更多的是在杜文秀起义失败,惨遭屠杀之后逃难到此地的"。升平镇的"直接同德钦开办矿业相联系"。"他们是从陕西、大理等地来的,最先是来做生意的。""在清咸同年间杜文秀起义失败后,又有

---

[①] 马维良等:《西双版纳傣族自治州"帕西傣"调查》,《云南回族社会历史调查》(三)第51页。转引自荆德新编著:《杜文秀起义》,云南民族出版社1991年版,第247页。

一批回族落难到德钦。"他们在与藏族的"政治、经济、文化的密切交往中适应了藏族的生产和生活方式，人们在外表上面很难分清他们是回族还是藏族。因此，有人称这部分回族为"藏回"。①

"佤回"居住在沧源县的班弄（黄树窝箐），中华人民共和国建国时，班弄的"佤回"已有700多户3000余人。有一部分居住于陇川县保黑山下的佤族寨里，被称为"保黑回"（佤回）"。②"傣回""藏回""佤回"，虽然还不能作为民族融合已经完成的实例，但他们是民族融合总进程中，正在实现融合的事例。而那些在反帝、反封建斗争中认同汉族，而化为汉族的少数民族的人口，则可视为已经实现了部分或局部融合的事例。

近代时期云南的民族融合是初级的或初级阶段上的民族融合，而不是完全意义上的民族融合。这种融合基本上是近代革命坚持民族平等、民族团结、民族互助、各民族共同团结进行反帝、反封建、反官僚资本主义斗争的产物。近代革命是融合的助推器，因为每一次的反抗斗争，都是各民族共同浴血进行的。如1853年爆发的田以政、普顺义领导的新平哈尼、彝、汉等族起义；1856年爆发的李文学领导的哀牢山地区的各族人民起义、杜文秀领导的滇西各族人民大起义；1884年苗族首领项崇周领导的苗、瑶、壮、汉等族人民反抗法国入侵者的斗争；1889年班洪、班老地区各族人民反抗英国入侵者的斗争；1906年傣族首领刀安仁与杨振鸿领导的南起盈江干崖、北至片马的傣、傈僳、景颇、汉等族人民参加的干崖起义；1911年1月爆发的勒墨夺帕（傈僳族）领导的傈僳、景颇、怒等族反对英军入侵片马的斗争；1908年孙中山派黄明堂、王和顺发动的河口起义；等等，都是各民族共同浴血奋斗的盛举，而且每一次的斗争都为民族的融合创造了条件。在滇西各族人民大起义中，杜文秀视各民族共同团结奋斗为义军之本，他制定了"连回、汉为一体，竖立义旗，驱逐鞑虏，恢复中华"的起义纲领。③ 他说：

---

① 马维良等：《迪庆藏族自治州回族调查》，《云南回族社会历史调查》（三），第45—47页。转引自荆德新编著：《杜文秀起义》，云南民族出版社1991年版，第247页。

② 马绍雄：《杜文秀政权述略》。《大理回族简史》（未刊稿）。转引自荆德新编著：《杜文秀起义》，云南民族出版社1991年版，第248页。

③ 见中国史学会主编的中国近代史资料丛刊：《回民起义》（一），神州国光出版社1952年版，第8页。

"本帅爱举义师,以清妖孽,志在救劫救民,心存安汉安回"①;"但得汉、回一心,以雪国耻,是为至要"②;尤须"三教同心,联为一体";"窃思滇南一省,回、汉、夷三教杂处。"③ 他所说的"三教",泛指云南的回、汉、白、彝、傣、苗、景颇、傈僳、拉祜、哈尼等民族。为保证义军的民族团结,他采取两条重要措施:一是对"三教"官兵"一视同仁,不准互相凌虐,违者,不拘官兵,从重治罪"④,"其治民也,无分汉、回、夷,一以公平处之。"⑤ "委镇地方,回、汉同任,招待宾客,回、汉同席。"⑥ 除委任回族人做高官外,他也委任其他各族人作为高官。如授予汉族人李芳园为大翼长、大司寇、范志舒为大司辅、董飞龙为大司略,张遇泰、赵炳南、尹建中等为大将军、军师、大参军、参军;授予白族人姚德胜为大司卫、马荣耀为龙骑大将军、大司勋,赵瑞昌、赵锡昌为大参军;授予彝族人李文学为大司藩、杨仙芝为西略将军,金肇盛、杨荣芝、起才顺为大都督、将军和都督;授予傣族人线子章为抚夷大都督、罕思伦为抚夷大将军;授予哈尼族人田四浪为抚夷将军;授予傈僳族人余龙才为将军;授予满族人奎谱为征西大参军、大司胜,昌柱为大将军。"回之受职者数千,汉之受职者数万(按,汉之受职者中,当包括其他所有云南的土著民族的受职者)。"⑦

孙中山是旧民主主义革命的伟大先行者,他领导的辛亥革命也是各民族共同参与的。他融贯中国各民族自古以来团结、融合、共同缔造统一国家的文化精华,创立了引领革命走向胜利的民族、民权、民生主义。他的民族主义也主张各民族一律平等。他在《中华民国临时约法》中宣布:"中国是一个领土完整、主权独立、统一的多民族国家,各民族一律平等。"他说:"今日五族一家,立于平等地位,所望以后五大民族同心协

---

① 见中国史学会主编的中国近代史资料丛刊:《回民起义》(二),神州国光出版社1952年版,第106页。
② 同上书,第127页。
③ 同上书,第131页。
④ 同上书,第118页。
⑤ 中国回教俱进会云南玉溪分会撰:《新兴河西纪闻》,同上书,第65页。
⑥ 赵清:《辩冤解冤录》,见《回民起义》(一),第61页。
⑦ 中国史学会主编的中国近代史资料丛刊:《回民起义》(二),神州国光出版社1952年版,第106—107页。

力，共策国事之进行，使中国进于世界第一文明大国。"① 云南各族人民为实现他的建国纲领，把中国建成各民族一律平等，建成世界第一文明大国的目标，共同浴血奋斗。不仅在辛亥革命，而且在"反对帝制，维护共和，打倒袁世凯"的护国运动中取得了辉煌业绩和战果，在斗争中不断构建了相互融合的平台。

　　新民主主义革命时期，中国共产党执行各民族平等、团结、互助的政策，各族人民在中国共产党的领导下，为建立新民主主义共和国而斗争，革命高潮空前迭起。抗日战争时期，云南各族人民，仅在1938年开往抗战前线的总兵力就达二十七万人。② 朱德说："抗战军兴，滇省输送二十万军队于前线，输助物资，贡献于国家民族者尤多。"③ 朱德所说的数字，未包括为后勤服务的兵力。1938年4、5月，云南各族官兵在台儿庄与日军大战，取得毙伤、俘虏日军数万余人的重大胜利。时任滇军一八四师师长的彝族将领张冲，在前线八路军驻武汉办事处向叶剑英、罗炳辉将军提出："本人要求参加中国共产党，要求八路军、共产党组织遴派军事及政治工作人员来一八四师工作。"④ 台儿庄大捷后，他升任滇军新三军军长。1947年他在延安加入中国共产党，历任东北人民解放军总部高级参谋，参与策动滇军东北起义。中华人民共和国成立后，他被选为第五届全国政协副主席。张冲是在中国共产党领导下，云南各族人民为新民主主义革命作出重大贡献的杰出代表之一，是云南少数民族在革命斗争中，为增进各民族团结、合作、融合，共建统一、民主、富强国家的典范之一。

　　总而言之，近代云南历史，是各民族在反帝、反封建、反官僚资本主义斗争中共同团结奋斗，民族融合因素空前增长的历史，是民族融合与维护国家独立、统一、进步的历史。民族融合是一个不断渐进的过程，有初期阶段的民族融合和高级阶段的民族融合之分，不能把民族融合仅仅视为

---

① 周昆田：《三民主义的边疆政策》，中央文物供应社印订，1984年11月修订版第13页。孙中山所说的"五族"是指汉、满、蒙、回、藏。他用五大族来代表中国境内的各民族，所以，"五族"应包括中国各民族。

② 郑崇贤：《滇声》，香港有限印务公司1946年版，第16—18页。

③ 李根源：《朱德致龙云的信》（1938年8月21日），载《云南图书馆》季刊，1981年第3—4期，第1—2页。

④ 张致中：《抗日战争初期我在一八四师经历》，载《云南文史资料选辑》第20辑，第69—70页。

共产主义在全世界实现，或世界大同，所有民族消亡以后的事。实际上，在云南各民族的历史发展中，民族融合几乎是无地不在，无时不有，汉族融合别的民族，别的民族也融合汉族，少数民族之间也相互融合。融合的基本形式，是一个个成员，或部分成员逐步被他族自然同化，或部分风俗习惯被他族自然同化。这是民族融合在初级阶段的基本表现，融合的基础是民族之间的团结与相互在政治、经济、文化上的密切交流与合作。这种融合是民族融合总进程中的一个组成部分，是民族融合运动发展的历史必然。近代时期云南汉族人口的增长，白、回、彝等族人口的增长，主要都与民族融合有关。① 融合了别的民族成分，人口的增长就会加快，数量也会剧增。近代时期虽有内地汉族移民进入云南，但数量不多，对汉族人口的增长影响不大。

## 九　结束语

纵观数千年云南古代历史的发展，我们有以下几点看法：

（一）民族融合与促进国家统一，是贯穿云南历史发展的两条主线，推动云南历史前进的两大主轴。二者互动，相辅相成，相互制约。云南历史上的每一次民族大融合，都推动国家统一向纵深发展，而每一次国家统一的纵深发展，又为新的民族大融合开创了新基础，构筑了高平台。

（二）各民族之间的经济、文化交流是民族融合的主要媒介。只要有各民族之间存在社会经济文化发展的不平衡，各民族之间的经济文化交流就不会停止，民族融合的进程就不会阻断。因此，民族融合的存在与否，不以人的意志为转移。

（三）民族融合的规律和价值取向，是以先进的生产力、先进文化为主导，取优弃旧，实现更新。因此，每一次的民族大融合，都推动经济文

---

① 据李珪主编的《云南近代经济史》提供的数字（见云南民族出版社，1995年版，第3页），道光十年（1830），云南全省人口为480.94万人，加上边疆未编户人口，估计全省人口为655万人，其中汉族人口约占一半，即300多万人。又根据谢本书的研究，抗战初期云南的总人口为900多万人（见谢本书著：《近代滇史探索》，云南人民出版社1987年版，第304页），若以其中一半为汉族人口计算，汉族为450多万人，比道光十年的估计增加了150多万人，增加的人口，大多数当为少数民族融入汉族的人口。若以今天三分之二是汉族人口的比例计算，汉族人口为600多万人，融入汉族的少数民族人口就更多。

化的发展、社会的进步、民族的繁荣、人民物质文化生活的提高。民族融合是各族人民利益之所在，具有深厚的群众基础和无穷的动力，是永具活力，永具光辉的历史现象。

（四）以自愿、平等、团结、互助为实现基础的各民族人民之间的自然融合，是民族融合的自在形式。在奴隶制、封建制、资本主义制的社会中，民族融合往往不是和谐地进行的，甚至是通过民族冲突、民族战争来实现。马克思说："现存的所有制关系是造成一些民族剥削另一些民族的原因。"① 但是，绝不能因此就否定自在形式在民族融合中的主流作用；也不能因肯定自在形式的主流作用，就否定民族压迫、民族战争、民族冲突衍生的非自在形式的民族融合。尽管民族压迫、民族战争、民族冲突往往给社会经济带来破坏，造成生灵涂炭，但是，应该看到，它引发的民族大迁徙、大混居、经济文化大交流，对民族融合和国家统一向纵深发展，客观上也有一定的作用。当然，这不是要肯定民族压迫和民族同化政策。

（五）近代是云南民族融合因素空前增长的时期。民族融合是一个不断渐进的过程，有初级阶段的民族融合和高级阶段的民族融合之分，不能把民族融合仅仅视为共产主义在全世界实现，或世界大同，所有民族消亡以后的事。事实上，在云南各民族的历史发展中，民族融合几乎是无地不在，无时不有，汉族融合别的民族，别的民族也融合汉族，少数民族之间也相互融合。融合的基本形式，是一个个成员，或部分成员逐步被他族自然同化，包括部分风俗习惯被他族自然同化。这是民族融合在初级阶段的基本表现。这种融合是民族融合总进程中的一个组成部分，是民族融合运动发展的历史必然。

（六）云南汉族和各个少数民族，都是相互不断融合形成的民族共同体，具有"我中有你，你中有我"的共同特点。2004 年云南总人口四千四百一十五点二万人，其中少数民族人口为一千四百七十九点零九万人，占总人口的百分之三十三点五。汉族人口不是自元、明、清以来因单纯的自然增长或不断从内地移民而形成的，少数民族人口也并非如此。他们都是在历史发展中，由自在形式及非自在形式的民族融合而形成的。汉族人口中融入了大量的土著民族，土著民族人口中也融入了大量的汉族。云南

---

① 《论波兰》，《马克思恩格斯全集》第四卷，第 409 页。

民族融合所产生的对祖国的内聚力及汉族与各少数民族、少数民族与少数民族之间的互聚力,是云南各族人民在中国共产党领导下与全国各族人民共同奋斗,实现共同繁荣的重要保证,是中华民族自强于世界之本。

何耀华

2008 年 5 月 28 日于昆明

云南通史·第一卷

# 目　录

前言 ……………………………………………………………… (1)

## 第一编　云南高原的古地理环境演化及古生物

第一章　概述 …………………………………………………… (7)

第二章　前寒武纪云南地壳演化及生物初始发育 …………… (9)

第三章　寒武纪云南高原地理环境与生命大爆发 ………… (11)
　　第一节　寒武纪云南的地理环境 ……………………… (11)
　　第二节　澄江动物群——20世纪最惊人的科学发现 … (12)
　　第三节　寒武纪生命大爆发的科学意义 ……………… (15)

第四章　中新生代地理环境演变与古生物进化 …………… (16)
　　第一节　云南中生代地理环境及其演化 ……………… (16)
　　第二节　"禄丰龙"及云南的恐龙 ……………………… (19)

第五章　第三纪地理环境演化与云南古猿 ………………… (23)
　　第一节　云南第三纪地理环境演化 …………………… (23)
　　第二节　云南古猿化石与环境 ………………………… (25)
　　第三节　云南:人类起源地之一 ………………………… (39)

# 第二编　旧石器时代

**第六章　概述** ………………………………………………………… (43)

**第七章　第四纪以来云南的地理环境** ……………………………… (45)

**第八章　元谋人及其文化遗存** ……………………………………… (48)
　　第一节　元谋人的发现 ………………………………………… (48)
　　第二节　元谋人的体质特征 …………………………………… (50)
　　第三节　元谋人的年代 ………………………………………… (55)
　　第四节　元谋人的文化遗存和用火痕迹 ……………………… (56)
　　第五节　发现元谋人的科学意义 ……………………………… (58)

**第九章　云南地理环境演化与智人发展** …………………………… (62)
　　第一节　云南地理环境演化 …………………………………… (62)
　　第二节　云南早期智人化石——昭通人 ……………………… (64)

**第十章　云南晚期智人及其文化遗存** ……………………………… (67)
　　第一节　概述 …………………………………………………… (67)
　　第二节　丽江人及其文化遗存 ………………………………… (70)
　　第三节　蒙自人及其文化遗存 ………………………………… (72)
　　第四节　昆明人及其文化遗存 ………………………………… (75)
　　第五节　西畴人 ………………………………………………… (78)
　　第六节　姚关人及其文化遗存 ………………………………… (79)

**第十一章　云南各地的旧石器时代文化** …………………………… (80)
　　第一节　概述 …………………………………………………… (80)
　　第二节　旧石器时代早期:江川甘棠箐遗址 ………………… (81)
　　第三节　旧石器时代晚期的文化类型 ………………………… (83)

## 第十二章　旧石器时代云南与其他地区的文化交流 …………… (92)
第一节　云南与祖国其他地区的文化交流 ………………… (92)
第二节　云南与世界其他地区的文化交流 ………………… (97)

## 第十三章　中石器时代 ……………………………………………… (101)
第一节　云南中石器时代的遗址及特点 …………………… (102)
第二节　云南的细小石器 …………………………………… (105)

# 第三编　新石器时代

## 第十四章　概述 ……………………………………………………… (117)

## 第十五章　新石器时代以来云南的地理环境 …………………… (119)
第一节　以滇池为中心的滇中地理环境 …………………… (119)
第二节　以洱海为中心的滇西地理环境 …………………… (120)
第三节　云南其他地区的地理环境 ………………………… (122)

## 第十六章　云南八种类型的新石器时代文化 …………………… (125)
第一节　滇池地区的新石器时代文化 ……………………… (125)
第二节　滇东北地区的新石器时代文化 …………………… (130)
第三节　滇东南地区的新石器时代文化 …………………… (132)
第四节　滇南、西双版纳地区的新石器时代文化 ………… (133)
第五节　金沙江中游地区的新石器时代文化 ……………… (134)
第六节　洱海地区的新石器时代文化 ……………………… (136)
第七节　澜沧江中游地区的新石器时代文化 ……………… (139)
第八节　滇西北地区的新石器时代文化 …………………… (142)

## 第十七章　经济生活和社会生活 …………………………………… (145)
第一节　农业、畜牧业的产生与发展 ……………………… (145)
第二节　云南——亚洲栽培稻的起源地 …………………… (153)
第三节　陶器的发明和使用 ………………………………… (161)

第四节　不同风格的房屋建筑 ………………………………（166）
　　第五节　云南新石器时代部落先民的社会结构——从母系
　　　　　　氏族社会到父系氏族社会 ……………………………（172）
　　第六节　原始宗教 …………………………………………………（181）

第十八章　原始文化艺术 …………………………………………………（196）
　　第一节　人体装饰艺术 ……………………………………………（196）
　　第二节　原始装饰与造型艺术 ……………………………………（201）
　　第三节　原始绘画艺术 ……………………………………………（205）
　　第四节　云南新石器时代文化与我国内地的关系 ……………（226）
　　第五节　云南与东南亚新石器时代文化的关系 ………………（244）

# 第四编　夏、商、西周、春秋时期云南的古国

第十九章　概述 ……………………………………………………………（249）

第二十章　云南青铜文明的起源——剑川海门口夏、商时期的
　　　　　　遗址 ……………………………………………………………（252）
　　第一节　剑川海门口遗址的第一、二次发掘 …………………（252）
　　第二节　剑川海门口遗址的第三次发掘 ………………………（258）

第二十一章　西周时期云南各地的早期青铜时代文化 …………（265）
　　第一节　滇池地区的早期青铜时代文化 ………………………（265）
　　第二节　滇东北地区的早期青铜时代文化 ……………………（267）
　　第三节　滇西和滇西北地区的早期青铜时代文化 ……………（269）

第二十二章　云南青铜文明的形成——春秋时期云南各地的
　　　　　　　遗址和墓葬 ………………………………………………（270）
　　第一节　概述 ………………………………………………………（270）
　　第二节　春秋时期滇西北地区的青铜时代文化 ………………（274）
　　第三节　春秋时期滇中地区的青铜时代文化 …………………（277）

第四节　春秋时期滇东北地区的青铜时代文化 …………………… (281)

**第二十三章　云南——世界铜鼓的起源地** ……………………………… (283)
　　第一节　概述 …………………………………………………………… (283)
　　第二节　万家坝型铜鼓的起源和传播 ………………………………… (284)
　　第三节　石寨山型铜鼓是万家坝型铜鼓的直接继承者 ……………… (286)
　　第四节　越南东山铜鼓是在中国云南万家坝型铜鼓的影响下
　　　　　　产生的，与中国石寨山型铜鼓是平行发展的同一种
　　　　　　类型的铜鼓 ……………………………………………………… (289)

# 第五编　战国时期云南的方国

**第二十四章　哀牢国** ……………………………………………………… (293)
　　第一节　哀牢国的传说与世系 ………………………………………… (293)
　　第二节　哀牢国的方位、地域与民族 ………………………………… (294)
　　第三节　哀牢国的考古文化遗存 ……………………………………… (295)
　　第四节　哀牢国的物产与人口 ………………………………………… (299)

**第二十五章　昆明国** ……………………………………………………… (301)
　　第一节　昆明国的历史记载 …………………………………………… (301)
　　第二节　昆明国的考古文化遗存 ……………………………………… (302)

**第二十六章　滇国** ………………………………………………………… (307)
　　第一节　史籍记载的滇国及滇王 ……………………………………… (307)
　　第二节　滇之由来、滇国的都城及疆域 ……………………………… (309)
　　第三节　庄蹻王滇 ……………………………………………………… (311)
　　第四节　滇国的考古学文化遗存 ……………………………………… (318)
　　第五节　滇国主要考古学文化特征的形成 …………………………… (333)
　　第六节　滇国的社会和经济 …………………………………………… (342)

# 第六编　战国秦汉时期云南与祖国各地及周边国家的经济文化交流

**第二十七章　概述** …………………………………………………（363）

**第二十八章　云南与祖国各地的经济文化交流** ……………………（366）
　　第一节　与楚的经济文化交流 ……………………………………（366）
　　第二节　与巴蜀的经济文化交流 …………………………………（369）

**第二十九章　云南与周边国家的经济文化交流** ……………………（371）
　　第一节　与东南亚国家的经济文化交流 …………………………（371）
　　第二节　与南亚国家的经济文化交流 ……………………………（378）

**大事记** ………………………………………………………………（382）

**参考文献** ……………………………………………………………（413）

**后记** …………………………………………………………………（419）

# 插图目录

图 1　澄江县帽天山 …………………………………………（12）
图 2　纳罗虫（Naraoia）……………………………………（13）
图 3　抚仙湖虫（Fuxianhuia）………………………………（14）
图 4　奇虾（Anomalocaris）…………………………………（14）
图 5　云南虫（Yunnanozoon）………………………………（15）
图 6　禄丰龙 …………………………………………………（20）
图 7　开远市小龙潭煤矿古猿化石产地 ……………………（26）
图 8　开远市小龙潭煤矿的古猿上颌骨化石 ………………（27）
图 9　禄丰古猿化石发掘现场 ………………………………（28）
图 10　禄丰古猿下颌骨化石 …………………………………（29）
图 11　元谋县小河村蝴蝶梁子古猿头骨化石出土地点发掘现场……（31）
图 12　元谋古猿头骨化石 ……………………………………（32）
图 13　保山市羊邑煤矿清水沟古猿化石地点 ………………（34）
图 14　马关县山车仙人洞古猿牙齿化石冠面 ………………（37）
图 15　广南县硝洞古猿牙齿化石 ……………………………（38）
图 16　西畴县古猿牙齿化石 …………………………………（38）
图 17　元谋人化石产地 ………………………………………（49）
图 18　元谋人牙齿化石 ………………………………………（51）
图 19　元谋人胫骨化石 ………………………………………（54）
图 20　元谋人地点出土的石器 ………………………………（56）
图 21　昭通人牙齿化石 ………………………………………（65）
图 22　昭通市过山洞 …………………………………………（65）
图 23　丽江人头骨化石 ………………………………………（71）

| 图 24 | 蒙自人的石器和骨角器 | (72) |
| --- | --- | --- |
| 图 25 | 蒙自人头盖骨 | (74) |
| 图 26 | 昆明人的石器 | (76) |
| 图 27 | 西畴人牙齿化石 | (78) |
| 图 28 | 甘棠箐出土的石制品和骨制品 | (81) |
| 图 29 | 呈贡—石林(路南)文化类型石器 | (86) |
| 图 30 | 富源大河遗址出土的石器 | (87) |
| 图 31 | 老龙洞文化类型石器 | (89) |
| 图 32 | 硝洞遗址出土的石器 | (90) |
| 图 33 | 木家桥遗址石器 | (91) |
| 图 34 | 四川与云南旧石器对比图 | (93) |
| 图 35 | 广西百色地区与云南旧石器对比图 | (96) |
| 图 36 | 富源大河遗址勒瓦娄哇石核 | (99) |
| 图 37 | 塘子沟骨角器 | (104) |
| 图 38 | 云南元谋细小石器 | (106) |
| 图 39 | 滇池地区出土的陶器 | (127) |
| 图 40 | 滇池地区的新石器 | (128) |
| 图 41 | 闸心场和马厂出土的陶器 | (131) |
| 图 42 | 小河洞遗址出土的石器 | (133) |
| 图 43 | 景洪地区的石器 | (134) |
| 图 44 | 金沙江中游地区的新石器 | (135) |
| 图 45 | 宾川白羊村出土的陶器 | (139) |
| 图 46 | 宾川白羊村出土的石器和骨器 | (140) |
| 图 47 | 云县忙怀出土的石器 | (141) |
| 图 48 | 维西戈登村出土的石器 | (143) |
| 图 49 | 元谋大墩子遗址出土的碳化稻谷 | (160) |
| 图 50 | 永仁菜园子房屋遗址 | (167) |
| 图 51 | 元谋大墩子房屋遗址平面图(上)及复原图(下) | (169) |
| 图 52 | 宾川白羊村房屋遗址平面图 | (170) |
| 图 53 | 沧源岩画的巢居 | (171) |
| 图 54 | 沧源岩画上的干栏 | (172) |
| 图 55 | 元谋大墩子瓮棺 | (188) |

| | | |
|---|---|---|
| 图 56 | 沧源岩画上的"出入洞" | (193) |
| 图 57 | 角饰和枝叶饰(沧源岩画) | (197) |
| 图 58 | 各种耳饰(沧源岩画) | (198) |
| 图 59 | 沧源岩画上的纹身图像 | (200) |
| 图 60 | 陶器器底植物纹饰(维西) | (203) |
| 图 61 | 元谋大墩子鸡形陶壶 | (205) |
| 图 62 | 香格里拉岩画:獐子图 | (207) |
| 图 63 | 丽江岩画:中箭的野牛 | (208) |
| 图 64 | 宁蒗岩画:野牛与獐子 | (210) |
| 图 65 | 福贡岩画:太阳及线条 | (211) |
| 图 66 | 沧源岩画 | (212) |
| 图 67 | 圆圈舞(沧源岩画) | (215) |
| 图 68 | 耿马大芒光岩画 | (216) |
| 图 69 | 元江它克岩画 | (217) |
| 图 70 | 漾濞岩画采摘图 | (219) |
| 图 71 | 砚山大山村岩画"祭日图" | (221) |
| 图 72 | 广南弄卡岩画"女人执马尾图" | (223) |
| 图 73 | 傩舞(麻栗坡大王岩岩画) | (224) |
| 图 74 | 圜底钵 | (230) |
| 图 75 | 尖底瓶 | (231) |
| 图 76 | 石刀 | (233) |
| 图 77 | 我国南方出土的双肩石斧 | (238) |
| 图 78 | 剑川海门口遗址器物 | (255) |
| 图 79 | "几"字形铜钺 | (257) |
| 图 80 | 剑川干栏桩柱 | (261) |
| 图 81 | 云南楚雄万家坝 M23 平面、剖面图 | (272) |
| 图 82 | 宁蒗大兴镇墓葬器物 | (273) |
| 图 83 | 剑川鳌凤山铜箍 | (273) |
| 图 84 | 楚雄大海波 11 号鼓 | (277) |
| 图 85 | 云南楚雄万家坝春秋腰坑墓 M1 平、剖面图 | (278) |
| 图 86 | 云南楚雄万家坝 M23 号墓青铜兵器 | (279) |
| 图 87 | 三叉式护手铜剑 | (280) |

图 88　楚雄万家坝 M23:159 号鼓(春秋) ……………………………(285)
图 89　楚雄万家坝 M1:12 号鼓(春秋) ………………………………(286)
图 90　石寨山 M1:58 鼓(西汉) ………………………………………(288)
图 91　铜钺 ……………………………………………………………(296)
图 92　人面纹大弯刀 …………………………………………………(297)
图 93　山字足铜案(战国) ……………………………………………(297)
图 94　昌宁铜盒(战国) ………………………………………………(298)
图 95　战争场面铜贮贝器器盖(西汉) ………………………………(303)
图 96　"献俘"鎏金铜扣饰(西汉) ……………………………………(304)
图 97　祥云大波那铜棺(战国) ………………………………………(305)
图 98　祥云大波那 M1:19 号鼓(战国) ………………………………(306)
图 99　第一期前、中、后段的武器和工具(战国) ……………………(321)
图 100　立牛伞盖(江川·战国) ………………………………………(323)
图 101　铜勺(晋宁·战国) ……………………………………………(324)
图 102　矛头狼牙棒(江川·战国) ……………………………………(326)
图 103　仿生曲柄铜斧(江川·战国) …………………………………(327)
图 104　铜戈(羊甫头 M19·战国) ……………………………………(329)
图 105　玉管与玛瑙珠(羊甫头 M30:15·战国) ………………………(330)
图 106　铜螺(羊甫头 M1·战国) ………………………………………(331)
图 107　天子庙一期武器工具 …………………………………………(332)
图 108　玛瑙扣(晋宁·战国) …………………………………………(333)
图 109　铜锥(江川·战国) ……………………………………………(335)
图 110　二人猎鹿铜扣饰(战国) ………………………………………(336)
图 111　李家山 M24"珠襦"覆棺情况 …………………………………(339)
图 112　昆明羊甫头第一、二期陶器 ……………………………………(341)
图 113　铜鱼杖头饰(晋宁·西汉) ……………………………………(343)
图 114　铜五牛针线盒(江川·战国) …………………………………(345)
图 115　铜锄 ……………………………………………………………(346)
图 116　诅盟贮贝器器盖 ………………………………………………(347)
图 117　羊甫头带柲铜戈 ………………………………………………(350)
图 118　滇池区各等级墓葬平面图 ……………………………………(351)
图 119　纳贡贮贝器 ……………………………………………………(352)

| 图120 | 执伞铜俑 | (353) |
| 图121 | 播种祭祀贮贝器 | (354) |
| 图122 | 玛瑙珠 | (355) |
| 图123 | "上仓图"贮贝器 | (356) |
| 图124 | 吊人铜矛 | (357) |
| 图125 | 铜臂甲 | (358) |
| 图126 | 四巫俑祭器 | (359) |
| 图127 | 羊甫头漆木柄铜斧 | (367) |
| 图128 | 羊甫头 M113:2 杖头饰 | (370) |
| 图129 | 石寨山仿波斯铜盒(西汉) | (373) |
| 图130 | 楚雄万家坝 M23:159 号鼓(春秋) | (374) |
| 图131 | 越南老街Ⅳ号鼓(西汉) | (375) |
| 图132 | 印尼展玉鼓(西汉) | (376) |
| 图133 | 云南与东南亚国家相似器物 | (377) |
| 图134 | 江川肉红蚀花石髓珠(西汉) | (379) |
| 图135 | 双人铜钺舞扣饰(西汉) | (380) |
| 图136 | 人物饰漆木且(西汉) | (381) |

（本书彩色图版及插图照片采自大型图录：《云南省博物馆》、《云南李家山青铜器》、《云南古代艺术珍品集》、《昆明羊甫头文物精粹》、《云南古代文明之光》，发掘报告：《楚雄万家坝古墓群发掘报告》、《江川李家山——第二次发掘报告》、《昆明羊甫头墓地》，论著：《中国与东南亚的古代铜鼓》、《云贵高原的青铜时代》等）

# 图版目录

图版1　元谋人遗址纪念碑
图版2　元谋人牙齿化石
图版3　开远古猿化石发现地——小龙潭煤矿
图版4　禄丰古猿化石发现地——石灰坝
图版5　元谋古猿化石发现地——豹子洞箐
图版6　元谋古猿头骨化石
图版7　富源大河遗址莫斯特文化的旧石器
图版8　富源大河遗址发掘现场
图版9　鸡形陶壶（新石器时代）
图版10　尖底瓶（新石器时代）
图版11　红陶凸底盘（新石器时代）
图版12　有段石锛（新石器时代）
图版13　蚌刀（新石器时代）
图版14　沧源岩画（新石器时代）
图版15　麻栗坡大王岩岩画（新石器时代）
图版16　剑川海门口发掘现场
图版17　楚雄万家坝
图版18　楚雄万家坝铜鼓（春秋）
图版19　楚雄万家坝羊角编钟（春秋）
图版20　牛虎铜案（战国）
图版21　铜葫芦笙（战国）
图版22　三叉式护手铜剑（战国）
图版23　铜盒（战国）

图版 24　万家坝型铜鼓（曲八 M1∶1·战国）
图版 25　青铜提桶（战国）
图版 26　巫师纹铜戈（战国）
图版 27　人面纹铜饰物（战国）
图版 28　青铜房屋扣饰（战国）
图版 29　蛇纹鞘铜剑（战国）
图版 30　大铜矛（战国）
图版 31　二人猎猪铜扣饰（战国）
图版 32　山字足铜案（战国）
图版 33　立鸟铜戚（战国）
图版 34　玛瑙珠（战国）
图版 35　跪俑铜杖头（战国）
图版 36　立牛铜伞盖（战国）
图版 37　铜钺形仪仗（战国）
图版 38　鸟饰铜矛（战国）
图版 39　三狼噬羊铜扣饰（战国）
图版 40　虎噬牛狼牙棒（战国）
图版 41　铜箭箙（战国）
图版 42　祥云大波那铜棺（战国）

# 前　言

　　云南历史的开篇始于元谋人（学名为元谋直立人，俗称元谋猿人）。170万年前，元谋人率领云南远古人类进入旧石器时代。元谋人创造的云南旧石器时代早期文化，包括旧石器和石制品，还有伟大的创举——火的使用和保存。

　　旧石器时代中期，在云南发现了早期智人化石——昭通人。

　　进入旧石器时代晚期，古人类的足迹分布更为广泛。晚期智人的化石有蒙自人、昆明人、西畴人、姚关人，以及在呈贡、石林、峨山、沧源等地发现的旧石器时代晚期文化。

　　旧石器时代晚期，云南不仅与祖国其他省区四川、湖南、广西等地有文化交流关系，而且与东南亚地区也有文化交流，甚至与遥远的欧洲也有着经济和文化的交流，尽管交流的路线目前尚不清楚。

　　云南有着如此丰富多彩的旧石器时代人类化石和文化遗存绝非偶然，而是有着其深厚的积淀：在开远、禄丰、元谋、保山、马关、广南、西畴等7县市发现的一大批古猿化石，它们之中，有些猿类应该是人类的祖先，云南应该是人类的起源地之一。

　　进入新石器时代，文化遗存遍布红土高原、三迤大地。文化类型呈现五彩缤纷的多样性和地域性及民族特征。

　　云南新石器时代晚期文化有8种类型，每种类型的新石器文化在居住方式、经济类型、生活方式、器物型制等方面均有所不同。

　　而且，从上述诸种文化因子中可以窥见其不同的民族文化特征。虽然"民族"在新石器时代尚未形成，但考古学者可以从新石器时代晚期的考古学文化遗存中找出该民族在形成过程中，在"胚胎时期"的一些文化特质，以及甲民族与乙民族在物质文化方面的不同和意识形态方面的差异，如在元谋大墩子和宾川白羊村遗址内，氏族先民将夭折的幼童用陶瓮为棺，埋葬在住房附近。而且，瓮棺上还往往凿出几个小孔，作为死者灵魂出入的通道。这种特殊的意识形态和原始宗教行为，在云南其他诸多遗址中基本不存在，而和远在陕西省西安市的仰韶文化之半坡遗址相同。实际上这是滇陕两地的古代氐羌民族的先民们所具有的共同的意识形态在埋葬方式上的一种表现。

以元谋大墩子遗址为代表的金沙江中游地区的新石器时代文化，宾川白羊村遗址在内的洱海地区的新石器时代文化，以及滇西北地区的新石器时代文化的氏族先民居住的是穴居、半穴居或平地起建的房屋，陶器中以尖底瓶和圜底钵为特征，并有少量陶三足鼎，某些遗址内陶器上还有刻画符号，石器中的半月形穿孔石刀，少量鸟翼形石刀，以及上述瓮棺葬等考古学文化因子。

可以看出，云南以上三种类型的新石器时代文化与黄河流域尤其是上游的我国西北地区新石器时代文化有着较为密切的文化联系。其本质上的原因，是这些文化的创造者是我国古代氐羌民族的先民。云南上述地区的考古学文化，亦可称为先氐羌文化。

而滇池区域、滇东北地区、滇东南地区和滇南、西双版纳地区的新石器时代晚期文化的氏族先民们则喜居房屋离开地面，用桩柱支撑的"高脚屋"，类似今天傣族的竹楼，考古学上称为"干栏式"房屋。氏族先民们使用的生产工具——石器则以"有肩""有段"和"有肩有段"为其特征，如有肩石斧、有段石锛、有肩有段石锛，尤其是后者，极富云南地方民族特色。在陶器特征方面，陶质以夹砂陶为主，纹饰有绳纹、划纹、附加堆纹、乳钉纹、方格纹、波浪纹等。器形以釜、罐为主。滇池地区还常见贝丘遗址等这些考古学文化特征，反映了云南这四种类型的新石器时代晚期文化与我国东南沿海有着较强的联系，而这些文化特征则是古代百越民族的先民们所具有的。因此，可以将以上四种类型的新石器时代晚期文化称为"先越文化"。

澜沧江中游地区的新石器时代晚期文化则有可能是古代百濮的先民创造的文化。

在以上的某一类型的新石器时代晚期文化中，某种民族的先民的文化特征占主导地位，但是也有另一种民族的先民的文化存在，反映了自原始社会以来，云南各民族就已混合居住，互通有无。

此外，从生物遗传学、考古学、民族学、语言学和文献学五个方面的综合研究来看，云南是亚洲栽培稻的起源地之一，最早种植稻谷的是古代百越民族的先民，这是史前时期云南在世界科学技术史上最辉煌的成就。

迄今为止，云南尚未发现6000年前的新石器时代早期遗址或墓葬，因此目前已知的云南新石器时代的考古遗存属新石器时代中期和晚期。但是，没有发现早期遗存不等于云南不存在新石器时代早期的文化，相信今后一定会有发现。

关于云南新石器时代晚期的文化类型，上述"八分法"是1980年确定的，随着此后30年来的诸多新考古资料的出现，在"八分法"原有的框架下，还可以划分出若干新的文化类型。而且，原有的某些遗址可能延续使用至青铜时代。

云南何时跨入文明的门槛？夏代早期。最新考古发现表明，云南剑川县海门口遗址的第三次发掘可将年代划分为三期，其中第二期的年代在距今3800年至3200年，已发现了青铜器。按距今3800年计算，应当在夏代早期（夏商周断代工程确定夏朝始于公元前2070年，即距今4000余年）。云南青铜时代早期大约在夏、商、西周时期。中期在春秋时期，晚期在战国、西汉时期。从东汉初期，云南进入铁器时代。春秋时期在云南滇中至滇西一带出现的万家坝型铜鼓，是世界最早的铜鼓，这是云南对世界青铜文明最大的贡献！

按照马克思主义理论，人类社会的发展应该划分为五个阶段，即原始社会→奴隶社会→封建社会→资本主义社会→共产主义社会。对照云南历史，并与考古学结合，大致可将与本卷有关的云南历史编年如下：

原始社会：旧石器时代（早期170万年→晚期距今1万年左右）
　　　　　新石器时代（早期？→晚期距今3500年左右）
奴隶社会：青铜时代早期（夏、商、西周）
　　　　　青铜时代中期（春秋）
　　　　　青铜时代晚期（战国、西汉）
封建社会：铁器时代（从东汉开始）

由于云南社会经济发展不平衡现象远在石器时代即已存在，当洱海地区之剑川海门口遗址已进入了青铜时代，元谋大墩子遗址仍处在新石器时代晚期；当东汉初期昭通地区已普及牛耕技术和普遍使用铁器而进入铁器时代时，云南许多地方仍处在青铜时代。这些现象提醒我们，在云南的历史学与考古学研究中，除寻找一般规律外，也要注意研究个案和特殊性。

李昆声

# 第一编

## 云南高原的古地理环境演化及古生物

# 第一章

## 概　述

　　地理环境是一切生命及人类得以孕育，赖以产生、演化、分异、发展的摇篮。没有适宜的地理环境，就没有生命的产生，更不可能有人类和人类历史的发展。因此，地理环境和人类历史发展是息息相关、融为一体而不可分割的。在人类历史及其社会经济、政治、文化的发展中，地理环境为人类提供了必要的生存空间、食物资源等物质条件，同时也为人类意识形态、精神生活的产生提供了物质基础。而人类在生存发展的过程中，也会逐步认识自然，掌握规律，改造自然。

　　远在人类诞生之前，大自然即造就了千姿百态的地理环境。在人类产生之后，这种区域性的自然地理环境，山川大势、环境特征、资源禀赋的不同，影响着该区域人类历史发展的进程，使其经济、文化、社会、民族的发展都显示出了区域性，差别性，构成了千姿百态的地域性的历史发展"长卷"。云南独特的地理环境演化过程、特点及其现状，深刻地影响着云南历史演化及其发展过程。

　　云南地处地中海—喜马拉雅构造域与环太平洋构造域的交叉部位。按板块构造理论来说，云南地处青藏板块、古扬子板块与印度板块相互碰撞作用的交汇处特殊的位置，使地质地理环境演化进程极其复杂，数度海陆变迁，沧海桑田的巨变，形成多种多样地理背景，成为古人类和许多古生物物种起源与分异之地，留下了诸多地球环境与生命演化的奥秘。例如，寒武纪演化了地球上的第二次生命大爆发，中生代形成了恐龙世家的乐园；第三纪则孕育了众多被称为人类远古祖先的古猿类。在此基础上，在第四纪诞生了直立人——元谋人。元谋人是迄今科学发掘的我国最早的人类，他揭开了中国历史的第一页，以至于云南被公认为探索地球生命起源、人类起源和进化的"神圣之域"，是开展探求地球奥秘和文化寻根的"宝地"。我国著名古人类学家和考古学家贾兰坡院士曾满怀信心地指出："我国西南部广大地区，根据已有的线索来看，位于人类起源的范围之内。云南不仅发现了腊玛古猿化石，而且在元谋的上那蚌地方距今大约170万年的地层中还发现了元谋人牙齿和石器，就是有力的证据。""特别令人兴奋的是，20世纪80年代云南考古学者、地质学者和中国科学院古脊椎动物与古人类研究所学者在元谋县物茂区凹鲊乡的竹棚村豹子洞箐、蝴蝶梁子和小河村（25°55′N，101°45′E）发现古猿化石群，后来在上述地点西南附近，又发现了出土相似的猿类化石的雷老地点，从而更增加了我对人类起源于南亚的更大的信心，并认为云南很可能是人类的摇篮"。[①]

---

[①] 贾兰坡：《元谋古猿·序》，和志强主编，云南科技出版社1997年版。

# 第二章

# 前寒武纪云南地壳演化及生物初始发育

随着青藏板块、古扬子板块及印度板块的碰撞交汇，云南地壳拼接成整体，而且带来三大板块地壳特点：典型的双层结构。即下层，古老褶皱（结晶）基底（距今17亿—25亿年），大部分由深度岩层、火山岩组成；上层沉积盖层（震旦纪—三叠纪，距今1.99亿—18亿年），以成层海相为主、陆相为次的沉积岩为特征；而三叠纪以后的侏罗纪—现代则称为"陆内改造阶段"，沉积内陆盆地红色碎屑岩。

前寒武纪是地球生命孕育和初始演化时期。云南已在晚元古代昆阳群（距今9亿—15亿年）各组地层中发现丰富的微古植物和叠层石。前者是尚未真正定型的微小植物体，而后者则已是原始藻类、细菌群落生命过程和造岩活动形成的钙质、白云质、硅质生物沉积构造，在形态、纹饰、个体大小上已具有生物固有的特征和演化规律。

晚前寒武纪震旦纪，（距今6亿—15亿年），是地球生物发展史中一个特定时期，处于隐生宙的过渡时期，生物的面貌显示既有晚元古代隐生宙昆阳群微古生物的继承性，又已显示出与显生宙寒武纪初始的带壳动物的预演性，出现了地球历史中首次生物带壳演化（寒武纪生物的第一次大爆发）梅树村动物群的原始类型，从而奠定了显生宙生物演化的基础，也奠定了寒武纪生物第二次大爆发——澄江动物群发育和演化的基础。

## 生命进化初始概貌表①

| | | |
|---|---|---|
| $\epsilon_2^1$ 5.2亿年 | 寒武纪第三次生物爆发 | 伯吉斯页岩动物群（Burgess Shale Fauna） |
| $\epsilon_2^{1-1}$ 5.3亿年 | 寒武纪第二次生物爆发 | 澄江动物群（Chengjian Fauna） |
| $\epsilon_1^{1-1}$ 5.4亿年 | 寒武纪第一次生物爆发 | 梅树村动物群（Meishucun Fauna） |
| $\epsilon$ 5.4（5.7）亿年 | 前寒武纪（震旦纪）——寒武纪界线 | |
| P$\epsilon$ 5.8亿年 | 前寒武纪末次生物爆发 | 埃迪卡拉动物群（Ediacara Fauna） |
| 10亿年 | 多细胞藻类 | $O_2$发生 |
| 20亿年 | 蓝藻、铁细菌 | $CO_2$增加 |
| | 光合成：无氧酵解 ↑生物进化 | |
| 32亿年 | 细菌（最古老生命） | $H_2O$ |
| 35亿年 | 地球岩石形成 ↑化学演变 | HCNO、$CH_4$、$H_2$、HCN $NH_3$ |
| 距今45.4亿年 | 地球诞生 | |

---

① 蒋志文：《"寒武纪爆发"与澄江动物群》，载《云南地质》2002年第2期。

# 第三章

# 寒武纪云南高原地理环境与生命大爆发

## 第一节 寒武纪云南的地理环境

远在8亿年之前,云南整体处于一片汪洋大海之中。经8亿年前晋宁运动之后,云南有两块陆地突兀于海面,东部为滇中古陆,西部为高黎贡山古岛。延续到7亿年左右,澄江运动导致滇西大部分陆地脱离"苦海",成为了新生陆地,滇东部分一度升为陆地,后又沉入大海。陆地忽升忽降,海水忽进忽退,真所谓海陆变迁几时有,生命起源何处寻?

云南地壳红河大断裂以东,属稳定的扬子地台,古生代早期扬子地台向东南方向增生,形成一个适中的浅海地台区。寒武纪气候湿热,海水中食物丰富,不仅为澄江动物群的出现,而且为三叶虫及古杯类等海生无脊椎动物的适应爆发提供了有利的生态地理环境。寒武纪早期古生代早期在扬子地台内出现了带壳的海生无脊椎动物及澄江动物群。根据对早寒武纪古杯类生态地理环境的研究可知,这类动物一般生活在水深20—30米的海水中,气候温暖,可形成古礁。我国南方寒武纪早期沉积黑色碳质页岩层大范围的分布及澄江动物群中有众多藻类化石的发现,说明浅海水域内丰富的有机质,为众多的海生无脊椎动物提供了食物来源。这样的外部生态地理与气候环境提供了有利于适时爆发的生态机遇,这是澄江动物群在中国西南,尤其是云南东部出现的必然结果。[1]

---

[1] 张文堂:《寒武纪生命扩张及澄江动物群的意义》,载《地学前缘》1997年第3—4期。

# 第二节 澄江动物群——20世纪最惊人的科学发现

## 一 发现经过

1984年7月1日，侯先光在云南省澄江县城东5千米帽天山进行野外调查时，发现距今5.3亿年的寒武纪早期的无脊椎动物——纳罗虫的化石。侯先光意识到这是一个重大的科学发现，携化石标本回到工作单位——中国科学院南京地质古生物研究所以后，与他的研究生导师张文堂教授进行合作研究，并于1985年11月在中国《古生物学报》上发表论文，向全世界披露了这个惊人的发现，引起国际古生物界的高度关注。

**图1 澄江县帽天山**

1987年4月17日，中国科学院南京地质古生物研究所召开新闻发布会，正式宣布"澄江动物化石群"的出现，为研究寒武纪早期无脊椎动物提供了重要的实物证据。《人民日报》《文汇报》《光明日报》等新闻媒体刊发了这一重大消息。随后两年，侯先光及其合作者发表了20多篇论文，为澄江动物群的研究奠定了基础。德国的塞拉赫教授给素不相识的他们写信说："澄江动物群的发现就像来自天外的信息让人震惊，真是不可思议，太不可思议了。"1991年，英国《自然》杂志第6323期封面刊登了澄江动物群的微网虫化石的图片。1994年4月23日美国最权威、发行量最大的报纸《纽约时报》在头版刊发有关澄江动物群的长篇消息，并配有精美化石照片，文章指出中国澄江动物群的发现是"本世纪最动人心弦的发现"。1992—1993年，美、英、德、法、意、日、俄、瑞典、巴西等国家的新闻媒体纷纷以专题或消息等形式报道了这一重大科技成果。这一重大发现被国际科学界誉为"20世纪最惊人的发现之一"。

2003年，中国科学院南京地质古生物研究所陈均远教授、云南大学侯先光教授、西北大学舒德干教授因发现和研究澄江动物群化石而共同荣获国家自然科学奖一等奖。

## 二　动物群组成及特异埋葬

迄今为止，澄江动物群共发现100多种动物化石，分属于多孔动物、腔肠动物、蠕形动物、腕足动物、节肢动物、海绵动物、环节动物、棘皮动物等。其中，最为珍稀的动物化石有长达100多厘米的巨型肉食动物奇虾，以及3—4厘米长的云南虫、怪诞虫、微网虫等。云南虫是已知最早的脊索或半脊椎动物，是鱼类、两栖类、爬行类、哺乳类和人类的祖先。在寒武纪早期，澄江位于滇中隆起的浅海区，容易接受较多的泥质沉积物，加之昆明周围地区接近于赤道，气候炎热潮湿，使水母、蠕虫、节肢动物等底栖动物、多门类的海栖动物与藻类大量出现。

寒武纪生命大爆发源远流长。人类赖以生存的地球大约形成于距今45亿年前后，38亿年前诞生生命，32亿年前出现细菌（最古生命），10亿年前发展为多细胞藻类，直到5.4（5.7）亿年前的寒武纪（震旦系）—寒武纪界线附近才产生多样性骨骼生物，开始奠定生物界的基本面貌。从此，地球生命演进异常迅速，仅仅用了占地球历史1/8.5的时间，就演变成当今缤纷繁杂的生命世界。①

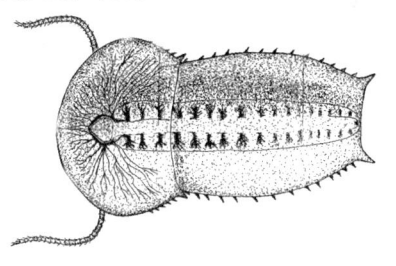

图2　纳罗虫（Naraoia）

澄江动物群化石标本保存状况十分完整清晰。即使只有几厘米长的动物，其眼睛、触角，甚至包括脚肢上的刚毛、肠胃、消化盲管等组织都清晰可辨，成为非常珍贵的化石标本。地球上的动物死亡后，尸体会很快酶

---

① 蒋志文：《"寒武纪爆发"与澄江动物群》，载《云南地质》2000年第2期。

解或被肉食动物群吃掉，少数坚硬的骨骼、牙齿，才有可能变成化石。澄江动物群是通过特异埋葬才成为保存软体组织印痕的珍稀化石，5.3亿年前，云南大部分地区都是汪洋大海，澄江这一带气候温暖，波平浪静，盐度正常，很适合动物的生长。大量的生物在此栖息繁衍，既有构成海底草原的藻类植物、海绵动物，还有海洋"花卉"先光海葵、海百合，呈透明状的依尔东体，也有长着眼睛飘来荡去寻找食物的等刺虫、尖峰虫，海底爬行的抚仙湖虫、海怪虫、微网虫、怪诞虫，钻孔的帽天山蠕虫、腕足舌形贝，食泥的云南虫、加拿大虫，甚至有凶猛的早寒武纪海洋霸主奇虾等。科学家结合当时古地理和古气候认为：暴风雨袭击陆地，洪水携裹泥沙滚滚而来，泥石流把这些可怜的小生灵淹没，来不及挣扎就被迅速包裹起来脱离氧化环境。根据岩层重复序粒的厚度，推测这种厄运100年左右发生1次。由于快速掩埋，迅速切断氧气供应，加之泥浆的颗粒很细，来不及氧化和细菌分解，食腐动物难以接近，这些动物的尸体得以保存下来，天长日久形成保存动物细节的精美化石。①

图3 抚仙湖虫（Fuxianhuia）

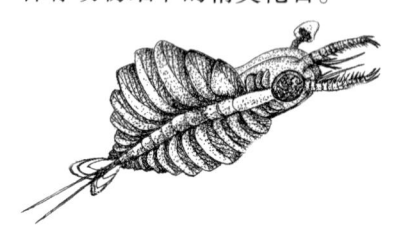

图4 奇虾（Anomalocaris）

真正意义上的寒武纪早期生命（生物）爆发事件，已获得确证的至少有三次，从老至新依次是：梅树村动物群、澄江动物群和伯吉斯页岩动物群。其中，澄江动物群为地球上生命大爆发的第二次。

澄江动物群没有发现之前，国际上曾将加拿大西部伯吉斯页岩动物群（晚于澄江动物群0.1亿年）作为寒武纪生命大爆发的代表。从澄江动物群发现以后，我国的梅树村期的小壳动物群及澄江动物群则已成为世界上寒武纪生命爆发的最典型代表。

---

① 蒋志文、侯先光、吉学平、冉永禄主编：《生命的历程》，云南科技出版社2000年版。

## 第三节　寒武纪生命大爆发的科学意义

1859年，英国伟大的生物学家达尔文发表《物种起源》一书，创立了"进化论"学说。达尔文学说的要旨是：地球上一切生物的进化构造遵循从单细胞到多细胞，从低级到高级、从简单到复杂的演变，循序渐进向前推进。

然而，澄江动物群的发现却说明，在距今5.3亿年前的寒武纪早期，地球上的生命存在形式突然出现从单一性到多样性的飞跃，现代动物的祖先是以极快的速度突然出现的，因而存在是"剧变""爆发"式演进。

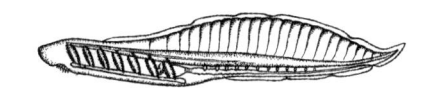

**图5　云南虫（Yunnanozoon）**

寒武纪之初，痕迹化石的多样性和复杂性明显地指出了造迹动物达到新的水平，行为模式变得复杂多样，它们无疑属于具有一个由中胚层构成的真体腔动物，如环节动物、节肢动物，还有门类不太明显的小壳动物。这些与寒武纪之前的生物相比，有天壤之别，这一时间跨度与生命在单细胞菌藻类度过的时间相比真是太短暂了。从渐变进化模式解释，这个过程至少也得花几十亿年时间，而事实却不是这样。他们把生命进化这一突发性事件称为"寒武纪大爆发"，这个爆发不是简单的数量的增加，而是奠定了现代动物的基本门类及它们与后世动物进化的关系。①

100多年前，达尔文在其进化论名著《物种起源》一书中就曾经预言："今后如果有人对我的理论进行挑战，这很可能来自对寒武纪动物突然大量出现理论的解释。"寒武纪生命大爆发并不是对达尔文进化论的全盘否定，而是一种补充和修正。澄江动物群的发现为生命的起源和进化的科学研究提供最重要的科学实物资料。

---

① 蒋志文、侯先光、吉学平、冉永禄主编：《生命的历程》，云南科技出版社2000年版。

# 第四章

# 中新生代地理环境演变与古生物进化

## 第一节 云南中生代地理环境及其演化

进入中生代以来，云南古地理环境最为突出的变化是陆地扩张至全部成陆。陆地表层出现滇中、兰坪—思茅两大盆地，随后又出现了山地、盆地的进一步分异，为古生物发展演化提供了多样化的局部地理环境。

晚始新世以来，由于印度板块与欧亚大陆的强烈碰撞作用，沿区内一些主要断裂带（如金沙江、澜沧江和怒江断裂带等）先发生逆冲——推覆作用，其后随着印度板块向北强行挤入亚洲大陆而沿断裂带逐渐转化为以平移剪切或走滑作用为主。与此同时，印度板块与东侧扬子板块紧密靠拢（这可能与印度板块以其西北角为支点所形成的逆时针旋转有关）造成滇西及三江并流区的强烈挤压作用，结果形成区内不同块体构造单元、构造块体间的紧缩、滑移，进而形成大规模的构造"透镜体"，造成一些构造单元间走向上的不相连接性，甚至"丢失"。在大约北纬28°线附近强烈挤压的紧缩部位，形成一个"构造结"（构造交汇紧缩点），由于遭受强烈挤压，青藏高原深部物质形成一种向四周的扩移流展作用，带动上驮岩块向外运动。由于该"构造结"的存在，使以北地块受其约束而不能南行，形成对北部地块向南运动的一种约束阻抗。在这种强烈阻抗作用下，必然会形成北部被约束地块的强烈上升隆起，以至形成上升幅度较高的山岭。以梅里雪山主峰卡格博峰和太子雪山为代表的众多5000米以上高山的形成，看来与此有关。而玉龙雪山的形成则是受到扬子板块强烈抗阻作用的结果。而存在于"构造结"以南的横断山脉地区则形成不同块体向南的不均匀滑动。从现有资料看，各块体间的向南滑移，总是表现出以兰坪地块滑移速率最大，西侧保山地块相对较小，高黎贡山一带最小。

兰坪金顶和无量山一带推覆构造的形成，与兰坪地块向南滑移速度不均一性有关。东部扬子地块相对兰坪地块向南滑动慢或基本保持不动。以上运动过程，一直持续到今，以至形成现今仍表现出强烈隆升的新构造运动格局。伴随这一作用过程，受区域地质构造条件的控制，在地表径流侵蚀作用下逐渐演变形成现今高差极大的深谷高岭相间、南北纵向延伸的"三江并流"地貌景观。另一方面由于强烈板块内部的挤压，断块隆升形成极高山、高山，导致垂直气候带与垂直植被带出现，也导致植物孑遗和变异，形成环境、生物、气候等的分异和多样性。

**地质年代表及生物进化**

| 宙(宇) | 地质年代及其代号 |  |  | 同位素年龄（百万） | 构造运动 |  | 生物界繁盛的年代 |  | 生物空前繁盛时代 |
|---|---|---|---|---|---|---|---|---|---|
|  | 代(系) | 纪(系) | 世(统) |  | 发生年代 | 阶段 | 植物 | 动物 |  |
| 显生宙 | 新生代 $K_2$ | 第四纪 Q | 全新世 $Q_4$ | —0.0115— |  | 喜山阶段 |  |  | 被子植物 | 哺乳动物 |
|  |  |  | 更新世 $Q_1$、$Q_2$、$Q_3$ |  |  |  |  |  |  |
|  |  | 晚第三纪 N | 上新世 $N_2$ | —1.806— | 喜山运动（Ⅱ） |  |  | —人类出现 |  |
|  |  |  | 中新世 $N_1$ | —5.332— |  |  |  |  |  |
|  |  | 早第三纪 E | 渐新世 $E_3$ | —23.03— | 喜山运动（Ⅰ） |  | 草原出现 | —哺乳动物 |  |
|  |  |  | 始新世 $E_2$ | —33.9— |  |  |  |  |  |
|  |  |  | 古新世 $E_1$ | —55.8— |  |  |  |  |  |
|  | 中生代 $M_2$ | 白垩纪 K | 晚白垩世 $K_2$ | —65.5— | 晚期运动 | 燕山阶段 | 被子植物 |  | 裸子植物 | 爬行动物 |
|  |  |  | 早白垩世 $K_1$ |  |  |  |  |  |  |
|  |  | 侏罗纪 J | 晚侏罗世 $J_3$ | —145— | 中期燕山运动 |  | 被子植物出现 | —爬行动物 |  |
|  |  |  | 中侏罗世 $J_2$ |  |  |  |  |  |  |
|  |  |  | 早侏罗世 $J_1$ |  | 早期燕山运动 |  |  |  |  |
|  |  | 三叠纪 T | 晚三叠世 $T_3$ | —199— | 印支运动 |  |  |  |  |
|  |  |  | 中三叠世 $T_2$ |  |  |  |  |  |  |
|  |  |  | 早三叠世 $T_1$ |  | 海西运动 |  |  |  |  |
|  | 古生代 PZ | 晚古生代 $PZ_2$ | 二叠纪 P | 晚二叠世 $P_2$ | —251— |  | 印支海西阶段 | 松柏类 |  | 蕨类 | 两栖动物 |
|  |  |  |  | 早二叠世 $P_1$ | —299— |  |  |  |  |
|  |  |  | 石炭纪 C | 晚石炭世 $C_3$ |  |  |  |  |  |
|  |  |  |  | 中石炭世 $C_2$ |  |  |  |  |  |
|  |  |  |  | 早石炭世 $C_1$ | —359.2— |  |  | 裸子植物 |  |
|  |  |  | 泥盆纪 D | 晚泥盆世 $D_3$ |  | 加里东运动 |  |  |  | 裸蕨 | 鱼类 |
|  |  |  |  | 中泥盆世 $D_2$ |  |  |  |  |  |
|  |  |  |  | 早泥盆世 $D_1$ |  |  |  |  |  |

续表

| 宙(宇) | 地质年代及其代号 ||| 同位素年龄（百万） | 构造运动 || 生物界繁盛的年代 || 生物空前繁盛时代 |
||代（系）|纪（系）|世（统）|^|发生年代|阶段|植物|动物|^|
| 隐生宙 | 古生代 PZ | 早古生代 PZ₁ | 志留纪 S | 晚志留世 S₃<br>中志留世 S₂<br>早志留世 S₁ | —416— | 加里东运动 | 加里东阶段 | 陆生孢子植物 | —鱼类 | 笔石 |
||||奥陶纪 O | 晚奥陶世 O₃<br>中奥陶世 O₂<br>早奥陶世 O₁ | —443.7— ||||| 藻类 |
||||寒武纪 π | 晚寒武世 π₃<br>中寒武世 π₂<br>早寒武世 π₁ | —488.3— ||| 宏观藻类 | —澄江动物群<br>—小壳动物<br>—裸露动物<br>—多细胞动物 | 三叶虫 |
||| 元古代 Pt | 震旦纪 Z | —542—<br>—1800—<br>—2500— | 晋宁运动<br>吕梁运动<br>阜平运动 |||||
||| 太古代 Ar ||||||||
||| 前太古代 Aₙ Ar || 3600 ||| 生命现象 ||||

注：同位素年龄依《国际地层表》，国际地层委员会，2004。

海西运动是古地理、古构造演化的重要时期。泥盆纪—二叠纪期间，地壳活动性增强，由于强烈的拉张、裂陷，导致地台边缘沿断裂带发生大规模的中酸性—基性岩浆的侵入—喷发活动。石炭纪—二叠纪，由于古特提斯洋板块沿澜沧江向云岭—无量山带俯冲，致使扬子被动大陆边缘向活动陆缘转化。同时，由于弧后扩张导致金沙江—哀牢山洋的打开，所以，云岭—无量山带的兰坪—思茅地区，既是澜沧江俯冲带的弧后盆地，又是金沙江—哀牢山俯冲带的弧后盆地。弧后盆地经澜沧运动封闭，绝大部分隆起成为陆块。一度裂开的云岭—无量山陆块与扬子大陆陆块缝合。晚二叠纪末—早三叠纪是古特提斯消减殆尽，地块群汇聚到扬子大陆边缘的重要时期，从而为陆地古生物发育提供了较为广阔的舞台。

印支运动是云南地壳演化的关键时期。普遍见上三叠统不整合于古生代地层之上，其间出现较长时间的沉积间断。至印支运动的后期，随着古特提斯的消亡，云南除怒江以西之外，形成统一的大陆。云岭—无量山地区全面隆起，表明澜沧江洋和金沙江—哀牢山洋已同时封闭。中三叠纪发生的陆—陆碰撞造山形成卡尼期磨拉石沉积外，还形成极为特殊的碰撞弧火山—岩浆活动，如澜沧江带的临沧花岗岩和金沙江带的鲁甸花岗岩等。滇西北—甘孜—理塘海槽，印支早中期断续扩张。至卡尼—诺利期洋板块向西俯冲形成著名的义敦岛弧，海槽随后完全封闭。云岭—无量山碰撞造山带广大地区，在晚三叠纪已进入稳定的沉积环境，以浅海环境为主。

燕山运动使云南地壳演化进入一个新的发展阶段。在经历印支阶段碰撞造山、地台边缘开合演化之后，怒江以东广大地区进入短暂的平静期。兰坪—思茅中生代沉积区进入了新的拉张、裂陷时期，并形成一系列红色盆地。构造运动以升降运动为主，形成早白垩世—侏罗纪之间的三个假整合接触。构造事件主要表现为怒江海槽的封闭及兰坪—思茅盆地的形成和演化。

喜马拉雅运动期与以前的地壳运动具有继承性。兰坪—思茅红色盆地拉张、裂陷作用明显。发生在中晚始新世的南亚次大陆与欧亚大陆碰撞的喜马拉雅运动，是在晋宁、印支运动之后十分重要的一次挤压走滑、褶皱造山运动。它造成了晚新生代地层有始新世及其以前的地层组成的和谐褶皱之间的角度不整合关系。包括哀牢山群在内的老地层及大量古生代—中生代地层逆冲于始新世—中新世地层之上，走滑断裂错移，中生代—新生代地层及转换推覆会聚带的形成。大量的褶皱、走滑断裂与现今地貌的一致协调关系，亦证明了喜马拉雅运动奠定了云南的地质地貌构造轮廓及地理环境的基本格局，在此构造与地理背景下，云南的古生物得到了进一步的发展。

## 第二节 "禄丰龙"及云南的恐龙

在这一时段最为引人注目的，恐怕要数恐龙的出现与灭绝。1822年，英国医生曼德尔在英格兰采集到禽龙化石，拉开了恐龙化石研究的序幕。1842年，英国人欧文在研究英国出土的几种大型脊椎动物化石时，用希腊文组成了"Dinosaur"，意为"恐怖蜥蜴"，我国地质学家章鸿钊将其译为"恐龙"。1938年夏末，中央地质调查所昆明工作站站长杨仲健，派卞美年和王存义去元谋马街调查第三系地质。10月初工作结束后，在返昆途经禄丰时，听当地人讲在禄丰县城北2.5千米的沙湾、大洼有"龙骨"。出于职业敏感，两人前往寻找化石，寻找到的化石是恐龙类、鳄类和似哺乳爬行动物等，其中发掘到一条较完整、长约5米的恐龙骨架，杨仲健后来将其命名为"许氏禄丰龙"，以此表达对德国恐龙专家许耐的感谢。禄丰龙成为中国人自己采集、研究、装架展示的第一条恐龙。杨仲健因禄丰龙的研究而开创了中国"恐龙研究的基业"。

中国直到侏罗纪早期，恐龙才大量出现，不同于世界上晚三叠纪（一说是中三叠纪）由假鳄类进化为恐龙。侏罗纪早期的恐龙主要发现于云贵川地区。在此之前，在中国还未找到与恐龙演化有关的物种与证据。在印度板块与欧亚板块碰撞之前，印度板块与欧亚板块之间可能形成过"陆桥"，"冈瓦纳恐龙群"借此向亚洲陆地扩展，以至于在中国西南的云贵川地区形成了侏罗纪恐龙类动物系。专家认为，云南侏罗纪恐龙演化序列为：禄丰龙—昆明龙—云南马门溪龙动物群。①

**图6　禄丰龙**

1985年，青年农民罗家有在自家地中种玉米时，用锄头掘出了两块恐龙脊椎骨化石，并送与禄丰县专门制作化石标本的技工王涛。王涛发现这两个脊椎特大，特征不同于常见的禄丰龙脊椎，认为这一化石是前所未见的一种巨大恐龙骨架，于是请馆长李祖耀和潘世刚一起到老长菁化石现场考察川街这一化石地点，后经中国和美国圣姆大学的古生物学工作者三年来的发掘，在暴露出的四百多平方米范围内，可鉴别的恐龙骨骼化石有

---

① 方晓恩等：《印度板块与古亚洲板块碰撞及亚洲恐龙的出现》，载《地质通讯》2006年第7期。

10 具，其中有巨型的蜥脚类恐龙骨架 9 具，有 1 具保存近于完整的骨架，全长约 18 米；另一种是肉食性的兽脚类，其中 1 具骨架保存长约 6 米，并有头骨。在化石坑中还有许多完整的蛇颈龟化石。中美古生物学家们在化石埋藏地开掘了两条探沟，均有化石出露，据推测这一恐龙坟场范围在八九平方千米以上，估计有上百条恐龙，且有望发现剑龙类、小型鸟脚类和其他门类化石。这一时代恐龙化石在世界各地保存稀少。这一化石坟场"侏罗纪公园"的发现，对研究、了解中侏罗纪晚期恐龙形态特征有重要意义，与禄丰早先发现的早侏罗纪的禄丰蜥龙动物群不同。美国圣姆大学的 R. 凯斯教授认为这一恐龙化石产地的恐龙化石保存数量和质量都超过美国犹他州"美国恐龙纪念地"的恐龙。

自 1938 年第一条禄丰龙发现至今，不断有国内外古生物学家到云南禄丰一带进行考察、发掘。禄丰恐龙化石非常丰富，几乎涵盖了三叠纪至侏罗纪过渡时期脊椎动物的所有门类：恐龙、鳄形类、两栖类、似哺乳爬行动物和早期哺乳类，共计 26 个属 38 种，以禄丰为主体的滇中地区已成世界上著名的"恐龙之乡"。自 20 世纪 80 年代以来，还在禄丰金山镇出土了意义更为特殊的较之禄丰龙时代更早的金山龙。

除禄丰县以外，在云南其他发现恐龙化石的地方有：武定县发现的属原始蜥脚类的武定昆明龙，这是在云南找到的蜥脚类的新类型；在晋宁找到了较为完整的兽脚类的双脊龙和大量的形态丰富的恐龙脚印；在楚雄苍岭出土了大量的恐龙脚印化石层；1997 年令人惊奇地发现了马门溪龙动物群，一改云南仅有早侏罗纪原蜥脚类恐龙的历史；1998 年又在元谋县姜驿发现中侏罗纪的蜥脚龙新种，发现恐龙化石点 20 余处，总面积近 30 平方公里，是可与禄丰媲美的又一大型恐龙动物群埋葬地。

恐龙是所有爬行动物中体格最大的一类，很适宜生活在沼泽地带和浅水湖里，那时的空气温暖而潮湿，食物也很容易找到。所以恐龙在地球上统治了几千万年的时间，但不知什么原因，它们在 6500 万年前很短的一段时间内突然灭绝了，今天人们看到的只是那时留下的大批恐龙化石。

关于恐龙灭绝的原因，人们仍在不断研究探索中。长期以来，权威的观点认为，恐龙的灭绝和 6500 万年前的一颗大陨星有关。据研究，当时曾有一颗直径 7—10 千米的小行星坠落在地球表面，引起大爆炸，把大量的尘埃抛入大气层，形成遮天蔽日的尘雾，导致植物的光合作用停止，恐龙因此灭绝。关于恐龙灭绝原因的假说，远不止陨石说，还有"气候变迁说""物种斗争说""被子植物中毒说""酸雨说"和"食物匮乏说"等。关于科学家提出的对于恐龙灭绝原因的假想已不下十几种，比较富有刺激性和戏剧性的"陨星碰撞说"不过是其中之一而已。

该时期云南境内虽然有大量中酸性及碱性岩浆侵入到岩石之中，但尚未发现有大量的火山喷发，恐龙灭绝至少可以说与云南火山爆发没有多大关系。在云南虽曾有过禄丰附近存在着陨石坑的争论，但并没有确凿的科学证据。因此，云南的恐龙究竟如何灭绝，仍有待于科学家去进一步深入探索。

# 第五章

# 第三纪地理环境演化与云南古猿

## 第一节 云南第三纪地理环境演化

进入新生代后,距今约0.6亿年至0.02亿年发生了喜马拉雅运动构造运动,此时,印度板块向欧亚板块多次俯冲碰撞,导致了青藏高原隆起抬升为"世界第三极"。

受喜马拉雅运动影响,云南准平原(云南夷平面)解体,形成复杂的山、岭、盆、谷等多样化的地表环境。一般认为,云南准平原海拔高度在1000米以下,当时气候为湿热性气候,现存于地表的"红土"为此时的地表红色风化壳,为著名的"红土高原"形成奠定了物质基础。在云南准平原抬升,肢解成山、成盆、成谷等过程中,云南生物发生了大的分异与进化。其中,引人注目的是腊玛古猿等的发现。因此,有些学者认为云南应是古人类起源地之一。

中新世末至上新世,由于印度板块向亚洲板块的持续碰撞俯冲,导致青藏高原开始抬升,这是地球发展史上的重大事件,对人类诞生前的地理环境变化有着极为深刻的影响。黄万波等研究了西藏吉隆和布龙两处发现的三趾马动物化石后指出,我国华北三趾马动物群分布海拔高度在1000—500米,然而吉隆和布龙的三趾马动物群化石现今分布在海拔4500—4300米。这种巨大的差别无疑是青藏高原隆升的结果。上新世时,青藏高原的平均海拔约1000米,地处温湿的热带气候带之中,与之毗邻的云南地形起伏平缓,湖泊星罗棋布。早在20世纪30年代,格兰勃提出假说:在急剧隆起的青藏高原南部的西瓦里克热带雨林中,人类远祖——古猿出现并大量繁殖。那时,云贵川地区生活着以腊玛古猿、西瓦古猿、始熊猫、嵌齿象和三趾马等为代表的热带疏林动物群。随着喜马拉雅山脉的急剧上升，南部的热带雨林逐渐消失，阔叶林继之以常绿林取而代之，地貌的生态环境效应展现，古猿往北迁徙，但无法越过高耸的喜马拉雅山而灭绝，而在其西南侧的云南禄丰古猿、元谋蝴蝶禄丰古猿等向人类的方向演化。贾兰坡院士在《有关人类起源的一些问题》一书中说道："哪里是人类的摇篮？是非洲还是亚洲？亚洲南部更可信。"陈恩志认为：根据目前为止的化石材料看，晚中新世的云南腊玛古猿几乎是在与西部完全隔绝的环境中，在朝着更新世早期的人类发展的漫长道路上，逐渐地演化成为第一批人属中的直立人种及其后裔类群中的早期智人和现代中国人。这就是说，在现今的云南和中国版图上，可能存在着一个从猿到人的独自进化和发展的系统。

据明庆忠等的研究，滇西地区自印支运动结束之后，至中生代末，构造运动相对平静，地表不断地被削高填低，造成了本区的第一次夷平现象。由于演化历史的漫长和后期的破坏，目前这一期夷平面难有踪迹可寻。进入新生代以后，构造运动加强，裂谷盆地封闭，盆地反转为山，发生了强烈的陆内造山运动。现代横断山脉及高山峡谷相间的纵向峡谷地貌即是新生代以来构造运动和外力作用的结果。对滇西、滇西北地区的构造运动及其地貌演化，可分作盆—山转换、准平原发育、高原雏形、高原裂解、纵向岭谷地貌发育等几个时期。①

始新世中、晚期之间发生了一次强烈的褶皱—逆冲推覆造山运动，被称为兰坪运动，该期运动对滇西北及云南地理环境发育有较重大的影响。

这是一次较为经典的造山造貌运动，使云南部分地区由盆地反转成山，并为现代的地貌格局打下了基础，因而这是重要的造貌运动（兰坪运动）。其形成机制可能是由于印度板块与欧亚板块在本区西侧的汇聚碰撞，引起地壳地幔之间以及地壳内部发生拆离、滑脱，故而造成地壳发生强烈的挤压对冲运动，实现了由盆地向山地的地貌转换。

经过晚始新世—渐新世剧烈的构造变动之后，古地理、古气候和构造环境都有了明显的变化，中新世早、中期，山间沉积小盆地星罗棋布，以灰、深灰色含煤的湖沼相砂岩、泥岩沉积为主，最厚达 2000 米。植物茂盛，哺乳动物大量繁衍。各盆地同层位所含植物化石的面貌基本相同，以壳斗科、樟科植物为主，与西双版纳地区的现生种对比分析，反映当时气

---

① 明庆忠：《三江并流区地貌与环境效应》，科学出版社 2007 年版。

候环境属热带—亚热带，地面海拔高程一般在700—800米。下中新统景谷组（三号沟组）沉积层，在许多盆地沉积厚度大于1300米，中中新统双河组、小龙潭组厚在200—450米，晚中新世—上新世早期，普遍缺失沉积。这种沉积厚度越来越小，直至缺失沉积的现象，反映地形渐趋平坦，到中中新世末，云南已接近准平原状态。

夷平期的构造运动相对平静，从前面提到的渐新统的沉积系列分析可知，到渐新世晚期构造运动的强度已明显减弱，这一阶段的构造活动，以断裂变形为主。晚始新世—渐新世剧烈的构造运动，云南许多地区尤其是兰坪—思茅盆地反转成山，当初山的海拔高度不过700—800米，经过中新世早、中期外力地质作用后，"山"已不复存在，晚中新世—上新世早期云南大部分是一个准平原。

中新世末—上新世初，构造活动又渐趋活跃，剑川—大理一带沿断裂继续有浅成—超浅成的岩浆侵入与喷溢活动。到早上新世末构造活动增强，形成了一系列新的断陷盆地与谷地。晚上新世的盆地大多是继承性盆地，同时也发育了诸如红河、龙川江等沿断裂带新生的断陷谷地。新生的断陷谷地，更向造山带主体两侧的边缘和北部发展，继承性盆地、沉积中心也进一步向外迁移。上上新统的沉积分布广，与下伏中新统呈不整合接触，前人建有三营组、福东组、羊邑组和芒棒组，前三者的沉积特征可以对比，以灰、灰黑色含煤的细碎屑岩为主，湖沼与河流相沉积交替出现。各盆地所含植物化石丰富，且均与三营植物群面貌基本相同。可见当时地势较平坦，古气候古环境无明显分异。从三营植物群以高山栎类为主的特点分析，上新世晚期有的山地的海拔高度已上升到2000—2500米。所以这是一次强烈的抬升运动。抬升幅度达1200米以上，至此滇西、滇西北的高原已形成。

## 第二节 云南古猿化石与环境

迄今为止，云南共有7个县市、10个地点发现了古猿化石：开远市（小龙潭）、禄丰县（石灰坝）、元谋县（小河、竹棚、雷老、房背梁子）、保山市（羊邑）、马关县（山车）、广南县（硝洞）、西畴县（马桑洞）。

## 一 开远古猿化石

1956年2月由原西南地质局汪泰茂和林文善在开远市小龙潭褐煤层中发现。化石标本为5枚臼齿。1957年，云南省博物馆在小龙潭煤层中收集到5枚牙齿。1980年和1982年云南省博物馆又在小龙潭煤矿褐煤中发现含12枚牙齿的上颌骨和3枚下齿。总计在开远市小龙潭煤矿中共发现25枚古猿牙齿化石。小龙潭动物群包括6个目13个种属，时代为晚中新世，距今800万—1000万年前，其科学名称为"开远禄丰古猿"（Lufengpithecus Kaiyuansis）。

**图7 开远市小龙潭煤矿古猿化石产地**

开远市小龙潭位于云南省东南部，其地理环境变化受喜马拉雅运动控制。根据对其岩石地层和生物地层层序等的资料分析推断[1]，小龙潭盆地在中中新世时是一个山间山谷型盆地，为东北—西南向，可能向西南方向开口较大。此时，该山谷型盆地海拔低，气候炎热湿润，盆谷内及四周的植物在充沛的阳光雨露下蓬勃发展成茂密的森林，主要有樟科、豆科、壳斗科和金缕梅科的植物，植物群乔木层的种类几乎全部是常绿阔叶树种，其植被属东南亚热带常绿阔叶林类型，其面貌大致与目前广东中部、广西南部等相似。森林的残枝落叶在雨水和重力作用下逐渐在谷凹（即布沼

---

[1] 董为等：《今日的小龙潭煤矿——昔日的古猿天堂》，载《化石》2001年第2期。

坝坑和小龙潭坑）中汇集堆积，形成巨厚的植物堆积层，变质后成为褐煤。随着喜马拉雅造山运动的发展，在晚中新世早期盆谷的开口端开始封闭，布沼坝坑和小龙潭坑演化成河沼环境，即时而有流水，时而有淤水，流水期间堆积森林的残枝落叶，淤水期间形成泥灰岩沉积，在地层剖面中表现为褐煤与泥灰岩互层。约在晚中新世中期，盆谷彻底封闭，形成完整的盆地，雨水开始在盆地中淤积，布沼坝坑和小龙潭坑演化成一个较大的湖泊。湖泊形成后气候仍然炎热，湖底淤积的大量残枝落叶在菌藻的生物作用下逐渐进入还原环境。经过较长时期后，大约在中新世末上新世初，盆地的海拔明显上升，湿度明显下降，茂密的森林逐渐消失，湖泊进入蒸发环境，在湖底逐渐形成巨厚的泥灰岩沉积。同时，掩埋在深处的植物沉积物在高压还原环境下逐渐变质，形成褐煤，并伴生有黄铁矿结晶。随着晚上新世地质运动的发展和气候变化，湖泊逐渐被泥灰岩充填而干涸。到了更新世，小龙潭盆地的海拔与气候已接近于现在，地势高的地区开始进入侵蚀阶段，而地势低的地区的沉积作用转入河流相。部分泥灰岩层和褐煤层在侵蚀过程中出露，并被搬运沉积到低洼地区，形成局部夹有煤层的河头组地层。小龙潭中中新世至晚中新世早期繁盛的森林为动物提供了非常丰富的食物，因而吸引了大量哺乳动物，它们与森林形成了一个热带雨林型的生态系统。在哺乳动物中有树栖灵长类西瓦古猿，这类动物以植物的果实和昆虫等为食，在中新世分布于南亚和我国云南，在西亚、南欧和非洲也有它的近亲。食肉类动物只发现有鼬科化石，这是一类广布型小型肉食动物，还应有更多食肉动物存在，包括较大的肉食类以组成小龙潭生态系统中的二级消费者，只是由于化石保存及分布的局限而尚未发现。啮齿类动物有河狸化石。长鼻类中发现有3个种类的化石。偶蹄类中发现

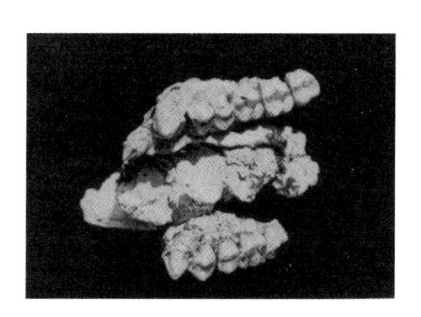

**图8 开远市小龙潭煤矿的古猿上颌骨化石**

有较多的种类，有3种杂食的猪和1种食嫩叶的鹿。小龙潭盆地在早更新世期间由于海拔上升导致湿度和温度下降，植被的发育就远远不如中新世，因此动物种类也随之减少，所发现的化石只有4种类型。它们组成一种亚热带气候下的生态系统。小龙潭的六齿河马很可能是在小龙潭盆地海拔上升成高原前进入此地，在更新世地面抬升、气候变化较大后成为孑遗，最后灭绝。

## 二　禄丰古猿化石

1975年，禄丰县文化馆王正举在距县城9千米的石灰坝村小煤窑发现一枚似人的牙齿化石，经云南省博物馆张兴永初步鉴定是古猿牙齿，随后中国科学院古脊椎动物与古人类研究所徐庆华赶到该地点调查，发现了一具完整的古猿下颌骨。这个发现使中国古人类学界振奋，于是大规模的考古发掘在此展开。短短几年间进行了10次发掘，共出土了3个古猿头骨、近百件上下颌骨、肩胛骨、肢骨及近2000枚古猿牙齿化石，使该地点成为世界上古猿化石最丰富的地点。

**图9　禄丰古猿化石发掘现场**

禄丰古猿从尺寸上看有大小两种类型，形态上也有一定的差别，因此大者最初被命名为"云南西瓦古猿"（Sivapithecus yunnanensis），认为是向亚洲猩猩演化的类型,小者最初被命名为"禄丰腊玛古猿"(Ramapithecus Lufengensis),认为是向人类进化的类型。后来研究者们逐渐认识到禄丰古猿的大小两种类型其实是性别的差异,而且禄丰古猿的研究者们早注意到它和世界其他地区中新世古猿的区别。1987年,吴汝康院士将禄丰的古猿修订为"禄丰古猿属"(Lufengpithecus),正式把禄丰古猿划分成一个单独类型,从而和其他古猿区分开。根据与禄丰古猿共生的动物的生存时代,禄丰哺乳动物群有83个属100个种,时代为距今800万年至700万年。①

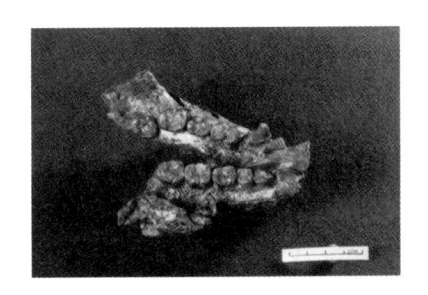

**图10 禄丰古猿下颌骨化石**

中新世末期,地壳上升运动、气候及环境发生了变化,为了寻找适应生存的环境,开远古猿可能发生了迁移,动、植物群也进入了一个新的演化阶段——禄丰动物群的演化阶段。

位于禄丰盆地之东北的石灰坝一带,在地质史上长期处于隆起剥蚀的低山丘陵地带,盆地西部为中—高山,盆地中部有河流及湖泊,古猿生活在山丘前缘与河、湖交接地带,它们此时的生存环境已从较大的森林区域转入到开阔的丘陵地带。根据地层中的孢粉组合,这里在古猿生存的前期,曾以三百多种草属及多种蕨类占优势,是生长在森林环境之下的喜热植物,说明此时该区的气候与开远古猿生存时期的气候接近,为湿热的热带或南亚热带气候。与动物群伴生的植物主要是常绿和落叶的乔木或灌木,如杨梅、旱冬瓜,及许多草本、蕨类及藻类植物,说明当时的环境已是森林、湖沼并存,并略为有干旱。禄丰古猿的后期阶段,石灰坝一带出现了松、雪杉、油杉、铁杉、云杉组成的针叶林,山坡地带仍有栲和栎分

---

① 郑良:《禄丰古猿:人科最早的成员?》,载《中国文化遗产》2008年第6期。

布，古猿活动的山坡地带，旱冬瓜等杂木占优势，杨梅消失。这一系列的变化，说明禄丰盆地的气候曾表现为从炎热潮湿→湿暖略干→变冷的趋势。

### 三　元谋古猿化石

1986年10月5日，由元谋县物茂乡德大村14岁的彝族中学生李自秀在竹棚村豹子洞箐割草时发现。1986年11月—1987年3月，云南省地质科学研究所在元谋竹棚豹子洞箐共采集古猿牙齿化石53枚，其中，有一件上颌骨标本，上面带有5枚牙齿化石。1987年3月—1990年3月，由云南省博物馆、楚雄州文物管理所和元谋县元谋人陈列馆组成联合发掘队，先后进行了长达3年的4次正式发掘。

1987年3—6月的第一次发掘中，在竹棚村豹子洞箐8603地点和小河村蝴蝶梁子8701、8702、8704这4个化石地点发掘260平方米，获人猿超科化石107枚及一批共生动物化石。1988年3—4月的第二次发掘中，在竹棚村豹子洞箐8603地点、小河村蝴蝶梁子8701、8704和房背梁子8703、8801、8802地点发掘229平方米，共获140枚人猿超科牙齿化石和上、下颌骨各1件。其中，3月14日在蝴蝶梁子发掘出的1具人猿超科头骨化石，填补了我国上新世地层中无此类头骨化石的空白，在我国古猿古人类研究中具有重大科学意义。

1989年—1990年1月、1990年2—3月进行了第四次发掘，在小河村蝴蝶梁子8704地点，房背梁子8801、9001、9002地点发掘800平方米，获上颌骨4件、下颌骨9件、牙齿825枚。从1986年至1990年，中国科学院古脊椎动物与古人类研究所、云南省、楚雄市和元谋县有关部门共进行8次发掘，获头骨化石1具、上颌骨化石8件、下颌骨化石11件，古猿牙齿2000多枚，这些发现使中国成为世界上拥有古猿化石最多的国家。

1997年5月，云南科技出版社出版了和志强主编、贾兰坡任顾问的《元谋古猿》一书，全面、系统地总结研究了元谋古猿标本。中科院贾兰坡院士在该书"序"中说：在元谋竹棚、蝴蝶梁子发现的古猿化石群，后来在上述地点西南处又发现了出产相似的猿类化石的雷老地点，从而更增加了人们对人类起源于亚洲南部的更大的信心，并认为云南很可能是人类的摇篮。

1998—2003年，国家重点科研项目"攀登"计划列入了《早期人类

**图 11　元谋县小河村蝴蝶梁子古猿头骨化石出土地点发掘现场**

起源及环境背景的研究》课题，由中国科学院古脊椎动物与古人类研究所和云南省文物考古研究所联合承担的子课题《云南古猿、古人类化石及环境背景的调查、发掘、研究》进行了一系列的田野考古和科研工作。

1999 年 10—12 月，该课题组在元谋雷老发掘。两次发掘共获古猿上颌骨 2 件、下颌骨 6 件、指骨 1 件和牙齿 298 枚，以及一批动物化石。其中，在雷老发现的一件下颌骨被评为 2000 年中国基础科学研究十大新闻。2006 年 12 月—2007 年 2 月，云南省文物考古研究所对元谋化石地点进行了第二次正式考古发掘。发掘面积约 600 平方米，获 100 多枚古猿牙齿和一批古生物化石，还在雷老村西北约 2 公里属于雷依村的耕地范围内发现古猿下颌骨。[①]

从元谋古猿发现至今 20 多年时间，我国科学界对元谋古猿的种属认定、年代判断经过了许多探索与研究，并不断出现新认识。元谋古猿发现之初，发现者李自秀将古猿化石标本送云南省地质研究所，该所江能人将其定为"竹棚猿人"（Homo habilis zhupengensis）。后来云南省博物馆张兴永又称其为"东方人"，另外还有"竹棚能人""蝴蝶腊玛古猿"等名称。1990 年，张兴永等人将其定名为"蝴蝶中国古猿"。1997 年，元谋古猿被正式归入禄丰古猿属。在 2006 年，由中国科学院古脊椎动物与古

---

[①] 郑良：《元谋雷老古猿化石点发掘》，云南省文物考古研究所《文物考古年报》，2007 年。

人类研究所主持的国家攀登项目"早期人类起源及环境背景的研究"结题报告中,将元谋古猿归入禄丰古猿属蝴蝶种,其名称正式校订为蝴蝶禄丰古猿（Lufengpithecus hudieensis）。

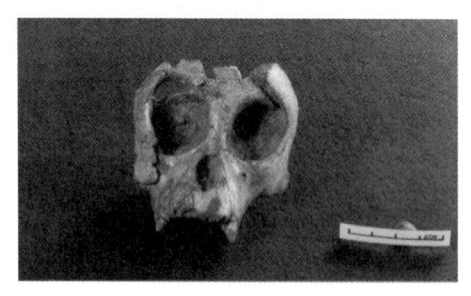

**图12　元谋古猿头骨化石（左：正面,右：底面）**

关于元谋古猿的年代也出现了与过去不同的判断,与元谋古猿共生的哺乳动物群有10个目、34个科、3个未定科、106个属种。元谋古猿的生存年代为距今900万—700万年。与元谋古猿共生的小哺乳动物群生存时代为距今900万—700万年。最新的古地磁研究表明,元谋雷老村与小河村两地古猿有统一的活动范围,这二地在距今900万—800万年始终有古猿活动。这样,可以将过去把元谋古猿生存年代定在距今400万—300万年修订为距今900万—700万年。[①]

对元谋古猿生存的环境作了较系统的研究,认为：元谋盆地位于昆明西北约110公里的金沙江南岸,大致在东经102°、北纬25°35′。元谋盆地四周为高山,峰顶海拔在2400—2836米,盆地平均海拔约为1100米。龙川江纵贯盆地,在龙街附近流入金沙江。元谋盆地是川滇南北构造带中的一个构造断陷盆地。川滇南北构造带自喜马拉雅第一幕后,完全结束了古裂谷面貌,代之而来的是长期剥蚀夷平。到喜马拉雅第二幕时,该区又开始了强烈且广泛的构造运动,到中新世晚期盆地西侧开始断陷,堆积了上新世小河组地层。元谋盆地也是华南晚新生代地层非常发育的地区,盆地内含有丰富的动、植物化石和古人类及其文化遗迹。

元谋古猿动物群,主要由元谋古猿、池猿、中国兔猴、步氏低冠竹鼠、元谋始熊猫、中国印度熊、原臭貂、维曼始密獾、缟鬣狗、小古猫、

---

① 郑良：《禄丰古猿：人科最早的成员？》,载《中国文化遗产》2008年第6期。

小河四棱齿象、竹棚轭齿象、剑齿象、三趾马、元谋巨爪兽、似包氏甘地犀、猪、原河猪、丘齿鼷鹿、云南鼷鹿、麝、分叉角鹿、后鹿、矮小鹿、鹿、牛、羚羊等50余种哺乳动物组成，其中食肉类约占全部种属的1/3左右，它们大部分生活在森林环境中。食肉动物中的獾类是喜食鱼类的动物，常居住在河边，它们的存在说明当时温度较高，流水丰富。而象、三趾马、犀和牛的出现，说明草原型动物数量也相当多，特别是元谋古猿动物群中的三趾马化石数量多，个体大；而禄丰古猿动物群中三趾马数量少且个体偏小，这种变化与其生态环境关系密切，说明当时元谋地区草地扩大，气候变干、变凉。所以从元谋古猿动物群生态环境分析，当时元谋盆地哺乳动物组合为森林—草原型，盆地中气候温暖偏干，水草丰富，四周森林茂密，一片生机勃勃的景象。从元谋古猿动物群的埋藏条件来看，化石大多有一定程度磨损，有的已为次棱角状，大部分和砂砾层伴生，说明动物死亡后，骨骼已分解并被流水搬运过一段距离。另外，化石相对集中，伴生的砂砾层中的砾石岩性单一，粒径较小，为次圆状，说明化石搬运距离不大，河水较浅，变化明显，这也说明当时气候干燥，降雨集中在一定季节。

　　元谋古猿生活时期的环境，是以温偏干为主，但经历过20多次温干→暖湿→温干的波动过程。盆地中多暴雨，年平均温度在8—12℃，为温带气候。当时元谋盆地已开始断陷，盆地中有一条大河和许多季节性河流，还有一些小湖泊，在河边生长着草地和灌丛，在山上和四周有松林和针阔混交林。在河湾、大河支流、岗丘一带有大量的古猿和哺乳动物生活。上新世时，气候不断恶化向干冷方向发展，造成森林不断减少，到上新世晚期，距今350万—400万年时，生态环境发生巨大的变化使元谋古猿动物群中大部分动物不能适应而造成大批死亡。①

## 四　保山古猿化石

　　1992年1月9日，中国科学院古脊椎动物与古人类研究所副研究员徐庆华，在保山市羊邑煤矿清水沟煤层中发现古猿化石，5月6日新华社发布通电：《我国探索人类起源又获新突破，徐庆华在滇发现早期人类祖

---

①　钱方、凌小惠：《元谋古猿的生活环境与年代》，载《成都理工学院学报》1998年第2期。

先化石》,并称"保山古猿化石年代大约在800万—400万年前的阶段内,这个时期世界上一直未发掘到过渡类型古猿化石","此间(北京)专家认为,这项重大考古发现,填补了古猿向人进化的缺环,对人类起源及演化研究具有重要意义";国内外许多报刊相继刊发报道、评论。首都各大报在第一版或要闻版冠以一号字标题显著登载。云南报纸除显著位置上刊布新华社报道外,5月14日《春城晚报》发表了《九十年代人类起源研究跨上新台阶——省博物馆古人类研究室主任张兴永谈保山羊邑人类祖先化石发现的重大意义》一文,认为保山的发现扩大了人科化石的地理分布,形态上比开远、禄丰古猿更接近于人类,再次证明了滇中高原是人类起源的关键区域,并再次预言随着调查、发掘的深入开展,保山可能继续发现人科化石。7月12日《中国文物报》在第三版版首刊了徐庆华撰写的特约文章《云南早期人类祖先化石发现的意义》,进一步指出:在全世界古人类学家都在热衷寻找800万—400万年前这一空白区古猿化石的时候,保山恰好填补了这一缺环,它有力地增强了我国新第三纪古猿化石在人类起源研究中的地位。

**图13 保山市羊邑煤矿清水沟古猿化石地点**

羊邑在保山市保山盆地南端。保山市位于澜沧江、怒江之间的横断山南段,怒山(碧罗雪山)尾梢区域,北纬24°47′—25°38′,东经98°44′—99°31′,市西以怒江西岸高3000余米、长90余千米的高黎贡山与腾冲、龙陵隔界。在地质发展史上,此地区正处于欧亚板块与南亚次板块的交接处，原属古特提斯海（古地中海）的一部分，后来由于南亚次板块向东俯冲，将其前锋部插入欧亚板块下部，接触带向上掀升，南北向断裂构造变动强烈，形成山河相间纵列的横断山系，成为南北两大生物过渡区和迁移通道，为生物和远古人类祖先的演化发展提供了独特而优越的地质地理环境。广布区境的新生代地层，特别是形成于新第三纪中新世至上新世的煤系地层是古生物化石的仓库，近20余年已发现晚中新世以来的哺乳动物化石地点数十处，区内各煤矿尤其是羊邑煤矿屡屡出土与早期人类祖先活动有关联的古象等古生物化石，为寻找古猿和早期人类化石频频报出重要线索。另外，北面高海拔6700余米的怒山南下渐低到2000余米的保山一带，山体扩开，高原面上多有各类型盆地，如保山坝、蒲缥坝、施甸坝、枯柯坝、姚关坝等，各坝子边缘地带先后发现晚更新世到早全新世的旧石器遗址6处（其中2处出土了人类化石）、新石器遗址数十处，这也为人们向更古老的地层去寻找人类"远祖""始祖"提供了依据和信息，从而引起了省内外专家的密切注视。自20世纪70年代起，中国科学院、云南省博物馆、云南地质科学研究所的科研人员便络绎前来调查。

羊邑煤矿区由羊邑、清水沟、干沟三个井田组成，褐煤富存于中新世至上新世地层。清水沟井田是一个面积2平方千米的南北向椭圆形小盆地露天煤矿，海拔1630米，上部覆盖着全新世、更新世的砂土沉积，下部为泥煤间隔的煤系地层。徐庆华1985和1990年冬两次前往羊邑煤矿调查一个月。1992年元月他第三次前往，从元月4日起在羊邑煤矿区10个煤窑来回观察寻觅，9日下午终于从煤块中发现了这批珍贵化石，包括1件左侧下颌骨、1枚单颗前臼齿和一些草食类、灵长类及其他哺乳动物标本，颌骨上附犬齿、前臼齿、臼齿6枚。由于羊邑一带地理环境稳定，原地成煤，煤层之间淤泥细软，覆盖层、底部层物质颗粒细小，化石虽经几百万年的深层沉埋，却保存很好，可以复原出下颌全貌，为研究提供可靠依据。

徐庆华先生认为："保山古猿化石在系统进化关系上处于从猿到人转变的过渡阶段"。众所周知，人是进化的产物，大约在一千多万年至三五百万年前，由于地球变得干燥，森林大片消失，长期营树栖身、四足行走的古猿有些迁移到余存的森林里继续生活，逐渐演变成现代类人猿如大猩猩、黑猩猩、长臂猿等，有些因不适应变化逐渐绝灭了。而其中有一支却在被迫下地后逐渐直立起来以解放出的双手使用工具与大自然进行新的斗争，终于进化为人类。这一时期的滇西地区因喜马拉雅山上升的影响和第四纪初期冰川的袭击，森林面积缩小、草地扩大，但喜马拉雅山高度仅达1000多米，高黎贡山还不成高山，气候屏障作用不明显，东西部均受印度洋暖湿季风所滋润，怒山南部区域正是人类演化的优越舞台。动物化石和植物孢粉分析复原的古猿生态环境也可证实这一点：含古猿地层的羊邑动物种类有栖居活动于森林草地、沼泽和水源地，与古猿同时代的保山坝南部植物孢粉群有森林植物13属、林下灌木2科、草本植物6科、蕨类植物3属，表明保山古猿生活在温暖湿润、森林间有灌木丛和草原、山前有沼泽、水域的自然地理环境。

由猿向人发展的一支，其骨骼在进化过程中留下了多方面的演变特征。在下颌骨上的主要表现是：1. 齿弓由猿类的"U"字形演变为拱形（禄丰古猿齿弓即状如桥拱之形），再过渡到人类的抛物线形，导致吻部从前突向后缩，这是由猿向人过渡中逐步确立和完善直立姿势的结果；2. 猿类犬齿尖锐强壮、齿尖高于其他牙齿，人类犬齿钝小、牙尖与其他牙齿高度接近，因为猿类犬齿是攻击猎物和抗御强敌的武器，故其发展趋向增强增大，向人过渡则退化而致钝小；3. 猿类的下颌第一前臼齿是单尖扇形，人类的下颌第一前臼齿是双尖型。早期的类人猿从猿类的单尖开始分化为双尖型，较晚的保山古猿已明显分化为双尖型，只是不像早期人类那样两尖大小约相等，而是一大一小。保山古猿下颌化石无论在形态、大小等方面均与800万年前的禄丰标本相近，但第二、第三臼齿齿冠变短宽，第三臼齿显得特别短宽。保山古猿既保留了猿类的原始特征，又显现出人类的不少进步特征，化石形态的这种双重性质和中间类型特征，正表明它是一直沿着人类方向前进的人类直系祖先。

### 五　马关古猿化石

马关古猿化石地点位于马关县坡脚镇山车村仙人洞，地理坐标为北纬23°11′26″，东经104°27′14.34″，仙人洞海拔1185米。

1983年文山州文物管理所在仙人洞内发现一批哺乳动物化石，1986年仙人洞被公布为马关县县级文物保护单位，1990年云南省博物馆张兴永和文山州文管所李加能曾报道过仙人洞出土的一批化石材料。2006年，云南省文物考古研究所边境考古调查队在文山州和红河州开展考古调查。考古调查队在马关县文物管理所收藏的仙人洞化石藏品中，识别出5枚古猿牙齿化石（藏品编号为 MW001—MW005）。根据对古猿牙齿形态和尺寸的观察，齿尖内收，齿冠褶皱简单，接近禄丰古猿属，是云南更新世地层中首次发现的古猿化石。①

### 六 广南古猿化石

古猿化石地点位于广南县珠琳镇上寨村西北面山坡上之硝洞内，地理坐标为北纬 23°59′23.88″，东经 104°37′49.8″，洞口海拔 1479 米，硝洞为 4 个串联互通的洞室组成，多数化石发现于第 3 洞室内。

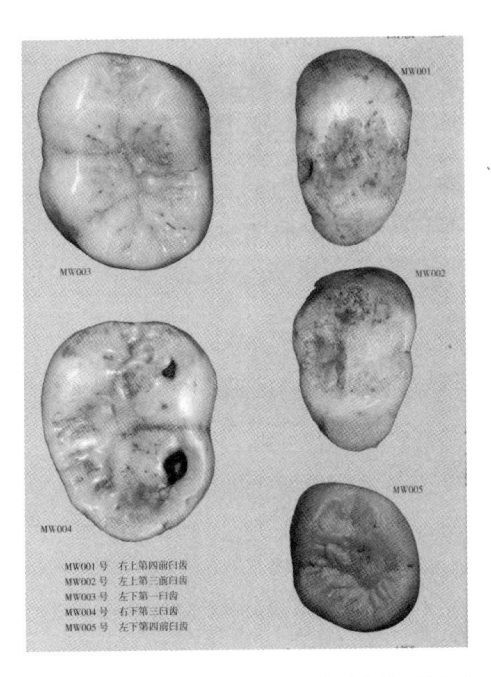

MW001 号 右上第四前臼齿
MW002 号 左上第三臼齿
MW003 号 左下第一臼齿
MW004 号 右下第三臼齿
MW005 号 左下第四前臼齿

**图 14 马关县山车仙人洞古猿牙齿化石冠面**

1983 年全省文物普查时在硝洞内发现一批哺乳动物化石，收藏于广南县博物馆，2006 年，云南省考古研究所考古调查队在这批藏品中发现一枚古猿臼齿化石，这是云南第二次在更新世地层中发现古猿化石。②

---

① 云南省文物考古研究所等：《云南边境地区考古调查报告》，云南科技出版社 2008 年版。
② 云南省文物考古研究所等：《云南边境地区考古调查报告》，云南科技出版社 2008 年版。

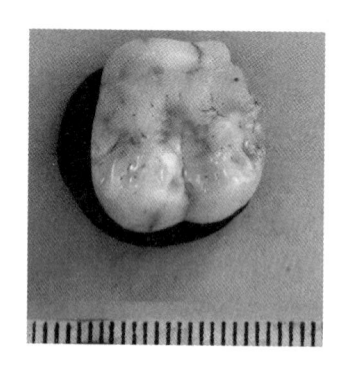

**图15　广南县硝洞古猿牙齿化石**

### 七　西畴古猿化石

古猿化石地点位于西畴县蚌谷乡三家寨村马桑洞内，洞口地理坐标为北纬23°21′56.4″，东经104°35′30.30″，海拔1306米。

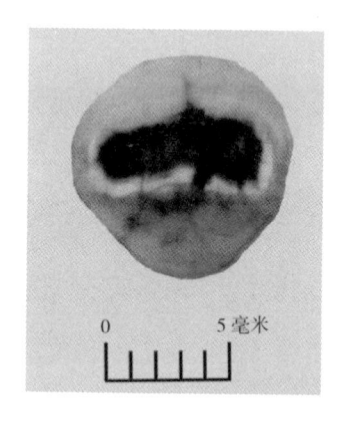

**图16　西畴县古猿牙齿化石**

西畴县文物管理所于1983年至1984年在马桑洞内采集到一批化石，2006年云南省考古研究所考古调查队在这批化石中识别出一枚古猿门齿化石（编号：DM315），这是在云南省更新世地层中第三次发现的古猿化石。[1]

---

[1]　云南省文物考古研究所等：《云南边境地区考古调查报告》，云南科技出版社2008年版。

## 第三节 云南：人类起源地之一

关于宇宙的起源、人类家园地球的起源、地球上生命的起源、尤其是人类自身的起源，长期以来一直是科学界的重大研究课题，也是人们普遍关心的问题。关于人类起源的问题，实际上包含两个内容，一个是研究人类从何种猿类进化演变而来；另一个是研究现代人的起源，即现代人的直接祖先是哪种古人类。

本节讨论的是与前一个内容相关的问题，即人类由何种古猿演变而来，云南有没有可能是发生这种演变的地区。易言之，云南有没有可能是人类起源地之一。

研究人类起源的两大支柱：一是马克思主义的辩证唯物主义，这是理论支柱；另一个支柱是考古资料，即古猿化石及其相关地层、动物群等资料。

科学研究证明，人类在地球上出现的时间可能在中新世后期，大约距今900万—500万年前。而分子遗传说的研究表明，在从猿到人转变过程中，人猿揖别的时间大约在700万—500万年前，而云南禄丰古猿的生存年代正好在这个时期，禄丰古猿可能是向南方古猿和非洲古猿类方向进化的一个代表类型。

云南省文物考古研究所古人类研究室郑良研究员认为："云南开远、禄丰、元谋、保山4县市发现的古猿，生存时间为中新世，并具有相接近的形态特征，而与世界上其他地区发现的古猿化石不同。在头骨特征上，禄丰古猿和所有大约同时代的古猿都有很明显的差别，这已经被许多人类学家所认同。我们从云南古猿的颅骨、颌骨、牙齿及肢骨的形态特征看云南古猿的系统地位，云南4个地点的古猿应该是同一个演化系统的古猿，他们具有相近的特征和性质，而区别于世界其他地区的中新世古猿，可归入禄丰古猿类。可以说禄丰古猿选择了和其他的古猿不同的进化方向和演化道路。禄丰古猿是一种有较多原始特征的古猿类型。禄丰古猿的头骨从幼年到成年和猩猩都有好多不同的特征，不应该归入同一个进化系统，系统分类上可归入人科，可能是人类祖先较为原始的类型，处在人类进化较基干的位置。"

在新出版的《禄丰古猿》中，研究者认为在中、晚中新世的人猿超科类中，禄丰古猿比其他古猿在形态上更接近于南方古猿类，而禄丰古猿的直立行走倾向在颅骨和股骨形态上都可以得到证明，直立行走是人类最重要的特征。因此，禄丰古猿可以被认为是人科的早期成员，是先于南方古猿的从猿到人转变的早期过渡类型，而南方古猿是晚期类型。禄丰古猿没有表现出南方古猿从早期类型到晚期类型的颊齿巨齿化发展的趋势，也有可能禄丰古猿就没有向南方古猿方向演化，而直接向早期人类方向发展，这有待于发现新的化石来证明。禄丰古猿是否是人类祖先？这个问题可能还要争论很长时间，但禄丰古猿确实表现出一系列和人类相接近的特征，对人类起源研究具有重要价值。[①]

我国著名的古人类学家和考古学家贾兰坡院士说过："古人类，不仅是一门极复杂的科学，又是世界性的科学。我相信，几乎所有的人对这一问题都会感兴趣，因为自古就有用泥土造人的神话故事。世界先进国家都有许多学者在接触这个问题，目的都是希望早日对此得到可靠的科学结论。以前我所说的'人类起源于南亚，即巴基斯坦以东包括我国广大的西南地区。'就是因为云南发现有接近人的猿类化石。"[②] 贾兰坡院士还曾经指出："我国西南部广大地区根据已有的线索来看，位于人类起源地的范围之内。云南不仅发现了腊玛古猿化石，而且在元谋的上那蚌地方距今170万年的地层中还发现了元谋人牙齿和石器，就是有力的证据。"[③]

综上所述，云南应该是人类起源地之一。

---

① 郑良：《禄丰古猿：人科最早的成员？》，载《中国文化遗产》2008年第6期。
② 贾兰坡：《元谋古猿·序》，和志强主编，云南科技出版社1997年版。
③ 贾兰坡：《中国大陆上的远古居民》，天津人民出版社1978年版。

# 第二编

# 旧石器时代

# 第六章

# 概 述

人类诞生和发展的第一个阶段称为原始社会，是人类的史前时代。它始于人类的出现，这是一段没有文字的历史，只有依靠古人类学、考古学、民族学、古生物学、古气候学等学科所提供的资料。马克思和恩格斯吸取了前人研究的成果，用历史唯物主义的方法揭示了原始社会发展的基本规律，为原始社会史的科学理论奠定了坚实的基础。20世纪以来，考古学和人类学、民族学在云南的发掘与研究，取得了丰硕的成果，这些成果奠定了云南在人类起源上的系统位置，丰富了原始社会史的材料。

人类是从古猿进化而成的。古人类学家一般认为：人科中最早的一个属是某种古猿，他们经过漫长的岁月，进入了人类社会的门槛，而古猿的产地又主要集中在亚洲和非洲。本书在第一编中已经记载，20世纪50年代以来，在云南开远、禄丰、元谋、保山、马关、广南、西畴等市县相继出土了众多的古猿化石，同时出土了生存于170万年前的元谋猿人化石，引起了世界的注目，被认为是探讨人类起源的重要区域。

旧石器时代大致可划分为两个阶段：直立人阶段和智人阶段，智人分为早期智人和晚期智人。直立人阶段从发现最早的人类化石时开始，到20万年前结束，这时的原始人类开始能够制造工具，从事劳动。经过漫长的艰苦岁月，进入了智人阶段。早期智人和现代人在体质上还有差别，但已经比较接近现代人；到了晚期智人阶段，体质上和现代人的差距不太明显了。人类在漫长的岁月中，通过劳动实践，体质结构不断发展进步，脑容量不断增加，并且在社会劳动中产生了语言，其婚姻方式由原始的乱婚进入了血族群婚。到晚期智人阶段，血族群婚又发展为族外婚，其制造和使用的劳动工具（旧石器）也随之不断发展完善起来。

云南最早的人类化石是元谋直立人，生活在170万年之前，同时出土了打制石器，并有炭屑与烧骨共存，说明元谋人已能用火。以后又在昭通出土了大约生活在20万年前的早期智人。晚期智人化石及其文化遗存在许多地点发现，说明这时期云南境内的人类已遍及各地，其生存年代大约为35000年到10000多年前，显示了云南旧石器文化超前滞后，历时悠久的特征。云南旧石器文化与中原地区、西南各省区以及东南亚的同类型文化也有某些渊源关系。

旧石器时代是人类的童年时代，人们过着群居野处的生活，没有阶级和剥削，平均分配。由于当时生产力极其低下，只有依靠集体的力量，人类才能在非常艰苦的条件下获得生存与发展，这就决定了原始社会必须实行共同劳动、平均分配。经过了数百万年的时间，提高了认识能力，逐步改进了生产工具，发展了社会组织，并且取得了一系列重大的发明创造，为日后人类社会的进一步发展奠定了基础。恩格斯指出：原始社会时代"对一切未来的世代来说，总还是一个最有趣的历史时代，因为它建立了以后的更高的发展的基础，因为它以人从动物界分离出来为出发点，并且以克服将来联合起来的人们永远不会再遇到的那些困难为内容"。[①] 恩格斯还指出："劳动是从制造工具开始的。"一旦从事制造工具、人类的劳动实践便开始，而人也就完全从动物界分离出来，变成了"完全形成的人"。元谋人和现代人无论在体质和智力上都还存在着一定距离。但他已能开始制造工具，从事劳动，并且由于劳动实践使手和脑都得到较大发展，从而完全从动物界分离出来。但是，在一些体质上，也还保留有若干和猿类接近而和现代人不同的特征。元谋人早于蓝田人和北京人，他的发现，将我国远古的历史向前推进了100多万年。

---

① 恩格斯：《反杜林论》，《马克思恩格斯选集》第三卷，人民出版社1972年版，第155页。

# 第七章

# 第四纪以来云南的地理环境

第四纪因其出现了真正的人类祖先而又被称作人类纪。人类纪以来，青藏高原进一步隆升，中国自然地理环境格局形成并产生更大的分异，构架了中国三大自然地理区的基本格局。云南地处我国青藏高原高寒自然地理区与东部季风自然区的过渡地带，是我国最高地貌阶梯向第二级地貌阶梯过渡的地带。受青藏高原隆升的影响，云南高原也随之抬升，西部横断山区深切，形成了纵向的高山峡谷地貌，云南地理环境格局发生了极大的变化，形成了云南的地质地貌景观的多样性、气候类型的多样性、生物物种的多样性、民族和民族文化的多样性等。云南地理环境的演化对于云南古人类的起源和发展起到了重要的作用。[①]

在上新世后期至第四纪初（340万—170万年），青藏高原发生了大规模快速隆升，被称作为青藏运动。青藏运动分为三幕，A幕发生在340万年、B幕发生在250万年、C幕发生在160万年前。在川西、滇西北地区也发现了340万年前的强大构造运动，使有红色风化壳发育的晚第三纪夷平面解体，被称作为横断事件。地壳由长期稳定转变为整体隆升，使云南准平原——夷平面发生了从北西向东南掀斜变形并被解体。总体表现为以断块上升为主，但各地块隆升速率的差异导致部分断块抬升为山地，部分断块相对陷落成为断陷盆地，形成了系列断陷盆地和谷地。上新世盆地在云南境内星罗棋布，开始了云南岭—盆—谷地貌发育时期，滇西北纵向岭谷地貌也具有了雏形。青藏高原东南部的迪庆高原和云南高原此时并没有产生地势的高差，这一点可以从洱源的上新统三营组和香格里拉尼西页

---

① 明庆忠等：《三江并流区地貌与环境演化研究》，载《热带地理》2006年第5期。

卡组沉积的岩相构造和植物群落面貌得以佐证。滇西北的古气候、古环境无明显差异，青藏高原东南部地貌边界尚未形成。从三营组和页卡组等的植物群以高山栎类为主的特点分析，滇西北上新世晚期地面的海拔高度已上升到约2000米，抬升幅度约1200米，滇西高原基本形成。

青藏运动B幕（约250万年）时，青藏高原东南部边界断裂有较强烈的活动，沿龙门山—大相岭—锦屏山—玉龙山—碧罗雪山一线的青藏高原东南部地貌边界雏形在这一时期形成。上述的洱源三营组沉积顶面现在已被抬升到海拔2400米左右，香格里拉页卡组沉积顶面亦抬升至海拔3000米左右，对比两者之间的高差，可以推断出自上新世末以来青藏高原的相对上升较云南高原强烈，这是沿边界断裂带差异运动的结果。也是云南西北部和东部、南部地貌高差形成的主要原因之一。

青藏运动B幕时，高原面已达2000米，又复增强对季风的影响，夏季风携带的湿润气流再次深入高原。170万年前是早更新世最湿润的时期，尽管缺乏科学依据，但有较多迹象表明，在早更新世云南曾是一个大湖、多湖的时期。在以后的构造运动、气候变迁作用下这些湖泊被贯通、切穿形成了云南的大江大河，开始了云南现代水系的发育。①

云南第四纪地壳运动，是前期构造运动的继续与发展，改变了前期以整体隆升为主的方式，但继承与加强了地块顺时针扭动的特点。从区域构造变形样式分析，这显然与印度板块继续向北运动有关，其结果：一是带动滇西地块继续作顺时针扭动，造成南张北压的构造变形；二是青藏高原强烈隆升，并由此而发生掀斜变形和近东西向拉伸裂解作用由北向南增强的效应。在这样一个构造应力场的控制下，随着断块差异运动的继续，山地不断上升，断陷谷地不断下沉，侵蚀作用不断增强，逐渐形成了现代山川相间、东西排列、南北延伸、高山深谷的滇西纵向岭谷地貌和滇东高原地貌。

120万年至60万年前（早更新世晚期—中更新世初期）是青藏高原形成过程中的又一重要抬升时期，称为昆（仑）黄（河）运动。根据施雅风院士等的独立推算的资料，在80万—60万年前，青藏高原抬升到3000—3500米高度，推测喜马拉雅山、西昆仑山等周边高山可达5000米，青藏高原大面积进入冰冻圈。青藏高原环边界断裂强烈活动，高原东南部地貌边界基本定型。这次构造活动结束了蛇山组及邻区的元谋组的沉

---

① 明庆忠等：《三江并流形成时代的探讨》，载《云南地理环境研究》2007年第2期。

积。元谋组结束沉积时间大致与昔格达组、木拉组等相同，都为松山极性时奥尔都维亚时和贾拉米洛亚时之间，距今 150 百万至 141 百万年。腾冲在这一时期的第二期火山喷发最强。20 万年前开始发生的共和运动使青藏高原进一步达到当今的高度，也促使滇西北进一步间歇性抬升。滇西北构造运动明显而强烈，表现为明显的掀斜背景上的断块差异活动、强烈抬升与河流的深切、古水系的重大调整，造就了滇西北高山峡谷的纵向岭谷地貌与环境。[1]

---

[1] 明庆忠等：《长江第一湾成因之争及其新解》，载《科学》2007 年第 9 期。

# 第八章

# 元谋人及其文化遗存

## 第一节 元谋人的发现

元谋人化石出土地元谋盆地位于云南省北部长江上游金沙江的南面，是滇中高原上最低的一个盆地，海拔1100米左右。盆地南北长约30千米，东西宽度不一，平均为7千米，金沙江的支流——龙川江沿盆地西缘由南向北流去，在龙街注入金沙江。盆地东侧是海拔2500米的中等山地，习称东山，山的西侧是由前震旦纪变质岩系所组成的低矮山梁。

盆地内新生代地层主要分布在龙川江东岸东山山前地带，形成几条巨大的近东西向的丘陵，伸向盆地的中西部。元谋盆地内的新生代地层，特别是下更新统（元谋组）地层发育，出露较好，地层内又保存有丰富的脊椎动物化石。因此，很早以来就引起科学工作者的注意，并在此进行过调查研究工作，成为我国华南地区具有代表性的早更新统标准层位（旧称"马街马化石层"）而闻名中外。

元谋人化石产地是由棕褐色黏土组成的一座小山丘，位于盆地东缘，在大那乌村东约200米处。产地的南边有龙川江支流——那蚌河流经，山丘东西长约16米，南北长约20米，面积320平方米左右，以牙齿化石出土位置为基准，整个山丘高约4米。

1965年年初，为配合四川攀枝花地区的建设和成昆铁路的勘察设计，中国地质科学院地质研究所由赵国光、钱方、浦庆余、王德山四人组成西南地区新构造研究组，到攀枝花及金沙江河谷地区勘察。他们认为：攀枝花和金沙江河谷地区，元谋盆地第四纪地层发育较好，含有众多化石，也有一定研究基础，为此，选定元谋盆地为研究重点。他们在工作中同时又发现元谋县东南上那蚌村一带地层出露好，化石多，构造现象清楚。因此，决定把上那蚌村附近地区作为工作重点。

**图 17　元谋人化石产地**

1965 年 5 月 1 日下午 5 时左右，钱方在上那蚌村西北 800 米，牛肩包西南丘岗间的一个高 4 米、由元谋组组成的褐色土包下部，发现了几颗哺乳动物牙化石，它们半出露地表。这些化石，其中有云南马牙齿化石，在云南马牙化石旁边还有一些化石，化石大部分埋在土中，表面只露出一些痕迹，用地质锤的尖端，仔细地进行挖掘，看到一颗化石的齿冠半露地表，牙根埋在土中，挖出后仔细看，像颗人牙，在其旁边十几厘米处，又挖出一颗。再挖，又找到了其他一些化石碎片和牙齿化石。他们初步认为这两颗石化程度很深的牙齿化石，很可能是原始人类或猿类的一对门齿。当时，又在这小土包周围寻找化石，希望能找到更多的人类或猿类化石材料，但只找到了其他一些哺乳动物化石碎片和牙齿化石，还有一段鹿角。第二天，又找到了几颗马牙、牛牙、鹿角和一些化石碎片。为了准确的定出这两颗牙齿化石在元谋组中的层位，他们特意在测牛肩包元谋组第 4 段时，同时还在大坡箐沟测制了元谋组第 3 段剖面。在这两条剖面上和上那蚌村附近的元谋组地层中也发现了十几个哺乳动物化石点，采集了岩石标本、孢粉和介形类样品。对元谋东山一带新构造运动进行了详细观察，发现元谋组沉积后，本区新构造运动活跃和强烈，中生代红层已逆掩和挤压到元谋组上面。

这两颗牙齿化石，后经中国地质博物馆胡承志初步研究鉴定，认为基本形态可以与北京人同类牙齿相比较，定为直立人种中的一个亚种，以发现这一化石产地的元谋县命名，定名为直立人元谋种 Homo（Sinanthropus）erectus yuanmouensis，简称元谋直立人（胡承志，1973）。这两颗牙化石，很可能代表一男性青年个体，这是我国首次在早更新世地层中发现的古人类化石。1972 年 2 月 22 日新华社、《人民日报》等报道了发现元谋人的重大消息。1976 年，李普、钱方和马醒华等人，首次用古地磁方法测出元谋人的年代为距今 170±10 万年（李普等，1976）。元谋人比蓝田人和北京人年代要早 50 万—100 万年，是我国已知最早的古人类。1982 年，国务院公布元谋猿人遗址列为全国重点文物保护单位。

元谋人的发现，揭开了中国古人类史上新的一页。自 1965 年化石发现以来，由中国地质科学院地质力学研究所、地质研究所、中国科学院古脊椎动物与古人类研究所、北京自然博物馆、云南省博物馆、云南省文物考古研究所、云南省地质科学研究所、楚雄州文管所、元谋人陈列馆等单位组成的有关课题和个人，围绕元谋人的研究工作，开展了多学科的综合研究，取得了可喜的成果。

继元谋人牙齿化石发现之后，1984 年 12 月，周国兴等人在上那蚌郭家包元谋组第 4 段中又发现元谋人胫骨化石一段，胫骨带有较多接近能人的原始特点而与现代人明显有别，很可能代表一少年女性个体。

## 第二节　元谋人的体质特征

元谋人的化石材料，目前只发现两个个体，一男一女，三件化石标本：两颗男性上中门齿和一段女性胫骨化石。

### 一　元谋人牙齿化石研究

牙齿化石的石化程度很深，呈浅灰白色，除齿根缺失远端 1/3 至 1/2 外，其他部分保存较好。整个牙齿粗壮、硕大，腐蚀程度不大，切缘刚露出齿质，可能为青年男性个体，其形态特点是：

1. 牙齿粗硕，齿冠部分尤甚，呈切缘较宽的扇形，齿冠扩展指数值达 141.9，超过了目前已知早期人类牙齿标本。

2. 齿冠唇面除接近颈线部分较为隆凸外，其余较平扁，有明显的汤姆氏线、唇面沟及浅凹区。

3. 底结节发达，呈圆丘状隆起，占舌面的1/2，游离缘分化出三条分离的指状突，近中侧一条指状突较为粗长，构成正中嵴，居于舌面中央，向下延伸与切嵴相接。

4. 舌面有发达的铲形舌窝，被正中嵴分隔为左、右两半，舌窝内面多釉质折皱。舌面两侧缘嵴明显褶起，远中缘较发达，其内缘与底结节之间有小切迹间断，不直接连续。

5. 齿根颈部横切面呈椭圆形，唇—舌方向较扁，两侧颈线有较大的弯曲度，近中侧为3.8，明显大于远中侧（3.1）。

把元谋人牙齿化石与人形超科其他代表的同类牙齿进行比较，就可以发现，元谋人牙齿的基本形态与北京人同类牙齿相似而又有一定的差异，但差异的程度，远不及元谋人牙齿与南猿类型牙齿的差异为大。元谋人牙齿与北京人同类牙齿的差异，一部分反映了元谋人与猿类更接近，另一部分反映了元谋人与纤细种南猿较为接近。以元谋人上中门齿为代表的原始人，是我国迄今已发现的早期类型的直立人的代表。元谋人形态上与北京人的不同处，反映出元谋人的原始性。[①]

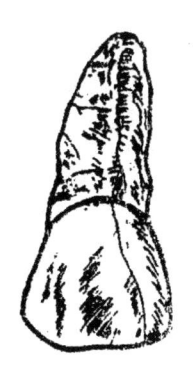

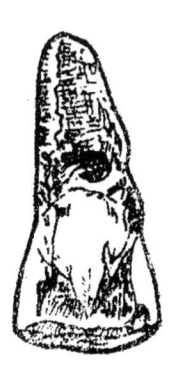

**图18　元谋人牙齿化石**

元谋人牙化石被发现后，先后经胡承志和周国兴等学者进行了研究，

---

① 张兴永、周国兴：《元谋人及其文化》，《云南人类起源与史前文化》，云南人民出版社1991年版。

并将元谋人上内侧门齿的形态特征与更新世的人形超科代表：化石褐猿、巨猿、南猿类、直立人及化石智人和全新世的代表亚化石褐猿，现生三种大型类人猿：黑猿、褐猿和大猿，以及现代人的某些组群作对比研究后，研究者认为：

与大猿类比较，他们与元谋人的差别是明显的。"特别是褐猿，其上内侧门齿尺寸较大，齿冠厚硕，远中门齿角为强烈的圆弧状，使齿冠呈现显著的不对称的扇形，远中侧面明显隆凸，中央常有突出的棱脊；舌面基部结构复杂，或为齿带形、或为结节形，指状突数目众多，且比较细小，有时呈'簇状'；舌面铲形不发达，甚至缺失等，这与元谋人牙齿形态明显有别，不能混为一谈。"

与南猿类型上内侧门齿相比较，有区别是主要的。"正如南猿与北京人在上内侧门齿的区别一样，即南猿没有发达的底结节和指状突，门齿铲形欠发达；南猿齿根粗壮且先膨大然后变小，北京人则是由颈部向齿根根尖渐次变细，南猿与元谋人的差异亦然。此外元谋人齿冠扩展程度要较南猿明显大得多。同时也有相近之处，而且与纤细性南猿的相近程度要大些。如齿根侧面无明显的浅槽，齿冠唇面较为平扁，有唇面沟，且下半部似存在浅凹区域，远中缘上端有趋向小结节的形式，与龈部隆起之间似存在小切迹。"

与北京人同类牙齿相比，二者基本同属一个类型，但也有差异，显出了元谋人较北京人的原始性。"最主要的相似性，除胡承志所指出的在尺寸、齿冠基部肿厚程度、底结节强烈凸起、有直行排列的指状突、褶起的缘脊及明显的铲形舌窝等，故两者基本属同一类型外，尚可补充的为：发达的唇面沟，致使唇面粗糙不平；两侧缘有的增厚不单纯是釉质、而且齿质也参与内褶；发达的底结节与指状突要占舌面的1/2；齿根渐次向根尖变细等，但也有明显的区别：主要是元谋人标本唇面平扁，甚至出现小的低陷区。北京人标本则较隆凸；元谋人的缘脊发达，但与底结节不相续，而为一小凹迹所间断，北京人则不然，正是这两点元谋人却与纤细型南猿颇为接近。此外，元谋人上内侧门齿的舌窝内面多粗糙；切缘磨蚀面与齿冠纵釉的夹角小，显示了较大的突颌程度；指状突的分隔现象明显，特别还出现正中脊。这些为北京人所缺或欠发育，在这些性状上又显示出元谋人接近猿类的特点。"

中国的直立人，由元谋人到北京人，在上中门齿上反映了接近猿类的特点，不能不考虑禄丰与元谋发现的古猿跟元谋人的关系。

研究者认为："禄丰猿的上内门齿齿冠呈不对称的扇状，远中门齿角为明显上翘的圆弧状，齿冠厚硕，与齿根相比较齿冠基部的厚度几乎与齿根等大，齿冠舌面基部多数有发达的底结节，但也有齿带型的，由底结节延伸出的指状突，一般为两个，甚至为一个的；在其两侧分布细小的釉质褶皱，唇面强烈外凸，外侧缘与底结节外侧边相续没有间断。另外，齿根根尖明显朝舌侧弯曲，门齿切缘夹角小，呈明显锐缘，说明突颌程度大。"

因此，在形态上，禄丰猿的上内侧门齿与元谋人的差异较大，而跟现代猿类颇为接近。

元谋古猿的上内门齿，形态上基本与禄丰猿相近，但也有程度上的差别：元谋的齿冠尺寸变大，舌面基部结构的结节形和齿带齿并存现象显著，指状突为数增多，"簇状"尤为明显，这些特点都与元谋人上内侧门齿明显不同。

研究者对比研究后认为：元谋人上内侧门齿是直立人型的，考虑到他们生存时代远比北京人为早和已有的直立人材料所表明的复杂情况，元谋人上内侧门齿是我国南方迄今已发现的早期类型直立人代表；形态上与北京人的不同处，反映了他们的原始性和可能具有从纤细类型南猿向直立人过渡的特点。①

## 二 元谋人胫骨化石研究

1984年12月，北京自然博物馆野外考察队在元谋人牙齿化石产地的南面进行考察时，在距离原化石产地250米左右的郭家包南坡发掘到一批哺乳动物化石，并发现了人类的胫骨化石。"化石为一段左侧胫骨，除缺失上下端外，骨干保存相当完整，骨干内面开裂，上有狭缝纵贯全骨。骨干外面亦稍有开裂，纵向的裂纹沿骨间脊的前沿自上而下，至骨干下1/3处消失。骨干沉硕，石化程度深，表面呈红褐色，局部有黑色斑纹，该标本整体外貌上与元谋组地层中通常出现的动物化石一致。"

后经周国兴将化石与南猿、能人、现代人作比较研究。该胫骨骨体纤

---

① 周国兴：《元谋盆地人类化石与文化遗存的研究》，《元谋人发现30周年纪念暨古人类国际学术研讨会文集》，云南科技出版社1998年版。

弱，骨面缺粗硬的骨脊，很可能代表一少女个体。

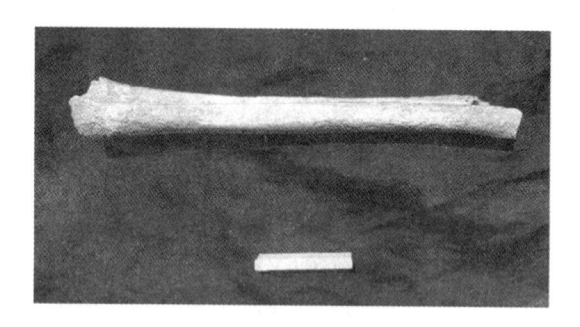

**图 19　元谋人胫骨化石**

胫骨骨干侧长 227 毫米，相当中点处的骨干周长为 78 毫米，横径 17 毫米，最大前后径 29 毫米，胫骨指数 58，处于现代人扁径指数：55—62.9 范围之内。

胫骨前缘圆钝，尤以 1/3 处最为明显，至中 1/3 处稍有变薄趋势。再往下又复趋圆钝，与现代人类型薄钝的前缘呈明显的对比。后者还以明显的 S 型弯曲为特点，而元谋人胫骨标本前缘 S 型弯曲极弱，尤其上半部分几乎不显，两者差别甚为明显。

人类胫骨形态的进化趋势是前缘由圆钝、直形朝薄锐与明显的 S 型弯曲发展，在这点上，元谋标本要较现代人远为原始。而与北京人现有材料相比，虽有近似之处，但也原始得多。

现代人胫骨骨干内面的骨面较为光滑，由内面向骨下后面转折，且常形成一条明显的侧缘，即内缘。元谋标本上此缘主要由骨干内面向后面转折而成，在其中部 1/3 处两面呈直角状转折。

现代人胫骨标本上，其骨干外面有发达的骨间脊，向下分叉，形成粗涩面，以附着骨间腱。元谋标本此脊的发育程度介于能人型和现代人类型之间。

现代人胫骨后面有明显腘线或称斜线。在元谋标本上腘线的起始部为长条结节状隆突，向斜下方延伸，与内缘相接续。在该隆突上缘骨面上有一条状的凹陷，隆突下方有一滋养孔，由滋养孔往下，隆起一狭长形粗脊，再下即呈纯圆状隆起。滋养孔下的这一粗脊分骨面为内外两半，内半侧较窄，外半侧相对较宽，现代人类型的胫骨此脊亦将骨面分为内外两份，多数情况下，内侧半较外侧半为宽，恰与元谋人胫骨的情况相反。在尼安德特人群中，有些标本此纵脊十分发育，并向后隆突，形成为后缘，如阿摩德人，此后缘发达并向后强烈突出以致骨干横切面的轮廓呈前后方向强烈外突的菱状。

综观元谋出土的胫骨化石形态有以下几个特点：

（1）胫骨明显为扁胫型。

（2）骨干前缘明显圆钝，S型弯曲极弱。

（3）有浅显的骨间脊。

（4）内缘中部1/3段处，内面与后面相接呈直角转折。

（5）骨干后面有明显的腓肠肌隆凸，腘线发育，且有纵脊隆起将骨干后面分为内外两半，内半侧骨面窄而外半侧宽。

（6）骨干的骨壁较厚，髓腔相对为小。

因此，元谋人胫骨带有较多接近能人的原始特点而与现代人明显有别。[1]

## 第三节 元谋人的年代

1965年发现元谋人后，国外一些学者对元谋人的生存年代持怀疑态度，他们认为中国的史前文化不会超过90万年，或者更晚些。国内一些学者对元谋人的生存年代也有怀疑，认为不会超过75万年。后经多次测定，仍为170万年左右。1978年初，东亚古环境国际学术讨论会在香港举行，对元谋人的年代问题进行了论证和质疑。经过此次会议，元谋人生存年代的古远性获得了学术界的普遍认可。

元谋人生存的年代，过去用古地磁方法经李普等（1976）、程国良等（1977）、钱方（1985）、梁其中（1989）等人多次进行研究，都为距今170万年左右。但古地磁法测出的年代是间接的，又是单一方法，所以还是有个别学者提出不同看法，认为元谋人年代为50万—70万年。后来，又采用裂变径迹法（张虎才等，1991）、电子自旋共振法（原思训等，1991）、氨基酸法（吴佩珠，1991）进行了年代测定，所获年代的数据仍

---

[1] 周国兴：《元谋盆地人类化石与文化遗存的研究》，《元谋人发现30周年纪念暨古人类国际学术研讨会文集》，云南科技出版社1998年版。

为170万年左右,进一步证明了元谋人是已知最早的原始人的代表,中国历史的开端确切地在距今170万年之前。

## 第四节　元谋人的文化遗存和用火痕迹

元谋人的文化遗物有石制品、带有人工痕迹的动物骨片以及可能为人工用火的遗迹。

石制品包括地层中出土的和地表上采集的两部分。地层中出土的石制品7件,计1973年6件,1975年1件,其中较好的4件,均为刮削器。一件出土于D—11离地表50厘米处,距人牙化石出土地点水平距离5米,由石英岩石核加工而成,刃缘平直厚硕。另两件为石英岩制品,出土于东侧深沟西壁,距人牙出土点水平距离20米。另外,1975年底出土的一件,局部器身保留砾石岩皮,刃缘单面加工较为精细。

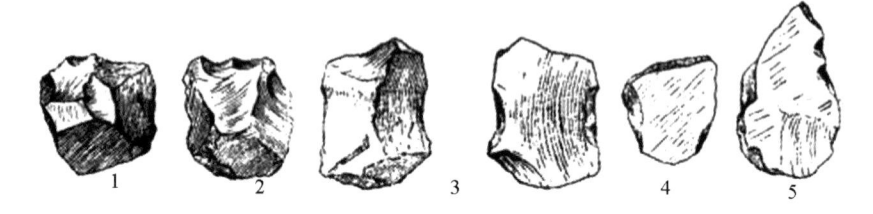

**图20　元谋人地点出土的石器**

在地表采集的具有明显人工痕迹的石制品十件,其中三件较好。一件为尖状器,为石英岩质,呈不等腰三角形,尖端作喙状;一件为石英岩石核,保留较大的砾石岩皮,对侧的刃缘可作砍砸之用;另一件为石片。这十件石制品与人牙化石出土点水平距离不远,器物上附着的土质和器身棱角磨蚀程度,与地层内出土的石制品接近,说明它们当是元谋人制作的。

元谋人的石器是目前我国已发现的与时代较早的原始人伴生的旧石器。它们与北京人、蓝田人的石器,从原料、制作方法上都有相似之处,由于材料还少,对于这时石器工业的全貌及与我国的石器时代早期文化的关系,有待于今后深入的工作。

在元谋人化石层位中,还出土不少哺乳动物肢骨碎片,有的碎片具有明显的人工痕迹,如其中的一件,长8.4厘米、宽3.1厘米、厚2.6厘米，骨片两端有清楚的切削痕迹，可能是准备用来制作骨器的。

在元谋人化石产地地层中，还发现大量炭屑，长径一般在4—8毫米，最大的有15毫米，小的有1毫米左右。这些炭屑大多分布在黏土和粉砂质黏土中，少量夹在砾石透镜体内，最密集的有两处，分布的上、下界约3米，大致可分三层，层与层之间相隔30—50厘米。而且凡有炭屑的地方总是伴随有动物化石。

1974、1975年，在同一层位中找到几块颜色发黑的骨头，其中部分骨头经贵阳地球化学研究所鉴定可能为烧骨。

这些炭屑、烧骨、石器和哺乳动物化石都离元谋人牙齿化石出土点不远，并同在一个层位内，证明元谋人已能用火。[①]

与元谋人共生的哺乳动物化石，发掘中从产地地层中找到的哺乳动物化石共14种，它们是：云南马、爪蹄兽、猪、纤细原始鹿、牛类、剑齿象、豪猪、鬣狗、竹鼠、斯氏鹿、云南水鹿、最后枝角鹿、轴鹿、羚羊。这中间包括有第三纪的残存种，如爪蹄兽、原始鹿、斯氏鹿和最后枝角鹿，这对判断元谋人的生存时代有重要意义。

关于软体动物化石及孢粉，根据1965年的资料，元谋人化石地层上的软体动物有萝卜螺、田螺、凯塞螺、小旋螺、兰蚬、腹足类。植物有松属占33.3%，桤木属占13%，还有一些落羽杉科、桦属、榆属等，以草本植物的孢粉百分比含量较大，达40%，其中有禾本科、藜科、艾属等草甸植物。

元谋人用上述这些极为简陋而粗糙的旧石器、骨器和棍棒捕猎上述的一些野生动物，采集野生植物的果实充饥，并以兽皮树叶御寒，穴居野处，茹毛饮血，男女杂游，过着极其简单而艰苦的原始生活。但这时的人们群体意识很强，已有简单的思维和语言，作为相互交流的工具。

关于元谋人的生活环境，通过对元谋人所在的元谋组第25层中发现的1541颗孢粉组合研究，显示出当时气候温和湿润，年平均温度在12—14℃，降水量为850—1000毫米。当时的元谋西南是一片冲积平原，东面

---

[①] 张兴永、周国兴：《元谋人及其文化》，《云南人类起源与史前文化》，云南人民出版社1991年版。钱方：《在元谋人发现40周年纪念会上的发言》，《元谋人发现40周年纪念会暨古人类国际学术研讨会文集》，云南科技出版社2006年版。钱方：《元谋人的发现及三十年以来所取得的主要研究成果》，《元谋人发现30周年纪念暨古人类国际学术研讨会文集》，云南科技出版社1998年版。

是低山和起伏的丘陵，在山上生长着茂密的松林，林间夹杂着众多的落叶阔叶树。山下河流水流终年不断，山麓有一些小型的洪积扇，在河流和洪积扇间分布着湖沼。马、牛、羊、爪兽等生活在河滩或草地湖畔；林中藏着剑齿虎、豹等猛兽；森林边缘则是大象和鹿的故居；矮小的灌木和草丛中躲藏着兔子、小灵猫和鼠类；在湖泊和河流中有大量的鱼类和龟，还生长着蚌、螺和介形类，这是元谋人捕捞的上好食品。开阔的地形，温湿的气候，众多的野味，丰富的果实为元谋人的生存提供了有利的条件。元谋人当时生活在山麓和草原之间，过着流动的生活，他们已会用火。

## 第五节　发现元谋人的科学意义

### 一　元谋人的发现对人类起源研究的重要意义

元谋人的发现，关系到人类起源的重大课题，是一件具有世界意义的大事。从世界的范围看，目前已发现旧石器早期的古人类化石，多在亚、非热带或亚热带地区。例如在非洲东部坦桑尼亚、肯尼亚发现的东非人化石；在印度尼西亚发现的爪哇猿人化石和莫佐克猿人化石；1907年在德国海德堡附近的毛埃尔发现的海德堡人化石，位于欧洲地区。此外就是中国的元谋人化石，蓝田人和北京人。爪哇猿人是最早发现的原始人——直立人。1891—1894年，荷兰医师杜布亚在爪哇岛特里尼尔附近第一次发现了猿人的头骨和股骨。1936年，孔尼华又在爪哇的莫佐克托发现猿人的儿童头骨。1937年，森吉兰地方的居民给万隆地质研究所送去了最完整的人头盖骨。先后共发现人类化石标本31件，包括较完整的头骨8个和股骨1根。并发现剑齿象、犀牛、食肉类、小羚羊、轴鹿等动物化石，其地层层位分别为中更新世中期和早期或更新世晚期。用钾—氩法测定其绝对年代，最上层为距今50万年，最下层为距今190±40万年。就可比的材料看，爪哇人的形态和北京人差不多，但是更为原始一些。而且在研究过程中也有不同意见，因为这些头骨既有猿类的特征，又有古人类的特征。但其接近类人猿的程度比接近人的程度大，并且"在那里没有一点直立猿人使用工具的迹象"。一般认为，莫佐克托猿人的地质年代是中更新世早期，而爪哇猿人则属于中更新世中期。[1]

---

[1]　[英] D. 霍尔：《东南亚史》第一卷，生活·读书·新知三联书店1959年版。

1959年在坦桑尼亚的奥杜韦峡谷，英国学者路易斯·利基首先发现东非人头骨化石和石器，其年代测定为距今175万年，当时被认为是世界上已发现的最早的人类。东非人后经许多科学家鉴定，改称为南方古猿鲍氏种。①

1960—1961年，在同一层位又发现了形态上更像人的能人化石，地质年代距今约190万年。

在东非的坦桑尼亚和肯尼亚，除上述的东非人和能人外，发现了OH9号和恩杜图（Nautu）直立人，其年代在距今50万至120万年；还发现了莱托里人，属未定种和其他南方古猿，以及大量石器。主要的旧石器有砍砸器、刮削器、雕刻器、石锥、石斧、石锛等，种类及数量都较多。根据新的材料，2000年在肯尼亚发现了600万年前的人类化石，正在研究之中。上述材料表明：非洲尤其是东非的坦桑尼亚、肯尼亚的大裂谷，是古人类的重要活动地区，而且创造了丰富的旧石器文化，它在人类起源史上的地位是肯定的。而地处青藏高原的我国西南地区，连续发现了元谋人与巫山人化石，说明在地球的南亚地带，同是人类发展演化的重要区域，其中尤以在同一范围内出土了众多的古猿和元谋人化石，显示了连续演化系列的滇中高原尤为关键。进入21世纪以来，在人类起源研究中，基因说风靡全球，许多学者认为人类起源于非洲，其生存年代在600万年以上。大约到200万年前，人类才走出非洲，来到亚洲。关于现代人的起源，目前流行的主要有两类假说：一说主张大约在20万年前（亦说15万年前），在非洲出现的一个或者一小群妇女是现代人的唯一祖先，其子孙后来走出非洲，来到亚洲和欧洲，取代了原来生活在当地的人类，而原来生活在亚洲、欧洲的人类走向灭绝；另一种是多地区进化说。世界上可分为四个地区，这些地区的现代人主要是由该地区的古代人进化来的，但次要地接受了来自其他地区的基因。这些假说的争论经久不息，莫衷一是。因此，"为了更正确地了解中国人类的进化，最重要和最直接的还是对人类化石和旧石器进行调查、发掘和对标本深入的研究。而分子生物学资料还只能起到间接的参考作用"。②

---

① 吴汝康等：《坦桑尼亚肯尼亚古人类概要》，科学出版社1980年版。
② 吴新智：《关于中国人起源的新思考》，《元谋人发现40周年纪念会暨古人类国际学术研讨会文集》，云南科技出版社2006年版。

## 二 元谋人的发现在中国史前文化上的重要性

元谋人化石的发现，将中国史前文化的开端时间向前推进了100万年。1920年法国人桑志华在甘肃庆阳地区的黄土底部砾石中发现两件石英岩小片，并在沙质黄土顶部找到一件石英砾石石核，这是有关中国旧石器时代文化遗存首次有记录的发现，从而揭开了对中国史前文化探索的序幕。之后，相继发现了河套人（1922年）及其文化（1923年），后者以萨拉乌苏文化与水洞沟文化为代表；北京人（1927—1929年）及其文化（1931年）和山顶洞人（1933年）及其文化（1934年）。

1937年裴文中教授根据这些文化遗存，建立了中国史前文化旧石器时代早期（北京人）、中期（河套人）与晚期（山顶洞人）发展序列的框架，展示了中国史前文化客观存在的确凿证据。

由于蓝田公王岭人化石及其文化遗物的发现，将中国史前文化的开端推前到距今100万年左右。

公王岭蓝田人遗址中曾发现一些黑色物质，经过化验认为是炭质，有些炭粒肉眼亦可辨认，推测可能为人工用火遗迹。由此看来，距今100万年前的公王岭蓝田人史前文化，也不是处在旧石器时代的最初阶段，在前还有更原始的史前文化。

1965年发现元谋人，将我国人类的开端向前推进了100多万年。

1985年和1986年在四川巫山县西南长江南岸的大庙镇龙骨坡地点，找到似人的下颌残块与两颗牙齿化石，其地质时代属早更新世，应用古地磁测定法，其距今年代在180万年左右，这些材料被初步判断为"能人"，在这个地点还找到巨猿的牙齿化石。这种人型化石与巨猿化石伴生的现象还见于广西柳城楞寨山的巨猿洞，20世纪50年代在这里发现大量巨猿化石的同时也曾找到含有4颗牙齿的一侧齿列，齿冠小，形态上有接近人的特点，但它的归属一直没有定论。这几颗牙齿与巫山化石的描述性状接近，究竟如何，还要进一步研究。[①] 元谋人、巫山人的遗址，同在长江中上游的我国大西南地区，证实了这一地区内存在一条人类起源的分布带这一推论的正确性。同时表明：我国人类文明的开端时间，当早于现已

---

① 周国兴、张元真：《关于中国史前文化的开端的探索与思考》，《云南人类起源与史前文化》，云南人民出版社1991年版。

发现人类化石的绝对年代。

### 三　元谋人用火的意义

人类用火的开端问题，根据考古学已掌握的资料，在非洲肯尼亚切索瓦佳遗址曾有因火烧而产生红烧土面的发现，红烧土还为石块所圈围，其形状很像以后的炉灶，用理化方法测定该红烧土是在 400—600℃ 的高温下形成的，这也正是近代篝火所需要的温度。据测定，该遗址距今年代为 150 万年，据此有些考古学家认为，至少在 150 万年前史前人类已会用火并有控制火的本领，还推测用火的主人属直立人类型。在元谋人遗址中发现炭屑与烧骨，证明元谋人已会用火，是世界上最早用火的古人类。火的应用是人类文明伟大的发现之一，它给人们带来了光明和温暖，又能驱赶猛兽，烤熟食物，增加营养，更有利于人类大脑的进化与发育。

人类用火的伟大意义正如恩格斯所说："就世界性的解放作用而言，摩擦生火还是超过了蒸汽机。因为摩擦生火第一次使人支配了一种自然力，从而最终把人同动物分开。"[①]

---

[①] 恩格斯：《反杜林论》，人民出版社 1971 年版，第 112 页。

# 第九章

# 云南地理环境演化与智人发展

## 第一节 云南地理环境演化

除上述在元谋盆地发现旧石器文化遗存外,还发现了江川甘棠箐旧石器时代早期文化以及昭通人、丽江人、昆明人、蒙自人、保山蒲缥人等。这些旧石器文化的创造者们就生活在前述的云南早更新世的地理环境之中。

云南进入旧石器时代,其地质构造、大的地貌格局没有发生大的变化。在地质运动上,垂直抬升运动大于水平运动,垂直运动主要表现在断块间歇性的差异上升,总体上是北部抬升幅度较大,南部较少;西部抬升幅度大,东部较小。同时,围绕着断裂地带,地壳活动频繁,在腾冲—梁河一带曾有五次火山喷发,云南境内地震频发。在70—80万年的时间,由于地壳的差异抬升,西南季风及东南季风和高原季风的交互影响,改变地表环境格局的主要作用力为流水作用及冰川作用,地表河流水系发生了较大变化。据明庆忠等的研究,昆(仑山)—黄(河)运动(云南相应的叫做金沙江运动)是云南水系—地貌—环境格局形成的重大事件。经过这次构造—造貌事件后,云南原来以湖为中心的向心状水系改变为外向流动的河流水系,金沙江等原大致南流的水系也改变了流向,川江向上侵蚀至丽江与迪庆交界的三江口,并于三江口处袭夺了向南流动的古金沙江,使古金沙江沿原先的支流水洛河改向东北流动,使石鼓附近的古金沙江、冲江河、水洛河汇流口成为长江第一湾[①]。虎跳峡在水洛河形成的谷

---

[①] 明庆忠等:《长江第一湾成因的新探析》,《地理科学研究进展》2007年第3期。

地基础上加快下切，形成了举世闻名的奇险大峡谷之一。[①] 由于河流水系的调整，一些湖泊被河流切穿外汇而干涸，一些湖泊由于入湖河流改向而萎缩，改变了云南的大湖多湖时期的环境格局，致使部分区域气候相对地变干。

由于高山断块性的抬升，河流水系的快速下切，云南一些峡谷深切于高原、山地之中，导致地表的相对高差增大，促进了云南的立体气候发育，破坏了气候类型分布的地带性，导致气候类型分布的复杂性。寒性气候类型沿山脊向南伸展，温热性气候类型沿谷地向北侵入，形成了谷沟雨林、山地热带雨林分布偏北的现象，以至于在德宏傣族景颇族自治州盈江县的铜壁关等地仍有热带雨林分布，可以种植橡胶等热带经济林、南药、水果等，北界北延现象十分突出。不仅如此，高山峡谷地貌格局的连续性演化，保存了一些第三纪以来的孑遗种，同时由于局部环境的变化，使云南成为众多动、植物的分化中心，一些新的特有种在云南得以产生和发展，加之一些动、植物沿南北向山地与谷地进行迁移，一些动植物种类东西交汇，致使众多的热带、亚热带和温带的动植物成分在云南均有分布，形成了明显的过渡性和复杂性。有"植物王国""动物王国""花卉王国""药材王国"等美誉，在占中国土地面积1/25的云南省，高等植物即多达15000余种，仅脊椎动物就有1600余种，占全国总数的一半。在这些复杂的动植物种属之中，有很多是云南的特有种，也有一些只有在东南亚分布，我国仅在云南发现的有望天树、元江栲、长苞冷杉等植物和亚洲象、野黄牛、白掌长臂猿、印度水獭、滇金丝猴等国家级保护的珍稀物种。有着寒、温、热各带的多种植被类型、生态动物地理群以及生态地理环境类型。峡谷深切、高山阻隔，一些河谷地带成为了"少雨中心"，形成了青藏高原东南部、南部干热河谷特殊生态地理现象的集中分布区。对云南社会、经济、文化的发展产生了深刻影响，如"元谋人"的起源、一些民族（如傣族最北可分布到丽江华坪县）的分布、民族文化的特征（如西双版纳傣族的热带雨林民族文化）等。云南旧石器文化遗址分布之广、特征各异等与其自然地理环境类型众多也有较为密切的关系。

---

[①] 明庆忠等：《金沙江虎跳峡成因与金沙江水系发育》，载《热带地理》2007年第4期。

## 第二节 云南早期智人化石——昭通人

直立人经过了漫长的发展和演化过程，到了中更新世末和晚更新世初，发展为早期智人。早期智人的出现，在人类进化史上是一个重要的里程碑，它标志着人类在智力上和体质上都有了明显的发展和进步，进入了旧石器文化中期。早期智人生活于距今20万年至50万年，德国的尼安德特人是欧洲的早期智人阶段的人类化石。1856年发现于德国杜塞尔多夫尼安德特河谷的一个小洞中，化石材料包括颅骨和部分肢骨，简称尼人。具有典型意义的尼人材料，发现于法国东南部圣沙拜尔附近的山洞中，为一比较完整的男性骨架。在我国则有陕西的大荔人、辽宁的金牛山人、山西许家窑人，这些都还处于由直立人向早期智人的过渡阶段。比较典型的早期智人，在我国则有贵州的大洞人、山西襄汾的丁村人、广东韶关的马坝人、湖北长阳人和云南昭通人等。其中马坝人化石为一中年男性个体的头骨颅顶部分，其特点是颅顶穹隆升高，正中有类似矢状脊的结构，骨壁厚度减薄，比北京人有明显的进步，前额高于北京人，但比属晚期智人的山顶洞人要低平，其脑重基本达到现代人的平均值。

人类在不断改造自然的斗争中同时改造着自身，他们通过劳动，使自己不断进化。到了早期智人阶段，猿类的特征基本消失，在手和脑等关键部位继续取得发展，已基本和现代人相似，但前额仍然低而倾斜，眉峰突出，有眉脊、下额不明显，保留了一些原始特征。由于脑容量增加，双手制造工具的能力不断增强，石器的打制技术更为发展，有了第二步加工，类型比较固定，种类不断增多，分工较明显，这时已进入了旧石器时代中期。

在这一时期，人类已经开始在集体组织内部按性别和年龄分工进行劳动，例如男子集体狩猎，妇女集体采集，老年活动于居住附近，青年人外出，等等，产品进行平均分配。同时在婚姻关系上则从原始的乱婚完全进入血族群婚，也就是在一个集体内部禁止母辈和子辈之间的通婚（但同辈之间却互相通婚），它比原始的乱婚进步。实行血族通婚的群体又称为血族家庭或血缘家族公社。恩格斯说："这种家庭的典型形式，应该是一对配偶的子孙中每一代都互为兄弟姐妹，正因为如此，也互为夫妻。"① 这是人类婚姻发展的第一步。

1982年11月，昭通市文化馆在文物普查时从过山洞找到一些哺乳动物化石，其中有人类牙齿1枚，为一成人下第二臼齿，被定名为昭通人，这是云南省首次发现的早期智人化石。

过山洞位于昭通城北约15公里，属昭通市新田乡。洞穴发育于村后公鸡山的二叠纪灰岩中。洞口海拔约2075米，高出其南边约2公里的金沙江支流利济河水面70多米。公鸡山为昭通盆地北沿的低矮山梁，在小山顶可鸟瞰整个盆地。南边为上新世堆积，呈低缓的山坡，再往南即为盆地内的第四纪堆积。

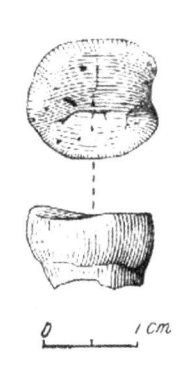

图21 昭通人牙齿化石

洞穴高出盆地地面100多米，洞口高约5米、宽约10米，开口于东北方。入洞后缓缓上升，深入约7米后为长约10米的水平段，宽度变窄为3—5米。人类化石即出自此段堆积物中。

图22 昭通市过山洞

---

① 恩格斯：《家庭、私有制和国家的起源》，《马克思恩格斯全集》第四卷，人民出版社1972年版，第32页。

与昭通人同时出土的哺乳动物化石有东方剑齿象、貘、中国犀、牛、鹿等，均为华南更新世典型的"大熊猫—剑齿象动物群"的常见种类。昭通人化石标本呈灰白色，石化程度较深。齿冠保存完整，牙齿磨耗较深，达3—4级，估计为一成年（或老年）个体。齿冠长13毫米，宽11.7毫米，保存高5.3毫米。齿冠颈部明显收缩，咬合面亦内收，齿冠基部有一条明显突出的生长线。颊侧和舌侧基部均显隆凸。咬合面多齿类均已磨平，原尖和后尖暴露齿质。齿冠边缘舌侧较钝，颊侧较圆钝，各齿尖沟纹排列为"Y"型。舌沟和颊沟均延伸到咬合面边缘，并向下延伸到齿冠高度的一半，使齿冠颊侧和舌侧各形成一个浅凹。

　　云南考古学家将昭通人与北京人、丁村人、西畴人、昆明人和现代人作比较后认为：昭通人类牙齿有接近于猿人的原始特征，又具有接近于现代人的进步特征，但其性质总的较晚期智人有更多的原始性，应是早期智人。他的发现，填补了云南省猿人阶段到晚期智人阶段之间的空白，为在省内寻找更多的古人类化石提供了重要线索。从洞穴环境和堆积分析与人类牙齿形态观察，其时代应为中更新世晚期或晚更新世早期。[1]

　　也有古人类学家认为昭通人的牙齿化石的"形态与现代人牙基本一致"，将昭通人归入晚期智人化石。[2]

---

[1] 郑良：《云南昭通发现的人类化石》，《云南人类起源与史前文化》，云南人民出版社1991年版。

[2] 吴汝康、吴新智主编：《中国古人类遗址》，上海科技教育出版社1999年版。

# 第十章

# 云南晚期智人及其文化遗存

## 第一节 概述

晚期智人出现于旧石器时代晚期，这时期的旧石器种类更加多样，人类社会进入了氏族社会的初期，开始建立母系氏族公社。人类的体质发展达到了最后阶段，和现代人的形态已经没有什么区别，所以近年又常称为形态学或解剖学上现代的人类。标志着地球上的三大人种：欧罗巴人（白种人）、尼格罗人（黑种人）、蒙古利亚人（黄种人）基本形成，这是人类发展史上的又一里程碑。

晚期智人过去称为新人，以法国的克罗马农人最为典型，1868年发现于法国多涅省莱塞济附近的克罗马农岩棚中，共有5具人骨化石。其特点主要是头骨大而长，鼻骨窄而高，眼眶呈长方形，眉弓粗壮，前额略高，颜面稍宽，腮骨突起，上颌齿槽前突，脑容量在1600毫升以上。晚期智人在我国分布很广，例如有北京的山顶洞人、广西的柳江人、四川的资阳人、内蒙古的隆拉乌苏人（河套人）、台湾的左镇人、贵州穿洞人等。云南晚期智人化石分布面较广，20世纪60年代以来，先后发现的有丽江人、西畴人、昆明人、蒙自人、姚关人等，覆盖了滇中、滇西、滇西北、滇南、滇东南等地区。

到了晚期智人阶段，石器的打制技术达到相当完善的地步，器形精巧美观，并使用石锤间接打击法打制石器，在制造装饰品时还开始使用钻孔、磨光等新技法。当时人类除使用木器、石器外，还大量使用骨器和角器，投掷武器也是这时取得的一项重大的成就。从云南的一些遗址看，晚期智人逐步走向定居生活，保山塘子沟已首次发现住房遗址，蒙自人也逐步走向定居，过着以狩猎为主，兼营采捞的生活。丽江人使用的石球，反映了他与华北、华南、西南的渊源关系，蒙自人的"砾石文化"则与东南亚有共同点。保山塘子沟的角、牙器数量多，加工精细，形成了云南自身的独特风格。

旧石器时代晚期，晚期智人的生产生活仍以采集和狩猎为主，在靠近水面江河地带，渔业的捕捞也占重要地位。生产劳动工具仍以旧石器中的刮削器、尖状器、砍砸器为主，出现了大量的骨、角、牙器，显示了云南晚期智人的特色。

骨、角、牙器大量出现与狩猎的发达有关，大量的肉食品为骨、角、牙器的制造提供了丰富的原料，大量烧骨证明了这一点。遗址中大都有种类较多的哺乳动物化石，如鹿、牛、羊、猪、獾等。蒙自人旧石器文化遗址中有哺乳动物达17种之多，如竹鼠、松鼠科、豪猪、硕猕猴、犬亚科、大灵猫、猫、獾、西藏黑熊、野猪、赤鹿、小麂、水鹿、梅花鹿，山羊亚科、牛等。扩大肉食的另一途径是渔业，昆明人遗址靠近滇池，蒙自人也以渔业为生活来源之一。此时的石器加工更为精致，修整石器的技术水平较高，骨、角、牙制品的工艺较为成熟，蒙自人遗址中的角制品较为定型。保山塘子沟的角器共71件，其中角锥、角矛头、角棒为前所未见，器物形态和制作方法都表现出明显的多样性和定型化。塘子沟已处于旧石器时代末期（此时中原早已进入新石器时代），采集、狩猎、捕捞经济的水平已近似新石器文化。

这一时期的遗址中的灰烬层比较厚，证明人们已相对地过定居的生活，保山塘子沟遗址中还发现了住房的遗址，定居的时间就会更长些。骨针的出现也是人类生活史上的一个新的起点，因为人们可以用骨针来缝制衣服，这就告别了披树叶、树皮、杂草蔽体遮羞的历史。

生产技术的不断提高，人类的食物无论从数量上和质量上都大为改观，肉食类因渔猎的盛行和用火的普遍而增加数量，提高质量，遗址中有大量的动物遗骸，包括肢骨、脊骨、肋骨和大量碎骨片，说明肉食品在人们食物中所占的比例很大。饮食质量的提高，随之使人类的体质进一步增强，大脑也更加发达起来，脑容量也增加了。

人类在长期社会生活中渐渐废除了古老的血缘婚，在同一血缘家族内不再通婚，而逐渐改为到其他人群中寻找配偶。于是由族内婚渐次转为族外婚，男子以外族女子为妻，女子以外族男子为夫。但最初仍然实行群婚制，一群男子与一群女子互为夫妻，并互称"普那路亚"（即伙伴），因而形成了普那路亚群婚,这种婚姻,女子被留在原来的家族集团里,而男子则采取"走访婚"或"望门居"的方式到女子群中通婚,称之为"普那路亚家庭"。这种婚姻,比起血缘婚显然是一个巨大的进步,恩格斯指出,"凡血亲婚配因这一进步而受到限制的部落,其发展一定要比那些依然把兄弟姊妹的结婚当作惯例和义务的部落,更加迅速,更加完全"。在族外婚的情况下,子女知其母而不知其父,世系就只能按母系下传,称之为"女系",形成了女系血缘亲属集团,萌发了早期的氏族制度——母系氏族社会制。

在普那路亚群婚制的基础上,随着经济的发展,逐渐扩大了婚姻禁例,最后连同同胞姊妹的子女、孙子女乃至于曾孙子女也不许通婚。从而久之,"群婚制就被对偶婚排挤了","因为氏族导致普那路亚集团范围的缩小,而终于使它完全绝迹。渐渐地,当氏族组织在古代社会占统治地位以后,对偶家族便在普那路亚家庭内发展起来了。"实行对偶婚,一个男子只和一个女子较长时期地生活在一起,但是缺乏共同的经济基础,婚姻关系容易破裂。对偶婚家庭的特点是:"一个男子在许多妻子中有一个主妻(还不能称为爱妻),而他对于这个女子来说,也是她的许多丈夫中的一个主夫"。对偶婚的形成,古老的血缘家庭遭到了破坏,"一列或数列姊妹成为一个公社的核心,而她们的同胞兄弟则成为另一个公社的核心",至此,氏族组织形成。

氏族社会以血缘为基础,形成于旧石器晚期,而这种社会制度却一直延续到新石器时代末期。而在云南的一些边远的少数民族地区,直到20世纪中叶,还保留着母系氏族社会的一些形态,宁蒗县永宁乡摩梭人的母系制就是一个实例。在母系社会里,一切以女性为中心,因为在群婚形态下,子女"但知其母,不知其父",母亲直接养育子女,血统自然只能按母系确定。再从经济上看,当时的生活来源主要是采集和狩猎,而狩猎带有很大的偶然性和冒险性,采集则稳定得多,所以,从事采集的妇女在氏族经济生活中占有支配地位,以后出现的农业也是由她们发明并发展起来的;而且在对偶婚阶段,往往以"走访婚"的形式出现,男子暮往晨归,故氏族的主体不能不是女性。在这种制度下,家庭就不可能是一个组织单位,夫与妻必然属于两个不同的氏族。氏族是原始社会基本的社会经济组织,实行集体劳动,生产资料为氏族公有,产品在氏族成员之间实行平均分配;没有阶级,没有剥削,公共事务由选出的酋长管理,重大问题如选举和更换酋长、血亲复仇等均由议事会民主决定。

## 第二节　丽江人及其文化遗存

### 一　发现经过

1964年3月6日，在丽江市漾西乡木家桥发现人类头骨化石。在同一地区还发现了三根人类股骨。经研究后确定为晚期智人——丽江人，其时代为更新世晚期。

头骨化石发现在丽江木家桥6003地点东北约500米的漾弓江左岸，在康南河口东北约80米处。头骨出土地点的地层剖面从上到下为：人工堆积厚0.5米；黑褐色壤土厚0.5米；黑色砂质黏土厚2米；灰黄色粗砂细砾石厚1米；灰白色砂质黏土出露厚度0.2米左右。

1964年调查时，在人工堆积中找到鹿角和可能是牛类的脊椎骨，这些化石上附着胶结的砂砾石。1975年调查时，由于水面下降，左岸岸边暴露灰黄色砂砾层，由此层位表面采集到一段残鹿角和一件带有人工痕迹的石核，有胶结之细砾粗砂附于其上。丽江人头骨的颞骨颈内动脉管附近，保存有同骨壁胶结在一起的粗砂和细砾，其情况与附着于动物化石和石核上者完全相同。结合对地层的观察，以及头骨化石发现者追述当时砂砾层中取出这具头骨时的情况来看，丽江人头骨显然出自剖面中的第四层。这一层与木家桥6003地点含哺乳类化石的砂砾石层同为一个层位，时代为更新世晚期。

### 二　化石及文化遗存

丽江人头骨化石有一定程度的石化，但程度不深，头骨呈灰褐色，局部有色泽较深的大小不等的色斑。脑颅部分比较完整，除左侧颞骨的鼓乳部、枕骨的底部和两侧部缺失外，其余部分保存完好。整个头骨的各骨缝均无明显的愈合，枕骨底部虽已缺失，但蝶骨体与之接合处还遗有软骨骨骺的痕迹，表明基底缝未曾全部愈合，表示头骨的年龄未达成年。颞骨的乳突部尚未与鼓室部及鳞部完全愈合，也说明该头骨的年纪尚轻。头骨的体积较小，骨质表面比较细致平滑，肌嵴不明显，眉弓发育甚弱，额部丰满，骨壁较薄，明显发达的额结节和顶结节是幼年头骨的特点，亦常为女性头骨所保留。综观丽江人头骨可能属于少年女性的个体。①

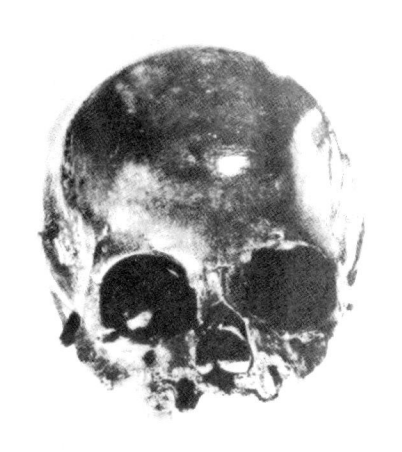

**图23 丽江人头骨化石**

丽江人化石地点迄今已发现石制品共28件，其中有石核8件、石片5件、刮削器2件、砍斫器1件、石球10件，还有石核碎块2件。制作石器的岩料广泛分布于丽江盆地四周古老岩层中。

丽江人化石地点发现的石制品数量不算多，但可以确定是上更新统地层里的产物，这是中国西南部横断山脉地区一批不可多得的旧石器材料，特别是当中数量较多的石球，它的发现对研究中国旧石器文化具有重要意义。

石球在国内外都有过发现，在我国过去只发现于华北各地，如陕西蓝田稠水沟和汉中梁山；山西芮城匼河、阳高许家窑、万荣西桌子、襄汾丁村、曲沃西沟和泌水下川益河圪梁、河南三门峡、辽宁庙后山、甘肃镇原寺沟和姜家湾及黄土梁、环县刘家岔、泾川东沟和合志沟及南峪沟、内蒙古呼和浩特市大窑等。石球存在于旧石器时代的早、中、晚期的各个阶段。同时，石球是石器文化内部联系的一个重要纽带，丽江石球的发现给华北和西南旧石器文化的联系增添了新的证据。石球有可能作为石锤使用，小石球可能是狩猎用的飞石索。②

旧石器时代晚期生活在丽江盆地的人类已经懂得使用鹿角工具，过去曾在丽江人化石地点发现的大量鹿角材料。

---

① 云南省博物馆：《云南丽江人类头骨的初步研究》，载《古脊椎动物与古人类》1977年第15卷第2期。

② 卫奇、黄慰文、张兴永：《丽江木家桥新发现的旧石器》，《云南人类起源与史前文化》，云南人民出版社1991年版。

## 第三节　蒙自人及其文化遗存

### 一　发现经过

1989年8月23日至9月2日，省、地、县联合发掘队，对蒙自县黄家山马鹿洞古人类遗址进行科学发掘工作，出土了丰富的古人类的头骨、颌骨、牙齿及肢体化石，以及古文化遗物遗迹和动植物化石，定名为蒙自人。

蒙自盆地呈南北向伸展，气候为南亚热带半湿润气候，年平均温度为18.5℃。马鹿洞在盆地南缘老地层上，它位于蒙自县城西南约7公里的红寨乡杨干寨黄家山山腰，地理坐标为东经103°24′，北纬23°20′。该山由三叠纪灰岩构成，洞穴沿层面发育，洞口高出蒙自坝约15米。原洞口被石土封闭，因开山炸石暴露，现洞口宽8.2米、高9.5米，可见深在3米以上。洞顶遭不同程度的风化，洞内堆积物顶部出露地表。从横断面看，堆积物填满洞腔，堆积物从上到下可分为三大部分：红色砂质黏土灰岩巨砾层，含少许动物化石，厚4.5米；灰色文化层，文化层稳定、连续，含丰富的人类化石、石角器及动植物化石，其间多夹灰华胶结坚硬的块状或薄层状红烧土，人类化石多出自该层上部；底部为灰岩巨砾或基底灰岩。

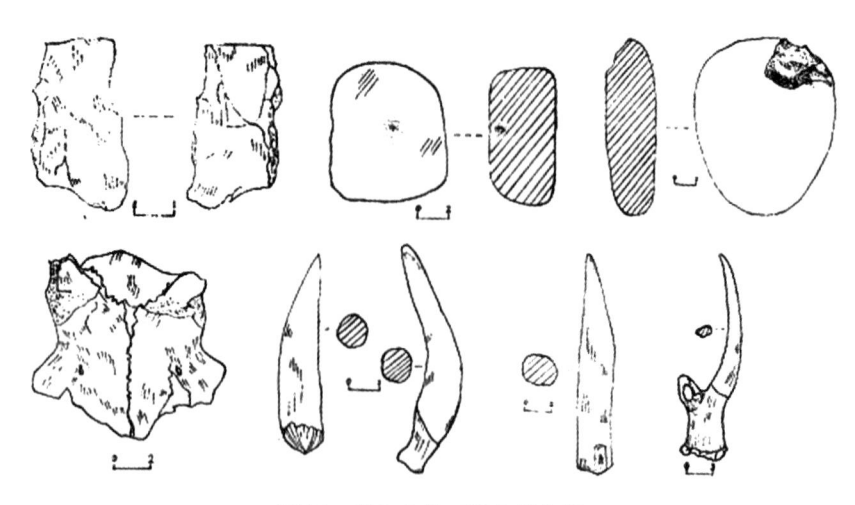

**图24　蒙自人的石器和骨角器**

从发掘出土可供鉴定的数百件代表 26 种以上的动植物种属，包括植物种子、螺、蚌、蜗牛、龟鳖类、鸟类和哺乳动物中，初步鉴定哺乳动物有 17 种之多，它们是：竹鼠、松鼠科、豪猪、硕猕猴、犬亚科、猫、大灵猫、獾、西藏黑熊、野猪、赤鹿、小鹿、似云南轴鹿、水鹿、梅花鹿、山羊亚科、牛。17 种哺乳动物中，仅有似云南轴鹿为我国大陆绝迹种，其余均为现生种。云南轴鹿过去在云南丽江市木家桥"丽江人"遗址中有出土，时代为更新世晚期，现今在云南尚未发现现生种轴鹿的迹象，所以它是绝迹属。现生轴鹿种在印度、缅甸、巴基斯坦、菲律宾西部等地还有分布。马鹿洞动物群显示东洋界动物区系的特点，时代较丽江人略晚些。

## 二 化石标本

人类化石有头骨、颌骨、牙齿及肢骨等，共 10 件。头骨 4 件，其中 3 件为若干块头骨片，1 件完整的头盖骨，代表 4 个个体。有 2 个头骨的骨片经过火烧。

头骨是较完整头盖骨，保存额骨、左、右顶骨。顶面观为卵圆形，属长颅型。眉弓粗壮，在眉间部相连呈骨脊状突起，和额骨有一过渡，形成浅宽的眶上沟，眶缘圆钝。额骨较倾斜，额结节和顶结节均不突出显著，整个头盖骨较粗大、厚重，应代表一个 30 多岁成年男性个体。头骨最大宽在顶结节处，最大高在囟门位置。但厚度大，额鳞较倾斜，眉弓粗壮，具有隆起的矢状脊，应属于晚期智人。

头骨前部从眉间鼻额缝处断开，两边从眉弓突断开，其后平齐地向后经额骨颞鳞边缘直至顶骨的人字缝，颅后沿人字缝断开呈人字形凹。断面较平齐，断口圆钝并有砍琢刮痕，眶外缘颧突断开处亦有人工砍削痕迹，可见是经过较精细的加工。特别有趣的是额骨左右颞鳞处，距断边约 1 厘米处有两个对称的人工钻孔，采用对钻形式，左右孔基本位于头骨重心位置，看来头骨是经"蒙自人"有意加工的。从颅底敲开，取食脑髓后再加工成盛器，为更适于提放而钻有孔，以便穿绳提送。用头盖骨作盛具在远古的北京人或者近代都曾有过记录，这很可能是远古人类食人之风的又一例证。

蒙自人头骨总的形态特征属于晚期智人，至于头骨上少数原始性状，则很可能是个体变异所致。

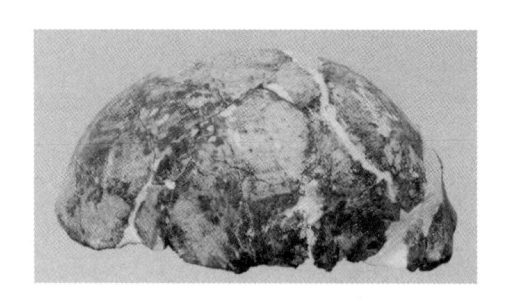

**图25 蒙自人头盖骨**

### 三 文化遗存

与蒙自人伴生的文化遗物有石制器89件、角铲8件、角锥6件、角锥原料46件；还有火塘、灰烬、炭屑、烧石、红烧土等用火遗物、遗迹。

石制品共89件，其中包括采集的2件和文化层出土的87件。石料有紫红色砂岩、硅质岩、粗砂细砾岩、石英岩、燧石、玄武岩、铁矿石和灰岩等，以砂岩和硅质岩居多。这些石料均来自河滩砾石。初步观察可分为石锤31件、石核3件、砍砸器3件、刮削器10件、人工痕迹砾石42件等。

石锤31件，除2件为采集外，其余29件出自文化层。质料以砂岩、砾岩居多，次为铁矿石、硅质岩。均为未经任何打制、加工的各种形态的砾石，直接用作石锤。石锤形态有饼状、球状和不规则状3种。

石核砍砸器3件。其中一件较好的石核砍砸器，经第二步加工，使用痕迹显著。

刮削器10件，其中石英6件，均为石片刮削器。

人工痕迹砾石42件，与石锤的主要区别是仅有个别痕迹，可以作原料。

角制品共60件，分为角铲和角锥两类。

角铲8件。为鹿类角主枝，加工成铲。从所获标本中，清楚地了解到角铲制作的全过程。这是我国过去所发现鹿角铲的旧石器遗址中尚未见到和工艺所未达到的。说明这一时期居住在滇南的蒙自人所制作的工具，除了工艺精细之外，已经达到具有规范化的水平。

角锥6件、角锥料46件。均选鹿类犄角尖部，有明显砍刮痕迹。

蒙自人的文化特征，主要是：1. 石制工具以砾石器为主，器型简单，以石铲居多，而经过第二步加工的石片石器居次要地位；2. 角制品在工具中占重要地位，角器制作工艺较为成熟、定型化；3. 从石、角器及大量动物化石看，蒙自人过着以狩猎为主、采捞为辅的经济生活；4. 从文化层很厚和已经掌握用人类头盖骨制作盛器的熟练技术看，蒙自人过着定居的生活。蒙自人文化与东南亚所称的"砾石文化"有许多共同点，很可能属于同一文化类型。它为了解云南与邻国石器文化的联系，提供了实物资料。

马鹿洞遗址是滇南红河流域旧石器时代晚期人类生活的写照，也是云南现知旧石器文化层深厚、保存完好的遗址之一，特征明显、个性很强。有关研究者认为它是云南境内又一种新的文化类型。①

## 第四节 昆明人及其文化遗存

### 一 发现经过

昆明人及其文化遗存分别在昆明市呈贡县大渔乡的龙潭山1号、2号、3号洞穴中发现。

龙潭山1号洞穴于1973年开山采石时发现。1974年云南省博物馆发掘1号洞穴，获旧石器和哺乳动物化石。1977年4月，昆明市呈贡县文化馆在大渔乡的龙潭山1号洞穴堆积物中找到两枚人类牙齿化石。1975年，胡绍锦发现2号洞穴，获一批旧石器。1982年，中国科学院古脊椎动物与古人类研究所邱中郎、张银运在昆明市文管会和呈贡县文化局的协助下进行了试掘，从2号洞地层中发现人牙化石1枚。此外，还发掘出众多的石制品和哺乳动物化石。1983年，昆明市文物管理委员会主持发掘第3号洞穴。

昆明市呈贡县大渔乡的龙潭山，西临滇池，东为坡地，小山上有原生洞穴，由二叠纪灰岩构成。龙潭山四周洞穴裂隙较多，多充填堆积物，常含化石。这些堆积物可分两类：一类是胶结坚硬的砂砾岩为主的含少许化石的黄色堆积，时代可能是早更新世或稍晚；另一类是灰化、红土堆积，常发现化石，时代为晚更新世。

---

① 张兴永、郑良、杨烈昌、包震德：《蒙自人类化石及其文化》，《云南人类起源与史前文化》，云南人民出版社1991年版。

## 二 化石标本及其文化遗存

一号洞穴口高出地面约 4 米,高出滇池水面约 5 米。其中发现的人类牙齿化石:一枚是右上第一前臼齿;另一枚是左下第一臼齿。从两枚牙齿的颜色、石化、保存状况及磨损程度等判断,可能属于同一个体。

右上第一前臼齿保存较好。牙齿带浅黄的乳白色;牙冠近似椭圆形,磨耗甚深,咬合面珐琅完全磨去,齿质全露,磨蚀面中部较凹,牙根横切面为圆角三角形,颊侧比舌侧厚。左下第一臼齿比较完整,前后接触明显,有四个齿尖及前凹,牙冠似方形。各牙尖均遭磨耗,齿冠舌侧较直而颊侧微倾并有肿厚趋势,在下次尖和下原尖前有一线的前凹区,牙冠遭强烈磨耗保存甚少。属一中年个体。

二号洞穴于第四层结核中发掘出的 1 枚人类左下臼齿,齿冠完整,咬合面轻度磨耗。齿根的近中枝基本完好,齿冠咬合面轮廓呈卵圆形,颊面上部显著地向舌侧方向偏转,齿根短而弱,且颈部收缩,但不很厉害。该牙是一枚下第二乳臼齿。属 6 岁左右的幼童,长宽尺寸相当大,近中—远中径达 13.1 毫米,颊舌径达 11.1 毫米,齿冠高达 6.7 毫米,不但大于现代人的平均尺寸,而且超过北京猿人的测量值。其形态与现代人不同,与北京猿人也有差别,属晚期智人,时代为晚更新世。

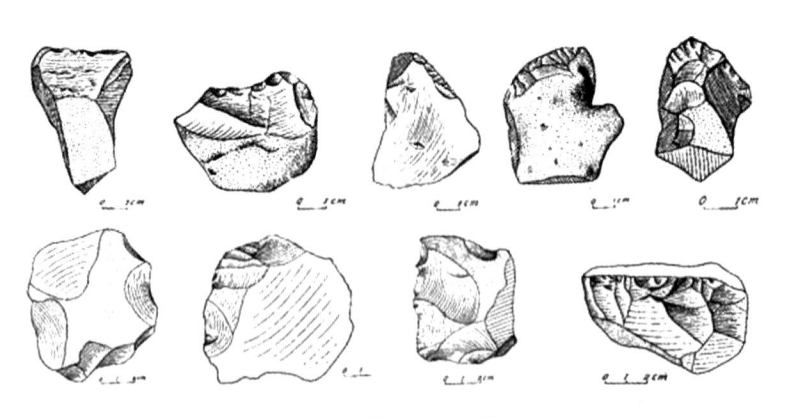

**图 26 昆明人的石器**

在二号洞穴遗址中,还发现动物化石和石制品。在第二层和其他地点发现的动物化石主要有:中国犀牛完整的下臼齿 1 枚,牛的残下颌骨 8 个,零星牙齿 80 枚;鹿的残下颌骨 2 个,零星牙齿 16 个;猪的残上颌骨

1个。石制品计有石核3件,人工石片57件,石器9件,都是由石英岩、硅质岩、火成岩和砂岩等结核或砾石制作的。

石核三件为石片石核、多面体石核和有脊台面石核。石片石核的台面为硅质岩石片的破裂面,左侧面为原石核的自然面,右侧面为打制石片的工作面。在后一个面上和这个面的台面缘上,分别有许多浅平的、不规则形的石片疤和细小的剥落碎屑痕迹。多面体石核的台面为硅质岩砾石的一个片疤,在这个片疤上,两个相邻的边缘都作了打击。有脊台面石核的台面由三个片疤合成,但是从台面上看不到从棱脊上打下石片的痕迹。除了在多面体石核上有二个狭长的状似小石叶的片疤外,另外两件石核的片疤都是不规则形的。这些特征表明,昆明人在利用这些石核进行打片时,锤击法是主要的方法。

石片57件,除去一件长和宽分别在89毫米和91毫米和一件长和宽在26毫米和28毫米者之外,一般都分别在30—80毫米和30—60毫米;有37件石片的台面为砾石面,18件为打击台面,只有1件为有脊台面,但未见修理台面的石片。以打击面为台面的石片,打击点一般都较清晰,半锥体一般都较显著。

石器共9件,分砍砸器和刮削器两类。

砍砸器共4件,都是用石片加工的,打击修整较为精细。刮削器5件,其中2件是用石片制作,3件是用小砾石制作的。刮削器在全部石器中,有一定的代表性,它反映了昆明人制作石器所具有的水平。其中比较突出的是一件凸刃刮削器,由一件硅质岩石片加工而成,长、宽、厚为54毫米、54毫米、22毫米,台面被二条棱脊分成左、中、右三部分,右边残留着石核的自然面,左边的和中间的为平坦的打击面。细致整齐的刮削缘位于远端,是由破裂面向背面精心修整成的。

3号洞穴内的地层堆积厚达6米,分为6层,第2层和第3层含人骨化石、石器和碳屑,第4层也含石器。

发现一具较完整的人类骨骼化石,石化程度较高。共获石器和石制品225件,石器有砍砸器34件,刮削器27件,尖状器8件。骨器5件。经$C_{14}$测定年代为距今30500±80年。[①] 人类遗骸属晚期智人。

---

① 程明:《昆明市旧石器考古》,《"元谋人"发现40周年纪念暨古人类国际学术研讨会文集》,云南科技出版社2006年版。

综上所述，昆明人所制作并使用的旧石器，多是用砾石或结核打制的，大小中等。他们的打制方法从一些石核和石片观察，可能采用锤击法。石器数量不多，包括砍砸器和刮削器两类。他们的修整技术，从一件凸刃刮削器来看是相当熟练和高水平的，是具有代表性的滇中高原上的旧石器时代晚期文化。

## 第五节　西畴人

1972年冬，由中国科学院古脊椎动物与古人类研究所、云南省文化局和昆明工学院地质系组成的科学考察队，根据当地群众提供的古生物化石线索，对滇东南地区进行了实地考察，在文山州西畴县地理坐标为北纬23°26′、东经104°42′的仙人洞堆积物中发现了5枚古人类牙齿化石。

仙人洞位于西畴县城东南约300米处的一座孤峰脚下，人牙和动物化石都出自中层堆积物——黄褐色砂质黏土中，文化层厚约0.8米，土质胶结坚硬。

**图27　西畴人牙齿化石**

在仙人洞发现的5枚古人类牙齿化石，分别为右下犬齿2枚、右下第一前臼齿1枚、右下第一臼齿1枚、右下第二乳臼齿1枚。

右下犬齿2枚，磨蚀程度均较深，牙齿细小，齿带缺如。舌面基部有明显的舌结节，可见明显的舌窝和边缘脊。齿冠近中、远中径7毫米，唇舌径8.3毫米。

右下第一前臼齿1枚，为尚未萌出的恒齿，属于12岁左右的少年个体。齿冠较高，齿带缺如。颊尖高于舌尖，两尖之间有一发达的横脊相连，横脊把嚼面分成几乎等大的两部分。齿冠舌面隆起，颊面的近中与远中部位有两条小沟将颊面与远中和近中分隔开。齿冠近中、远中径8.8毫米，颊舌径8.9毫米，高8.6毫米。

右下第一臼齿1枚，嚼面磨蚀达V级，属于老年个体。嚼面尚能辨认出"十字形"结构，这是较晚人类所特有的结构类型。齿冠颊稍隆起，无齿带。近中远、中径11.4毫米，颊舌径10.8（前宽10.8毫米、后宽11毫米）毫米。

右下第二乳臼齿1枚，有一定程度的磨蚀，属于约10岁左右的儿童。

在西畴县仙人洞发现的哺乳动物化石有32种，其中绝灭种有7种。主要的动物化石有大熊猫、东方剑齿象、最晚鬣狗、虎、熊、豺、中国犀牛、巨貘、马、牛、鹿、野猪、猕猴、猩猩、长臂猿等。经初步研究确定，这个动物群所代表的时代为更新世时期。西畴人属晚期智人。①

## 第六节 姚关人及其文化遗存

1987年至1989年，在施甸县发现旧石器时代晚期遗址。其中施甸县姚关乡小汉庄村万仞岗发现旧石器时代晚期岩厦遗址，出土人类头骨化石一具，被称为姚关人，属晚期智人。姚关人头骨保存颅骨和下颌骨，呈灰黄色，有一定程度石化。具有明显的矢状嵴，有较多的顶枕缝间骨。头骨小且骨壁光滑，顶节结发达，下颌角区光滑而不外翻，结合头骨骨缝愈合及牙齿磨耗分析，属一个30岁左右的女性个体。

顶骨前缘及颞骨前缘和蝶骨外壁的"发夹式"头骨变形与山顶洞人额前部位及美洲"宝塔形"头骨变形相异，说明文化习俗有所不同。

颅骨上的近圆形破洞说明是非正常死亡。

姚关人头骨是云南旧石器时代保存最完整的头骨化石。

与姚关人共同出土的石器、骨器、角器和动物化石多达百余件。石器有单平面砾石手锤、琢孔器、敲砸器、刮削器、尖状器等。质地为硅质岩、砂岩和石英岩。骨角器有骨铲、骨锥和角锥。灰坑中炭屑、烧骨、红烧土密集，并由石炭体胶结成坚硬的灰烬层板块。动物化石有豪猪、猕猴、熊、虎、鹿、麂、麝、牛等种类。时代可能会至全新世早期。②

---

① 云南省博物馆文物工作队：《云南首次在山洞里发现古人类化石和打击石器》，载《西南地层古生物通讯》1973年第3期。

② 张兴永、高峰、乐琪：《施甸姚关人头骨化石初步研究》，《保山史前考古》，云南科技出版社1992年版。

# 第十一章

# 云南各地的旧石器时代文化

## 第一节 概述

云南旧石器时代考古工作与中国北方地区差不多同时起步。从20世纪初开始，中外学者已注意在这里寻找旧石器时代的遗物。1930年，地质学家王日伦先生首先在富民县河上洞发现了哺乳动物化石点。1934—1935年，地质学家尹赞勋先生在丘北县黑箐龙村发现了动物化石洞穴。

1937年，为了探寻"北京人"的来路，贾兰坡先生和后来成为美国石油地质学家的卞美年先生来到云南考察，因贾兰坡先生回北京主持周口店的发掘工作，卞美年先生留在云南，并在丘北县黑箐龙村发现了两件旧石器时代的石制品。1938年，贾、卞发表了《云南之洞穴及岩洞沉积》一文。[1] 这是云南有地层和化石依据的最早的旧石器考古记录。随着中华人民共和国的成立和发展，云南旧石器遗址的发现不断增多，在上述发现的基础上，云南旧石器文化与古人类化石的研究也不断深入。除了一些发现的报道和研究论文外，一些遗址的专门研究报告也陆续发表。如关于元谋人的研究成果已有《元谋人》与《元谋第四纪地质与古人类》两本专集出版[2]。这些论著增加了我们对云南高原远古人类与旧石器时代文化的认识，为该地区旧石器时代考古工作发展做出了应有的贡献。

---

[1] 贾兰坡：《我国西南地区在考古学和古人类研究中的地位》，载《云南社会科学》1984年第3期。

[2] 周国兴、张兴永主编：《元谋人》，云南人民出版社1984年版；钱方、周国兴著：《元谋第四纪地质与古人类》，科学出版社1991年版。

## 第二节 旧石器时代早期：江川甘棠箐遗址

云南中部的抚仙湖、星云湖、杞麓湖三湖区域，为史前文化的重要区域。20世纪80年代，研究人员开展了"三湖史前考古"的课题。在江川甘棠箐发现了百万年前的旧石器文化遗物。这些遗物晚于元谋人，但仍是旧石器时代早期的文化遗存。

甘棠箐位于抚仙湖正南江川县的路居（俗称小街）乡政府所在地南约5公里处、江川县城至雄关、华宁公路右侧，甘棠箐为注入抚仙湖的山谷小溪。

1984年4月，征集到鹿角等动物化石。1986年6月采集到牛、猪、轴鹿、水鹿等二十多件动物化石，与早更新世元谋组地层相当。1988年9月除发现了龟、蚌、石膏晶体外，还从县文化馆收藏的来自甘棠箐的骨化石堆中，清洗鉴别出具有明显人工痕迹的两件骨器。1989年2月进行详查，又获得了一定数量的石、骨制品。1989年10—11月进行发掘，面积约300平方米，出土了大量石制品及丰富的哺乳动物化石。但由于受当时发掘条件的限制，对遗物、遗迹的空间分布和位置关系未作详细记录和整理。2004—2005年，有关研究人员对甘棠箐出土标本进行了整理和研究。仅1989年的发掘中，就采回约13万件砾石，从中整理出数千件。石器有刮削器（分单直刃、单凸刃、单凹刃、端刃、双刃）、尖状器、石锥、雕刻器、石核5类，材料十分宝贵。

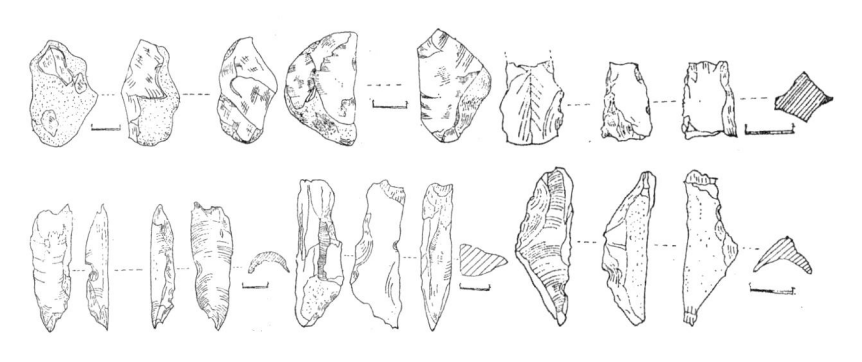

图28　甘棠箐出土的石制品和骨制品

根据对同时采集的动物化石种属等判断，应与文化层出土者同类；2件来自剖面第6层，离地表深1.7米，并伴出轴鹿、牛及碎骨片。石制品质料均为硅质岩类，硬度较大，为制作石器的常用岩类。其中1件为黑色燧石砾石，很可能是直刃柱状石核刮削器，有使用痕迹，尽管较锋利，但手触摸有滑感，显示其经过短距离搬运。

一件是呈浅肉红色、绢云母石英岩，为不规则长椭圆形，其上有两个石片疤，留下深凹的打击痕迹及打击时周围破裂的碎屑痕迹，显然是用锤击法打制。这一件似为一石核。高70.3毫米、宽48.3毫米、厚40.9毫米。第三件为浅褐肉色硅质砾岩，有三个长形片疤，可能是石锤之类。其片疤似应是作为石锤使用时，破裂所致，高64.2毫米、宽45.4毫米、厚45毫米。

骨制品：从江川甘棠箐采集和出土数十件碎骨片，绝大多数是哺乳动物的肢骨骨片，有明显的人工打击痕迹。

一件骨面上有一些划痕，在靠刃缘部位则有许多纵沟、纵脊，刃缘有光滑感，很可能是使用痕迹。与之相对的为骨腔破裂面，面上骨腔保留少许，靠器背部腔内充填有褐铁矿胶结坚硬的沙质土，破裂面两侧缘明显可见若干痕迹。两刃缘多有使用痕迹，在一侧刃还留有修理痕迹。这件可称为骨铲，可能是采集的工具。

另一件呈两端尖的船形，一侧缘有两个明显的打击痕迹，一为由内向外打击，另一为由外向内打击，两者正好相向打击而使此处为锯齿状。另一侧缘脊一半为破裂面，另一半为刃状缘。此缘痕迹密集，这一件很可能是骨片刮削器。

第三件系用大型动物肢骨片制作，骨片两侧缘较直，均有若干打击痕迹。

值得注意的是尖部均见由内向外进行第二步加工的痕迹，使之为尖状，可能为尖状采集骨器。

关于地质时代，从地质地貌、动物化石等方面考虑。含石、骨制品的化石层是一套半胶结到胶结的湖滨沼泽相，局部地段产褐煤，而且受构造变动，与更新世中、晚期的地层不同，化石点地层遭甘棠箐小溪深切达石炭、二叠纪灰岩，且高出现今抚仙湖水面约100米。这些情况表明该化石层时代较早。上述种种迹象表明，甘棠箐动物群地质时代应相当于早更新世。其旧石器文化遗存当在100万年以前。

甘棠箐石制品总体性质归纳如下：[①]

石器原料种类较多，有硅质岩、石英、玄武岩、燧石、水晶、锰铁矿石等，硅质岩是主要原料。这些原料可能就采自附近河漫滩和湖滨阶地；石核台面多不规整，石核利用率不高，但出现了少量斜台面石核、斜台面石片和有脊台面石片；用锤击法打片；有一定数量的使用石片；用不规整石片、石块加工的工具较多，其中块状毛坯多，片状毛坯少；没有第一类工具。工具组合以刮削器为主体，其次是石锥和雕刻器，尖状器数量很少，没有砍砸器；小型工具居多，绝大多数尺寸都在2—5厘米，有少量微型及中型工具。绝大多数工具为单刃，背向加工为主，修理主要是锤击法，部分标本采用了压制修理或软锤打击修理，一些标本加工较精细。

在中国南方地区的旷野堆积中广泛分布着以大的或较大的石制品为主的打制石器，大多数是以砾石石器为主，其主要类型为各种各样的砍砸器，伴出两面器、刮削器，有的地点还识别出了大尖状器、手斧和石球等类型，最近在云南西双版纳橄榄坝的澜沧江阶地上也有大型砾石石器发现。虽然许多地点的年代还不能确定，但他们都可能属于同一文化传统。甘棠箐的石制品虽然砾石器占优势，但从石制品大小和工具类型看，与上述这些南方地点有着显著差别。甘棠箐石制品大小、加工技术和工具类型，和以北京人遗址、泥河湾早期旧石器遗址为代表的华北小型石器早期文化传统相似，但也有明显差别，其原因尚在探索中。

甘棠箐遗址是云南继元谋人遗址之后发现的又一个早更新世旧石器时代旷野遗址，遗址地层堆积连续，保存状况好，文化内涵丰富，为我国旧石器早期文化的对比研究提供了非常宝贵的材料。

## 第三节 旧石器时代晚期的文化类型

按照旧石器时代的发展规律来看，当以主要的文化遗物的特点、发展和演变为标准。云南地区旧石器晚期文化类型包含在整个云贵高原地区的旧石器时代文化类型中。

---

[①] 刘建辉、郑良、高峰、吉学平：《云南江川甘棠箐旧石器遗址初步研究》，《"元谋人"发现40周年纪念会暨古人类国际学术研讨会文集》，云南科技出版社2006年版。

李炎贤先生认为贵州高原的旧石器是"以零台面石片为主要特征的文化系列"和"以石片为主要特征的文化系列"。① 划分旧石器时代文化应以此为例。

张森水先生推测过贵州高原旧石器晚期文化存在三个区域性文化类型，认为猫猫洞文化类型分布于黔西南；草海文化类型生衍于黔西北；马鞍山文化类型则存在于黔北。② 同时，他对贵州旧石器区域性文化的成因也作过推测："究其成因，既可能与地理因素有关，更可能与氏族形成有关"，并认为"氏族的形成在这方面可能是起着主导作用"。③ "有的文化类型如马鞍山文化类型很可能是北方旧石器文化南迁的产物"。④ 童恩正先生将贵州高原旧石器晚期文化的遗址划分在整个西南的四大地区中的云贵高原区和黔南低山区内。认为"由于云贵高原范围较广，将来随着新资料的发现和研究的深入，当可再分辨出不同的亚型文化"。⑤ 并进一步觉得，西南地区旧石器文化（包括云南地区），有着自己的历史传统、自己的进化规律，受特定的客观条件的制约，终究是在一定的自然环境中发展起来的。⑥

王幼平先生关于晚更新世晚期云贵高原地区文化类型的划分，认为可以区分出两种不同的文化类型：一种是与本地区早期旧石器技术传统关系密切的类型，如贵州桐梓马鞍山与威宁草海等；另一种则是以锐棱砸击法与骨角器加工等技术为标志的新型文化，典型的地点有贵州水城硝灰洞、普定穿洞、兴义猫猫洞等。⑦

在其成因上，他提出，"云贵高原地区晚更新世晚期的第一种文化类型是继承了当地早期文化的技术传统，但随着时代发展，也逐渐开始出现进步因素"。"从云贵高原晚更新世晚期的新兴旧石器文化的特点与发展

---

① 李炎贤：《中国旧石器时代晚期文化的划分》，载《人类学学报》1993 年第 12 期。
② 张森水：《我国南方旧石器时代晚期文化的若干问题》，载《人类学学报》1983 年第 2 卷第 3 期。
③ 同上。
④ 张森水：《贵州旧石器时代晚期文化研究的新认识》，载《考古与文物》1989 年第 2 期。
⑤ 童恩正：《中国西南的旧石器时代文化》，《中国西南民族考古论文集》，文物出版社 1990 年版。
⑥ 同上。
⑦ 王幼平：《更新世环境与中国南方旧石器文化发展》第四章，北京大学出版社 1997 年版。

过程来看，其也应是在当地早期旧石器的基础上发展起来的"。①但在有关南方旧石器的论述中，他认为："尽管更新世的气候及其变化是影响中国南方旧石器文化面貌的最重要的环境因素，但构成自然环境的因素却是多方面的，除气候因素外，各地的地质地理条件等因素也对旧石器文化的发展有着不可忽视的影响。"②

云南旧石器时代文化类型的研究工作，虽也已有学者触及，但有些划分得过细，有的则太过粗犷。胡绍锦依地点将其划分为十大文化类型，即元谋人、小横山、四家村、甘棠箐、龙潭山、木家桥、张口洞、仙人洞、塘子沟、大那乌十个石器文化类型。并对同一时代、可能属于同一类型的旧石器地点作了粗略的归纳，他认为："云南旧石器时代的工业，是以石片为主要特征的石器文化工业作为主工业。这个主工业的特征是采用锤击法打片及修制，不预制石核，对片胚单向加工，石工具以刮削器为主，中小型石器居多，无重型工具。从元谋人石器开始，至小横山、四家村石器，到龙潭山、木家桥、张口洞等石器工业，这个主工业贯穿始终。但是，到了旧石器时代晚期，由于交流，云南旧石器中同时出现了诸如呈贡——路南莫斯特组合、张口洞上组工业亚型、大那乌混合细石器工业亚型和仙人洞远承简单类小石器工业亚型，还有塘子沟组合类型多样类工业亚型等。与云南旧石器工业同步发展的为打制或磨制骨、角、牙加工工业。这个就是云南旧石器时代石器工业的总格局。"③

经过将云南高原旧石器时代晚期文化遗址在空间分布、地理特点、石器的原料、石器打制技术与方法、文化的传播等方面的特性比较研究，张涛将其分为四个大的区域性文化类型：即以呈贡—石林（路南）遗址为代表的文化类型、以老龙洞遗址为代表的文化类型、以硝洞遗址为代表的文化类型、以木家桥遗址为代表的文化类型。④

---

① 王幼平:《更新世环境与中国南方旧石器文化发展》第四章，北京大学出版社1997年版。
② 王幼平:《更新世环境与中国南方旧石器文化发展》第四章，北京大学出版社1997年版。
③ 胡绍锦:《云南旧石器》，《"元谋人"发现30周年纪念会暨古人类国际学术研讨会文集》，云南科技出版社1998年版。
④ 张涛:《云贵高原旧石器文化研究》，硕士学位论文，云南大学，2009年。

## 一　以呈贡—石林（路南）遗址为代表的文化类型

属于这一类型的遗址主要有：富源大河遗址、罗平羊洞遗址、禄丰火车站地点、禄丰杨家花园地点、安宁小龙潭遗址、安宁大天窗遗址、石林白石岭遗址、石林安仁遗址、石林青山口遗址、石林小矣马伴遗址、石林山冲遗址、石林红土坡遗址、宜良张口洞遗址、呈贡龙潭山遗址、官渡小石坝遗址、嵩明黄龙洞遗址、昆明螳螂川遗址、晋宁天生坝遗址等。

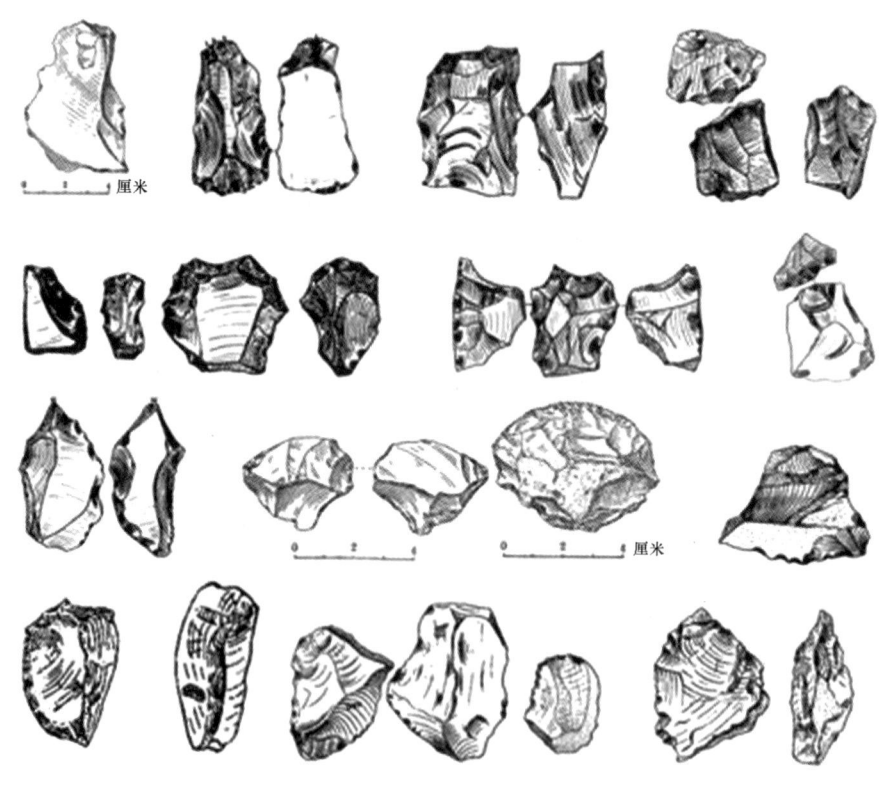

**图 29　呈贡—石林（路南）文化类型石器**

这一区域处于云贵高原的西端，是在云贵高原由西向东降低的较高位置上。东部、东南部为珠江上游的南盘江水系，北部、东北部为长江上游的金沙江水系，西部、西南部为红河上游的元江水系。整个地域处在三者之间的分水岭上，构成了相对独立的自然地理单元。

富源大河遗址①，位于云南东部的富源县大河乡东南部约 3 公里的茨托村，2000 年和 2002 年进行考古发掘，出土了大量石制品、动物化石、人牙化石和火塘、石铺地面等丰富的遗迹。洞穴发育于三叠系石灰岩中，石制品出自上下两个层位，属砾石工业系统。共有 2000 多件石器，制作石器的原料主要有凝灰岩、玄武岩、燧石、砂岩、硅质灰岩等。石器组合包括砍砸器、刮削器、尖状器、雕刻器、钻具以及石核、石片等。常见修理台面技术。棱柱状石核、盘状石核、龟背状刮削器、边刮器、端刮器、三角形尖状器、凹缺器的出现显示莫斯特文化和勒瓦娄哇技术的特征。

动物化石主要出自下部地层，初步鉴定有：猕猴、东方剑齿象、鬣狗、黑熊、虎、中国犀、巨貘、水鹿、鹿、麂、牛、野猪、羊、豪猪、竹鼠等，属"大熊猫—剑齿象"动物群。两个层位都发现人类牙齿化石。孢粉分析反映属暖温带—亚热带的植被类型。$C_{14}$ 测定该遗址下部层位大约距今 4 万年。

富源大河旧石器文化遗址是目前我国仅有的具有欧洲旧石器文化中期典型文化——莫斯特文化特征的遗址。它的发现对现代人起源及旧石器时代东西方文化技术交流的研究具有重要价值。

**图 30　富源大河遗址出土的石器**

由于该文化类型所处的位置相对独特，许多遗址的文化特征或多或少带有其靠近相近水系的旧石器文化的些许特点。但是，它们以大的共同特征为主：石器石制品多用砾石和结核打制，打制方法多为锤击法。原料以

---

① 吉学平：《中国文物报》2006 年 8 月 20 日。

燧石、石英、玛瑙、砂岩为主，另有水晶、碧玉、硅质岩等，主要器型包括砍砸器和刮削器、尖状器等，多单向修理和背向加工，属中小型石片石器传统。其修整技术水平较高，部分带有欧洲莫斯特文化的风格。另外，此文化类型因受地理因素的影响，相互进行的文化交流更为普遍，遗址间按照时代早晚的变化也存在着变化，尤其到了旧石器时代晚期后段，变化速度更快。到了中石器时代，遗址的特点已与长江中下游广大区域一样，石器呈现出更为细小的趋势，为迎接早期农业的到来，奠定了坚实的基础。

### 二 以峨山老龙洞遗址为代表的文化类型

位于红河——元江的主河道以东地区。现已发现的旧石器时代遗址或地点有6个，包括河口遗址、马关仙人洞地点、文山广南冷水沟遗址、西畴仙人洞遗址、丘北黑箐龙遗址、峨山老龙洞遗址等，这一地域属元江——红河水系。由于大部分的遗址未经过发掘，且采集的石制品有限，在进行综合分析时，资料尚嫌不足。老龙洞遗址从出土的石器、骨器和哺乳动物化石来看，其时代很有可能接近中石器时代，发掘报告在年代的讨论分析上认为是晚更新世晚期，考古时代为旧石器时代晚期。经过对这些遗址排队对比，并重新分析其出土物等，发现这一区域从大的方面来看石器特征以砾石石器为主，属于南方常见的砾石石器传统，[①] 虽位于云南高原地区，但文化传统并不同于云南高原地区，而与横断山区的旧石器文化类型更为接近。

以老龙洞为代表的文化类型的特点表现在石器打片方法主要使用锤击法，部分也采用砸击法和锐棱砸击法，以砾石石器为主，不修理台面，且以自然台面居多，石器类型较简单，第二步加工的石片石器居次要地位。原料主要有砂岩、硅质岩、石英岩、灰岩等，燧石极少。主要器型有：石锤、石核、砍砸器、刮削器、尖刃器等，具有大、中型石器风格。与其相伴出的有骨、角器，器型有骨锥、骨铲、角铲等。与东南亚的旧石器时代文化有较多共同点。

---

① 张兴永、白子麒、董绍华：《峨山塔甸老龙洞的旧石器》，《云南文物》1996年。

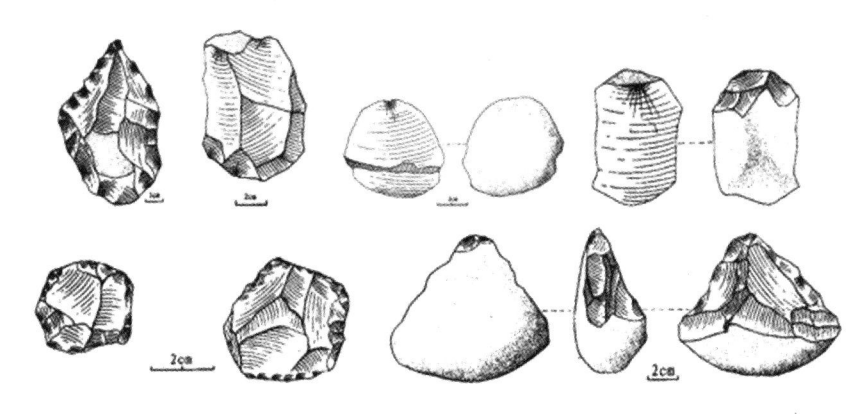

**图 31 老龙洞文化类型石器**

### 三 以沧源硝洞遗址为代表的文化类型

这一文化类型的旧石器文化遗址在横断山区主要有 4 个，分别为镇康淌河洞地点、沧源硝洞遗址、橄榄坝遗址和景洪檀米妈囡地点。

石器原料均选用砾石，石制品包括石片、石核和石器。石器类型简单，有刮削器、砍砸器、尖状器和手斧等。另有中国犀、黑熊、猕猴、水鹿、麂、牛等动物化石伴出。

硝洞遗址石器原料均选自附近河床的砾石，最小石制品长度为 75 毫米，最大石制品长度为 144 毫米，平均长度为 107 毫米。发现有薄刃斧、单面手斧（尖状器）、手镐、砍砸器、刮削器及粗加工砾石等，且有零台面石器。[①] 总体来看，硝洞遗址的石器具有双面的打制意识、有远端及近端的斜向去薄工艺和薄刃斧为长方形的概念。单面工具占大多数。从技术形态学分析来看，硝洞遗址的石制品很可能有上下不同的文化堆积，目前所出应该不是同一层位的石制品，晚的文化年代应该比百色盆地晚得多。硝洞遗址的打制技术或多或少地继承了部分百色盆地石桥铺打制技术的风格，更多的是在该区域形成了自己的区域文化。

---

① 吉学平：《云南沧源农克硝洞新发现石制品的技术类型学初步研究》，《"元谋人"发现 40 周年纪念会暨古人类国际学术研讨会文集》，云南科技出版社 2006 年版。

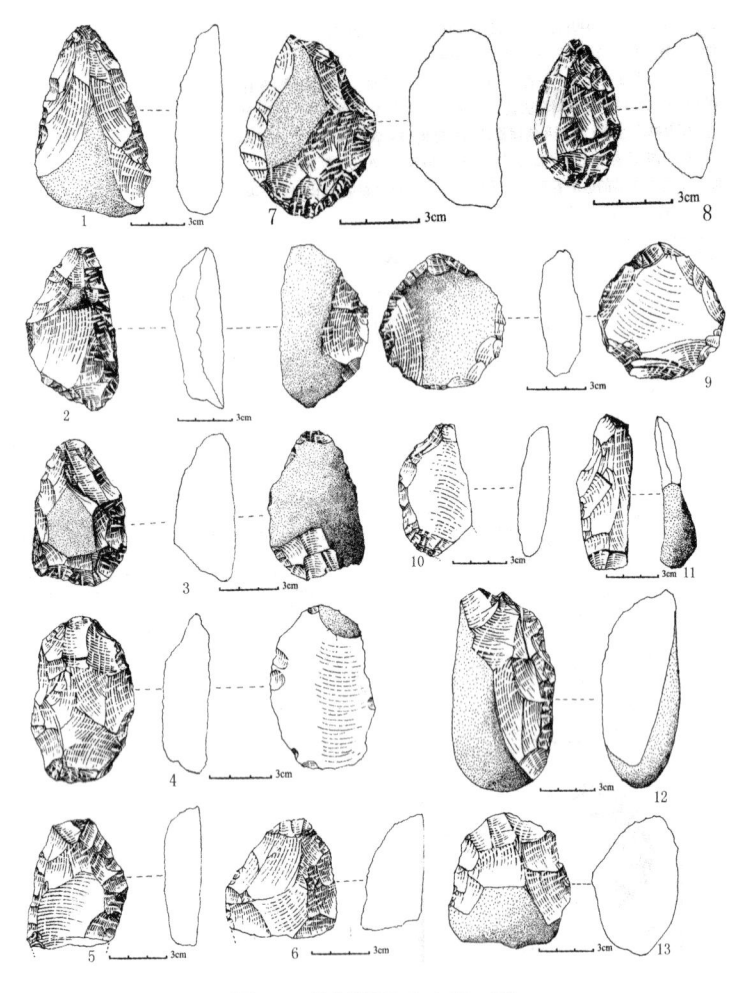

**图 32　硝洞遗址出土的石器**
1、2 尖状器　3、7、8 手镐　4、5、6 薄刃斧　9、10、11 刮削器　12、13 砍砸器

## 四　以丽江木家桥遗址为代表的文化类型

处于丽江盆地南端，1963 年发现，1984 年中科院在贾兰坡教授的组织下，在进行西南旧石器时代野外考察过程时再次调查该遗址，[①] 发现 14 件石制品，石质为凝灰岩，其中有石核、石片、刮削器、砍砟器和石球

---

① 卫奇、黄慰文、张兴永：《丽江木家桥新发现的旧石器》，《人类学学报》1984 年第 3 卷第 3 期。

等，另外，还有鹿角工具的发现。该遗址石器为砾石石器，器型较大。

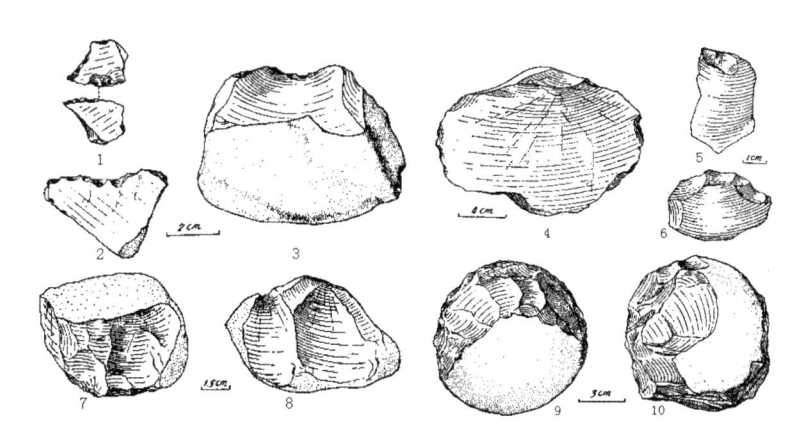

**图33 木家桥遗址石器**
1、2 刮削器　3 砍斫器　4、5、6 石片　7 双台面石核　8 单台面石核　9、10 石球

丽江木家桥遗址石核有单台面和多台面两种，其大小皆有发现。从遗物来看，本区石球是一种颇为特殊的器物，在南方较为罕见。据李朝荣先生研究，石球存在于旧石器时代的早、中、晚各个阶段，石球分布相对集中的地点是许家窑、丁村地点群、汉中盆地等。关于石球的用途，贾兰坡先生等认为"有可能作为石锤使用"，小石球"可能是狩猎用的飞石索"。为此，石球的用途很可能与相对开阔的地貌环境所提供的狩猎环境有关，同时它也是某种文化内部联系的一个重要纽带，丽江木家桥遗址与华北、华南局部地区砾石石器传统有着一定的渊源。

# 第十二章

# 旧石器时代云南与其他地区的文化交流

## 第一节 云南与祖国其他地区的文化交流

### 一 与四川盆地的文化交流

中国旧石器时代文化,在南方存在华南区和西南区两个大区。华南区是以大型砾石石器为主的旧石器工业,分布在秦岭以南第三级阶梯的丘陵平原的地理位置上。西南区是以中小型石片石器为主的旧石器工业区,分布在第二级阶梯的云贵高原、横断山区和四川盆地。按照文化特点,可分为云贵高原旧石器时代区域性文化、横断山区旧石器时代区域性文化和四川盆地旧石器时代区域性文化。

四川盆地到目前为止,发现的旧石器时代遗址其年代皆处于晚更新世晚期,尚未见到旧石器时代早、中期的文化遗址。从学者们传统的研究情况来看,四川盆地境内的旧石器时代文化存在有两大文化传统,一是砾石石器工业传统;二是石片石器工业传统。从地理位置来看,属于砾石石器工业传统的遗址基本位于四川盆地中心部位的河谷地带,代表性地点为铜梁地点、资阳人"B"地点;属于石片石器工业传统的遗址则基本位于四川盆地西缘海拔较高的高原与山区,代表性地点为富林遗址。但是,经过对相关的地理环境、特征和该区域的旧石器进行反复论证,将传统观点中归为四川盆地的石片石器工业传统已纳入归属于横断山区旧石器文化体系中。为此,从地域特征来看,四川盆地旧石器当为砾石石器工业传统的旧石器,即以铜梁地点和资阳人"B"地点为代表的旧石器遗址。

在铜梁旧石器文化地点中发现石制品300多件,可分类的石制品为306件。石制品的原料主要是石英岩,占74.8%;其次为燧石,占12.4%;再次为闪长石和硅质岩,分别占4.9%和4.5%;还有石髓、砂岩和角页岩等，用量甚少，合占 3.2%。生产石器用的约 150 毫米径的大砾石产自距遗址 20 公里的涪江河岸。[1] 与石制品共生的有丰富的动植物化石，时代为更新世晚期，$C_{14}$ 测定距今为 21550±310 年。打制石器的技术主要使用锤击法，偶尔有碰砧法。石核和石片形制原始，多自然台面，石器类型简单，只有砍砸器、刮削器和尖状器三大类，砍砸器所占比例大，小型石器数量较少，工具组合以大型石器为主体，体积粗大厚重，变异幅度较大，最长者 21 厘米以上，最重者达两公斤。加工方式以复向修理为主，背向加工次之；基本不见交互打击的方法，石器加工粗糙，形态缺乏相对一致性，钝刃者多。

在石制品的原料、打制技术、石器组合及整体风格与铜梁地点相类似的还有资阳人"B"地点，但是，资阳人"B"地点的砍砸器所占比例更高，占整个石器组合的 2/3 以上，其年代处于旧石器时代的中晚期之交。[2]

关于四川盆地旧石器文化与云南旧石器文化，许多学者在对它们的对比中认为，一是铜梁地点的石制品在一些方面和云贵高原地区观音洞的石

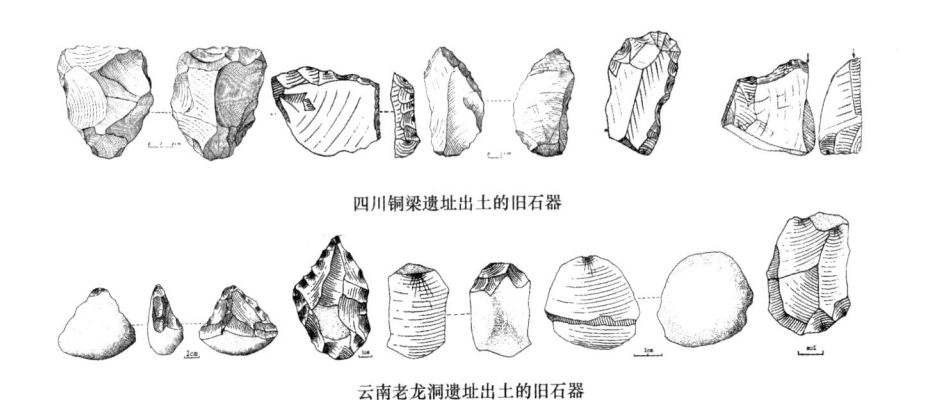

四川铜梁遗址出土的旧石器

云南老龙洞遗址出土的旧石器

**图 34　四川与云南旧石器对比图**

制品很相似，但也有区别。相似处为石片边缘常见个别打击痕迹，几乎没有完全单面加工的石器；复向加工居首位；大多数采用陡向加工或垂直加

---

[1] 李宣民、张森水：《铜梁旧石器文化之研究》，载《古脊椎动物与古人类》第 19 卷第 4 期。

[2] 同上。

工；石器加工粗糙，形态缺乏相对一致性；单刃石器少，复刃石器多；在工具组合中，刮削器居首位，兼有尖状器、砍砸器、端刮器。明显有区别的地方是：铜梁石器大型的多，而观音洞的则中小型的居多；铜梁遗址的石器砍砸器多，而观音洞的砍砸器只占6%；观音洞还有凹刮器和雕刻器，而铜梁则尚未发现。由此看来这两个地点的石制品是有着一定关系的[①]。二是认为四川盆地旧石器文化遗址的铜梁地点和资阳人"B"地点发现的石制品，形体粗大，以砾石为原料加工石器，石器组合中刮削器与砍砸器并重，有很多的石器用砾石直接加工。这种情况与云南地区早期石器工业的技术传统明显不同，但与华南地区的砾石工业有相近之处[②]。在石器工业的类型上，四川盆地中心分布区的文化传统与云南旧石器时代早期的元谋人石器有一定的相似性，石器都是以砾石加工而成，与旧石器时代老龙洞文化类型有更多的相似性，都是以砾石石器文化传统为主，多砍砸器。但是，二者的文化继承来源不同。前者更多的受长江三峡一带和汉水流域旧石器时代文化的影响；后者却与广西百色的旧石器时代文化、横断山区旧石器文化和东南亚的旧石器时代文化有较多的关系。

## 二　与湖南的文化交流

湖南旧石器时代遗址主要集中在沅水流域和澧水流域，大多埋藏于河流阶地的堆积中，其时代可从中更新世早期延续至晚更新世晚期。在石器的制作技术上，普遍使用锤击法，偶用砸击法，石料均以河床砾石为原料。其旧石器时代文化总体分为澧水文化类群和舞水文化类群。澧水文化类群早期石器硕大浑厚，岩性主要为红色石英岩和石英砂岩，少量燧石、石英和硅质岩。石器以大型石器为主，组合丰富，有砍斫器、大尖状器、似手斧、石球、石锤等。小型石器基本是刮削器，数量很少。晚期石器小型化，个体缩小，但形状仍相似。澧水文化类群富有特色的石制品有大石片，各种形式的大尖状器、似手斧、石球。舞水文化类群紧邻云贵高原的东部，主要分布范围为怀化地区和湘西自治州。石器以灰色、灰黄色条带状变质砂岩为主要原料。石器加工方法除了锤击法外，间有锐棱砸击法和

---

[①] 李贤炎、文本亨：《观音洞——贵州黔西旧石器时代初期文化遗址》，文物出版社1986年版。

[②] 王幼平：《更新世环境与中国南方旧石器文化发展》，北京大学出版社1997年版。

碰砧法。石器以单面刃为主，由单面打击而成。石制品以大型为主，但小于澧水文化类群的石器。石制品类型有石核、石片、碎片和石器。石器种类组合单调，主要为砍砸器，其次为刮削器，尖状器很少。富有特色的石制品为宽大薄石片、侧身长刃砍砸器、短身尖刃砍砸器、双边刃砍砸器等。①

云南地区的旧石器是以中小型石器为主导的石片石器工业，小型刮削器、尖状器类等较发达，数量相对多而精。云南地区旧石器与湖南旧石器的差别不仅仅是在文化类型上，而是表现在更大的旧石器区系上的差别。二者在旧石器时代石器的风格上差异太多，不具有可比性。但是，湖南舞水文化类群中普遍存在的锐棱砸击法，却与云贵高原包括云南地区较多的锐棱砸击打片方法相同。这一打片方法成为了湖南旧石器和云南、贵州旧石器的连接纽带。然而，云南地区用锐棱砸击法生产的石片为6厘米以下的小型石片。其使用这一技术的年代与贵州境内的具有同样技术的石器打制方法的年代相当，约在晚更新世时期。湖南舞水文化类群从现有材料看，旧石器时代的锐棱砸击石片打击点散漫，呈月牙形凹缺，破裂面平坦，放射线清楚，石片宽、大、薄，个体相对较大，通常在10厘米以上，在沅水上游普遍分布，舞水文化类群中目前发现最早的锐棱砸击石片，是埋藏在二级阶地的不典型的网纹红土中，地质时代为中更新世晚期至晚更新世早期，比云南地区旧石器时代具有这种打片方法的遗址的年代要早。②

### 三 与广西百色的文化交流

岭南百色盆地位于云贵高原东南边缘，有河谷与云南、贵州相通，二者在地理上关系密切。

百色盆地旧石器最初发现于1973年。百色盆地东西长90千米，南北最宽处15千米，总面积约为800平方千米，地理坐标为北纬23°30′—23°60′，东经106°30′—107°30′。盆地底面海拔为90至100米。珠江水系的

---

① 袁家荣：《湖南旧石器文化的区域性类型及其地位》，湖南省文物考古研究所编《长江中游史前文化暨第二届亚洲文明学术讨论会论文集》，岳麓书社1996年版。
② 袁家荣：《湖南旧石器文化的区域性类型及其地位》，湖南省文物考古研究所编《长江中游史前文化暨第二届亚洲文明学术讨论会论文集》，岳麓书社1996年版。

右江从云南入境后贯穿整个盆地，最后在南宁附近与左江汇合成为邕江。本区属亚热带湿润季风气候，夏季长而炎热。第四纪早更新世，盆地为一套由厚层砾石（下部）和粉砂、砂质粘黏土、黏土（上部）组成的砖红壤层，这种网纹红土堆积，广泛分布在亚洲南部。近20余年来，在中国南部的湖南沅水流域、澧水流域、江西潦河、江苏水阳江以及陕西、湖北汉水流域等地同类堆积出土的旧石器，有许多相同之处。大约自中更新世后期开始，百色盆地这套堆积受右江侵蚀而成为广泛分布于盆地边缘或中心的最高阶地—砖红壤化阶地，而右江也相继塑造、堆积了自己的两级比较年轻的阶地。

广西百色地区旧石器

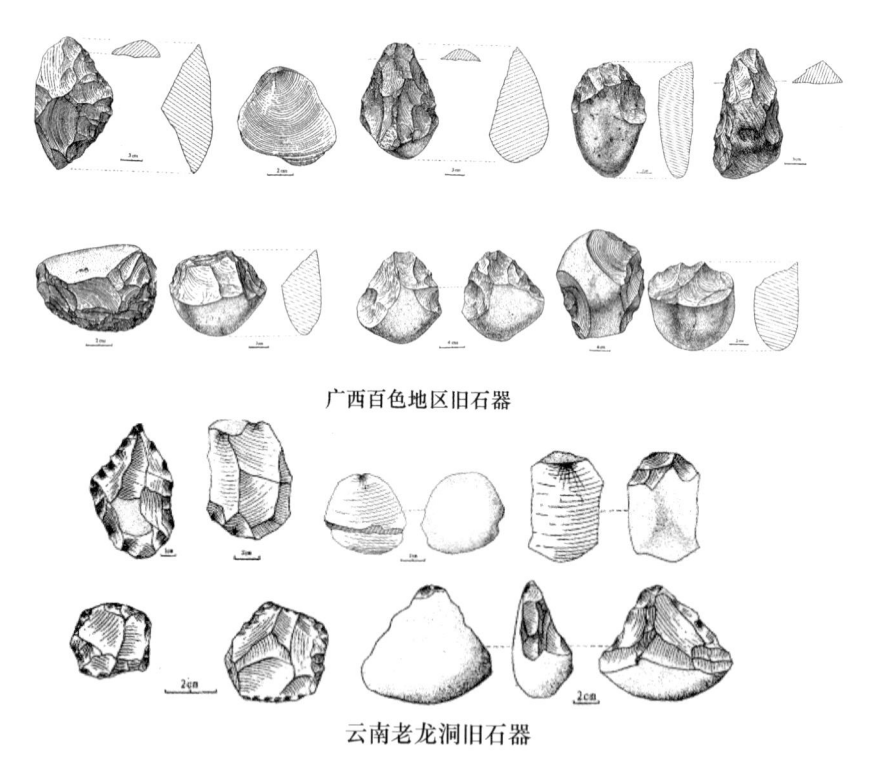

云南老龙洞旧石器

**图35 广西百色地区与云南旧石器对比图**

百色旧石器的原料来自当地的砖红壤化砾石层，其制作石器的原料几乎都是砾石。以石英岩、砂岩为常见，占75%以上，其次硅质岩、石英也占较大比例，燧石、砾岩很少，火成岩只有个别标本。不同的器类，在原料的岩性选择上差别很大。在砍砸器中，最多的是石英岩，次为砂岩和石英，硅质岩所占的比例很小。而在手镐中，石英岩和砂岩并举，次为石英。手斧以石英岩为主，砂岩次之。刮削器则以砂岩为主，次为石英岩和硅质岩。在石片中，硅质岩最多，次为砂岩，石英岩明显减少[①]。石制品中的绝大部分是用锤击法制做的，也可能有碰砧法。单面打制占绝对优势。器身厚重，刃缘曲折，多数工具保留较大面积的石皮。石器主要由手镐、砍砸器、手斧三种工具组成，另有少数不典型的薄刃斧。有些与西方的阿舍利（Acheulean）手斧非常接近。工具尺寸一般都超过10厘米。这些工具大部分是直接用粗砾打制而成，以石片为毛坯加工而成的只占一小部分。可以将百色旧石器归入"卵石工具工业"。[②]

云南地区旧石器中小型石片石器，与百色地区的旧石器文化不属于同一区系。但云南地区以老龙洞遗址为代表的文化类型的旧石器时代石器工业与广西百色地区的石器工业有较多的相似性。由于发掘资料的不足，目前对老龙洞文化类型与百色旧石器文化的关系还很难有一个较为清晰的认识。但是，与其相邻的横断山区南部的旧石器时代文化却与百色地区旧石器时代文化有诸多的相似之处，表现出石器类型都以砍砸器、手镐、手斧、薄刃斧、刮削器等为主而皆无石球的特点。

## 第二节　云南与世界其他地区的文化交流

### 一　云南与东南亚的文化交流

从已发现的云南地区旧石器时代晚期文化和东南亚旧石器时代晚期文化来看，在时间上大体相当。在东南亚地区，至今尚未发现旧石器时代晚期人类化石，云南发现的旧石器遗址中几乎都有人类化石，为古人类在云南的活动提供了佐证。

云南地区旧石器时代和东南亚地区旧石器时代晚期的石器具有共同特点：用砾石打制而成，以石片石器为主。器型主要有刮削器、尖状器和砍砸器等，打下的石片一般不经过加工即使用，大部分无第二次加工痕迹，经过第二步加工的仅有极少数尖状器、刮削器等。打制石器方法是以砾石

---

[①] 广西壮族自治区博物馆编：《百色旧石器》，文物出版社2003年版。
[②] 侯亚梅、黄慰文：《百色旧石器研究》，《元谋人发现三十周年纪念暨古人类国际学术研讨会文集》，云南科技出版社1998年版。

天然磨蚀面为台面，用锤击法，打击点集中，半锥体突出。骨器很少。居住地以石灰岩熔岩居多。这些共同特点并非偶然巧合，反映了云贵高原和东南亚晚期智人之间的密切联系，属同一文化体系。

西方考古学者在论及岭南或华南史前文化时，一般都和整个东南亚做对比性研究，后者不仅包括中南半岛上的东南亚诸国，而且还包括菲律宾、印度尼西亚等岛国。在如此广袤的地理范围内，实际上存在着许多不同的文化系统，各地区间发展严重不平衡，不可能建立一个统一的发展序列。因此，这种比较的有效性和意义是值得怀疑的。不过，在较小的地理范围内，都存在着同一的文化发展序列，而这种序列在越南，尤其是越北地区最为清楚。越南与云南地区山川相连，地理环境极为相似；而且，东南亚史前考古中的许多问题都是和这一地区分不开的。对这两个地区进行对比性研究不仅可行，而且也有助于解决东南亚史前考古中的一些疑难问题。

## 二　云南与欧洲的文化交流

云南晚期智人——丽江人的头骨化石，其额骨鳞部的前下部有微弱的矢状脊，整个面部包括鼻根的扁平程度，都与黄种人一致，显示丽江人在人种上属黄种人。距今年代约5万年。

但是，丽江人的"额骨与鼻骨相接的骨缝比其余上颌骨相接的骨缝位置稍高，与中国其他人类化石不一致。右侧上第二臼齿外侧面（颊面）上有一个明显的齿尖，叫卡式尖。这种情况在黄种人中少见，而在白种人中则比较多见"。而丽江人的"头骨枕部有一个发髻状构造，与柳江人和资阳人的头骨化石一致，而与山顶洞人头骨以及更早时期的中国化石人类不同，却与欧洲的尼安德特人接近。上述三项特征与中国化石人类的通常形态不大相同，可能反映中国古人类在进化后期与西方的交流逐渐频繁"。[①]

云南旧石器时代晚期的富源大河遗址发现的旧石器，与欧洲莫斯特文化的石器具有相同的风格。莫斯特文化是欧洲旧石器时代中期的一种典型文化，广泛分布在欧洲、非洲和西亚。我国旧石器时代遗址中，最早是在宁夏水洞沟遗址中发现具有莫斯特文化特点的石器，后来在内蒙古小口

---

① 吴汝康、吴新智主编：《中国古人类遗址》，上海科技教育出版社1999年版。

子、上榆树湾、清水河遗址中均发现有这类特点的石器。在云南石林、呈贡也采集过莫斯特文化的石器。

富源大河遗址中发现的石制品多达1400余件，旧石器种类有盘状器、柱状石核、长方形石核、石片、刮削器、端刮器、半月形刮削器、锯齿刃器、尖刃器、雕刻器、砍砸器等。一些石器的加工技术是欧洲旧石器工业中的勒瓦娄哇技术。这种石器加工技术的特点是预制石核、修理旧石器的台面，连续向心剥片。大河遗址中发现了几件带"Y"形脊的石片和连续向心剥片的石核。

**图36　富源大河遗址勒瓦娄哇石核**

综合北京大学使用加速器质谱、南京大学用铀系法对大河遗址测定的结果，云南富源大河旧石器时代遗址的年代为距今3—5万年。[①] 云南富源大河遗址被评为"2006年度中国十大考古新发现"之一。

综上所述，说明在旧石器时代云南与欧洲已经有体质和文化上的交流，但这种交流的路线目前尚不清楚。

从云南旧石器时代的考古资料研究中，人们可以得出以下几点认识：

1. 20世纪50年代以来，在考古学、人类学突飞猛进发展的形势下，先后在云南的开远、禄丰、元谋、保山、马关、广南、西畴等市县发现古猿化石，这些化石显示了向人类方向进化的趋向，引起了世界有关专家学者的关注，认为云南在人类起源上占有极其重要的地位，云南很可能是人类起源的一个"圣地"。

---

[①] 敖秀娟、陈开爽、陈兴兰、吉学平：《莫斯特文化云南富源大河发掘记》，《云南文史》2007年第1期。

2. 1965年5月1日，中国地质科学院地质力学研究所钱方等人在云南元谋盆地上那蚌村发现了元谋直立人化石及一批打制石器。元谋人的生存年代约在170万年前，早于北京人与蓝田人，将我国的历史提前了100万年。从所获的旧石器表明，元谋人过着群居野处的原始群生活，他们利用简陋的工具从事采集和狩猎活动，获取最低的生活资料，处于"蒙昧时代的低级阶段"。

3. 在云南元谋直立人后，又先后发现了早期及中、晚期智人化石及文化遗存。大量资料表明，自元谋人以来的100多万年间，在云南广大地区先后有人类繁衍生息，而且地域不断扩大，所使用的工具不断进步发展，他们利用简单粗糙的工具获取生活资料，缓慢地推动着历史向前发展。

4. 云南晚期的旧石器文化有突出的地方特点，并和我国西南及东南亚地区有一定渊源关系。

5. 云南旧石器时代开始于170万年前，结束于10000多年前，显示了它超前滞后的特点，发展很不平衡。

# 第十三章

# 中石器时代

在旧石器时代和新石器时代之间有一个短暂的过渡阶段，称为"中石器时代"，有的文献称之为"冰后期"或"后旧石器时代"。"中石器时代"的名称自维斯特罗普（Hodder Westropp）提出迄今已经过了100多年的时间，但是，关于"中石器时代"的概念、特征甚至它是否存在等问题，一直在讨论之中。在时间上，一般指的是10000年前最后冰期结束到农耕经济开始之间的这段时间，表现为史前人类对冰后期环境的调节和重新适应。美国考古学家普奈斯指出："中石器时代仅仅是冰后期到农业引入前这一阶段，要把这一术语加上更多的形式特征只会削弱它的实用价值。这一时期的开始按习惯可以定在距今10000年，而这一时期的结束则因地而异。"① 关于在中国有无"中石器时代"的问题，许多学者各抒己见，中国社科院考古研究所认为，中国存在"中石器时代"；② 另外一些学者认为中国的旧石器时代与先陶新石器时代相接，"中石器时代"并不存在。③ 目前，随着考古工作的不断开展和考古研究的不断深入，中国学术界对"中石器时代"的存在持肯定态度的人越来越多。

---

① 普奈斯：《欧洲的中石器时代》，《古代美洲》1983，48（4），第761—776页。

② 中国社会科学院考古研究所编：《新中国的考古发现与研究》，文物出版社1984年版，第33—35页。

③ 张之恒：《关于旧石器时代向新石器时代过渡的几个问题》，载《史前研究》1984年第3期；张瑞玲：《中国是否存在"中石器时代"》，载《社会科学评论》1987年第7期。

## 第一节　云南中石器时代的遗址及特点

在云南高原地区，"中石器时代"这一阶段相当独特，磨刃石器、穿孔石器、细石器细小石器以及骨、角器的出现和发展，显然表明它有别于一般意义上的旧石器时代文化；但是，农业尚未产生，陶器亦未出现，新石器时代的主要特征显然又还不具备。在文化特征上，它表现出一种从旧石器时代向新石器时代过渡的状态；在年代范围上，又处于全新世的最早期，从这个意义上称之为中石器时代是有道理的。有一些文化因素，如磨刃石器、磨制骨器等，在云南高原地区，它存在于旧石器时代晚期后段，在新石器时代也有诸多的发现，似有混乱之嫌，类似的混乱同样也存在于东南亚等地区。其实，已有学者进行了相应的解释。这些文化因素各自与环境、社会及文化变异之间的关系，应该按照其自己的规律进行考察，而且每一种因素都有其独特的历史和发展过程。在全世界范围之内，它们决不能被视为某一特定文化阶段的先验的标志。[①] 由此，将中国旧石器时代晚期与新石器时代早期之间的一个过渡时期称为"中石器时代"，并无不妥。在云南地区，这一类型的遗址包括云南昆明大板桥遗址、野猫洞遗址、小石坝遗址、元谋盆地大那乌为代表的遗址等。

保山塘子沟旧石器：保山蒲缥塘子沟旧石器遗址出土的文化遗物、遗迹甚为丰富，包括了数量众多而又独具特征的石器、骨角牙器和迄今发现时代最早的房屋遗迹。其在物质生产中的地位和所反映的地方特征较为突出。

塘子沟遗址共出土角牙制品 78 件，其中角制品 71 件，牙器 7 件；在角制品中，有角铲 13 件、角矛头 4 件、角棒 4 件、角锥 45 件、角器毛坯 5 件；在角铲中，有单刃面枝角铲、单刃面角片铲、近锥形单刃面角铲、多面磨刃的圭尖角铲。数量和器类如此众多的角牙器出现于一个遗址，在我国尚属首次，它大大充实了我国旧石器时代晚期文化的内涵。

塘子沟遗址据 $C_{14}$ 测定，距今 6250±210 年，树轮校正年代为 6895±

---

[①] 童恩正、卡尔·L.赫特勒：《论南中国与东南亚的中石器时代》，载《南方民族考古》第二辑，1989 年。

225年。经张兴永、耿德铭等学者研究，塘子沟旧石器文化有以下特点：[①]

一、角制品71件。器物有角铲、角矛头、角棒、角锥四类。角铲在我国旧石器遗址中甚为稀见，角锥、角矛头、角棒前无所见。鹿角既用以制作铲、矛、棒，也用作角锥；麂角仅用作角锥。器物形态和制作方法表现出较显著的多样性和定型化。

例如单刃面角铲，其型制特征是刃口在角梢一侧，刃部倾斜面全部为轻敲细打出坯型后再刮削而成，有两件在刮痕面上尚有磨痕，每个刃面上都遗有刻刮痕迹，其刃口夹角和锋利度表明，此类器物均宜挖掘之用。在与刃口相对的背面多有分散的较小磨光面，部位靠近刃缘或角面凸隆处，为使用中磨擦所致。

角矛头4件，两种型制。一种以鹿角之半圆长段片在远端打磨出长三角锋尖，器形尖锐，刃尖部近似秦汉矛器，显现很强的穿刺功能。这是当时最进步的武器，堪为塘子沟骨角制品的一大代表。另一种是以角边打下的较小的块片修理刮磨而成的弧刃角矛。4件矛器总体较短，正表现了原始矛器的一大特征。

角棒4件，为两种形制，均为自鹿角截取的一段，两端修琢平整。

角锥45件，均以鹿角类尖段和麂角制成，麂角锥料系由枝角铲远端断下，与枝角铲料有对应关系。完整者31件，尖部断残者12件，下部断残者2件。钝尖、残断尖所占比例之大，说明使用频率很高。

二、牙器共7件，均为以熊类犬齿打磨根断面而成的牙锥。锥尖为自然齿尖。经过人类长期握捏使用后，器面大都相当光滑。

在我国旧石器遗址中，出土骨器是普遍现象，角牙器则甚为稀见，但是出土虽少，制角历史却相当悠久，在旧石器时代早、中、晚、末期一直相延发展，以末期量大质高，工艺精良，器类繁多。另外是地域分布广及全国。早期主要在北方，晚期主要分布在南方，尤以西南为最。骨角牙器的产生和发展是以动物群的存在、狩猎和人类制器技术为前提的。塘子沟所在的澜沧江、怒江之间的广阔林带水分充足，气候温和，更为动物群生存的优越地带。

塘子沟角牙制品的基本特点，首先是数量众多，远远超过了全国已出土量的总和。其次是类型繁多，完全打破了此前全国仅见角铲的孤类状

---

[①] 张兴永、耿德铭：《保山史前考古》，云南科技出版社1992年版。

态,而且四大类下有 10 余亚类,在塘子沟遗址全部生产工具(304 件)中,骨角牙器(130 件)占有与石器并驾齐驱的重要地位,不再是辅助性工具,而角器又在骨角牙器中处于主导地位,牙锥则首次在我国旧石器遗址出土器物中领有席位。最后是制作技术甚为进步,制法表现出很强的规律性,器型完整,工艺精湛。因此,以角牙锥、角铲、角矛为代表的大量骨角牙器,是构成云南蒲缥人文化的基本特征之一。

塘子沟所独具的这些显著特征表明蒲缥人已处于旧石器时代晚期的最末阶段,将塘子沟遗址定为中石器时代亦可。此时中原已进入了新石器时代。它的出现,不仅把角牙器的空间分布扩展到了怒江流域,把角牙器发展的时代序列推到旧石器时代末期,而且在制器技术方面展现了生产力发展临近新石器时代的崭新风貌——人们将磨制坚硬的骨角牙器的熟练技能移用于石器制作,人类便跨入新石器时代的门槛。

以骨角牙器(特别是角器)为代表的塘子沟工具制作技术水平,不

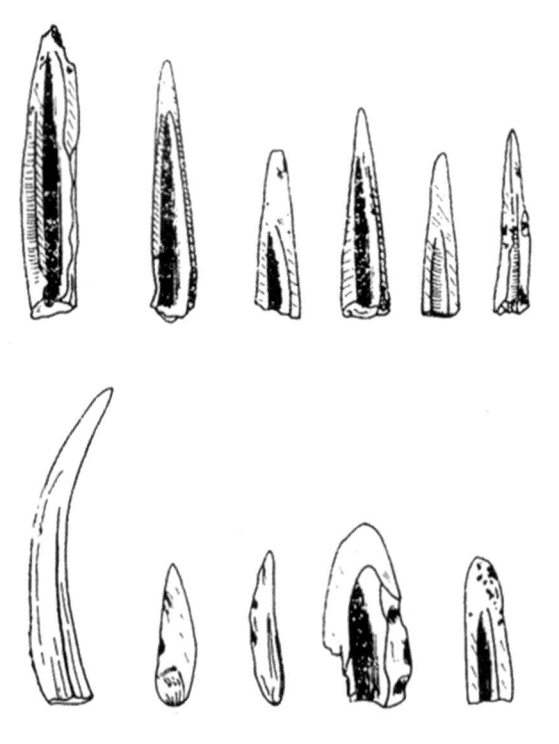

图 37 塘子沟骨角器

仅比邻近省区，而且比全国已见的各旧石器文化都成熟和进步。即以角铲而言，贵州猫猫洞、穿洞和红土洞虽为磨制铲刃，但无铲柄，塘子沟则有铲柄便于操握；昆明龙潭山虽有铲柄，但不刮磨铲刃，不如塘子沟之锋利高效；更兼塘子沟枝角铲长度多在160毫米以上，又新增了角牙锥、角矛、角槌等多种类型器件，给人的总体印象是：猫猫洞、龙潭山和塘子沟虽属不同的文化区域和文化类型，但它们之间仍反映出了明显的渊源关系和承袭关系；塘子沟角器的型制、技术是猫猫洞、龙潭山等角器型制技术的综合发展。在数千年的生产力发展和文化传播中，塘子沟集中了猫猫洞、龙潭山诸种优点，结合塘子沟的自然地理（例如它们分别处于高山、平原、丘陵等不同地带）等特殊条件，逐渐形成了富有地方特色而又强烈表现着其他遗址多方面长处的角牙器物群。

## 第二节　云南的细小石器

石器的变化，从时间上是按照由大到小的规律而变化，说明了更新世末至全新世初人类对于急骤改变的自然环境的适应。从更新世全球性的气候波动的性质来看，在更新世之末与全新世之初当地的自然环境有着广泛而激烈的变迁，迫使人们采用新的适应方式。大板桥遗址、元谋细小石器遗址等等石器的明显差异，很难看得出与云南地区旧石器时代晚期文化有着较多的继承关系，它很可能代表了人类一种新的对自然环境的适应方式，反映出从较早的旧石器时代文化到较晚的新石器时代文化之间的一种过渡。在更新世末期，中国北方出现的细石器与南方诸多地区出现的以燧石为主要原料制作的细小石片工具，不能简单地将之看成为一种地方现象，而应视为是构成中石器时代的一种重要因素。细小石器与砾石石器、磨刃石器、磨制骨角器的组合，应是构成云南高原地区中石器时代的一个主要标志。

昆明大板桥遗址出土石器616件，器形以石锤、石核、石片、刮削器等为主，另有骨器出土。石料以石英、水晶、砾石为主，文化层极为丰富，含大量的石制品、骨制品、烧骨、炭屑和灰烬。类型单一，加工粗糙，形制不规整，多采用小型石片制作成刮削器，以单直刃刮削器为主。$C_{14}$测定为$10530\pm280$年。

以大那乌遗址为代表的云南元谋盆地的遗址包括牛肩包地点、石龙箐

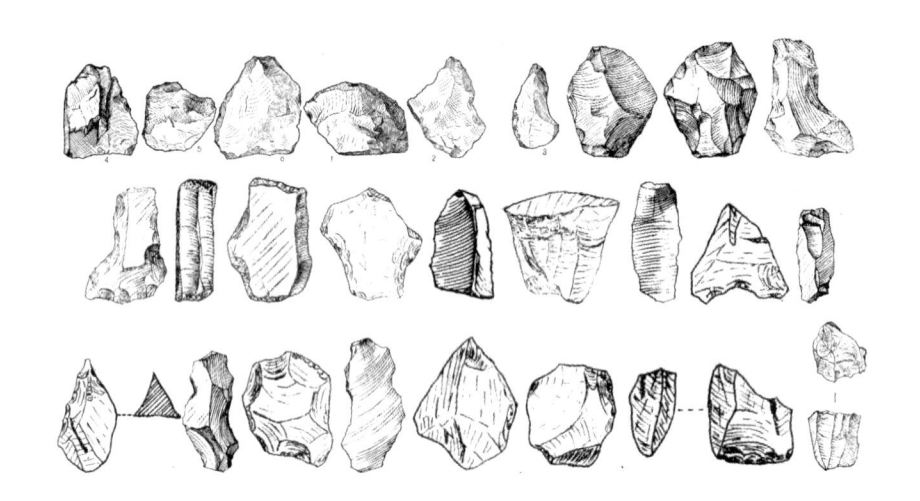

**图 38　云南元谋细小石器**

地点、大那乌地点、老城地点、下棋柳地点、哨房梁子地点、老鸦塘地点、那猛渴地点 8 个遗址。这些遗址，周国兴教授已将其划入到中石器时代①。这些遗址制作石器的石料有脉石英、各种颜色的石英岩及少量质地致密的硅质岩，如燧石、玛瑙等，原料主要是砾石。石器分细小石器和石片石器，同时发现有石砧、石锤、较多破碎小石块、石片及石屑等。细小石器包括多面石核、锥状石核、柱状石核、扇形石核刮器、石片、尖状器、雕刻器、刮削器、圆盘状刮器、圆头刮器、辐刀等。这些石器，采用砸击法和间接剥片法加工，多单面加工，有的修理台面。小石片的制取剥离面圆隆而没有明显的半锥体，宽的石片多带有两极石片的特点。未发现压制加工过的石叶和箭镞等。与细小石器共存的还有石片石器。

## 一　石核

多面石核，核身局部保留岩面，三面具剥片疤痕。

锥状石核，器型多呈锥状，核身周壁局部有剥离小石片的疤痕，与我国中原地区和北方细石器文化中锥状石核属同一类型。有的台面经精细修

---

①　周国兴：《元谋盆地人类化石与文化遗存的研究》，《"元谋人"发现三十周年纪念暨古人类国际学术研讨会文集》，云南科技出版社 1998 年版。

理，核身的周壁一半以上有采用间接法剥落窄长小石叶的条痕。

柱状石核，扁柱状，底端带有部分岩面，台面经精细修理，其长边的一侧有两条典型的间接剥片条纹。

扇形石核刮器，又称楔状石核刮器，典型器物普遍见于我国华北、东北及内蒙地区。在细石器文化遗存中，它体积不大，其一端有直接剥落梭形小石片的疤痕两条，有相邻长边有单面修理的刃缘。

## 二 小石片

一类是台面极小，剥离面上有小而圆凸的半锥体，两侧缘几乎平行，背面上半部有两条脊棱，横切面呈梯形，侧缘上有使用痕迹。

另一类为小长石片，体积也小，但厚度大，外形略呈梭形，横切面为三角形或梯形。这类小石片剥离面明显隆凸，但其上无明显的半锥体。有些标本其下端有剥落碎屑的痕迹，还有的尾端形歪。根据观察，这类石器多半是将石核或厚石片置于石砧上，用石锤直接敲砸，甚至是砸其台面的边缘而获得，故不少小石片上带有"两极石片"的特点。

## 三 尖状器

用小砾石或厚石片加工而成，器身横切面呈三棱形，尖端短而尖锐，亦呈梭尖状，器物外形颇似丁村大三棱尖状器，故可称为小三棱尖状器。此类器物似有特殊用途，可作雕刻器之用。

## 四 雕刻器

刃部修整成鸟喙状，与灵井文化中斜尖状器很相似，但器身较之为厚硕，适于执捏。

## 五 刮削器

单边刃刮器形状不固定，刃缘有直刃、凹刃和凸刃，共同的特点是与刃缘相对的一边侧甚为厚硕，多单面加工。

多边刃刮器，有相近两边均加工修理成双边刃刮器，也有刃缘由三边加工而成，有的加工精致，小巧美观而似靴形。

圆盘状刮器由厚石片的剥离面向背面连续加工修整而成，器身呈圆盘状，刃缘占周边的3/4以上。

圆头刮器，这类刮器器身较短，特点是加工其一端，有的由两极石片单面加工，刃部呈吻突状，器身圜曲，器型和大小与灵井文化的相似。

## 六　辐刀

这是一类特殊的凹刃刮器，凹刃修得深凹，可用来刮制骨针，箭竿之类。

综合这些遗址的出土物的特点来看，都是以燧石为主要原料，形体细小，多在5厘米以下，各遗址中只有少量的稍大型石制品。石器主要以直接打击加工而成，以背向加工为主，少量有间接法剥片的痕迹。石制品有第一类工具和第二类工具，石制品类型多石核和石片，作为砸击用的石锤，直接以砾石作为使用工具。第二类工具以刮削器为主，另有一定的端刮器、尖状器及雕刻器等，一般为长2—5厘米的细小石器，按用途分类，包括刮削器、尖状器、刀、箭头等。均为直接打制，既使用石核，也使用石片，大多数没有第二次加工的痕迹，仅有少数标本存在简单的第二次加工，由于没有间接的压制剥制技术，所以也没有典型的细石器，如细石叶、细石核等。除了箭头外，多数工具均是手执而非装柄的，同样也不见复合工具。它与细石器的异同是大小相当，因制作方法的不同，其形状也表现得不同。

元谋盆地发现的细小石器地点，均未发现有磨光石器和陶器（陶片）共存现象，而且，与细小石器共存的石片石器具有显著的旧石器文化风格。

元谋盆地的细小石器，与我国中石器时代的石片石器和细石器共存的陕西沙苑文化、河南许昌灵井以细石器为特征的灵井文化、西藏聂拉木细石器相比，有许多鲜明共性，如均有供间接剥片的锥状石核和相应的窄长小石叶、"扇形石核刮器"等。因此，将这些遗址和地点归入中石器时代是有科学依据的。[①]

---

[①] 周国兴、张兴永：《元谋盆地的细石器遗存》，载《北京自然博物馆研究报告》1980年第5期。

附表一　　　　　　　　云南古人类化石统计表

| 地点 | | 地质时代 | 地貌位置 | 人类化石 | 文化遗物 | 备注 |
|---|---|---|---|---|---|---|
| 蒙自县黄家山马鹿洞 | | 晚更新世 | | 头骨、颌骨、牙齿、肢骨化石 | | 洞内堆积层 |
| 施甸县 | 姚关乡小汉庄村万仞岗，姚关乡火星山大岩房，姚关镇老虎洞 | 晚更新世 | | 头骨化石1具 | 石、骨、角器百余件<br>石、骨、角器83件<br>石、骨等文化遗物 | 岩厦遗址<br>洞穴遗址 |
| 昆明呈贡龙潭山 | | 晚更新世 | 洞穴 | 顶骨、额骨、肢骨及牙齿近100件 | 石锤、石片、石核、砍砸器、刮削器等300多件，灰烬、烧骨等 | 多出自地层，少数为采集 |
| 丽江木家桥 | | 晚更新世 | 第二级阶地 | 股骨3根、头骨1具 | 6件石制器，包括石核和石片 | 均出自地层 |
| 西畴仙人洞 | | 晚更新世 | 洞穴 | 左下第2乳白齿和右下第一前白齿各1枚、右下第一或第二白齿1枚和右下犬齿2枚 | | 均出自洞内堆积层 |
| 昭通过山洞 | | 中更新世 | 洞穴 | 左下第一或第二白齿 | | 洞内堆积中采集 |
| 元谋上那蚌 | | 早更新世晚期 | 河湖堆积丘陵 | 同一个体的左右上中门齿各1枚。人类胫骨化石1段 | 旧石器时代早期的前一阶段，石制品17件，包括刮削器、尖状器、石核、石片。骨器及用火遗迹：炭屑和烧骨 | 元谋动物群 |

附表二　　　　　　云南旧石器统计表（1937—2006）

| 地点编号 | 地点名称 | 发现时间 | 发现者和研究者 | 材料摘要 | 发现方式 | 地点类型 | 年代估计 |
|---|---|---|---|---|---|---|---|
| 1 | 元谋县上那蚌 | 1973.10 | 袁振兴等 | 石器17件，含人化石 | 产自地层 | 旷野 | 旧石器时代早期 |
| 2 | 元谋县马龙村 | 1971 | 尤玉柱 潘悦容 | 石器2件 | 地表采集 | 旷野 | 旧石器时代晚期 |
| 3 | 元谋县四家村 | 1973.10—12 | 文本亨 | 石器30多件 | 部分地表采集 | 旷野 | 旧石器时代中期 |
| 4 | 元谋县下棋柳 | 1973.10—12 | 文本亨 | 一些石器 | 地表采集 | 旷野 | 旧石器时代中期 |
| 5 | 元谋县新村 | 1973.10—12 | 文本亨 | 石器若干 | 地表采集 | 旷野 | 旧石器时代中期 |
| 6 | 元谋县老鸦塘 | 1973.10—12 | 文本亨 | 石器1件 | 地表采集 | 旷野 | 旧石器时代中期 |
| 7 | 元谋县大能雨 | 1973.10—12 | 文本亨 | 石器若干 | 地表采集 | 旷野 | 旧石器时代中期 |
| 8 | 元谋县小横山 | 1984.2 | 文本亨 | 石器7件 | 部分地表采集 | 旷野 | 旧石器时代早期 |
| 9 | 元谋县大那乌 | 1973 | 周国兴等 | 细石器数十件 | 部分地表采集 | 旷野 | 中石器时代 |
| 10 | 元谋县牛肩包 | 1973 | 周国兴等 | 细石器若干 | 地表采集 | 旷野 | 中石器时代 |
| 11 | 元谋县石龙箐 | 1973 | 周国兴等 | 细石器若干 | 地表采集 | 旷野 | 中石器时代 |
| 12 | 元谋县老城公路梁子 | 1973 | 周国兴等 | 细石器若干 | 地表采集 | 旷野 | 中石器时代 |
| 13 | 元谋县下棋柳 | 1973 | 周国兴等 | 细石器若干 | 地表采集 | 旷野 | 中石器时代 |
| 14 | 元谋县哨房梁子 | 1973 | 周国兴等 | 细石器若干 | 地表采集 | 旷野 | 中石器时代 |

续表

| 地点编号 | 地点名称 | 发现时间 | 发现者和研究者 | 材料摘要 | 发现方式 | 地点类型 | 年代估计 |
|---|---|---|---|---|---|---|---|
| 15 | 元谋县老鸦塘 | 1973 | 周国兴等 | 细石器若干 | 地表采集 | 旷野 | 中石器时代 |
| 16 | 元谋县那猛渴 | 1973 | 周国兴等 | 细石器若干 | 地表采集 | 旷野 | 中石器时代 |
| 17 | 路南县山冲 | 1961.1 | 裴文中 周明镇 | 几件石片 | 地表采集 | 旷野 | 旧石器时代晚期 |
| 18 | 路南县安仁村 | 1961.1 | 裴文中 周明镇 | 20多件石核、石片 | 地表采集 | 旷野 | 旧石器时代晚期 |
| 19 | 路南县板桥白石岭 | 1961.6 | 裴文中 周明镇 | 石器1件 | 地表采集 | 旷野 | 旧石器时代中期 |
| 20 | 路南县板桥青山口 | 1961.3 | 李炎贤 黄慰文 | 石器1件 | 地表采集 | 旷野 | 旧石器时代中期 |
| 21 | 路南县板桥小野马畔 | 1961.3 | 李炎贤 黄慰文 | 20多件石器 | 地表采集 | 旷野 | 旧石器时代晚期 |
| 22 | 路南县红土坡 | 1961.3 | 李炎贤 黄慰文 | 一些石器 | 地表采集 | 旷野 | 旧石器时代晚期 |
| 23 | 路南县羊角基村 | 1961.3 | 李炎贤 黄慰文 | 一些石器 | 产自地层 | 旷野 | 旧石器时代晚期 |
| 24 | 路南县路美邑 | 1984.11 | 程明 李安民 | 石器1件 | 产自地层 | 旷野 | 旧石器时代晚期 |
| 25 | 呈贡县龙潭山二号洞 | 1975 | 胡绍锦 | 石器2000件，含人化石、角器 | 产自地层 | 洞穴 | 旧石器时代晚期 |

续表

| 地点编号 | 地点名称 | 发现时间 | 发现者和研究者 | 材料摘要 | 发现方式 | 地点类型 | 年代估计 |
| --- | --- | --- | --- | --- | --- | --- | --- |
| 26 | 呈贡县龙潭山一号洞 | 1977 | 胡绍锦 | 石器若干，含人化石 | 产自地层 | 洞穴 | 旧石器时代晚期 |
| 27 | 呈贡县龙潭山三号洞 | 1982 | 胡绍锦 | 石器若干，含人化石 | 产自地层 | 洞穴 | 旧石器时代晚期 |
| 28 | 官渡区小石坝野猫洞 | 1983.11 | 胡绍锦 程 明 | 石器10件 | 产自地层 | 洞穴 | 旧石器时代 |
| 29 | 官渡区大板桥仙人洞（注） | 1989.3 | 杨正纯 | 石器616件，含人化石，骨件 | 产自地层 | 洞穴 | 旧石器时代 |
| 30 | 官渡区八家村仙人洞 | 1987.4 | 胡绍锦 | 石器2件 | 地表采集 | 旷野 | 旧石器时代晚期 |
| 31 | 嵩明县黄龙山 | 1984.9 | 胡绍锦 | 石器43件 | 地表采集 | 旷野 | 旧石器时代中期 |
| 32 | 安宁县大天窗洞 | 1983.7 | 胡绍锦 | 石器6件 | 地表采集 | 岩厦 | 旧石器时代晚期 |
| 33 | 安宁县小黄塘 | 1987.7 | 杨正纯 | 石器200多件 | 地表采集 | 旷野 | 旧石器时代晚期 |
| 34 | 宜良县九乡张口洞 | 1987.7 | 胡绍锦 | 石器1826件，含人化石、骨器 | 产自地层 | 洞穴 | 旧石器时代晚期 |

续表

| 地点编号 | 地点名称 | 发现时间 | 发现者和研究者 | 材料摘要 | 发现方式 | 地点类型 | 年代估计 |
|---|---|---|---|---|---|---|---|
| 35 | 宜良县九乡扁嘴洞 | 1990.9—11 | 程 明 梁 银 | 石器若干，有骨器 | 产自地层 | 洞穴 | 旧石器时代晚期 |
| 36 | 晋宁县夕阳天生坝洞 | 1992.10 | 梁 银 程 明 | 石器若干，有骨器 | 产自地层 | 洞穴 | 旧石器时代晚期 |
| 37 | 丘北县黑龙箐洞 | 1937.4 | 卞美年 贾兰坡 | 石器2件 | 产自地层 | 洞穴 | 旧石器时代晚期 |
| 38 | 马关县九龙口洞 | 1973 | 袁振兴 陈德珍 | 石器2件 | 产自地层 | 洞穴 | 旧石器时代晚期 |
| 39 | 罗平县羊洞 | 1973 | 张兴永 | 石器若干 | 产自地层 | 洞穴 | 旧石器时代晚期 |
| 40 | 河口县孤山洞 | 1982.12 | 张兴永 | 石器2件 | 产自地层 | 洞穴 | 旧石器时代晚期 |
| 41 | 沧源县硝洞 | 1981.10 | 张兴永 | 一些石器 | 产自地层 | 洞穴 | 旧石器时代晚期 |
| 42 | 沧源县淌河洞 | 1981.10 | 张兴永 肖明华 | 石器若干 | 产自地层 | 洞穴 | 旧石器时代晚期 |
| 43 | 禄丰县杨家花园 | 1980 | 张兴永 | 石器若干 | 地表采集 | 旷野 | 旧石器时代晚期 |
| 44 | 禄丰县火车站 | 1980 | 张兴永 | 石器若干 | 地表采集 | 旷野 | 旧石器时代晚期 |
| 45 | 丽江县木家桥 | 1963 | 张兴永 | 石器若干 | 地表采集 | 旷野 | 旧石器时代晚期 |
| 46 | 江川县甘塘箐 | 1988.9 | 张兴永 高 峰 | 石器"上万件"有骨器 | 产自地层 | 旷野 | 旧石器时代早期 |

续表

| 地点编号 | 地点名称 | 发现时间 | 发现者和研究者 | 材料摘要 | 发现方式 | 地点类型 | 年代估计 |
|---|---|---|---|---|---|---|---|
| 47 | 峨山县老龙洞 | 1990.9 | 白子麒 | 石器2件，有骨器 | 产自地层 | 洞穴 | 旧石器时代晚期 |
| 48 | 蒙自县马鹿洞 | 1989.8 | 张兴永 郑良 | 石器89件，含人化石、骨角器 | 产自地层 | 洞穴 | 旧石器时代晚期 |
| 49 | 保山市塘子沟 | 1981.11 | 邱宣充 刘晖 | 石器400，骨器，含人化石 | 产自地层 | 洞穴 | 旧石器时代晚期 |
| 50 | 保山市龙王塘 | 1987.1 | 张兴永 耿德铭 | 石器41件，骨器 | 产自地层 | 洞穴 | 旧石器时代晚期 |
| 51 | 施甸县万仞岗 | 1987 | 乐琪 李枝彩 | 石器51件，含人化石，骨、角器 | 产自地层 | 岩厦 | 旧石器时代晚期 |
| 52 | 施甸县老虎洞 | 1987.1 | 乐琪 | 石器193件，有骨角器 | 产自地层 | 洞穴 | 旧石器时代晚期 |
| 53 | 施甸县大岩房 | 1987 | 乐琪 | 石器若干，有骨角器 | 产自地层 | 旷野 | 旧石器时代—新石器时代 |
| 54 | 施甸县大马圈岩房 | 1987 | 乐琪 | 石器20件，有骨器 | 地表采集 | 旷野 | 旧石器时代—新石器时代 |
| 55 | 富源大河 | 2001 | 吉学平 | 石制品2000余件、人牙化石及动物骨骼数千件 | 发掘 | 洞穴 | 旧石器时代晚期早段 |
| 56 | 景洪市檀米妈囡 | 1996 | 高峰 | 石器34件及大动物化石 | 发掘 | 洞穴 | 旧石器时代 |
| 57 | 景洪市橄榄坝 | 2006 | 吉学平 | 石制品100余件 | 采集 | 旷野 | 旧石器时代 |

注：依照1985年昆明市人民政府批准编绘官渡区十万分之一地图，此地点宜更名为大板桥仙人洞遗址。

# 第三编

## 新石器时代

# 第十四章

## 概　　述

　　人类把原有的生产工具打制石器，即旧石器进一步加工成磨制石器，即新石器时，便进入新石器时代。人类还发明了农业，开始种植作物；发明养殖业，饲养家畜和家禽；发明制陶术和纺织术，学会用麻纺纱织布缝制衣服，不再像旧石器时代的人们那样冬披兽皮，夏围树叶或赤身裸体了。

　　新石器时代生产工具发展的特点，是磨制石器的出现。人类用钻、磨等新技术制作石器，可以大大提高工具的效率。石器钻孔以后能更牢固地和木柄结合，构成复合工具，反复磨制还可以多次使用，特别是一些最坚硬的石料，只用打制法不能得到恰当的器形，磨制则能达到目的。因此，新石器时代标志着生产工具发展的一个新水平。随着磨制石器的广泛运用，工具的种类在不断增加，并朝专业方向发展，如斧、锛、铲、凿、刀、镰、锄、矛之类。厚实坚硬的石斧、石锄是伐木开荒的主要工具，矛、弓箭用于狩猎，捕鱼工具除鱼叉而外，还使用了鱼钩和鱼网。陶器的发明和使用，也是这时期的一个突出的成就。陶器可以制成各种器皿，用以煮熟和储藏食物，并作其他生活用品。

　　新石器时代的重要标志是农业、畜牧业的发明，它使人类的经济生活从依赖天然物质的"攫取经济"到改造自然的"生产经济"；从采集渔猎经济进入农业、畜牧业经济，这是一种革命性的变革。人类在狩猎劳动的长期实践中，发现某些动物可以驯化，首先驯化的动物是狗，其次是山羊和猪。约在新石器时代中期以后，较大规模的畜牧才出现。

　　发明农业的主要是妇女，因为采集多半由她们担任，在这过程中熟悉了某些植物的生长规律，便由采集发展为种植，逐步培育出一些优良的农作物品种，有计划地播种和收获。

新石器时代人类的社会组织是氏族组织，氏族成员集体劳动、共同生活、地位平等。生产力十分低下，食物严重匮缺，人类过着原始的共产主义，平均分配仅有的劳动果实。新石器时代大部分时间，人类处于母系氏族社会阶段，到新石器时代末期，由于生产力的提高，出现一些剩余粮食和其他生活资料，由于男子地位上升，开始主宰氏族成员，人类进入父系氏族社会，并开始出现贫富分化，氏族成员地位也出现高低不等，占有生产资料和分配食物也出现多寡不均，随着青铜时代的到来，人类社会便开始有了阶级分化、城市、国家随之诞生。

大约在10000年前，我国已进入新石器时代，云南远古文化是"超前滞后"的。目前尚未发现云南新石器时代早期的遗址或墓葬，云南何时进入新石器时代尚待新的考古发现和进一步的研究。

迄今为止，在云南全省1/3以上的县市发现新石器时代的遗址、墓葬和零星采集点多达数百处。从遗址分布的自然环境看，有河旁台地、贝丘遗址和洞穴遗址三种。从文化内涵看，李昆声等将云南新石器时代文化分成8种类型[①]，并被白寿彝总主编、苏秉琦主编的《中国通史》第二卷所采纳[②]。

云南北界康藏高原，南接中南半岛，西北部由金沙江、澜沧江、怒江并行入境，横断山脉南北平行排列，海拔高达3000米至5000米，在高山峡谷之间，就是古代氐羌文化的族群顺流南迁的通道；而滇东南则是由珠江流域西进的百越文化交汇带；滇南、滇西又是沿红河、澜沧江、怒江、伊洛瓦底江南下的古代濮、越文化族群迁徙路线，这就使云南形成了我国古代民族迁徙融汇的走廊和交汇点。因此在氏族社会时期，氐羌、百越、百濮三大族群的先民们就繁衍生息于云南这块古老的土地上。在地域分布上，奠定了云南多民族聚居和杂居的基础，而且创造了不同类型的灿烂的新石器文化。云南各民族的悠久历史，无可辩驳地说明：云南自远古以来就是我们伟大祖国不可分割的一部分，它与祖国内地文化血肉相连，息息相关。

---

① 李昆声、肖秋：《试论云南新石器时代文化》，《文物集刊》第二辑，文物出版社1980年版。
② 白寿彝总主编：《中国通史》第2卷（苏秉琦主编），上海人民出版社1994年版，第510—522页。

# 第十五章

# 新石器时代以来云南的地理环境

进入新石器时代以来,云南大致的地理环境格局与现代相似。业已形成了滇西横断山脉、滇东高原的地势、地貌,六大水系的调整大致成型,湖泊数量和面积较今为多,气候大致与今天相似,但有冷暖、湿干的波动,植物面貌与今天也大致相同。

## 第一节 以滇池为中心的滇中地理环境

在5万—1.18万年以前,滇池地区出现一定含量的云杉、冷杉花粉,铁杉的比例也比较高,栎、白栎、青枫也有一定的含量,说明昆明周边山地植被垂直地带性分布已很明显,山地上生长有云杉、冷杉、铁杉,周围生长着青枫等耐凉的常绿阔叶林,据此推算当时气候较今天低2℃。1.18万—0.5万年前,落叶栎类植物增加,松树比重仍然很大,表明气温回升,植被为针阔混交林。6900—3800年前常绿的青枫、栲等占较大比重,气候暖湿,呈现出常绿阔叶林的景观。3800年前以来,松属占到75%以上,另有一定含量的青枫、石栎等,说明昆明周边也有针阔混交林,气候温干。在滇池周边已发现新石器时代遗址二三十处,此时滇池一些浅湖沼泽被断层抬升成湖盆阶地。[①] 新石器时代晚期,周围山地的抬升与河流的冲淤,滇池水面缩至现今湖面的大约两倍的面积,水面高程约1890米,大湖被分解,湖面偏至南侧。主要证据有:在上述范围内发现一层富含大螺蛳属的绿色石灰质湖成粉砂土及一系列含有尾部被人类敲掉的螺壳、陶

---

① 肖家仪等:《云南昆明地区5万年以来的古植被与古环境演变》,《第四纪沉积物与大环境》,1991年。

土、磨制石器和骨器等。从新石器时代以降，滇池水面不断萎缩，形成两湖并存——北部的滇池、南部的"大泽"并存的局面。北部的"滇池泽"位于今龙头街一带，南部的"大泽"即为今日的滇池。滇池水面当时海拔可能在 1900 米左右，其时五华、圆通等山皆为岛屿。东汉时滇池水域因构造抬升和河流冲淤已从"方三百里"缩小至"周围二百余里"，龙头街一带的"滇池泽"已不复存在。益州郡太守文齐遂"造成陂池，开通灌溉，垦田二千余项"①，是昆明地区最早见于史籍的水利工程的记载。

## 第二节 以洱海为中心的滇西地理环境

可以洱源西湖为例说明滇西地区的状况。在 14000 年以前，洱源西湖西边生长有铁杉、云杉、冷杉、桦、松、栎等，说明针叶林较为繁盛，气候较为湿凉。12000—6000 年前仍以冷杉、云杉、桦等为主，气候干凉。8000—7000 年前除铁杉、松、桦等为主外，增加了一些喜暖植物，如锥栗、枫杨等，植被为针叶阔叶常绿混交林，气候向温暖方向发展。7000—4000 年前一些喜暖植物增加，气候更加暖湿，可能为最适宜气候期。4000 年以来植被与气候已与现今相似②。根据对云南鹤庆盆地的古气候与环境的研究③，30000—14000 年前鹤庆地区森林植被发展，主要优势种有铁杉、高山栎、松，并伴随有少量红豆杉、冷杉、桦等，据现今山地垂直带谱分布，铁杉等仅在青藏高原东南边缘山地寒温带针叶林地带，海拔一般在 3000 米左右，与寒温带山地高山栎等分布海拔比较接近。此外，在丽江玉龙雪山的 3000 米左右为云南松、云杉、黄背栎等针阔混交林分布，向上过渡为纯云杉材，受夏季云雾影响，环境比较湿润，根据山地垂直温度梯变率推测，气温可能比目前低 5—6℃。14000—11000 年前时期，铁杉、高山栎等树种减少，针叶树松有所增加，气候偏干；1.1 万—1.0 万年前高山栎、云杉增加，针叶树松减少，气候向冷湿变化，林线上升，属晚冰期时期。10000 年以来至 8700 年前松和草本增多，表明是温偏湿气

---

① 《后汉书·西南夷列传》。

② 徐仁：《云南中—西南部晚更新世—全新世花粉分析》，《中澳第四纪学术研讨会论文集》，科学出版社 1987 年版。

③ 蒋雪中：《云南鹤庆盆地 30Ka 以来的古植被与古环境演变》，载《湖泊科学》1998 年第 2 期。

候。8700—8200年前气候曾一度回升，6000—5600年前气候变凉变湿，5600—3750年前鹤庆盆地区植被发生明显转变，针叶树松、云冷杉及硬叶树种高山栎普遍减少，草本发育，森林面积明显缩小，植被已发育成疏林草原类型。3700年前以来，森林植被有所恢复，主要树种为松树，高山栎、铁杉林下灌丛也较发育，气候变得较为凉湿。洱海湖面变化也反映了苍洱地区的气候环境变化[1]，8100—7400年前气候偏温暖湿，湖面较高；7400—6900年前气候偏凉干，湖面降；6900—5900年前气候由湿干向暖湿转化，湖面上升；5900—4700年前气候温湿—冷干—暖湿变化，湖面波动；4700—4000年前气候偏暖干，湖面较低；4000—3500年前气候偏冷湿，湖面较高；3500—2200年前气候温干，湖面较低；2000—1100年前气候冷湿，湖面较高；1100年前以来气候温干，湖面较低。据考古资料显示，元朝以后洱海湖滨平原的白族村落开始出现，从侧面反映了气候变干，洱海湖岸向湖泊推进的环境变化过程。

通过实地考察[2]，结合洱海特定地质、气候环境下的发展状况，大致概括出大理城市发展5个阶段的历史：阶段Ⅰ：第四纪沉积与湖泊的形成演化，在气候的冷暖交替下，洱海水面也高低变化，从早期的湖盆发育一直到洱海的形成，湖泊规模也随之扩张、收缩。但当时洱海范围要比现在大得多，湖面高度曾高达2000多米。早在旧石器时代，先民们就在洱海边天然优良的环境下生存。阶段Ⅱ：8000—4000年前，气候冷暖波动频繁，湖面水位波动不定，湖面存在上升下降现象，这是与当时的气候变化相适应的，气候温湿对应高湖面，冷干就对应低湖面。阶段Ⅲ：4000—2200年前，气候变湿，湖面较高，当时洱海为大湖面环境，另外苍山高耸，在这种优越的地理环境下，先民们已经进入新石器时代，先民们利用苍洱之间有利的地形地势，已经建筑房屋，从事农耕，种植稻谷，过着定居的农业生活。1973—1974年在洱海东部宾川县宾居镇白羊村发掘的原始社会稻作聚落，其放射性碳同位素年代为距今3770±85年，是云南具有代表性的新石器文化遗址。同类遗址在大理、洱源、剑川等地都有发

---

[1] 张振克等：《全新世大暖期云南洱海环境演化的湖泊堆积》，载《海洋与湖泊》2000年第3期。
[2] 沈明洁等：《洱海环境演变与大理城市发展的关系研究》，载《云南地理环境研究》2005年第6期。

现。早在1939—1941年，中央博物院吴金鼎等人曾对大理苍洱的佛顶、马龙、龙泉和白云等新石器文化遗址进行了发掘。马龙遗址位于大理古城西南，马龙峰下，高出现洱海水面300多米，4000年前的先民们就居住在这里沿海拔2500—2200米一线向阳避风的台地上，这些遗址大多分布在缓坡和小山上，还有溪流旁台地上、洞穴中或小岛上，当时这些地区气候适宜，依山傍水，而且现代三角洲沉积之下普遍也有该时期的湖相地层分布。阶段Ⅳ：2200—1500年前，汉晋时期，气候温暖干燥，湖面有所降低，正好对应了洱海湖泊沉积记录的冷事件，人类在改造自然的同时，也适应了洱海2000年来的演化，古人已从山前台地逐渐迁移至海拔较低的山缘冲积洪积扇平原。阶段Ⅴ：1500年前—至今，唐宋以来，根据湖泊沉积记录，气候温干，湖面较低，湖岸线向前延伸了600—1000米，水位降至1980—1985米，与此相适应，人类再次从山缘地带下迁，到达了今滇藏公路（214国道）一线海拔为2100—2000米一带广阔的湖滨平原。

## 第三节　云南其他地区的地理环境

滇南地区目前地处北热带和南亚热带，气候暖湿。在历史发展中，气候环境也曾有过变化。根据对西双版纳勐遮盆地的研究[①]，大约在39000—24000年前，当地植被以罗汉松科为主的针阔叶林繁盛，气候温凉湿润；24000—10000年前，植物以松科和壳斗科为主，反映气候干凉；10000年前左右，气候开始转暖，喜湿热植物增多。勐海地区的古气候环境，大致情况是[②]，42000—38000年前为暖温干燥期，生长的植被是热带亚热带的常绿树种；38000—29000年前为凉湿期，蕨类和水生草本植物增多，推测其气候较今低1.5—3.5℃，年均降水较今多500毫米以上；29000—27000年前为温凉期；27000—11870年前为凉湿期，11870—8270年前气候继续温凉，气温较上阶段上升约2℃；8270—4670年前有大量热带种类出现，禾草和喜温热的蕨类大量出现，反映此阶段气候最为适宜；

---

[①] 刘金陵等：《云南勐遮盆地晚更新世植被及环境变迁》，《中澳第四纪学术研讨会论文集》，科学出版社1987年版。

[②] 唐领余：《云南勐海更新世古环境变迁》，《中澳第四纪学术研讨会论文集》，科学出版社1987年版。

4670±180—1660±150 年植被面貌与目前当地植被接近。

滇东北地区以宣威为例①。通过对宣威下水龙洞中的石笋进行古气候环境分析，4.6 万—3 万年前间，该区域为温偏凉的湿润气候；3 万—2.2 万年前间是温凉湿润阶段；1.25—1.16 万年前为凉偏冷的半湿润阶段；1.14—0.78 万年前表现出寒冷干旱，7100—3150 年前为冰后期的全新世大暖期，西南季风得到加强，总体上呈现出气温偏暖，温暖湿润；2850—2750 年前西南季风和东亚冬季风相对加强，表现出温偏凉半湿润环境。滇东北地区一方面受高原和高度的影响，另一方面处于东南亚季风与西南季风交替影响区的边缘地带，既受西南季风影响，也受东南季风的影响。

由于进入新石器时代以来，云南总体地理环境上呈现出较为稳定的滇西横断山脉和滇东云南高原的地貌格局，地势由滇西北梅里雪山主峰卡格博 6740 米向东南倾斜，地势呈台阶状下降，降至河口县南溪河与红河的交汇处 76 米；气候上由于地处低纬度高原，地势自西北至东南下降，地貌类型复杂，气候类型呈现出复杂多样性，出现了大致相当于我国海南岛到黑龙江的气候类型，成为中国气候的缩影；因此，也出现了动植物分布的多样化，呈现出东南交流、南北汇集的特点，形成了适合人类生存发展的多样化的人居环境，造就了云南生物多样性、资源多样性、景观多样性、民族多样性、文化多样性等众多的多样性特征，被称为"七彩云南"。就其自然山水景观而言，具有其奇特性（如堪称世界自然奇观的三江并流、石林、虎跳峡、腾冲火山地热、北半球纬度最低的冰川雪山群）、多样性（除海洋景观以外的几乎所有景观类型在云南几乎都可以找到）、古老性（从前寒武纪直至现代的地质遗迹、古生物化石、古人类化石、新旧石器时代的动物群等）、组合性（如大理的"风花雪月"，山水景观与民族风情的紧密结合等）、广布性、地域差异性等②；就其民族文化而言，因其自然地理环境的复杂性和多样性，不仅造就了地域文化的多样性特征，云南新石器时代文化可划分为 8 种不同类型可以说即是一个例证，也造就了云南现有民族文化的多样性十分突出，有如前述的北方、南

---

① 张美良等：《云南宣威 4.6 万年以来洞穴石笋古气候变化记录》，载《沉积学报》2002 年第 1 期。

② 明庆忠等：《旅游规划教程》，南开大学出版社 2006 年版。

方民族沿着南北向延伸河谷等通道的迁徙和文化的交流，这也是藏彝文化走廊、南方丝绸之路、茶马古道等形成和发展的重要原因；也有因地理环境相对的封闭性民族文化的自身发展和保存，如泸沽湖地区摩梭人的发展和母系社会文化的保存，新平嘎洒等地的花腰傣、怒江的怒族傈僳族等。云南所形成的"九分山和原，一分坝和田"的基本地理格局，不仅造成交通险阻，对外交流存在较大困难，社会经济发展难度较大，历史上总体发展水平低于中原地区等现实以外，也形成了云南省内社会经济与文化发展的地区差异性。概括性地来看，山间盆地（云南俗称"坝子"）发展水平高于山区，滇中高于其他地区，曾经有着古道途经地区（如昭通、曲靖、昆明、保山等）的文化发达程度高于其他地区等。因此，虽然不讲环境决定论，但地理环境的优劣、地域差异等在较大程度上影响着云南及云南省内的地区经济社会、文化的发展。

# 第十六章

# 云南八种类型的新石器时代文化

## 第一节 滇池地区的新石器时代文化

### 一 遗址的分布及特征

滇池是我国西南地区第一大湖泊，全国第六大淡水湖。湖岸线长150多千米，最大湖水面积330多平方千米，流域面积2960多平方千米。滇池地区气候温暖、雨量充沛。东岸土地广阔肥沃，很适合古代居民在此进行农耕和渔猎活动。

20世纪50至60年代，考古工作者在滇池地区发现新石器时代遗址20多处。其中，滇池沿岸有17处：官渡、石碑村、石子河、古城、团山村、石寨山、河泊所、渠西里、兴旺村、后街、老街、白塔村、白塔山、黑林铺、乌龙铺、安江、象山。这些遗址中，离滇池最近者团山村遗址仅150米，最远者白塔村有6公里。多数遗址分布在滇池东岸。有些遗址可能延续至青铜时代，有的遗址时代属青铜时代，需进行全面考古发掘才能逐一识别。

抚仙湖、星云湖和杞麓湖地区也分布着属滇池地区新石器时代文化的遗址。比较重要的有20世纪80至90年代发现的江川县光坟头、太平地、螺蛳山遗址；通海县空山、打坝山、海东遗址。

滇池地区新石器时代文化的西界已到禄丰县。该县金山茅草洼、长地箐、衫老棵、赵家村、北厂、孙家坟、麻栗坡、启明桥、腰站等地均发现属滇池地区新石器时代文化的有段石锛、有肩有段石锛。

滇池地区新石器时代文化的东北界已达宣威市，20世纪80年代发现的宣威格宜区启文乡尖角洞洞穴遗址属于这一文化。

滇池沿岸遗址分布情况如下：

第一种情况，分布在平地上的遗址，分为两种类型：

第一种类型，遗址分布在平地上，螺蛳壳堆积成小山，如官渡、河泊所、兴旺村和老街等遗址。面积最大的老街遗址，约 500×130 米；堆积最高的河泊所遗址，高约 8 米。此类遗址的特点是螺蛳壳堆积较高，而且往往暴露在地表面，极引人注目。

第二种类型，遗址也分布在平地上，但螺蛳壳堆积并未形成高堆状，也没有大量暴露在地表面，文化层是深灰色的松土，其中夹杂少量螺蛳壳。此类遗址保存较好，如白塔村和后村等遗址。

第二种情况，分布在山上的遗址，也分为两种类型：

第一种类型，分布在高约 9 至 17 米的小山上，如团山村和渠西里等遗址，保存尚好。

第二种类型，分布在高约 33 至 45 米的山腰中，如白塔山和石寨山。此类遗址的螺蛳壳堆积暴露在地表面，但堆积不高，也不太引人注目，保存情况也还好。

遗址最明显的特征是普遍存在螺蛳壳堆积，江川头咀山、螺蛳山、光山遗址和滇池沿岸遗址情况相同。滇池沿岸遗址中每个螺蛳壳尾部均有一个被敲通的小孔，表明捕捞螺蛳是当时滇池沿岸居民经济生活的重要手段，取食螺肉的方法是敲破螺蛳尾部，这种古老的方法一直沿袭至今。

## 二 遗址的文化内涵

遗址的文化内涵包括陶器、石器和骨器。遗物以陶片为主，石器次之、骨器再次之。

陶器有下列三种：

1. 泥质红陶，占 80% 以上，陶质差，器壁厚，火候低，均为手制，制作粗糙，口缘上常有手捏痕迹。用稻穗、稻壳作垫，故可在陶器上看到稻穗、稻壳的痕迹，有的还可以看到稻壳。器形简单，有凸底浅盘、平底小碗和卷边小碗等，器底有同心圆圈纹饰。

2. 夹砂红陶，一般轮制，少数手制，以白色螺蛳壳作掺和料，陶质较差。器形有侈口罐、直口罐、盆、钵、釜、圈足器等。纹饰有小方格纹、斜方格纹、草叶纹、斜线纹、点纹或由人字纹、斜十字纹组成的图案。除小方格纹为印纹外，其余均为划纹。

3. 夹砂灰陶，手制或轮制，以螺蛳壳细末作掺和料，器壁薄。器形有侈口罐、带流罐、圈足器和器盖等。纹饰有斜十字纹、波浪纹、小方格纹和斜线纹等，均系划纹，有的表面磨光。

以上三种陶器在各遗址中多寡不等，其中石寨山、河泊所、白塔山等处，以泥质红陶为多，夹砂红陶少见，制陶技术比较原始，大约是比较早的遗址。另一些遗址的泥质红陶较少，夹砂陶较多，器形较大，制作也较精致，时代应当较晚。有的遗址可晚至青铜时代。

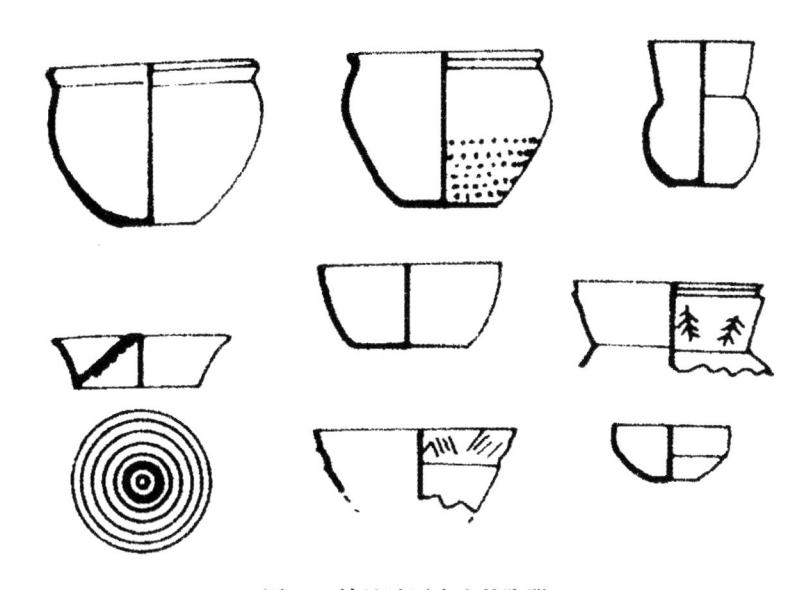

**图39 滇池地区出土的陶器**

在江川头咀山、螺蛳山、光山遗址采集到的陶片，和上述三类陶器的质地、花纹、器形特征均一致。而且，在泥质红陶器的器壁也夹有稻壳和稻穗芒痕迹。

石器种类有石斧、石锛、细腰石锤、砺石、石锥、石敲砸器、石刀形器等。石器磨制较多、打制较少。

本区石器最有特色的是有肩有段石锛。如滇池沿岸采集的一件，安宁王家滩遗址采集一件和江川头咀山遗址采集的一件有肩有段石锛，就是滇池地区新石器时代遗址重要的文化特征。以江川头咀山有肩有段石锛为例："灰绿色砂石、磨制精细；器身扁平，正面平直偏刃；背面上段断面呈长方形，中部右边有一道装柄系绳的浅沟痕迹，往下微微隆起，两侧肩部凸出，弧刃。长6.3厘米、刃宽6.9厘米、厚2厘米，与海南省陵水坡村遗址出土的石锛较为相近。"而本省其他地区没有此类石锛。此外，与广西左右江流域新石器时代的有肩有段石锛也比较接近。

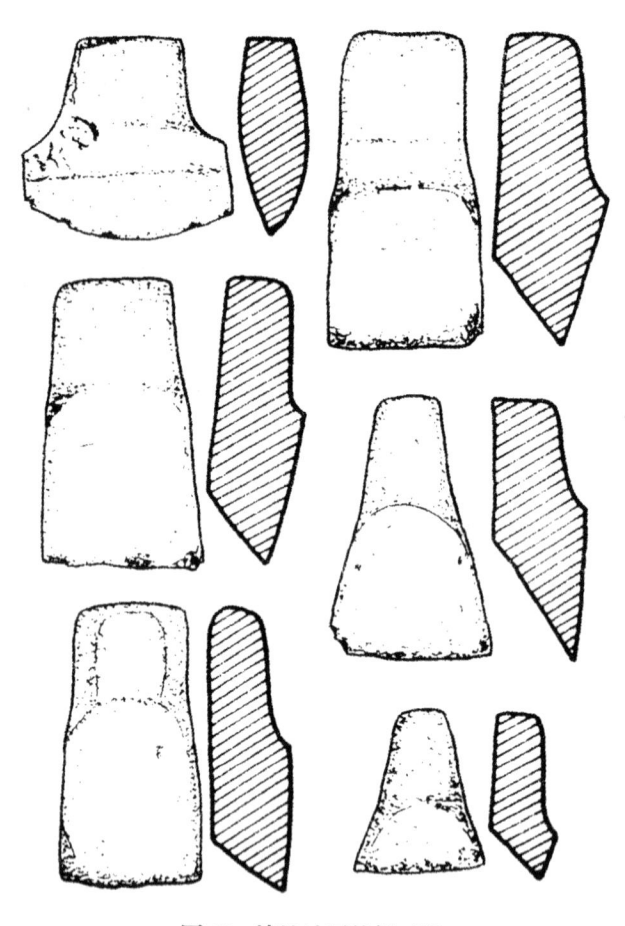

**图 40　滇池地区的新石器**

本区有肩石斧与洱海地区石斧不同，洱海地区的石斧多为梯形和扁圆柱体形石斧；本区石斧与滇西北维西县发现的磨光石斧亦无共同之处。

本区陶器中，富有特色的手制泥质红陶器在洱海地区、滇东北地区和金沙江、澜沧江、怒江流域新石器遗址中均未发现过。就器形而言，本区80%以上的陶器是平底和凸底小碗、浅盘；而洱海地区多带流器和带把器；滇东北地区多小平底带耳瓶。就陶器纹饰而言，本区以划纹为主，洱海地区则以断线压纹为主。而遗址中大量的螺蛳壳堆积亦为本区之特色现象，在本省其他地区，甚至同为湖滨的洱海地区新石器时代遗址中较少见。

综上所述，滇池地区新石器时代文化是与本省其他地区有别、自成体系的一种文化。由于磨制石器大大多于打制石器，它不是本省较早的新石器文化，但遗址本身应有早晚之分，含泥质红陶较多的遗址，从陶器制作技术和器形的单一来看，应当较早。而含夹砂陶较多的遗址，因为陶器制作较好，器形大，纹饰复杂，应当是较晚的遗址。

本区遗址中出土的石器以石斧、石锛为主，晚期遗址中所出夹砂陶器形大，种类多，纹饰精美，表明遗址先民们已经进入早期农业阶段。从陶器上稻壳、稻穗之痕迹可知，经营的农作物主要是稻谷。而从遗址濒临湖泊、有大量螺蛳壳堆积和每个螺蛳壳尾部均被敲通，遗址中还出陶网坠等情况判断，捕捞是遗址居民们经济生活的重要手段，螺肉是食物的一个重要来源。

从遗址的各种现象进行综合分析，滇池地区新石器时代文化是一种以捕捞、渔猎和农业相结合的史前文化。

### 三 遗址的年代

本区新石器时代文化多数为贝丘遗址，有的遗址螺蛳壳堆积厚达9米。中科院贵阳地球化学研究所曾对晋宁石寨山贝丘遗址内出土的螺蛳壳进行放射性 $C_{14}$ 测定年代，时代为距今 4260±165 年。考虑到螺蛳壳测定的年代往往偏老，石寨山贝丘遗址的实际年代没有测定的年代那么古老。

通海县海东村遗址共测定过3个年代，对遗址中1号墓内人骨进行放射性 $C_{14}$ 测定，年代为距今 3945±100 年；对13号墓内人骨测定的年代为距今 4235±150 年。对通海县黄家营贝丘遗址内螺蛳壳进行放射性 $C_{14}$ 测定年代为距今 5020±80 年。黄家营贝丘遗址的实际年代应比距今5000年左右要晚。

滇池地区的贝丘遗址不完全属新石器时代，有些贝丘遗址已进入青铜时代，2005年云南省文物考古研究所在位于滇池西岸的昆明西园发掘的贝丘遗址中发现铜片、铜锥、铜鱼钩，应属青铜时代的贝丘遗址。[1]

滇池地区新石器时代从文化面貌、经济水平、年代测定等综合因素判

---

[1] 云南省文物考古研究所：《文物考古年报》，2005年。

断，应属新石器时代晚期文化，距今 4000 年左右。

## 第二节　滇东北地区的新石器时代文化

### 一　发现和分布

1954 年发现的马厂遗址位于鲁甸县文屏乡马厂村周围。该村建在一座小丘陵之上，周围是一片沼泽，史前文物和树木均埋在沼泽之中。1959 年在昭通市北 12 公里的官寨发现闸心场遗址，云南省文物工作队进行过试掘。1982 年在鲁甸县野石发现一处大型聚落遗址[1]。1992 年，在巧家县城发现新石器时代的石棺墓和土坑墓[2]。

滇东北地区新石器时代文化分布在鲁甸、昭通、巧家、大关、绥江等市县。

本区新石器时代文化以闸心场类型为代表，闸心场遗址距昭通城 12 公里，附近是丘陵地带。在闸心场西面约 130 米处，紧接着小米村北面，有一片开阔高地，南北约 400 米、东西约 500 米，在高地中心和北面断层边缘，发现 3 个地点暴露出陶片。第 1 地点堆积较厚，面积也较大，共有 4 层堆积：第 1 层，耕土，厚 6—30 厘米；第 2 层，黄灰色沙土，厚 48 厘米；第 3 层，黄色胶土；第 4 层，黑色胶土。在黄色及黑色胶土中，各夹有一层密集的陶片和少数石器，厚 10—40 厘米。这两层陶片不相连接，陶片极为破碎。

在出土陶器和石器中，石器 4 件，1 件只残存上半段，似为斧类，其余 3 件基本完好。石锛两件，大的一件呈梯形，双面刃，刃的斜度不完全对称；小的一件较为窄长，两面刃的斜度对称。另有 1 件扁圆形石器，磨制极精，发现时已残缺。

在探沟中发掘出 300 多块陶片。除 2 件外，其余都很破碎，不能复原。从残片上看，泥质橙黄陶最多，其中少部分有平行划纹和点线纹及粗弦纹，多施于器物口沿及肩部，器形有平底侈口罐及瓶类。其次为灰陶，颜色不纯。器形多为长颈单耳小瓶，和马厂遗址相同。比较完整的器物有

---

[1]　游有山：《鲁甸野石新石器时代遗址调查报告》，载《云南文物》1985 年 12 月（总第 18 期）。

[2]　游有山：《巧家县发掘新石器晚期墓葬》，《中国文物报》，1992 年 8 月 2 日。

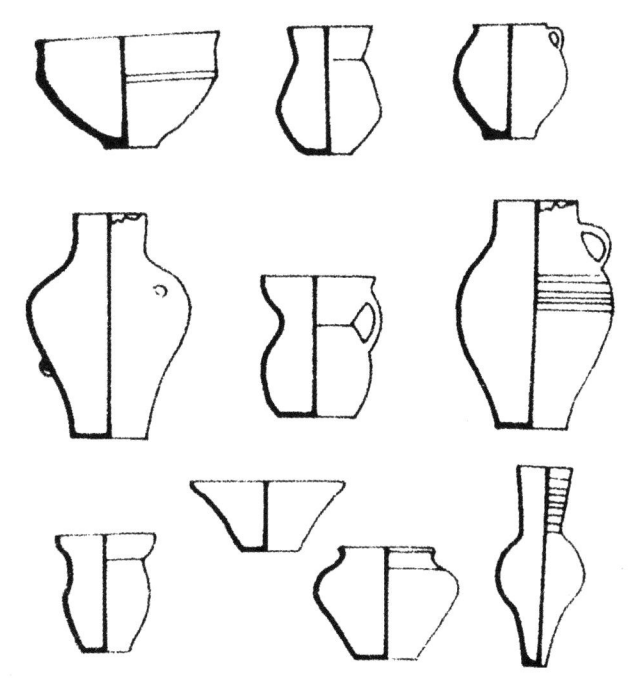

**图41　闸心场和马厂出土的陶器**

2件，其一为平底侈口罐，系泥质橙黄陶，口壁有粗弦纹3道，腹部稍鼓。此类罐在马厂遗址中也有，多数都有单耳，这件因上端缺了一块，不知原来是否有耳。单耳小瓶1件，泥质红陶，因火候不均，部分表面呈红黄色。侈口、细颈、鼓腹，腹下端逐渐收缩为细圆柱状，小平底，耳已缺，此类瓶在马厂遗址中较为普遍。

闸心场新石器文化与马厂虽同属一个类型，但陶器的样式似乎没有马厂多，烧造技术也差一些。而且纯色陶器见少，多为红灰间杂。马厂陶器有一部分涂过一层黑色陶衣，这里陶器不知涂过与否？目前尚未发现这种做法。从陶器上看，它的时代可能比马厂遗址稍早一点，根据昭通地区的历史沿革来看，其下限不会晚于战国以后。

## 二　分析和讨论

云南全省的新石器文化遗存，先后已发现数百处，大部分集中在滇池地区和洱海地区，马厂遗址的调查和闸心场遗址的试掘，使人们对滇东北地区新石器时代的文化面貌和特色有了一些认识。从器物上比较，这里没有出土石刀和石镞，常见的是梯形石锛，陶器以带耳小平底瓶和侈口小罐为最多，而在滇池和洱海地区没有发现过这两种器形。陶器的纹饰种类不多，比较常见的是平行划纹和粗弦纹，滇池地区的各种划纹和洱海地区断线压纹在这里尚未发现，洱海地区的橙黄色陶及滇池地区的泥质红陶在这里都没有发现。闸心场虽有许多陶器外表呈红黄色，但胎质仍为灰色，马厂陶器中有少数表皮极黑、打磨光亮，在滇池地区也不见。由于遗址发现较少，器物发现也少，对于滇东北地区新石器文化的全貌，还有待于今后进一步工作后才能再进行全面分析。

2002年，文物工作者在本区鲁甸马厂遗址进行调查，采集到一件铜矛。此前，20世纪80年代省文物队试掘马厂遗址时发现过一件铜斧和一件铜剑[①]。说明本区有的新石器时代遗址使用时间较长，有的已延续至早期青铜时代，甚至过去确定为新石器时代晚期的遗址，有可能属于青铜时代。

## 第三节　滇东南地区的新石器时代文化

1974年首次在麻栗坡小河洞发现，1975年对小河洞遗址进行清理。本区新石器时代文化分布于麻栗坡、富宁、马关、广南、砚山、文山、金平、西畴等县。以麻栗坡小河洞类型为代表。

小河洞遗址位于麻栗坡县城附近的畴阳河西岸，系洞穴遗址，有一条溪水从洞内流出，遗址之文化层大部分被溪水冲刷。考古工作者在洞内开一个16平方米的探方，淤泥下面为文化层，土色为黄灰色，夹杂较多的红烧土粒和碳屑，厚80厘米左右。文化层中除发现石器、陶片外，还发现一处火塘遗迹。

小河洞遗址出土的石器以磨制精致的有肩石锛、靴型石锛和三角形石刀为代表。此外，还有梯形和长条形石斧、石印模等。陶器无完整器，均为陶片。其中夹砂灰褐陶占85%以上，其次为夹砂红陶。纹饰以绳纹为主，还有划纹、附加堆纹等。出土动物碎骨较多，有鹿、野猪、熊等。在文化层底部红烧土上面的灰烬中发现大量螺蛳壳，可见渔猎在当时占相当

---

①　丁长芬：《昭通青铜文化初论》，载《云南文物》（总第55期）2002年。

比重。

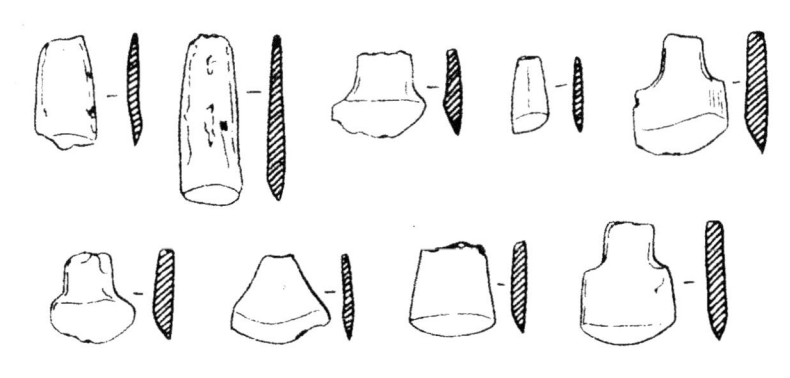

**图42 小河洞遗址出土的石器**

## 第四节　滇南、西双版纳地区的新石器时代文化

1962年中国历史博物馆在景洪市附近澜沧江畔发现新石器时代遗址曼蚌囡、曼运、曼迈、曼蚌兰、曼厅等处。后来，云南省博物馆在勐腊县调查了大树脚、卡比寨公路等新石器地点。1963年，试掘孟连县老鹰山新石器时代洞穴遗址。

西双版纳地区的新石器时代文化以曼景囡类型为代表，分布在景洪、勐腊、勐海、孟连、双江、澜沧、思茅、普洱等市县。

景洪附近遗址中的陶器有泥质黄褐陶、夹砂灰陶和夹砂褐陶。器形有罐、碗、器盖和网坠，纹饰有绳纹、方格纹和素面。曼蚌囡遗址出土一件质地为夹砂红陶的网坠，呈圆筒状，形质颇为特殊。石器多采江边砾石打制而成，少数局部或通体磨光，器形有斧、锛、尖状器、盘状器、研磨器、研磨棒、敲砸器、石核、石片、网坠、环等。石斧中包括有肩石斧。曼运遗址仅发现石网坠，数量特多，在1平方米范围内可采集十数件。制法简单，仅在扁长形砾石上打出两个缺口，形体硕大，最大者长25.6厘米、宽11.8厘米，在我国新石器文化中尚不多见。

孟连老鹰山为一洞穴遗址，文化层厚0.9—2米。石器中除梯形石斧外，也有大量的卵石打制的网坠，具有明显的地方特色。陶器也与景洪雷同，以夹砂灰陶为主，有罐、钵、碗、盘等器形，纹饰有绳纹、划纹和波浪纹。保山马鞍山、双江红后山、新平漠沙亦属此类型。

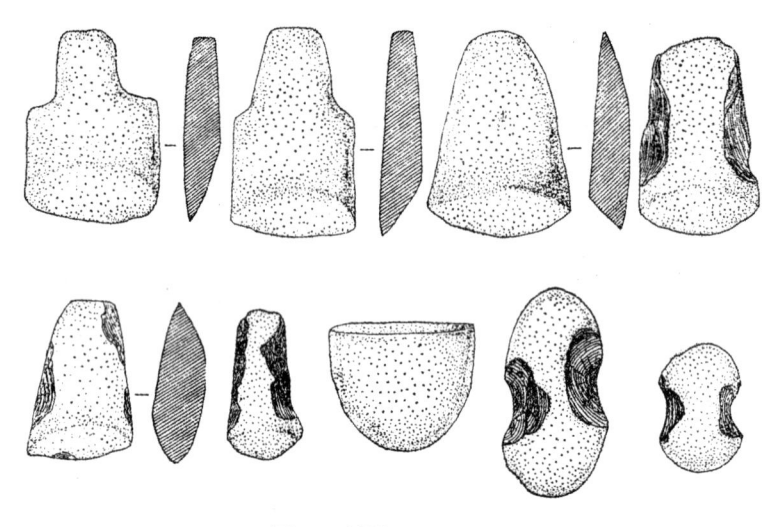

**图43 景洪地区的石器**

## 第五节　金沙江中游地区的新石器时代文化

### 一　分布

金沙江中游地区新石器文化以元谋大墩子类型为代表。在元谋县龙街、张二村、下马应登、马大海、下棋柳、永仁县菜园子、禄丰县十八犁田、火车站、姚安县方家屯、蔡家坟等处发现的新石器文化面貌一致，应属同一文化类型，而以元谋大墩子和永仁菜园子最典型。元谋大墩子遗址是1973年发掘的新石器时代村落遗址，文化内涵丰富，包括陶器、石器、牙器、蚌器。村落中发现房屋遗迹15座、墓葬37座、灶坑、窖穴等。1999年3月进行的第三次发掘，发现房屋遗迹31座、墓葬26座、灰坑15个、祭祀坑2个。永仁菜园子遗址是1983年试掘的一处新石器时代遗址，出土遗物有陶、石、骨器百余件，并发现7座房屋基址。这些文化遗物、房屋遗迹均与元谋大墩子相似，同属金沙江中游新石器时代文化无疑。值得注意的是，从1983—1993年10年间，在永仁县维的、永定镇菜园子、武定县田心、元谋县大墩子、虎溪村发现一批百余座新石器时代石板墓。1985年云南省博物馆正式发掘永仁县维的村新石器时代石板墓60座，建墓材料为红砂岩质地的层状石板，当地村民称为"猪肝石"。石板墓内出土陶器、石器与元谋大墩子、永仁菜园子器物之质地、形制相同。此外，1982年云南省博物馆与楚雄州文物管理所联合发掘永仁县永定镇石板墓30座，出土的深腹、大口罐与元谋大墩子相同。在这百余座石板墓中，均从未出土过一件金属器，因而断定为新石器时代墓葬。

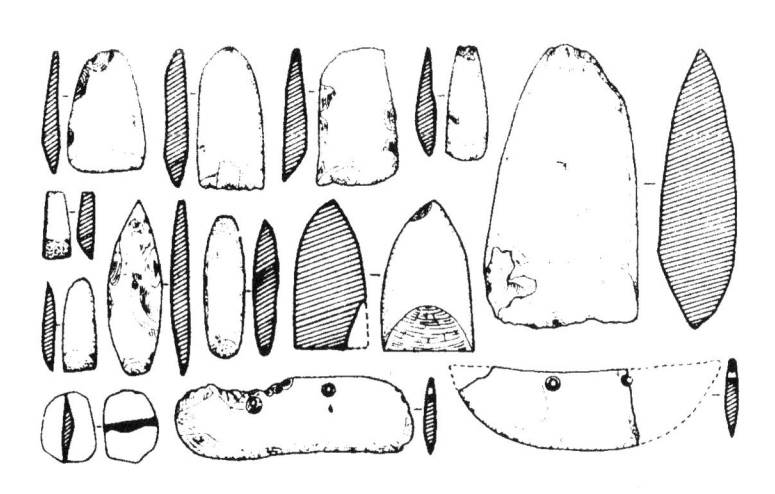

图44　金沙江中游地区的新石器

## 二　文化内涵与年代

元谋大墩子遗址于1972年底至1973年初进行首次发掘[①]，文化内涵包括陶、石、骨、角、牙、蚌器和各种动物骨骼，并发现住房、灶坑、窖穴和墓葬等遗迹。大墩子发掘的15座房屋有早晚之分，晚期房屋有的建筑在早期房屋废墟上，表明这个村落的延续性。房屋多系平地建筑的黏土木结构建筑物。早期建筑先在墙基四周挖沟，然后栽上木柱，在木柱之间缠以草绳藤条，再涂抹草泥烘烤而成墙面。房屋附近有4个窖穴。屋内共发现灶坑7个，其中发现一个盛满碳化粳稻的陶罐。

大墩子共发现各种墓葬37座，其中埋藏成人的19座，葬式复杂，达7种之多，以砍断死者上肢或下肢，倒置于胸腹部或盆骨两侧的断肢葬最为特殊。在19座成人墓中，有18个墓主都不同程度地被石镞射中。另有17座瓮棺葬和一座圆坑墓是埋葬儿童的，瓮棺上往往钻有1—3个小圆孔，意在供死者灵魂出入。

---

[①]　云南省博物馆：《元谋大墩子新石器时代遗址》，载《考古学报》1977年第1期。

陶器多为夹砂陶，其中夹砂灰褐陶最多，约占 80%，其余为夹砂橙黄陶、夹砂红陶。均为手制，火候不均。器形以罐为主，其他有钵、盘、瓮、壶、瓶、杯等，其中以陶罐、瓮为主，陶罐有大口罐、小口深腹罐、高领罐、小罐等，其他有一些圈足器、带耳器、纺轮、弹丸等。另有一件鸡形陶壶，造型生动，为他处所罕见。还有少量高约 5 厘米左右的圜底陶杯，大约是宗教祭器。陶器纹饰以绳纹、篮纹为主，其他有乳丁纹、篦纹、剔刺纹、划纹和附加堆纹。

石器有斧、锛、刀、镞、印模、刮削器、纺轮、环、镯、弹丸、石球等。其中圆柱体石斧、尖柄石锛和扁平石镞具有典型性，石刀有长条形和半月形双孔两种，刃部有开于"弓背"者，亦有开于"弓弦"者。骨器有锥、针、镞，骨装饰品有环、管、镯、珠等。角器有扳等，另有蚌刀 79 件。

大墩子遗址系多种经济结构，除农业外，还经营畜牧和渔猎。已驯化的家畜有猪、狗、鸡。狩猎和捕捞对象有十数种动物。

大墩子类型新石器文化的主要特征是：陶器以夹砂灰褐陶为主，多罐、瓮一类平底深腹大器；纹饰以绳、篮纹和素面为主；蚌刀数量大大超过石刀，其应用较广；特殊葬式——断肢葬为云南其他地区所不见。

在对元谋大墩子遗址第 5 号房屋第 12 号柱洞内木炭所进行的 $C_{14}$ 测定年代为距今 3210±90 年，可以作为本区新石器时代的年代。

## 第六节 洱海地区的新石器时代文化

### 一 发现与分布

洱海位于滇西大理白族自治州境内，面积约 200 多平方公里。洱海水域大部分在大理县境内，一部分在洱源县境内。洱海海拔 2000 米，西岸是一块长条形的冲积平原，背负横断山脉之点苍山 19 峰，这些山峰自南而北为斜阳峰、马耳峰、佛顶峰、圣应峰、马龙峰、玉局峰、龙泉峰、中和峰、小岭峰（观音峰）、应乐峰、雪峰、兰峰、三阳峰、鹤云峰、白云峰、莲花峰、五台峰、沧浪峰、云弄峰。主峰中和峰海拔 4000 米左右。每两峰之间，有溪水向下流入洱海，共 18 溪，自南而北为阳南溪、葶溟溪、莫残溪、清碧溪、龙溪、绿玉溪、中溪、桃溪、梅溪、隐仙溪、双鸳溪、白石溪、灵泉溪、锦溪、茫涌溪、阳溪、万花溪、霞移溪。东岸无冲积平原，其海滨处多陡峻壁立，一部分山陂作插向海内之势。湖水较深。新石器时代遗址多分布西岸点苍山麓之台地上，东岸遗址较少，一般分布在湖边的小岛和半岛之上。经调查，洱海沿岸新石器时代的遗址有30多处。

吴金鼎、曾昭燏、王介忱于1938年11月到1940年6月在洱海沿岸发现新石器时代遗址15处：马耳、佛顶、马龙、龙泉、小岭、三阳、鹤云、莲花甲址、五台、苍琅乙、丙址、中和甲址、下关西、虎山、捉鱼村。中华人民共和国成立后调查或试掘的遗址有：五指山、余家田、小岭、双鸳村、鹤阳、上关及东岸的海潮河、双廊、赤文岛、鹿鹅山、金梭岛，以及距离洱海较远的祥云清华洞遗址。此外，零星发现的新石器时代陶片和石器的地点也很多。

## 二 遗址及文化内涵

本区新石器时代以大理市马龙类型为代表。

马龙遗址位于大理城西南8里马龙峰下山麓之顶部，北临龙溪，南滨清碧溪，高出洱海约300米，东距洱海约7公里，本址俗称诸葛营。

遗址的地层分6层，而文化层以时代，可分为4层。沙与灰土为第1层，浅灰土为第2层，深灰土为第3层，黄灰土为第4层。第1层和第2层属早期；第3层和第4层属晚期。

遗址中出土的陶器均系夹砂陶，以夹砂橙黄陶为主，在第4文化层中发掘出此类陶片不下10万片。器型有罐、碗、盆、皿、瓶5类，并有类似匜形的带流器。陶器系手制和慢轮相结合。即用泥条盘筑法制器底、器身，用慢轮制器物口沿、颈部。器壁厚薄不等，最薄者3厘米、最厚者达23厘米。陶器的纹饰分为14种，有圆点纹、圆圈纹、直线纹、横线纹、斜线纹、斜方格纹和由斜线或斜方格组成的横带纹、波纹等。陶器之外，有陶制纺轮和纺坠38件，形制分5式。第一式：车轮形，10件，华北常见器型；第二式：圆锥形，2件；第三式：带圆角之梯形，9件；第四式：算珠形，1件；第5式：似第3式而腰部变细，10件。

石器计553件，但完整者仅30件。石器的质料有片岩、千层岩两类。石器的主要形式有：斧、锛、凿、刀。在这些石器的应用中，斧在早期占首要的地位，后渐衰微。刀在晚期地位较为重要，凿随时代而有渐增的趋势，锛在早、晚期均较为普遍。

马龙发现人类居住遗址，属早期的有半穴居式住房2处，属晚期的有平地结棚住房3处。

半穴居住房之一系椭圆形土坑，南北长6.4米，东西宽5.7米，坑底为生红土，底上平铺几块石头，坑内填满红灰土。该穴居住房位于斜坡上，而坑底位置属于水平状态。

半穴居住房之二系长方形土坑，长约6米，宽约4米。

这两处半穴居住房均为本遗址早期居民所居住，以土坑为居室，以周围的生红土为墙壁，房屋顶棚之建筑材料无从推测。因发现的柱洞太少，顶棚式样亦无从判断。

平地起建住房3处，其中2处发现半圆形灰土平面，直径为3.4米长的一处住房内发现柱洞5个；直径为3.2米长的一处住房内未见柱洞。另在黄灰土底层红土层上发现柱洞6个，组成直径3.5米之半圆形。这是该遗址晚期人类居住房屋，这种房屋系平地结棚而居，根据柱洞，可知屋顶为圆形。此类房屋比早期的半穴居住房要进步一些。

遗址内发现很多炉灶的遗迹，可分为4式：1式，在平地上置两块或数块石块为灶；2式，在平地上掘坑，坑内布石为灶；3式，在半穴居房屋内掘一个椭圆形小坑为灶，此灶坑一端深、另一端浅，浅端上可置放炊具；4式，列数石于平地上，成桌凳形，在旁炊爨。

本区新石器时代文化分布于大理、宾川、鹤庆、洱源、祥云、巍山等市县，经正式发掘的遗址是云南省博物馆于1973年发掘的宾川白羊村聚落遗址。发现房屋遗址、遗迹11座，墓葬24座。房屋是平地起建的黏土木结构建筑。在这些住房周围发掘出埋葬夭折儿童瓮棺葬10座，这种习俗与元谋大墩子遗址和仰韶文化的西安半坡遗址相同。宾川白羊村遗址出土陶器、石器、骨器、角器、牙器、蚌器共516件。其中，数量最多的为陶罐。此外，该遗址还发现稻壳粉末及痕迹。白羊村遗址的时代分早晚两期，属于早期的第9号房址第2号柱洞内的木炭，经中国社会科学院考古所用$C_{14}$方法测定年代距今3770±85年。洱海地区的新石器时代文化之西界可能到达保山、施甸、腾冲、龙陵等市县，在以上市县出土一批陶、石器。陶器器型有豆、罐、盒、钵、盘、釜、纺轮等；石器有斧、锛、半月形石刀、镞等。

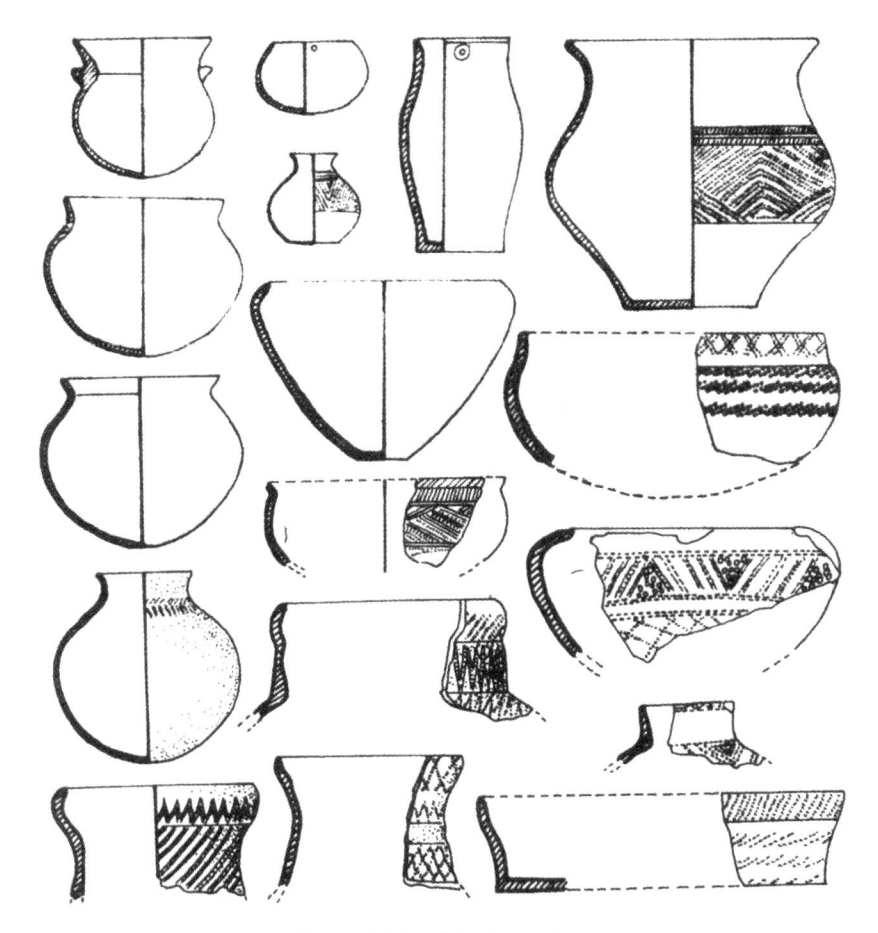

**图 45　宾川白羊村出土的陶器**

　　1991 年底至 1992 年初发掘的龙陵县大花石遗址也发现平地起建的木构建筑。昌宁县达丙营盘山遗址发现的长方形地穴建筑，其建筑方法是洱海地区苍山之麓半地穴房屋与宾川平地起建房屋这两种房屋的建筑方法之结合。此外，保山市将台寺遗址内也发现平地起建的木结构房屋遗迹。昌宁县达丙营盘山房屋炭化木柱的 $C_{14}$ 年代为距今 3304 年 ±82 年。

## 第七节　澜沧江中游地区的新石器时代文化

　　云县忙怀位于县城以东 48 千米，顺甸河与澜沧江交界之处。有旧地

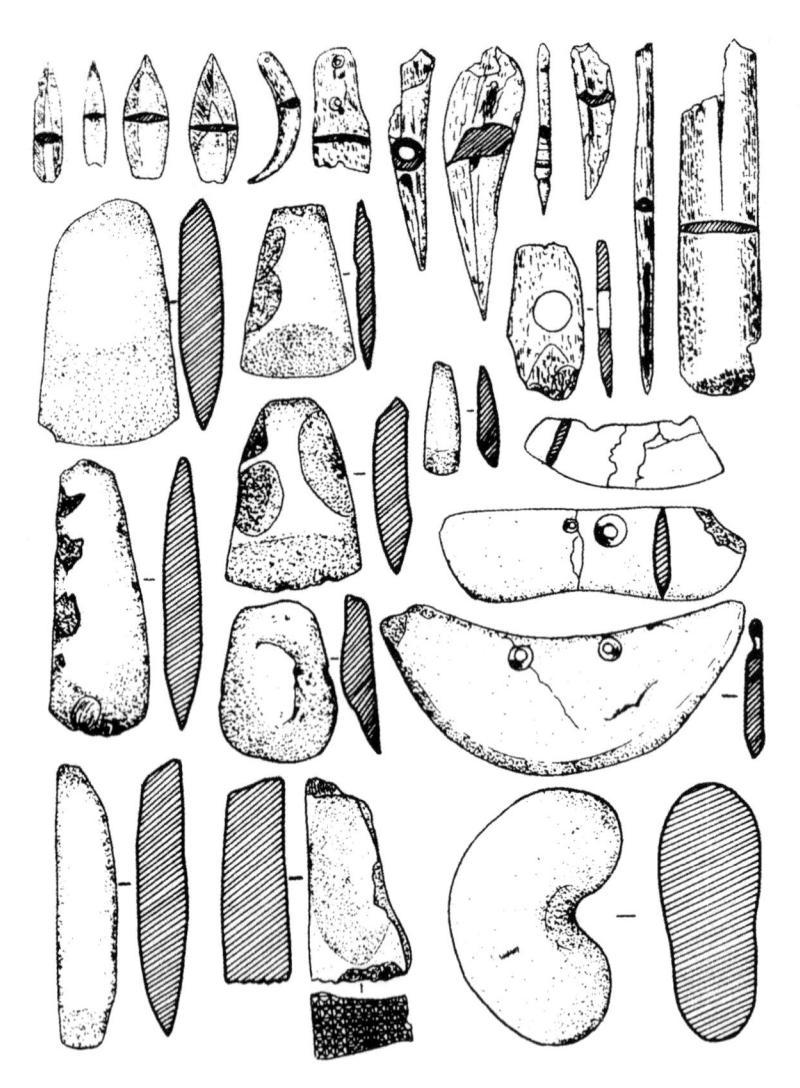

**图 46　宾川白羊村出土的石器和骨器**

基与平掌二个地点①。据云南省地质局第一区测队提供的线索，知道这一类型遗址在澜沧江沿岸有广泛的分布。已知有云县、景东、澜沧等县的曼志、忙亚、忙卡、大水坪、安定、丫口、大小芒介、下景张、新寨、小

---

① 云南省博物馆文物工作队：《云南云县忙怀新石器时代遗址调查》，载《考古》1977 年第 3 期。

田、老赵田、拉叭寨、大协厂等10余处。此外，解放初在怒江边的福贡县也采集到这一类型的石器。

忙怀类型以大量发现用河卵石片打制的有肩石斧为特征，有钺形、靴形、长条形等。没有发现磨制石器，钺形石斧与后来从滇西地区广泛出土的铜钺极为相似，可能它们之间有一定的联系。遗址中出土的陶片极少，试掘后仅发现11片，皆夹砂陶，以绳纹为主。从遗址大都地处高山深谷和很少出土陶器的情况看，忙怀类型居民的社会生活可能以游牧为主。

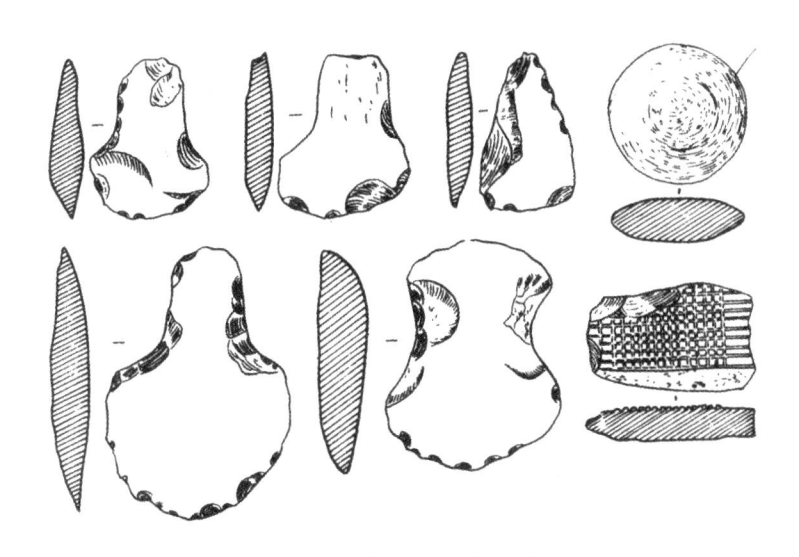

**图47 云县忙怀出土的石器**

澜沧江中游地区新石器时代文化，以20世纪70年代发现的忙怀类型为代表，该遗址位于云县忙怀村，出土石器的特征是打制钺形、靴形和长条形石斧。没有磨制石器，但有陶片共存，因而能确定为新石器时代遗址。经20世纪70年代至90年代近20年的考古调查、试掘，现已发现澜沧江中游地区以忙怀类型为代表的新石器时代文化，其分布范围已远达怒江上游福贡、怒江中游昌宁、龙陵等县。在福贡县曾采集到打制的有肩石器。在昌宁和龙陵县的20多个遗址和地点发现大批打制钺形、靴形和圆形、半圆形刮削器，属于龙陵县的怒江西岸一些地点还发现少量磨制梯形、条形石斧、网坠、手锤。陶器器型有盆、罐、钵、杯、壶、纺轮等。

2007年3至5月，云南省文物考古研究所为配合澜沧江糯扎渡电站建设，在澜沧江西岸二级台地上的澜沧县大凹子新石器时代遗址进行考古发掘，在1000平方米发掘面积内出土700多件石器和少量碎陶片。石器有打制和磨制两种，以打制石器为主，原料均采自澜沧江畔的砾石，器形有斧、锛、镞、矛、锥、镯、砍砸器，此次发掘大大丰富了以忙怀类型为代表的澜沧江中游新石器时代文化的内涵。同时表明，云南各地经济社会发展不平衡由来已久，在3000多年前的新石器时代晚期，这里的原始氏族先民还以使用打制石器为主，而在经济相对发达的滇池地区，均使用磨制精细的石器，根本没有打制石器的踪影了。①

## 第八节　滇西北地区的新石器时代文化

1958年发现于维西县戈登村西1千米的腊普河东岸，系洞穴遗址。②遗址中出土磨光圆柱形石斧两件，长方形单孔磨光石刀1件，半月形单孔石刀1件，河卵石片打制的长方形石刀1件。此外有石镞、石锥等。陶器无完整者，多系夹砂灰褐陶，器型以侈口罐和单耳罐为主，器底多平底。胎厚，并以树叶或麻织物作垫，具有明显特征。戈登类型目前只发现1处，但从陶器风格和石器来看，与甘青地区的齐家文化、寺洼文化出土物相近，陶器与后来西川、滇西发现的一些石棺葬出土的器物相近。

滇西北地区新石器时代文化以戈登类型为代表，该遗址系1985年在维西县戈登村一洞穴内发现，出土一批石器、陶器、骨器、哺乳动物化石。石器有斧、锛、刀、镞、针、石球等33件。陶器以高领、宽耳为特征，纹饰有绳纹、树叶纹、水波纹、网状方格纹等，以树叶纹为特征。1996年云南省考古所发掘的南华县孙家屯墓地可能属于滇西北地区新石器时代文化。在已发掘的70座墓葬中出土了918件陶器，无石器或铜器随葬。陶器为夹砂陶，有红褐色、黑褐和灰褐陶。器型有壶、罐、单耳罐、双耳罐、釜、单耳釜、双耳釜。器耳多为桥形，也有圆柱形。这些陶器多为平底器，器底多数有叶脉纹，少量为圜底器。南华县孙家屯M35：11、M59：5、M67：32共3件陶片曾由国家地震局地震研究所作过热释光年代测定，距今3600—4000年左右，大致可以确定为新石器时代晚期墓葬。孙家屯的发掘似乎说明滇西北地区新石器时代文化最南端的分布已

---

①　云南省文物考古研究所：《文物考古年报》，2007年。
②　熊瑛：《云南维西县发现新石器时代居住山洞》，载《文物参考资料》1958年第10期。

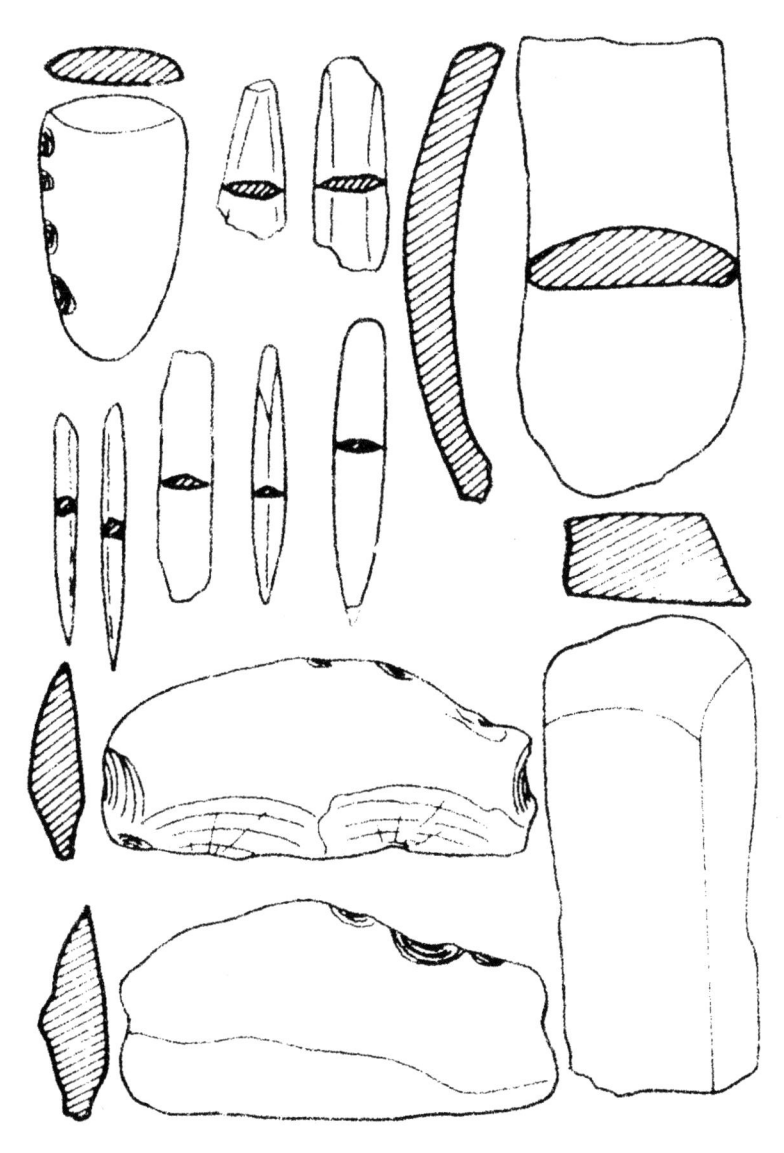

**图 48　维西戈登村出土的石器**

到达楚雄州的南华县。

云南新石器遗址，就目前的发现来说，均属于新石器时代晚期遗址。其绝对年代经放射性 $C_{14}$ 的测定，元谋大墩子的年代为公元前 1260 年 ± 90

年，树轮校正年代为公元前 1470 年 ± 155 年①。宾川白羊村 T6 第 3 号房屋 2 号柱洞木炭的年代为公元前 1820 ± 85 年，树轮校正后的年代为公元前 2165 ± 105 年。这些资料分别代表大墩子类型与马龙类型的年代。昭通闸心场和滇池区石寨山类型的新石器磨制极精，陶器制作技术较高，打磨十分光亮。从石、陶器的制作看来，比金沙江中游和洱海地区进步，其年代应该晚于这两个地区。云县忙怀类型的石器制作原始，均系打制，看来澜沧江中游地区新石器文化年代似乎早于洱海和金沙江中游地区。西双版纳的曼蚌囡遗址出土大量的打制石器，同时出土许多的磨制石器，本身可能有早晚区别，其较早的部分可能要早于白羊村。

---

① 考古研究所实验室：《放射性碳素测定年代报告（三）》，载《考古》1974 年第 5 期。

# 第十七章

# 经济生活和社会生活

## 第一节　农业、畜牧业的产生与发展

经过漫长的旧石器时代，人类社会在距今约1万年前发展到新石器时代，在此之时，农业、畜牧业在采集经济和渔猎经济的基础上产生了，先民们从此开始过着较稳定的定居生活。

农业和畜牧业的出现，表明先民们已从纯粹过着掠取经济的生活变为过着以生产经济为主掠取经济为辅的生活。也表明这一时期的生产力较之旧石器时代已有较大的提高，甚至可以说是个飞跃。

### 一　农业

云南新石器时代的文化遗存极为丰富，从各地出土遗迹和遗物来看，云南新石器时代远古居民尽管族系复杂，但主要属同一经济类型，即以石斧、石刀和竹木工具经营原始农业，以此作为生活主要来源。主要农作物是稻谷，种稻大概主要采取旱地作业方法。根据所在地区的条件，他们也兼营捕鱼、捞螺、狩猎或采集。在这种生产条件下，人们一般应处于不分阶级的原始社会的阶段[1]。

（一）生产工具

生产工具是人类从事经济活动，与大自然作斗争的有力武器。社会生产的变化和发展，始终是从生产力的变化和发展上，首先是从生产工具的变化和发展上开始的。因此，生产工具是衡量社会生产力发展水平的重要尺度。云南新石器时代数百个遗址中，出土的农业生产工具石器有斧、

---

[1]　汪宁生：《云南考古》，云南人民出版社1992年版。

锛、铲、刀、磨盘和磨棒等，骨器有铲，蚌器有刀、镰等。

很多农业生产工具往往有多种用途，但多主要应用于农业。根据器型本身的研究，可以推测出它们的使用方法，如滇池地区的江川头咀山遗址发现的一件有肩有段石锛，其中部有明显的装柄系绳痕迹，其使用方法是将石器装入或用绳索捆绑在木柄上。而长条形石斧安装上木柄可作点种工具，云县忙怀遗址出土的手斧可以作为砍伐山林树木之用。收割用的农具有石刀、蚌刀等，如洱海区域出土的半月形石刀，刃部开于"弓背"，弓弦上的小孔系短绳套于指上，作为收割稻穗之用。石刀、蚌刀这一类的农具，就是后来出现的铚一类的收割器的祖型。近代云南许多少数民族收割作物时仍只割下穗头，在剑川海门口遗址中发掘出成把的稻穗，也证明了此时的人们仅收割穗头，而弃杆于田间，田地也可以变为牧场。由于地广人稀，土地肥沃，收割后的土地还可以抛荒轮耕，以增加地力[①]。

其中，云南新石器时代常用的生产农具大体可分为以下三类：

1. 整地农具

整地是为了给播种后种子的发芽、生长创造土壤条件。整地农具包括耕地、耙地和镇压等项作业所使用的工具。

斧、锛是远古时代最重要的生产工具，出土的数量也最多。人们既可用它作为武器，也可用来打击野兽，还可以用它来砍伐森林、加工木材、制造木器和骨器。在新石器时代，人们从事火耕和耜耕农业，开垦荒地之时，就需要用石斧、石锛来砍伐地面的森林，砍斫地里的树根。石锛也可用来掘土翻地，所以石斧、石锛也是原始农业开辟耕地时的重要农具。

早期的石斧是直接用手掌握使用的，称为手斧，以后发展为装柄使用，提高了功效。石锛（尤其是有段石锛）一般都是安装在木柄上使用的。安装方法通常是用绳索将石斧、石锛捆绑在木柄上，但是石斧的刃口和木柄呈平行方向，石锛的刃口和木柄则是垂直的。因而斧的功能是劈，锛的功能是斫。从考古资料来看，有些斧和锛的安装方法则是直接套入木柄前端的槽孔之中，一些有孔石斧则是先套入槽孔内再用绳索加固。[②]

（1）斧  主要可以作为农具用于砍伐树木和开辟农田，也可用作兵器和狩猎的工具，还可以作手制工具加工竹、木等各种器具。在新石器时

---

① 李昆声：《云南农业考古概述》，载《农业考古》1981年第1期。
② 陈文华：《农业考古》，文物出版社2002年版。

代被先民们广泛应用于生产生活之中，石斧的分布遍布云南省内各个新石器时代遗址，可见，石斧是当时最主要的生产工具之一。

其中，滇池地区的石斧主要是有肩石斧，金沙江中游地区元谋大墩子遗址和滇西北戈登遗址出土的圆柱形石斧，澜沧江中游忙怀遗址出土的钺形、靴形、长条形有肩石斧；滇东南地区小河洞遗址和滇南孟连老鹰山遗址出土的有肩石斧都是云南新石器时代具有特征性的器物。①

（2）锛　石锛主要用于砍伐树木，也可用于竹木器的加工。云南的石锛主要有梯形石锛和有段石锛两种类型。前者多见于滇池区域及滇东北、滇西和滇西北地区，后者多见于滇池以东地区，也有两者共存的现象。江川头咀山出土的有肩石锛，晋宁石寨山遗址出土的肩部分化不明显的有肩有段石锛和滇东南地区小河洞遗址出土的有肩石锛和靴形石锛，金沙江流域元谋大墩子遗址出土的尖柄石锛，洱海地区马龙遗址出土的一端为錾一端为锛的尖柄器，都说明这种工具在云南有着广泛的分布，而其中有肩石锛和有肩有段石锛显示了云南地区新石器时代文化和东南沿海地区新石器时代文化之间的联系。

（3）铲　铲是一种直插式的整地农具。现在一般将器身较宽而扁平、刃部平直和微呈弧形的称为铲。最早的铲一般是木制的，也有少量的骨铲出土，主要遗留下来的还是石铲。铲的器型较多样，早期的呈长方形，较晚出现的有肩石铲和钻孔石铲，使用时都需绑上木柄。

云南新石器时代的骨铲和石铲，主要分布在环滇池区域的石寨山类型新石器时代各遗址中。

2. 收割农具

云南新石器时代先民们主要使用石刀、蚌刀等刀类工具收割农作物的稻穗。云南地区大量发现半月形穿孔石刀，其穿孔数以单孔为多，双孔者较少，不见三孔及其以上者。与内地的石刀穿孔位置在弓背相比，云南的穿孔石刀的穿孔位置既有弓背又有弓弦。而蚌刀则是用蚌壳的一半作为加工的原料，不经任何的磨制和切割，仅在其上端穿一孔即成的农具。

云南的石刀和蚌刀的穿孔方法为对穿法，有的先在器身的两侧各挖一条沟槽，然后从槽内开始钻孔以缩短其距离。现在发现云南新石器时代的

---

① 李昆声、肖秋：《试论云南新石器时代文化》，《文物集刊》第二辑，文物出版社1980年版。

石刀和蚌刀主要分布在滇池区域、洱海区域、金沙江中游以及滇西北地区。

在元谋大墩子遗址和环滇池区域的石寨山类型新石器时代遗址中出土了大量的蚌刀。从滇东南地区小河洞遗址出土的三角形石刀到金沙江中游地区元谋大墩子遗址出土的长条形和半月形石刀，再到洱海区域马龙遗址出土的刃部开于弓背的半月形石刀和鸟翼形石刀，以及滇西北地区戈登遗址出土的长方形单孔石刀和半月形单孔石刀，都说明当时在云南种植农业非常普遍和发达，稻米已成为当时居民至关重要的食物来源。

3. 加工农具

多数谷物需要加工去壳或磨碎后才宜于食用，最早的加工方法可能是舂打，之后方为碾磨。目前发现最早的加工农具是石磨盘。原始状态的石磨盘就是一块较大的平坦石头。将谷物放在石上，再用一块较小的石头来碾磨脱壳以取得米粒。早在采集经济时期，人们就已经用这种原始的石磨盘来加工采集到的野生谷物。当农业发生以后，它得到迅速发展。另一种加工农具是杵臼，即将谷物放在土臼、木臼或石臼中舂打脱壳。最早的杵臼是挖地为臼，用木杵舂打。《周易·系辞》："断木为杵，掘地为臼。杵臼之利，万民以济。"此种杵臼难以保存，故不易发现，因此杵臼的历史并不一定比石磨盘晚。[①]

（1）磨盘和磨棒　石磨盘和磨棒都是原始的粮食去壳碎粒工具。最早的磨盘是两块天然的石块。下面较大而宽平，将谷物放在上面，再用一块圆柱形的鹅卵石碾磨。以前云南的一些少数民族就是使用这种石块加工粮食的。后来人们逐渐将下面的石块加工成扁平状，将碾磨用的石块加工成圆柱形磨棒。

磨盘长期上下磨擦使用，中间多形成较宽的磨痕，与中段呈沟槽状。磨盘以长方形居多，也有的呈不规则形，厚10厘米左右。磨棒为一圆柱形天然砾石棒，不仅不作任何加工，其上使用痕迹为粮食脱粒所致，发现时中间多残断。

元谋大墩子遗址发现两件完整的圆柱形砾石，使用痕迹清晰，其中一件长15.5厘米，另一件长25厘米。这两件器物可能就是我们所说的石磨棒，其形状虽和石杵相近，但使用痕迹不在两端，而在其中段。大墩子遗

---

[①] 陈文华：《农业考古》，文物出版社2002年版。

址还发现12件"砺石","平面多呈不规则形。或长方形，器身厚重，磨面较宽，长35厘米至45厘米，宽25厘米至35厘米不等，个别磨槽深达1厘米。"其中有一些很可能就是和石磨棒配合使用的石磨盘。

（2）杵和臼　杵和臼都是古老的脱壳工具。粮食收获以后，还要经过去秕、脱壳和磨粉等加工后才能食用。

人们最早加工谷物的方法可能是木棍直接捶打谷穗使之脱粒，而后才发展为舂打。因此最早的杵就是一根粗木棍，最早的臼就是在地上挖一个圆形的坑，将谷物倒进坑中进行舂打。

从我国西南地区少数民族使用杵臼的情况看，最早的杵臼是所谓地臼，即在地上挖一个坑，铺上兽皮或麻布，倒进谷物用木棒舂打，稍后发展为木臼，即在砍下大树以后的树桩上挖一个圆坑，倒进粮食用木杵舂打，称之为树臼。进一步就用砍下的一段树干制作木臼，可以移动，便于使用。最后才使用石头制作的石臼。[①]

云南新石器时代的居民主要是用木制的杵和臼，也有的使用小型的石杵和石臼。一般石杵多用天然的砺石稍作加工而成，使其一端或两端呈圆弧状的石棒。手执石棒用其一端在石臼中舂捣谷物，即可脱壳。此类石杵在宾川白羊村和元谋大墩子遗址中多有发现，但多残断。

结合民族学的材料，可以勾勒出"刀耕火种"这种原始农业的场面。当播种季节到来时，人们手持锛、斧等农具集体出村，砍倒一片小树林和灌木丛，然后放火烧光。这样，灰烬变成肥料，土地变得松软[②]。用铲等工具开垦土地，用竹木石工具点下种子，等收获季节来临，用蚌刀、石刀进行收割。

元谋大墩子遗址5号火塘附近发现一圜底圆形地穴，直径35厘米，深18厘米。穴壁及底部均较光滑、坚硬，它很可能是用于稻谷脱壳的舂臼，即通常所说的地臼，因与炊煮食物有关，故将其放置在火塘附近。

（二）粮食贮存的方法

粮食储存的主要方法有半地穴式建筑贮存法、窖穴贮存法、囤箩贮存法和陶器贮存法。

1. 半地穴式建筑贮存法　元谋大墩子遗址发现一座室内贮满禾本科

---

[①] 陈文华：《农业考古》，文物出版社2002年版。
[②] 李昆声：《云南农业考古概述》，载《农业考古》1981年第1期。

植物遗存（很可能是稻谷）的半地穴式建筑。H1 在 T3 第五层露口（距地表深 140—165 厘米）。位于探方东北角，仅发掘一半。直径 6.20 米，深 80 厘米。底部平坦，且被后期的 16 个柱洞所打破。先挖一比窖穴稍大的土坑，然后修整、加固坑壁，加工痕迹清晰。壁较坚实，厚达 40 厘米。填灰白色禾草类的叶子、谷壳粉末，少许尚能辨认壳痕。穴内发现石斧 1 件，牛牙 2 颗。①

2. 窖穴贮存法　在宾川白羊村遗址发现的第一、第二窖穴是专门贮存粮食的。两窖穴均为圆形，圜底与壁部均较坚硬，系经过了拍打或烘烤处理，用以防止谷物霉烂变质。

其中 H1，在 T1 第 2 层露口，距地表深 0.18 米。形状稍异而腹径最大，口径 0.90 米、腹径 1.15、深 1.06 米。圜底，壁较坚实。填土松软，内含大量灰白色的粮食粉末，另有鹿牙、猪牙各 1 枚，并少许陶片。H2，在 T7 第 3 层露口，距地表深 0.85 米。口径 1.30 米、深 1.20 米。圜底，壁较坚实。填土松软，内含灰白色的粮食粉末与稻壳、稻秆痕迹。②

3. 囤箩贮存法　云南昌宁县营盘山新石器时代遗址中发现过长方形地穴式房屋建筑，其中一座房基南半部 6 平方米的范围内，堆放有厚 5 厘米至 15 厘米不等的炭化稻米，其下有清楚的竹编囤箩痕迹。囤箩残片上的米粒十分纯净，已发现的稻米全部为灰黑色脱壳颗粒，粒型短圆，表面无光泽，质地坚硬，至今仍淘洗筛簸不碎。稻米大部分保存完好，圆隆饱满，由于贮存条件好，长期保持干燥，故未霉烂变质。经筛选后尚保留 7000 克，约 897000 余粒。后经云南农科院程侃声教授鉴定，属粳稻类型。

4. 陶器贮存法　元谋大墩子遗址 6 号房基内的火塘附近，发现有 3 个完整的陶罐内均存放炭化稻谷。很明显，这 3 个陶罐不是一般的随葬品，它们很可能是炊煮前供临时存放粮食的容器，所以才发现于火塘附近。其中 K5 直径 80 厘米、深 25 厘米，底较平整；坑壁有隐约可见的红烧结土。右侧有 1 洞穴，口径 35、深 18 厘米，似置陶罐之类，用以保留火种或储藏食物。③

---

① 云南省博物馆：《元谋大墩子新石器时代遗址》，载《考古学报》1977 年第 1 期。
② 云南省博物馆：《云南宾川白羊村遗址》，载《考古学报》1981 年第 3 期。
③ 云南省博物馆：《元谋大墩子新石器时代遗址》，载《考古学报》1977 年第 1 期。

## 二 畜牧业

从元谋大墩子、宾川白羊村、麻栗坡小河洞、耿马南碧桥石佛洞等新石器时代的发掘情况看，丰富的动物遗骸为研究云南新石器时代的家畜提供了非常有利的条件。宾川白羊村遗址的年代为距今3770±85年，可以确定的家畜有狗、猪、牛（黄牛），可能还有羊和猫；元谋大墩子遗址的年代为距今3210±90年，可以确定的家畜有狗、猪、黄牛、鸡，可能还有羊。其中前三者的标本总数为225件，占可供鉴定的哺乳类标本300多件的2/3以上。麻栗坡小河洞遗址的年代未经测定，应该与大墩子遗址相当或稍晚，有马和猪的遗骨。相当于这时期的遗址还有元谋下棋柳，有狗、猪、牛（黄牛）等家畜；广南铜木犁洞有猪、牛、马等……①从各遗址的发掘看，云南新石器时代的先民已开始驯养了猪、狗、牛、羊、马和鸡等动物，也有许多野生动物和水产品。可见，这一时期当地居民除从事农业生产外，还经营畜牧业和渔猎生产，整个社会经济也有了进一步的发展和繁荣。

（一）驯养动物

1. 猪　猪是云南新石器时代先民饲养得最多最普遍的家畜，凡在遗址里收集或出土动物遗骸，普遍多有猪骨发现，表明饲养猪在当时相当普遍。在大墩子遗址中，猪骨占可供鉴定的猪、牛、狗等3种饲养动物遗骨总数的48%，居第1位。养猪业的发展从理论上讲，应在农业相对较为发展的基础上而发展起来的②。

2. 狗　云南最早的狗骨发现于距今约4000年的宾川白羊村遗址，元谋大墩子出土狗骨的数量仅次于猪和牛，居第三位。大墩子的狗遗骨占可供鉴定的猪、牛、狗等3种标本总数的9.8%。大墩子遗址发现狗骨标本共22件，包括上颌骨3件，下颌骨13件，犬齿5件，颊齿1件。一般前臼齿较细，呈三角状，排列松散，上臼齿为钝三角形，齿带明显，前尖比后齿大；上裂齿较长，下裂齿弱小且分为内外附尖，外附尖比内附尖大；下颌水平支，下沿突起，两水平支夹角约30°；第三下臼齿很小，区别于

---

① 张兴永：《云南新石器时代的家畜》，《云南人类起源与史前文化》，云南人民出版社1991年版。

② 同上。

下颌每侧仅有两个臼齿的豺，属驯养动物无疑。可见狗是当时重要的饲养种类。

3. 牛　牛骨在各遗址中亦属常见，在元谋大墩子遗址中，牛骨占可供鉴定猪、羊、狗3种标本总数的42.2%，数量仅次于猪骨。从出土牛角的形态来看，驯化牛的品种应是从印度种野牛驯化而来的黄牛。驯化牛主要是供食用，尚无供役用的情形。在新石器时代的沧源岩画中，可以见到颈上套绳被人牵拉的牛和伴随猎人的狗，说明当时牛、狗已被驯化。

4. 马　马也是云南新石器时代先民最早驯养的动物之一。新石器时代晚期的麻栗坡小河洞遗址等出土过马骨并认为属家马[①]。马骨又在广南铜木犁洞、江川古城山、马龙红桥仙人洞、寻甸先峰姚家村石洞、宣威格宜尖角洞等，新石器时代晚期的遗址都出土过马骨。由此，可初步确定，在三四千年前云南已驯养马了。

5. 鸡　鸡也被驯化，在元谋大墩子遗址发现了鸡骨标本，其中1件的蹠骨上保留有距骨，这虽然是家鸡和野鸡共有的特征，但该遗址瓮棺中发现1件鸡形陶壶，该陶壶既是生活用器皿，又是原始艺术品，其造型离不开史前艺术家对当时人们饲养的家禽——鸡，长期细致的观察，从另一侧面说明当时已有驯养的家鸡了。

6. 羊　大墩子遗址中发现1件羊的第3右臼齿，齿冠较高，外侧无附柱，应属驯养种。

丰富的驯养动物的遗骨证明，这时的饲养业在经济生活中的地位仅次于农业。

在云南新石器时代遗址的数百处地点中，有贝丘遗址（湖滨遗址，以丰富的螺蚌等遗址堆积为特征）、洞穴遗址、村落遗址等。经过科学发掘，面貌较为清楚的有元谋大墩子遗址、宾川白羊村遗址、永仁菜园子遗址和永平新光遗址这几个原始社会村落遗址的经济面貌是：1. 以磨制的石斧、石锛、石刀及蚌刀等作为主要农业生产工具。其农业尚处"刀耕火种"的原始农业阶段。2. 原始居民使用陶器。3. 原始居民种植稻谷。4. 遗址中发现猪、狗、牛、羊、鸡等家畜（禽）骨骼；鹿、野兔、豪猪、松鼠、竹鼠、黑熊、猕猴等野生动物骨骼；还发现蚌、鱼、田螺、蜗牛等

---

[①] 张兴永：《云南新石器时代的家畜》，《云南人类起源与史前文化》，云南人民出版社1991年版。

水生动物的骨骸甲壳。

对这些遗址的经济面貌加以分析，我们便会发现，云南新石器时代农业的发展有如下的特点：村落的主人是定居的农业民族，他们居住在固定的草木结构房舍内，使用陶器、经营稻谷。但绝不是单一的只种植粮食，而是从事多种经营：从事家畜（禽）的饲养业，养狗、猪、牛、羊、鸡等。遗址中出土1件陶制的鸡形壶，把1只陶壶做成蹲踞的母鸡，鸡尾微翘，遍体饰以点线纹，代表羽毛，双眼作得活灵活现。原始居民对鸡刻画准确，造型生动，表明他们对鸡有长期细致的观察。这是人们长期从事家禽饲养后才能创作出这样的艺术品。同时，村落的主人们还从事捕捞、狩猎，有出土动物骨骸及大量石箭镞为证，甚至还从事采集。表明他们不仅从事多种经营，而且经营的项目繁多。这几个村落遗址说明云南农业多种经营的历史十分久远。

## 第二节 云南——亚洲栽培稻的起源地

### 一 关于亚洲栽培稻起源地的各种学说

关于亚洲稻作起源地的研究，目前学术界具有代表性的共有6种观点。

（一）华南起源说

最早提出这一学说的是中国著名农学家丁颖教授，他在1949年《中国稻作的起源》[①]一文中指出：中国稻种的起源应该在华南地区。童恩正先生认为："根据现有的资料，基本上可以断定亚洲栽培稻的起源地就在中国长江以南地区。它可能在浙江省杭州湾一带，但更可能是在纬度较南的云南、广东、广西地区。"[②]

李润权先生认为："在我国范围内追溯稻作栽培的起源中心应该在江西、广东和广西三省的旧石器晚期遗址多作努力，其中西江流域是最值得重视的"。[③] 其主要理由是：首先，分布在中国的普通野生稻是多年生野

---

[①] 丁颖：《中国稻作的起源》，载中山大学农学院《农艺专刊》1949年7月第7号。
[②] 童恩正：《略述东南亚及中国南部农业起源的若干问题》，载《农业考古》1984年第2期。
[③] 李润权：《试论我国稻作的起源》，《农史研究》第五辑，农业出版社1985年版。

生稻，是公认的栽培稻祖先。它在中国分布的海拔高度约为 30 米至 600 米，东起台湾的桃园（121°15′E），西至云南的景洪镇（100°47′E），南起海南岛崖县的羊栏（18°15′N），北达江西的东乡（28°14′N）。这一范围才有可能是稻作栽培的起源地。其次，在这一范围内只有江西、广东和广西发现了较密集的新石器时代早期遗址（其 $C_{14}$ 测定，年代都早到公元前 8000 年以上，远远早于浙江余姚河姆渡遗址）。这些遗址周围的生态环境都有多水的低洼地或沼泽，适于水稻种植。再次，这些遗址当时虽未发现水稻遗存，但已出土许多石斧、石锛、蚌刀、石磨盘、石杵等可视为从事农业的工具，表明人们已能利用谷类作物，此谷类作物应该就是水稻。

裴安平先生也是这一观点的主要支持者①。他着重从古气候学角度来研究华南地区的稻作起源问题，认为距今 25000 年至 11000 年是中国近 10 万年来气候最干冷的时期，为大理冰期峰期阶段。中国大部分地区都受到严寒气候的侵袭，长江中下游地区的气温比现代要低 8°左右。属于暖温带气候；而现代直抵河南南部的亚热带气候，当时则收缩到北纬 24°以南地区，亦即广西中部以南。如果说新石器时代早期的农业先前可能还有一段较长的准备过程，那么，这时期自然条件最适宜的区域应当首推华南；至于长江流域，此刻可能因气温较低而危及普通野生稻的存在；华南作为既有野生稻分布，又有适宜的自然环境，还有长期人类居住和活动的地区，它的水稻栽培史当不会晚于长江流域。

（二）长江下游起源说

最早主张此说的是农学家闵宗殿先生，他认为，栽培稻起源于长江下游，以江苏、浙江为中心向外传播。② 该学说最具代表性的文章是我国新石器时代考古的权威北京大学严文明教授所著的《中国稻作农业的起源》。③ 他将 1980 年以前中国各地新石器时代遗址出土的水稻遗存，按年代早晚和分布地域联系起来进行考察，从而勾画出中国栽培稻发展的一个大概轮廓："它们很像是从一个中心出发，像波浪一样地逐渐向周围扩展开来。由于河姆渡第四层的年代最早，稻谷又最丰富，它所在的杭州湾及

---

① 裴安平：《彭头山文化的稻作遗存与中国史前稻作农业》，载《农业考古》1989 年第 2 期；《彭头山文化的稻作遗存与中国史前稻作农业再探》，载《农业考古》1998 年第 1 期。
② 闵宗殿：《水稻考古》，载《遗传与育种》1978 年第 5 期。
③ 严文明：《中国稻作农业的起源》，载《农业考古》1982 年第 1、2 期。

其附近自然是最有条件被当做起源中心看待的。接着的第一个波浪到达长江三角洲的近海一侧，即马家浜文化期所代表的范围，年代大约在公元前4300年至公元前3700年之间。第二个波浪沿长江向西发展，直达两湖盆地。就是阴阳营期和大溪文化分布的范围，年代约在公元前3800年到公元前2900年左右。第三个波浪是在公元前2900年至公元前2100年左右发生的，长江下游和杭州湾地区的良渚文化、两湖盆地的屈家岭文化、北江流域的石峡文化，以及分布于黄淮平原、江汉平原和长江以南许多地区的属于龙山文化时代诸文化的范围之内，都已有了水稻的种植。"

杨式挺先生也补充道："从长江流域古今野生稻的存在、栽培水稻生活的自然条件、考古发现的稻谷遗迹，以及我国古籍的有关记载，完全可以认定，长江流域，特别是下游的东南沿海地区是我国栽培稻的一个起源区。"[①]

（三）黄河下游起源说

持这一说法的是李江浙先生，他根据《史记·夏本纪》中禹"令益予众庶稻，可种卑湿"的记载，认为益是种稻技术的传播者。又根据《史记·秦本纪》考证益即伯翳，又作大费，又考证"费"是"秜"字的变形，也就是野生稻，因此认为大费及其先人是把野生稻驯化为栽培稻的创始人。他还考证大费先人所居住的鲁南、鲁西、苏北等地都是卑湿多水之地，是野生稻生长之地。结合江苏省连云港市二涧村遗址发现过距今7885±480年的稻谷遗存，认为"中国稻作的创始人是秦之先人大费，发源地是其族的居住地，即今鲁南、苏北和山东、河南、河北三省的交界地区，时间大约至少距今七千八百年"。[②]

（四）长江中游——淮河下游起源说

在20世纪90年代初期，地处淮河上游的河南省舞阳县贾湖遗址发现了距今7000—8000年的稻谷遗存，地处淮河下游的龙虬庄遗址也发现了5000—7000多年前的稻谷遗存，于是有人认为淮河流域也应该视为中国稻作的起源地之一。持这种观点的有农学家王象坤先生，他认为，长江中游与淮河下游可能是同一历史阶段发生，并列发展的中国栽培稻的最初发

---

① 杨式挺：《从考古发现试探我国栽培稻的起源演变及其传播》，《农史研究》第二辑，农业出版社1982年版。

② 李江浙：《大费育稻考》，载《农业考古》1986年第2期。

祥地。①

(五) 长江中游起源说

当湖南省澧县彭头山遗址发现距今8000年左右，在当时是年代最早的稻谷遗存之后，中国稻作起源于长江中游的假说就盛行一时。主张这一学说的有卫斯、向安强等中青年学者，亦有刘志一先生这样的老专家。②由于湖南澧县彭头山距今8000年左右的稻谷遗存和道县玉蟾岩距今1万年左右的稻谷遗存的发现，使这种学说在学说界占有优势的地位。

(六) 云贵高原起源说

支持这种观点的主要有考古学家李昆声③、汪宁生④两位教授和农学家柳子明、游修龄⑤两位教授。他们指出水稻起源于云南的可能性最大，因为云南的植物种类多达15000种，约占全国的一半，有"植物王国"之称。云南的稻种现有3000多个品种，稻谷种植的垂直分布从海拔40米直到2600米。由于地理、环境、气候的特点，云南现代栽培稻种的亲缘关系十分接近云南的现代普通野生稻，因而，云南现代栽培稻的祖先很可能就是云南的普通野生稻。

柳子明先生进一步认为，根据云南、西江流域、长江流域、海南岛、台湾省等广泛地区都分布有野生稻的事实和文献记录，可能说明起源于云贵高原的稻种沿着西江、长江及其发源于云贵高原的河流顺流而下，分布于其流域或平原地区各处。

## 二 云南是亚洲栽培稻的起源地

(一) 史籍记载的野生稻和栽培稻

云南不仅有现代野生稻的存在，而且有较早的关于野生稻的文献记载，战国时期成书的《山海经·海内经》记载："西南黑水之间，有都广

---

① 王象坤：《中国栽培稻起源研究的现状与展望》，载《农业考古》1998年第1期。
② 向安强：《论长江中游新石器时代早期遗存的农业》，载《农业考古》1991年第1期；刘志一：《关于稻作起源的通讯》，载《农业考古》1994年第3期；卫斯：《关于中国稻作起源的问题的再探讨——兼论中国稻作起源于长江中游说》，载《中国农史》1996年第3期。
③ 李昆声：《云南在亚洲栽培稻起源研究中的地位》，载《云南社会科学》1981年第1期；《亚洲稻作文化的起源》，载《社会科学战线》1984年第4期。
④ 汪宁生：《远古时期的云南稻谷栽培》，载《思想战线》1977年第1期。
⑤ 游修龄：《太湖地区稻作起源及其传播和发展问题》，《太湖地区农史论文集》第一辑，1985年。

之野……爰有膏菽膏稻，膏黍膏稷，百谷自生，冬夏播琴。"黑水即今金沙江，是今云南、四川两省的天然界线，远在二千多年前，川滇一带"百谷自生"，说明有野生稻存在。《华阳国志·南中志》记载了西汉末期，云南昭通地区"溉稻田"，同书的《先贤士女总赞》记载两汉交替时期，滇池地区已经"开造稻田"。《后汉书·西南夷列传》曰："造起陂池，开通灌溉，垦田二千余顷。"说明当时已有相当规模的水稻种植。种植水稻，需要有较高的农业生产水平，水利设施等。从而进一步说明，云南驯化野生稻的时间在此以前很久。根据出土稻谷，可以判明远在很多年前。云南很多地区的老农都能说出先前某某地方有"天生谷"、"鬼谷"，即野生稻生长。

（二）云南的野生稻

野生稻是禾本科植物，它的外部形态接近栽培稻。野生稻稻穗属圆锥花序，谷粒称颖果，多呈淡棕红色，结实率低，谷粒边熟边落。

我国现存野生稻有三种：

普通野生稻（Oryza Sativa f. Perennis），俗名"学禾"、"鹤禾"、"野禾"、"鬼禾"。多年生，宿根性，9—11月出穗，一般生长在沼泽地、草塘或溪河沿岸。在我国分布于北纬18°15′—25°范围内。在印度阿萨姆邦（大约位于北纬22°—28°）也有普通野生稻 O. perennis 和 O. spontanea 分布，曼尼普尔邦也有这两种普通野生稻的分布，在缅甸密支那周围（北纬25°5′）perennis 大片大片地生长着。

药用野生稻（O. officinalis），俗名"山鸡谷"、"神禾"等，多年生、宿根性，10—11月出穗。在我国分布于北纬18°25′—24°10′之间。

疣粒野生稻（O. meyeriana），俗名"野谷"、"竹草"、"山谷"等。多年生、宿根性，除隆冬外，终年不断出穗成熟。在我国主要分布于北纬18°10′—24°46′范围内。印度阿萨姆邦山岳地带也有疣粒野生稻 O. garanulata 分布。[1]

广东农林学院农学系根据我国南方各省野生稻研究表明，其分布规律大致为：普通野生稻主要分布在沼泽地、草塘及溪河沿岸；药用野生稻在少阳光照射的山谷水湿地；疣粒野生稻则分布在山地、丘陵或河谷两岸荫蔽的灌木丛林中。3种野生稻的共同生态特性是均生长在热带和亚热带的

---

[1] 李昆声：《亚洲稻作文化的起源》，载《社会科学战线》1984年第4期。

江河流域附近，要求有一定的水湿条件。① 尤其普通野生稻与人工稻的亲缘关系更为密切，它比其他两种野生稻要求更强的水湿条件，也可以说是纯系长年生长的水生植物。②

有关野生稻和人工稻的关系，国内外农学专家一致认为最早的人工稻是由野生稻经过长期驯化培植而来。如云南省农科院程侃声先生等研究表明，云南部分人工稻品种，在性状、同功酶谱及染色体核型方面，均表现出较多的原始性，与野生稻的关系十分密切。既然人工稻起源于野生稻这一大的前提是肯定的和没有争议的，那么根据早期野生稻的生长环境和生态特性探讨人工稻的最早起源地，无疑是一条有效途径。③

（三）云南考古出土的古稻

目前云南共发现野生稻采集点 100 多处，毫无疑问，云南是具备野生稻及早期人工稻生长条件的。

并非所有野生稻都能驯化为栽培稻，只有多年生的普通野生稻才是今天栽培稻的祖先。亚洲栽培稻（O. sativa. L.）系由单一野生种进化而来，或由不同野生种进化而来，农学界尚有争议。

云南已有 100 多个地点发现野生稻，包括西双版纳、德宏、保山、思茅、临沧、红河、大理等地。有普通野生稻、药用野生稻和疣粒野生稻 3 种，均为多年生、宿根性，多分布在海拔 1000 米以下，特别是热带、亚热带河谷附近，小片零星生长。

目前，出土史前稻谷年代最早者虽仅有 4000 年（宾川白羊村），但云南作为亚洲栽培稻起源地具备许多条件。云南素有"植物王国"之称，植物种类多达 15000 余种，约占全国的一半，拥有热带、亚热带和温带植物。各种农作物应有尽有，目前以多达 30 多种作物、近万份品种资料。云南的稻种资料现有 3000 多个品种，既有籼粳、水陆、黏糯、光谷、早、中、晚稻之分，又有籼粳性状交错的类型。云南稻谷栽培垂直分布，从海拔 40 米（河口县）至海拔 2600 米（维西县攀天阁）均能种稻。云南的地理条件、自然环境、气候因素等形成作物变异中心。日本遗传学者中川

---

① 广东农林学院农学系：《我国野生稻的种类及其地理分布》，载《遗传学报》1975 年第 2 卷（1）。

② 尹绍亭：《云南农耕低湿地水稻起源考》，载《云南文物》1987 年第 21 期。

③ 丁颖：《中国栽培稻的起源及其演变》，载《农史研究》，农业出版社 1980 年第 1 辑。

原对亚洲各地1000多个原始地方稻种进行了酯酶同功酶研究，并对各组合类型的亲缘性作了分析，认为在中国云南、老挝、缅甸、印度阿萨姆等地带的栽培稻，性质相同的种类很多，是性质相同的稻米群。上述这些地方（中川原称为"东南亚山地"）是亚洲栽培稻的"基因中心"。张德慈博士认为，亚洲栽培稻的起源地，是从喜马拉雅山麓的恒河沿岸，沿着上缅甸，经历泰国北部和老挝，直到越南北部和中国南部这一幅员广阔地带……稻的栽培化是在这一地带内部，或在边界部分独立或同时产生的。[①]

滇池地区出土的陶器，在当时制陶时曾用稻穗、稻壳作垫子，这些陶器上便留下了稻的痕迹，甚至还留下了整粒的稻谷。这些稻的形状呈阔圆形，诸宝楚先生鉴定为粳稻。有些稻粒枝梗完整，余履圻、程侃声、周季维诸先生均鉴定为粳稻。周季维先生还认为，滇池地区出土稻谷中，还发现了籼稻。籼稻更接近于野生稻，而早于粳稻。因而，这是一个重要发现。西双版纳现代籼稻和野生稻的区别就不是很大。滇池地区新石器遗址的年代没有经过测定，其石器、陶器制作技术比金沙江中游及洱海地区进步。金沙江中游的元谋大墩子遗址经$C_{14}$放射性测定，年代为公元前1260±90年，树轮校正年代为公元前1470±155年。洱海地区的宾川白羊村遗址，第3号房屋2号柱洞木炭的年代为公元前1820±85年，树轮校正年代为公元前2165±105年。因而，滇池地区出土稻谷年代不早于上述年代。剑川海门口遗址出土的稻谷经鉴定亦系粳稻，年代为公元前1150±90年。

云南省博物馆在剑川海门口进行的第二次发掘，出土石刀、石斧、石锛、石凿以及陶网坠，陶器多为陶片，皆平底器，无三足、圜底器。铜器有钺、锥等。还发现了一些农作物和植物种子：CHT1：4F2：76、CHT1：4F2：75、CHT1：4F2：18、CHT1：4F2：97、CHT1：4F2：72、CHT1：4F2：74稻谷，经鉴定为粳稻。[②]

在元谋大墩子遗址H1中出土大量灰白色的禾草类叶子、谷壳粉末，在K7的三个陶罐内，均发现大量的谷类炭化物。经中国科学院植物研究所鉴定，灰白色粉末属禾草类（如稻子）粉末。经初步鉴定，罐内的谷

---

[①] 李昆声：《亚洲稻作文化的起源》，载《社会科学战线》1984年第4期。
[②] 李昆声：《云南农业考古概述》，载《农业考古》1981年第1期。

**图49　元谋大墩子遗址出土的碳化稻谷**

类碳化物是粳稻。[①]

在永仁磨盘地遗址的发掘中，于第3层中发现约2千克左右碳化稻，从中采集了一土样，交由社科院考古所作鉴定，其鉴定结果为：土样呈黄褐色，掺杂有黑色碳化物，其中包括有炭化稻粒。由于土壤板结，很难将酥脆的炭化稻粒剔取出来，于是采用药液浮选的方法进行提取。首先，配制适当比例的碳酸氢钠溶液，然后将土样放入液体内轻轻搅拌，待土壤中的炭化物浮上水面后，再用细筛提取。使用碳酸氢钠溶液进行浮选不仅有助于土壤颗粒的分散，还能适当增加液体的比重，从而提高了浮选率。此次浮选的样品量为600毫升。

浮选结果显示，土样中所含稻谷遗存非常丰富，在如此少量的土样中共浮选炭化稻米283粒，其中完整或基本完整的104粒。在完整的稻米中随机抽取了20粒进行了测量。

此次出土稻米的粒长平均为4.89毫米，粒宽为3.12毫米，粒厚是1.98毫米。根据标准偏差，粒长与粒宽的变异程度非常接近，说明属于

---

[①] 云南省博物馆：《元谋大墩子新石器时代遗址》，载《考古学报》1977年第1期。

同一类型的稻谷。通过计算，这批炭化稻米的长宽比的平均值为 1.57，而现代普通野生稻的长宽比在 3.2 左右，籼稻长宽比一般在 2.3 以上，粳稻长宽比在 1.6—2.3 之间。磨盘地遗址出土的稻米个体宽大，尺寸与形态都比较一致，属栽培稻，如仅根据形态分类，应该划归于粳类型。

根据这份样品浮选出的炭化稻米数量推测，磨盘地遗址整体埋藏的稻谷遗存可能比较丰富，如是，这些稻谷应该就是在当地生产的，说明在新石器时代晚期云南北部地区已出现了稻作农业。由于仅有一份样品，暂时还无法进一步估计这些稻谷遗存与该遗址古代文化之间的关系，例如，稻作农业当时在该地区的发展程度，稻作生产在该文化经济生活中的地位等等，这些问题还需要更多的样品和相关资料来进行综合分析和研究。磨盘地出土炭化稻米的长宽比小于现代一般粳稻长宽比的最小值，是一种比较特殊的超短宽形稻谷。这种稻谷在磨盘地遗址的出现有可能与当地的生态环境有关，即所谓地方稻种，也有可能是稻谷在进化过程中的一种阶段性形态，或者两种可能都存在。[1]

另外，从永平新光遗址 G3 底部采集到的炭化稻标本，经云南省农科院程侃声教授鉴定是稻谷类。又经江苏省农业科学院张陵华鉴定，认为"从植物蛋白石的形状来看，应当是粳型稻"。[2]

栽培稻的起源可能是多中心的。从遗传学和考古学的资料来看，云南应该是亚洲栽培稻起源地之一。

## 第三节　陶器的发明和使用

在古老而漫长的岁月里，先民们以自己的智慧和辛勤劳动发明了陶器，陶器的产生，为人类的历史带来了新的曙光。人类文明的历史，就是一部不断与大自然进行长期艰苦斗争的创业史。早在距今数十万年之前的旧石器时代，人类的祖先为了生存，不仅创造出了世界上最早的石器、骨器等生产工具，而且发明了取火的新技术，使人类掌握了一种征服自然的

---

[1]　云南省文物考古研究所、中国社会科学院考古研究所云南工作队、成都市文物考古研究所、楚雄州博物馆、永仁县文化馆：《云南永仁菜园子、磨盘地遗址 2001 年发掘报告》，载《考古学报》2003 年第 2 期。

[2]　云南省文物考古研究所、大理州文物管理所、永平县文物管理所：《云南永平新光遗址发掘报告》，载《考古学报》2002 年第 2 期。

先进"武器",为后人进一步发明陶器、铜器、铁器等一系列的工艺技术提供了必要条件,从而大大加速了人类文明的历史进程。①

## 一 制陶术

陶器的发明,是新石器时代的主要特征之一。

陶器是在水、火、土三素的基础上,将黏土经过加工、烧制,变成坚固的人工制品,是人类最伟大的发明之一。它是人类"将一种天然物质(泥土)转变为另一种有用材料或器物(陶器)的最早的创造性活动之一"。它的出现,在人类社会发展史上具有划时代的意义。② 它是随着农业经济和定居生活的发展而出现的。陶器在人类生活中具有很重要的意义,不仅丰富了生活用具,而且又反过来进一步加强了定居的稳定性。它使人类生活翻开了新的一页。正如著名学者摩尔根所说:"在人类的进步过程中,制陶术的出现对改善生活、便利家务开辟了一个新纪元。"

关于陶器的起源,我国古代文献中有不少传说和记载,如《周礼》中有"神农作瓦器"。同书的《考工记》说"有虞氏上陶"。《物源》则有"轩辕作碗碟"的记录。虽然,这些记载多属传说,但与这些传说的年代相比,中国的制陶历史要早得多。恩格斯在《家庭、私有制和国家的起源》一书中写道:"陶器的制作都是由于在编制的或木制的容器上涂上黏土使之能够耐火而产生的。最初是用泥糊在编织物上烧成的,后来就直接用泥制坯烧制了。"这一点目前还缺乏确凿的证据,它可能是由于涂有黏土的篮子经过火烧,不易漏水,得到进一步启发而发明的。③ 不管怎样,陶器是人类在生产生活实践中随着认识的不断深化和生活需求的提高而发明和出现的,这一点当毋庸置疑。陶器的出现时间,在世界各地是不相同的,根据目前的资料,世界上最早的陶器都出现在东亚地区。目前我国发现的最早的陶器,是1962年在江西万年县仙人洞出土的距今8000多年的陶器。

目前虽然没有资料可以说明中国最早的陶器是如何烧造的,但从人类

---

① 杨根、韩玉文:《窑火的魔力》,济南出版社2004年版。
② 权奎山、孟原召:《古代陶瓷》,文物出版社2008年版。
③ 同上书。

发展的历史轨迹中可找到规律性的东西。① 同时，出土实物早已证明了我国最早的陶器是手制陶器，从国内许多新石器时代考古资料中，我们对中国陶器的烧造，可见一斑。

众所周知，陶器是用可塑性较好的黏土（或加入不同的羼和料）经过备料、成型、干燥、烧制而成的制品。其烧成温度，一般在800—1000℃左右，特别粗松的仅需600℃左右，胎质粗松犹如瓦砖，实际上是一种陶质瓦器。故一些国外学者往往把远古时代的各类陶器统称为"瓦器"。同时，由于黏土所含各种金属氧化物的百分比、淘洗程度以及烧成气氛的不同，可呈现红、褐、黑、灰、黄等不同色泽。按其质地分，主要有泥质和夹砂两大类。

制陶是一种专门技术，要根据不同的用途对材料进行加工，陶器的制作方法，史前居民们最早用捏塑法捏制小型的器皿，较大的器物则采用泥条盘筑法，随着制陶技术的提高，随后出现了模型法，或辅以慢轮修整，再继之以快轮轮制，大大提高了制陶的速度和成品率。现将其制作技法简要介绍之：

（一）捏塑法

就是把湿黏土直接用手捏成器型的一种制造技法。这种工艺往往适合制造小型的陶器，如小钵、小杯、小碗等，它是先民们最早采用的最原始的制陶方法。②

（二）泥条盘筑法

较大的器物一般采用这种技法，即将湿黏土用手搓成很长的条状，然后用螺旋式的组合方式把泥条盘成器皿的形状，再用手一一捏平。或者几部分相接，然后表里抹平，加以修整。在滇池地区出土的陶器上，往往可以看见泥条盘筑法制陶时所留下的痕迹。

（三）模型法

这是比上述两种技法更为原始的一种工艺。即用草、竹、藤一类已经编织成型的器物为模子，将湿黏土涂抹在上面，放入窑内烧制。出窑后，编织物本身烧烬而留下黏土容器即陶器。考古学界一般推测，史前陶器上的篮纹、绳纹就是这样起源的。

---

① 陆明华：《中国陶瓷》，上海外语教育出版社2002年版。
② 李昆声：《云南艺术史》，云南教育出版社2001年版。

（四）轮制法

轮制成型分为"慢轮"和"快轮"两个阶段。"慢轮"技术始于仰韶文化中期，当时并未完全取代手制成型法，主要用于修整器物的口部使之更加规整，但它的出现为"快轮"的出现奠定了基础。到了大汶口晚期，制陶业逐渐由妇女转让到了男子手中，随之出现了旋转较快、力量较大的"快轮"技术。在制陶工艺史上，从手制进化到轮制是成型技术的一次飞跃。轮制的特点是：将泥料放置于转动的轮盘（又称"陶车"）上，借其转动的速度和力量向上提拉泥料使之成型，俗称"拉坯"。轮制陶器的优点是造型圆浑而规整，形体变化丰富，同时留下富于韵律感的流畅"弦纹"。[1]

## 二　云南新石器时代八种文化类型的陶器

云南各地的新石器遗址大都出土了陶器。陶器为泥质和夹砂陶，以夹砂褐陶居多，夹砂灰陶次之。从文化内涵来看，主要有石寨山、闸心场、小河洞、曼蚌囡、元谋大墩子、马龙、忙怀、戈登 8 大类型的文化[2]。

石寨山类型的新石器文化分布于滇池地区，该类型文化遗址中出土的陶器有泥质红陶、夹砂红陶和夹砂灰陶三种，且有少量几何印纹硬陶片。泥质红陶约占 80％以上，均为手制，陶质差、火候低、器壁厚，制作粗糙，器型简单。主要有泥质红陶的凸底浅盘、平底小碗和卷边小碗等。夹砂红陶和夹砂灰陶有手制和轮制两种，器型有侈口罐、直口罐、带流罐、盆、钵、圈足器、纺轮、网坠等。纹饰以划纹为主，装饰题材有斜方格纹、十字纹、斜线纹、叶脉纹等，少量印纹硬陶饰方格纹、云雷纹、波浪纹等。

闸心场类型遗址除闸心场外，并有鲁甸马场、昭通小过山洞以及大关、永善县发现的遗址等数处，主要分布于滇东北地区。出土陶器主要有碗、平底侈口罐、单耳细颈小瓶、单耳小罐、单耳侈口罐等器型，还有部分表面打磨极其光亮的黑壳陶。质地有泥质和夹砂两种，纹饰有平行线纹、点纹、粗弦纹等，为云南其他地区罕见。

---

[1] 杨根、韩玉文：《窑火的魔力》，济南出版社 2004 年版。
[2] 李昆声、肖秋：《试论云南新石器时代文化》，《文物集刊》第二辑，文物出版社 1980 年版。

小河洞是一洞穴遗址，位于滇东南，该遗址出土陶片300多片，无完整器。其中夹砂灰褐陶占85%以上，其次为夹砂红陶。纹饰以绳纹为主，还有划纹、附加堆纹等。

分布于滇南、西双版纳地区的曼蚌囡类型的文化遗址中的陶器有泥质黄褐陶、夹砂灰陶和夹砂褐陶。器型有罐、碗、钵、盘、器盖和网坠，纹饰有绳纹、方格纹、划纹、波浪纹等，有的为素面。

金沙江中游地区的元谋大墩子类型文化遗址出土的陶器多为夹砂陶，其中夹砂灰褐陶最多，约占80%，其余为夹砂橙黄陶、夹砂红陶。均为手制，火候不高。器型有罐、钵、盘、瓮、壶、瓶、杯等，其中以陶罐、瓮为主，陶罐有大口罐、小口深腹罐、高领罐、小罐等，还有一些圈足器、带耳器、纺轮、弹丸等。另有一件鸡形陶壶，造型十分生动，为它处罕见。陶器纹饰以绳纹、篮纹为主，并有乳钉纹、箍纹、剔刺纹、划纹和附加堆纹等。

洱海地区马龙类型的宾川白羊村遗址出土的陶器以夹砂陶为主，制法有手制和轮制。器型有罐、碗、盆、壶、杯、匜、钵、纺轮、网坠等，并多见圜底、带耳和带流器。纹饰有圆点、圆圈、直线、波浪、斜方格、网纹等，以断线压纹最为发达。马龙少数陶器上还发现有刻符，多饰于器物的颈、肩、腹部，每器只刻画一个符号，共27种。

忙怀类型（澜沧江中游地区）文化遗址中出土陶片极少，试掘仅发现10多片，均为夹砂陶，以绳纹为主。从该遗址的地形和出土很少陶器的情况看，当地居民的社会生活很可能以游牧为主[①]。

滇西北地区的戈登类型为洞穴遗址，其出土的陶器无完整器，多为夹砂灰褐陶，以侈口罐和单耳罐为主，器底多平底。胎厚，且以麻织物或树叶作垫衬，具明显特征。

综上所述，云南新石器遗址出土的陶器基本上为夹砂陶，纹饰以划纹最为常见。器型以圜底器和平底器为主，少见圈足器和三足器。滇池、洱海、金沙江中游等地的遗址，出土的陶器有盘、碗、罐、钵、盆、缸等多种型制，纹饰亦较复杂。其他地区出土的陶器种类则相对单一。在制作技术方面，除石寨山、白羊村、小河洞、尖角洞遗址有少量轮制陶器出土

---

[①] 李昆声、肖秋：《试论云南新石器时代文化》，《文物集刊》第二辑，文物出版社1980年版。

外，其余陶器均为手制，维西戈登村遗址的陶器甚至直接用手捏成。且出土的陶器火候大多极不均匀，陶器的烧制完全是为了满足本氏族部落的日常生活需要。说明制陶业尚未从农业中分离出来而成为独立的行业。在洱海周围、金沙江中游、滇东北和江川、广南等地的遗址中，出土了一些石质或陶质的纺轮，宾川白羊村和大理马龙遗址的纺轮有扁平形和石鼓形等几种型制，表明这些地区的居民已会纺织，纺织原料可能主要是麻、葛一类植物。大理地区出土的陶器上有不少席纹和篮纹，可知当地居民还掌握了用竹篾葛条编织器物的方法[①]。

大墩子、白羊村类型等主要遗址均未发现陶窑，相反却出土许多流变形的陶器，表明当时先民采用露天烧陶技术。因而，在居址近旁留下不少面积较大的红烧土硬结面。据民族学资料显示，云南边疆的傣族和佤族仍然采取这种不用陶窑而在地面烧陶的办法。西双版纳傣族烧陶不用窑，但有固定地点，一般是选择一块平坦地面，面积4—6平方米，每次烧陶固定在此地面进行，致使地面烧结成了红烧土，有的地面红烧土厚达5—10厘米。这样的烧陶之处，各制陶户拥有一处或两处，均设在自己住宅近旁。由此可知，云南新石器时代的先民可能尚处于原始的露天烧陶阶段。这些陶器均用本地黏土作原料，就地取材，质地疏松，渗水性强，又以刻划、剔刺等作为主要的装饰技法，从未发现彩陶，此亦可能与烧陶技术有关。

## 第四节 不同风格的房屋建筑

进入新石器时代，人们已经学会建筑房屋，不同民族的建筑形式有着不同的风格。云南新石器时代的氐羌族系的先民和濮越族系的先民就有着截然不同的房屋建筑风格。云南新石器时代的人类居住情况如下：

### 一 氐羌族系先民的住房

（一）半地穴式住房

洱海区域的马龙遗址发现有两种原始居民的住址，一种是近似圆形的土坑，底部是生红土，上面平放几块石头，土坑为倾斜式；另一种是近似长方形的土坑，这就是云南最原始的半地穴式住房建筑遗迹。

---

[①] 方铁主编：《西南通史》，中州古籍出版社2003年版。

永仁菜园子遗址中，发现3座半地穴式圆形房屋，以F1为例，居住面由灰烬和生黄土踩踏拍打而成，非常平整。由于长期踩踏，已形成厚约3厘米的硬壳层。房屋在文化层的最下部，居住面以下就是生土。直径0.2米，深0.6米，四周有柱洞25个，间距不等，口径10—30厘米，深10—35厘米，多呈圜底，洞壁倾斜，少数内填碎石。房屋中间有一中心柱，口径20厘米，深40厘米，四周有用火的痕迹。又两侧有一圆坑，口径30厘米，深23厘米，似乎是火种罐之类的存放之处。坑壁作为墙壁，经过拍打，又经过烘烤，整齐而坚固，呈红褐色。坑底北半部有二层台，高20厘米，门向西，宽205厘米，有三级土坎台阶，经门道通向室外，门道长度不一。未发现上部建筑材料，估计上部是木柱加树枝的窝棚状。这种半地穴式窝棚建筑，与西安半坡仰韶文化的半地穴式建筑十分相似。①

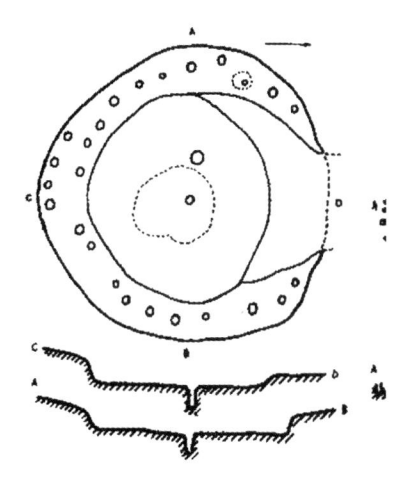

**图50　永仁菜园子房屋遗址**

云南永平新光遗址，发现半地穴式房屋2座，均为长方形半地穴式。其地穴较浅，底较平。这类房子只出现在遗址的最早阶段。

F5平面为长方形圆角，半地穴式。长4米、宽3.1米。四壁粗糙，

---

① 云南省文物考古研究所、中国社会科学院考古研究所云南工作队、成都市文物考古研究所、楚雄州博物馆、永仁县文化馆：《云南永仁菜园子、磨盘地遗址2001年发掘报告》，载《考古学报》2003年第2期。

最高处尚有0.6米，向下略内收。居住面较平且硬，似烧火烧成，中间有一大柱洞，另有数个小柱洞，地穴外有其他柱洞，均无规律。推测为尖顶，中间立主柱，以草盖四面坡尖顶，四壁有草编矮墙的建筑。[1]

（二）平地起建式的土木结构房屋

在元谋大墩子遗址，发现平地起建式房屋15座。其中，F1—3属晚期；F4—15属早期。

房基平面呈长方形，一般长7.40米、宽3.90米。面积近30平方米。座向不一。似无门道，唯早期个别有弧形"屏风"。早晚期均属地面木结构建筑，基本特征一致，仅局部有所不同。

1. 早期房址

居住面多为就地略加平整，在自然地面上铺灰烬、纯净黄土，再经踩踏而成。个别地面抹草拌泥一层，厚约2厘米。由于长期居住，普遍形成厚约0.5厘米的硬壳。表面平滑。居住面似经烘烤，呈灰褐色，质地坚实，厚5—8厘米。

墙基四周挖沟槽，宽25—35厘米、深40—50厘米。沟壁整齐坚实。沟底掘柱洞，口径10—16厘米、深22—36厘米，插立木柱，再行填土。编缀树条，两侧涂草拌泥而成木胎泥墙。墙内均留宽1—3厘米的平行木条印痕。草拌泥较粗糙，内含大量的草根、树叶。墙壁似经烘烤，呈红褐色，质地坚实，表面平整，厚约5厘米。柱洞较少，且多在基角，洞壁坚实，木纹清晰。部分柱洞在接近居住面处有厚约1厘米的泥圈，用以加固木柱。泥圈在洞口部位与居住面平齐。

房顶似属稍作倾斜的平面结构。用木椽紧密铺垫，多平行排列，亦有少数交叉现象。外表涂草拌泥而成泥顶，泥顶似经烘烤，呈红褐色，质地坚实，表面粗糙。为了防止雨水浸蚀与烈日曝晒，草拌泥厚达15—20厘米。

由于层层叠压，打破关系复杂，仅发现较完整的火塘4个（K4—7）。K6、7分别在F5、6室内；K4、5因后期扰乱较甚，难以断定其位置。构造尤为特殊，一般呈圆角方形、椭圆形，个别属浅竖穴圆坑。经过长期烘烤，壁颇坚硬，且有厚约2—5厘米的红烧结土。坑内填土松软，呈黑褐

---

[1] 云南省文物考古研究所、大理州文物管理所、永平县文物管理所：《云南永平新光遗址发掘报告》，载《考古学报》2002年第2期。

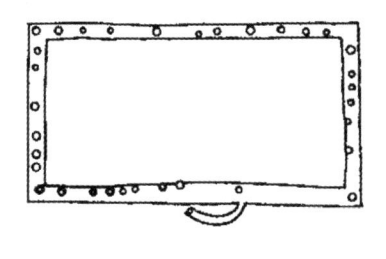

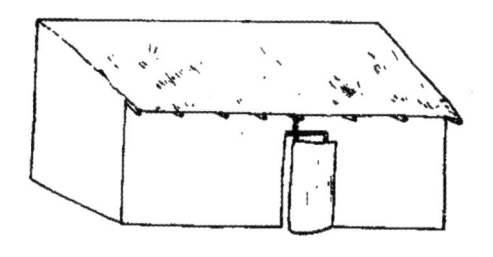

**图51 元谋大墩子房屋遗址平面图（上）及复原图（下）**

色。K5有1洞穴，口径35厘米，深18厘米，似置陶罐之类，用以保留火种或储藏食物。

2. 晚期房址

居住面建于早期灰土堆积或房屋废墟上。在松软的灰土上铺灰烬、烧渣、五花土，再经踩踏、拍打而成。层次清晰，厚约0.5厘米；个别垫疏密不等的碎石一层，由于长期居住，形成厚约0.5厘米的硬壳。居住面似经烘烤，呈灰褐色，质地坚实，表面平整，厚5—8厘米。

墙壁以密集的木柱作骨干，编缀树条，两侧涂草拌泥而成木胎泥墙。墙内均留宽1—2厘米的平行木条印痕。草拌泥较粗糙，内含大量的草根、树叶，少数掺入红烧土碎块。泥墙似经烘烤，呈红褐色，质地坚实，表面平整，厚2—5厘米。墙基四周的柱洞密集，间距不等，口径7—12厘米、深25—63厘米。柱壁坚实，木纹清晰，部分木柱旁还加小扶柱1根，这种柱洞稍向内倾，口径10厘米左右、深15—30厘米。

房顶与早期的相同，似属稍作倾斜的平面结构。用木椽紧密铺垫，多平行排列，亦有少数交叉现象。两侧涂草拌泥而成木胎泥顶。似经烘烤，呈红褐色，质地坚实，表面粗糙。草拌泥较早期厚，达15—25厘米。

由于房基叠压、打破关系亦较复杂，仅发现较完整的火塘3个（K1—3），因后期扰乱尤甚，尚难断定其位置。构造简单，均属浅竖穴圆

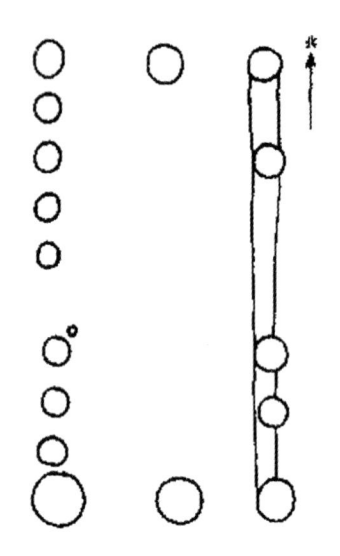

**图52 宾川白羊村房屋遗址平面图**

坑。经过长期烘烤，壁颇坚硬，且有厚约2—5厘米的红烧结土。坑内填土松软，呈黑褐色。

3. 房屋遗迹的特征与分期

早晚期房屋均属地面木结构建筑，四周竖立木柱，既可负荷笨重的房顶，又有支撑泥墙的作用。根据民族学资料分析，木柱顶端利用树干的自然枝杈以承接横梁，交接处似用藤索捆扎。

在建筑技术上，早晚期的墙壁与房顶都经烘烤，从发掘现象即可证明：①泥墙与屋顶塌下的草拌泥，烘烤均透，质地坚硬；②着火点均向一面；③室外地面无火灾迹象；④室内遗物无烘烤、烟熏痕迹。由此可知，大墩子的先民已采用仰韶文化普遍流行的烘烤方法。

屋顶似属稍作倾斜的平面结构，理由有四：①房基四周的柱洞均直掘，仅个别附加柱洞稍作倾斜；②倒塌在室内的遗物未发现负荷屋顶的木柱遗迹；③房基四角的木柱粗大，显然起主要的支撑作用；④室内发现坍塌的大量房顶遗迹，其木椽槽痕宽2—5厘米，又多属平行排列。

综上所述，房屋遗迹的平面形制与建筑技术有早晚之异同：

①早晚期均作长方形的地面木构建筑；

②早晚期的房顶似属稍作倾斜的平顶结构；

③早期的火塘多椭圆形或圆角方形，坑壁涂草拌泥，周边有圆脊，晚期则演变成浅竖穴圆坑；

④早期的普通柱洞与泥圈柱洞共存，晚期则仅有普通柱洞；

⑤早期的房基四周开沟槽，晚期则纯属地面建筑；

⑥早期的面积较大，晚期则稍小。①

发现的房屋共同的基本特点是：平地起建，墙基四周挖沟，栽埋柱洞，柱子之间用树枝、荆条、藤条等编缀，再用草拌泥涂抹成木骨泥墙。居室地面和墙壁用火烘烤成红烧土，个别房屋还在柱子下面铺垫石块。这种建筑又比不铺石块的房屋进步一些，因为在房基四周铺垫石块作为石础，然后再立柱子于其上，然后筑墙，可使墙基更加的牢固。而且柱子埋入地下的那一段，腐烂的速度会减慢。

大墩子、白羊村、菜园子、大理马龙等新石器时代遗址发现的房屋与郑州大河村、陕县庙底沟、洛阳王湾、西安半坡等中原新石器时代文化的房屋特征相似。② 它们是新石器时代氐羌先民南迁时传播的建筑艺术的证明。

## 二 濮越族系先民的住房

（一）巢居

图53 沧源岩画的巢居

因建筑材料易腐今已不存，仅在沧源岩画第五地点的2区和5区各有一处巢居房屋的图像。

这两处巢居的图像所表现的房屋都是以一棵大树的树干作为天然的房柱，大树顶上建筑房舍，在树枝枝丫处树立若干木柱支撑房顶，从屋顶正中往下悬挂绳索，供先民攀援上下，出入房舍。这种房屋建筑形式即我国古文献所记载的"巢居"。民族学家指出与巴布亚新几内亚现代"树

---

① 阚勇：《元谋大墩子新石器时代遗址及其研究》，《云南人类起源与史前文化》，云南人民出版社1991年版。

② 李昆声：《云南艺术史》，云南教育出版社2001年版。

屋"相似。①

（二）干栏式房屋建筑

即以竹木构建房架，房屋地板高出地面，这种样式亦见于沧源岩画。在沧源岩画第二地点1区，在一座村寨图像中，有14座干栏式建筑，村外还有1座。其干栏房屋的木桩数多寡不等，主要视房屋大小而定。

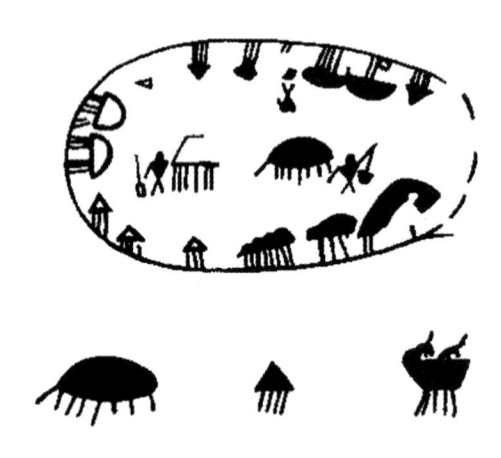

**图54 沧源岩画上的干栏**

这些干栏式建筑主要分为三种式样：第一种呈椭圆形的干栏；第二种呈三角形，房顶两面坡棱角分明；第三种呈倒梯形，屋脊长于屋檐。

## 第五节 云南新石器时代部落先民的社会结构
——从母系氏族社会到父系氏族社会

新石器时代的母系氏族社会在旧石器时代晚期的基础上不断发展完善，到新石器中晚期达到了鼎盛阶段。根据发掘出的文化遗址和民族学资料分析，母系氏族社会生产力水平仍十分低下，这时的人们从事农业、畜业、狩猎、采集等生产活动，生活在集体劳作、产品共有的没有阶级的社会之中，氏族的首领为女性，妇女在社会上的地位较高。由于生产力水平低下，产品没有剩余，也就没有产生剥削和私人占有的行为与观念。

在母系氏族制度的条件下，氏族是社会的基本细胞，几个奉行族外婚

---

① 汪宁生：《云南沧源崖画的发现与研究》，文物出版社1985年版。

的姻亲氏族组成一个部落。部落具有比较明显的领土范围和独自的风俗习惯、宗教信仰和方言。它有一个首领和由各氏族长组成的部落议事会。最初的部落只包括很少几个氏族,后来生产力提高,人口增加,一个氏族又分成几个,原来那个老氏族便称为母氏族,派生的称为子氏族,母子氏族又组成一个胞族,这样就形成了氏族—胞族—部落的组织系统。在较晚的时期,有时几个部落还组成部落联盟。

随着剩余产品的增多和男子在定居农业生产中体现出来的越来越重要的地位,社会分层开始出现,而男子也在社会生活中扮演着越来越重要的地位。男性开始担任部落的首领或军事领袖,而权力和财产的继承需要自己的亲生后代,所以孩子们从开始的"只识母不识父"到"既识其父又识其母",固定的家庭开始出现,父系氏族社会开始出现。

## 一 劳动生产力的提高

云南元谋大墩子新石器文化遗址,是我国长江上游(金沙江南岸)母系氏族社会晚期向父系氏族社会转化的具有代表性的文化遗址之一。大墩子遗址可分为早、晚两期。

早期生产工具的种类、数量均少、以扁平梯形石斧、石锛与双凸圆锥截尖式陶纺轮为代表。陶器多为夹砂橙陶,纹饰以篦齿状划纹与粗绳纹为主,器型以钵、盆、罐为代表,器皿口沿较窄,且多饰剔刺纹。房基四周均开沟槽,柱洞排列于沟底。火塘多呈椭圆形或圆角正方形,坑壁涂草拌泥,周边有圆脊。

晚期生产工具的种类、数量增加。以扁平长条形或椭圆形石斧、石锛、石纺轮为代表。陶器的火候亦低,夹砂橙陶绝迹。新出现少量的泥质红陶与泥质灰陶,纹饰以篮纹、附加堆纹与印制的点线纹为主;器型除罐外,新出现瓮、壶、瓶、杯。早期流行的钵、盆为晚期所不见;器皿口沿加宽,且多无纹饰。房基四周不开沟槽,柱洞直接掘于地面。火塘则演变成简单而适用的浅竖穴圆坑。

以上情况表明:大墩子的先民早已过着定居生活,建造了原始的居屋,且形成规模较小的村落。他们使用以磨制为主的生产工具,从事锄耕农业,辅之以狩猎、采集与饲养数量不多、种类有限的家畜;掌握了比较熟练但仍然是手制陶器的技术。恩格斯指出:"劳动愈不发展,劳动产品的数量从而社会的财富愈受限制,社会制度就愈在较大程度上受血族关系的支配。"① 因此，从大墩子遗址的经济状况看，其社会性质应是母系氏族社会阶段向父系氏族社会转化的一个阶段。

（一）农业和畜牧业的发展

农业是由妇女的采集活动发展而来的，早期农业很自然地成为妇女的专业。因而，在锄耕农业阶段，经常性的农业劳动一般由妇女承担。云南永宁摩梭人，新中国成立前还保留着一些母系氏族社会的残余形态。妇女负责整个生产过程上的主要工序和生活中的主要工作，如犁地、灌水、除草、收割、打场和运输等农活，以及饲养耕畜、家畜、纺织和煮饭等家务劳动。这就决定妇女在社会上受到特别尊重，在经济上起着主导作用。正如恩格斯在《家庭、私有制和国家的起源》中所说："这种生产制经济是原始时代到处通行的妇女统治的物质基础。"摩梭人的家庭就正是这样的：一般以祖母或长女担任家长，称作"达布"，职能是领导生产、管理开支、安排生活和对外事务。

云南大墩子遗址出土了大量的农业生产工具，如砍伐树木、开辟耕地的石斧、石锛，收割禾穗的石刀、蚌刀等，表明当时人们同大自然作斗争的手段，主要是用石料、骨料与蚌料制成的各种工具，粳稻是当时种植的主要谷物之一。有1火塘（K7）与3个陶罐中发现了粳稻炭化物。又一圆形窖穴（H1），内盛大量的灰白色禾草类叶子、谷壳粉末。表明当时粳稻的种植已经达到一定的种植面积与相当的收获量，说明当时的农业生产虽粗放，但已发展到原始的锄耕阶段，这是构成母系氏族社会基本的与决定的因素之一。

狩猎经济仅次于农业生产。在当时条件下，它仍是比较可靠的生活资料来源之一。大墩子遗址发现很多石镞、骨器与食后的动物残骨，表明它是一种辅助性生产。狩猎需要较强的体力，主要由男子承担。

在原始农业发展的基础上，家畜饲养也必然得到发展。根据动物骨骼鉴定，已经驯养的有猪、狗、牛等。大量尚未成年或青壮时期就被宰杀供食，这就为人们提供了可靠的肉食来源。家禽中已有鸡的饲养，遗址发现有少数鸡骨，瓮棺葬（W9）出土了鸡形陶壶，通体以饰点线纹作羽毛状，嘴的两侧各饰乳钉纹一颗以象征眼睛，这应是家禽饲养业在原始造型艺术上的生动反映，说明家畜饲养在当时尚为发达。

---

① 恩格斯：《家庭、私有制和国家的起源》，人民出版社1954年版。

遗址中又以猪和牛的骨骼较多,它表明大墩子的人们养猪和牛的时间长久,积累了经验,形成了饲养家畜的习惯。更主要是由于大墩子文化的主人是以农耕为主,农业的发展为饲养家畜提供了更多的饲料,而家畜的饲养又丰富了人类的生活源泉。这样就形成了大墩子是以农业为主、农畜相结合的经济特点。畜牧业的发展是人类第一次大分工的基础,从而促成父系氏族从母系氏族解脱出来。

(二) 手工业的发展

大墩子遗址出土的陶器,有不少仍处于比较原始的手制阶段。研究者推测,手制陶器多由妇女承担。在民族学资料中,尚有不少妇女制陶的例证,如云南沧源与西双版纳傣族,制作陶器和做饭、缝衣,自古以来概由妇女担任,男子不会制陶,制陶的某些工序,和生产其他劳动工具、生活用具相同,都有一定的发展过程与技术承袭性,专由妇女制作。西双版纳傣族,在妇女中又以年老妇女为制陶的主要担负者,一些关键性工作如烧陶,更必须由年老妇女亲临主持。大墩子上层出土少量陶杯,器型甚小(口径4—5厘米、通高5—6厘米),手捏而成,制作粗糙;均属泥质红陶,而与其他陶器截然不同。这种小杯并非日常生活用具,似与宗教祭祀有关。因而,将它与日用陶器严加区别。

石、骨制作的手工装饰品,大墩子出土石质磨制的"布形"吊坠,造型新颖,制作精细,色白光滑。顶端中央穿孔,以示挂在颈上的饰物;斑色石质磨制的石镯,外圈微凸,内圈微凹,制作工艺似有玉镯之特点。骨制工艺品较多,当是大墩子饲养家畜提供了丰富的原料。计有带柄穿孔的圆形饰物,穿孔的胆形吊坠,骨环、骨管、骨珠,其中以雕刻圆圈纹、人字纹组成图案的工艺品,和由14片磨制成凸形骨块黏合而成的骨镯,其工艺标志着骨刻技术的熟练和发展水平,在镯的圆周计算上较为准确。看来当时已有少数人从事手工生产,并且趋向复杂和专门化。这只有在农业生产相当发展的基础上,手工业生产才可能逐步从农业分离出来,从而开始了第二次社会大分工,成为进入父系氏族的经济基础。

由是观之,在漫长时期的原始氏族里,生产关系的基础是生产资料的原始公有制,这时的"生产在本质上是共同的生产,同样,消费也归结为产品在较大或较小的共产制公社内部的直接分配。"[①] 生产力的低下与

---

① 恩格斯:《家庭、私有制和国家的起源》,人民出版社1954年版。

生产规模的狭小，决定了产品在消费之后难得有多少剩余，人们"所有的财产是微不足道的。他们关于财产的价值，及其继承的观念是极其微弱的。"① 由此可知，当时人们根本不可能产生私有观念。

大墩子遗址除在住房内发现陶缸盛有粮食外，还发现一个相当大的窖穴，长620厘米、深80厘米的"粮仓"，盛满了带有谷壳的灰白色粉末，经鉴定为稻谷的碎末。大墩子出现这种生产剩余的现象，为我们提供了研究当时生产力发展状况的材料，因为社会的结构和变化，是由生产力的发展所决定的。大墩子发现储存生产工具与生活资料的窖穴虽然较小，但多相距不远而紧靠住屋，表明这时的生产工具与生活资料开始向私有制转化。

### 二 血缘关系

母系氏族社会流行对偶婚。元谋大墩子的原始住屋结构，不仅取决于生产力的发展水平，同时，也与氏族制度及婚姻形态密切相关。大墩子的住屋分布密集而面积较大，如早期的第13号住屋，长7.4米、宽3.9米；晚期的第2号住屋，长7.2米、宽2.3—2.8米；两者均近30平方米。大墩子虽为一处村落遗址，但主要居住区一半已被张二村河水所冲刷。据《发掘报告》"部分房址、灶塘、窖穴分布图"的比例，可以看出所发掘的15座房基面积差距不大，布局不整，门向不明，根本不能与仰韶文化的房屋相比，建筑方法和形式也不尽相同。大墩子的房子从建筑技术上比半坡进一步，房基面积不大不小，分布虽不规矩，但互相靠近，并在各间房屋内发现不同的火塘、窖穴、生产工具、生活用品、装饰品，缸内盛有炭化的粳稻等现象，却不是母系氏族制社会所能见到的。在河南淅川下王岗遗址，发掘连接32间的房子，面积30平方米左右，每间发现火塘、窖穴、粮食的余存。它们之间颇有相似之处。解放前的独龙、基诺族的父系家庭公社，凡已成婚的都在房内加设一个火塘，或分离居住，标志着从母系大家庭中分居出来的情况。

氏族制度的特点之一是每个氏族都有自己的公共墓地。大墩子的氏族墓地与仰韶文化基本相同，除发现1座母子合葬墓外，其余属单人葬。母子合葬墓应是同一氏族或同一母系家族的。他们是血亲的而不是姻亲的

---

① ［美］摩尔根：《古代社会》，杨东莼、马雍译，中央编译出版社2007年版。

关系。

大墩子的一块公共墓地上，发掘土坑墓19座，房屋附近发掘瓮棺葬10座，圆坑葬1座。土坑墓葬式各异，计有仰身断肢葬7座、仰身直肢葬6座、仰身屈肢葬2座、侧身屈肢葬1座、侧身葬1座、俯身屈肢葬1座、母子合葬1座。瓮棺葬为原始社会幼儿的正常葬式，仰身直肢葬在我国从原始社会以来，是一种比较流行的葬式，俯身葬到了西周逐渐绝迹，屈肢葬在甘肃马家窑文化中发现较多，其他地区亦有发现，但是到了汉代就逐渐消失，断肢葬在山东大汶口文化中已有发现，唯所断部位略与大墩子的不同。

上古时代和不同地区的葬式变化原因，直到现在还不太清楚。而大墩子土坑墓葬式各异，可能出于死者不同身份，或者因死者不同致死原因而异。如果同一墓地出现几种葬式，更多是属同一氏族的原因。摩尔根说："同一氏族的骨与骨，肉与肉是结合在一起的，由共同血缘关系结合起来的氏族成员，生前共同生活，死后也应该同葬于一处。"又说："就一个家族而言，他们所受家族感情的影响较大，而受个人利益的影响较小。因此某些固定葬地所埋葬的大部死者属同一氏族。"大墩子土坑墓葬中，3、4、10号仰身直肢葬，11、17号仰身断肢葬，7号仰身屈肢葬，8号侧身葬，9号母子合葬，4男4女死者的不同部位上均带有石镞，多者负10余枚矢，使我们仿佛看到经历了一场战争浩劫的悲惨场面。它们遭受了劫掠和杀害，男人被矢射死倒于地面，而妇女不堪忍受，出来抵抗也遭到杀害。因此，承认大墩子在当时是发生了战争，而对其负矢死亡者为"被俘而杀戮者"和"不可能是该遗址的主人"的看法，不符合当时氏族社会的埋葬制度。另外，仅根据1座母子合葬墓，不究其死因，就说是"母系氏族社会在葬俗上的极好例证，它恰恰说明当时先民正处于母权制阶段"，也值得商榷。第一，大墩子当时已出现经过战争杀戮的场面，它与大墩子储存剩余粮食是分不开的。对公共财产的掠夺在当时不是妇女的职业，相反它揭露了大墩子在家庭史上正经历着一场激烈变革，标志着母系氏族社会的崩溃，父系氏族的确立；第二，母子合葬墓是母系制葬俗的一种反映，但母子合葬墓的母亲并非正常死亡，她身负石镞，而孩子是"置于成人躯体之上"，不与母亲同层埋葬置于身旁，说明不是同时死亡的一次埋葬。按当时的观念，人死后的生活和生前一样。孩子活着时，天天跟着母亲，依靠母亲抚育生活，母亲因战争负矢而死，孩子无人照料死了，就得跟母亲合葬。像这种个别现象至多也只能视为母系氏族社会意识残余的反映。要以一座不属正常死亡的母子合葬墓来研究推断社会性质，则有一定的困难和一定的局限性。①

### 三　由母系氏族向父系氏族社会的过渡

大墩子遗址除上述母权制特征外，也可看出某些父权制的萌芽。马克思在《摩尔根〈古代社会〉一书摘要》中指出："父权的萌芽是与对偶制家庭一同产生的，父权随着新家族越来越有一夫一妻制特性而发展起来。当财产开始积累而且希望把财富传给子女的想法导致把世系由女系过渡到男系时，这时便第一次奠定了父权的坚固基础。"这就是说，父权制并不是在母权制崩溃以后才开始出现的，它随着社会生产的发展而逐渐孕育于母系氏族社会之中。

大墩子发现15座墓葬的坑口在各探方第6层，一般埋葬较浅，处于早、晚两期建筑遗存之间。这批墓葬的人架有8具胸、腹部位发现石镞，少者4件，多达10余件。这些石镞绝非随葬品，当是死者生前被射击的结果。M3死者除胸、腹部位有10余件石镞外，右颧骨与骶骨各射入1件石镞；M4死者掩埋时，随意抛入坑内，并用2个大石分别压在胸部和腿上；M10墓坑不甚规整，死者头部压1大石；M8死者侧身置于坑内，左腿自然伸直，右腿屈于左腿之下，双手前拱，似捆绑状；三者胸、腹部位分别有生前射入的10余件石镞。另有仰身断肢葬7座，即掩埋时将死者的股骨、胫骨或个别肱骨砍断，倒置于胸、腹部位或盆骨两侧，上肢一般垂直放在身旁或右手作掩面状、左手置于脑后；少数人骨架尚有缺肢现象。按照当时的氏族习惯是绝对不容许对本氏族成员进行这种处置的。而且死者的年龄大都在20—30岁之间的青壮年龄阶段。研究者认为：他们为非正常死亡，似属生前参与氏族部落间的械斗身亡或被掳而被杀戮者。这与恩格斯所记述的易洛魁人一样，"部落与部落之间便存在着战争，而且这种战争进行得很残酷，使别的动物无法和人类相比，只是到后来，才因物质利益的影响而稍微缓和一些"。② 由此，人们可以看出，原始社会虽然没有阶级，没有贫富分化，但也不像儒家经典所说的是理想社会，黄

---

① 葛季芳：《对元谋大墩子遗址社会性质的探讨》，《云南社会科学》1984年版。
② 马克思：《摩尔根〈古代社会〉一书摘要》，人民出版社1956年版，第88页。

金时代。因当时人们生存条件十分困难，同自然作斗争使原始人受到很大压抑，物资十分匮乏，加之晚期氏族部落间械斗残酷，死亡现象十分严重，大墩子墓葬中的死者年龄一般只在20—30岁，没有一个超过40岁，因为人们常常生活在半饥半饱之中。①

遗址表明，大墩子晚期的先民已处于母系氏族社会由盛而衰、父权制开始逐步兴起的时期，这是古代氏族社会深刻变化的历史阶段。父权制的萌芽、发展，以至最后取代母权制，乃是一个新旧事物互为消长的辩证过程。它不是简单的历史一瞬，母权制的废除是"人类所经历过的最激进的革命之一"。② 这正是原始社会走向解体、阶级社会即将产生的前奏。

父系氏族社会取代母系氏族社会是一个漫长的历史发展过程，归根结底仍是生产力发展的必然结果。因为农业的发展，需要不断扩大耕地，开辟大片森林，这就必须依赖男子的强壮劳力；还有放牧成群的牲畜，也要投入较强的男劳动力。更重要的是，在日益频繁的氏族冲突中，男子的作用更大。当男子的优势发挥出来，地位逐渐提高，迫使女子转到男方氏族居住，于是对偶婚便由"从妻居"变为"从夫居"，他们的子女不再属于母亲的氏族，而是留在父亲的氏族，血统按父亲确认。女子不但要下嫁给男子，而且无权解除婚姻关系，也不允许她们再与其他男子有性的关系，逐步由对偶婚向一夫一妻制过渡，从而产生若干个体家庭。男子有权利支配家庭财产，实行家长式统治。对偶婚是适应社会出现个体劳动新趋势而产生的，是族外群婚向一夫一妻制过渡的中间环节，以极不稳定为其特征，必须随着男子在氏族经济生活中的地位日益提高而发生变化。开始是男子入赘"从妻居"，后来是女子出嫁"从夫居"。一夫一妻制的确立，标志着母系氏族的终结和父系氏族的胜利。

在父系氏族社会，农业依然是主要经济部门，出现了许多促进农业发展的措施。其中最关键的是对生产工具的不断改进和更新。例如：磨光石斧和石锛，作了加长器身和开肩（段）的改进，称为"有肩石斧"、"有段石锛"，可以安装木柄使用，工效大大提高。石铲作了加大器形和刃口磨成扁平的改进。收割谷物的石刀和蚌刀，有些因工效一般而被淘汰，改

---

① 阚勇：《元谋大墩子新石器时代遗址的社会性质》，《云南人类起源与史前文化》，云南人民出版社1991年版。

② 马克思、恩格斯：《马克思、恩格斯选集》第四卷，人民出版社1972年版，第51页。

用了一种半月形的穿孔石刀,更便于抓握操作。石锄,对农作物生长过程中松土锄草、进行中耕用具具有重要意义。生产工具的这种改进和更新,必然会促使扩大耕地面积、提高种植技术、增加农作物产量和品种,使农业、畜牧业、手工业更加发达和繁荣。在经济发展的基础上,劳动产品有了剩余,从而出现了氏族、家族以及生产者之间的产品交换;与此同时,由于生产工具的改进和劳动技能的提高,劳动力有了剩余,从而出现了个体生产。在劳动产品有了剩余的基础上,私有制应运而生,久之,所有生活用品、生产工具、劳动成果,都深深地打上私有烙印。部分人占有的财产越来越多,大部分失去财富的家庭和从未拥有私人财产的氏族成员陷入贫困境地,有的沦为出卖劳力的自由人或半自由人。从而渐次彻底摧垮了原始共产制,导致原始社会在父系氏族内部阶级对立和贫富分化日趋严重,以致全面崩溃,最终为奴隶制社会所取代。

### 四 氏族社会与云南族系渊源

云南多民族格局的形成,最早渊源于原始氏族社会。在新石器时代,我国长城以南有三个主要的族群:一个是活动在中原至西北的广大地区的氐羌,一个是活动于东南沿海地区的百越,另一个是活动于我国南方广大地区的百濮。这三个族群的交接区域恰在云南一带。

《史记·西南夷列传》记载,先秦时期西南地区的部落"皆氐类也",其中绝大多数属于氐羌系统的部落。居住在滇中地区与滇西地区的雟、昆明等部落多属氐羌系统的先民。据《大戴礼记·帝系》载:"黄帝居轩辕之上,娶于西陵氏之女,谓之嫘祖氏,产青阳及昌意。青阳降居江水,昌意降居若水。"江水若水,即今雅砻江、金沙江一带。这一广阔地区主要为氐羌先民的居住地。

我国东南沿海的浙江、福建、广东、广西等地在先秦时期是古代越族居住的地区。《华阳国志·南中志》载,先秦时期云南"在昔盖夷越"。"夷"乃氐羌族群,"越"则包括百越各部落,说明云南也是古代越族群居住地区之一,其分布区域乃今滇中、滇东、滇南地区,西南抵今德宏州境。

百濮是我国长江中游以南至西南地区的古老部落群。在原始社会时期,云南地区就居住着许多濮人,他们多属土著民族。《逸周书·商书·伊尹朝献》云:"伊尹受(汤)命,于是为四方令曰:臣请正南:瓯、邓、桂国、损子、产里、百濮、九菌、请令以珠玑、象齿、文犀、翠羽、菌、鹤、短狗以献……"。邓、桂国、损子、产里为百濮与百越的居住区域。近人或以"产里"为"车里",即今西双版纳州境,其地在殷商时期已为百濮与百越系统的部落杂居区。百濮有以"短狗为献"之俗,直至近代,出自百濮系统的佤族仍以小狗为重要礼物赠给最尊敬的人。

以上说明:云南新石器文化分别属于氐羌、百越、百濮部落的文化遗存。但因历史过于漫长、民族迁徙融汇频繁,故确指某一新石器遗址或地点属今何种民族则颇困难。然而,根据现有的文献资料与文化遗址发掘亦可作出初步推断:白羊村、大墩子类型多属氐羌、百越部落的遗存;石寨山、闸心场类型多属氐羌、百越部落的遗存;忙怀类型多属百濮、氐羌部落的遗存;小河洞类型多属百越部落的遗存;戈登村类型多属氐羌部落的遗存。[1]

## 第六节 原始宗教

原始宗教开始于原始崇拜与原始信仰。

原始崇拜和原始信仰产生于旧石器时代晚期,形成于新石器时代。此时人类的思维能力已有一定的发展,但是他们对许多自然现象,仍然很不理解,诸如风雨雷电、日月交替、春花秋实等,以及对人类自身的生理机能,诸如梦寐、身影、生殖现象等都不理解。而对一些自然灾害、灾异,诸如地震山崩、日食月食、洪水泛滥、疾病流行等也不理解,更无力抗拒,由此感到惊恐和不安,幻想躲过和逃避。于是他们认为,在冥冥之中,天地万物及人类自身都有一种异己的、神秘的、超越一切的力量支配着、主宰着,这就是"精灵"、神怪。同时认为人类自身存在着"灵魂",这种"灵魂"神秘莫测,超越人类的肌体而存在,它活动在睡梦之中,甚至于在人们肌体死亡之后,"灵魂"依然存在,主宰着人类的命运,这就产生了万物有灵的信仰和崇拜。

原始的崇拜和信仰表现于虚妄和荒诞不经,把一切自然物人格化,以歪曲的形式认识自然和反映自然,反映社会生活与人类自身,但它在氏族

---

[1] 李昆声:《云南原始文化族系试探》,《云南人类起源与史前文化》,云南人民出版社1991年版。

社会中却产生了巨大的吸引力和效应，乃至于当原始社会解体进入阶级社会后，还会长期地以变化着的形式影响着人们的思想和社会生活。原始信仰和崇拜分三种形式，同时也表现为发展的三个阶段，即自然崇拜、图腾崇拜和对鬼魂与祖先的崇拜。下面就云南史前文物和文物图像所见原始崇拜作简单介绍。

### 一 自然崇拜

自然崇拜，是在万物有灵的思想支配下产生的对自然万物的崇拜活动。

自然崇拜是原始宗教最初的内容与形式。恩格斯指出："最初的宗教表现是反映自然现象、季节更换等的庆祝活动。一个部落或民族生活于其中的特定自然条件和自然产物，都被搬进了它的宗教里。"① 自然崇拜在形式上表现为直接对自然物体进行祭拜，也就是对各种各样的自然神进行祭拜。云南许多少数民族地区还盛行火崇拜、石崇拜、日月崇拜等，都是远古先民原始自然崇拜的遗风。②

（一）日月崇拜

太阳崇拜在原始民族中是普遍存在的。我国古代代表太阳的神祇"炎帝"、"祝融"，均与南方民族有关。

在产生于新石器时代的沧源岩画第七地点4区的画面中，有一个被绘得光芒四射的太阳图形，在这个太阳图形之中，竟站立着一个左手拿短棍状物，右手持弓的人物。他双手平展，大有征服太阳的意蕴。我国古代有祭日的风俗，当统治者主持祭日的活动时，他们往往就把太阳比作人君，借以神化自己。沧源岩画中的太阳意味着先民们对太阳的崇拜，那太阳中站立的人物形象当是那时统治者的神化和象征。与这个太阳人图像相邻的，是一个头上戴着长于自己身体两倍的羽毛或树枝状冠的人物。他位于太阳人图形稍右下的部位，同样也是右手持弓，左手拿短棍状物。这个图像，人们可以从"后羿射日"的故事中找到注释。至今基诺等族还把太阳当作本部族的来源与先祖。

---

① 马克思、恩格斯：《马克思、恩格斯全集》，第27卷，人民出版社1972年版。
② 吕大吉、何耀华总主编：《中国各民族原始宗教资料集成·彝族卷·绪论》，中国社会科学出版社1996年版。

在沧源岩画勐省Ⅰ号图像中，中间有一个画有弧线的圆圈。在圆圈的左下方，画有两人，作伸臂欢呼状，其后是若干挥舞盾牌和楔状器的人物图形，作者似乎是通过那道圆圈中的弧线表示月亮的新满圆缺，而那些作欢呼雀跃状的人群，应是在举行"跳月"的宗教祭祀仪式。从民族学的资料看，彝族支系的阿细人至今仍保留着"跳月"习俗，与岩画中的活动十分相似①。

在云南麻栗坡县的大王岩和沧源曼帕寨东北曾发现"祭牛"的岩画。沧源的画面有牛五头，最上边的一头骑着一人，其左下逆向牛二头，各由一人牵着牛颈上之绳。以上三牛似正在进入祭场。祭场中有二牛作相斗状，左侧有一穿法衣戴牛角状法帽的巫师作巫舞状。祭场的右下角又有二牛作反向。牛前有三个体形肥大、作舞蹈状的巫师，中间一人似为主祭者。助祭者众多，皆作跳舞状。其前面有二人并排，右手上举；其后二人手持球状物作舞；四人叠立，一人头戴树枝状的法帽。在三个体形肥大的巫师的左侧，有作舞者六人，其中一个呈倒立式。新石器时代是农业、畜牧业发展的时代，牛在经济生活中占有重要的位置，当时出现的"祭牛"习俗，反映了人们对超自然力的祈求，希望通过种种崇拜祭祀，使牛群兴旺，农业丰收。

（二）护身符崇拜

在沧源岩画第一地点2区、5区，第四地点1区人物形象中有手持或头顶闪闪发光之物者，结合当地民族习俗来看，此物可释为"宝"。它具有护身符的作用。一些少数民族凡是拣得奇特的石头、玉石及其他物件，均认为是"宝物"，可以辟邪及赐人以神力。这种信仰由来已久。

至今傣、佤等民族还喜欢收藏这类"宝"，秘不示人，日夜供奉。久而久之，持有"宝物"的人便被视为神或与众不同的人，受到村人的崇拜与尊敬。他们多半是各民族中的头人、巫师之类。西双版纳州文物室，便藏有各处土司头人原藏的各种"宝"，其中不仅包括光滑的圆石头，还有兽牙化石、有肩石斧、石斧甚至琉璃珠等。沧源佤族拣得光滑或奇形怪状之石头，也作为"宝物"崇拜。民良寨头人家中收藏的"宝"——铜钺，被放在小竹箩中，每日"喂"米和饭，在村人眼中，他是个神秘莫

---

① 徐康宁：《沧源崖画与少数民族风物》，《云南人类起源与史前文化》，云南人民出版社1991年版。

测的人物。

第一地点 2 区那个手持闪闪发光之物者的下面图形，便可解释为"宝"之箩筐或容器。第一地点 5 区上排头有旋转形圆物的人形及头有圆点的持盾者，也应属于身有"宝"者。他们胯下腋下画有身形较小人物，则是为了衬托本人与众不同，或表示其他人在本人庇护之下。

**二 图腾崇拜**

图腾崇拜是人类社会发展到氏族阶段的普遍现象，图腾就是某一氏族的徽号或标志。马克思在《摩尔根〈古代社会〉一书摘要》中指出："'图腾'（往往也发'dodaim'的音）一词表示氏族的标志或符号；例如：狼是狼氏族的图腾。斯库尔克拉夫特（《印第安部落史》）根据这一点，就以'图腾组织'来表示氏族组织。""在许多氏族中和在摩其人中一样流传着一种传说，根据这种传说，他们的第一个祖先是转化成男人和女人的动物或无生物，它们就成为氏族的象征（图腾）（如阿吉布洼部落的鹤氏族）"。①

原始民族信仰多神，举凡自然现象（大地、天体、山、火、水）、动植物乃至某些具有神力的活人、物件，均被认为具有神灵，可以赐福于人，也可以贻祸于人。为了转祸为福，必须不断供奉、祭祀和崇拜。除了直接对它们本身表示敬意外，还有一种简单办法便是把它们的形象如实地描绘下来；或者加以人格化，然后再描绘下来，进行祭拜。

沧源岩画中，树、植物以及显著地位的动物，都应是当时为崇拜它们而画的。动物形象中还应包括氏族、部落的图腾在内，它们均是一种祭拜对象，其性质如后世宗教中的偶像。

（一）龙崇拜

在大房山耿马岩画中共绘图像 38 个。画面中心为一"巨龙"，头有两须、全身屈曲，飞腾于云雾之间，颇具气势。其下有人形、动物、陶器之属，主要是用红料画成。这是以龙为图腾的图像，与当地傣族有关。

（二）鸟人崇拜

反映图腾崇拜的岩画，还有丘北狮子山的一只人形鸟，用赭红色线条勾画而成，头部为鸟头形，有尖嘴，躯干由两条弯曲的线条组成，似人

---

① 马克思：《摩尔根〈古代社会〉一书摘要》，人民出版社 1965 年版。

体。其"手臂上各有两组羽毛纹饰，头部画有冠状羽毛，纹饰不对称，上下翻飞，给人以鸟在空中回旋飞翔的动态感"，有特定的意义，先民以其作为氏族群体的象征、标志和保护者，相信本氏族是它的后裔，因而加以崇拜。这是一种鸟图腾的遗迹。

（三）蛙人崇拜

元江县它克岩画中的"蛙人"形象也具独特之处：整幅画面共有"蛙人"7个，身躯纹饰和头饰虽不相同，但均两腿弯曲、双手上举。这类人物的形态，可能是祭祀时的祈求、欢呼、舞蹈动作。西南地区还有"蛙人"是伏羲女娲儿子的传说。姿态相同的"蛙人"形象在云南路南、麻栗坡岩画上也有所发现。[1]

（四）"鱼尾人"崇拜

在沧源岩画第七地点3区右端有一大耳无足人形，下端呈鱼尾状。双臂弯曲向下，腰下用某种羽毛较粗的鸟的羽毛装饰成"鱼尾人"。双臂动作恰似鱼的双鳍在划水。这种用鸟羽装饰成的"鱼尾人"所跳舞蹈乃模仿鱼戏水中。第五地点后来发现一个图形亦属同类形象，唯较粗略。

这里表示一种与鱼有关的神祇或神话人物。按鱼是丰收的象征，不仅汉族而且少数民族都崇拜鱼。四川珙县岩画中有鱼以及人获鱼的形象，可与沧源岩画中这一图形作比较研究。沧源佤族的《岩惹惹木》故事说，孤儿之妻即鱼所幻化，美丽而智慧会预卜未来。孤儿娶以为妻后，生产成倍增长。此与古代内地流传的鱼妇、鱼美人故事相类。《山海经·海内南经》说，氐人国"人面而鱼身，无足"。与岩画中所绘形象正同，而氐人即西南远古时期一个大的族系。

（五）蜥蜴崇拜

它克岩画在第一组右侧画了两只身体弯曲、在地面爬行的蜥蜴图像，这是继甘肃出土的人首蜥蜴纹身彩陶瓶（约相当于"仰韶"后期）之后，在云南首次发现的蜥蜴图像。蜥蜴在它克岩画中形体最大、气势磅礴、造型生动，象征着一种崇拜的对象，可能为处于原始状态的龙。

（六）树崇拜

在沧源岩画第七地点2区有一大树，树下有豹群，第四地点2区又有

---

[1] 杨天佑：《云南元江它克崖画》，《云南省博物馆学术论文集》，云南人民出版社1989年版。

一树，树上似有人形。又树上房屋也表现了树的形象，甚至画出树根。此外，有些粗率图形（如第二地点1区、第五地点2区），也可能是树的草图。

树作为自然物，还可能富有宗教方面意义。在国外原始纪事材料中，还有以树代表春天的。滇西民族崇拜树者甚为常见。他们常认定某一棵树（特别是寨前后之大青树），不许砍伐，并时往祭拜。第七地点2区那棵树，干粗枝茂，正与大青树类似。西盟佤族信仰一种大树鬼，称为"羌突"，砍树后要放一块石头，作为给他的代价，否则认为树反过来会把人砍死。

（七）植物崇拜

沧源岩画第一地点6区在代表地平线之横线上有植物图形，多画一根线条斜长向外，这是原始绘画中表示禾苗的习惯画法。故这里的植物很可能是农作物。原始人类将自己种植的农作物作为崇拜的对象，希望它们能好好地生长，有好的收成能养活自己。

云南原始社会的图腾，在现今发现的新石器时代遗址中仍可寻觅。如沧源岩画中的文身绘画，有学者认为与图腾有关；鲁甸县马厂新石器遗址中出土9件陶器，其中1件称之为"陶勺形器"，形似葫芦，有学者认为与图腾崇拜有关。云南有以"葫芦"为图腾的民族，而且与伏羲的传说有关（因伏羲女娲是葫芦的化身，有"人出自葫芦"的传说）。反映创世内容的岩画，在云南沧源也有明显表现：如曼坎第三地点画面下部的葫芦和勐省第六地点的由大小两个圆圈重叠组成的图像，都似传说中人类起源的表现形态。

（八）对头顶动物的人崇拜

在沧源岩画第七地点3区有一种人形，无头，顶上画直线，连接一个动物。又第六地点6区（下）、第二地点1区也有类似形象。广西宁明花山岩画也有这样一个图形，可以对照研究。

这类图形可能表示当时人们所属之图腾，或代表某一图腾集团。在人头上加动物形或植物形是后进民族表示图腾的常用方法。另一种可能是该动物当时受人崇拜，尊之为神，在人们心目中加以人格化，故动物之下又绘人形。这和古代牛神画成牛头人身类似。

新石器时代，陶器上的植物纹饰和动物纹饰也是图腾崇拜的一种形式，表达了先民们对这些动植物图腾的原始崇拜。陶器上的蛇纹、贝纹等纹饰都可能是该部族的某一种图腾，把它们刻画在日用的陶器上，就是希望得到它们的庇护和保佑。

### 三 鬼魂崇拜

鬼魂崇拜可以从新石器墓葬的出土遗物中大量得到证实。

（一）墓葬形制及其葬俗

云南新石器时代共有三种墓葬形制：即竖穴土坑墓、石板墓和瓮棺葬。

1. 竖穴土坑墓　多数为长方形，少数为圆形和其他不规则形状，建造较简单，通常在地面上平整出一块土地，刮去表面的浮土和杂草，并向下挖掘出长2米左右，深和宽各1米左右的竖穴土坑，坑底及四壁均不太平整。无棺椁和其他葬具，没有封土堆或其他的墓上标志物。有数量不等的随葬品，一般为一到两件石器以及陶器或其他装饰品。如元谋大墩子和宾川白羊村遗址墓葬多为此类型。此种类型墓葬在全省范围内都有分布。

2. 石板墓　墓距地表较浅，墓间距离较近，分布十分密集。墓室均呈长方形，头端较宽、足端较窄，长度不一，大多数在2米左右，最长的超过3米。其建造过程是：先在平整过的地面，掘出一个长方形土坑，坑壁用稍经加工的若干砂岩板状石块镶嵌成石框，板与板间的缝隙用碎石填充，头足两端各用一整块石板镶入，墓地平铺石板数块，大小不一，直到铺满为止。顶部多有盖石，有的盖板塌入墓室，有的则不知去向。此类墓葬多分布在滇北地区。随葬器物主要以陶器和石器为主，其中，陶罐占绝大多数，另有少量陶瓶和陶壶，出土石器主要有石斧、石锛和石纺轮。维的石板墓群和田心石板墓地的墓葬主要属于这种类型。

3. 瓮棺葬　一般瓮棺葬之墓穴均呈不规则形，较瓮棺略大，瓮分大口、长腹、平底及大口、鼓腹、圜底两种。瓮口有的覆盖陶罐、陶匜和砺石，有的无任何覆盖物，少数瓮棺内有陶壶、陶罐、石斧及骨珠等随葬品。棺内多数有头骨及四肢骨等零散骨骼，根据其牙齿判断，大多数为不足周岁的幼童。死者头向与瓮口方向一致，有的因瓮棺较小，头骨只能暴露在棺外，肢体则经肢解后再塞入瓮内。多数瓮棺的肩部、腹部或底部凿有1—3个圆孔。

因为瓮棺葬中的幼童多为出生不久后夭折，由于年龄太小，其父母不忍心将其单独埋葬，多将其埋在住房附近，便于照看。瓮棺葬的位置体现出对小孩灵魂的体贴与爱护。瓮棺上的圆形小孔是为不死的灵魂提供的出入孔道，这与西安半坡村出土的70多座儿童瓮棺葬相同。考古学家认为，瓮棺上的小孔是原始宗教信仰的表现。人们认为儿女肉体虽死，但灵魂不灭，因此才给他（她）的灵魂留出一个出入的孔道。

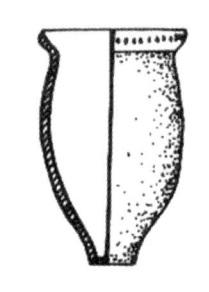

图55 元谋大墩子瓮棺

云南新石器时代的葬式种类主要有6种，即仰身直肢葬、仰身断肢葬、仰身屈肢葬、侧身屈肢葬、俯身屈肢葬、无头葬。

仰身直肢葬 其特征为上肢平置于身体两侧，下肢垂直并拢或稍向外张，类似死者生前的仰卧姿态。人们将一个人生前最常见的睡眠姿态原样复制到死后的墓穴当中，意味着死亡就像永远睡着了一样，而下一次生命就是他们从长眠中醒来。如元谋大墩子M3人骨架右上肢平伸，缺左上肢，下肢稍向外张，胸腹间发现12枚石镞，右颧骨及尾椎骨各射入一镞。

仰身断肢葬 此类葬式较奇特，埋葬时先将死者的某一部分上肢或下肢骨砍断，倒置于胸、腹间或盆骨两侧。其墓主人有断肢和缺肢的现象，有的胸腹间有石块击打和覆压的痕迹，属于非正常死亡。对于这种葬式出现的原因有两种不同的解释：一种是他们是被部落居民抓住的外部落成员，因害怕其反抗、逃跑将其杀害，或作为某种祭祀仪式的牺牲；另一种是，他们因为各种意外发生的情况而凶死，如摔死或被野兽咬死，故不能进入氏族的公共墓地，需先葬于一地，待其皮肉消解后再重新安葬。如大墩子M14人骨架卷曲于墓坑西端，右股骨和左胫骨置于胸腹间，左股骨折断平直，缺右胫骨，两根肱骨亦被砍断，置于胸部两侧。

屈肢葬就其形状而言，可分为蹲踞式和横卧式两种。蹲踞式像人的下蹲姿态，即臀部不着地，只将下肢股骨和胫骨紧贴一起，其弯曲角度一般不大于60°。横卧式作仰卧、侧卧和俯卧姿态，下肢股骨微屈，胫骨弯曲角度较大，两者之夹角多在90°以上。关于其意义的解释主要有两种：其一，屈肢是合乎休闲和睡眠的自然姿态；其二，屈肢是用绳绑起来阻止死者向生者作祟，这种姿势像胎儿在胎胞内的样子，象征着人们死后又回到他们所生的地胎里去。

仰身屈肢葬，如宾川白羊村M2，两上肢骨平直于身体两侧，两胫骨倒置于股骨之上。

侧身屈肢葬，如大墩子 M18，骨架侧卧，下肢弯曲于身侧，上肢屈于胸前，似作捆绑状。

俯身屈肢葬，俯身葬即尸体面部向下，背部在上作俯卧状，俯身葬的流行很可能与人死后要面部向下才能进入另一个世界的观念有关。如大墩子 M15，骨架俯卧，下肢微屈，右手垂直，左手捂着面部，头部压一砺石。

无头葬，所谓无头葬，并不一定是有意去掉头骨的一种特殊葬式。云南新石器时代的无头葬仅见于宾川白羊村遗址，每具骨架除肩胛骨以上切断不存在以外，其余骨骼基本上是完整无缺的。且不论单人葬、二人合葬和多人合葬，其墓框均较规整，说明此类墓埋葬时并不太草率，也不因无头骨而随便挖坑掩埋了事，此种葬俗可能与猎头习俗有关。宾川白羊村遗址中的无头葬者，其头颅很可能是被别的部落猎去，只剩下一批无头的尸体。正因为他们属于本氏族中的非正常死亡者，故暂不进入其氏族公共墓地，只能另埋一处，待其皮肉消解后，再行处理。白羊村发现的 10 座无头墓葬，有成年单人葬、二人葬和多人葬，也有成人和儿童合葬墓，全部无头骨，多仰身直肢，也有个别为仰身屈肢，大多肢体不全。

元谋大墩子的墓葬分土坑葬和瓮棺葬两种。前者为成人墓，后者为儿童墓。成人墓的葬式有断肢葬、仰身直肢葬、侧身葬、屈肢葬等。在两座仰身直肢葬的墓中发现石镞 10 余枚。儿童瓮棺墓共发掘 17 座，瓮为陶制，高 50—60 厘米，钻有直径 1.5—2 厘米的圆孔 1—3 个，饰有篮纹、划纹、弦纹和附加堆纹。瓮棺全部成行排列于宅屋附近，随葬品有陶罐、陶壶、石斧、骨镯等。①

宾川白羊村发掘的墓葬共 24 座，均为竖穴土坑墓。其中 16 座为无头葬，一次葬的 10 座，内有无头骨架 23 具；二次葬的 6 座，均为无头葬。这个遗址中有瓮棺葬 10 座。②

从以上墓葬可以看出：先民在新石器时代已经有了复杂的灵魂不死观念。他们对死者遗体的种种处置方法，都是针对死者的灵魂而作出的。断肢葬的用意是将死者的灵魂砍死，使之不祟祸于人。这些被砍断尸体的死

---

① 云南省博物馆：《元谋大墩子新石器时代遗址》，载《考古学报》1977 年第 1 期。
② 云南省博物馆：《云南宾川白羊村遗址》，载《考古学报》1981 年第 3 期。

者，可能是凶犯或暴死者。石锛、骨饰品等随葬物的放入，意在表示对死者的祭奠，以便他们不死的灵魂有工具和饰品可以使用。宾川白羊村的二次葬墓，是将骨骼堆放在一起埋葬，这种葬俗的产生，是基于这样一种观念：认为人的血肉是人间的，只有等肉体腐烂，将骨骼埋葬，死者的灵魂才能进入鬼魂世界。

（二）巫法术和仪式

原始宗教中有一种建立在象征原则上的模拟巫术，即认为事物的形象即是事物本身，模仿性动作可以达到真的结果。当时先民们已有灵魂崇拜的法术和仪式。

新石器时代居民墓葬中的石锛、牙饰品、陶罐、陶壶、石斧、骨镯等随葬物，无疑是在一种复杂的宗教观念驱使下才放入的，放入时必然作过祈祷和跪拜等简单的仪式，或者进行过其他的敬尸法术。同样，砍断死者的上肢、下肢时，也必然举行过某些法术和仪式，否则，人们就无法沟通与死者灵魂的联系。

在沧源曼帕寨东北及民良大寨北的岩画上，保留了战事祭的岩画，画面范围约2.4米×1.6米。可分为两个部分：第一部分画有正在跳舞作法的巫师3人，其中1人形体特大，双手叉腰，双腿弯曲，当为主祭者。其他2人头戴羽毛状法帽，双手上举，双腿呈跳跃状，另有助祭者2人，未戴法帽，作跳跃状，其中1人在最上部，双手翻至头部，另1人双手高举，双脚跳起伸向左右。3个巫师前面有可供作祭的牺牲1只，呈叉形的人14个。第二部分画有正在向东进行战斗的普通氏族成员26人，其中有1人手持盾牌，1人持短棒1样的投枪1枚，1人持弩正向敌氏族人射去，1人左手持牛角，右手持投枪（短棒）。另外有2人肩上各站立着人，似有表示本部落武力强大，作战勇敢之意。在上述画面之东端，有2人扮演敌方氏族的人，其中之1为巫师，头顶的法帽上竖木杆1根，杆顶为叉形法器，所戴法帽为水牛角形。这样的装扮与上面的巫师完全不同，当是因氏族部落不同所致。另外1人在此巫下方，作向东逃跑状，其后有持弩、盾者向他追来。[①]

原始宗教中还有更多的祈求丰产仪式是定期举行的，祈求鬼神保佑人

---

[①] 吕大吉、何耀华总主编：《中国各民族原始宗教资料集成·彝族卷·绪论》，中国社会科学出版社1996年版。

类一切生产活动都能顺利成功。

沧源岩画中放牧画面,甚至还有一些孤立的动物图形,均是举行这种仪式留下来的。甚至某些舞蹈画面,也属于此类。人们在举行这种仪式时,总得把所祈求的东西通知鬼神,用什么来传达信息呢?除了祝福便是绘画。景颇族祭"官庙"仪式中,即要竖立两种鬼桩,上绘生产工具、装饰品、牛、鱼和各种作物,希望老天保佑获得这些东西。

在岩画上画牛或人拉牛,是希望上山牛群自然繁殖得很顺利,可以成群地拉回来供祭祀之用;画野生的动物形象,是希望打猎有获;画成群舞蹈人形,是希望农牧业丰收后,可以举行盛大宴会,宾客盈门,齐来跳舞作乐。西盟佤族"大房子"壁画中常见一排排跳舞人形,据佤族老人解释,便具有这样的意思。

在云南原始舞蹈中,"羽舞"是最重要的一种。原始人装饰羽毛跳舞纯粹是出于图腾崇拜的需要。沧源岩画上的羽舞图像颇多,有的将鸟羽插在头上,有的则装饰在手臂上、腿上。有的制成羽毛衣披,张开双臂,犹如鸟之展翅欲飞。岩画第六地点3区是"羽舞"图像比较集中的一处。在岩壁上方绘出3个"羽舞"人,左边1人头上插几根羽毛,双耳佩大耳块,双手平举,臂上缀羽毛.双腿反叉站立,1条腿上缀羽毛。中间1人则头顶遍插羽毛,双臂平举,臂上缀羽毛,双手提住系于腰际的"羽裙"向人展示,双腿缀几片羽毛,恰似孔雀开屏。右边1人基本和中间羽舞人装饰相同。在这块岩壁上,还有2位只画了半身的"羽舞"人,装束也一样。[①]

(三)祭祀

当时已经出现了猎头祭祀的习俗,如宾川白羊村的无头葬,是死者被砍了头后葬入的。他们的头可能是在械斗中被敌对氏族的人猎去,也可能因是美鬓髯者被异族或本族人砍去头颅。因为猎头者的氏族相信,敌首或美鬓髯者之首具有神力,用它进行祭祀,可使村落和氏族兴盛。

在20世纪50年代以前,西盟县大马散等村的佤族尚保留"猎头祭谷"的习俗,其寨中有一广场,中竖一木桩,俗称人头桩,寨人所砍他族的美鬓髯者之头,均放于一小竹箩而挂于木桩之上,以供全寨人作祭谷

---

[①] 李昆声:《云南艺术史》,云南教育出版社2001年版。

之用，直到第二年有新头颅砍回来，才取下来送往村后的鬼林。[①]

麻栗坡大王岩岩画，表明当时先民们已经生成灵魂的观念与崇拜。麻栗坡大王岩岩画用 3 种颜料绘出包括人、牛、狗在内共 25 个图像。岩面中心是两个高大魁梧的裸体人，他俩双臂下垂，两手掌向外，模仿蛙泳于水中动作，四肢躯干线条圆滑似蛙。两人均头戴面具，其上绘红白两种颜色。其中，右边人物的面具上有双眼而无嘴巴；左边人物面具无眼无嘴。两人头上还有一条蛇扭曲着身体在游动。这是云南最早的"傩舞"形象。岩画属新石器时代，因而是原始社会"傩舞"萌芽。然而已具备"傩舞"两要素：一是戴面具；二是模拟青蛙在水中游泳动作而舞。舞者身体也力求绘成圆滑裸露没有皮毛遮盖的青蛙肢体。此外，从我国云贵川现存"傩舞"、"傩戏"面具来分析，这些面具的基本特征是：造型夸张而奇诡，线条粗犷而奔放，色彩大胆而强烈。这是麻栗坡大王岩岩画"傩舞"图开了先河。从色彩上讲，云南原始岩画基本上是单色的，少数双色，只有大王岩岩画使用三种颜色。而且，"傩舞"面具用红、白两种对比强烈的色彩描绘，再加上有眼无嘴、无眼无嘴的神秘奇诡，更令人产生一种恐怖感。当然，这很正常，因为"傩舞"是从巫术活动中脱胎出来的。麻栗坡大王岩岩画上出现的戴面具人像，即是"傩舞"的最早雏形，它表达了原始社会先民驱鬼捉鬼、辟邪驱疾的美好愿望，同时也体现了他们的神鬼崇拜观念。[②] 有学者认为，这是一幅古代先民在原始宗教活动中顶礼膜拜的"保护神像"，给人以庄严、神圣但又不是惊畏、威吓的感觉。使人感到神秘而不是恐怖，这可能与当时社会还处于和平稳定的气氛有关。当时人类还没有进入残酷的大规模战争阶段，整个画面显得生机盎然，充满着原始的古朴美。

## 四 祖先崇拜

### （一）生殖崇拜

由于原始人类对种族繁衍的崇敬感和对生殖现象的神秘感，他们只认识男女间外在的生殖系统，并且在"知母而不知父"的母系氏族社会，

---

[①] 吕大吉、何耀华总主编：《中国各民族原始宗教资料集成·彝族卷·绪论》，中国社会科学出版社 1996 年版。

[②] 李昆声：《云南艺术史》，云南教育出版社 2001 年版。

妇女和女性生殖器便首先受到尊重和崇拜。

元江它克岩画中有用菱形体组成的人物12人，分别绘制在中心或偏上部位。有学者认为，这些菱形可能象征女性生殖器官。如第四组岩画绘有双手各提一小人的菱形人，第七组菱形人两腿之间有一圆点。从特殊的造型和绘制的位置等分析，这是一些表示女性崇拜的图像。①

沧源岩画中有一个被放在十分显眼位置的女性形象，她丰满的乳部和女性生殖器被描绘得很清晰。而这个女性图像又与月亮和舞蹈着的人们有着有机的联系，表达了人们对女性的赞美与崇敬。②

在沧源岩画第5区的画面是"以一山洞形图形为中心。洞口圆形，周围以螺旋线条及一些短线表现出层层演示之貌，洞之右方及下方因水冲刷而模糊。现存图像集中在洞之上方及左方。洞口左侧又一人，作双臂平伸状，似由洞内跑出者。洞之上方可见12人"。③

图56 沧源岩画上的"出人洞"

这个"山洞"实际上是巨型女阴象征物。④ 这是原始先民生殖崇拜的图像。云南佤族有一部口传文学作品叫"司岗里"。"司岗里"是佤语，译成汉语是"岩洞"，"里"是出来。"司岗里"直译是"从岩洞里出

---

① 杨天佑：《云南元江它克崖画》，《云南省博物馆学术论文集》，云南人民出版社1989年版。
② 徐康宁：《沧源崖画与少数民族风物》，《云南人类起源与史前文化》，云南人民出版社1991年版。
③ 汪宁生：《云南沧源崖画的发现与研究》，文物出版社1985年版。
④ 李昆声：《考古材料所见生殖器崇拜考》，载《云南民族大学学报》2003年第4期。

来", 意译是"出人洞", 即"生出人类的山洞"。佤族创世传说《司岗里》大意是说: 有一个叫"利吉"的神仙和另一个叫"路安"的神创造了世界,"路安"是开天的神,"利吉"是辟地的神。这二位神创造天和地时, 还没有人类, 只有一种长着大嘴的叫"扭拾"的鸟, 后来就按顺序造了水牛、黄牛、马、骡等家畜和野兽。后来, 又造出了人类, 就把人类放在岩洞里, 但是人类不能从岩洞里出来, 在里面觉得难以生活……后来, 几十种动物都来凿岩洞, 都凿不开, 最后, 小米雀把嘴磨得像把锋利的长刀, 终于凿开了岩洞。于是,"我们自岩洞出来到了地面上","我们——人出来以后, 到地面上去晒太阳, 那时我们还不会说话(初生婴儿不会讲话)。我们到了司岗里洞口, 这个洞就是我们——人所出来的地方。"[1] 显然,"司岗里"隐喻女阴, 是生小孩的地方, 沧源岩画所绘岩洞和"生出人"的图像是原始先民生殖崇拜的绘画作品。

在云南施甸县仁和镇团山窝新石器时代遗址, 出土陶且6件, 而后又采集到2件, 这8件新石器时代陶且的基本形态是: 圆头、锥形、大平底。用夹砂红陶土经手工捏塑后陶窑烧制而成。这8件之中, 器物基本完整者仅1件。该器表明, 团山窝先民制作陶且采取了朴拙写实的造型形式: 稍微膨大的顶段为阴茎头形象, 顶面中心之身凹缝为尿道外口, 器物之上中两段共为阴茎, 下部渐侈至大圆底显为茎根与阴囊之延接, 底面中孔表示尿道之贯穿, 总体为阳具勃直之状。

团山窝新石器时代遗址出土的陶且是原始社会父系氏族社会祖先崇拜的一种表现。团山窝陶且的独特之处是器面饰有穗纹。这不单是为了美化陶且, 禾穗在表象上多子而密。古人常常在祭祀同时祈求谷物丰收和子孙繁盛, 陶且制作者选饰穗纹表现了人们希望子多而密的状态能转移为生殖能力的加强, 这是团山窝陶且纹饰的特殊内涵。

在1999年对元谋大墩子新石器时代遗址进行的第二次发掘中, 出土了男性生殖器——石且。[2]

新石器时代晚期, 人类处于父系氏族社会阶段时, 氏族先民们的原始宗教信仰, 首先是崇拜祖先。氏族首领的权威使氏族成员感到恐惧, 因而

---

[1] 《佤族社会历史调查》(二), 云南人民出版社1983年版。
[2] 云南省文化政策发展领导小组办公室课题组:《云南民族文化精萃》, 云南风格多媒体技术有限公司2003年版。

产生顺从以至崇拜的心理,于是产生了对男性祖先的崇拜,崇拜父系氏族的共同祖先和家族的男性祖先,而性器官又是区别两性最根本的器官,于是,就用男性的性器官作为崇拜对象。①

原始氏族祈求丰产不仅指生产的发展,也包括自身的繁殖。沧源岩画中突出表现性器官的男女,以及密集的人群,或具有这样的意义。在澳洲和北欧岩壁艺术中,还有表现性行为的画面,即为了祈求多子。西盟佤族"大房子"顶上除鸟饰外,常见突出生殖器的男像。也是父系氏族社会男性崇拜的孑遗。

(二)祈求祖先保佑的仪式

对祖先的崇拜,在许多岩画中都有反映。例如沧源岩画中牛的图像,就有剽牛祭祀祖先的含义,这在今日佤族习俗中还可找到佐证。元谋大墩子出土一部分陶杯,器型甚小,系用手捏制而成,制作粗糙,不加拍打,均属泥质红陶,与其他陶器截然不同。研究者认为,这种小杯并非日常生活用具,而是一种供祭祀使用的祭器,先民将它与日用陶器严加区别,说明当时的祭祀活动已经比较盛行了。

在沧源岩画第六地点6区上部岩壁上,图像上有7个武士,一手执盾,一手持石矛,作出舞蹈动作,每位武士手中的矛和盾都夸张地画得很大。有两位武士双腿半蹲,有意显示性器官,表明自己是男性。其余武士双腿反叉而舞。其中两个空手而舞的人往天空中在抛一个圆形物玩耍,这应当是头颅。在岩画下方持矛、盾武士之左前方有一个唯一不跳舞的人躺在地上,装成敌方的战死之人。

这幅岩画上只有持矛、盾而舞的武士和空手而舞蹈的人(其中有一人绘出巨大双乳,表明是女性)。没有战斗的对方,气氛也很平静,并非实战图像,而是作战胜利回村寨后,武士们和男女村民庆祝胜利而共同跳舞,武士们执矛、盾,故为"盾牌舞"。庆祝胜利而舞,一个重要内容是祭祀祖先和神灵的庇佑,保护武士平安归来,祖先在天之灵帮助本族打败敌方。当舞蹈进入高潮时,有的舞者把斩获敌方的头颅抛向空中,有的舞者躺下装成敌方战死之人,以表达对本族武士们的敬意。②

---

① 李昆声:《云南艺术史》,云南教育出版社2001年版,第13页。
② 同上书,第42页。

# 第十八章

# 原始文化艺术

艺术是文化的重要组成部分，是人类表现思想、情感和反映社会生产、生活的一种特殊的意识形态。

中国原始艺术出现于旧石器时代晚期，它具有特定的内涵，即专指文字未出现之前的史前艺术。进入新石器时代，氏族先民们开始了生产经济，人类的艺术活动也因之走进一片崭新的天地，原始艺术呈现出以功利与审美并重的创造性发展。

新石器时代的艺术包含装饰艺术、造型艺术、绘画艺术、乐舞艺术、雕刻艺术、建筑艺术、镶嵌艺术等诸多门类。而云南作为拥有多种新石器时代文化类型的地区，因民族、自然、地理等因素的影响，使它的原始艺术质朴而多变、形约而蕴丰，其中人体、造型、绘画三大艺术尤显独特魅力，以奇幻多姿的审美情趣在中国原始艺术之林中别具一格。

## 第一节 人体装饰艺术

人体装饰艺术肇始于旧石器时代晚期，至新石器时代已颇为盛行，丰富的考古资料及文献资料表明，云南新石器时代的人体装饰大致可分为非永久性人体装饰和永久性人体装饰两类。

### 一 非永久性人体装饰

非永久性人体装饰主要指通过佩戴或附着装饰品来装饰人体的各个部位。远在旧石器时代，人类为了御寒、护体的需要，便以树叶、树皮、鸟羽、兽皮等物蔽体。《礼记·礼运篇》说："昔者，先王未有宫室，冬则居营窟。未有火化，食草木之实、鸟兽之肉，饮其血茹其毛。未有麻丝，衣其羽皮。"进入新石器时代，由于纺织术的出现，人类的服装有了质的变化，开始织麻制衣以御寒蔽体，并装饰自己。云南新石器时代遗址和地点中发现的大量陶纺轮、骨针即可作为佐证。除了服装外，云南新石器时代的氏族先民们已经在自己身体的一些部位佩挂装饰品，可以称为服饰。他们广泛使用石、骨、牙、角等为原料制造各种装饰品来佩戴。他们用这些装饰品装饰身体的一些部位，如宾川白羊村遗址出土的牙饰品，用兽牙精心磨制而成，制作颇精巧，兽牙根部还钻有一个小孔。这件牙饰品与山顶洞人的有孔兽牙很相似，应该是串联起来佩戴于颈项和身上的。同时氏族先民们还用石珠、石镯、石环等来装饰身体，其中一枚用 14 片兽骨精心磨制粘合起来的骨镯，加工技术之精，工艺难度之大，足见氏族先民为美化自己，装饰自己身体不吝心力[①]。

**图57 角饰和枝叶饰（沧源岩画）**

云南新石器时代氏族先民们对头部的装饰也很注意，所以头饰甚为重要。头饰就是发饰，如我国中原民族束发、西北地区游牧民族披发、西南地区古代民族辫发、东南地区古代民族断发等。头发的式样，起初是为了生产、生活的方便，如捕猎野兽时为避免遮挡视线，原始居民将头发束起，或绾结成髻等，天长日久约定俗成并世代相传，便成了一个民族区别

---

① 李昆声：《云南艺术史》，云南教育出版社 2001 年版。

于另一民族的标志。根据《汉书·西南夷列传》记载："西南夷君长以十数，夜郎最大，其西靡莫之属以十数，滇最大，自滇以北，君长以十数，邛都最大。此皆椎髻、耕田，有邑聚。其外，自桐师以东，北至叶榆，名为嶲、昆明，皆编发，随畜迁徙，毋常处、毋君长，地方可千余里。"《后汉书·西南夷列传》也记载滇池地区的古代民族"滇"人的发式是"椎结"。而洱海地区的昆明族则是"辫发"。古代民族有一定的发式，就有一定的既实用又有装饰作用的发饰物，他们的祖先——新石器时代的氏族也如此。

在元谋大墩子新石器时代遗址中曾出土过骨笄。笄就是发簪。《释名》："簪，建也，所以建冠于发，又枝也，因形名之也。"在仰韶文化和龙山文化遗址中也发现过此类文物。骨笄功能有二，一是将头发绾成发髻，笄穿于髻内，使之固定；二是与冠配合使用，即笄从冠的一孔穿入发髻，再从另一孔穿出，将冠固定于髻上。由此可知，能横贯冠发髻之笄应是较长的。而大墩子出土骨笄长仅7.5厘米，显然是不戴冠者用的。另在宾川白羊村遗址中还发现13件骨抿，元谋大墩子发现2件鹿角制的角抿。抿是用来刷头发使其平整的工具，后世俗呼"抿子"。出土抿子很扁平，通体磨光，有的还有使用痕迹。前述用14片兽骨黏合而成的骨镯，比一般手镯宽得多，是原始先民的"束发器"亦有可能，此类文物在辽宁红山文化遗址中发现过，呈筒状。

图58 各种耳饰（沧源岩画）

此外，还有一些不明具体装饰部位和使用方法的装饰品，如元谋大墩子遗址中发现的"布币"形石饰品、锥形石饰品、菱形石饰品和长柄圆环状骨饰品等。

值得一提的是，虽无具体的实物资料，但在沧源、耿马、元江等县岩画中还可见先民明显装饰耳朵的图像及用鸟羽插在头上、身上做羽饰，用动物角插在头上的角饰，用植物枝、叶、花装饰头部的枝叶饰的图像。

### 二 永久性人体装饰

文身是最主要而直接的人体装饰艺术，它是古人装饰身体的重要习俗。其方法为刺破皮肤渗入染料，使身体上留下永不磨灭的花纹，成为固定的、永久性的装饰[1]。海南黎族女子的文身过程是：文身前，先请画师在其面、胸、臂、大腿处画上图案，再由有经验的老年妇女用藤针刺皮肤，然后用墨汁涂抹，待数日后创口脱痂，即留下永久的花纹。全世界许多民族都盛行文身，如大洋洲新西兰毛利人纹面，巴布亚新几内亚人在腹部、腿部和臂部刺图案，取材于蜈蚣、蜘蛛、鸟啄、月亮等。北美印第安人、南美印第安人，均有文身习俗。

云南少数民族文身溯源，可能要追溯到中石器时代。元谋县的牛肩包、石垭箐、大那乌、老城、下棋柳、哨房梁子、老鸦塘等地发现的一批细小石器。其中有长仅1.9厘米的"雕刻器"，指甲盖大小的"圆刮器"，柱状和"铅笔状"的石核等。这些细小石器属于中石器时代。在我国，细石器多发现于北方，一般认为用途是切剥兽皮。因元谋细石器发现于南方，其中除切剥兽皮外，有些细石器也许可兼作文身工具。如此假设成立，则云南的文身习俗可上溯至中石器时代，至少不晚于新石器时代，这在云南新石器时代的沧源岩画图像中可得到证明。在沧源岩画勐来第二号地点，绘一文身人物，此人遍体涡旋状图案，且未着衣裤，所表现的当是文身。其旁还有一个胸部纹几何图案之人，此二人是目前已知云南最早有文身的具象资料[2]。时至今日，云南傣族、基诺族、独龙族、布朗族等少数民族仍有文身习俗。

---

[1] 吴诗池：《中国原始艺术》，紫禁城出版社1996年版。

[2] 李昆声：《云南原始社会艺术初论》，《李昆声文物考古论集》，台中：逢甲大学出版社2007年版。

**图59　沧源岩画上的文身图像**

　　关于文身的最初意义和目的，格罗塞认为，"原始民族的文身主要目的是为了美观。"普列汉诺夫认为，文身起源于实用的、功利的目的。野蛮人最初看到文身的益处，后来才感到文身体现了美，从而产生了审美的快感。文身最初的目的是：不让死者阴魂认出自己；财富的象征；本氏族的图腾崇拜；表示自己归属何种氏族；割开皮肤减少发炎；表现自己有忍受痛苦之能力。[①] 我国古代越族是著名的文身民族，《墨子》："越王勾践剪发文身"。《淮南子·原道训》："九疑之南，陆事寡而水事众，于是人民被发文身，以象鳞虫，短绻不绔，以便涉游，短袂攘卷，以便刺身，因之也。"高绣注："被，剪也。文身，刻画其体内，其中，为蛟龙之状，以入内，蛟龙不害也。故曰以象鳞虫。"古越族将自己的身体纹刻上蛟龙鳞虫，祈求入水时免受凶猛水族之侵害，这实际上是不可能的，即便文身民族有这样的主观意愿，而被汉族文献记载下来，这也是后来的事。罗香林认为古越族之文身，是一种以龙蛇为图腾之遗俗。这是很精辟的见解，因为古越族的确是以蛇为图腾崇拜的古代民族，许多考古学者均已做过周详的论证。又以云南独龙族妇女纹面为例，据说当年是为防藏族土司抢掠而始行纹面，显然出于实用的目的。

　　朱狄认为文身有实用的目的、血缘标志、图腾符号和民族习俗四方面原因。云南新石器时代原始氏族先民文身，其原因亦不外乎以上四项之一、或兼而有之。然而，世界上许多当代原始民族和后进民族都认为文身

---

[①] 朱狄：《艺术的起源》，中国社会科学出版社1982年版。

是一种美，是装饰人体的一个重要内容，是一种永久性人体装饰艺术。

## 第二节 原始装饰与造型艺术

云南原始装饰与造型艺术的表现是多方面的，主要有陶器的装饰与造型艺术和石器、骨器的打制和造型艺术等。先民们在制作石、骨、陶器时，已开始将实用目的与艺术追求结合在一起。

### 一 装饰艺术

在云南新石器时代遗址出土的各种文物中，陶器出土最多，应用最广。陶器的发明和使用是新石器时代区别于旧石器时代最根本、最重要的标志。原始氏族先民们用陶器炊爨、洗涤、饮食、储物等。古人所谓"神农耕而作陶"，说明在新石器时代，制陶业与农业几乎同时出现。因而陶器是新石器时代居民在日常生活、生产中接触较广，使用最多的一种器皿。普列汉诺夫说："劳动先于艺术。总之，人最初是从功利观点来观察事物和现象，只是后来才站到审美的观点上来看待它们。"新石器时代的氏族先民们在长期的制陶手工业劳动中，经过大量劳动、反复接触、长久观察，最终对陶器赋予各种各样装饰，达到"美"的艺术效果。

云南新石器时代迄今为止尚未发现过彩陶，只有单色陶，如红陶、褐陶、灰陶等。然而装饰在这些单色陶器上的各种纹饰是十分丰富的，如在宾川白羊村和元谋大墩子新石器时代村落遗址中出土的陶器或陶片上，装饰着划纹、绳纹、篮纹、点线纹、剔刺纹、乳钉纹、附加堆纹、篦齿纹、圆圈纹、斜方格纹等。几何图案有：平行线、菱形、人字、三角纹等。恩格斯在《家庭、私有制和国家的起源》一书中指出："从学会制陶术开始，可以证明，在许多地方，也许是在一切地方，陶器的制造都是由于在编制的或木制的容器上涂上黏土使之能够耐火而产生的。在这样做时，人们不久便发现，成型的黏土不要内部的容器，也可以用于这个目的。"云南新石器时代的原始先民们制作陶器，也经历了这一过程。云南新石器时代的陶器艺术刚产生之时，就出现了装饰纹样。这些纹饰一般都装饰在陶器的肩部和腹部，当陶坯制成型，还湿润时，氏族先民们用刻有花纹的石、木或陶印模拍打在陶坯上，待陶坯入窑烧制成功后，陶器上便出现美丽的纹饰。云南新石器时代遗址中就发现过此类石印模。根据现代民族学的调查材料和马克思主义经典作家的论述推测，绳纹的出现，最初是原始氏族先民们无意识地将湿陶坯放在绳上晾干，待烧制成型后，发现绳子的花纹印在陶器上，产生了装饰效果。于是，便有意识地在印模上刻制绳纹或在陶拍上缠绕细绳拍打陶坯，产生了专门装饰陶器的绳纹。如果使用泥条盘筑法制陶，陶坯成型后，制陶者用手里现成的多余泥条捏成花纹贴在陶坯上，于是产生了附加堆纹。

我国新石器时代的陶器装饰，大体上可分为五类：几何形、植物、动物、符号、人物。其中几何纹样之应用最为广泛。

（一）云南新石器时代陶器上主要是几何纹饰。即主要是由点和线的组合和不同形式的排列而成的纹饰。如滇池地区、宾川、元谋陶器上的方格纹、斜线纹、波浪纹、人字纹、三角线、平行线纹、菱形纹、绳纹、篮纹等。

（二）云南新石器时代陶器上还有少许植物纹饰，如滇池地区的草叶纹、稻壳印痕，元谋大墩子陶器上的稻叶纹，陶片上的稻米图案，滇西北维西戈登村陶片上的叶脉纹。

（三）云南新石器时代陶器上也有少许动物图案，如耿马南碧桥陶器上有鱼纹、蛇纹、贝纹。

（四）陶器刻符。在滇西大理马龙峰下马龙遗址陶器上有刻符 24 种，"此种记号，多在器之颈部、肩部或腹部之外表。每器只一个，未见重复者。其与花纹之分别，一见即知。""花纹多横列成圈带，记号则独立器上，其甚长者，自上直刻而下，未尝横列。此次发掘，所见记号共二十四式。""记号则大概表明所有权，实为文字之先声。……所有记号，笔画甚短，压与刷二法皆不适用，故系信手刻划而成。"

最后，虽然云南新石器时代陶器的装饰花纹十分丰富，但从未发现陶器上有人物图案。大量的是弦纹、三角纹、人字纹、菱形纹、斜方格纹、斜平行线纹、曲折纹等以直线条为主而构成的几何形图案。远不如我国西北地区彩陶上各种动物和几何纹样那么丰富多彩。进入青铜时代以后，云南才以大量精美绝伦的动物和人物造型而著称于世。

## 二 造型艺术

首先就石器而言，云南新石器时代先民材料的选择更加广泛，并且出现了磨光、裁断、打琢、钻孔等新技术，人类的艺术创造也进入了新的领

**图 60　陶器器底植物纹饰（维西）**

域。例如，滇池地区新石器文化遗址中出土了有肩石斧，有段石锛和有肩有段石锛。洱海地区的新石器以梯形和扁圆柱形石斧为特征。金沙江中游地区新石器的造型呈多样化的趋势，体量大小也差别较大，其中的半月形石刀，形状模仿月亮缺蚀的状况，磨制得十分精致。还有一件是麻栗坡小河洞出土的石鱼饰物，以灰绿色泥质岩制成，长9厘米，石鱼身体中间宽两头窄，一侧刻画菱形线条，代表鱼鳞，虽然制作粗糙，但十分生动可爱。这些石器规整的人工造型，对称均衡的手法设计和制作、磨光，不断增加着造型的美感，充分展示了云南的地区特色与民族特色，既是实用品，也是工艺品。

其次是陶器的造型，如前所述，陶器的诞生为制陶者发挥艺术才华提供了广阔的天地，因此产生于新石器时代的陶器造型艺术成为当时重要的文化内容。陶器依用途可分为炊器、容器、水器三类，它们的造型复杂多样。造型是陶器形式美的根本，云南因自然、地理、气候、民族等的特殊性，其陶器造型一方面具有传统实用与审美追求相结合的造型艺术特点，如滇池地区新石器时代遗址出土的红陶盘、浅盘，用来盛放滇池盛产的螺蛳，作为食具，那是很恰当的；洱海地区出土的陶匜，那扁扁宽宽的"流"，显然是为了方便倾倒出匜内的水或其他液体而制作；滇东北地区打磨极其光亮的黑陶瓶，造型优美，作为实用器，又是装酒盛水的好容器，且造型美观。这些形制不同，造型迥异的陶器，首先是为了实用，其次才是观赏。这些陶器在满足原始氏族先民们生活需要的同时，又以其优美的造型而使先民们得到"美"的享受。

一般认为，原始造型艺术可分为三类：即象形性强的；象形性不强的；无象形性的。从云南原始造型艺术品来看，大量是无象形性的，象形性强的较少，但正是这些具有象形性的陶器从另一方面体现了云南原始造型异于中原的艺术风格。云南新石器时代陶器造型具有三个鲜明特点：

第一个特点是对大自然中植物的模仿。《诗经·大雅·绵》"绵绵瓜瓞，民之初生"。关于人类生于葫芦的古老传说不仅保存在汉族的经典文献中，还留存在许多少数民族的传说中，彝族还把葫芦作为祖先。在出土文物中，可以追溯到原始社会，云南新石器时代鲁甸马厂遗址中发现9件陶器。其中一件黑陶"勺型器"，以黑陶制成，形状酷似葫芦，颈部有一小圆孔，而体部有一大圆孔，内部实心而不相连，说明它不是葫芦笙类乐器。而大圆孔内容积甚小，作为"勺"来盛物，无论固体、液体都嫌太少。因而它大概不是一件实用器，而是一种自然崇拜物。从艺术角度看，它是对葫芦模仿得极像的陶葫芦，从而可归入象形的，即像葫芦形的原始造型艺术品。

第二个特点是陶器造型对动物的模仿。典型代表是出土于元谋大墩子新石器时代遗址内的鸡形陶壶，是一件著名的史前艺术品。它以夹砂灰陶为原料制成，长12.6厘米，高12厘米，整件陶塑艺术品的形状若一只蹲踞的母鸡，又制成陶壶的形状，以壶的口沿部分为鸡首，其上塑出两个小小的圆圆的泥泡，代表鸡眼睛，壶本身即鸡身体部分遍体用点线纹加以装饰，代表鸡的羽毛，背部至尾部饰乳钉纹。这只鸡形陶壶既是实用器皿：陶壶；又是原始艺术品：陶母鸡。其造型是成功的，是原始艺术家对现实生活中人们饲养的家禽——鸡长期细致观察的结果。这件象生性极强的原始品，与其说它栩栩如生，不如说它稚拙淳朴，观其形态可窥人类童年时的情趣。

第三个特点是对人某部分器官的模仿。例如远古曾有食人习俗，云南旧石器时代晚期智人蒙自人化石标本有4具头骨，其中一具较完整的头骨在额骨左右颞鳞处，距断边约一厘米处，有2个对称的人工钻孔。采用对钻形式。左右孔基本位于头骨重心位置，看来头骨是经蒙自人有意加工的。从颅底敲开，取食脑髓后再加工成盛器，为更适宜提放而钻有孔，以

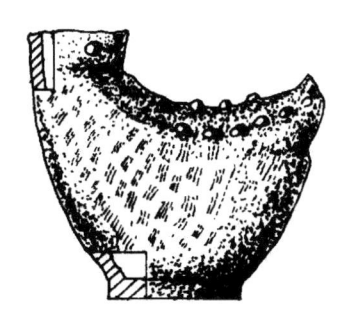

**图61　元谋大墩子鸡形陶壶**

便穿绳提送。用头盖骨做盛具在远古的北京人或是近代都曾有记录。这还可能是远古人类食人之风的又一例证。有学者认为，我国新石器时代还常见一种圜底钵，它的前身可能要追溯到一种古老而持续很久的蛮俗，那就是用动物头骨和人的头盖骨做盛水器，圜底钵就十分酷似人的头盖骨。由此可知，新石器时代的陶器圜底钵是对用作盛水器的人头盖骨的摹仿。云南元谋大墩子、宾川白羊村出土的圜底钵即是摆脱用人头盖骨做盛器的野蛮，而成为一种崭新的圜底器皿，造型上呈现的风格独特而完美。

　　此外，在施甸县团山窝新石器时代晚期遗址中，还发现了8件摹仿男性生殖器的陶且。用陶土制成男性生殖器的摹仿物——陶且在我国十余省区新石器时代考古发掘中均有出土。由于新石器时代晚期，人类处于父系氏族社会阶段时，氏族先民们的原始宗教信仰，首先是崇拜祖先，氏族首领的权威使氏族成员恐惧，而产生顺从直至崇拜心理。于是产生了对男性祖先的崇拜；崇拜父系氏族的共同祖先和家族男性祖先，而性器官又是区别两性最根本的器官。就用男性的性器官作为崇拜对象。作为崇拜物，陶且一定要制作得精美逼真。这样，原始宗教崇拜物与原始艺术品就二位一体了，所以，这些陶且也就被看作艺术品了。

## 第三节　原始绘画艺术

　　云南新石器时代的原始绘画主要是氏族先民们画在崖石上的岩画。岩画是刻在崖页、石崖壁面及独立岩石上的彩画、线刻、浮雕等的总称。在文字产生以前，岩画是记录人类想象和艺术创造的最初证据，是反映没有文字之史前社会的生产与生活、思想与意识的重要资料。

中国岩画的分布颇广，根据其作品内容、风格、所处的文化地区大致可分为北方、西南、东南三个系统[①]。而云南岩画则是中国西南系统岩画的主要代表之一，它们的分布区域主要在云南横断山脉的怒江、澜沧江、金沙江三江河谷通道山岩上；元江流域山岩；南盘江、畴阳河两岸山岩。总体分布是在滇西北、滇西、滇西南、滇东南、滇中。滇东北和滇北则尚无发现。据统计，迄今为止，沧源、耿马、怒江、元江、路南、弥勒、丘北、宜良、西畴、麻栗坡、永德、广南等23个县均有岩画分布，这些岩画多数属新石器时代，可辨图像多达2400多个。其中以澜沧江流域的沧源岩画和珠江流域及红河流域的文山岩画图像最多，内容最为丰富，是云南岩画的典型代表。

## 一 滇西北地区

滇西北地区[②]的岩画主要分布在迪庆藏族自治州的香格里拉县、怒江傈僳族自治州的福贡县、泸水县以及丽江市和宁蒗县。

### (一) 香格里拉县岩画

香格里拉县地处滇川藏三省交会点，境内雪岭绵延，三面环江。香格里拉县境内金沙江岩画分布在香格里拉县东面的三坝纳西民族乡的渣日村附近金沙江边和洛吉乡洛吉河两岸。现已发现金沙江岩画群共12个岩画点：花吉孜岩画、廖家罗考岩画、昂畏威坦岩画、硝厂居安肯岩画、松魅丫口岩画、敦自安玻考岩画、拉考丹昂考岩画、雷打牛堡岩画、昂垛股岩画、腰岩岩画、大干坪子岩画、车轴岩画。从岩画的可辨图案来看，主要题材和图像是野生动物，如廖家罗考岩画点的岩羊、野绵羊、獐子、鹿等动物笔画纤细，画面线条粗细均匀，画风清丽；松魅丫口岩画点绘有野牛、鹿、麂子、獐子、野猪、盘羊等。有的复线勾勒、有的粗线描绘、有的排线点画，极富美感；拉考丹昂考岩画点则运用动物图像整块涂抹色彩的剪影绘画技法，增强了图像艺术的厚重感，特别是其中一幅昂首抬足的《獐子图》，单线勾勒，富有动感，充分显示了作者的高超技艺。有一些生产工具和几何图案如硝厂居安肯岩画点绘有在"0"上面向左拉线的符

---

① 陈兆复：《古代岩画》，文物出版社2002年版。
② 邓启耀主编：《云南岩画艺术》，云南美术出版社2006年版。

号，很似东巴文的水字简写；车轴岩画点的"手印线条"符号，是五指摊开盖上去的，很吻合图形。此外，岩画群里还有极少数人物图像，但都较矮小且不占主要位置。

**图62　香格里拉岩画：獐子图**

（二）丽江市岩画

丽江地处青藏高原南部边缘横断山地向云贵高原过渡的衔接地段，兼有横断山峡谷和滇西北高原两种地形特征。丽江市是被金沙江环绕的地区，丽江市境内的金沙江岩画从1991年至今共发现14个岩画点，它们从金沙江上游到下游排列为虎跳峡大崖洞岩画、夯桑柯律柯岩画、夯桑哥本丁葛岩画、夯桑柯明柯下岩画、夯桑柯明柯上岩画、补美罗岩画、琪罗岩画、古美柯岩画、达柯罗美满岩画、里套休拉考岩画、江凹衬丹柯岩画、妥良初娄布敖空岩画、妥良初同尺敖嘎岩画、洪门口音彼若构肯昂岩画。主要分布在自虎跳峡至洪门口一线长180多公里的金沙江沿岸，这里悬崖万丈，一些岩画点是世居的纳西族信仰东巴教，献祭神灵的地方，当地纳西族东巴也视这些岩画为东巴先祖遗存。

丽江岩画的绘画颜料主要为矿物质。采用多色彩绘图，大量运用褐红色、淡黄色、深黄色、黑色、青色等颜料。岩画大部分绘在崖洞口和崖厦石壁上，内容主要为四种：野生动物，如夯桑柯律柯岩画点的大型野牛；夯桑柯明柯下岩画点岩羊、鹿、盘羊、獐子、麂子、驴、老虎、猴子等生动形象；古美柯岩画点的巨型盘羊、野牛、岩羊等。人物，如夯桑柯明柯下岩画点的《双人骑山驴图》，一男子双脚叉开骑在驴上，手里拿着弓箭，一女子盘腿坐于驴上，长发飘逸，极富动感。另一幅图则是一人举臂高喊，一手拿绳。表现了先人驯兽狩猎的想象，抑或是对神话的描摹、山歌情诗的写意，综合运用白描与剪影涂色手法，线条和色块相配合，大胆夸张与刻画入微相结合，疏密有致，建构出和谐交融而又层次丰富的画面。工具，如夯桑哥本丁葛岩画点中的弓、箭；妥良初同尺敩嘎岩画点的木棍、石子等显然是狩猎工具。符号，江凹衬丹柯岩画点可见到一些抽象符号，其中一处绘有一个符号与东巴文的"人"字完全相同，另一处则似东巴文的"署神"。此处岩画可能晚于新石器时代。

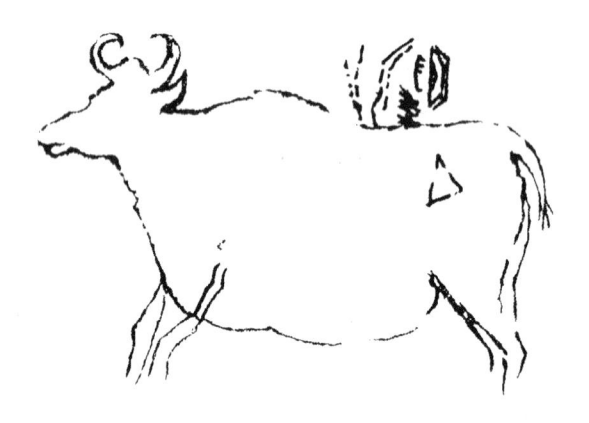

**图63　丽江岩画：中箭的野牛**

丽江市岩画运用多色彩绘涂，且图像多交错重叠，极为丰富多彩，显得宏伟壮观，独具特色。

（三）宁蒗县岩画

宁蒗彝族自治县位于云南省西北部的川滇交界处，与丽江市隔江相望。金沙江从县境西北部三江口自然村西与由北向南沿县界流来的冲天河汇流后，进入宁蒗县境，往南奔流，经托甸、拉伯、宜底、库脚、拖脚、金棉、龙通等地，流入永胜县境，过境段全长105公里。宁蒗县境的岩画就主要分布在此过境段的金沙江边，即翠玉傈僳族普米族民族乡和金棉乡的金沙江边。共发现二十多个岩画点，是金沙江岩画的重要组成部分。

宁蒗县岩画的分布点主要集中在艾来岩画点、郑股岩画点、喇嘛妥吾庚空岩画点三处。多以狩猎题材为主，图像多为野生动物、生产工具和抽象符号。首先，艾来岩画，从现存的岩画来看分作三个区，1区中下部的一块石面上绘有头朝左的一只盘羊、一只獐子与朝右的两只残缺动物。2区的石面上绘有朝左似野牛，朝右似獐子的两只动物。以上两区动物图像均为左右重叠交织绘制。其次是郑股岩画，岩画亦分为三个区，第1区可视图像为三幅，上面一幅为褐红色涂抹的獐子，体大耳小，回首顾盼；其下是褐红色线条勾勒的两只獐子，一笔勾画，向右伸颈站立。第2区图像是用褐红色和黑色两种颜料绘制的大型动物，图像残缺。第3区在第2区下方，有3组图像，1组绘一头直立张着右前肢的熊；2组是一只朝左的盘羊和一只头往底下伸的獐子；3组绘有野猪、岩羊等五六只野生动物。再次是喇嘛妥吾庚空岩画，岩画点现存的图像从左到右可分为6个组。第1组绘于长7米的崖穴顶部，从左至右绘7个大小不等的朱色圆圈；第2组绘有白色五重圆圈，圆圈旁有红色线引到右边的第3组处；椭圆形圈内加横线、十字、圆形、月牙形等符号；多条横线加多条纵线，多条横线与多条纵线相交，在多条红色横线与一条纵线相交的图上再各加黄线波浪线；在圆圈内加纵横交错线，在长方形框内加波浪形横线或纵横垂直的交错线，两线交叉，圆圈中加直线使一头出圈并在圆内两格各加一黄色圆点；第3层线至第4层等多重波浪形横线图，在长方形框中加各种几何图案，用料有红、黄、白三种颜色；有一个图形似狗头，眼为圆圈，无睛，还有用白色颜料画的人身蛇尾图；连贯排成两行的山形图，上行为9个三角形连排成一行，下行为8个三角形连排而成等。第3组黄色、红色圆圈。第4组也是用黄色、白色、红色绘20多个大小不一的圆圈图。第5组红黄相间的岩石上左右各画一个反"S"形，中间有一"H"形图案。第6组绘山形波浪图和圆圈内"X"符号与横线相交图像等不规则图形等。

虽然由于自然风化、雨淋、日晒、烟熏、岩浆侵蚀覆盖及人为的破坏，宁蒗县岩画的大量画像模糊不清，但其内容还是很丰富的，其中一些在中甸、丽江岩画中未出现过的野生动物与抽象符号大大地丰富了金沙江岩画的内容。

（四）福贡县岩画

福贡县岩画共发现三处：匹河岩画、高黎贡山岩画、碧罗雪山岩画。

**图 64　宁蒗岩画：野牛与獐子**

匹河岩画，位于怒江畔福贡县匹河西岸托别村附近一个临江崖洞里。岩画用土红色颜料绘于崖壁上，可辨图像 7 个，大的长 1 米、宽 0.5 米，可辨出单线平涂的太阳形、兽形、叶状形、根茎形，笔力遒劲，颜色入石三分，与苍褐的岩石融为一体，画风粗放有力。当地怒族人把这些岩画上的图像看作绘画。

高黎贡山岩画和碧罗雪山岩画，高黎贡山岩画位于高黎贡山海拔 2000 多米处的一个洞穴上部离地 2 米的崖壁上。画面长 5 米、高 1 米，用红色颜料绘成，现存图像 12 个，有人物、动物、太阳等，大的高 46 厘米、宽 25 厘米；小的高 10 厘米、宽 8 厘米。碧罗雪山岩画发现于碧罗雪山海拔 1400 米处，岩画整幅画面长 14 米、高 1.2 米，100 多个图像可分为 3 组，人物、兽类、飞禽、日月、符号等造型生动。图像大的可达 50 厘米高，小的高仅 12 厘米，用黑色颜料绘制而成，画风古拙。

（五）泸水县岩画

泸水县老窝乡位于怒山山脉南段的一个峡谷中，而马鞍石岩刻就位于老窝乡内地村附近雪峰山下、内地沟大王洞旁开阔缓坡台地一块叫"马鞍石"的大石上。马鞍石高约 3 米、宽 1.5 米、长 4 米，上面刻着一些图

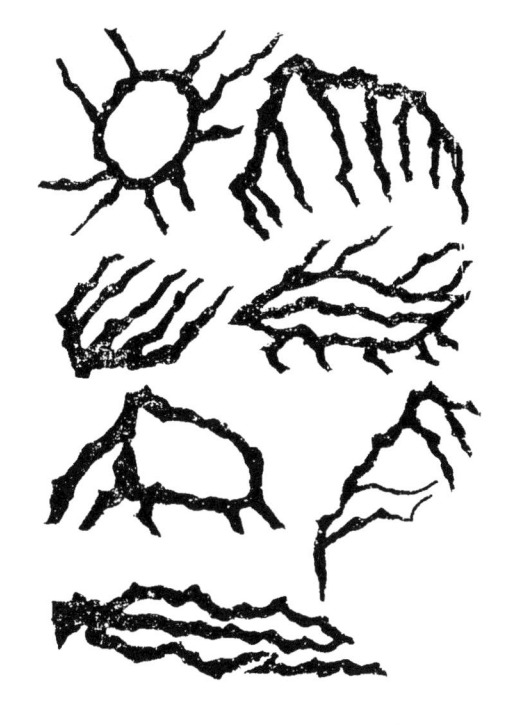

**图 65 福贡岩画：太阳及线条**

纹，描绘的是一幅人物站立像。有考察者认为此乃当地传说中的"木鹿大王"像，其实这个图像更像一些奇异的图符的综合。

## 二 滇西南地区

滇西南地区岩画分布比较丰富而集中，临沧地区的沧源县、耿马县、永德县以及元江县，均有大量岩画，其中以沧源岩画为中心，包括耿马等地岩画构成的岩画群是澜沧江流域最富有传奇色彩的象形史诗，更是洪荒时期人类生活的写真。

（一）沧源岩画

沧源岩画[①]是云南原始岩画中最集中、图像最多的岩画群，它们分布在沧源佤族自治县境内的糯良山、班考山与拱弄山之间，澜沧江支流勐董河流域河谷地带的山崖石壁上。现已发现 10 个点，分别为帕典姆岩画

---

① 汪宁生：《云南沧源崖画的发现与研究》，文物出版社 1985 年版。

（第1地点）、滚壤开岩画（第2地点）、滚壤榨岩画（第3地点）、壤摆岩画（第4地点）、壤少岩画（第5地点）、壤典姆岩画（第6地点）、壤达来岩画（第7地点）、别锡嘎朴岩画（第8地点）、贡不卓岩画（第9地点）、帕典姆2号岩画（第10地点）。可辨图像1000余个。汪宁生先生将沧源岩画的表现内容分为人物、器物、房屋、动物、神祇、自然物、符号、手印等，其内涵相当广泛。据对覆盖岩画的石灰华进行的$C_{14}$测定表明，其年代距今3030±70年，对岩画颜料中孢粉组合的分析也判定其年代为距今2500—3500年，所以可以认定沧源岩画里的绝大部分属于新石器时代的作品，它们无疑是一幅反映云南新石器时代原始社会生产、生活的历史画卷。

**图66 沧源岩画**

沧源岩画的可辨图像并非孤立存在，许多图形排列联系在一起，组成了丰富的画面，表现着各种内容和题材。

狩猎活动，是早期人类生活资料的主要来源，氏族先民擅长打猎，故沧源岩画反映这个主题的画面较多。众多的狩猎活动因狩猎方式的不同其表现也各不相同：最常见的是弩射，第一地点5区绘有倒卧的象、豹，其下有射弩的人群；第六地点5区右上方3人射兽时侧身持弩。第七地点3

区则绘用长兵器刺杀野兽的情景；当然原始先民们群居生活，在狩猎大型动物时也多采取合作的群猎围捕，第五地点2区之赶兽、第七地点6区之赶象等，人们或追赶、或吆喝，兼用弩射矛刺，皆是围猎的典型画面。原始先民们在狩猎时还会根据具体动物采取适宜的捕猎方式，如对蟒蛇采用叉杀；对麂子采用追杀；对猴子采用设栅捕捉，等等，在沧源岩画中都能看到。

新石器时代，人们过上了定居生活，所以在沧源岩画中有大量反映。于是村落及房屋建筑具有代表意义。在沧源岩画第五地点2区和5区，有树上造房的图形：屋顶靠八根柱子支撑，立在一棵大树上，从屋顶正中往下悬挂绳索，便于攀缘出入，这即史前居民营建的"巢居"，此居住形式源于古代南方百越民族。重要的是在第二地点1区发现的村落图，从画面上看当时人们有了一定的社会组织，房屋排列有序，且各有用途，如此布局的村落，显示出农业生产已有一定规模，人们共同生产、生活，已逐渐形成共同的集体意识。图中14座"干阑"式建筑房屋，桩柱有3—8根不等，有椭圆形干栏、三角形干栏和"长脊短檐"的倒梯形干栏，代表了云南氏族先民居住房屋的民族特点。干栏式房屋由南方百越先民首创，在云南广为采用，并多有创新与继承，现代佤族干栏住房多类似图中椭圆形干栏；傣族干栏多采用三角形；倒梯形干栏则多出现在现代景颇族的住房里[①]。

在沧源岩画中，放牧是一项重要的生产活动，尤其是牧牛。第六地点可辨的牧牛图像达六七处之多，其中一幅以牛为中心，牛角细长弯曲，背隆尾长，前有3人拉着套在牛颈上的绳索，最前1人扯着牛鼻，牛后亦有3人挥臂驱赶。可见当时人们采用的方法当是"野牧法"，即套住头牛将其驱赶，其他的牛就会相随而动。

战争在岩画里不无反映。第六地点6区下部绘一战争图，人群里有持弓而射者，有徒手而搏者，更有横竖杂卧的倒地而死者，场面颇为紧张残酷。

沧源岩画里人物的舞蹈形象很有特色，人们戴鸟羽、佩牛角，或并立，或叠立，或围立，装饰奇特、形态各异，可看作表现原始舞蹈的图

---

① 李昆声：《云南艺术史》，云南教育出版社2001年版。

像。从图像来分析，这些史前舞蹈分为非宗教性舞蹈和宗教性舞蹈[①]。非宗教性舞蹈在沧源岩画中有四种：第一地点 2 区绘着地平线上 3 人一组共 6 人的组舞图像；第六地点 6 区上部 5 人弯腰前倾，双手下垂，跳着类似现代藏族舞蹈"果卓"的横排舞；第七地点 1 区还有表现圆圈舞的图像，在不规则的圆圈外有 5 人双足踏线，一臂上翻，一臂下垂，舞姿优美，由于作者假设自己站在画面中心向外环视，移动视点的视觉认知形象使 5 个舞者予人向外倾倒的感觉；第二地点 1 区下部 3 个舞者手拉手排成横排，友善愉悦地跳着拉手舞。它们说明非宗教性舞蹈即原始先民的自娱性舞蹈。另一方面，因为史前时期艺术与宗教是分不开的，所以岩画中凡属舞蹈或与之相关的图像绝大多数可归于宗教性舞蹈。沧源岩画中的宗教性舞蹈包括猎首舞、狩猎舞、羽物及盾牌舞。猎首舞在第一地点 5 区可见，横立 6 人，两端人物高大，左中两个形似妇女的人共提一圆形人头跳"猎首舞"，右边被杀者身体倒立。此场景与西盟佤族的"猎首舞"极为相仿。史前人类有动物崇拜习俗，他们相信万物有灵，杀死动物后为免灾弥祸要举行简单仪式向被杀动物谢罪，因此模拟狩猎场面的"狩猎舞"就出现了，第七地点 4 区的猎鹿舞和第六地点 4 区、第一地点 2 区的猎牛舞都生动呈现出人们模拟狩猎，以期获得猎物的舞蹈场面。独具特色的"羽舞"是云南原始舞蹈中最重要的一种，原始人类装饰羽毛跳舞，不是为了娱乐和表演，而是纯粹出于宗教祭祀的需要。沧源岩画上"羽舞"的图像很多，第六地点 3 区"羽舞"图较为集中，画面中人物有将鸟羽插在头上的，有把鸟羽装饰在臂与腿上的，还有制成羽衣张臂翩然欲飞的。最奇特的是第七地点 3 区右上方有一头戴巨大双耳玦，腰下用粗毛鸟羽装饰成鱼尾的人，此"鱼尾人"双臂模仿着鱼戏水中而舞蹈，也可暂归入"羽舞"。岩画第六地点 6 区上部的崖部集中绘有跳盾牌舞的图像，图像上 7 个武士一手拿盾一手持矛，作舞蹈状，矛和盾都夸张得很大，并有意突出男性器官。其余武士双腿反叉而舞，另两空手而舞的人向空中抛一相当于头颅的圆形物，下方有 1 人装做战死的敌人。这应是战胜还村，武士与男女村民庆祝胜利，祭祀祖先和神灵的庇佑而共同舞蹈，其间种种进入高潮的情状充分表达了人们对本族武士的崇高敬意。同样画面里巨大而夸张的盾牌，突出了其战争祭祀舞蹈的性质。

---

① 李昆声：《云南艺术史》，云南教育出版社 2001 年版。

图 67　圆圈舞（沧源岩画）

（二）耿马县岩画

耿马县大芒光岩画位于耿马县四排山大芒光行政村辖区内的"大岩房"，是一座宽25.5米、深8.5米的岩洞，与沧源岩画分布区隔小黑河相望。岩画高4.8米、宽9米，距崖前宽7米的平台约1.5米。共有图像39个，分别用黑蓝和暗红两种颜色绘涂，其中黑蓝色图像7个，暗红色图像32个。这些图像最大的高29厘米，宽21厘米；最小的高12厘米，宽11厘米。图像的内容较特殊，画面正中上方绘一条"巨蛇"，头有双须，全身卷曲向上升腾；巨蛇下方有多个人和动物，人物有的双手平举如腋下生风；有的两手各执一圆形物体；有三个人物绘有长而曲的尾饰；有两人绘有圆形与三角形的头饰。动物有大小之别，大者为牛，小者似犬。另有阴阳二模皆具的手印。据研究者分析认为耿马大芒光岩画与沧源岩画极可能属于同一文化类型，其所绘之蛇、牛、人体尾饰造型也是古滇文化一直以来延续的重要主题[1]。

（三）永德县岩画

永德县属于滇西南的临沧地区，县境内层峦叠嶂，河流环绕，岩溶地貌分布较广。永德县境内共发现送吐岩画和红岩岩画两处岩画。

送吐岩画位于永康镇送吐寨西约两千米、永康坝西缘台地海拔约1千

---

[1]　邓启耀主编：《云南岩画艺术》，云南美术出版社2006年版，第121页。

图 68 耿马大芒光岩画

米处的一丛高约 15 米的石灰崖峰林。岩画绘在峰林最高处面东平滑的崖壁上，画面长 2.5 米、宽 1.5 米，共有图像 25 个，可辨出 9 匹马、6 只鹿、5 个人，其他的为不明动物及符号。大的有 30 厘米，小的只有 3 厘米；其中 5 匹马用白色石灰绘成，其余皆用红色颜料涂绘。岩画有三个特点：一是有的马肚下的鞍镫状物（此图像可能晚于新石器时代）、骑马人和在奔马前以手抚另一高大动物脖子的人，还有在一类似房屋的方框里 1 个无手人的形象。二是绘制人物躯干和四肢时均采用单线单绘，头部画做一个圆圈，这样的造型图式，颇似纳西族东巴文图画中符号化的绘画。三是运用复色绘画。

红岩岩画位于永德县永康镇红岩村南约 500 米的红岩山崖，与送吐岩画相距 15 千米左右，海拔约 1400 米，岩画绘于崖壁东南一桃形溶洞外东侧崖面上。崖面粗糙泛红，因风雨侵蚀，仅能辨别出人物、动物、重圈、阳纹手印、方框内交叉纹样图案等 50 来个图形。岩画的人物造型几乎简化为"文"、"木"、"大"字的形状，图像也多为较抽象的符号。

（四）元江县岩画

元江县已发现岩画两处：元江它克岩画和元江假莫拉岩画。

元江它克岩画位于元江哈尼族彝族自治县它克乡（又名龙池村）东北 1 公里石酒壶岩壁的下部。岩画画幅长 19.5 米、宽 3 米，距地面约 2 米，最高处达 15 米，岩壁上部向外突出形成岩厦，前有平台。它克岩画现存图像 120 个，其中人物 62 个、动物 10 个，符号及其他 22 个。内容从左到右可分为 7 部分，分别绘有太阳、甲虫形人、长方形躯干人、持弓人、饰羽人、蛙形人、蜥蜴、蛇、狗、菱形、圆点、涡纹、水波纹等。甲虫形人是岩画中最具特点的人物造型，即人物的身躯由大小菱形套叠构成，这是它克岩画独有的人物造型，为云南其他岩画所无者；而两手上举、双腿曲蹲类似青蛙形象的蛙形人也颇有特色，据推测或与祈雨、水利有关。动物中以蜥蜴最为醒目，图上两条蜥蜴，其一长 37 厘米、宽 12 厘米，头部略呈三角形，前爪平伸，后爪作蹬爬状；另一只长 80 厘米、宽 24 厘米，头部呈圆形，有触角和须，也是蹬爬状。两只蜥蜴体形巨大，造型生动，是云南首次发现的蜥蜴图像，这种介于龙蛇之间的动物应与某种崇拜有关。

**图 69 元江它克岩画**

元江假莫拉岩画位于元江县假莫拉村北 3 公里左右的菲洛阁山南麓，海拔 1500 米处一名"大石脚"的石崖附近的半弧形岩石上。画面长 5.1 米、宽 1.3 米，残存图像 40 多个，可清楚辨识的有 15 个，有人物、线条符号、手印等。人像为 6 个舞人，或手臂曲肘平举，作蛙人状；或手臂下垂外分，手掌向外翘出，腿要么上踢，要么蹲马步，足上翘。舞人身体为倒三角形，四肢粗壮，应为男性，有的有羽饰。这些舞人居于画面中央，舞姿粗放。岩画也表现生活场景，画面右侧 5 个人像，4 女 1 男，女性头耳硕大，四肢短小，胸腹女性特征突出，其中 2 人各牵 1 小儿作行走状。其他则还有曲线状线条和花蕾图案 2 个、手印 6 个以及不明图像 20 余个。

### 三 滇西地区

滇西地区①发现的岩画不多，虽然仅在漾濞县有发现，但漾濞岩画却因故事性的画面和丰富的内容具有较高的艺术价值，很值得关注。

漾濞县苍山岩画位于漾濞县城（上街镇）东南面约 8 公里的河西镇金牛村的东后山上，地处漾濞江山谷东岸的苍山马龙峰西坡中下段。岩画所在地东距大理市下关镇 30 公里，南面距漾濞县平坡镇政府约 6 公里，右北侧 1 公里处为漾濞县石门关风景点，正对面是山谷对岸的平坡镇向阳村委会母子拉村，右前方俯对漾濞江畔的河西镇。岩画绘于海拔 2020 米的岩石的下脚和中部，画面朝西，面积约 21.6 平方米，多为赭褐色，部分为黄色。一些图像明显用手指绘成，另一些图像则可能由羽毛、树枝等工具绘制。原作上常常覆盖图像与手印，是不同时期作品的反映。岩画共有可识图像近 200 个，包括人物、动物、房屋、植物等内容。其中人像 107 个、动物 28 个，人物最高者有 48 厘米，最小者为 4.5 厘米；动物最大的达 2 米多，为一昂首站立的壮牛形象，非常夺目。

岩画的可视部分基本为朱红色，是岩画的主体，内容丰富完整，大致分为 6 个区。1 区位于画面右上部，高 110 厘米、宽 120 厘米，绘一巨型牛体，牛身后半部颜料脱落，前半部保存完好，全牛残长 1.3 米、高 1.05 米，昂首弯角，肢细体硕，似为一肥大水牛。2 区位于画面北侧，高 190 厘米、宽 70 厘米，其中、下段 A 层画为黄色，4 人一排站立，人物左上侧有黄圆点连接而成的两个圈。B 层为红色，从上至下绘有牛栏图、房屋图、群舞图等。最上端是牛栏图，红点绘圈表示牛栏，栏内绳拴一牛。牛栏图右侧画一侧身站立、双手平伸，双脚岔开，身体前倾的男性，腹下突出了男性生殖器。牛栏图下边是房屋图，用实线画出椭圆框作栅栏，栅栏内红色涂绘屋顶呈"几"字形，由 6 根柱子支撑的一间干栏式房屋。房屋图下方为群舞图，画着四排手牵手走动舞蹈的人，每排 5—8 人，均用五笔成形"剪影式"作画，四排舞人上方有一高大的人，高 47 厘米，正面直立，双手各拿一动物，似表现为首领或巫师。3 区位于整个画面的中下部，高 70 厘米、宽 220 厘米，内容最为丰富。A 层黄色画主要是手掌拍印和人物图。B 层内容较多，最上端是放牧采果图，左上方画

---

① 邓启耀：《云南岩画艺术》，云南美术出版社 2006 年版。

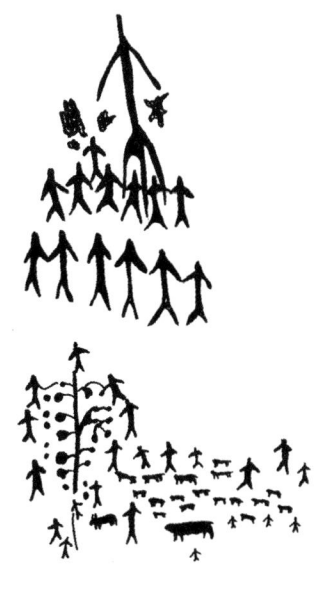

**图 70　漾濞岩画采摘图**

一棵大树，高 55 厘米，两侧枝丫上画两排圆形果实，树下站着 9 人，树左侧一人还牵着一只动物。采果图右下画一群动物，有 20 多只且大小不等，大的可能是黄牛，小的可能是羊，多作低头吃草状。动物周围是 8 个人，或站或走。左侧一人牵一卷尾狗，上方亦有 2 只跑动的狗，当为放牧场景。采果图下方是围栏人物图，分为上下两层，用密集的指点连线画成不规则的椭圆形围栏，栅栏里上层有 8 幅随意拍印的手掌印和 1 幅黄色的投影式人物画。下层主要是红色人物图，其中左上方一人最为醒目，上身较细，四肢较长，昂首散发，双腿一前一后，姿态像爬山行走，又像手舞足蹈。此人右边画 2 个人物，1 人正面站立，1 人侧身怀抱 1 幼童。栅栏右下部分画 7 个人，或走或立，展现了小群体的活动场景。北侧右下部点画密集红点，或表示草甸，中间站立 3 人。围栏人物图右边是祭祀图，A 层黄色画比例较小，B 层红色画密集，左半部中央有一呈芒线状圆圈，也许是表现火堆，火堆下方摆放大半圆形一物，左边横躺 2 人，再下方石块样物体插中长边短三叉状的 3 根树枝，似祭坛。周围站立 3 个较大的人，右侧画或立或走、大小不一的 10 余人。左侧人物画延伸到围栏人物图下方，两三人一组，像是朝祭祀场走去。祭典图最右侧画 4 只脚朝上的动物，1人守候，可能是将为祭祀宰杀的祭品。整个画面描绘出原始的祭祀场景[①]。4区宽240厘米、高130厘米，用红、黄二色绘制，中间为两个红色圆圈，周围有4组人，每组3人，各站一方，似乎围火起舞。褐红画像上有黄色手印。5区高宽各1米，为褐红色正面人像。6区高60厘米、宽80厘米，可辨出3个正面人物。

从岩画色泽等方面分析，岩画分为三个时期绘成，因此出现三个层次：第一层为早期绘制，如《牛群图》，颜色呈较暗淡的铁锈色；第二层为土黄色，为五笔绘成的简单人形和手掌印；第三层重叠在第二层上，画面较大，为土红色，有栅栏、干栏房屋、牛、舞人、祭祀、放牧、采摘等。从岩画的整体内容来看，基本上是写实作画，真实再现了原始先民采集、放牧、居住、歌舞、祭祀等多方面的生产生活场景。岩画的人物形象多用简洁的直线勾画，突出了画面空间与环境特征的意义表达，同时亦表现了漾濞岩画简朴淳重的造型风格。从宏观而言，岩画画面右边的人物坚挺，在板实的空间里透出压抑与神秘的空间氛围，左边的人形显示出周密的安排和重复的人形力量。中部的人形和手印，像在自由的散落中被曲线包围，在自然中透出柔和的生活旋律。这样的节奏起伏在画面的延续中构筑形成了丰富的视觉对比。画面内容的表现，在时间与空间的跨越中，把思想性和现实性融为一体，包含了象征性、叙事性与现实性的艺术形式，把跨越时空的思想内容编织成一个整体，形成一幅思想内容完整、主题性风格的岩画作品，向我们展示了早期人类丰富的视觉语言表现手法。其主题性与结构性，在早期人类的"石壁文化"中，是很少见的[②]。同时，由于漾濞岩画所在的大理地区，自古就为多元文化交汇之地，极易融汇吸纳各种文化，所以漾濞岩画在一定程度上叠加，反映了这一特殊人文状态所呈现出的多重信息。

### 四 滇东南地区

滇东南地区的岩画分布较为集中，它们主要分布在文山壮族苗族自治州，即文山岩画。

文山新石器时代岩画图像之多，内容之丰颇具代表性。文山州位于云

---

① 杨德文：《漾濞苍山岩画调查》，《民族学报》第六辑，民族出版社2008年版。
② 许斌：《大理苍山西坡崖画》，载《云南文物》2006年第1期。

南省东南角，其地势西北高、东南低，岩画多分布在文山州西北部和东南部，且分布点多为喀斯特地貌。全州共发现岩画11处，12个点，其中较为典型的新石器时代岩画有：麻栗坡麻栗镇大王岩岩画、卡子岩画、岩腊山岩画、砚山平远镇大山村岩画、丘北曰者乡狮子山岩画、丘北普格岩画、广南县弄卡岩画、平山岩画、丘北红花山岩画等，反映了3000—4000年前人类在文山地区的生产生活内容[①]。

图71　砚山大山村岩画"祭日图"

文山岩画的图像以动物与人物最有特色，其中动物的图形有马、牛、猪、鸡、狗、羊等。

马的图像集中在砚山县大山村岩画点，有数以百计之多。它们均有一个显著特点，就是没有任何马具或马饰，证明是青铜时代以前的马，并且据研究表明这些马是距今4000—3000年前饲养的家马。

牛的图像在文山岩画中虽仅在麻栗坡县大王岩岩画点及砚山县大山村

---

① 李昆声主编：《文山岩画》，云南人民出版社2005年版。

岩画点发现几例，但较为特殊，它们没有穿鼻系绳，也没任何犁具，因此并非耕牛；另牛肩颈部位均无"峰"，证明不是"封牛"、"瘤牛"，且体型比沧源岩画中滚圆的水牛瘦小，故应是野放阶段的黄牛。

猪的图像出现在广南平山岩画中，画面绘有一左一右两头猪的形象，体长15厘米、高8厘米，腿短，前腿只画出一条，后腿两条，体胖、嘴尖、尾短，左侧一猪尾上卷作行走状，右侧一猪尾下摆作向上跳跃状，头向一致。根据二猪身体特征和云南新石器时代遗址出土的猪骨、猪牙可推测，这两头猪当为家猪。

狗的图像保存在砚山县大山村岩画点，在11区中绘有两只狗，双耳竖起，尾向上翘，头向左，一前一后，左侧一只较小，作行走状，长2.7厘米，高2.2厘米；右侧一只较大，长4厘米、高3.2厘米，为奔跑状，形态生动可爱。此外在第9区2组里也绘有狗的图像。

羊的图像绘于砚山县大山村岩画点第9区第2组图画左下侧，两只羊头向右，作行走状，一上一下并排走，身长约4厘米，上面一只高2.6厘米，角长而直，下面一只高3.5厘米，角微弯，抬头，后脚比前脚长，尾断上卷，背稍弓起。鉴于云南新石器遗址如宾川白羊村遗址、元谋大墩子遗址都出土过羊残骸，从此角度来说，砚山县大山村岩画中的两只山羊应是云南年代最早的家羊。

鸡的图像在云南岩画中出现尚属首次，砚山大山村岩画点第7区、第9区第2组、第11区都绘有为数不少的鸡的图形。有公鸡、母鸡和雏鸡，体大量多，且与人、马、牛、羊等一起毫无惊恐之状，应为家鸡。

文山岩画中的人像早晚期有别，早期属于新石器时代的人像，均为裸体人。这些裸人姿态迥异。

骑马裸体人像，砚山大山村岩画上的人物多为此类。通常不表现性别，少数者持木棍或腰插木棒，少数头上有装饰物。他们站在原地不动的马背上，是祭祀活动中表示虔诚的一种姿势。

蹲马步人像，蹲马步姿势多见于早期岩画，平山岩画中人像作正面半蹲姿势，双臂平伸，曲肘向上；双腿叉开，曲膝半蹲，与手臂对称，这是祭祀活动时的一种姿势。

两性裸体人像，砚山县卡子岩画中有一裸人，双腿叉开，胯下画一巨大阳具。另砚山县大山村岩画与岩腊山岩画裸人的双胯间均绘出夸张阳具，以显示为男性。而女性则在两胯间画出比人头还大的圆圈来表示

**图 72　广南弄卡岩画"女人执马尾图"**

女阴。

孕妇裸体人像，麻栗坡大王岩岩画点可见明显表示孕妇的图像，人像双手斜举向上，双腿叉开，腰腹部向两侧鼓起，表示为孕妇。其左侧仅用线条简单勾勒出腹部高高隆起的孕妇侧面像。

戴面具人像，麻栗坡大王岩岩画中出现了六个戴面具人物的图像。

从艺术角度而言，岩画反映着一种原始世界的观察力和想象力，它对于深刻认识人类精神生活和文化式样具有重要作用①。所以岩画内涵颇值得我们深味，文山岩画就蕴涵着多种主题。

面具图像——傩祭与傩舞，麻栗坡大王岩岩画点发现有总共 6 个戴面具的人物。画面里两个高大的主体人物均为裸体，头戴大面具，面具上人脸仅绘出双眼、鼻子，双臂下垂，两手掌向外，模仿蛙泳于水中的动作。可见这 6 位戴面具的原始先民在进行原始宗教的祭祀——傩祭。傩祭是远古以驱鬼逐疫为目的的一种宗教祭祀仪式。傩祭时手舞足蹈的动作就是"傩舞"。而麻栗坡大王岩岩画属新石器时代，所以画中的面具人是云南最早的傩舞形象，是原始社会从巫术活动中脱胎而来的傩舞萌芽。

天体崇拜——祭日，文山岩画中多有祭日图像，如砚山县大山村岩画点第 1 区、第 2 区、第 3 区、第 4 区、第 5 区、第 11 区等都绘有祭日图，有的画一轮太阳；有的太阳放出万丈光芒；有的太阳由两个圆圈组成，内圆圈射出光芒；有的是双圆圈，有的太阳为椭圆形，中间用一横二竖粗线条表示光芒；有的画两个太阳，里面有人像等，所绘太阳达六七种之多。史前人类祭日的终极目的是想从太阳里获得巨大神力，从而来保护本氏族、本部落的安全与强大。而汲取太阳神力的方法即是通过创作岩画，举

---

① 陈兆复：《古代岩画》，文物出版社 2002 年版。

**图 73　傩舞（麻栗坡大王岩岩画）**

行交感巫术仪式，手持太阳，头顶太阳，以物接触太阳，甚至走进太阳里来获得神力。

孕体崇拜，麻栗坡大王岩岩画点明显的孕妇图像，反映了原始先民的"孕体崇拜"。孕体崇拜产生于原始社会的母系氏族社会，极度夸张女性特征的裸体成为崇拜对象。它表现了原始先民对生命现象的迷惑不解和直观描述。孕体画像突出并夸张人体孕育生命的特征，所以孕体崇拜的本质就是生命崇拜。

植物崇拜——花卉崇拜，虽然植物崇拜在世界诸多民族中都曾存在过，但岩画中鲜见花卉图像。难得一见的是在麻栗坡大王岩岩画点左侧，绘有7—8个花卉图像，这是原始民族植物崇拜的重要图像。植物崇拜是定居、农耕生活原始社会意识的表现，麻栗坡小河洞等新石器遗址的遗存表明该地区的经济生活以农耕为主，其必然离不开植物，从而导致了对植物尤其是植物之花的崇拜。

**五　岩画的艺术特征**

岩画是一种感性的艺术，特别是云南新石器时代的岩画更是以惊人的创造力展示着独特的艺术特征与丰富的文化内涵。

云南新石器时代岩画的特点之一是在岩石上作画，并且采用彩色颜料涂绘，特别是运用红色。红色炽热、鲜明、夺目，是予人视觉冲击力极强的色彩，在原始人类，使用红色已非动物性的生理反应，而具有社会性巫术仪礼的符号象征意义。云南的沧源岩画、文山岩画本质上属于"巫画"，故大量运用红色颜料绘画。沧源岩画单用红色，文山岩画除使用红色外还应用了黑、白二色。砚山县大山村岩画在同一时期，一部分绘画使用黑色，另一部分使用红色绘制；麻栗坡大王岩岩画则共使用了红、黑、白三种颜色，这在我国史前岩画中实为罕见。艺术表现形式可谓丰富多彩。通过对云南岩画颜料的取料分析表明，红色颜料是以赤铁矿粉末为主要成分。据汪宁生教授研究，沧源岩画的颜料是以牛血调和赤铁矿粉制成。而文山岩画颜料的黏和剂测定出的聚乙二醇，可能是动物成分，也可能是植物成分。另从地势、遗址出土物分析，云南岩画的作画工具也应是多种多样的，树枝、木棍、骨片、鸟羽、手指、指甲等都是作画工具。

特点之二是岩画的绘画技法基本上采用平涂影像法。史前人类不懂透视原理，故采用先勾勒出图形轮廓，再填涂颜色的剪影式表现手法。具体而言即是，动物与人物仅绘出轮廓，不画出细部，只强调动物体、人体富有特征的器官。如画牛突出角，画男性突出阳具，画妇女突出乳房、大肚子和生殖器等。人物五官不画出，躯干用几何图形表示。人物造型严守正面律，动物采用侧面像，是特殊的空间观念和布局手法。

特点之三以写实图像为主，抽象图像化图案很少。文山新石器时代岩画糅合了写实主义和简约主义，线条勾勒、图形简单、画风古朴、风格天真，极富简约天真的艺术感染力。

综上所述，云南新石器时代的先民们通过艺术想象力使感情具象化，他们创造的岩画具有繁多的图像、丰富的内容、多样的类型、特异的意境，以其朴实无华的艺术美彰显着神奇的魅力。

## 第四节　云南新石器时代文化与我国内地的关系

云南各族人民很早就是中华民族大家庭中的一个组成部分，与伟大祖国有着不可分割的血肉关系。早在新石器时代，各族先民频繁地进行迁徙活动，他们在广阔的国土上南下北上、西迁东移，产生了极其复杂的民族融合。在此过程中，云南成为民族迁徙的走廊，世居民族与外来民族融合，吸收外来文化，形成了独具特色的云南各族文化。

我国西北腹地和东南沿海地区，是古代两个主要文化区。前者是以黄河流域为中心地带的氐羌族系文化；后者是以长江中下游和东南沿海省区为中心的百越族系文化，而云南正处于这两大文化系统的交汇地带。

云南目前已发现八个类型的新石器文化，分别为：滇池地区—石寨山类型；滇东北地区—闸心场类型；滇东南地区—小河洞类型；滇南、西双版纳地区—曼蚌囡类型；金沙江中游地区—元谋大墩子类型；洱海地区—马龙类型；澜沧江中游地区—忙怀类型；滇西北地区—戈登类型。比较重要的新石器时代遗址和地点有晋宁石寨山、昭通闸心场、鲁甸马厂、麻栗坡小河洞、景洪曼蚌囡、曼运、曼景兰、曼迈、曼厅、元谋大墩子、宾川白羊村、云县忙怀、维西戈登村等。它们各有特点、自成体系，又相互联系。滇东南四个类型出土石器以梯形石锛为主，同时也有有段、有肩的斧锛类器物，具有我国东南沿海地区新石器文化的共同特点。滇中地区元谋大墩子类型和滇西地区马龙类型的陶器，其陶系、纹饰、技法皆有共同之处。石器也多以磨光圆柱体石斧和光柄石锛为特征，有明显的共通性。此二者与维西戈登村类型，都是滇西地区以农业为主的地方文化，显然与我国黄河上游甘青地区的古代文化有一定的渊源关系。忙怀也可能是一支由北向南发展的文化。所以，云南新石器文化虽然类型繁多，但从文化渊源关系看，总的是受东南沿海和西北腹地两大区域文化的影响。

### 一　与黄河流域新石器文化的关系

黄河流域是中华民族古代文明发源地之一，目前已知黄河流域最早的新石器时代遗址是河南新郑裴李岗遗址和河北武安磁山遗址，两遗址年代距今8000年左右。而仰韶文化及其稍后的龙山文化则为黄河流域新石器文化的代表，是我国新石器文化两大系统之一。这一系统的文化，对云南滇西北、洱海地区及金沙江中上游地带的新石器文化影响十分明显。

滇中、滇西、滇西北地区的新石器文化，显然与我国中上游的仰韶文化、齐家文化有关。特别是西藏昌都卡若遗址的发掘，使这一文化的关系愈加明晰，是近年来我国考古工作的重大收获。卡若遗址的文化面貌独具特色：如打制、磨制、细石器三种石器共存而以打制为主，伴有多种磨制精致的骨针出土等。卡若遗址的磨制石器和陶器与元谋大墩子、宾川白羊村的非常相近，石器方面如尖柄磨制石锛、单孔半月形和长方形石刀、石镞等；从陶器方面看，其制法为手制，陶多为夹砂陶，火候不匀，纹饰以绳纹、划纹为主，纹饰题材多三角形及平行线纹，器型多罐、钵、盆等，器型作风多为平底等特点，皆与滇西洱海，尤其是金沙江中游的元谋大墩子接近。另卡若遗址还有一些特点，如多小口圆腹罐、曲腹盆等，则带有更多的西北腹地因素。所以西藏卡若遗址的发掘，不仅填补了我国东部地区考古学上的空白，而且为我们研究西北与西南地区古代文化的关系提供了重要的证据。

（一）从房屋建筑风格来看，各民族都有风格不同的建筑形式，这在原始社会已略见端倪。我国南方广大地区新石器时代氏族先民以居住"干栏"式房屋为特点，因为南方多雨，卑热潮湿，这种高脚房屋适宜居住。而居住在黄土高原上的氏族先民喜穴居、半穴居和平地起建的房屋，这是适宜北方干燥少雨、冬季严寒的气候特征的。

云南洱海地区（大理马龙遗址、宾川白羊村遗址）、金沙江中游地区（元谋大墩子遗址）新石器时代氏族先民们的住房，正是与黄河上、中游地区的建筑形式相同。大理马龙遗址早期半穴居房屋，形状有圆形和方形两种。圆形半穴居房屋有东西长5.7米、南北6.4米、坑底最深处为1.8米者。长方形半穴居房屋有长约6米、宽约4米者。两种房屋均以土坑为居室，建筑在地面之下，以坑壁四周之生红土为墙壁，坑上再搭一顶棚以避风雨。这种建筑形式在黄河上游、中游及下游地区的新石器文化中不乏其例。如黄河上游马家窑文化马家窑类型遗址中，房屋有圆形和方形两种，多为半地穴式，亦即半穴居房屋；黄河中游的磁山文化有直径仅及3米的半地穴式窝棚；黄河中下游龙山文化的庙底沟二期文化房屋是圆形或方形的半地穴式建筑；客省庄二期文化（陕西龙山文化）的房子均系半地穴式，所不同者是出现了双室房屋；仰韶文化西安半坡的半穴居圆形房屋（晚期第3号房址）直径5米、深近1米，以坑壁为墙壁，其形状、大小均与云南大理马龙遗址房屋相似；半坡第 34 号房屋呈东西长的椭圆形，长 4.1 米、宽 3.65 米，室内有瓢形灶坑，与大理马龙半穴居房屋内长圆形灶坑相似。

元谋大墩子遗址发现平地起建的黏土木结构房屋 15 座，宾川白羊村遗址发现同类房屋 11 座。这些房屋的基本特点是：平地起建、墙基四周挖沟、栽埋柱洞。柱子之间用树枝、荆条、藤条等编缀，再以草拌泥涂抹成木胎泥墙。居住面和墙壁烘烤成红烧土。个别房屋在木柱下垫石块。这些特征与黄河流域或仰韶文化的郑州大河村、陕县庙底沟、洛阳王湾、马家窑文化的林家晚期房屋建筑特征相似。现举例对比如下：

云南永仁县（金沙江中游地区）菜园子新石器时代遗址中发现房屋 7 座，其中 4 座是长方形，3 座是半地穴式圆形房屋。该遗址中发现属早期的房址平面呈圆形，外径 6.2 内径 4.5 米、坑深 0.6 米。四周排列柱洞共 25 个，间隔距离不等，口径 0.1—0.3 米、深 0.1—0.35 米，中心柱口径 0.2 米、深 0.4 米。房屋中心略偏西部还有一个口径 0.3 米、深 0.23 米的圆坑，坑壁平滑，由于长期烘烤已成红褐色，坑底形成硬壳。据推测是存放火种罐的地方，抑或保存火种的小坑。

西安半坡遗址晚期第 3 号半穴居圆形房屋，直径 5 米，房基是凹入地下的坑穴，深不到 1 米，坑壁即作为墙壁。墙周围有圆形或半圆形柱洞，墙壁全用草泥土做成，内壁涂抹光滑，门开在南面略偏西处，宽 1 米，估计高 1.5 米左右。两隔墙之间南宽北窄，高于居住面 0.05 米左右。灶坑位于房屋中间，呈瓢形，长 1.5 米、宽 0.7 米、深 0.32 米，在灶的前后和两侧有 6 个大柱洞，排列整齐，柱洞左圆或椭圆状，直径约 0.2 米、深 0.5—0.8 米。由于房屋中间柱洞情况不同，这座房屋复原后像一只倒覆的大碗，而永仁菜园子复原后应是尖顶的。然而这两座房屋的建筑方法基本相同，而且西安半坡也有圆形尖顶房屋。

云南宾川白羊村遗址早期房屋共发现 5 座，平面呈长方形，墙基四周挖沟，排列柱洞（直径 25—55 厘米）。尔后在柱洞内填土，使柱直立，在立柱之间编缀荆条、草绳之类，即构成墙壁之骨架。然后在墙架两侧涂抹草拌泥，成为木胎泥墙，墙壁用火烘烤，使其坚硬。房内居住面略加平整，铺上黄土，踩踏即成。

郑州大河村发现一排仰韶文化房基遗址，其中 4 座房屋皆呈长方形，墙壁建造方法，也是先在周围栽埋圆形立柱，直径 0.08—0.12 米，立柱之间间距为 0.08—0.22 米，柱直立后，用藤条或草绳之类缚上横木棍，构成墙壁骨架，尔后在墙骨架两侧涂抹 0.30 米厚的草拌泥，再涂一层细泥，使之成为光滑的墙面。墙壁筑成后，即在房内铺设地坪，修建土台。居住面地面上先垫一层净土，然后涂抹一层厚约 0.03 米的白灰粗砂硬面。墙壁和地面均用火烘烤成坚硬的砖红色。

由以上对比可以看出，云南宾川白羊村和郑州大河村平地起建房屋之建造方法是基本相同的。两者主要区别是，云南宾川白羊村长方形房屋是独立的，而郑州大河村长方形房屋是成排的隔间房屋。

洛阳王湾第 15 号房屋在建造方法上使用了一种新技术，即在房基四周使用大块平整的天然砾石铺底作为石础，然后立木柱于其上，再筑墙。这样，可使墙基更加稳固。云南宾川白羊村晚期房屋也使用了这一新技术，即在房基四周的地面上铺垫圆形石础。

云南洱海、金沙江中游地区新石器时代地下和地上的两种房屋的形状、结构、建造方法均与黄河上游、中游马家窑、仰韶文化基本相同，这显然是黄河流域原始文化对云南的极大的影响。然云南新石器时代房屋至今未发现过白灰面，而在黄河流域则普遍使用。这可能是云南新石器时代氏族先民尚未掌握使用白灰面这一新技术。

（二）鼎类三足器是华夏族先民创造的富有特征的器物。在中原地区的裴李岗、磁山之后的各个时代的新石器遗址中，鼎类三足器在考古发掘中是常见之物，成为中华民族灿烂的古代文化的象征之一，成为区别于世界其他文明古国的典型器物。

云南新石器文化的主人是云南和西南地区少数民族先民。在云南上百处新石器遗址和地点中，过去均未发现鼎类三足器，表明云南新石器文化是一种与中原文化不同的地方文化。然而，据有关材料记载，在 20 世纪 30 年代，云南大理马龙遗址曾获得陶鼎之足。在最近发表的宾川白羊村遗址发掘报告中，也报道了 3 件三足器之器足。其中一件夹砂褐陶，高 3 厘米者，应为鬶足；另一件亦系夹砂褐陶，高 6.8 厘米者，原报告认为"似属器足"；还有一件器足为鼎足。宾川白羊村和大理马龙遗址同属洱海地区，两者文化面貌相同，过去将两个遗址归为同类文化。宾川这一发现证明，大理马龙遗址发现鼎足的报告是可信的，同时说明，云南洱海地区新石器文化和黄河流域有关。云南新石器文化和青铜文化的遗址、墓葬中，鼎类三足器始终都极少发现，表明了此类器物是外来的，即来自黄河

（三）从陶器的印纹、颜色、形制看，陶器上的篦点纹，是黄河流域河南裴李岗和河北磁山文化的特征。这种篦点呈弧状，弧度不甚显著，而篦点有的较密集。云南元谋大墩子遗址、宾川白羊村遗址出土的陶片上也有相当数量的弧线纹、篦点纹。这说明云南新石器文化受黄河流域的影响。

仰韶文化是黄河流域新石器文化的主要遗存。在时间上，它上承裴李岗和磁山文化，下接龙山文化。在地域上，黄河中游黄土高原的豫、晋、陕交界处及邻近地区，是仰韶文化的中心地区，在黄河上游也有广泛分布。仰韶文化以磨光红陶和彩陶为突出特征，西安半坡类型陶器特征之一是圜底数量较多；马家窑文化是黄河上游地区一种重要的新石器文化，在甘肃、青海大部分地区都有遗存，时代晚于仰韶文化。马家窑文化的陶色多为橙黄色和砖红色。这一文化有马家窑、半山、马厂三个类型。滇中、滇西地区新石器时代文化，显然受仰韶文化和马家窑文化的强烈影响。在宾川白羊村遗址中发现的二万片左右的陶片，有数量可观的夹砂红陶；而大理马龙遗址则橙黄陶、红陶均有；元谋大墩子遗址七号探方下层（早期）夹砂红陶占 12.25%。而且，这些遗址中都出土相当数量的圜底钵。

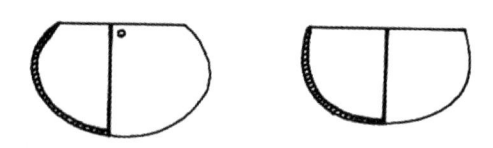

**图 74　圜底钵**

（左：宾川白羊村　　右：西安半坡）

除圜底钵外，仰韶文化半坡类型的基本器型还有尖底瓶、小口平底罐、长颈小壶、瓮、钵等。尖底瓶是仰韶文化富有特征的一种汲水器，在马家窑文化仍偶有发现。半坡类型的半坡遗址的尖底瓶，名副其实是尖底的，而同一类型在宝鸡北首岭遗址的尖底瓶的瓶底实际上都是直径很小的平底，只是因为器型大致与其他遗址尖底瓶相同而沿用此名。云南元谋大墩子遗址出土一种侈口、细颈、鼓腹、小平底的夹砂红陶瓶，亦可定为尖底瓶，其器型与仰韶文化半坡类型、庙底沟类型、马家窑文化之尖底瓶相似，当属同类器物。半坡类型尖底瓶腹部多有双耳，庙底沟类型尖底瓶带耳者较少，云谋大墩子尖底瓶是不带耳的，从这个意义上说似乎更接近庙底沟。各个不同文化遗址出土的尖底瓶之口部虽有剖面呈方形、圆形、半月形、葫芦形、杯形等不同形状，但基本器型都是相同的。

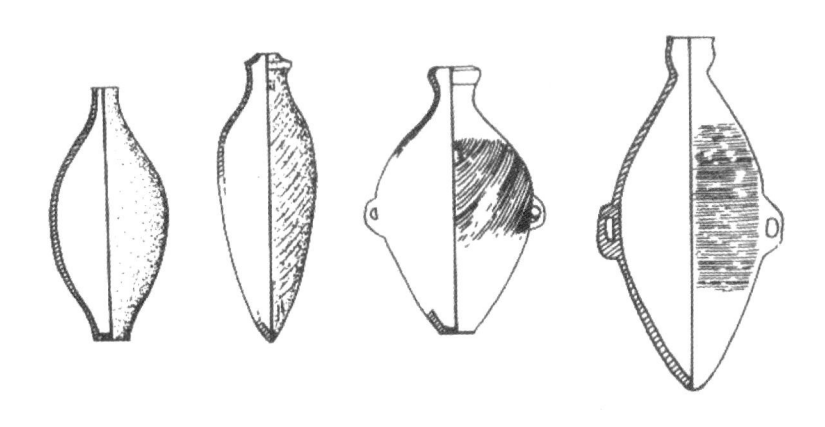

**图 75　尖底瓶**

（从左至右：云谋大墩子、陕县庙底沟、宝鸡北首岭、西安半坡）

在陶器上刻画符号，也是黄河流域新石器文化的一个重要特征。从目前考古材料来看，从仰韶文化开始，原始氏族先民们就在陶器上刻划符号了，而且比较原始。黄河上游的马家窑文化、寺洼文化有的陶器上也出现符号。黄河中、下游的龙山文化陶器上也有刻符，但数量较少，而且有的已初具文字雏形。马家窑文化马厂类型的彩陶壶上发现了许多符号，这些符号多数画在彩陶壶的下部或底部，已收集到的共达 50 多种，以"＋" "—" "卍"等最为常见，其他有点、横、斜、三角等。在仰韶文化西安半坡遗址陶器上发现的刻符 22 种，刻划在饰有宽带纹或大垂三角形纹饰的直口钵外缘部分，共发现 113 个标本，有垂、横、斜、叉、勾等。云南大理马龙遗址的陶器上（即马龙遗址早期陶器）也有刻划符号，多数刻划在陶器颈、肩或腹部，每器一个，未有重复者，一共 24 种，有竖、横、垂叉、斜线交错组成的方格等。比较这三种文化类型的刻划符号，马家窑文化马厂类型较多，且较为复杂，仰韶文化半坡类型与云南马龙类型较为简单。从年代方面考虑，马厂类型是马家窑文化较晚的类型，距今 4000 年左右，年代与大理马龙遗址接近。

齐家文化晚于马家窑文化，处于铜石并用时期，在甘肃、青海、宁夏有着比马家窑文化更为广泛的分布。齐家文化较早的遗存之年代接近云南宾川白羊村遗址，较晚的遗存之年代接近云南元谋大墩子遗址。齐家文化陶器种类较多，主要有罐、双耳罐、三耳罐、鬲、斝、盉、盆、钵、豆、甑、杯、器盖等。典型器物是高领折肩罐、双大耳大口罐、侈口鼓腹绳纹粗砂罐、双耳彩陶罐等。罐类具有发达的领部和显著的折角。云南宾川白羊村、元谋大墩子也有相当数量的罐类器物。其中一部分是领部比较发达的高领罐，有的还有显著的折角。显然是受齐家文化的影响。

宾川白羊村遗址有的陶器器型、纹饰颇具马家窑文化风格。此外，云南滇西北维西戈登遗址出土的夹砂灰陶陶质粗糙，器型有的也接近黄河上游的卡约文化和寺洼文化。

（四）瓮棺葬是仰韶文化普遍流行的一种葬俗，尤以黄河中、上游及渭水流域最为常见。在云南新石器文化中也发现了以瓮、罐一类陶器作葬具，主要是埋葬幼童的瓮棺葬，元谋大墩子共发现瓮棺葬17座，葬具为陶瓮。瓮口有覆盖陶罐、陶瓮或石板者，亦有敞开无覆盖物者。瓮口呈平行状，成行地埋葬在住房周围，而且，瓮棺上还有人工敲出的小圆孔。这些现象均与仰韶文化相同。宾川白羊村共发现瓮棺葬10座（其中9座葬夭童，1座葬成人），葬具均系陶罐。据研究，将夭折的幼童埋葬在住房周围，其意义一是表现主人对孩子体贴和爱护，以防野兽伤害其遗体；二是小孩未行"成丁礼"而夭，不能埋进本氏族成人的氏族公共墓地。云南新石器文化的瓮棺葬之意义也应如此。云南上述两地和仰韶文化葬俗上的一致性，说明氏族先民们在意识形态方面与黄河中上游的仰韶文化氏族有一些共同之处。

（五）从石器的形制看，龙山文化是继仰韶文化之后，黄河中、下游地区的又一种主要的新石器文化，它对云南新石器文化也有一定影响。远古农业氏族使用的一种收割工具——半月形穿孔石刀，发源于龙山文化。这种器物在云南大理马龙、祥云清华洞、宾川白羊村、元谋大墩子等遗址均有发现。元谋大墩子石刀与龙山文化之河南渑池杨河的圜背直刃石刀相似。在黄河流域，半月形穿孔石刀均开刃于"半月"之内侧——"弓弦"上，洱海地区则开刃于"半月"之外侧——"弓背"上。元谋大墩子既有开刃于"弓弦"者，又有开刃于"弓背"者，说明云南在吸收外来文化时，又有适于地方特点的创造。

此外，在黄河上游的青海省还发现一种特征十分显著的鸟翼形石刀，其特征是刀背两端向上翘出，两侧斜行收缩，或刻有锯齿，直刃或微往内凹，青海贵德罗汉堂仰韶文化中曾有两件。云南大理马龙、祥云清华洞也有相似的器型。

龙山文化石器多数通体磨光；石斧厚重，剖面多椭圆形；斧、锛、凿的数量一般较多；扁平石镞有相当广泛的分布等，这些也是云南洱海、金沙江中游地区新石器文化石器的特征。龙山文化蚌器普遍使用，云南元谋大墩子共有蚌刀 79 件，数量远远超过石刀（16 件），表明蚌刀使用远较石刀普遍。

以上将云南滇西北、洱海、金沙江中游地区的新石器文化与黄河流域的主要新石器文化——裴李岗文化、仰韶文化、马家窑文化、龙山文化，以及齐家文化、卡约文化、寺洼文化作了比较。无论在陶器（器型、陶色、纹饰、刻符等）、石器（石刀、石斧、石镞等）、葬俗（瓮棺葬）、建筑形式（半穴居及地面建筑房屋）等方面，都显然有许多相似之处。鉴于云南宾川白羊村遗址的年代为公元前 2165 ± 105 年（T6 第 3 号房屋 2 号柱洞），大理马龙、祥云清华洞年代应与此遗址年代相距不远。元谋大墩子遗址的年代为公元前 1470 ± 155 年。滇西北维西戈登遗址年代当不会比上述年代更早。那么，可以认为，云南上述遗址显然是受到黄河流域新石器文化的影响。尽管如此，云南新石器文化仍然是一种地方文化，它不属于仰韶文化或黄河流域任何一种新石器文化。如仰韶文化和马家窑文化均以彩陶为基本特征，而云南新石器文化至今还未发现彩陶（即使发现彩陶也不一定属于仰韶文化或马家窑文化）。云南新石器文化仅有少数几件三足器，即使到了青铜时代，云南三足器仍寥寥无几。

**图 76　石刀**

（左：祥云清华洞、右：大理马龙）

黄河流域新石器文化是以粟作为主的北方远古文化，而云南宾川白羊村、元谋大墩子却是具有南方色彩的稻作遗址。凡此种种，表明云南新石器文化是在当地发展起来的一种地方土著文化。究其原因，云南新石器文化的创造者是云南和西南地区少数民族的先民。

（六）关于云南上述几种类型新石器文化的族属，是与氐羌系统尤其是羌族有较多的关系，但又不完全是氐羌文化。

在商代及以前，黄河上、中游地区是羌族各部落的势力范围，他们是游牧民族。史籍中有羌人实行火葬的记载，在羌人活动中心的甘肃、青海一带的考古发掘中发现了火葬墓。夏鼐先生早年在甘肃临洮寺洼山发掘时发现火葬墓，并指出寺洼文化与氐羌族有关。此外，1981年在青海省循化红旗乡也发现了卡约文化的火葬墓。俞伟超先生指出，黄河沿岸的卡约文化，以循化阿哈特拉山和苏志遗存为代表，阿哈特拉类型的地域，是《后汉书·西羌传》所记最早的羌族之一支析羌的活动地区。羌人这一部落在此的活动，大致在商代即已开始。卡约文化阿哈特拉类型应是析支羌的文化遗存。严文明先生认为甘肃、青海东部、宁夏南部以彩陶为特征的原始文化（仰韶文化、马家窑文化、齐家文化、卡约文化）的族属，与羌族有较多的关系。在殷商时期，羌族中有一些接近商王朝的，受到中原先进的农业经济的影响，已从游牧转向农耕。

云南新石器文化中发现的具有西北诸原始文化风格的陶器，正是与羌人有关的文化遗存。苏秉琦、殷玮璋先生指出："陇东地区与其东、西北、西南三面的古文化有关，西藏昌都卡若遗址、林芝、墨脱等文化面貌各有特点，但又有与陇东一带古文化接近的因素。"

我国古代西北和西南地区民族迁徙、文化交流是很频繁的。《史记·五帝本纪》记载："黄帝二十五子，其得姓者十四人……其一曰玄嚣，是为青阳，青阳降居江水；其二曰昌意，降居若水。"《大戴礼记·帝系》也有类似的记载："黄帝居轩辕之上，取于西陵氏之女，谓之嫘祖氏，产青阳及昌意，青阳降居江水。"黄帝族原先是居住在西北地区的游牧民族，后来进入中原地区，与夏族、周族等在中原融合为华夏族，而与黄帝同族的一些羌族部落仍然留在西北甘青地区。还有两个大的部落，即上述所指的黄帝二子——青阳和昌意则活动于江水、若水（即金沙江、雅砻江）一带。因此，从古文献记载看，先秦时期，我国西南也是羌人活动的地区。

《后汉书·西羌传》记载，秦献公时，曾有一次大规模的征伐羌人的军事行动，迫使羌人四散，其中一支——牦牛羌（种）到达越嶲郡。越嶲郡在今四川西南部和云南北部。

从各方面材料看，自先秦以来，均有羌人从我国西北往西南迁徙的事实。而这种迁徙活动，是循着他们的新石器时代的先人的足迹前进的。迁徙的路线是沿横断山脉的几条大河——怒江、澜沧江、金沙江的河谷通道移动的，这一情况在滇西北、滇西德钦永芝、纳古、剑川沙溪等地青铜时代墓葬中反映得比较清晰。云南有的器型，是在西北地区衰落或消失后才出现的。如尖底瓶，是在仰韶文化消失后才出现的（传播媒介可能是甘肃仰韶文化）。西北地区相当于夏代的齐家文化，在云南东周青铜时代墓葬中看出了它的强烈影响，如德钦永芝的双耳陶罐、纳古的青铜小刀、剑川沙溪的单耳、双耳、三耳陶罐和"安弗拉式"双耳罐。而与齐家文化年代相近的宾川白羊村新石器遗址却远不如东周墓受齐家文化影响那么强烈。换言之，氐羌文化对云南的影响，从新石器时代起，往后越来越强烈。云南西部属汉藏语系藏缅语族的少数民族（彝、白、哈尼、纳西、傈僳、拉祜、藏、景颇、怒、独龙、阿昌、普米等族），其族源大都与古代氐羌有关。如普米族本族传说，他们祖先居住在甘肃、青海一带，后来沿横断山脉南迁。纳西族有替死者招魂超度，然后送魂返乡之俗，并用自己民族的文字东巴文写成《送魂经》。丽江纳西族的宗教巫师东巴替死者送魂返故乡，各地返乡路线大体相同，主要的一条路线都是从丽江市白沙经过巨甸，然后渡过金沙江送往北方，反映了纳西族先民是从甘青地区南迁而来的。

居住在四川和云南大、小凉山的彝族，擅长制造各种彩绘漆器，其色彩有红、黑、黄三色。红色象征勇敢、热情，黑色代表尊贵、庄重，黄色代表美丽、光明，所以彝族喜爱这些颜色。马家窑文化的马家窑类型的彩陶一般以（橙）黄为底色，使用单一的黑色彩绘；半山类型彩陶喜用黑、黄两色相间的锯齿的线条；马厂类型的彩陶，早期多用黑、红两色，中期有先涂红底再施黑彩，晚期普遍这样。总之，马家窑文化的基本色彩也是黑、红、黄三色。凉山彝族的木胎彩绘漆钵上的大旋涡纹，木胎彩绘漆肉盘上的花纹，以及其他一些纹饰，颇似马家窑文化彩绘风格。

总而言之，黄河中上游的一些新石器时代、青铜时代的氏族、部落和部族，不断由我国西北地区通过横断山脉的河谷通道，向西南地区迁徙，带来了氐羌文化，与当地土著居民的固有文化不断交流、融合，产生了云南滇西北、洱海、金沙江中游地区这三种类型的新石器文化。①

## 二　与东南沿海地区新石器文化的关系

我国长江中下游和东南沿海省区，是古代中华民族的又一大文化区：百越族系文化区。我国东南地区新石器文化有明显的共同性。安志敏先生指出："以绳纹粗陶为代表的新石器文化，广泛分布于我国东南地区……遗址的种类包括洞穴、贝丘和台地三种……它们的共同特征比较一致，像大量打制石器和磨制石器共存，普遍使用器型简单的绳纹粗陶，具有比较原始的文化性质，同时采集渔猎经济仍占主要地位。"梁钊韬先生则具体概括为以下五点："一、使用有段石锛和双肩石斧；二、有夹砂或夹碳粗陶，有拍印绳纹，晚期进入铜器时代则有几何印纹软陶及硬陶；三、陶器组合有鼎、豆、壶共存；四、种植水稻；五、住干栏式房屋。"所以，可以说东南沿海地区的新石器文化与云南新石器时代文化的关系十分密切，影响颇为深远。

由于近年广东曲江石峡遗址的发掘，为我们提供了我国东南沿海地区新石器文化主要特征、时代以及和长江中下游古代文化关系等方面的重要证据，使考古学界对我国东南沿海地区新石器文化的认识趋向深化。浙江河姆渡文化的发现，则把我国长江以南地区新石器时代文化的年代大大推前。

下面，就云南的新石器时代文化，从遗址类型、石器、陶器等方面与东南沿海地区作一些比较：

（一）云南新石器时代文化的遗址类型与东南沿海地区一样，包括洞穴、贝丘和台地三种。贝丘遗址是东南地区新石器时代特征之一。云南的贝丘遗址主要分布在滇东地区的内陆湖泊：滇池、抚仙湖、星云湖周围，同样属于高原湖泊的洱海沿岸则很少发现。滇池周围的贝丘遗址，一种分布在湖畔平地；另一种分布在几米至几十米高的小山岗上，两者均有大量螺蛳壳堆积，螺壳尾部均被敲通，与福建昙石山等遗址所见多蚶类贝壳稍有不同。这一类型遗址出土的石器包括有段石锛等东南沿海地区常见的器型。

---

① 李昆声：《论云南与黄河流域新石器时代的关系》，《李昆声文物考古论集》，台中：逢甲大学出版社2007年版。

石寨山类型的遗址，除多数为贝丘遗址外，也有属于河旁台地及洞穴堆积的，如禄丰县新发现的北厂、孙家坟、官场、岔河、秀良村、赵家村、小街七个地点属河旁台地。寻甸县羊街则发现洞穴遗址，文化内涵相同而遗址面貌不同。此外，滇池北岸接近水面的王家村遗址则发现成排的木桩，是否属于干栏建筑尚难判定。该遗址除发现有肩有段石锛外，还发现有段铜锛和铜戈。

分布在滇南地区西双版纳的曼蚌囡类型和分布在滇东南文山地区的小河洞类型则有河旁台地和洞穴堆积两种。西双版纳以河旁台地为主，其中曼蚌囡、曼听、曼景兰等皆是澜沧江下游的河旁台地。孟连老鹰山和麻栗坡小河洞则属洞穴堆积。从包含物来看，老鹰山和西双版纳曼蚌囡相近，而小河洞不同。西双版纳往往多打制石器和磨制石器并存，而小河洞则以磨制石器为主。西双版纳能见到与小河洞相同类型的磨制有肩石锛等梯形石斧，也发现与广西钦州所出相似的布形石铲。然而打制石器如曼运遗址所出两侧打成缺口的石网坠等，则是西双版纳的特点。西双版纳地区的曼迈、曼达、曼勒等地发现同类石器，小勐养还发现布形石铲。

在滇西南澜沧江流域发现的忙怀类型遗址，与一般的洞穴、贝丘和河旁台地遗址不同，主要分布在红河沿岸较高的山坳或山顶上，似可称为山地遗址。遗址所见陶片极少，皆夹砂绳纹陶，大量出土砾石打制的有肩石斧。忙怀类型的遗址在云县境内澜沧江与其支流顺甸河、拿鱼河沿岸。澜沧县境内黑河两岸，以及勐海、普洱、景东等县有着广泛分布。相同类型的遗址在越南也有发现，据载，仅永富一地即有几十个地点，被称之为中石器时代的山韦文化。此类遗址的居住特点、文化内涵及时代都值得进一步研究。

（二）我国东南沿海地区新石器文化最具特色的石器是有段石锛和有肩石斧。有段石锛主要发现于浙江、福建、台湾、广西、江西、香港等地，有肩石斧主要发现于两广地区。云南东南部与我国东南沿海地区新石器文化，不仅共同具有这两种特殊的石器，而且部分器物在形制上也颇为相似。如滇池地区发现的有肩、有段石器大致有两种形制：一种肩部分化明显，如江川头咀山的一件有肩有段石锛，磨制比较精细，器身扁平，正面平直偏刃，背面上段断面呈长方形，中部以下微隆，两侧肩部凸出、弧刃。这件石器与海南省陵水坡村和潮阳发现的同类器物相似。另一种肩部分化不很明显有肩石斧，则与广东海丰相似，晋宁石寨山遗址中也发现过肩部分化不显著的有肩有段石锛。而滇东南麻栗坡小河洞出土的有肩石斧、靴形石斧和两广地区的同类器物更加接近，例如与广东西樵山部分双肩石斧极其相似，与贵州盘县的有肩石斧也有一些相似之处。云南云县忙怀遗址的靴形石斧还与云南江川李家山、广西恭城出土的青铜靴形钺类似，忙怀靴形石斧或许就是这些铜器的祖型。此外，云南晋宁石寨山、鲁

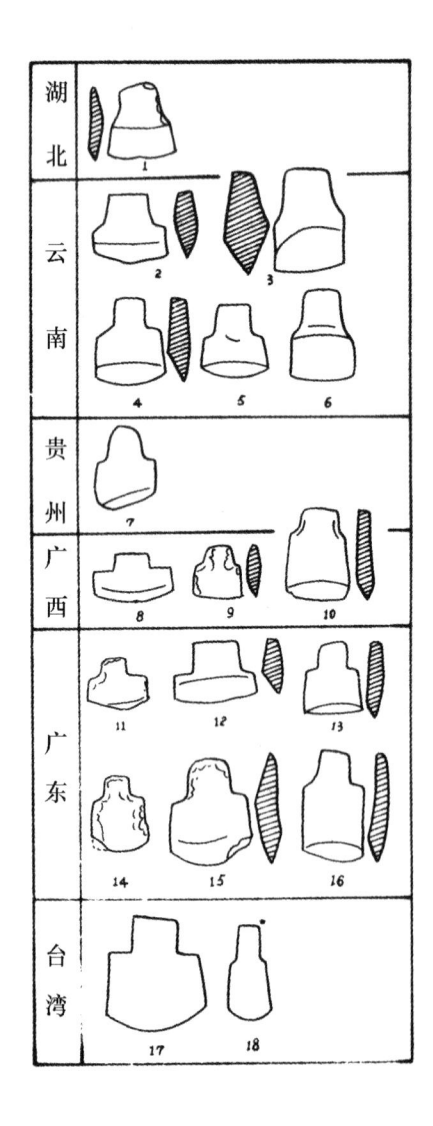

图77 我国南方出土的双肩石斧

甸马厂、陆良争沟和洱海地区的祥云清华洞发现过有段石锛，西双版纳和忙怀等地均有有肩石斧。

我国东南沿海地区的石器，除长江口两岸之外，基本上都是没有钻孔的。这一地区石器的装柄方法，不是将木柄装入石器内，而是将石器装入木柄或用绳索捆绑于木柄之上。浙江、福建、广东等地区的有段石锛，其隆起的背部正是为了便于装柄捆绑。在福建南部的武平、龙岩、厦门、南安、惠安等县市发现的有段石锛，器身一面平面，另一面有横脊，其脊部之用途是为了束缚在有曲叉的木枝上，成为大型锄状工具。林惠祥曾按此法复原了武平有段石锛。浙江余姚河姆渡第四层出土一件木质残器，系用树权加工而成。牟永抗认为系锛柄，并将装柄方法复原，亦系用绳索将石锛之器身捆绑在木柄之上。云南出土的一些有段石锛，装柄方法亦应如此。江川头咀山有段石锛，其器身中部有明显的装柄系绳之痕迹，也可按上述武平、河姆渡方法复原。

云南西双版纳曼运遗址出土石器中，打制的网坠数量特多。石网坠系用扁平椭圆形卵石为原料，两侧打出两个缺口而成。紧邻西双版纳的孟连老鹰山洞穴遗址文化面貌与西双版纳相似，调查时即得35件，云县忙怀亦出土2件。云南以上三处遗址石网坠的制作方法及形制，与东南沿海地区完全相同。

大坌坑文化是以1964年在台湾台北县八里乡发现的大坌坑遗址命名的一种新石器文化。这一文化在台湾分布很广。在大坌文化的石器中，发现在两头或腰部打了缺凹的河床砾石，韩起推测是作网坠之用。其原料、打制方法与云南曼运、老鹰山、忙怀相同。在福建北部建瓯和建阳新石器时代遗址中，打制的"两侧带缺口石器"共发现56件，其中最大的一件长16厘米、宽6厘米。其打造方法、原料、形制与云南忙怀完全相同，硕大的形体又与云南西双版纳曼运遗址出土者相同。福建这数十件石器亦系网坠无疑。在海南省文昌县等十数县市中发现的39件石网坠，其中双腰者22件，其形制与云南曼运、老鹰山、忙怀相同。

此外，我国新石器时代特有的一种器物——半月形穿孔石刀，发源于黄河流域，大约始于龙山文化。这种器型在云南洱海、金沙江中游地区的新石器时代遗址中均存在，部分器型只是开刃方法不同。其器型来源于龙山文化。云南洱海地区的多孔石刀和浙江、江西清江等地相似。而洱海地区的鸟翼形石刀则和台湾大马邻同类器物相似，这也是值得注意的现象。

（三）以绳纹粗陶、打制石器、磨制石器共存的这类石器时代遗址，是我国东南沿海地区新石器遗址中的早期类型。例如，江西万年仙人洞、广西桂林甑皮岩、浙江余姚河姆渡、福建闽侯县石山、台湾台北大坌坑等。以上五处早期遗址分属赣、浙、桂、闽、台五省，从这些遗址出土的陶器，除河姆渡为夹炭陶器外，陶质皆以夹砂粗红陶为主，纹饰以绳纹为主，并有划纹、附加堆纹，器型以圜底釜、罐为主，其次有钵、盆、壶、杯、碗、豆、器盖等，具有十分明显的共同特征。云南南部云县忙怀、孟连老鹰山、景洪曼蚌囡、麻栗坡小河洞、保山马鞍山五处遗址的陶器与东南地区的早期遗址有明显的共同之处。例如，陶质皆以夹砂陶为主；纹饰有绳纹、划纹、附加堆纹、乳钉纹、方格纹、波浪纹等；器型以釜、罐为主，其次为钵、碗、盆、杯、盘、器盖等，反映了这些遗址与我国东南沿海古代文化有共同的渊源关系。云南这几个遗址反映的经济面貌，渔猎、采集占有重要地位。另一方面，陶质以夹砂灰陶为多，素面陶占较大比重，少三足器、圈足器等，又反映了云南这些遗址的一些自身特征。忙怀遗址以打制一些砾石石器为主，未见磨光石器；老鹰山和曼蚌囡遗址是打制石器与磨制石器共存；马鞍山和小河洞遗址以磨制石器为主。从时代上说，忙怀、蚌囡、老鹰山相对要早，马鞍山与小河洞较晚。

滇池地区的石寨山类型，滇东北地区的闸心场类型则有与上几处遗址不同的特点：石寨山类型的陶器以泥质红陶为主，有凸底浅盘、平底小碗、卷边小碗等，器表多有稻壳印痕，均为他处不见。其次有夹砂红陶和夹砂灰陶，往往掺蚌末之类的掺和料。器型有侈口罐、直口罐、盆、钵和圈足器。纹饰多划纹，有小方格、斜方格、草叶、斜线、圆点、人字等纹样。部分口沿可见明显的慢轮加工痕迹。夹砂灰陶中则有滇西洱海地区遗址常见的带流罐。部分夹砂灰陶表面打磨光亮，呈黑色，与滇东北鲁甸马厂所出陶器相近。此外有少量几何硬陶片，它们虽然均属新石器时代晚期的遗址，但显然较前述以夹砂绳纹陶为主的遗址要晚。

滇池北岸王家屯遗址出土有肩、有段石锛外，还出土了有段铜锛，应属青铜时代早期的遗址。出土陶器除少量的泥质红陶浅盘外，以夹砂灰陶和夹砂磨光黑陶为主，陶胎极薄，掺蚌末，有明显轮制加工痕迹。无论夹砂灰陶和磨光黑陶，多数是素面，器型有敛口折沿罐、带耳罐、釜等，其中平底浅圈足罐（壶）类为云南他处罕见。从这一遗址的陶器看，有部分带耳罐和带流器显然与洱海地区的白羊村、清华洞等处的陶器相近，磨光黑陶器又与滇东北马厂遗址相近。

滇东北马厂、闸心场类型的陶器有泥质和夹砂两种，有部分表面打磨极其光亮的黑陶器，器型多单耳细颈平底瓶、单耳侈口罐和釜、碗等，多素面陶，略施平行划纹或圆点纹。出土石器多磨制梯形石斧、长条形石斧及有段石锛，部分梯形石斧中腰稍突，似为有肩石斧的退化形式。考虑到所出石器与邻近的贵州威宁、毕节、赫章相近，而那里又有不少数量有肩、有段石锛出土，因此，滇东北遗址也应属于南方系统的新石器文化类型。

（四）从人工栽培稻的古遗址看，迄今为止，我国新石器时代共有50余处遗址发现人工栽培古稻的遗迹，其中30多处属南方各省。显然，种植稻谷是我国东南地区新石器文化的一个重要特征。云南滇池地区新石器遗址中，最常见的泥质红陶浅盘或小碗上往往印有清晰的稻谷痕迹。元谋大墩子和宾川白羊村也发现过炭化粳稻和稻粉末，后者尽管从陶器、石器和居住黏土木结构房子等方面看，与滇东南属于不同的文化，说明由于自然环境、气候以及不同民族之间的文化交往，出现云南新石器文化的复杂性与交叉现象，这一地区无疑以黄河流域文化为主，但也有东南沿海地区文化的影响。这种交叉文化，成为云南新石器文化的一大特点，影响到后来各民族都种植水稻。

（五）云南和东南沿海地区新石器时代文化存在许多共同因素，主要是由于有着共同的族源。《汉书·地理志》颜师古注："自交趾至会稽七、八千里，百粤杂处，各有种姓。"说明从广西（还有境外越南）至浙江，也就是东南沿海的广大地区，在古代广泛分布着属于同一族系的部落群体——"百越"。因而，这一地区的新石器文化有明显共性而各地文化差异则是由于"种姓"不同的缘故。

根据考古学、民族学的研究成果，可以大致把百越各支系的文化隶属关系划分为：广西、广东新石器时代遗址，是先秦、西汉时期南越、扬越、西瓯越、骆越等百越支系先民的文化遗存；福建新石器时代遗址是汉代闽越等百越支系先民的文化遗存。浙江在春秋时期是吴、越立国之地，吴、越两国同属越族，是百越支系于越、大越等建立的国家。浙江新石器时代遗址应为于越、大越等百越支系先民的文化遗存。

从云南省内分布的与东南沿海地区新石器文化具有共同特征的那部分遗址来看：

首先，滇东南麻栗坡县小河洞为代表的新石器文化类型，所出石器多直角双肩石斧、靴形石斧和三角形刮刀，与广西左右江流域、海南省石器十分相似。应当与广西和越南北部属同一类型文化，是古代骆越的居住地。其分布地域，西界不过澜沧江，北界似与古代僚族所建句町、卧漏的势力范围相接（今云南弥勒、丘北一线）。

其次，关于广泛分布在澜沧江中游的忙怀类型新石器遗址，大致与东汉所设永昌郡的地望相一致。据《后汉书·西南夷列传》所载，这一地区的主要部族是"哀牢夷"。关于哀牢夷的部属，历来众说纷纭，大致可归为氐羌说和濮越说两种。

有关古代百濮的记载，最早见于《逸周书·伊尹》："臣请正南：瓯、邓、桂林、损子、产里、百濮、九菌，请令以珠玑……短狗为献。"这里献短狗者为濮人，直到明清尚规定永昌、顺宁贡濮竹，顺宁蒲蛮专贡矮犬。《逸周书·王会》又记载"卜人以丹砂"，唐樊绰《蛮书》载"永昌出丹砂"，因而古文献记载的这一部分濮人的祖先应是云南较早的土著居民之一。忙怀遗址所在的云县，明清时期皆属顺宁府，忙怀村村民至今仍自称蒲人。

这一地区正值我国西北与东南两大文化区域相交地带，不同民族的交融往来十分频繁，综合文献及考古材料，可以发现，不论哀牢夷属于氐羌还是濮越系的民族，把这一地区看作濮夷杂居是比较客观的。由于这一地区的自然地理条件相同，哀牢与昆明（汉）、扑子与乌蛮（唐）尽管属于不同族属系统，但他们都是山居民族，因而在社会生产、生活、物质文化方面反映了较多的共同性。正如今天居住在西双版纳州勐海县山区的僾尼人（属汉藏语系彝语支的哈尼族）与布朗山区的布朗族（属南亚语系孟高棉语族）一样，在社会生活、风俗习惯等方面有很多的共同的因素。

至于《逸周书·伊尹》篇中提及的"产里"旧称车里、彻里，顾炎武考证为今天的西双版纳州首府景洪。《吕氏春秋》载："产里以象齿、短狗为献"，西双版纳自古至今都是我国主要产象区。另外，从西双版纳发现的新石器时代遗物来看，这里属于古代百越居住区之一是毫无疑问的。

再次，关于滇东北、滇池地区新石器时代遗址的族属问题，从两地皆出有肩石斧或有段石锛等基本情况来看，应当与百越系统有关。关于这两个地区青铜文化的族属，贵州赫章可乐及滇东曲靖珠街出土的喇叭形茎一字格短剑、啄、斜刃铜钺（靴形斧），以蛇为装饰的剑鞘和鼎、豆等陶器，均具南夷系统民族特点，应属古代僚人的文化。这一文化的南界当与骆越居住地相接。云南鲁甸马厂磨光石器、贵州威宁、赫章有肩石斧等，这些新石器文化类型应与那里的青铜文化有直接关系，即那里的青铜文化是由当地新石器文化发展而来。作为百越一支——僚人的文化早在新石器时代即已形成。

滇池地区新石器文化反映的是夷、越两种不同文化的混合体，如有肩石斧、泥质红陶器、少量的印纹陶、带轮制痕迹的磨光黑陶器等反映的是"越"的因素；而一部分夹砂带耳平底陶罐、带流器和划纹、锥刺纹陶片则是"夷"的因素。这两种因素已经融为一体，其中"越"的因素显然超过"夷"。鉴于这些原因，可暂时把滇池地区的新石器文化称为"夷越文化"。"夷越"一词，文献所见，一为常璩《华阳国志·南中志》："南中在昔盖夷越之地"，另一为《史记·楚世家》："天子赐胙曰'镇尔南方夷越之乱，无侵中国。'"看来两处皆为泛称。

除以上所述外，云南西部还有"滇越"，《史记·大宛列传》载："昆明其西千余里有乘象国，名曰'滇越'。"其地望在今滇西腾冲以西。由于这一地区新石器文化调查、发掘材料不足，其文化面貌尚不清楚。

综上所述，云南省境内属于百越系统的文化分布大致可归为：滇东、滇东北及相邻的黔西地区为古代僚人文化区；滇东南与广西、越南相接地区为古代骆越文化区；滇池地区与澜沧江流域皆为氐羌、濮越文化混合区，其中以忙怀为代表的可称为"濮"，以石寨山为代表的称为"夷越"；滇西保山以西为"滇越"文化区。这些地区新石器文化的主人，就是百越各支系的先民。

我国西北腹地和东南沿海两大文化中心，一方面是通过横断山脉造成的河谷通道，由北向南形成氐羌系统民族的广泛影响；另一方面则是通过珠江水系、元江、澜沧江由东向西，由南向北形成百越系统民族的分布。这两大族群的不断接触、交融和迁移，形成历史上各种不同类型的民族文化，这可能是云南民族众多的一个根本原因[①]。

---

① 李昆声、肖秋：《论云南与我国东南地区新石器时代文化的关系》，《中国考古学会第三次年会论文集》，文物出版社1981年版。

## 第五节　云南与东南亚新石器时代文化的关系

　　由于云南新石器时代文化出现的时代都普遍偏晚，所以它们与东南亚新石器时代文化发生关系大多是处于距今 4000 年以后。在这一时期，东南亚的各新石器时代文化已经跨入了繁荣阶段。

　　红河发源于云贵高原上的云南巍山县，上游李仙江、元江、盘龙江三大水系自西北向东南进入越南北部，汇成红河干流。云南新石器时代晚期，各文化也与红河三角洲各新石器时代文化关系密切。李昆声与汪宁生两位教授都根据岭南和东南沿海地区新石器时代百越先民代表性的工具有段石锛、有肩石斧以及有肩有段石器的发现，对古越人在云南地区的分布进行论述，并对石寨山、江川头嘴山以及环滇池的新石器时代晚期遗址所出的有肩石器和有段石器进行分析。从这些常用的石制工具来看，它们与越南新石器时代的冯原文化和下龙文化有很多的相似之处。[1]

　　李昆声教授指出：在越南北方，新石器时代晚期文化受中国华南地区和云南省的影响是显而易见的。越南河江省的河江文化（Ha Giang Culture）受中国云南新石器时代文化影响。在越南东北部海岸的下龙文化（Ha Long Culture）以有肩有段石锛为特色。在下龙市博物馆内，陈列着大量的有肩石斧、有段石锛和有肩有段石锛。

　　有肩石斧发源于位于中国广东的西樵山文化。"有段石锛，是一种特殊形式的石锛。按段部及剖面特征，可分为隆脊形、弧背形、台阶形、凹槽形和有肩形等五种形式。其发展过程，可分为始发期、鼎盛期和衰退期三个阶段。始发期以隆脊形和弧背形锛为代表，仅发现于长江下游的河姆渡文化和马家浜文化。其年代约在公元前 5000 年至公元前 4000 年。"[2] 据中国前辈学者林惠祥、梁钊韬等教授的研究，有肩石斧、有段石锛是百越文化的典型器物。已获中国考古界多数学者认同。越南的有肩石斧、有段石锛和有肩有段石锛是受中国东南沿海、华南和云贵高原新石器文化影响而产生的。是居住在今天分属两国的古代百越先民文化交流的结果。尤

---

　　[1]　吴春明：《红河下游史前史与骆越文化的发展》，《越文化实勘研究论文集》（二），科学出版社 2008 年版。

　　[2]　吴锦吉：《中国东南民族考古文选》，中文大学中国考古艺术研究中心 2007 年版。

其是下龙文化中的典型器物——有肩有段石锛,乃是把有肩石斧和有段石锛合二为一的新器型,很可能是在中国云南新石器时代文化影响下产生的。①

越南中北部山地的梅陂文化保留了和平文化所流行的方形、小双肩石斧,其与滇西北戈登类型有一定的相似之处,像云南东南部的小河洞类型、中南部的海东村、南部的曼蚌囡类型、西南部的忙怀类型、东部的石寨山类型、中北部的大墩子类型以及东北部的闸心场类型都不同程度地共出有肩石器和有段石锛。这些类型所出陶器造型较简单,主要以圜底器、平底器和圈足器为主,其中,圜底和平底罐、钵,平底杯,圈足罐、壶、杯为主要的特征性器物。这些文化内涵和越南新石器时代文化所一直传承的以石斧、石锛和有肩石斧为主要的生产工具,以圜底釜、罐以及圈足盘、豆、壶为主要生活用具的文化特征有十分密切的关系。

从上述论述来看,红河三角洲、越南沿海与云贵高原,尤其是红河流域上游所在地区新石器时代文化的石器和陶器群的总体共性是十分明显的。

红河三角洲的新石器时代文化在很大程度上受到了云南新石器时代文化的影响,因此,其文化特征上显示了非常多的共性。

---

① 李昆声:《中南半岛三国考察随笔》,《越文化实勘研究文集》(二),科学出版社 2008 年版。

# 第四编

## 夏、商、西周、春秋时期云南的古国

# 第十九章

# 概　　述

　　关于文明起源的理论主要有恩格斯的原始社会—阶级社会的发展过程、塞维斯的游群—部落—酋邦—国家的发展过程和福里德的平等社会—分层社会—阶级社会的发展过程等，他们都是从人类学的角度来探讨人类文明起源过程中的一些演变规律，这些理论也是我们探讨早期人类文明起源的主要依据。而早期人类的文献记载大多阙如，有记载的也以传说为多，神化色彩较浓，不足以作为我们探讨文明起源的依据，因此考古学在其中扮演着极其重要的角色。中国考古学权威苏秉琦教授从中国历史和考古研究的实际出发，提出了中国文明演进的古文化—古城—古国—方国—帝国的演进模式，[①] 这一模式也成为研究中国文明起源的理论依据。另外还有以聚落形态的演进将原生形态的文明起源和国家形成划分为三大阶段：即由大体平等的农耕聚落形态发展为含有初步分化和不平等的中心聚落形态，再发展为都邑国家形态。[②] 这种以聚落考古为基础而建立的演进框架由于材料的丰富其操作性很强，大致相当于前者的前三个阶段。

　　云南高原作为中国古代的一个区域，其文明演进模式也基本上与这一文明演进模式一致。但云南由于聚落遗址的发现较少而难以以聚落考古的方法展开研究，不过各区墓葬资料较为丰富，墓葬大体上反映了墓主生前的社会地位，从墓地规模、墓葬形制、随葬品大致可以看到当时社会的生产、分配、消费、结构、等级、权力关系以及宗教等方面的情况。当然，云南也和中国其他地区文明起源的发展进程一样不平衡，有些区域要快过另一些区域，可能在同一时代存在着多种发展程度不同的社会形态，不能

---

[①] 苏秉琦：《中国文明起源新探》，生活·读书·新知三联书店1999年版。
[②] 李学勤主编：《中国古代文明与国家形成研究》，云南人民出版社1997年版，第14页。

以时代为标准一刀切。此外，云南的部分地区并不以农耕为主而以畜牧业为主要经济生产方式，在使用这一理论进行探讨时也应注意其与农耕文明不同的表现形式。①

云南文明起源的过程，有着自身的地方民族特色。通过解放60年以来对云南新石器时代遗址的发掘，我们在云南并没有找到像其他地方一样的新石器时代中心聚落或是大型的城址，从现已发掘的新石器时代村落遗址如元谋大墩子、宾川白羊村、永平新光遗址来看，这些遗址都还处于刚完成母系氏族社会向父系氏族社会转化，其部落结构内部也才刚刚开始社会分层和社会分工，其人口也比较有限，无法完成有规划、有协调和高度统一指挥的大型协作劳动，应该说在新石器时代整个云南尚未发现"古城"这一文明阶段的文化遗存。

到了夏商时期，由于海门口大型遗址的发现和发掘，将云南的第一个古代文明中心呈现到了我们的面前，从其大型的滨水"干栏式"建筑群来看，在当时这一遗址的规模相当可观，从遗址中出土的青铜钺、青铜铃和青铜手镯等铜礼器，以及磨制得相当精细的穿孔石刀、石锛、石凿以及玉刀、玉锛和玉珠都说明了该遗址高度发达的程度；粟、稻、麦等农作物遗存在该遗址的同时出土，说明了当时种植农业经济的发达；从出土的青铜鱼钩和动物的遗骨来看，捕捞和畜牧业是种植农业经济的有效补充。经济结构的丰富保证了人口的增加，而人口对于文明的发展程度有着决定性的作用，海门口遗址正是由于人口的聚集，才具备了成为云南第一个"古国"的条件，也是云南古代文明的起点。在海门口遗址之后，环滇池、滇西北、滇东北等地区在周代都开始出现相应的文明体，从已发掘的考古材料尤其是墓葬材料来看，它们的社会结构已经比较完备，青铜文化也逐渐开始形成自己的特点，可以说开始了云南的"古国"时期。

方国是比较成熟、比较发达、高级的国家。② 从聚落形态看方国时期已形成了都、邑、聚三级以上金字塔式的统属结构，并有基本明确的统治范围。社会经济较为发达，农业和畜牧业成为社会经济的支柱，生产的剩余产品已足够使相当一部分人脱离农业生产从事其他活动。社会分工更加细致，手工业区分出许多不同的门类。社会结构的分层更加复杂，上层贵

---

① 彭长林：《云贵高原的青铜时代》，广西科技出版社2008年版，第259页。
② 苏秉琦：《中国文明起源新探》，生活·读书·新知三联书店1999年版，第145页。

族占有社会的绝大部分财富和政治、军事、宗教祭祀大权，人数占大多数的普通平民则只拥有少量的财富甚至一无所有。阶级对立日益尖锐，公共权力成为统治者利用强权管理普通平民的机构。政治制度已经确立，各级统治者通过强制性的贡赋制度剥削普通劳动者，并制定刑罚镇压平民的反抗。军事制度也建立起来，有可供统治者调遣的军队，普通平民有参加军队和服从指挥的义务。此外，祭祀制度也完全确立下来，各级统治者拥有不同的祭祀权，最高的祭祀权归国王所有，并通过祭祀确立其统治地位。

《史记·西南夷列传》中记载了不少互相并立的"君长"政权，但从考古学上能够确定属于方国的只有哀牢、昆明和滇国的青铜文化。他们代表了云南高原青铜文化的最高水平，他们的一系列特征显示其经济、政治和宗教文化等都达到了极高的程度。发展期后段发现遗存较少，多为小型墓，有少量中型墓，应该有属于古国阶段的文化，但这一时期的遗存太少，情况不明。但从繁荣期前段开始就进入了高速发展的时期，从文化的深度、广度来看都远远超过了其他区域的青铜文化，是具有方国水准的古代文明。

# 第二十章

# 云南青铜文明的起源
## ——剑川海门口夏、商时期的遗址

## 第一节 剑川海门口遗址的第一、二次发掘

该遗址位于剑川县甸南乡海门口村西北的剑湖出口处，遗址分布在出口西岸，东经99°55′，北纬26°28′。剑湖以前的出水口在今海门口村北约300米处，其北面原是沼泽地，无明显的河道，俗称"小海子"。"小海子"出口处是海尾河的起点，海尾河道在海门口村南，因高制约，向西拐后向南流去。

经过1957年、1978年和2008年三次发掘，前两次发掘的堆积分为4层，第①和第②层为近现代层，第③层含有陶片、石器、铜器和铁器，第④层含大量陶器、石器、骨角器和铜器，发现有木桩，木桩现存高度为0.6至1米，并有铜钺砍于该层木桩横梁上。

在1957年的发掘中，发现建筑物的桩柱224根，沿水流一面的桩柱排列略成一字平，顺河岸的一面，因河岸未挖掘，不知桩柱如何分布。大体说来，桩柱的分布极不规则，粗细也相差甚大，粗的需两人团抱，细的只有大碗口圆径。有的地方三四根栽在一处，有的地方只栽一根。拔起桩柱时知道栽多根的地方地下泥土松，桩柱容易拔去，栽一根的地方地下泥土硬，桩柱不容易拔去，这说明一根桩柱的支架的承受力和多根支架的承受力相当，这就是桩柱分布不规则的主要原因。这里所有的横梁、桩柱，以及残余的铺木全是松木，绝无棵松或栗木等硬木料，说明其加工技术还不是很成熟。出土器物多数在桩柱之间。桩柱的安置虽不规则，但每隔一段即有平排的一排桩柱，可能是房屋的间隔。由桩柱头和河岸出土层等高

的情况来看，他们的房屋是一头搭在河里的桩柱上，一头搭在河岸的陆地上，房屋的4/5在水上，1/5在陆地上，门开在陆地一面，遗址上房屋的数目虽然不可知，但这是一个聚落是可以断定的，而且出土的谷物只见穗把，其出土并不在一处，各段均有出土，而且出土的数目也是相差不多的。大陶罐的附近有大量炭灰伴出。有两处发现烧成炭灰的窄木板四块。

出土遗物有石器、角器、骨器、铜器、木器、谷物等。

石器包括有石斧、石锛、石刮削器、石刀、石箭镞、石锥、石环、石纺轮、磨石等169件。石纺轮只剩了一半。石刀全部都穿孔，有单孔和双孔之分，也有磨槽后穿孔的，孔都是两面钻通。磨石发现有5件，而且四面都磨过。

陶器，根据陶质可以分为夹砂陶和泥质硬陶两种。夹砂陶全部是手制，而泥质陶为轮制且有花纹。出土陶器多破碎，比较完整的有2个小罐。陶片较多，有口沿、器把、颈部和底部等；纹饰有十字纹、附加堆纹、篮纹、方格纹和刻划纹等；其他还有磨光陶片、网坠、铸范、纺轮和穿孔管子等，一共475件。其中以网坠最多，可分大中小三式，橄榄形，可以穿系，由夹砂陶制成，火候不高，易破裂。6件穿孔管子可能是悬挂的装饰品。两件残豆形器下端有孔。陶范只有一半，但上面的花纹和遗址内发现的1件铜斧完全吻合。

角器主要有角盾、光滑器、穿孔角饰、雕花角片，共59件，其中角盾3件是把兽角下部削平，打下一个方孔，可能是拴在木杆上用作武器，光滑器是制陶胎时用的工具，本身也是磨制得很光滑的。有用角质磨成小铜钱大的角片，中央穿一小孔，可能是耳环坠子。未用的兽角数量很多，其中以鹿角最多。

骨器主要有穿孔兽牙、刻纹骨片、穿孔兽爪等，都只有一两件。但弃置的兽骨，堆积成山。

铜器有铜斧、铜钺、铜刀、铜凿、铜鱼钩、铜饰品，共14件，除铜环及饰品外都是锐利器，斧类铸造而成，其他都为锻打而成，铜鱼钩是把铜针弯曲而成，尖上没有倒钩。

农作物残骸，在4个地方发现了谷物，都是带芒的稻穗、麦穗、稗穗以及小粟壳，大的一块有3个拳头大，小的只有1个拳头大，小粟壳装在残陶器里，粟已不存，谷物出土时都已成黑色，芒尖都还有存留，颗粒的形象不乱，可能是在泥中封闭很久已经变色。有3个不同的地方发现红色、蓝色或白色土块放在残陶器里，和遗址中的泥土颜色完全不同，而且在个别陶器外表也涂有这样的红色，可能是染料。[1]

从前两次发掘的情况来看，海门口遗址的年代引起过很多争议，这主要因为该遗址中出土了 26 件形制简单的铜器夹杂于大量的石器、骨角器、木器和陶器之中，因而被视为云南青铜时代的开始。其中斧 1 件、钺 3 件、锛 1 件、镰 1 件、刀 1 件、鱼钩 1 件、凿 1 件、锥 6 件、手镯 6 件、梨形饰件 1 件、夹形饰件 1 件、椭圆形饰件 1 件和铲形器 1 件。另外还有铜器残片 1 件和铜矿石 1 个。

（一）石器

海门口遗址所获石器，其制作方法有琢制、磨制，少数经磨光。质地有红色砂岩、石英岩、石英砂岩、板岩等 13 种原料。其中有钺范 1 件、斧 51 件、锛 49 件、凿 4 件、刀和镰 81 件、镞 78 件。

（二）陶器

海门口遗址出土陶器虽然数量多，但完整器少。质地以夹砂黄褐陶最多，其次为夹砂棕陶、夹砂红陶、夹砂灰陶、夹砂黑陶，泥质灰陶和泥质黑陶最少。烧制火候有高有低，普遍火候不高且火温不均匀，在同一陶片上，成色有深有浅，甚至呈双色状态，表里不一，有的内灰表黑，有的胎黑表灰。制作技术有轮制，有手制，以手制为多，有的制好后经磨光，或上黑色陶衣。夹砂有粗有细，并以夹粗砂大件器为多，其他次之。

陶器纹饰，分为刺、划、压印纹。小件器上多用刺划纹，大件器上多用压印纹，少数器物加堆贴。

刺划纹饰有波浪纹、圆点纹、三角形点纹、三角、方格纹，方格和人字纹组合图案；曲折纹组成的三角纹，上部饰反"N"字形，一个接一个，下面饰人字纹图案；划曲折纹和刺点组合图案，一般为"N"字，下饰刺点组合呈的弦纹；刺蕉叶形纹，刺点和斜线组合纹，角尖纹、斜线纹、弦纹；暗方格和弦纹，饰在泥质黑陶器上。压印纹饰有粗篮纹、细篮纹、弦纹、绳纹组合图案、堆贴纹。

器型有钵、罐、缸、杯、盘、纺轮、网坠、支足等。

（三）木器

1957 年收集的木器有椭圆形带孔木片 1 件，中央烙孔，已干裂变形；

---

[1] 云南省博物馆筹备处：《剑川海门口古文化遗址清理简报》，载《考古》1958 年第 6 期。

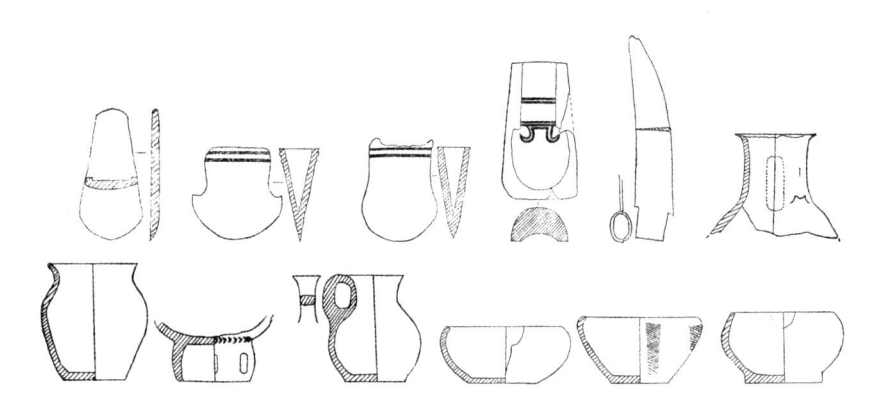

**图 78　剑川海门口遗址器物**

木勺 1 件，木拍 3 件，木耜 2 件，木杵 1 件。1978 年发掘收集到一些木桩，其中有的木桩上保存着砍伐的痕迹。1957 年收集的木桩上有的还保存着凿孔的痕迹。这些痕迹说明当时人们伐木、制作木器已使用铜器。

（四）骨、角、牙器

海门口遗址出土角器有矛 3 件，角凿 2 件，角铲 1 件，角锥 2 件，角圆片 1 件，角珠 1 件。

骨器有骨针 14 件，骨抿 5 件，骨镞 3 件，骨饰 2 件。卜骨 3 件，如剑海 92，两面磨光，在凸面底边钻窝 15 个，长 6.2 厘米、厚 0.2 厘米；剑海 199-1，凸面磨光，在中部钻窝 3 个，窝分布呈三角形，顶端薄，有火烧灼痕迹，底端厚；剑海 199—2，在光滑面中部钻窝 8 个，分布成一直线，顶端有火灼痕迹。骨雕 1 件，两面光滑，凸面刻回纹图案，左侧边刻斜线，残存宽 4.0 厘米、厚 0.8 厘米。

牙器仅有牙针 1 件。

此外还收集到大量的骨角器半成品。

（五）农作物遗骸

在海门口遗址中，两次均从文化层中出土农作物遗骸。经鉴定，种类如下。

1. 稻谷　稻谷已炭化，但颗粒形状仍清楚可见，分为籼稻和粳稻。
2. 稗子　已炭化，但颗粒仍清楚可见。

1978 年发掘地层及出土物表明，铜器均出于③、④层。第③层被铁器时代人所扰乱，第④层未被扰乱，铜器与石器、陶器、骨角器、木桩同出，所出1件铜钺仍砍于木桩的横梁上，这说明，铜器与木桩同年代。与之伴出的石器、陶器及骨角牙器也属同一时代。根据对铜器的化学成分分析及1978年发掘底层及出土情况看，海门口遗址属于青铜时代初期无疑。

铜器时代遗址中伴出石器的现象，在其附近的早期墓葬中也有发现，如沙溪的M80、M102、M127、M128、M153、M181、M188、M215等有石坠随葬，M27有石刀随葬，M74、M77有石范随葬，M159有石镞随葬。这些情况说明，在铜器时代的初期，甚至更后的一些时期，石器仍未被完全取代。

海门口$C_{14}$测定的年代有两个数据，1957年出土木桩为距今$3115\pm90$年，1978年出土木桩为距今$2595\pm75$年，这两个同一地层出土的$C_{14}$年代相差500多年，使得一些学者对其测定的准确性发生怀疑。① 由于报告编写人亦非原发掘者，对遗址的地层描述过于简单，因此从发掘报告中我们无法了解文化层堆积的实际情况。但查报告中第④层的堆积厚达60至70厘米，但对器物的分析使我们可以对遗址的大致分为早晚两期，其大体年代也可进行一些推断。

出土器物中以26件铜器最为引人注目，制作方法有单范铸造、合范铸造、热锻、热锻后冷加工等多种。② 可以说剑川海门口是当时整个云贵高原冶铸技术最发达的遗址，它作为这一区域的早期冶铸技术的中心，通过文化交流与传播把相关的技术向周邻地区扩散。

石钺范上有"几"字形纹饰，这种饰"几"字形纹的双肩圆刃铜钺在滇西地区广泛存在，在滇西北地区只在少数遗址有少量出土，很可能是该种铜钺被发明后被滇西区域的原始居民所喜爱并大量使用，而本地区的居民使用得较少。铜镰为管銎，形状与石寨山墓地的鸟喙管銎铜镰有些相似。此外，铜器中还有不少装饰品如镯、梨形饰片、夹形饰片、椭圆形饰片、铲形器等，与祥云检村大石墓的装饰品有相似之处，铜镯与鳌凤山墓地的也基本相似。可以看出滇西地区及滇西北地区的早期青铜遗址，如万家坝墓地和鳌凤山墓地都受到海门口遗址青铜文化的强烈影响。但其中一些器物如实心铜锛，形制较简单，与后来的有銎铜锛相比显得更原始，因

---

① 徐学书：《关于滇文化和滇西青铜文化年代的再讨论》，载《考古》1999年第5期。
② 李晓岑、韩汝玢：《云南剑川县海门口遗址出土铜器的技术分析及其年代》，载《考古》2006年第7期。

此其年代也不会太晚。

**图 79　"几"字形铜钺**

　　海门口遗址经过检测合金成分的铜器有十几件，从检测的结果来看，红铜和锡青铜的铜器的数量大体相当，有少量砷青铜，而万家坝后段红铜和锡青铜都有。① 从合金成分的分析来看，二者情况基本相似，都处在由红铜向青铜转变的过程之中，而海门口遗址时代明显早于万家坝墓地，从冶炼技术和制作工艺上来说，万家坝墓地都受到了海门口遗址很大的影响。

　　陶器特点与滇西一带的新石器时代遗址有一定的联系，以夹砂陶为主，只有少量泥质灰、黑陶，制作技术以手制为主，有的制好后经磨光或上黑色陶衣，纹饰有剔刺、刻划、压印的波浪纹、圆点纹、三角形点纹、蕉叶形纹、方格纹、篮纹、弦纹等。这些特点与元谋大墩子遗址的陶器有相似之处，但纹饰组合有些出入。从陶器特征来看，整个滇西地区新石器时代晚期出土的陶器刻划纹饰丰富，而青铜时代基本为素面，只有少量陶器在颈、肩、底等部分有零星纹饰。不过，在青铜时代初期仍有少量刻画纹饰的残留，而晚期则比较少见。从海门口遗址陶器来看，有纹饰的器物

---

① 《云南省青铜器矿物原料的来源分析与中国青铜文明研究》项目组：《云南青铜器矿物原料的来源分析与中国青铜文明研究》结项报告，2005 年 3 月，第 15—16 页。云南省文物工作队：《楚雄万家坝古墓群发掘报告》，载《考古学报》1983 年第 3 期。

占少数，大多数为素面，而且既有火候较高的磨光黑陶，也有火候较低的灰陶、红陶，说明时代有早晚，时代较早的陶器应该是属于青铜时代早期，较晚的则可能已进入春秋战国时代。

陶器中侈口折沿高直领斜肩罐在元谋大墩子遗址有相似器物，但直领稍短而肩部较宽，该罐被定为大墩子遗址第三期Ⅶ段，也是大墩子遗址最后一段。① 在剑川鳌凤山墓地也有类似的高领罐，该罐口沿已成翻沿，直领略侈，肩部与海门口遗址罐相似。② 可以看出高领罐的器形从大墩子遗址到海门口遗址再到鳌凤山墓地演变的轨迹。侈口卷沿鼓腹罐在大墩子遗址第三期Ⅶ段，鼓腹不明显，至海门口遗址鼓腹明显，鳌凤山墓地则略下垂，同样也可看出三者之间存在演变关系。镂孔圈足也与大墩子遗址的相似，只是圈足较后者高。带耳罐在海门口遗址数量较多，直口或微侈口高领单耳鼓腹罐与鳌凤山墓地的直口单耳鼓腹罐相似，但前者的高领已缩短成矮领。敛口钵也与大墩子遗址的钵相似，只是后者腹部较深，此外还有敛口或敞口斜壁钵，部分钵有假圈足。海门口遗址的敞口斜壁钵，部分钵有假圈足。此外，海门口遗址的穿孔石刀、石斧、石镞、骨角器等在大墩子遗址也有发现，二者之间的联系更紧密一些。③

## 第二节　剑川海门口遗址的第三次发掘

国家文物局于 2007 年 12 月批准对海门口遗址进行第三次考古发掘，项目由云南省文物考古研究所负责，大理州、剑川县文化部门组成联合考古队，于 2008 年 1 月 8 日起正式开始发掘，至 5 月 25 日发掘工作结束，共用时 125 天。共布 5 米×10 米探方 25 个，5 米×5 米探方 3 个，5 米×2 米探方 7 个，完成发掘面积 1395 平方米，并将航拍、全站仪测绘、坐标布方法、数码照相制图、浮选、水洗、数据库管理等各种先进技术全方位运用于发掘和记录中，取得了较好的收获。

第三次考古发掘的情况如下：

---

① 黄家祥：《元谋大墩子新石器时代遗址的思考》，载《考古》2003 年第 10 期。
② 云南省文物考古研究所：《剑川鳌凤山古墓发掘报告》，载《考古学报》1990 年第 12 期。
③ 彭长林：《云贵高原的青铜时代》，广西科技出版社 2008 年版，第 88 页。

(一) 基本探清遗址的范围和面积

确定遗址范围的工作难度比较大，因为涉及水多的原因。第二次发掘（1978 年）期间，也做了这个工作，从布方地向北一公里范围内共布方 12 个，此范围内的情况如何，没有留下任何资料。在河东岸边布了一个 5 米×5 米的探方，至深度 310 厘米处才到黑色淤土，不见遗物出土，从各方面判断，为古河道的可能性较大。南部区为 1978 年发掘点，其南部 60 米区间均有木桩分布。北边的 AT2115、AT2121 内均有桩分布，这样其南北间的距离就达到 350 米；东部到海尾河的河道中部，西部已做的工作在环海公路东面的 AT0303，探明了 AT0303 内地层和其他探方一样，也有木桩分布，东西距离目前已探明的距离达到约 120 米，公路以西区域因为水多，目前还未能进行工作，估计也会有木桩分布；有堆积而没有木桩的西部广大地区工作还未能开展。根据目前掌握的资料计算，有木桩分布的范围为：西至环海公路，南北长 350 米范围，面积 20000—25000 平方米。整个海门口遗址的分布范围应是：南至海河公路交会处以北 50 米，北至烟站育苗圃北端，西至公路以西，总面积超过 50000 平方米。

目前已探明的近 50000 平方米的遗址范围内，堆积层次基本相同，只是堆积的厚薄不同。统一地层后，遗址区共分为十个层位，十层下为青灰色胶泥生土，探方内堆积厚的达到 320 厘米，薄的地方也达 160 厘米左右。总的来说，靠海边和北部地区，三层较厚，堆积较厚，探方深度增加，其他地区堆积厚度差不多。

第一层，现代耕土层；第二层为红褐色土层，含明清瓷片和瓦片、陶片；第三层为灰砂灰土层，含方格纹和绳纹陶片、管状网坠和少量铁器，此层属宋元时期；第四层为黑色泥土层，含陶片、石器、骨角器和少量铜器，属青铜时代地层；第五层为灰白色土层，含陶片、石器、骨角器、木器和少量铜器；第六层为黄褐色土，含大量木屑和陶片，还有石器、木器、骨角器和少量铜器，此层中出有完整的彩绘陶罐；第七层为青灰土，出有大量的陶片，有彩绘陶片，还出土有石器、木器、骨角器；第八层灰褐色土，层内出有陶片、石器、骨器、木器等物，属新石器时代地层；第九层为黄灰色土，含少量黑陶片，有石器、骨器、木器等出土；第十层为黄褐色土，含少量陶片。

(二) 清理的遗迹

1. 房子

编号的房子2座，根据清理的结果和保存的状况分析，房子应是"干栏式"建筑形式。在清理中没有发现有活动面，其中1座房子的构架还基本保存完好，在地层中出土一些带木骨痕的红烧土块。F1的桩柱下段还保存完好，呈长方形，木桩成直线排列，转角处呈直角。F2也是一长方形房子，比F1大，构架呈"井"字形，这个构架没有榫卯技术，可能用绳子等捆牢加固，四壁为木骨泥墙，留有门，屋顶结构不清。

2. 火堆

共发现3个，均为不规则形，烧结的红烧土成一整块，厚约5厘米，大的约10平方米，最小的约1平方米。火堆均出现在第五层下，推测其用途可能是露天烧制陶器时形成。

3. 木桩柱和横木

海门口遗址最早发现的时间是在1957年。当年4月发现的遗址从南到北露出142米，因为施工原因清理了中部410平方米的地段，发现了224根木桩柱。当时认为有可能是古代用于防洪的设施。1978年4月，为了进一步弄清海门口遗址的内涵和各种情况，省、州、县一级文化部门联合进行，在1957年的发掘基础上，向北延伸发掘，面积约300平方米，又发掘出了226根桩柱，都是粗细、疏密不规则，这两次的发掘共出土了青铜器26件、石器350件。同时出土了大量的陶器，以夹砂黄褐陶为多，以及大量的动物遗骨。此外还出土了炭化稻、橡子和桃核等。从前两次发掘的情况来看，就已发现大量木桩，但由于出土情况无规律加上整理工作较粗略，并没有对干栏式建筑进行比较仔细的研究。

在此次发掘中在总面积超过5万平方米的发掘区，发现木桩分布集中区面积达到2万至2.5万平方米的早期"干栏式"建筑遗址，其保存之好、面积之大，极为罕见。

探方中基本都有木桩和横木，共清理出4000多根，虽大部分的桩柱为房子的基础，但由于早晚关系等，使其变得密集，不能辨认出它们各自的单位。桩柱头出露的层位不一，桩柱底部在地层中也有高有低，木桩底部均被砍削成钝尖状，柱身上大多有人工加工的痕迹。长的有约2米多，短的几十厘米，直径5—40厘米，有圆木的、剖成几块呈"三角状"的、多边砍成棱的、有特别粗的。桩柱间有掉落的横木，在一些横木上和桩柱上发现凿有榫口和榫头，以及连接在一起的榫卯构件，也在桩柱间发现了木门转轴和门销等构件。

**图 80　剑川干栏桩柱**

北京大学的严文明、李伯谦、孙华先生，故宫博物院的张忠培先生和国家文物局的黄景略先生都认为海门口遗址是中国发现的最大滨水式"干栏"建筑聚落遗址。

4. 灰白色石块

在桩柱间的地层面上还发现一种现象，3 块或 4 块灰白色的石块会在一起或稍有距离，仔细观察石块，容易掉白灰，可能是被火烧过，有的石块似被烧透。分析这些石块的规律性及被烧过的情况，极有可能是房内火堆旁的石块，起支撑作用，便于烧水做饭等活动。

5. 人骨坑

在 DT1802 七层下有一圆形坑，坑被晚期木桩打破，坑内有人骨，但骨骸不全，无肋骨、趾骨、指骨和头骨，经初步鉴定，这些人骨共有四个个体。其中一根股骨下端留下一重击痕迹。人骨坑的作用和性质不清楚，需对人骨做进一步测定。

6. 柱洞

不多，这种柱洞是因为桩柱被后人拔出后形成的，多为圆形，最深的有 70 厘米，里面出有陶片和石块等。

第三次发掘，在 1395 平方米的范围内，分别从 10 个堆积层出土了

2000多件文物。石器有斧、锛、刀、凿、镞、锥、针、磨盘、砺石、圆饼形器，并有玉刀、珠等。其中最多的是石锥和石针，其次是石箭镞，之后是锛和斧，砺石也特别多，石磨盘和圆形研磨器也出土了几件。石器中有1件石范，由青灰色砂岩制成，形状似1斧或钺。出土的铜器中有环形器，最有代表性的是钻、镞和铃；木器有木勺、拍、杵、刀、铲、耒、耙、桨、楔子等，其中木桨有10件，木耒也不少，木耙有两齿、三齿和四齿的，还出土了2件门销，有一些榫口较多的木构件及木转轴，这些木器的木材均是红褐色且质硬；还有少量完整的彩绘陶罐、彩绘陶片、黑陶片。磨光黑陶、镂空圈足器为云南早期遗址中第一次发现，在周边已发掘的早期遗址中没有出现过。出土的骨角牙器数量较多，有骨锥、匕、铲、镯、簪，有角凿、矛、抿和牙饰件。骨器多用动物的大骨块磨制而成；角器多用鹿角磨制而成；牙饰多用动物牙在根部钻孔而成。骨铲、骨锥加工精细，既是生产工具，也是精美的艺术品。农作物有炭化稻、麦、粟、稗子，还有不少的桃核出土。稻、麦、粟同时出土在我国西南地区还是第一次。海门口遗址是滇西北地区最重要的史前遗址，通过对该遗址文化内涵的研究，确立了剑湖周边地区考古学文化的年代序列。该遗址发现的史前时期水滨木构"干栏式"建筑，保存之完好，面积之大，在目前国内的考古发现中实属罕见。该遗址出土了稻、粟、麦等多种谷物遗存，证明了来自黄河流域的粟作农业，其南界已经延伸到滇西地区；而稻、麦共存的现象，则为认识中国古代稻麦轮作技术起源时间和地点提供了重要信息。该遗址第三次发掘出土的铜器和铸铜石范，具有明确的地层关系，证明这里是云南高原最早的青铜时代遗址，滇西地区可能是云南高原青铜文化和青铜冶铸技术的重要发源地之一。该遗址还出土了大量人骨和动物骨骸等，这些资料的系统整理和研究，必将为考古学、人类学、民族学等方面的研究提供更多的信息。

在《考古》2009年第7期的专稿《剑川海门口遗址》一文中[1]，闵锐将海门口遗址的时代分成三期：

第一期：发现的遗迹包括较多的木桩，主要是由小圆木构成。其中可辨认出一座房址（F1），位于遗址D区T1204的中北部，叠压在第8层

---

[1] 云南省文物考古研究所、大理州文物管理所、剑川县博物馆：《云南剑川海门口遗址》，载《考古》2009年第7期。

下。此房址为水滨木构干栏式建筑，打入地下的木桩柱共45根，均为圆木，直径8—15厘米。解剖了编号为6、7、8的三根木桩柱，分别长为95、56、55厘米，木桩下端均砍削成尖状。木桩排列整齐，平面呈长方形柱网状分布，其范围长550、宽220厘米；房址范围内靠北侧另有一排木桩柱，可能起到更好的支撑作用。屋面应是木料构建而成，壁为木骨泥墙，屋顶估计用草搭建。南侧发现3块白色石头，是房屋垮塌后散落下来的。估计是房内的火塘用石。房屋朝向和门的开口位置等均不清楚。

陶器的火候较高，以夹砂黑灰陶为主，其次为夹砂灰陶，还有部分泥质磨光黑陶，多数器物的口沿经磨光；纹饰以刻划纹为主，还有戳印纹，包括三角纹、波折纹、方格纹、《形纹、水波纹、乳钉等；器形相对较小。石器的种类有斧、锛、刀、镞等，斧的长度多在10厘米以上，锛多为小型者，刀身上有单孔或双孔，两面磨槽成孔的技术颇具特色。另外，出土有牙饰、角器、骨器等。动物骨骼种类包括鸟禽类、猪、鹿等。此期发现了不少炭化稻、粟标本，分别出土于第9层和第8层。

本期的年代应属云南地区的新石器时代中晚期，距今约5300—3900年。

第二期：发现的遗迹包括房址、人骨坑，存在大量的木桩柱。木桩柱主要是剖面为"三角状"的，以及多边砍削出棱的，其数量较第一期大为增加。

陶器均为手制，火候也较高，以夹砂灰陶为主，黑灰陶次之，其次是红褐陶和灰褐陶，也有少量泥质陶，部分器物口沿和器表经磨光；纹饰较少，有戳印点线纹和乳钉，还出现了用红彩绘制的彩绘陶；器类有罐、盆、钵、匜等，以罐、钵类为主，带耳器增多，有的器形较大。石器种类有斧、锛、刀、凿、镞、研磨器等，凿分单刃和两端刃两种，镞的数量较多。铜器在本期稍晚的地层中才开始出现，均为小件物件，器类有凿、铃、锥、刀等。其他遗物中，木器有耜、耙、勺、桨等。骨器有锥、铲、装饰品，还发现牙饰、鹿角器等。动物骨骼数量较多，包括牛角、骨，鹿角、骨，以及猪骨等。此期发现的植物遗骸除稻、粟之外，还增加了麦类，另有核桃和野栗子等。出土的麦类的标本较少，稻和粟的标本量增多。

本期的年代应属云南地区的青铜时代早期，距今3800—3200年。

第三期：发现的遗迹包括火堆和木桩柱。火堆大部分开口于第5层下。例如，HD3 直接叠压在第 6 层上，据地表深 62—67 厘米。此火堆平面近圆形，长 360、宽 155、厚 18—22 厘米，为整块的红烧土，烧土上有少量的黑灰土。属于此期的木桩柱数量也较多，除了第二期的两种形制之外，还增加了一种大木桩。

陶器均为手制，火候变低，以夹砂灰陶为主，红褐陶和灰褐陶增多，其次为黑灰陶，出现了少量红陶衣；纹饰较少，主要为乳钉；器形有罐、盆、钵、匜等，以罐类为主。石器的种类有斧、锛、刀、凿、锥、研磨器、镞、石范等，锥的数量最多，其次为镞。铜器的数量较第二期增多，动物遗骸有猪、鹿、牛等。此期发现的植物遗骸有稻、麦、粟、稗等，稻、粟的标本量较多，麦类数量较少。

本期的年代应属云南地区的青铜时代的早、中期，距今约为 3100—2500 年。

该遗址的第一期从距今 5300 年的新石器时代中晚期即开始有史前人类的居住，到第二期时进入早期青铜时代，最早的年代距今 3800 年，属夏代早期，将过去考古界把云南进入青铜时代的时间距今 3115 年提前了六七百年，为研究云南青铜文明的起源揭开了崭新的一页。

# 第二十一章

# 西周时期云南各地的早期青铜时代文化

## 第一节 滇池地区的早期青铜时代文化

### 一 昆明王家墩遗址

昆明王家墩遗址[1]位于滇池近旁,原被湖水覆盖,1977年调查发现。在遗址范围内有数十根排列整齐的木桩和两处贝丘堆积,木桩的下端多削尖,上端有榫口,调查者判断其为干栏式房屋的桩柱。采集到遗物有梯形石斧、半月形石刀、石镯、有段石锛、鹿角、夹砂陶片、铜渣等,另有两件铜器,1件为长条形实心无銎两面有段锛,另1件为带耳方内直援圭首戈。此外还有几颗直径约1厘米的铅弹丸。

从两件铜器来看,形制均较原始,有段铜锛显然承袭了石锛的形制,与后来常见的铜锛形制差异很大,铜戈则与后来常见的直内无胡戈相似,但该戈无阑,时代与所见的戈差别较大,而且带耳,在云南高原未见此种形制的戈。因此,该遗址要早于目前所见滇池地区所划分的时期。但两件铜器均为铸造,形体较大,而且从合金成分来看,铜锛为锡青铜,铜戈为红铜,[2] 这表明其制作技术达到了一定程度,不是铜器出现最初时期的形态。从其作为武器的铜戈为红铜、铜锛的锡含量也不高来看,对青铜合金技术的掌握并不熟练,还处在青铜器制作的早期阶段。

从该遗址的遗迹单位情况和出土器物来看,与海门口遗址有一定的相似性;而其出土铜器的冶铸方法来看较原始,也出土实心青铜器,其年代

---

[1] 李永衡、王涵:《昆明市西山区王家墩发现青铜器》,载《考古》1983年第5期。
[2] 《云南省青铜器矿物原料的来源分析与中国青铜文明研究》项目组:《云南青铜器矿物原料的来源分析与中国青铜文明研究》结项报告,2005年3月,第15页。

应略晚于海门口遗址,应处于西周初期。

## 二 昆明天子庙遗址

2005年在昆明天子庙贝丘遗址①发掘了数百平方米。该遗址位于西山脚下的滇池西岸边,面积约2000平方米,堆积最厚4米左右。地层分为10层,第七—十层为螺壳堆积,属早期地层。从报道来看,第九—十层多为灰黑、灰褐的夹砂陶,以敞口高领罐和敛口钵为主,有少量平底盘和圈足器。第八层仍以灰黑陶和褐陶为主,但有一些红陶出现。器类多侈口罐和敛口钵,器底多小平底和圜底,平底和圈足少见。纹饰以素面为主,在器口沿内外、肩部和底部有刻画斜线纹、波折纹、叶脉纹等。还出有铜条、泥质纺轮、有肩石锛和突沿玉镯等。

从该遗址所出陶器来看,第九、十层所出陶器的陶色和陶质,应属于滇池区域的青铜时代早期的遗物,时代应与王家墩遗址相当。

## 三 晋宁石寨山遗址

遗址位于石寨山的顶部,高出附近地面30余米,面积约1.2万平方米,堆积厚约1.5米,遗址部分被墓葬打破。1955年在遗址开探沟数条,发掘面积204.3平方米。② 1959年又开一条探沟,发掘20平方米。③ 地层分为三层,第二、三层为文化层。从文化层的分布看,第三层(螺壳层)分布较广,在遗址的大部分区域有发现,出土的陶片数量丰富,第二层(褐灰土层)只在遗址南端发现。报告认为两层的陶片一致,属于同一时期的堆积。

陶器有泥质红陶、夹砂灰陶、夹砂黄衣陶、夹砂橙黄陶4类。纹饰以素面为主,但有纹饰的陶片花样繁多,以刻划最多,还有压印等,有羽状纹、波浪纹、交叉纹、方格纹、圆点纹、绳纹等。其中泥质红陶有手制和轮制两种,壁中厚,制造时,湿手抹平或部分磨光糙面,形式有凹底小碗和平底盘两种,无纹饰;夹砂灰陶含螺壳或石英屑和料,轮制或兼用模

---

① 蒋志龙、徐文德:《云南昆明天子庙贝丘遗址发掘获重要收获》,载《中国文物报》,2005年9月16日。

② 云南省博物馆考古发掘工作组:《云南晋宁石寨山古遗址及墓葬》,载《考古学报》1956年第1期。

③ 云南省博物馆:《云南晋宁石寨山第三次发掘简报》,载《考古》1959年第9期。

制，壁中薄，制造时湿手抹平或部分磨光。器型有高领敞口罐、竖口罐、圈足壶、圜底小罐、平底钵、碗等，部分有纹饰；夹砂黄衣陶，部分含螺壳或石英屑和料，轮制或模制，壁中有两面或单面橙黄色陶衣，形式有平底钵等，部分有纹饰；夹砂橙黄陶，少部分含螺壳或石英屑和料，轮制或磨制，壁中薄，制造时湿手抹平或磨光，形式有盆、罐等，部分有纹饰。

出土石器7件、其中探沟1第二层出土石斧2件（其中1件为有肩石斧）、石镞1件、残石簪1件、石纺轮1件；第三层出石锤1件；探沟2第二层出土石锤1件。

蚌器在探沟2第二层中出土4件。出土的4件蚌壳皆穿孔，孔皆穿于背上，是先把穿孔处磨薄，然后穿通的。这种穿孔蚌壳应该是作为收割工具的。

根据其出土器物的特征来看，其时代应与王家墩遗址年代相当。

在环滇池区域内，还有许多贝丘遗址都是从新石器时代一直到青铜时代，它们的某些地层的年代也与王家墩遗址的年代相当，如西园贝丘遗址，就出土了大量石网坠、石锛、青铜鱼钩和铜锥[①]，由于这些遗址的发掘报告或简报还未公布，所以这一区域的早期青铜文化的面貌还有待于深入系统的研究。

## 第二节 滇东北地区的早期青铜时代文化

马厂遗址位于乌蒙山顶部较为平坦的丘陵地带，1954年、1960年、1978年调查时在马厂村周围的沼泽中采集有陶器、石器，当时认为是新石器时代晚期的遗址。1980年试掘出土铜斧、铜剑各1件。[②] 后又在该遗址采集到实心扁长方茎铜矛1件并征集到銎上饰三角形镂孔花纹铜矛1件，[③] 说明此处有青铜时代的遗存。该遗址出土的陶器大多数形状基本完整，不像居住遗址所出，而且1978年所出的一批陶器多数器形较小，胎较厚，似为冥器或祭器，不像实用器。估计该遗址与贵州威宁鸡公山遗址一样存在祭祀遗迹的可能。

---

[①] 云南省文物考古研究所：《文物考古年报（2005）》，第15页。
[②] 阚勇：《云南印纹陶文化初论》，载《云南文物》，总（11）。
[③] 丁长芬：《昭通青铜文化初论》，载《云南文物》，总（55）。

闸心场遗址位于昭通以北约 12 公里的一片面积约 2 万平方米的高地上。1960 年试掘时将地层分为 4 层，第三、四层有密集的陶片和少量石器。陶片大多破碎，其中夹有许多细沙和小鹅卵石，有清楚的淤积痕迹。由此可见该遗址为二次堆积。闸心场遗址的陶器从陶质、纹饰、器类和器形也与马厂遗址相似，二者内涵基本一致。

两遗址陶器以泥质灰陶为主，少量为夹细砂或粗砂，多轮制，外表有一层似陶衣的黑色表层。火候较高，器表大多加以磨、刮整形。装饰简单，有的在肩、腹部有平行划纹；个别器物在肩、腹部刻画出点、线、符号；少量底面有叶脉划纹。器类以罐和瓶最多。这两处遗址与鸡公山遗址的联系很多，鸡公山遗址的晚期泥质陶的数量已有所增加，刻划纹、叶脉纹在两地均有，陶器种类均以瓶、罐为主，一些器物如单耳细颈小平底瓶、小口粗颈鼓腹瓶、直口鼓腹罐、折沿罐、喇叭口杯等形制基本一致，可以看出二者是有承继关系的，有学者将马厂遗址、闸心场遗址归为鸡公山文化晚期。[①] 但马厂遗址、闸心场遗址与鸡公山遗址的区别也是很明显的，马厂遗址、闸心场遗址的磨光泥质陶占多数，而鸡公山遗址以夹砂为主，泥质只占少部分，磨光陶很少。鸡公山遗址常见的瓦棱纹在马厂遗址、闸心场遗址不见，一些器形如鼓腹瓶、敛口单耳罐变化较大，并出现不少新的器物，如双大耳侈口宽折沿罐、大单耳或无耳侈口宽折沿垂腹罐、盘口束颈单耳鼓腹罐、侈口鼓肩罐、蒜头口双耳垂腹小罐、长折沿单耳鼓腹小罐、折腹杯等均不见于鸡公山遗址。铜器有斧、剑、矛、镞和容器等多种器类，说明其时代较鸡公山遗址更晚。根据这两处遗址与鸡公山遗址有一定联系但又有相当变化的情况，可将马厂遗址、闸心场遗址定为晚于鸡公山遗址晚期的后一时期。不过这两处遗址均未经正式发掘，其内涵仍不清晰。[②]

陶器以泥质灰陶为主，外表也有施一层陶衣的。装饰简单，有的在肩、腹部有平行划纹；个别器物在肩、腹部刻划出点、线、符号，这种符号可能是后来威宁中水等墓地陶器上刻划符号的先河；少量底面有叶脉划纹。以罐和瓶最多，小口细颈小平底瓶、小口鼓腹瓶、侈口折沿鼓腹罐、直口鼓腹罐、斜腹杯等与前期相似，器形略有变化，新出现双大耳侈口宽

---

① 张合荣、罗二虎：《试论鸡公山文化》，载《考古》2006 年第 8 期。
② 彭长林：《云贵高原的青铜时代》，广西科技出版社 2008 年版。

折沿罐、大耳侈口宽折沿垂腹罐、蒜头口双耳垂腹小罐等。铜器与前期相比种类和数量均有增加，形制也更复杂，有实心扁长方茎矛、銎上饰三角形镂孔花纹矛、剑、斧、镞、容器等。

马厂遗址、闸心场遗址与鸡公山遗址晚期有较多的联系，小口细颈小平底瓶、侈口折沿鼓腹罐、直口鼓腹罐、斜腹杯等均与鸡公山遗址相似，说明马厂遗址、闸心场遗址是继承鸡公山遗址而来的，二者的年代基本可以衔接。从铜器来看，已经有矛、剑、斧、镞、鱼镖和容器等各种武器、工具和生活用具，反映其青铜制作已有相当水平，从青铜时代初期只能制作一些简单的小件器物相比进步很多，说明其延续的时间较长，时代约在西周时期。

## 第三节　滇西和滇西北地区的早期青铜时代文化

滇西地区在大理洱海东岸采集的红铜实心斧、实心柄靴形铜钺均为锻打而成，属于青铜时代初期的遗存，其时代仍难以确定，但将其与剑川海门口遗址以及环滇池区域的贝丘遗址所出早期青铜器进行比较，从制作工艺和造型上都有相似之处，其时代也应与它们相当，或略晚于西周初期遗存。

滇西北地区，除了剑川海门口遗址外，1973年在剑川西湖还发现一批文物，出土有石斧、石刀、石镞，还有铜斧、铜镞，陶片印有篾纹，还有稻谷痕迹，有的盛放在器物中，有的积压成块。还有不少大型动物如猪、羊、马、狗、牛、鹿的遗物。从遗物看其年代与海门口遗址年代大致相当，或略晚，大约在西周初期。[1]

---

[1] 欧阳春：《剑川西湖出土新石器时代文物》，载《云南文物》1975年总（6）。

# 第二十二章

# 云南青铜文明的形成
## ——春秋时期云南各地的遗址和墓葬

## 第一节 概述

当云南的青铜文明发展到春秋时期，就开始进入形成发展阶段。而在这一阶段中云南青铜文明早已进入到了"古国"阶段。古国指高于部落以上的、稳定的、独立的政治实体，这种由族邦组成的古国是中国早期原始国家的基本形式。由中心聚落演变而来的早期城邦与周边的普通村邑之间的关系已经变为统治与从属的地位，带有强制性的公共权力及相应的管理机构开始产生。在族邦内部，那些人口兴旺、经济繁荣、军事力量雄厚的强大宗族占据着统治地位，其宗族长也即为族邦古国的首领。周边的村邑受到族邦的控制，对其有供奉和受其调遣参加军事行动的义务。这样，族邦和其所属各种规模的村邑就形成了一个完整而严密的社会组织，族邦的首领掌握着整个古国的最高祭祀权和军事指挥权，其所在的宗族也成为凌驾社会之上的贵族阶层，其他宗族按与首领宗族的关系而确立其在社会政治和宗教祭祀上的层次，从而形成分化的社会等级。社会的分工也日益细化，手工业开始从农业中独立出来，出现脱离农业生产的专业手工匠人，贵族阶层则基本脱离了经济生产成为专职管理者，社会分层的日益明显导致贫富分化的加剧，社会财富日益集中到中心聚落和少数人手中，社会不平等成为普遍的现象，阶级分化和对立开始出现。随着公共权力的诞生和阶级的出现，早期国家的雏形也就应运而生了。① 此外，战争也越来越频繁地发生，使得族邦控制的人口规模越来越大，并向更高层次的社会发展阶段演进。

云南青铜文化在这一时期发现的遗址较少，更不要说大型中心遗址的发掘，所以关于古代族邦和村邑的结构也无从探讨，但墓葬的情况显示出社会贫富分化的差距和不同等级的存在已不容置疑，说明古国在云南高原也是大量存在的。

这一时期的墓葬所出土的青铜器为我们进行文明发展的研究提供了很多材料，铜鼓一类的大型铜器绝不仅仅是娱乐的乐器，它还具有礼器和神器的功能，是社会上层人物通过控制祭祀权来控制普通民众的工具，是早期国家萌芽的重要标志。

这种情况到发展期就表现得十分明显，较高层次的社会结构促使了古国的出现。滇西区域的万家坝墓地的墓葬可以分为 4 个等级。在所发掘的 79 座墓中，大型墓只有 M1、M23 等四五座，面积在十几平方米，有木棺，随葬品的数量之多、质量之高也是其他墓葬难以媲美的，M1 和 M23 的铜器数量占铜器总数的一半以上。生产工具有锄、斧、凿，武器有矛、剑、钺、臂甲、盾饰、镞、镦等，这两类器物占整个墓地的大部分，礼乐器有铜鼓和羊角编钟，生活用具有大型铜釜，整个墓地只在这 2 座墓中出土，还有镂空牌饰、玛瑙珠、铜镯、锡饰片等装饰品，从大型墓中生产工具、武器、礼乐器、大型炊器的集中出现说明社会最高层人物对整个社会的生产、祭祀、军事活动和大型集体活动都拥有支配与统治的权力。中型墓在 6—10 平方米，有的虽较小但随葬品与上述墓相当，也归入中型墓，这类墓约占总数的 20%，随葬青铜工具和武器及少量装饰品，一般五六件。有随葬品的小型墓占 30% 左右，有一两件铜器或陶器，其他小型墓没有随葬品。墓葬随葬品的差异可以看出社会贫富分化的程度已经导致了阶级分化和对立的产生，社会层次也由过去的两层分化为三到四层，最上层的人物数量最少，但占据了社会的大部分财富和权利，最底层的人数最多，但大多为赤贫的平民，这种金字塔式的阶层结构与阶级社会的社会等级相符合，表明此时已进入了阶级社会的结构。上层阶级的财富是建立在掠夺广大下层阶级财富的基础上聚敛起来的，是用强制手段获得的，说明

---

① 国家出现的标志按目前国内的说法一是阶级或阶层的存在，二是强制性权力系统的设立，见李学勤主编：《中国古代文明与国家形成研究》，云南人民出版社 1997 年版，第 7 页。

他们掌握了社会的公共权力，因此已进入了古国时期。

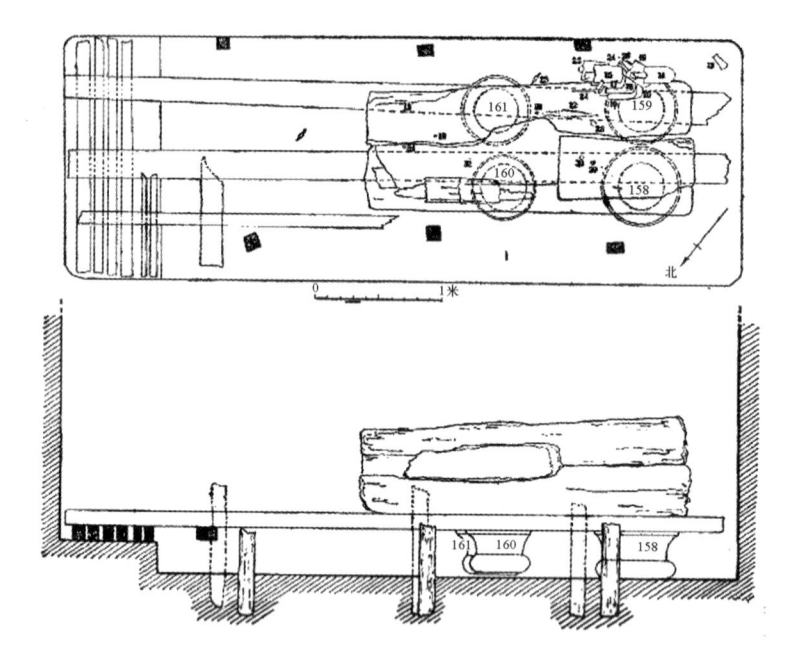

**图81　云南楚雄万家坝 M23 平面、剖面图**

滇西北区域的鳌凤山、大兴镇等墓地也基本属于这一阶段。其经济类型是以畜牧业为主的经济形态，其社会结构与农业为主的聚落相比稍有不同。从经济生活来看，本区实行的是畜牧而非游牧经济，从剑川鳌凤山墓地随葬有较多的猪、羊遗骨可知。而畜牧业主要以在居住地照看牲畜为主，这种工作一般由妇女承担，因此女子在经济生活中占有重要地位，其社会地位也较农业民族的妇女地位更高，《汉书·西南夷列传》中记载冉駹夷有"贵妇人，党母族"的习俗，从墓葬看不少妇女的随葬品要多于一般男性墓，因此妇女在社会生活中占有一定的地位，有的女性墓中有制作精致的铜头箍饰品，这种头箍数量很少，可能代表了其生前的地位较高。可以从这些方面看出掌握财富的女性贵族，在社会政治生活中承担了非常重要的一个角色。但男子在家庭和社会中还是占有统治地位，鳌凤山有不少夫妻合葬墓，有的为 1 男 2 女，男子仰身直肢而妇女则侧身曲肢面向男子，说明妇女在家庭中是从属于男子的。男女随葬品不同，男子以武器、饰品为主，而女子以纺轮、饰品和陶器居多，说明男女在社会中分工已非常明确。有的男性墓中随葬石范，表明他们生前是制作铜器的手工匠人，暗示社会分工已经在这个区域内非常细致。另外，一些少年甚至幼童的随葬品都多于成年男子墓，这表明私有制已在社会中确立，因为这些少年和幼童的随葬品是属于其家庭所有而不是他们自己的劳动所得。私有制的确立也造成了社会的贫富分化，有的墓葬除随葬武器、饰品外，还有镶铜玉饰牌、海贝等珍贵物品，这种随葬品较多的墓葬只占墓葬总数的一小部分，而大多数墓葬只有少数几件器物，相当一部分墓葬没有随葬品，这种贫富分化的广泛存在也显示出社会出现了不同的阶层。①

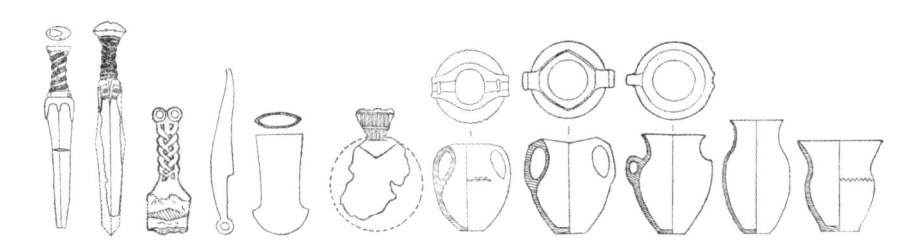

**图82　宁蒗大兴镇墓葬器物**

**图83　剑川鳌凤山铜箍**

---

① 彭长林：《云贵高原的青铜时代》，广西科技出版社2008年版，第271—272页。

## 第二节　春秋时期滇西北地区的青铜时代文化

春秋时期滇西北的青铜文化主要表现在德钦县纳古石棺墓地。[①] 1974年10月，云南省博物馆文物工作队曾到该县南部的永芝进行过石棺墓的调查清理。[②]

纳古在德钦县城西北约70公里，白茫雪山西麓、澜沧江上游东岸，高出江面约百余米，南距永芝100多公里。1976年9月，纳古南约200米处，因水土流失露出1洞穴。县委宣传部与县文化馆的同志曾到现场了解，并钻入洞内，采集到陶罐、铜矛、铜剑各一件。1977年8月，云南省博物馆文物队到纳古实地调查，发现了1处石棺墓葬群。试掘工作自8月23日至30日，清理石棺葬23座。

试掘分别在三个地点进行。1976年发现的为第一地点，位置最低，清理墓葬6座（编号M1—M6）。墓葬沿山腰一字排列，其中3座（M2、M5、M6）顺山腰呈南北向，另3座则呈东西向。第二地点在第一地点南约60米处，较第一地点高出20米左右，清理墓葬3座（编号M7—M9）。第三地点在第一地点东北约100米，位置最高，高出第一地点约60米，坡度较前两地点缓平，墓葬分布比较集中，存有打破关系，清理墓葬14座（编号M10—M24）。

### 一　墓葬形制

此次清理的23座墓，均为石块砌成的石棺墓，较永芝发现的规整。墓室都很小，仅容一人，石棺内长1.5—1.95米、宽0.44—0.7米、深0.5—0.65米。石棺的建造方法是先在山坡上平整地面，挖一长方形浅坑，贴着坑的四壁用大小不等的天然石块堆砌成石棺的棺壁，顶部基本上与坑口相平，下部石块较大，上部较小，石块间没有黏合勾缝的填料，最后用五六块厚3—8厘米的大片薄石板覆盖棺口，石板间的缝隙用大小相应的石块填塞。棺上有0.3—2米厚的堆土，因冲蚀破坏较甚，不能确定是否为封土。清理石棺内有少量淤土。

---

① 云南省博物馆文物工作队：《云南德钦县纳古石棺墓》，载《考古》1983年第3期。
② 云南省博物馆文物工作队：《云南德钦永芝发现的古墓葬》，载《考古》1975年第4期。

由于水土流失，多数墓上的堆土已被冲刷，有的墓顶石板已露出地面。墓内保存情况不好，骨架几乎朽尽。尚可辨认葬式的墓有9座，均为一次葬，葬式有侧身屈肢葬和直肢葬两种，屈肢葬6座，直肢葬3座。随葬器物很少，每墓1—6件。随葬的矛置于身侧，陶器多置足下或头前，剑和装饰品均置于生前佩戴的部位。如M2，骨架作左侧卧，下肢向前微弯曲，上肢上臂下垂，小臂前伸，双手在身侧持矛之残柄，脚下放1陶罐，罐内和附近放有兽腿骨；M6，骨架右侧卧，下肢向前微曲，矛置脸前，胸后置1铜圆饰牌，颈部放绿松石石珠。踝部戴1铜环脚饰，脚下放2陶罐；M22，为直肢葬，矛置头侧，颈部放绿松石串珠，短剑佩戴于腰间，脚下置1陶罐。M21在M22西侧与之并列，无出土物。带附棺者1例（M14为M13之附棺），构筑方式与唐山小宫庄发现者相似，在棺头端沿两侧壁用石块堆砌成一短长方形的附棺，内置1陶罐。相互打破关系者1例，M11打破M12。M11无出土物，M12仅出1陶罐。

## 二 随葬器物

出土器物共41件（绿松石珠饰另计）。主要是小陶罐和少量的铜兵器、装饰品等。采集的器物也一并在此叙述。

（一）陶器

陶器有 23件。泥质灰陶，部分有黑衣，火候不均，常夹杂橙红色。

双耳罐 20件。两侧有对称宽耳，部分耳上和肩部饰有划纹、剔点纹，图案有平行线、菱形等。可分3型。

Ⅰ型 4件。口和底较大，耳较短，制作粗糙，分3式。

Ⅱ型 3件。高领，长鼓腹，分2式。

Ⅲ型 13件。口较小，呈椭圆形，颈部由口至肩有对称的两条凸起之棱，表面均有黑衣，打磨光滑。

单耳罐 2件。均出自M15内，夹砂灰褐陶，厚胎，火候较低，制作粗糙。大口，深腹，平底。

钵 1件。侈口，曲腹，平底。

（二）铜器及其他

矛 3件。柳叶形刃，圆筒形骹直贯刺尖，骹上有对称半环耳。长19.2—24厘米、刃宽3.3—3.7厘米、骹径2.4—3.2厘米。采集的一件与此相同，唯双耳间有菱形纹饰。

短剑　1件（M22：3）。曲茎剑。长叶形，中起脊，断面呈菱形，后锋圆钝，无格。茎弯曲呈磬形，分两段，前段扁平，后段中空，中间微束，上有线条形镂孔，断面呈枣形。通长34.4厘米、剑身长24厘米、宽4.6厘米。

铜饰　2件。圆筒状，长4.1厘米、径0.7厘米、孔径0.4厘米。

铜镯　3件。扁平环状，环面内弧。出土时重叠呈圆筒状，套在上肢尺、桡骨上。

脚饰　1件。M6：7，扁平铜环，出于踝部。径7.4厘米，高1.7厘米。

铜圆形饰牌　3件。中央圆锥状突起，背空，有一横鼻。径5.5—7.2厘米。其中2件出自头旁，横鼻内插1小棍，如M6即置于脑后，从这一情况看，似乎这种圆形饰牌不仅可以佩于腰间为饰，也可别在头上为发饰。

石镞　4件。尖叶形2件，长7.1—8.1厘米；椎形2件，长8.5—8.6厘米。

海贝　1枚。两面磨穿。

绿松石珠　716粒。均发现于颈部。孔径0.2—0.4厘米，可能是用线穿成串挂在颈上的装饰。其中管状珠32粒，长1—2.7、径0.4—0.6厘米；球状珠15粒，径0.5厘米；算珠状珠2粒，腰部突出起棱如算珠状，长0.6—0.9、径0.9厘米；枣状珠1粒，长1.6厘米；细珠666粒，极细小，不足半粒米大，呈管状，长0.1—0.3、径0.1—0.3、孔径小于0.1厘米。

这批石棺墓，分布密集，埋葬范围广，并有打破关系，证明它是长期形成的同一部族的公共墓地。随葬品虽少，但可看出已有贫富差别。如M22，随葬铜矛、铜剑、陶罐各一，制作精巧的串珠六百余粒，M6亦如此，M4、M19等则全无随葬品，其余各墓地仅随葬陶罐1至4件。

石棺墓所出的陶器，与我国西北地区齐家文化所出者很相似，侧身葬和屈肢葬也是在齐家的墓葬里经常发现的。石棺结构与东北地区以小型石棺墓和少量简单随葬品为特点的夏家店上层文化有相同之处。与岷江上游的石棺墓更为相近，如石棺墓的结构与汶川发现的二类墓相同，出土的双耳罐与一类墓所出者近似，不出二类墓中的铁器、钱币等物。青铜器与滇文化出土者有相似之处，如铜矛、铜镯和绿松石珠与江川李家山早期墓所出的Ⅱ型矛、铜镯等相同，铜圆牌饰与楚雄万家坝所出相似。根据李家山和万家坝两地古墓群的年代推断和 $C_{14}$ 测定，纳古石棺墓的年代可能与二者相当，约为春秋早中期，或可早到西周晚期。出土海贝，证明当时和外界已有所交往。

## 第三节 春秋时期滇中地区的青铜时代文化

### 一 楚雄大海波遗址

1960年在楚雄大海波发现有铜鼓、三叉式护手铜剑、蛇头茎首无格铜剑、长方形锄和半圆刃斧等铜器，估计是出自墓葬之中。[①] 其中铜鼓为万家坝型铜鼓最早的形式，与万家坝墓地出土的铜鼓相比形式要原始，其他器物未见线图或照片，从铜鼓看其时代要早于万家坝墓地。从出土的万家坝型Ⅰ式铜鼓看，制作粗糙，光素无纹，应该是最早的铜鼓形式，其时代应该是春秋早期甚至更早。

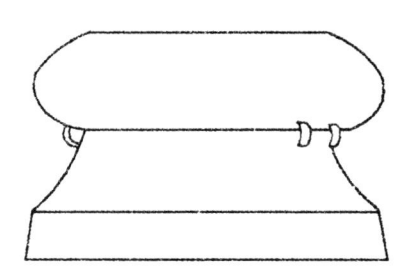

**图84 楚雄大海波11号鼓**

### 二 楚雄万家坝墓葬群

墓地位于龙川河支流青龙河西岸台地，高出河面约30米。1975年和1976年清理了79座。报告将墓葬分为前、后两段。（前段为Ⅰ类墓，后段为Ⅱ类墓）[②]

该墓地均为竖穴土坑墓，未见封土，有的有腰坑和二层台，还有部分在墓底铺白膏泥。大墓棺木有有盖复合棺、有盖独木棺和无盖棺，有的在

---

[①] 云南省博物馆：《近年来云南出土铜鼓》，载《考古》1981年第4期。
[②] 云南省文物工作队：《楚雄万家坝古墓群发掘报告》，载《考古学报》1983年第3期。

墓穴竖立边桩，墓底铺有枕木，后段有的墓葬有将枋木搭成屋顶形状，与大波那木椁铜棺墓的铜棺盖相似。

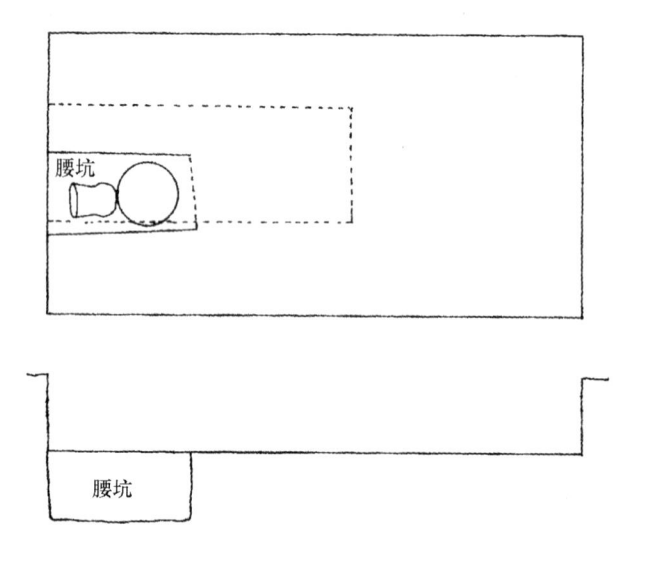

**图85　云南楚雄万家坝春秋腰坑墓M1平、剖面图**

Ⅰ类墓45座（M2—17、20、22、24、26、30、31、33、34、44—50、55、56、58、59、62、63、67、68、71、72、76—79），分布于墓区西北部。

两类墓的时代，Ⅰ类墓应早于Ⅱ类墓，理由是：

（一）从墓区的分布来看，Ⅰ类墓地处墓地的西北部，属台地的顶部，靠山近离河远；Ⅱ类墓靠河近离山远。从云南省发现的古墓群的一般规律来看，靠山顶的墓葬要早于山坡的墓葬。

（二）从墓葬形制的变化和随葬器物的多寡所反映的社会关系的变化来看：Ⅰ类墓除个别墓可能代表氏族领袖身份的墓葬外，多数是无棺、无边桩垫木的小墓，随葬器物少，反映了氏族成员之间较为平等的社会地位；而Ⅱ类墓则不同，一种是像M23那样的有棺大墓，有很多的随葬器物，需要花费大量的奴隶劳动。还有一种是一无所有的小墓，反映了阶级分化的加剧。万家坝墓地是奴隶社会方兴时期的写照。

万家坝两类墓葬的年代，与云南过去发掘的铜器时代的遗址和墓葬比较：Ⅰ类墓所出Ⅰ式斧，与剑川海门口铜器时代初期遗址出土铜斧相似；

Ⅰ式剑又同于祥云大波那木椁铜棺所出同类器物，Ⅱa型锄同于大波那Ⅲ式锄。Ⅱ类墓常见的器物：Ⅳ式矛同于大波那曲刃矛，Ⅰb式锄略同于大波那之Ⅱ式锄，其他铜鼓、铜铃、铜镦等亦很相近。大波那墓葬有木椁、器型种类较多。铜棺上鹰、燕、虎、豹、野猪、鹿等纹饰精美而复杂，盖作人字形坡，而与万家坝M21棺上用枋、椽搭成屋顶形状一样。根据以上资料推断，万家坝的Ⅱ类墓时代应与祥云大波那木椁铜棺墓相当。经考古研究所、北大历史系及文物保护研究所实验室测定，万家坝M1棺木年代为距今 $2375\pm80$ 年或距今 $2350\pm85$ 年；M23棺木年代为距今 $2405\pm80$ 年或距今 $2640\pm90$ 年、$2635\pm80$ 年。由此，推断万家坝Ⅱ类墓的年代相当于春秋晚期至战国时期。而Ⅰ类墓要早于Ⅱ类墓而晚于剑川海门口，年代属于海门口与大波那之间，既然海门口属于夏商代时期，万家坝Ⅰ类墓可定在春秋早期。

随葬品主要有武器和工具两大类。前段均为小型墓，随葬品很少或没

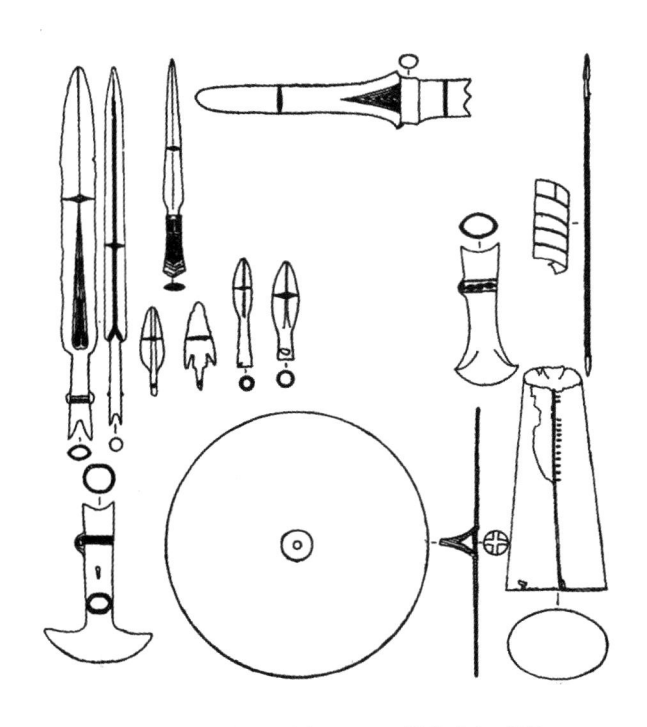

**图86　云南楚雄万家坝M23号墓青铜兵器**

有。后段出现不少大型墓，随葬品急剧增加，特别是武器、工具的数量和种类有明显增加，并出现大型铜炊器和礼乐器，以 M1、M23 随葬品数量最多、种类最全。

从器类来看，前段和后段部分器物基本一致，如铜铃、铜臂甲、铜镦、铜盾饰、玛瑙珠、绿松石珠、琥珀珠、陶罐等。但同一器类前、后段的形式有一定改变，而且部分形制并不同时出现，后段的大型铜容器和铜礼乐器在早段未见。

前段：锄的数量较少，只有正方形锄和锄面较宽的长条形锄。斧为半圆銎宽弧刃梯形斧。戈只有 1 件，为长方形直内宽曲援尖锋。矛有凹口圆骸或椭圆骸柳叶形刃和窄刃两种，其中 1 件骸上饰有双蛇缠绕纹，蛇头中间有一人双手抱二蛇，四周为卷云纹。人抱二缠蛇纹和卷云纹的题材在滇池区域常见，但后者纹饰处理更繁缛，技法更成熟。三叉式护手剑数量居多，为川西至滇西一带常见的铜剑，还有实心扁茎无格窄刃剑。装饰品有双熊相抱钮镂空铜牌饰，还有多件叠放在一起的窄边铜镯、扁平玉镯、玛瑙或琥珀、绿松石珠和少量锡片等。陶器绝大多数为罐，仅发现 1 件完整的侈口束颈弧腹双耳罐。

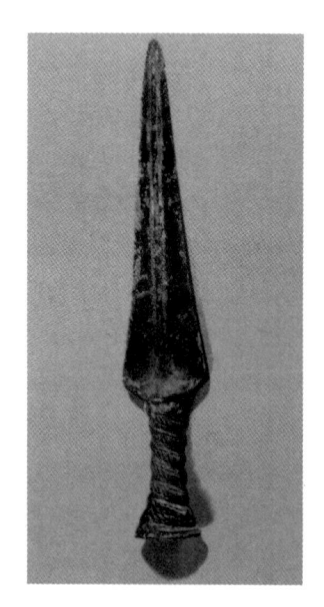

**图87　三叉式护手铜剑**

生活用具有大型铜釜，形制各异，但在滇池区域均能发现相似的器物。敞口宽沿直腰鼓腹大平底釜口沿有竖立双绳辫耳，口沿内壁有四组对称网纹，口沿、腰、腹的高度不一，口大，腹小。这种沿、腰、腹分界明显的铜釜与早期铜鼓形制相似，或是铜鼓的前身，而且与铜鼓并行发展。在昆明羊甫头第一期有相似铜釜，但口、腰、腹的高度已趋于一致。另外两种腰部带双耳的大口折腹小平底釜及带双绳辫立耳的敞口折沿鼓腹平底釜也在滇池区广泛发现，形制略有差异。

铜礼乐器有本区创造的羊角钮编钟和铜鼓，其他地区的羊角钮编钟和铜鼓均是从本区传播而来的。羊角钮编钟形体矮胖，与后来常见的瘦长形羊角钮钟略有不同，是时代较早的体现。铜鼓均为万家坝型，但形制有一定差异，M23 的四面鼓属万家坝Ⅱ式，M1 鼓属万家坝型Ⅲ式。① M23 的四面鼓胸部最大径在中部以下，太阳纹均有芒，近足处有云雷纹，内壁有鼍纹。M1 的铜鼓胴体较高，足内无折边，鼓面太阳纹无芒，无晕，腰部近足处有弦纹。二者虽然时代有早晚，但在本墓地属于同一时期，说明铜鼓使用的时间较长。此外部分铜器鎏金，虽然其工艺原始，此外还有锡管和镂孔锡饰片等。②

### 三 禄丰广通墓地

1983 年禄丰广通镇甸尾村发现两座被破坏的墓葬，出土方形铜锄、长方形铅锄、半圆刃铜钺、柳叶形铜矛等器物，与万家坝前段器物相似，年代也基本相当。③

## 第四节 春秋时期滇东北地区的青铜时代文化

昭通营盘属春秋时期的青铜时代墓地④，位于昭通市洒渔河西岸约 1 公里的丘陵地上，分为甲、乙两个独立的墓区，总面积约 3.2 万平方米。1986 年清理了 205 座墓葬，均为竖穴土坑墓，墓葬间排列整齐。甲区墓葬有打破、叠压现象，乙区则无。墓坑多呈圆角长方形，少数墓坑底部有二层台，按大小可分为大、小两类，可能分别属于成人和儿童墓。少数墓葬有棺木痕迹，从人骨遗存看似为直肢葬。少数墓葬没有随葬品。

乙区墓葬随葬品的组合、器物的形制与甲区有较大差异。铜器有柳叶形无格剑、圆骹柳叶形矛等，在晚期巴蜀文化中常见。陶器主要为夹砂黑陶，器壁较薄，但厚薄不均，轮制，火候不均，无纹饰。器形有肩部饰乳钉的波浪形口高领罐、侈口宽沿带流球腹矮圈足罐、侈口宽沿鼓腹罐、敞口折腹圈足碗、侈口直腹杯等。乙区器物与该区域其他地方器物差距较大，与威宁中水第一期器物有一定联系，侈口宽沿带流球腹矮圈足罐与中

---

① 李昆声、黄德荣：《中国与东南亚的古代铜鼓》，云南美术出版社 2009 年版，第 62 页。
② 彭长林：《云贵高原的青铜时代》，广西科技出版社 2008 年版，第 72—73 页。
③ 段志刚：《广通发现青铜器和铅器》，载《云南文物》，1994 年总 37 期。
④ 王涵：《云南昭通营盘古墓葬发掘简报》，载《云南文物》，1995 年总第 41 期。

水第一期的高领带流鼓腹罐、圈足鼓腹罐相似，圈足碗、杯等也见于中水第一期，侈口直腹杯与威宁中水第二期的杯形制一致，表明二者有一定关系，柳叶形剑与威宁中水第一期的柳叶形剑也一致。由此判断，其年代也与威宁中水第一期相当，属春秋时期。

# 第二十三章

# 云南——世界铜鼓的起源地

## 第一节　概述

关于古代铜鼓之研究，百余年来，都是一个国际性的学术研究热门课题。其中，古代铜鼓的起源和传播是近年来中外学者极为关注的学术问题，中国云南古代铜鼓（万家坝型与石寨山型）与越南东山铜鼓的关系，则是中、越两国学者关于古代铜鼓起源于何处的分歧和争议的焦点问题，具有重要的学术价值和现实意义。

关于铜鼓的研究最早是由19世纪至20世纪的欧洲学者进行的，其中奥地利考古学家黑格尔的《东南亚古代金属鼓》是这一时期的代表作，他建立的铜鼓分类体系至今仍有强大的影响。日本学者从20世纪初也开始对铜鼓进行研究，他们对铜鼓研究的贡献在于：提出同一时代同一类型的铜鼓可分为两个系统，将黑格尔Ⅰ型铜鼓分为石寨山系和东山系。中国和越南是铜鼓分布最主要的两个国家，但越南学者对铜鼓的认识与中国学者有较大的差距。在铜鼓的起源上，他们认为铜鼓起源于越南北部。在铜鼓的分类上，他们认为越南东山铜鼓最早的类型是纹饰最为精美的A组铜鼓，与中国的石寨山型鼓相当；而器型粗糙、纹饰简单的D组鼓则是铜鼓的退化时期的类型，相当于中国的万家坝型鼓，与中国学者认为万家坝型鼓是最早类型的铜鼓的结论恰好相反。中国学者对铜鼓的研究主要建立在科学发掘出土铜鼓的基础之上，结论是万家坝型铜鼓是最早类型的铜鼓，中国云南是古代铜鼓的起源地。其结论经得起自然科学的验证。

从目前中国、越南和日本学者对铜鼓的研究来看，铜鼓的起源和传播、万家坝型铜鼓和石寨山型铜鼓的关系以及万家坝型、石寨山型铜鼓与东山铜鼓之间的关系的研究是亟须解决的关键问题，也是铜鼓研究的基础课题之一，对解决铜鼓研究的分歧有重要意义。这是一个重要的国际学术问题。

## 第二节　万家坝型铜鼓的起源和传播

万家坝型铜鼓相当于美国和日本学者命名的"先黑格尔Ⅰ式铜鼓"、越南东山铜鼓中的D组铜鼓，但越南学者与中国及美国和日本学者的看法相反，他们认为这种形制粗糙、纹饰简单古朴的类型是铜鼓退化阶段的产物，而不是前者认为的万家坝型铜鼓是最早出现的铜鼓类型。这一分歧成为目前铜鼓研究的焦点之一。

万家坝型铜鼓共分为四式，各式形制和纹饰呈逐步演变的规律，时代最早为春秋早、中期，最晚为战国晚期。从其形制看与铜釜相似，有的在鼓面留有烟炱，出土时鼓面朝下，还未脱离炊器的功能。从纹饰看，纹饰少而简单，在已知的八种类型铜鼓中纹饰最少。鼓面仅饰太阳纹，一些鼓腰部内壁饰有卷云纹和鼍纹，腰外部用垂线纵分为数格，格间无纹，腰下部饰云雷纹。从时代看，目前发现的最早的铜鼓的年代就是万家坝型Ⅰ式鼓，时代在春秋早中期，其他各式鼓的年代都较Ⅰ式鼓晚，而石寨山型鼓是在战国晚期以后才开始出现，其他各型铜鼓时代更晚，由此可知万家坝型铜鼓是时代最早的铜鼓。此外，从金属成分分析来看，红铜鼓在万家坝型铜鼓中占有不小的比例，而锡青铜鼓和铅锡青铜鼓也大部分属低锡、低铅锡鼓，高锡青铜、高铅锡青铜鼓的数量很少，仅发现于云南省文山州的广南县，说明万家坝型铜鼓的铸造技术尚不成熟，还处在摸索阶段，而其他各型铜鼓基本为锡青铜鼓和铅锡青铜鼓，合金比例也很合适，显然较万家坝型鼓的铸造技术成熟。另外，万家坝型铜鼓的铅同位素分布较为分散，主要集中在三个区域，表明其矿源并不唯一，亦即铸造使用万家坝型铜鼓的地区可能并不止一处，这与石寨山铜鼓和东山铜鼓的铸造地集中不同，说明其铸造时间较早，铸造地分散。从以上分析我们可以看出，万家坝型铜鼓是最早出现的铜鼓，是古代铜鼓的"老祖宗"。

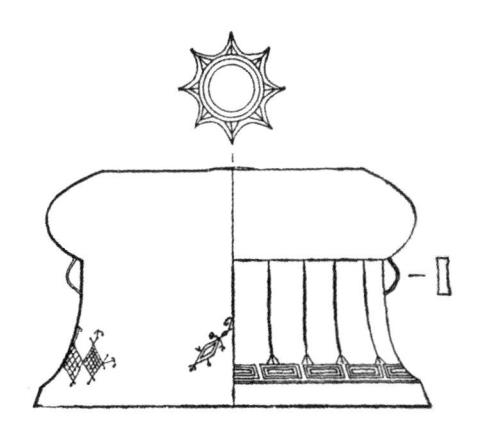

**图 88　楚雄万家坝 M23：159 号鼓（春秋）**

从万家坝型铜鼓的分布来看，最早的铜鼓产生于滇中偏西一带。Ⅰ式鼓无疑是最早的铜鼓形制，在滇中偏西一带出土数量最多，楚雄大海波鼓形制最原始，这从铅同位素比值可以得到佐证，这里是铜鼓的发源地。但铜鼓出现后不久就开始向外传播，不过只在滇东、滇东南和越北有零星发现。而且从越南上农鼓的铅同位素检测结果可以看出，上农鼓的矿料来源地在滇中偏西一带，说明它是制作完成以后传入越南的，也说明万家坝型铜鼓的使用者正是最早期铜鼓文化的传播者和使用者。Ⅱ式鼓较Ⅰ式鼓数量增长较多，但其分布地区却基本局限在其起源地滇中偏西一带，表明此时铜鼓正处在调整时期，基本没有向外传播。Ⅲ式鼓是万家坝型铜鼓发展最辉煌的时期，发现的数量在万家坝型各式铜鼓中最多，而且分布地域广，除在其起源地滇中偏西一带形成万家坝型铜鼓分布的中心外，在滇东南、桂西北、越北地区还形成了另一个数量稍少的万家坝型铜鼓的分布中心。由此可以看出万家坝型铜鼓向外传播的主要路线是向东南方向发展的，即从礼社江沿元江到达滇东南或越北及桂西北一带。另一条路线从滇中偏西沿澜沧江南下到达泰国、老挝一带。Ⅳ式鼓是其最后一种形式，也是万家坝型铜鼓走向衰落并发生蜕变的时期，在万家坝型铜鼓分布的中心地区滇中偏西一带只有数件出现。而在滇东南和越北一带也发现了与滇中偏西数量相当的Ⅳ式鼓，不过这些铜鼓并非从滇中偏西一带传播而来，而是在原先传播来的铜鼓的基础上发展演变而来的，因为各地铜鼓的铸造工艺略有不同，显示其制作地应在当地。但形式的相似说明它们之间仍然存在着一定的交流。

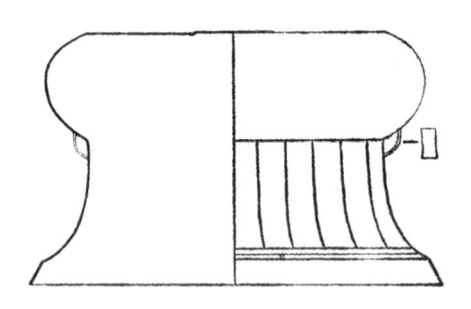

**图89 楚雄万家坝 M1：12 号鼓（春秋）**

　　万家坝型铜鼓消失以后，石寨山型铜鼓的石寨山系和东山系铜鼓分别出现，它们是万家坝型铜鼓的后继者，石寨山型鼓是万家坝型铜鼓的直接继承者，而东山型铜鼓是在万家坝型鼓的影响下出现的，二者都是万家坝型铜鼓向外传播的结果。石寨山型鼓除在滇文化中集中分布外，向北到达川西南的会理、盐源，向东到达黔西北，但数量都较少，而东南方向的传播是其主要路线，即滇东南、桂西北以及中越边界一带，更远的地方达到桂东。东山型鼓则受石寨山型铜鼓的影响，其分布范围主要在越北一带，与石寨山型铜鼓并行发展。

　　从铜鼓的发展来看，最早的万家坝型铜鼓产生于滇中偏西一带。在其出现时就开始向外传播，其传播的路线主要是向东和东南方向。此后出现的石寨山型鼓也延续着万家坝型鼓的传播路线，并在越北的东山文化形成了另一个石寨山型铜鼓的中心。由此，铜鼓在中国西南和东南亚地区逐步演变繁衍，出现了绵延至今、富有地方特征的铜鼓文化。

## 第三节　石寨山型铜鼓是万家坝型铜鼓的直接继承者

　　石寨山型铜鼓分为四式，战国晚期开始出现，西汉时期是其使用的鼎盛时期，东汉初期以后为冷水冲型铜鼓所取代。从它与万家坝型铜鼓的关系来看，石寨山型铜鼓应是万家坝型铜鼓的直接继承者，而不是像越南学者所说的万家坝型铜鼓是石寨山型铜鼓的退化类型或个别中国学者认为的万家坝型和石寨山型铜鼓是两种不同系统，各自独立发展的铜鼓。

从时间上看，万家坝型铜鼓产生于春秋早期，流行至战国早、中期，时间在500年左右，战国晚期以后基本不见，在时代更晚的滇文化墓葬中已见不到万家坝型铜鼓的踪影了，在滇文化的墓葬中至今没有见到万家坝型铜鼓与石寨山型铜鼓共存或两者平行发展的迹象。石寨山型铜鼓I式鼓的年代当战国晚期左右，其形制与万家坝型铜鼓相比有一定的差距。当石寨山型铜鼓开始出现时，万家坝型铜鼓已基本消失。两型铜鼓在滇文化墓葬中没有发现共存于一个墓葬中的情况，这些在墓葬中表现出来的最直接的现象是值得重视的。

从形制来看，万家坝型铜鼓直接源于铜釜，是铜鼓最原始的形态，胸部最大径早期在中部偏下，时代越晚，最大径逐渐上移，万家坝型鼓的鼓面要小于石寨山型鼓。此外，万家坝型鼓的造型、尺寸不规范，面径有的超过60厘米（如大各大鼓），小的面径不足20厘米（如云南民族大学博物馆藏鼓），石寨山型鼓尺寸相对固定，面径以30—40厘米的居多，相差不大，说明石寨山型鼓较为成熟。由此可见，石寨山型铜鼓除鼓面略有增广、腰径亦较万家坝型增大外，造型基本上保留了万家坝型铜鼓的特征。

从纹饰来看，万家坝型铜鼓的纹饰简单、古朴，石寨山型铜鼓的纹饰复杂、精致，显然是后者晚于前者。万家坝型鼓鼓面的太阳纹、腰部直段分格的装饰格局均为石寨山型铜鼓继承。此外，鼍纹最早出现在万家坝型铜鼓的内壁，是最主要的纹饰之一。在最晚的万家坝型铜鼓上鼍纹从内壁转移到鼓面，说明其用途已从兼作炊具变为专用的打击乐器。此后在石寨山型铜鼓的鼓胸上也有少量出现，显然也是万家坝型铜鼓上的鼍纹"遗传"的结果，因而也成为石寨山型是万家坝型铜鼓直接演变而来的重要证据之一。从鼍纹的演变来看，石寨山型铜鼓是直接继承万家坝型铜鼓而来，可以将之称为铜鼓的文化"DNA"。

此外，从出土情况看，均没有发现万家坝型铜鼓和石寨山型铜鼓同时出现的情况。滇西地区时代较早的墓葬中出土的铜鼓均为万家坝型，未见一例石寨山型铜鼓，在时代较早的滇文化墓葬中也未出土石寨山型铜鼓；而在时代较晚的滇文化墓葬中出土的铜鼓均为石寨山型，未出土早期的万家坝型铜鼓。这种情况表明，出土万家坝型铜鼓的墓葬年代均比出土石寨山型铜鼓的墓葬年代要早，至今没有发现任何例外。在云南滇池以外的其他地方所发现的铜鼓情况也一样，无论是考古发掘的墓葬还是零星出土的铜鼓，都没有发现万家坝型和石寨山型铜鼓共存的现象。从各地墓葬出土铜鼓情况来看，万家坝型和石寨山型铜鼓是前后相继出现的，而不是平行发展的，它们之间是继承关系而非同时出现。

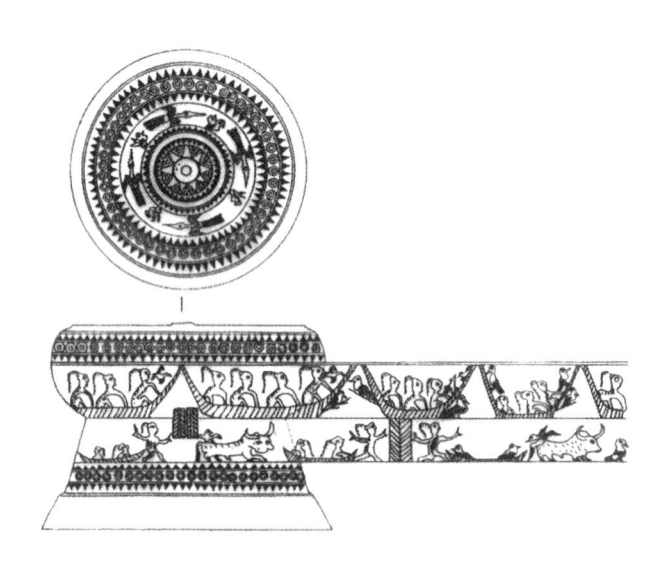

**图90　石寨山M1：58鼓（西汉）**

从金属成分看，铜鼓的合金组成随着时代的变化存在着一定的规律。从二者金属成分看，万家坝铜鼓多为含锡铅较少甚至是不含锡铅的红铜器物，石寨山铜鼓的锡含量适中而铅含量的变化较大。这种变化说明万家坝型铜鼓铸造时对于铅锡合金的性能尚在摸索之中，而到石寨山型铜鼓的铸造时对于铅锡青铜性能的掌握日趋成熟，以及对于金属铅在青铜铸造中的作用也越来越了解。万家坝型铜鼓的纹饰简单，造型粗糙，证明其铸造技术仍旧处于较为初期的阶段。而石寨山型鼓的造型精美，花纹复杂，说明铸造技术已经到达了一个比较成熟的阶段。从我们对于其合金配比的分析发现万家坝型铜鼓的合金配比随着形制的复杂而逐渐向成熟发展，即由纯铜鼓向低锡青铜鼓和三元合金鼓发展，而到了石寨山型铜鼓其合金配比已经粗具规模，只是铅含量还比较分散，再发展到其直接继起类型冷水冲型铜鼓时，其铜锡铅配比直接继承了石寨山型铜鼓晚期的合金配比。

铅同位素的研究是探讨青铜器矿料产源的重要研究手段，从二者铅同位素分析来看，万家坝型的矿料来源均在滇西至滇中一带，说明其铸造地即在这一地区。这一结论也证实了利用考古学方法得出的观点是正确的，即铜鼓起源于滇西至滇中偏西地区，无论越南还是文山地区出土的万家坝型铜鼓都是从楚雄、大理等地传播过去的。石寨山型铜鼓的铅同位素比值和万家坝型铜鼓的数据分布多数互相重叠，说明二者的矿料产地绝大部分相互重叠，表明两种类型铜鼓的矿料来源地相同或相近，可以证明石寨山铜鼓是直接承继万家坝铜鼓而来的；石寨山型铜鼓的矿料产地就是云南本地，而不是从越南东山文化传入的。

## 第四节 越南东山铜鼓是在中国云南万家坝型铜鼓的影响下产生的，与中国石寨山型铜鼓是平行发展的同一种类型的铜鼓

越南东山铜鼓共分为 A、B、C、D、E 5 组 22 个式。其中 A、B 组即中国的石寨山型铜鼓，C 组相当于中国的冷水冲型，E 组相当于中国的遵义型，D 组相当于中国的万家坝型。中国和日本、美国学术界一般认为，东山铜鼓指的是 A、B 两组铜鼓，即石寨山型铜鼓之东山系，年代在战国晚期至东汉早、中期。

依越南学者排列的时代次序，A 组要比 B 组早，C 组、D 组、E 组都比较晚。我国学者认为 D 型鼓（上农鼓、淞林鼓）即万家坝型铜鼓，此型铜鼓较为粗陋，是最早类型的铜鼓。从东山铜鼓的流行年代来看，A、B 组铜鼓的年代在公元前三世纪至公元一世纪之间，也即战国晚期至东汉初期，与滇文化的年代相当，而万家坝型鼓的年代要早于石寨山型铜鼓的流行年代。从器形、纹饰以及年代来看，东山铜鼓 A、B 组鼓都要晚于 D 组即万家坝型鼓，是从万家坝型鼓发展而来而非相反。

从东山铜鼓的合金成分来看，除极少量的红铜鼓外，基本为锡青铜鼓和铅锡青铜鼓，说明东山文化时期对锡、铅在青铜器铸造方面的作用是十分清楚的，铜鼓的铸造已达到较为成熟的水平。这也说明东山铜鼓的铸造水平要远远高于万家坝型铜鼓，其时代也要晚于万家坝型铜鼓。

从铅同位素来看，东山铜鼓的铅同位素比值范围分布较窄，表明其开采的矿山亦较为单一，而且与万家坝型铜鼓的分布范围基本不重合，说明东山铜鼓与万家坝型铜鼓的矿料来源不一致，东山铜鼓是受万家坝型铜鼓的影响而产生的而不是直接继承的关系。从东山铜鼓与万家坝型铜鼓的关系来看，它并不像石寨山铜鼓那样，与万家坝型铜鼓有着直接的承继关系，而是受其影响出现的。

东山铜鼓与石寨山铜鼓是互相联系又平行发展的，它们同属于石寨山型铜鼓。出土石寨山铜鼓的石寨山文化和出土东山铜鼓的东山文化时代相同，各自独立发展又相互影响。但石寨山文化对东山文化的影响是主要的，相反的影响要少得多，这与石寨山文化较东山文化更发达有关。

东山铜鼓与石寨山铜鼓从形制、纹饰等看基本一致，二者同属石寨山型鼓的不同亚型。但二者又有许多不同之处：从造型上看，石寨山鼓为喇叭形的截头圆锥形腰，而东山鼓多为圆筒形腰，并且东山铜鼓普遍大于石寨山铜鼓；从纹饰上看，东山铜鼓的鼓面内侧多有乐舞纹，外侧有翔鹭纹的较多，石寨山铜鼓外侧虽也有翔鹭纹，但内侧饰有鸟类之外的动物纹却很一般，石寨山铜鼓写实性风格较东山铜鼓多，东山铜鼓的几何形纹饰种类较石寨山铜鼓多，此外石寨山铜鼓腰部常用牛纹做装饰，东山铜鼓则少得多；石寨山铜鼓除做乐器外，还有部分被用作贮贝器，而东山铜鼓无此现象；此外，石寨山铜鼓的形状还常作为装饰用在杖头、器座上，东山铜鼓则很少见，而以铜鼓形状作为装饰的做法最早出现在万家坝型铜鼓，这也说明石寨山铜鼓是直接继承万家坝型铜鼓，而东山铜鼓只是受其影响；东山铜鼓还有不少明器鼓，而石寨山铜鼓基本无此现象。

通过以上分析可知，东山铜鼓是受万家坝型铜鼓的影响而产生的，它与石寨山铜鼓是处于既独立又互相影响的平行发展的关系，与石寨山铜鼓同属石寨山型铜鼓。

古代铜鼓起源于中国云南省，时代为春秋早期，最早类型的铜鼓是万家坝型铜鼓。石寨山型铜鼓是万家坝型铜鼓的直接继承者，越南东山铜鼓是受万家坝型铜鼓影响下而出现的，与石寨山型铜鼓是平行发展的同一类型（石寨山型）铜鼓的两个亚型（即石寨山型石寨山系、石寨山型东山系），其流行时代为战国晚期至东汉早期。[1]

---

[1] 李昆声、黄德荣：《中国与东南亚的古代铜鼓》，云南美术出版社2009年版。

# 第五编

## 战国时期云南的方国
### ——青铜文明的发展与繁荣

# 第二十四章

# 哀牢国

## 第一节 哀牢国的传说与世系

据方国瑜教授的考证，公元前 300 年左右，哀牢国的部族已有王，[①] 结合对哀牢青铜文化的分析，哀牢国是战国时期在云南出现的一个重要的方国。

据《后汉书·西南夷列传》转引东汉建武年间蜀人杨终所著《哀牢传》关于哀牢历史的传说："哀牢夷者，其先有妇人名沙壹，居于牢山，尝捕鱼水中，触沉木若有感，因怀妊，十月，产子男十人。后沉木化为龙，出水上。沙壹忽闻龙语曰：'若为我生子，今悉何在？'九子见龙惊走，独小子不能去，背龙而坐，龙因舐之。其母鸟语，谓背为九，谓坐为隆，因名子曰九隆。及后长大，诸兄以九隆能为父所舐而黠，遂共推以为王。后牢山下有一夫一妇，复生十女子。九隆兄弟皆娶以为妻，后渐相滋长。种人皆刻画其身，象龙文，衣皆着尾。九隆死，世世相继，乃分置小王，往往邑居，散在溪谷"。[②]

关于哀牢的世系，《后汉书·西南夷列传》李贤注引"哀牢传"说："九隆代代相传，名号不可得而数，至于禁高，乃可记知。（《册府》知字作名。）禁高死，子吸代；吸死，子建非代；建非死，子哀牢代；哀牢死，子桑藕代；桑藕死，子柳承代；柳承死，子柳貌代；柳貌死，子扈栗代（《册府》栗字作桑，又《后汉书》扈字作贤。）"

扈栗于汉光武帝建武二十七年（公元 51 年）遣使至洛阳要求内附，

---

[①] 方国瑜：《中国西南历史地理考释》上册，中华书局 1987 年版，第 21 页。
[②] 《后汉书·西南夷列传》。

在此之前有记录共传八代上溯至禁高，而禁高以前已"代代相传，名号不可得而数。"

据耿德铭先生研究：哀牢首领中的"王"，史书具体载明的有三批：一是由九隆到类牢的国王、"总王"有十世之名；二是鹿茤之战所死6王；三是随柳貌内属的"邑王"77人，三批合计93王。失于记载的"王"有两批：一批是"渠帅皆曰王"，不知道有多少；另一批是扈栗、柳貌内属前，早已归于西汉不韦、嶲唐、比苏三县的"邑王"，不知有多少。五批相加，哀牢大中小王林林总总绝不下于百。第二次内附时，哀牢王就带去55万多人。可见在公元1世纪时，哀牢国是一个强盛的方国。哀牢统治者的军事权威和宗教神威密切结合，哀牢国君及其以下的许多首领身兼政务长官、军事长官和宗教领袖，大小诸王共同执掌政务、征伐、祭祀等当时最重要的社会职能；王权、神权、军权相互因应，相互为用，三权之用又往往相互交合，例如铜鼓、铜钟既是王权重器，又是神权重器，铜钺、铜鏚既是王权象征物，又是军权象征物。①

## 第二节　哀牢国的方位、地域与民族

《华阳国志》以滇池区域为基准，说哀牢国在"宁州极西南"。明代《滇史》以洱海区域为基准，也说："古哀牢国，在建宁极西南。"清代《永昌府志》说："古哀牢国，西极南隅。"

关于哀牢国的地域，历代文献均记载"永昌郡、古哀牢国。"如清人师范《滇系》："永昌府，古哀牢国。"《保山县志》说哀牢国的范围："哀牢境域，东南三千里，南北四千六百里。"

近人研究，古籍所说的哀牢国的范围"永昌郡"是魏晋时期的永昌郡。② 魏晋时期的永昌郡有8个县：不韦、嶲唐、比苏、哀牢、博南、永寿、南涪、雍乡。魏晋时期的不韦县地域为今天之施甸县，嶲唐县地域为今天之保山市，比苏县地域是今天之云龙县，哀牢县地域为今天之德宏大盈江一带直至境外缅甸密支那、葡萄城。③ 博南县地域为今天之永平县，

---

① 耿德铭：《哀牢国与哀牢文化》，云南人民出版社2003年版，第31页。
② 同上书，第8页。
③ 谭其骧主编：《中国历史地图集》，第二册，地图出版社1982年版，第21—32页。

永寿县地域为今天之耿马县，南涪县地域为今天之景洪市。雍乡县地域无考。① 这就是哀牢国的地域与范围，哀牢国的国都可能在保山市。

哀牢国在战国秦汉时期是一个不小的方国，其民族众多，有闽濮、鸠僚、僄越、裸濮、"身毒之民"。"身毒之民"就是印度侨民。

因哀牢国地当交通孔道，有蜀、身毒道从内地通向印度。这条道路，早在汉武帝元狩元年（公元前122年）前，就被出使西域归来的张骞发现，并报告了汉武帝。这条道路是各族人民在相互长期的交往融通的过程中，用自己的双脚踩出的大道。据史学家的推断，早在公元前10世纪时就已经形成了。这条道路自成都出发，进入云南以后，西经叶榆（大理）、嶲唐（保山）、滇越（腾冲）出境至印度。它沟通了中印两大文明古国的关系，使两国之间产生了政治、经济、民族、文化的交往，所以"身毒之民"进入了哀牢之地定居。

## 第三节　哀牢国的考古文化遗存

考古学者认为："按云南考古学的一般规律，以保山市辖区为中心的青铜文化中，应该有与哀牢文化关系密切的青铜器，就是哀牢青铜文化"。② 哀牢国青铜文化主要分布在保山、昌宁、腾冲、龙陵、凤庆、施甸、云龙、云县、双江、澜沧等市县。耿德铭将哀牢青铜文化分为早、中、晚三期。

"早期：以出土铜锥、铜器残片、铸制铜器的石范和冶铸遗迹的大花石上层为代表，包括年代稍早或晚于大花石上层的一些地点，分布在龙陵、施甸和怒江州中南部，特点是铜器大都是与石器并存，工具主题仍是大量石器，铜器器型单调（仅见斧与锥），其中一批铜斧是锻打的小型实心红铜器，铸制的有銎斧很粗糙，技术落后，发展缓慢，上限为商中期，下限为西周，是属于哀牢地青铜文化的滥觞期。

中期：以昌宁白沙坡、坟岭岗和云龙漕涧坡头村墓葬为代表，同期器物出土地点广布哀牢区境，特点是器物种类和数量大增，技术显著进步，

---

① 《云南各族古代史略》，云南人民出版社1977年版，第212、214页。
② 李昆声：《"哀牢国与哀牢文化"序一》，耿德铭：《哀牢国与哀牢文化》，云南人民出版社2003年版，第2页。

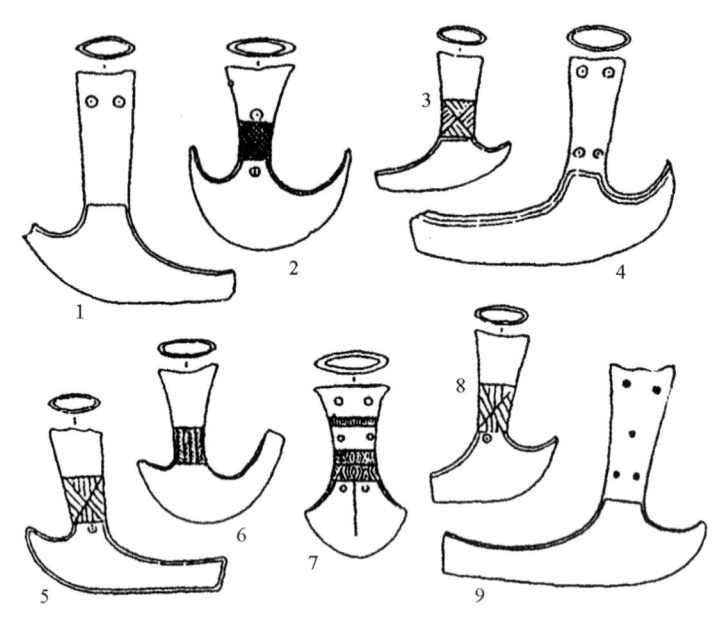

1. 昌宁龙潭山　2、6、7. 昌宁卡巴洼　3、4. 隆阳汶上
5、8. 昌宁八甲大山　9. 凤庆石门坎

**图91　铜钺**

全部礼、乐、兵器、装饰品和大部分生产工具均出此期，许多器物铸造精良，纹饰繁美，并有人物、动物、植物，或为透雕、圆雕制品，坟岭岗晚期墓葬中已出土1件铜銎铁矛，时当春秋、战国至西汉前期，是哀牢地青铜文化的育成与繁荣期。

晚期：西汉晚期起，云南出现较多的铁器，至公元前109年武帝在哀牢地设不韦、嶲唐、比苏三县，随着汉族移民迁入引进铁器，哀牢地在西汉中后期步入了青铜文化衰落期，此期青铜器间有石寨山型铜鼓、铜斧、铜镜等。"[1]

在以上分期中，早期应属先哀牢国青铜文化。哀牢国青铜文化中，青铜生产工具有斧、锥、锄等；青铜兵器有戈、矛、剑、钺、镢、刀、镞等；青铜礼乐器有钟、鼓、案、盒等。

特别值得一提的是战国时期的哀牢山字足铜案，系1989年出土于腾

---

[1] 耿德铭：《哀牢国与哀牢文化》，云南人民出版社2003年版，第59页。

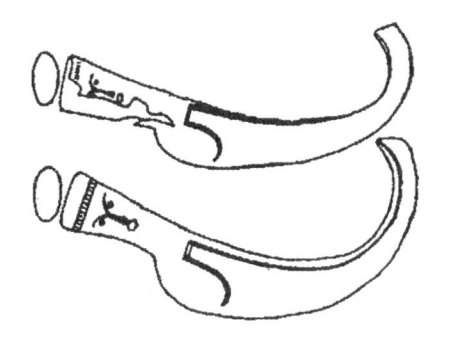

**图 92　人面纹大弯刀**

冲县曲石乡张家寨一座土坑墓中，案长 38.6 厘米、高 11.4 厘米，案面之两侧各设三纵一横铜片组成的"山"字形足架，两"山"字足之两下端用细横梁连接支撑，以增加其稳固和承载力。案面遍布雷纹、三角锯齿纹、四角羽纹等几何花纹。此铜案是哀牢国上层贵族祭祀时使用的礼器，正如《左传·国语》所说："国之大事，在祀与戎"，祭祀是哀牢国的"国家大事"之一。

**图 93　山字足铜案（战国）**

哀牢国青铜器中，还有一种特殊的器物——铜盒。一共发现 5 件，其中 1 件与上述铜案同出一墓，时代亦为战国。另外 4 件中，有 2 件出自昌宁县达丙乡三甲村旁的小山坡上，有 3 件与大型铜钺一并出土。另有 2 件系征集而来。铜盒的形状整体呈扁长方形、各由上宽下窄的盒盖和上窄下宽的盒身扣合而成，扣合部内收为束腰状，盖顶下是呈弧形马鞍形，盒底则平齐。除盒底外，盒体遍布几何花纹。5 件铜盒中，最大的 1 件通高 58 厘米，顶宽 33 厘米、底宽 44 厘米。这件铜盒的具体用途不明，类似器物在其他地区青铜文化中未曾发现过。其中 1 件铜盒与礼器铜案同出一墓，还有 1 件铜盒与 3 件大型铜钺一起出土。可以推测铜盒是与祭祀或军权有关。[①] 哀牢国青铜文化中的铜盒的特殊地位大约相当于滇国青铜文化中的贮贝器、祭器一类器物的地位。

**图 94　昌宁铜盒（战国）**

战国时期云南一个重要的方国——哀牢国的青铜文化中出现了青铜编钟，说明哀牢国已受到中原礼乐制度的影响，铜鼓的出现说明哀牢国与云南楚雄万家坝青铜文化的联系和产生了具有云南地方民族特色的礼乐制度。而青铜盒这种特殊的器物的出土，说明哀牢国青铜文化与滇国青铜文化不属于一个体系，有着自身的特征。

在龙陵、腾冲、昌宁、云县、澜沧发现的青铜冶铸遗址和地点表明哀

---

[①] 耿德铭：《哀牢国与哀牢文化》，云南人民出版社 2003 年版，第 98 页。

牢国拥有自己的青铜铸造作坊。

## 第四节 哀牢国的物产与人口

据《后汉书》引录的《哀牢传》所载:"哀牢人皆穿鼻儋耳(《南中志》作有穿胸儋耳种,)其渠帅自谓王者(《南中志》作渠帅皆曰王),耳皆下肩三寸,庶人则至肩而已。土地沃美(《南中志》作土地沃腴),宜五谷桑蚕。知染采文绣,罽毲、帛锦。兰干细布,织成文章如绫锦。有梧桐木华,绩以为布。幅广五尺(《南中志》作梧桐木,其华柔如丝,民绩以为布,幅广五尺以还),洁白不受污染(《南中志》作'俗名桐华布'。)先以覆亡人,然后服之。其竹节相去一丈,名曰:濮竹(《南中志》作大竹名濮竹,节相去一丈,受一斛许)。出铜、铁、松、锡、金、银、光珠、虎魄、水精、玻璃、轲虫、蚌珠、孔雀、翡翠、犀象、猩猩、貊兽。"

上述产物,大都产于当地,其中孔雀、猩猩、犀象、貊兽等为内地罕见的珍稀动物。另外的少数物品,当属各族人民在经济贸易交往中的进口物,如光珠、蚌珠等。

约在战国时期,哀牢国的农业、手工业、矿冶业比较发达,对丰富的地方资源有了相当程度的开发利用。农业上种植五谷,栽桑养蚕,可能还饲养家禽家畜。纺织业亦比较发达,有加工金器、银器、翡翠等技艺。许多矿产也得到了开发利用,如铜、铁、金、银、锡,等等。

哀牢国物产中有不少驰名中原乃至南亚、西亚的名特产品:(1)桐华布:木棉布,据《华阳国志》记"幅广五尺以还,洁白不受污",其柔若丝。(2)兰干细布:优质苎麻细布,其华美有如丝织品的彩色大花绫锦。以上两种汉代即远销中原和西、南亚。(3)丝织"蛮锦":哀牢产丝史不绝书,"唐宋八大家"之一的苏东坡赠送欧阳修"蛮锦琴囊",被欧阳修视为传家宝,李根源考证产自永昌各土司地"夷人",当代"傣锦"质地优良且十分绚丽。(4)金:哀牢王在马笼头上镶金,永昌郡太守刘君世曾用纯金铸成花蛇,远送京城行贿。(5)光珠:宝石。吕凯之子吕祥任永昌太守时,一次就向朝廷献光珠五百斤。(6)犀、象:哀牢内属后,长期作为贡品。(7)濮竹:又名勐滩竹,即今耿马等地所产的龙竹,干可达10丈,直径有近一尺者,纤维柔细如麻,可以绞索织履,故也称麻竹，直到明清仍为贡品。(8) 藤蔑：《云南志》记"以藤浸经数月，色光赤，彼土尚之"。(9) 青木香：名贵的中药材，主治脘腹胀痛、呕吐、泄泻、痢疾等。(10) 良马：越赕骏，又称越赕骢、统轮马，产今腾冲，"尾高……日行数百里"，亦为贡品。①

汉武帝经营西南夷地区，在哀牢地区设不韦、嶲唐二县。《华阳国志·南中志》载："孝武（汉武帝）时，通博南山（在今永平县境），渡兰沧水（澜沧江），置嶲唐，不韦二县，徙南越相吕嘉子孙宗族实之，因名不韦，以彰其先人恶……渡兰沧水以取哀牢地，哀牢转衰。"汉武帝设嶲唐、不韦二县，客观上分散和割裂了哀牢国，因而"哀牢转衰"。到了东汉光武帝建武二十七年（公元 51 年），哀牢王贤栗（扈栗）第一次内附汉王朝时，根据《后汉书·西南夷·哀牢传》载："帅种人户二千七百七十，口七千六百五十七。"这个数字，当为当时哀牢本部落的户口数。及至永平十二年（公元 69 年），哀牢王第二次内附时，便带着"称邑王者七十七人，户五万一千八百九十，口五十五万三千七百一十一"（《后汉书·西南夷·哀牢传》），比哀牢本部人口多了数十倍，他们是由 77 个邑王（部落酋长）分别统辖各民族。

---

① 耿德铭：《哀牢国与哀牢文化》，云南人民出版社 2003 年版，第 12 页。

# 第二十五章

# 昆明国

## 第一节 昆明国的历史记载

昆明国作为战国西汉时期云南的一个方国，其国名在《汉书·武帝纪》臣瓒注中即已记载："（元狩）三年春……发谪吏，穿昆明池。"臣瓒注："西南夷传有越巂，昆明国。有滇池，方三百里。汉使求身毒国，而为昆明所闭。今欲伐之，故作昆明池象之，以习水战。"[1]

在《史记·西南夷列传》中，对昆明国的方位、面积有明确的记载："西南夷君长以什数，夜郎最大；其西靡莫之属以什数，滇最大；自滇以北君长以什数，邛都最大：此皆椎结，耕田，有邑聚。其外，西自同师以东，北至叶榆，名为巂、昆明，皆编发，随畜迁徙，毋常处，毋君长，地方可数千里。"

对《史记·西南夷列传》中关于昆明国"毋君长"（没有君长）的记载，《华阳国志·南中志》的解释是："莫能相雄长"。著名历史学家方国瑜教授认为，《史记·西南夷列传》所记昆明国"毋君长"，少一个"大"字，应该是"毋大君长。"[2]

从苍洱地区考古资料看，战国西汉时期洱海地区已经处于发展阶段青铜时代，早已超越原始社会的石器时代了。

战国西汉时期的昆明国以洱海为中心，地理位置处于汉朝通往东南亚、南亚的交通要冲，从西汉元狩元年（公元前122年）开始，汉武帝为打开通往身毒（印度）的道路，都被昆明族所阻挡。所以，元狩三年

---

[1] 《二十五史》第一卷，上海古籍出版社、上海书店1994年版，第384页。
[2] 方国瑜主编：《云南史料丛刊》第一卷，云南大学出版社1998年版，第3页。

才在首都长安开凿了一个水池，取名"昆明池"，为征服昆明国而练习水战。

《史记·西南夷列传》记载，昆明国"地方可数千里"。从青铜时代的考古材料看，战国西汉时期云南的一个重要方国——昆明国以洱海为统治中心，北至滇西北和四川西南、西抵澜沧江一带在保山与哀牢国相接；东达楚雄一带与滇国相邻；南至哀牢山一线。

## 第二节　昆明国的考古文化遗存

云南有文字记载的历史最早的是《史记·西南夷列传》。作者司马迁是汉武帝时期的史官，他曾奉命出使西南地区，并留下文字记载，有些记载是亲历亲见，有些则是采访记录他人见闻而来。根据这些史料分析，司马迁没有到达洱海周边，他记载的洱海地区的方国情况比较简略，主要记载了的"随畜迁徙"的游牧民族嶲和昆明族，而没有记载战国西汉时期洱海地区的农耕民族。

根据对云南全省青铜时代考古发掘资料的整理和研究，可以找到农耕民族的文化遗存，从而又可以补充司马迁记载之不足。在"地方可数千里"的昆明国范围内，存在着游牧民族和农耕民族。

### 一　昆明国的游牧民族

司马迁明确记载是"嶲、昆明族"，他们的发型是"编发"，而与滇池区域的滇族的发型"椎髻"不同。

在滇池地区的晋宁石寨山古墓群中出土的西汉时期的青铜贮贝器上，往往雕铸着大量的人物活动的场景，因为滇国没有文字，这些场景实际上是记录滇国的"国家大事"的。当然，滇国最重要的"国之大事"，"在祀与戎"即祭祀和战争。在这些贮贝器上的人物，绝大多数是发型为"椎髻"的滇族，也有少量"编发"的昆明族。

例如，在6号墓，即滇国某一代国王墓中，出土一具编号为M6：1"战争场面贮贝器器盖"上，雕铸18个青铜人物，其中有11位为滇族武士，披铠甲、戴头盔，有4人骑马指挥，7名步兵刺杀敌方。敌方共有7人，发型为编发，很明显是昆明族，其中1人被斩首，1骑士被击落倒地，1人被滇族骑兵践踏于地，另1人倒地。除以上4人战死以外，昆明族中活着的 3 人有 2 人被俘铐住双手，另一人跪地投降。很显然，这是记录滇国武士在某一次战争中击败游牧民族昆明族的场景。

**图95　战争场面铜贮贝器器盖（西汉）**

在晋宁石寨山第 13 号墓中出土的编号为 M13：356 青铜贮贝器器盖上，也表现了战争场面，此战中滇国武士 9 人。编发的昆明族 4 人，或被斩首悬挂在滇国武士马颈下，或被斩下首级后提在滇族手中，或正做最后的拼杀。这里表现的仍是滇族战胜昆明族的场景。[1]

另外，在上述同一座墓中，出土了 1 件鎏金"献俘"青铜扣饰。这件青铜器物则是表现滇国武士战胜昆明国的昆明族以后胜利归来的场景：右前方 1 名滇族武士身着高领盔甲，头戴圆顶盔帽，左手提 1 颗昆明族的人头，右手绳索上牵 1 个被俘获的昆明族妇人和她背负的幼童。妇孺后面是 1 头牛 2 只羊，这些显然是战利品。殿后的 1 名滇族武士着盔甲、荷兵器，手里也提着 1 颗昆明族的人头。2 名滇族武士脚下还践踏着 1 具昆明族的无首尸身和 1 条巨蛇。[2]

显然，战国西汉时期云南两个强大的方国：滇国和昆明国之间经常发生战争，但不一定昆明族永远是失败者，滇族也不一定每战必胜。因为这

---

[1]　云南省博物馆：《云南晋宁石寨山古墓群发掘报告》，云南人民出版社 1959 年版。
[2]　李昆声：《云南艺术史》，云南教育出版社 2001 年版。

图96 "献俘"鎏金铜扣饰（西汉）

些青铜器是滇族制造，他们只"记录"了自己某次战役的辉煌战绩并将其带入坟墓随葬，让丰功伟绩永远伴随着墓主人步入"天堂"罢了！

由于昆明族是氐羌系的游牧民族，他们的埋葬方式主要是火葬，少数也有土葬。所以，在昆明国范围内尚未发现其墓葬和遗址。

## 二 昆明国农耕民族的考古学文化遗存

1964年，云南省博物馆文物工作队在祥云县刘厂乡大波那村发现一座巨大的战国时期木椁铜棺墓。该墓出土的棺椁极为特殊，即外椁为木质、内棺铜质。椁用长2.5米的巨大木料制成，棺则用青铜制成，由7块青铜铸件斗合而成，棺盖由两块青铜板搭成人字形两面坡屋顶形状，另有5块青铜板分别组成棺两侧板和两横板及1底板。棺底由12只桩柱支撑，使整具铜棺像一座干栏式建筑。这具青铜棺重257公斤。铜棺上面遍布几何花纹、棺体两横头青铜板上遍铸几何纹、鹰、燕、鳄、虎等动物花纹。是云南青铜时代唯一的一件铜棺。

与铜棺同时出土近百件青铜器，其中有10多件青铜斧、锛、锄等生产工具；10多件剑、矛、啄、镈等兵器；10多件釜、杯、尊、豆、勺等生产工具以及房屋模型、纺织工具等。特别值得注意的是出土了青铜六畜：猪、牛、羊、马、狗、鸡的模型和铜钟、铜鼓等青铜礼乐器。

如此巨大的铜棺表明墓主人应该为定居的农耕民族而非游牧民族。铜

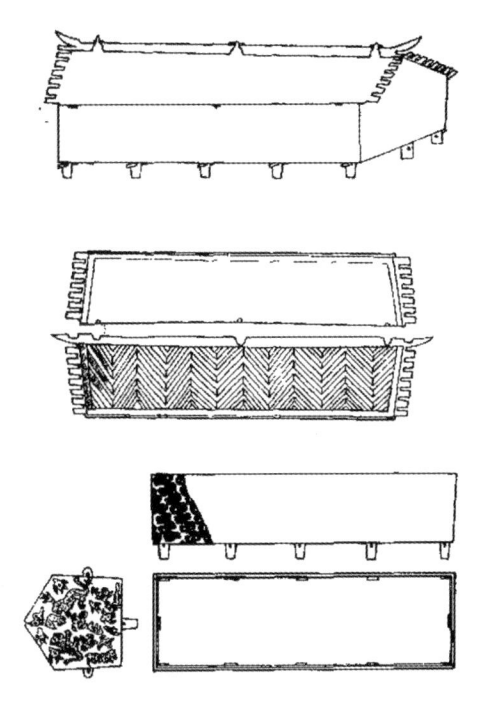

**图97　祥云大波那铜棺（战国）**

棺整体像一座干栏式房屋，表明墓主人不是属于氐羌系的昆明族，而是居住干栏的濮越系民族。除铜质棺体本身外，同时出土青铜斧、锛、锄等农业生产工具，尤其是锄也说明了墓主人是农耕民族。墓内青铜"六畜"说明墓主人是饲养家畜家禽的农耕民族。

铜棺内出土的一具长1.25米的铜杖，通体青铜制成，杖头两豹相抱，据考证，这是"权杖"。[①]

铜钟、铜鼓在随葬品中出现，说明墓主人有一套学习中原（钟）和又有地方民族特色（铜鼓）固有的礼乐制度。

从祥云大波那木椁铜棺墓的规格，青铜棺体之巨大，耗费铜料之多，以及随葬器物的豪华程度，可以推测墓地主人应该是战国时期昆明国的国王、酋长或是邑君之类的人物。而他本人则来自农耕民族而非游牧民族。

---

① 李昆声：《李昆声文物考古论集》，台中：逢甲大学出版社2007年版，第265页。

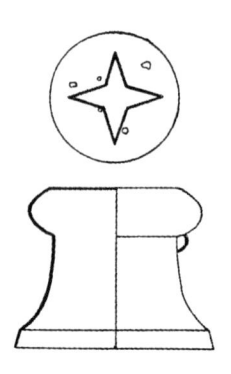

**图 98　祥云大波那 M1：19 号鼓（战国）**

### 三　昆明国半农耕半游牧民族的考古学文化遗存

1987年2月至10月大理州博物馆发掘的祥云县红土坡战国西汉墓地，共发掘大石墓72座，出土文物千余件，有条形锄52件，尖刃锄57件，镰3件，斧2件及马、牛、羊、猪、鸡、犬等铜铸家畜文物。如保存较好的14号墓，出土多种动物形饰件，其中马39件、牛19件、羊31件、猪18件、鸡189件、犬7件。①

从红土坡墓地出土的器物来看，锄耕农业和畜牧业在这个部族的生活中占据着同等重要的地位，农业生产工具和收割工具的大量出现说明在这一区域内农业也非常普遍，而猪、鸡、犬与马、牛、羊的同时随葬，更说明了定居式的家畜畜养与游牧式的家畜放牧占有同样的地位。这也说明了游牧民族在受到农耕文化影响之后，也开始转变其生产方式。而定居农业也提供更稳定而丰富的食物来源给这些人口持续增长的游牧部族。

其实同样的情况在楚雄万家坝墓地也有出现，在万家坝墓地的早期，出现的农业工具很少，而到了晚期，农业生产工具不但数量大量增加，而且种类也丰富起来。可见农耕文化对于游牧部族的影响是强烈的。

同时，由于祥云大波那和红土坡的重要考古发现，战国西汉时期昆明国的统治中心很可能在祥云县。

---

① 杨德文：《从出土文物看战国至汉代滇西地区的锄耕农业》，《云南文物》1992年总第34期。

# 第二十六章

# 滇　　国

## 第一节　史籍记载的滇国及滇王

滇国是战国西汉时期云南最重要的方国。

有关于滇国的记载最早见于《史记·西南夷列传》："西南夷君长以什数，夜郎最大；其西，靡莫之属以什数，滇最大。"同时，还记载了滇国在战国时期建立的过程："始，楚威王时，使将军庄蹻将兵循江上，略巴、蜀、黔中以西。庄蹻者，故楚庄王苗裔也。蹻至滇池，地方三百里，旁平地，肥饶数千里。以兵威定属楚，欲归报，会秦击夺楚巴、黔中郡，道塞不通，因还，以其众王滇，变服，从其俗，以长之。"方国瑜教授考证，庄蹻王滇的时间"或在公元前280年至公元前277年之间，或在公元前276年。"①

《史记》一共记载了两位滇王的名字，除了上述王滇的第一代滇王庄蹻外，《史记·西南夷列传》还记载了另一位在汉武帝时期的滇王名字叫尝羌："及（武帝）元狩元年（公元前128年），博望侯张骞使大夏来，言居大夏时，见蜀布、邛竹杖，使问所从来，曰：'从东南身毒国，可数千里，得蜀贾人市。'或闻邛西可二千里有身毒国。骞因盛言大夏在汉西南，慕中国，患匈奴隔其道，诚通蜀，身毒道便近，有利无害。于是天子乃令王然于、柏始昌、吕越人等，使间出西夷西，指求身毒国。至滇，滇王尝羌乃留，为求道西十余辈。岁余，皆闭昆明，莫能通身毒国。"过了19年，到西汉元封二年（公元前109年），汉武帝派兵攻打滇国，滇王投降，受封并赐印："元封二年，天子发巴蜀兵击灭劳浸、靡莫，以兵临

---

① 方国瑜：《方国瑜文集》第一集，云南教育出版社2001年版，第94—100页。

滇，滇王始首善，以故弗诛。滇王离难西南夷，举国降，请置吏入朝。于是以为益州郡，赐滇王印，复长其民。"

投降汉王朝的滇王是否是尝羌，史籍没有记载。其后，在史籍中再也看不到有关滇国和滇王的记载。

1956年，云南省博物馆发掘晋宁石寨山古墓群，在第6号墓中出土黄金质地的"滇王之印"。第6号墓墓主为汉武帝元封二年（公元前109年）颁赐"滇王之印"，受印的那位滇王或此后的某代滇王。[①]

除晋宁石寨山第6号墓墓主为某代滇王外，蔡葵考证，第3号、12号、13号墓的墓主也可能为西汉时期的三位滇王。[②] 蒋志龙认为，71号墓的墓主人也可能是某位滇王。[③] 黄懿陆认为，除了上述5座墓的墓主人是滇王外，昆明呈贡天子庙第41号墓的主人是战国时期开滇的第一代滇王庄蹻，呈贡天子庙第32号墓的墓主也是一代滇王。[④]

以上使用考古资料对某墓主人为某代滇王的推测，只有晋宁石寨山第6号墓的墓主人因有"滇王之印"随葬，其身份为某代滇王，在史学界和考古界均无异议。至于上述其他6座墓的主人是否是滇王，目前学术界没有一致意见，但学者们的推测有考古资料为依据，也并非主观臆测，应当引起思考和重视。

战国西汉时期云南最重要方国——滇国实际存在190年。从公元前276年庄蹻王滇算起，至西汉益州郡在公元前86年爆发大规模少数民族起义，史籍中记载，西汉元封二年（公元前109年）滇王降汉受封以后20多年，发生《汉书》所记"姑缯、叶榆复反……杀益州太守"之事。在此次事件中，句町侯亡波率其众助汉，斩首捕虏有功而被汉朝廷封为句町王。此事上距滇王降汉仅仅20多年，发生了杀郡太守这样的大事。连句町侯都被远道调遣前来镇压。此刻滇王到哪里去了呢？有几种可能：如果滇王率部众协助镇压叛乱，史书上肯定会留下记载，句町侯为此擢升为句町王，朝廷也不会薄待滇王；如果滇王率众造反参与杀太守事件，那么，此次叛乱既已平息，滇王一定伏诛。然而史书上仍无记载。那么，合

---

① 云南省博物馆：《晋宁石寨山古墓群发掘报告》，云南人民出版社1959年版。
② 蔡葵：《考古与古代史》，云南大学出版社1995年版，第117页。
③ 蒋志龙：《滇国探秘》，云南教育出版社2002年版，第47—116页。
④ 黄懿陆：《滇国史》，云南人民出版社2004年版，第137—142页。

理的解释是滇王已默默无闻地被废除了，或许未废因手中无权而不能有所作为。①

因此，可将根据史籍记载而确定的滇国实际存在时间定为公元前276年至公元前86年，共190年。②

考古学上滇池区域青铜时代则在战国晚期到西汉晚期，比文献记载的滇国的历史要长。

## 第二节　滇之由来、滇国的都城及疆域

### 一　"滇"之由来

滇国以滇池为中心地带，而"滇"之由来自古其说不一。

左思《蜀都赋》刘逵注引谯周《异物志》称："滇池在建宁界，有大泽水，周二百余里，水乍深广，乍浅狭，似如倒流，故曰滇池。"晋人常璩《华阳国志·南中志》云："滇池县，郡治。故滇国也。有泽水，周围二百余里。所出深广，下流浅狭，状如倒流，故曰滇池"。北魏郦道元《水经注》与上述说法基本相同："池在县西北，周三百里许。上源深广，下流浅狭，似如倒流，故曰滇池。"古代许多学者由于条件所限，未及实地考察，都从字面解释，认为"滇"即"颠"，倒也，认为滇之名系因池水有"倒流"之迹，故取名"滇池"。

另一说见王先谦《汉书补注》："上林赋文成颠歌，文颖注颠县，其人能作西南夷歌，颠与滇同。然武帝前滇池县本作颠县，后人因池加水为滇耳。滇池读为颠池，以滇为义。《说文》：颠，顶也。言益州各水四面下注于卑地，此县之地与池独居高顶，当不以颠倒为义。"两说均以滇为颠，一以颠倒解，一以颠顶解。近代学者袁嘉谷亦以滇池地理位置作解释，认为"滇"是高的意思，即池在高山之巅。③

方国瑜则认为所谓"倒流"之说，只是望文生义的解释，其实并非这种现象。滇池地势海拔1890米，附近水源分四面流，成为金沙江、南盘江、礼社江诸流的分水岭，地位是高，但古人旅行，还不一定有测量的

---

①　李昆声：《李昆声文物考古论集》，台中：逢甲大学出版社2007年版，第275页。
②　黄懿陆：《滇国史》，云南人民出版社2004年版，第142页。
③　袁嘉谷：《滇绎》卷一。

知识，所以不必从字面附会解说。他认为"滇"字当是土语译音，是当初一个部落的名称，后来部落联结，用此称号，而区域扩大。①

此说有理。滇人当是古代滇池地区最古老的土著民族，其族属学术界多有歧义，有氐羌说，百濮说，百越说。根据晋宁石寨山等地发掘出来的文物进行分析，从农耕水稻、干栏居住、服饰发型、龙舟文身等文化特征分析，滇文化与濮越文化有更多的渊源关系。他们是司马迁在《史记》中所说的以"椎结"为特征的民族，成为农业生产比较发达的滇国主体民族。而"滇"的最早称谓则应始于滇人，后以部落名而演变为滇池名，再演变为滇国名，这在中国古代民族史上是屡见不鲜的。

## 二 滇国都城所在地

从考古发掘和有关史料看，滇国的都城位置当在今晋宁县境内。汉武帝在滇王降汉之后以其故地设益州郡，并仍封其为滇王，让他"复长其民"。说明滇国都城与汉益州郡治所驻地很可能设在同一个县内，但不一定在同一地点。据《汉书·地理志》及《后汉书·郡国志》载，汉代益州郡共辖24县，滇池县为其中之一。《水经·温水注》："滇池城，池在县西北，周三百里许。元封三年（乃二年之误，详见《史记·西南夷列传》），立益州郡，治滇池城。"又《华阳国志·南中志》："滇池县，郡治，故滇国也。有泽水周回二百里"，此知滇池在汉滇池县城之西北，樊绰《蛮书》卷六《云南城镇》说："晋宁州，汉滇池县，在拓东城（唐代拓东城即今昆明市之一部分地区，至今市内仍有拓东路）南八十里。"现在昆明市南距晋宁36公里，从方位和里程上看，今晋宁县晋城即汉滇池县地，亦即益州郡郡治。1956年在距晋宁县晋城镇不到10公里处的石寨村后的石寨山上发掘的古墓群中出土"滇王之印"，证明这里是西汉滇国国王及上层贵族的墓地。汉代王族葬地一般距国都不远。因此亦可判断，滇国之都城应该在今晋宁县境内。或许就是汉益州郡治所滇池县即今晋宁县晋城镇附近。

---

① 方国瑜：《滇史论丛》，上海人民出版社1982年版。

## 第三节 庄𫏋王滇

### 一 有关庄𫏋王滇事迹的文献记述

庄𫏋王滇的史事，首见于《史记·西南夷列传》："楚威王时（公元前339年至前328年），使将军庄𫏋将兵循江上，略巴蜀、黔中以西。庄𫏋者，故楚庄王（公元前613年至前591年）苗裔也。𫏋至滇池，地方三百里，旁平地，肥饶数千里，以兵威定属楚，欲归报，会秦击夺楚巴、黔中郡，道塞不通。因还，以其众王滇，变服，从其俗以长之。"这也是有关云南历史的最早记录，《汉书·西南夷传》、《华阳国志·南中志》都记载这件事。庄𫏋率众从楚国来到滇池地区时，滇国应已建立，但其力量敌不过久经战争锻炼的庄𫏋部队，以故滇国被"以兵威定属楚"。庄𫏋在武力平定滇国之后，采取了"变服"、"从俗"的政策，这一方面是因为庄𫏋所部在"其众数万人"的滇民族面前毕竟只是少数，而且既为远道而来的部队，应都是男子，必然要与当地滇人结合，混入滇民族之中，这就不得不"变服"、"从俗"；另一方面，也说明庄𫏋"变服"、"从俗"的政策，在客观上是明智的，也是宽松的。它使当地滇人能够接受，又使自己站稳了脚跟，发展了起来，并产生了极其深远的影响，以至后来学者言滇事，多从庄𫏋入滇始，甚至认为"西南诸夷，楚庄之后。"[1]"自夜郎以西，皆曰庄𫏋余种"[2]。但史料记述有歧，首先是庄𫏋入滇的时间不同，《后汉书·西南夷列传》称"初，楚顷襄王时，遣将庄豪从沅水伐夜郎，军至且兰，椓船于岸而步战。既灭夜郎，因留王滇池"。两书所载入滇时间相差约50年。根据史家研究，[3] 派楚大将庄𫏋至夜郎滇国的当是楚顷襄王，而非楚威王，时间应在秦昭王二十八年（前279年）前后不久。据司马迁称：庄𫏋至滇后因秦夺楚、黔中郡，归路阻断而滞滇为王。据《史记·春申君列传》："当是之时，秦已遣使白起攻楚，取巫、黔中之郡，拔鄢郢，东至竟陵，楚顷襄王东徙治于陈县。"另据《史记·白起列传》：

---

[1] 《盐铁论·论功》。
[2] 《太平寰宇记》。
[3] 方铁：《先秦时期濮越的民族关系》，《中国西南文化研究》第三辑，云南民族出版社1998年版。

秦昭王二十八年，"白起攻楚，拔鄢、邓五城。其明年，攻楚，拔郢，烧夷陵，遂东至竟陵。楚王亡去郢，东走徙陈。秦以郢为南郡。白起迁为武安君。武安君因取楚，定巫、黔中郡"。因此秦取巫郡、黔中郡当在昭王二十八年以后不久。《史记·楚世家》说：顷襄王二十二年（前277年），"秦复拔我巫、黔中郡。"其记载可信。《资治通鉴》亦称"秦武安君定巫、黔中，初置黔中郡"于是年，时楚顷襄王在位。

此时的楚国，早已失去了霸主的地位，在秦楚战争中国势日衰，处于江河日下的形势。据《华阳国志·蜀志》：周慎王五年（前316年）秦灭巴国和蜀国，两年后于江州（在今重庆市北）置巴郡。又据《史记·秦本纪》：秦昭王二十七年（前280年），秦将司马错由蜀攻楚黔中，曾拔之。在与秦国的战争中，楚国均步步失利，处于劣势。因此庄𫏋孤军远征，当避免走已被秦占领的川东地区，而是溯沅水而入夜郎。而楚顷襄王派庄𫏋入滇也可能迫于形势，不得已谋求向西南地区发展的退路而以退为进，继续抗击强秦。但庄𫏋西征未实现把楚国的统治扩展到夜郎和滇国的计划，却直接沟通了楚国与夜郎及滇的联系，对加强两地间经济文化的交流，促进滇文化在已有基础上进一步发展均具有积极的意义。庄𫏋在滇称王以后，随同的2万楚军汇入了滇族。有考古材料证实，在战国时期滇文化受到楚国文化一定的影响。如晋宁石寨山滇墓出土了一种虎耳细腰青铜贮贝器，器耳呈现双虎上攀状，与楚国的同类器物十分相似。石寨山滇墓出土的豆、熏炉、平底罐和圈足等陶器。形制与楚国的陶器亦相接近。《华阳国志·南中志》说：庄𫏋王滇后，"分侯支党，传数百年"，所产生的影响是深远的。[1]

但由于历史记载有歧，对于庄𫏋王滇其人其事都颇有争议。随着考古发掘和民族学研究的深入，争议越来越多，有庄𫏋为农民起义领袖之说，有庄𫏋为楚将说，有庄𫏋王滇子虚乌有说，有庄𫏋先将后盗，盗后复将说等，这种争议应是十分有益的，说明滇史研究的深入，今略述于后。

## 二 庄𫏋为农民起义领袖说

此说认为：庄𫏋活动年代大约是公元前4世纪末到前3世纪初。历史文献上经常把庄𫏋和时代较早的著名的起义领袖柳下跖并提，说他们"无

---

[1] 方铁主编：《西南通史》，中州古籍出版社2003年版。

猗顿之富",①又诬之为"盗贼",为小偷,会用饴糖粘住门楗,使开门偷窃时不发出声音。②他们都出身于受压迫的劳苦人民家庭,敢于反抗和夺取剥削者的不义之财。古人从字义上讲:跖是赤脚奴隶,蹻是穿草鞋的农民。《史记·游侠列传》中称"跖蹻暴戾",把二人并列为"盗贼"一类。研究者认为,在庄蹻起义前,楚国国势衰微,社会矛盾尖锐,国家力量日趋衰落。周赧王十四年(公元前301年),秦与齐、韩、魏三国联合攻楚,大败楚兵于垂沙(今河南泌阳县沘水北),楚将唐蔑战死。内外矛盾一齐爆发,爆发了以庄蹻为首的农奴和农民大起义。起义的规模很大,曾一举攻下了楚国的都城——郢(今湖北江陵),③但在贵族势力的镇压下,大起义最终失败了,起义军在庄蹻率领下撤出楚境,走上了南下入滇的道路。

楚原是少数民族,常以"蛮夷"自称,他们与南方和西南的少数民族在文化上、种族上原有密切的关系。楚人不止一次到百濮地区从事开发工作。④诗人屈原在《离骚》中曾表达"济沅湘以南征兮"的愿望,说明沿沅水以入黔中是战国时楚人常走的道路。据晋人常璩在《华阳国志》中的记述,庄蹻和他率领的起义军余部就是沿着这条道路南下的。大约在周赧王十五年至三十五年(公元前300—前280年)之间,庄蹻及其余部由湘西溯沅水到达且兰(今贵阳以东),舍船登陆,先征服了当地的夜郎部落,又由夜郎向西,大体沿今滇黔路到达滇池地区。周赧王三十五年,秦昭王二十七年(公元前280年),秦遣司马错夺取楚国的黔中郡,隔断了归路,起义者只好留下来。庄蹻及其部下用武力降服了"靡莫之属",以"兵威"平定了滇池地区,"以其众王滇",并"变服从其俗"。成为部落联盟的酋长,"分侯支党,传数百年"。⑤

### 三 庄蹻为楚将说

此说认为:当时楚国有两个庄蹻,其中一个被称为"盗",⑥与"盗

---

① 《盐铁论·力耕》。
② 《吕氏春秋·异用》。
③ 《吕氏春秋》。
④ 《左传·昭公十九年》。
⑤ 马曜主编:《云南简史》,云南人民出版社1991年版。
⑥ 《韩非子·喻老篇》,《吕氏春秋·孟冬纪》高诱注,《盐铁论·诏圣》。

跷"并称，是反抗统治者的领袖。又一人为将，[1] 与唐蔑并称（蔑字亦作昧），是捍卫楚都的军事首领。《史记·西南夷列传》说："庄跷者，故楚庄王苗裔也。"因此，入滇之庄跷不可能是"盗"，而是楚将。

至于庄跷来滇的时间，《史记》说在楚威王时（《汉书》、《华阳国志》并同），《后汉书》作顷襄王时，二说不同。据《荀子·议兵篇》"唐蔑死，庄跷起"文句，唐蔑死在前，那时庄跷还在楚都，《史记·楚世家》：唐昧之死在楚怀王二十八年，所以庄跷离开楚国，应在楚怀王二十八年以后。此时楚国国势衰落，社会矛盾十分尖锐，吴起变法失败，宗室贵族擅权，"谄媚用事，良臣斥疏"。[2] 爱国诗人屈原遭到放逐，投江而死。与秦国的战争步步失利。在这样的衰弱时期，楚国何以分兵来侵略黔、滇，这是令人疑惑的。但另一方面，当楚国强盛时期，志在问鼎中原，不屑经略西南夷；到了衰败时期，又想到寻找退路，令庄跷出兵先占黔、滇预为退路，这是可能的。不料他的任务完成，就要回报，"会秦夺楚巴黔中郡"，返回之路已不通了，遂留王滇地。

庄跷来滇的路线。《史记》说："将兵循江上。略巴、蜀、黔中以西"。[3]《华阳国志·南中志》说："泝沅水，出且兰以伐夜郎。"这是不同的两条路线，两条路都在贵阳相会。但当时庄跷原驻守楚都，[4] 且巴、楚交涉频繁，[5] 庄跷出兵循江而上的可能性较多。若趋沅水，就要折道洞庭湖，迂回路远了。

又楚、滇的联系不是从庄跷才开始，在庄跷以前已有交通了。丁山著《吴回考》，列举荆楚文化所受印度影响，例证颇详，说楚、印文化交通，至晚当在公元前六世纪以前。[6] 这条路线经过滇池，说明楚、滇间之交通早已有了，他选择此道，亦非贸然。

据考古资料发掘的研究，滇池地区在周代已进入青铜时代，因此庄跷入滇时，应当说滇国已经建立，而且青铜文化已比较发达，农业生产也有

---

[1] 《荀子·议兵篇》，《商子·弱民篇》，《吕氏春秋·季冬纪》，《韩诗外传》四，《史记·补礼书》。

[2] 《战国策·中山策》。

[3] 《汉书》无蜀字。

[4] 《吕氏春秋·孟冬纪·立介篇》。

[5] 《华阳国志·巴志》。

[6] 齐鲁大学：《国学季刊》第一卷第二期。

很大发展，当地土著民族已有相当的实力。庄蹻既无归路，只有留驻滇池地区，理所当然地会遭到当地民族的反对，但当地人的力量敌不过来自相对先进地区且经过长期战争锻炼的庄蹻部队，故滇地只能"以兵威定属楚"。可是，在"其众数万"的滇人面前，庄蹻与其部也不得不"变服从其俗"，过与当地滇人一样的生活。庄蹻既为用兵而来，想来都是男子，不会有眷属随来的。他们既回不去，要在滇池住定下来，就要与当地土人结婚，第二代就混血了，而且少数人进入多数人地区，又是"变服""从俗"，连当代也会很快同化融合于滇人之中，后来的学者过分强调庄蹻来滇事迹，说在滇池建立"小楚国"，如《史记·西南夷列传》赞："楚之先岂有天禄哉！在周为文王师，封楚。周之衰，地称五千里，秦灭诸侯，唯楚苗裔尚有滇王。汉诛西南夷，国多灭矣，唯滇复为宠王。"把滇看作第二楚国，是不恰当的。又如桓宽《盐铁论·论功》说："今西南夷，楚庄之后"，楚庄即指庄蹻。《新唐书·南蛮传》说："自滇池夜郎以西皆庄蹻之裔"，未免夸大其词。在庄蹻来后，从种种方面来说，不容许这批楚人孤立起来，保持他们固有的形式，当然要融合在当地土人里面。所以庄蹻有后裔，当是事实。但过了一代，在滇池找不着楚人而都是滇人了。所以强调庄蹻入滇的影响不宜过分夸大其词。但可以推测庄蹻来了以后，"滇"区域的经济文化一定受到影响。因为楚人都参加了劳动生产，生产工具和生产技术应有改变，这是必然的。不过提高还是在原有的基础上，不可能一跃而变为楚国那样的经济文化。[①]

### 四 先"将"后"盗"，"盗"后复"将"说

有的学者将《史记·西南夷列传·游侠列传》《荀子·议兵》《韩非子·喻老》《商君书·弱民》《论衡·命义篇·本性篇》《吕氏春秋·介士篇》《淮南子·介俗训》《汉书·贾谊传》《史记·楚世家》等著述中对有关庄蹻的零星记述加以认真比较研究，并大胆推论，确认庄蹻王滇一事属实，其王滇时间在楚顷襄王时。并且指出：历史上只有一个庄蹻，庄蹻与昭（召、邵、卓）滑（齐）同为一人，且是越人；庄蹻（昭滑）先"将"后"盗"，"盗"后又"将"，最后为滇王。庄蹻及其所率入滇之兵均系越人（东地兵），他们把长江下游的越文化带到滇池地区，很自然地

---

① 方国瑜：《滇史论丛》，上海人民出版社1982年版。

与那里的土著越人（壮傣祖先）文化结合，共同创造了灿烂的滇国青铜文化。

首先，研究者分析了楚国兼并吴越之地的史实，从而确定当时的楚国境内生活着大量越人。

春秋时期，楚国是雄踞江淮的大国，兼并的国家最多。《吕氏春秋·贵直论》云："荆国肩国三十九（高绣注：《说苑》作兼国三十）。"《韩非子·有度》云："荆庄王并国二十六，开地三千里。"战国时期，楚灭有邾、蔡、陈、杞、倪、越、鲁等国，并与齐、魏灭宋而三分其地。关于楚灭越之年，一般学者认为当在公元前306年。苏秦在《战国策·楚策一》中说楚威王："楚，天下之强国也。………楚地西有黔中、巫郡，东有夏州、海阳，南有洞庭、苍梧，北有汾陉之塞郇阳，地方五千里，带甲百万，车千乘，骑万匹，粟支十年。"张仪亦说："凡天下强国，非秦而楚，非楚而秦。"《先秦民族史》说："及灭越后，楚又包括会稽、九江、丹阳、汝南郡、豫章、广陵、临淮等郡。"越既并入楚地，自然归入楚籍，史家故称这部分属楚的越地为"楚越"或称"越楚"，或称"东国"。因而在楚国境内生活着大量越人。越国既失其国，便臣属于楚。因而也有部分越人在楚国为官。其中昭滑（庄蹻）即为越人，曾为楚大司马，执掌兵权。作者还认为，庄蹻不仅是越人，而且是越国贵族、首领，又是楚国的王亲国戚，因为有一位楚王系越女所生。故楚并越后，庄蹻（昭滑）为楚所重用，为大夫、大司马。这就是庄蹻为楚将的史实。后因越乱，又因庄蹻在越地有影响，故楚王又任蹻为大司马，回越人东地说服越人臣服于楚，掌管越人东地军政大权。其回越人东地的时间，即为楚怀王二十年（公元前310年）。作者判断庄蹻为昭滑，主要是二者读音相近，事迹相同，因此庄蹻与昭滑为同音异写。

二是在庄蹻（昭滑）入楚为大司马期间，楚国发生了楚怀王被秦国拘留的大事。大约在公元前299年，楚怀王被拘留于秦国，致使楚国处于无君的状态。此前，因楚屡败于秦，于是楚便与齐结为盟国，并与太子横质于齐。在无君的情况下，楚向齐国提出了将在齐为质的楚太子横接回继位为君的要求。齐国则借此机会向楚国提出索要"东国"（即越地）五百里的要求，若楚不予东国五百里，就不放太子横回国，并与韩魏之兵联合进攻东国。在此种情况下，楚国答应割让东国（即越地，庄蹻故国）五百里于齐，以此为条件换取太子横返楚即位为王，是为楚顷襄王。以庄蹻故国作交易，这就引起了庄𫏋（昭滑）对楚王的不满，于是率领东国兵起义，抵御齐人入侵，反对楚国出卖越地，实行自治。于是庄𫏋（昭滑）的身份由"将"而变为"盗"，从大司马变为农民起义领袖。《商君书·弱民》中载："庄𫏋起，楚分为五。"《荀子·议兵》中则称"楚分为三四"。说明起义军声势浩大。据考证，庄𫏋起义军达30万，反楚自治长达20余年。

三是随着秦兵对楚国的步步进逼，楚军步步败绩，丧权辱国，面临亡国的危机。为了增强实力，一致对外，楚顷襄王二十三年（公元前276年）招降庄𫏋起义军（东国兵，即越军）达十余万，重新任命庄𫏋为"将"，率本部人马西征，收复被秦所攻占的领土巫、黔中郡的"江旁十五邑"，并以兵拒秦。这样，庄𫏋的身份又由"盗"而变为"将"。庄𫏋带兵打了许多硬战，收复了巫、黔中郡的一部分地区，于是被史家誉为"善用兵者"，与"齐之田单、楚之庄𫏋、秦之卫鞅、燕之缪虮"[①]并称于世。

秦楚两国对黔中郡的争夺反复数次，该地几得几失。公元前280年（楚顷襄王十九年），秦已从蜀地攻占楚黔中郡。事后两年，即楚顷襄王二十二年（公元前277年），秦在蜀的郡守张若再次伐楚，取回楚巫郡及黔中郡，说明在此之前，即公元前280年至前276年之间，楚国曾数度收复黔中郡。特别是公元前276年，秦"取巫郡及江南黔中郡"，其"江南"历来是越人的世居之地，这使越人也面临着自保的问题，在这种形势下，庄𫏋原先的反楚斗争立场随即转化为抗秦。

《史记·楚世家》，庄𫏋"复西取秦所拔我江旁十五邑以为郡"的战斗，也就是《史记·西南夷列传》"循江上，略巴、蜀、黔中以西"的战斗。接着庄𫏋挥师西进，在占领夜郎之后，进入了滇池地区。其入滇路线：当溯长江到巴（今重庆），下夜郎（贵阳一带）而到滇池。庄𫏋的部队虽进展顺利，但此时的楚国已是江河日下，无力再与秦国一决雌雄。而且庄𫏋所收复的巫、黔中郡地区又被秦国所占，庄𫏋返楚的路线被隔断了，只好"与其众王滇"，建立了滇国。

庄𫏋和他所率部队都是"东国"的越人，而滇池附近自新石器时代以来都生活着大量的壮、傣先民，也系百越族系。这样，两者就很自然地结合起来，以致在此后的繁衍生息中，创造了光辉灿烂的百越系统的青铜

---

① 《荀子·议兵》。

文化。①

也有个别学者认为历史上不存在"庄蹻王滇"之事。对比《史记》、《后汉书》、《汉纪》、《华阳国志》所记人物（《史记》为庄蹻，《后汉书》为庄豪），遣将之楚王和时间（《史记》为楚威王，《后汉书》、《华阳国志》为楚顷襄王，《汉纪》为楚庄王）以及入滇路线、占领地域等方面记载不同，认为历史上并没有楚将庄蹻王滇之事，而"庄蹻王滇故事的原型应当是这样：在牂柯江流域，有一个古国名牂柯，其古君长中有一个号称庄王（庄豪）的，是牂柯国的开国君长。当其在距战国末年几百年以前，沿牂柯江而北来，征服了夜郎、且兰、牂柯、滇池等国，地方数千里，成为这一地域的联盟首领，并分封了滇、劳浸、靡莫等兄弟之邦。""我们认为滇就是牂柯的一部分，牂柯是一个古国"。②

以上观点在我国史学界和考古学界属非主流观点，我国和云南史学界、考古学界绝大多数学者均赞同"庄蹻王滇"说，只是在具体人物、事件、时间的考证上有不同看法。至于在否定"庄蹻王滇"的前提下得出的"滇"是牂柯古国中一部分的结论，更与史实和考古资料相悖。

## 第四节　滇国的考古学文化遗存

滇③存在的时代是从战国到西汉，这里主要介绍滇国早期的墓葬与遗迹，主要就是指战国时期的滇人遗迹。

从现有的考古学材料来看，滇国早期的墓地主要有晋宁石寨山墓地、江川李家山墓地、呈贡天子庙墓地和昆明羊甫头墓地，而滇文化早期的遗址主要有玉溪刺桐关等遗址。

### 一　遗址

玉溪刺桐关④是1990年为配合昆明至玉溪铁路建设，在玉溪市刺桐关发掘了一青铜时代遗址，发掘面积2700平方米。遗址位于玉溪坝北部一小

---

① 黄懿陆：《滇国史》，云南人民出版社2004年版。
② 蒙文通：《庄蹻王滇辨》，《巴蜀古史论述》，四川人民出版社1981年版，第114—145页。
③ 彭长林：《云贵高原的青铜时代》，广西科技出版社2008年版，第26页。
④ 云南省文物考古研究所等：《玉溪刺桐关青铜时代遗址发掘报告》，《云南考古报告集》（之二），云南科技出版社2006年版。

山坡上，堆积分为8层，堆积最厚3.8米，第5—8层为青铜时代文化层。遗迹发现有干栏式建筑和简易茅棚类的房屋遗迹，还有圆形、椭圆形等形状的灰坑，坑内均有数量不等的陶片。由此可见，该遗址为一普通村落居址。遗物主要为陶器，以夹砂红陶为主，器形主要有同心圆纹凹底浅盘以及少量釜、罐、纺轮，纹饰以同心圆纹为主，有少量刻划人字纹和叶脉纹。还有铜器残渣、五铢钱等。从陶盘来看，形制、纹饰与曲靖八塔台、横大路陶盘基本一致，而后者的陶盘从出现至结束均没有变化，不能作为分期的依据，刺桐关遗址陶盘也大致相似。但其他器物还是有一定变化，可以与地层相对应将遗址分为3期。其中第一期和第二期的前段属于战国时期。

第一期为第7—8层，陶器较少，绝大多数为夹砂陶，泥质陶极少，以同心圆纹盘为主，出土的1件宽折沿扁浅腹圜底釜与羊甫头第一期一致，还有侈口折沿圆鼓腹圜底釜、铜矛、石坠等。本期与羊甫头第一期大致相当。

第二期为第5—6层，陶器急剧增多，泥质陶数量增多，可辨器形除同心圆纹盘外还有少量扁平纺轮，铜器有铜铃。本期是该遗址最繁荣的时期，本区中小型墓地也出有不少类似陶盘，时代多与羊甫头第二、三期相似，与前后相比较将其定为与羊甫头第二至三期相当。

## 二 墓葬

### 1. 石寨山墓葬群和李家山墓葬群

石寨山墓地位于昆明市以南约60千米的晋宁县上蒜乡石寨村，距离滇池东岸约1千米，原为滇池中的一座小岛，墓地位于石寨山的中部，由于多次遭盗掘而被严重破坏。从1955至今先后进行了五次发掘，共发掘墓葬86座。发表的资料以第一次和第二次较为详细，其余均为简报，此外还有一些零星收集的资料。[1] 墓地位于遗址的东南部，部分墓葬打破遗

---

[1] 云南省博物馆考古发掘工作组：《云南晋宁石寨山古遗址及墓葬》，载《考古学报》1956年第1期。云南省博物馆：《云南晋宁石寨山古墓群发掘报告》，文物出版社1959年版。云南省博物馆等：《云南晋宁石寨山第三次发掘简报》，载《考古》1959年第9期。云南省博物馆：《云南晋宁石寨山古墓第四次发掘简报》，载《考古》1963年第9期。云南文物考古研究所等：《云南晋宁石寨山第五次抢救性清理发掘简报》，载《文物》1998年第6期。黄德荣：《大英博物馆收藏的云南晋宁梁王山出土的青铜器》，载《云南文物》总（42）。黄德荣：《流散在国外的云南古代文物》，载《云南文物》总（55）。黄德荣：《英国格拉斯哥收藏的晋宁石寨山青铜兵》，载《云南文物》总（45）。

址。墓葬的重要性不能仅从墓室的面积来区别，因为该墓地的墓葬总的来说墓室面积都较其他墓地的大型墓如李家山、羊甫头、天子庙等要小得多，但随葬品的数量和等级却很高，说明该墓地并不依墓室面积的大小而以随葬品的等级和数量来衡量墓葬等级的高低。从墓葬分布来看，大、中型墓葬基本没有相互打破的情况，而小型墓之间及与大、中型墓之间则有较多的打破关系。从发掘的墓葬来看均为长方形或方形土坑竖穴墓，由于该山岩石较多，许多墓葬就葬在岩石缝隙之间，因此有的形状不规则，大型墓葬也如此，并不进行刻意的修整。以上说明该墓地对墓葬的葬地、大小、形状均不甚讲究。墓坑都不深，墓向均为东西向，头向东、向西的都有。

　　李家山墓地位于江川县龙街乡早街村李家山，南距石寨山墓地约40千米，为星云湖西北的一座孤山，山高约100米。墓葬分布在山顶及西南坡，分布范围极广，间距较近。1972年和1992年共发掘86座墓。均为竖穴土坑墓，大墓的墓坑较深，墓室面积较石寨山墓地的大，这里的墓室面积与随葬品之间的等级相符，小墓墓室面积小，埋藏也浅。墓葬的时代大致以山顶为准，时代最早的埋葬在最顶部，然后向四周坡地顺势埋葬，越晚则越低。墓向多为东西向，头向西或东。[①]

　　石寨山和李家山墓地有很多共性。

　　从墓地选择来看，二者都选在孤山上，事实上泛滇池区域不少墓地都选择在临近湖岸或可俯瞰湖面的孤山上。另外，对墓地的地形和地质状况则不讲究，均将墓葬在石头之间的缝隙中，对墓葬的形状并不要求十分规整。石寨山墓地从早到晚均如此，而李家山墓地时代较晚的墓葬则将墓壁的岩石修整使墓壁平直。从墓葬形制来看，均为土坑竖穴墓，部分墓葬因有大块石头伸入墓室或因墓室位于石块缝隙之间而显得不规则。不同之处在于石寨山墓葬多较浅，这与其地石头较多有关，而李家山墓地则更注重墓室的修整。墓葬方向均多为东西向，头向为东或西。大、中型墓有的有生土或熟土二层台，没有发现腰坑。大、中型墓多有木棺（有的髹漆），有的还有椁，小墓基本不见使用木棺。葬式多为单人仰身直肢，少量为合

---

　　① 云南省博物馆：《云南江川李家山古墓葬发掘报告》，载《考古学报》1975年第2期。云南省文物考古研究所等：《云南江川县李家山古墓群第二次发掘》，载《考古》2001年第12期。云南省文物考古研究所等：《江川李家山——第二次发掘报告》，科学出版社2007年版。

葬，李家山合葬墓比石寨山更多，有二男合葬、二女合葬、男女合葬，石寨山还有一座分层丛葬墓，在李家山不见，而在昆明羊甫头、澄江金莲山墓地常见，可能是属于这种葬俗的少数个体在石寨山墓地以自己本族的习俗安葬，与墓地其他成员的葬俗不同。

随葬品的种类和器形都相差不大，可分为五大类：武器工具类、装饰品类、礼乐器类、车马器类、日用器类。武器工具类有青铜器和铁器及铜铁合制器；车马器以青铜器为主，有少量铁器；装饰品较为复杂，有铜、金、银、玉、玛瑙、绿松石、琉璃等多种材质；礼乐器类为青铜制品，在两墓地占有重要地位；日用器皿较少且多为青铜制品，陶器在这两个墓地少见。这些器物中农业生产工具较少而武器和装饰品较多，反映出墓主人较为特殊的文化背景，即与周围以农业和定居生活相区别的一种生活方式，有学者认为是西北氐羌民族南下的结果。[①]

根据随葬品变化的规律，彭长林将石寨山和李家山墓地分为五期，有的期又可分为前、中、后或前、后不同时段。其中第一期和第二期的墓葬属于战国时期。[②]

第一期：分为前、中、后三段。

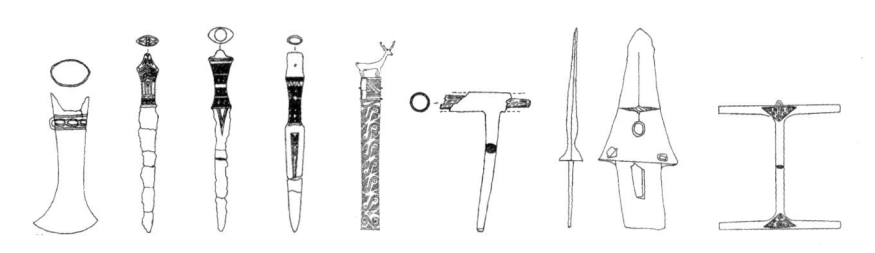

**图99　第一期前、中、后段的武器和工具（战国）**

前段：在石寨山墓地只有第五次发掘的几座小墓，如石寨山M54（简称石M54，以下同此）、石M58、石M76、石M82等。李家山墓地目前发现该段均为女性墓葬，有李家山M11（简称李M11，以下同此）、李M32、李M58、李M59B等，出现中型墓葬。

---

① ［日］量博满：《滇王族的文化背景》，杨凌译，载《四川文物》2000年第2期。云南省文物考古研究所等：《昆明羊甫头墓地》（三），科学出版社2005年版，第863—866页。

② 彭长林：《云贵高原的青铜时代》，广西科技出版社2008年版，第28—29页。

随葬品一般较少，小墓只有一两件器物，最多几件，器物形制也不像后来的精致。男女墓葬随葬品差别较大，男性墓以武器类为主，女性类则以工具类和装饰品类为主，显示出男女分工的不同，这种差别自始至终在本区文化中存在。

武器类器物不多，种类和数量均较少。铜斧为椭圆銎不对称形刃。铜剑为短剑类，长20—30厘米，均无格，剑茎和茎首的变化是铜剑发展的主要依据，这一时期有蛇首形茎首和长方形茎首，其中蛇首较为写实，不似后来的多呈八字形，茎部为椭圆形束腰茎。铜啄形状较为原始，为管銎、无内，也无后来常见的动物塑像，刺作圆锥状，而以后的啄刺多为扁平形状。戈为直内无胡三角援，以后均不见此种形状的戈，是四川盆地晚期巴蜀文化常见的兵器，它应是巴蜀文化传入的。工具类开始出现成套的纺织工具，有卷经杆、工字形器、纺轮、绕线板、针线筒等。

装饰品有铜扣饰1件，形制也较简单，为圆片形，较薄，正面饰锥点纹、同心圆纹和箭头纹等，这种纹饰的扣饰在石寨山和李家山仅此1件，而在天子庙和羊甫头有少量发现，在曲靖八塔台墓地则较多，其来源待定。女性墓流行随葬镶嵌绿松石的铜钏，一般成组出现，从数只至十数只，并且一直沿用至后来，少量镶嵌孔雀石，说明此时绿松石还不多，因此以颜色相近的孔雀石代替，以后则不见，此外还有木镯之类。玉器有突沿、扁平和圆圈状玉镯，扁圆环状玉玦和玛瑙珠也开始出现，而且均在其后的时期大量出现。此外海贝也在中型墓葬中出现。

生活用具有球形勺，勺柄端有蹲坐人形像，还有斜直腹带圈足的铜杯，配以顶部饰立牛的豆形器盖。装饰以几何形纹饰为主，动物形纹饰以蛇形纹为主，但较抽象，不似后来以形象题材为主，此外还出现动物如牛、鹿的塑像，是后来最常见的装饰方法之一。

中段：主要有石M14、李M2、李M7、李M15、李M17、李M18、李M22、李M23、李M65等，有大、中、小型墓葬之分。

武器类器物较少，这与大、中型墓葬中的女性墓极少随葬此类器物有关。从少量兵器来看，矛为狭长形和柳叶形刃，戈有长胡直内直援戈，啄较此前差别不大，仍为管銎无内圆锥刺，但在銎的顶端铸有铜鼓形塑像。铜剑有管形首无格剑。成套的纺织工具在李家山女性大型墓中出现，并增加了刷形器、梭口刀、针线盒等新器类，而针线筒不如此前的精致，这可能与针线盒的出现取代了针线筒的功能有关。铜削有凹口六边銎直背凹刃，銎部装饰细密的旋纹、三角纹等，还有蛇首扁圆銎直背直刃削。铜匕首只发现于该段，为长茎、短刃，茎首有蛇首形、立人像、跪坐人像等。

装饰品中铜钏仍是女性墓中最常见的饰品，男性墓则有镶嵌玛瑙扣和绿松石珠的圆形扣饰和卷云纹边长方形扣饰，玉镯、玉管、玉耳玦、玛瑙珠和管、绿松石珠数量较多，这些是装饰人体的饰品，还有将玉管、玛瑙珠和管、绿松石珠串成长方形覆盖物覆盖在死者身上。其他装饰器物有铜牛头、铜牛角等，是装饰在器物上的饰品。

铜礼乐器类开始出现，其中铜鼓和贮贝器最突出。从石寨山型铜鼓纹饰演变的规律来看，是从素晕到饰飞鸟纹、从鼓胸无船纹到有船纹、从鼓腰纵向分格为空格到有纹样的演变过程，该段铜鼓为纹饰十分成熟的石寨山型，鼓面多为四飞鸟纹，鼓胸有的有羽人划船纹，鼓腰纵向分格内也有饰手执干戚的戴羽冠的舞人纹，从铜鼓本身来看有早晚之差，但铜鼓为重器，沿用时间较长，可能在同一时期内出现不同发展阶段的铜鼓。本区铜鼓在该段刚一出现便已显现为石寨山型成熟阶段的器形，说明在它之前的形态还尚未为我们所知。不过纹饰铸造不够精致，显示出与后来的铜鼓相比较为原始的特征。此外，不少铜鼓鼓面中心有破孔，表明其为实用器，在敲破后作为礼器葬入大型墓葬中。贮贝器为小耳细腰圆筒状，盖顶有立牛，也刚脱胎于其他器物。随葬的海贝多出于这些专用的贮贝器中。杖头饰有各种形状的人俑和立牛装饰。李家山大型墓中有铸立牛的铜伞盖，是专为死者专用的明器。这两种器物在后来都是大墓中常见的铜器。

图100　立牛伞盖（江川·战国）

铜生活器类出现不少新的器形，马鞍形铜枕两头各有一立牛，有的还浮雕立牛或虎噬牛图案。铜勺除球形勺体外，还出现浅底勺体、勺柄端有二蛇回旋状塑像的勺。带豆形盖的长颈鼓腹圈足壶、扁腹高圈足尊以及早段已出现的杯都是滇池区域富有地方特征的器物。李家山墓地中还出有与铜杯相似的石杯。还有一种小口长颈圆腹平底壶，带喇叭形盖，与中原地区常见的投壶相似，可能是仿造中原的同类器物制造的。

**图 101　铜勺（晋宁·战国）**

后段：墓葬数量较前两段为多，大型墓中随葬品数量和种类都有增加。主要有石 M15、石 M16、石 M17、李 M21、李 M24、李 M20、李 M16、李 M35、李 M37、李 M40、李 M46、李 M59A、李 M60、李 M75、李 M77、李 M78、李 M83、李 M84、李 M79、李 M25、李 M48、李 M55、李 M61、李 M67 等。由于该段男性大型墓较多，因而器物的种类和数量也明显增多。

变化最显著的是武器工具类。纺织工具变少，石 M17 用一套铜纺织工具模型随葬，实用器只出现针线盒、刷形器，新出现锥，不过这也可能与该段大型女性墓发现较少有关。斧是最重要的工具，形状很多，銎有半圆形、椭圆形、六边形，刃部则有宽刃、窄刃、扇形刃等。削除有凹口扁圆形骹外，还有实心细长圆柄，有的刀背有立兽装饰。青铜兵器数量急剧增加，种类丰富，出现了不少新的器形，不少是外来文化影响所致。戈除原来常见的无胡和长胡直内戈外，还出现管銎戈，銎分长、短两种，有的为直内，有的则为立兽，该段仅见立牛一种，显然是借鉴其他器类的立牛塑像而成。矛的数量和种类显著增加，成为重要的兵器种类之一，与剑一样是男性墓中最多见的器物，除常见的长叶形和柳叶形外，还有曲叶形。矛骹部和叶上均装饰有繁缛的纹饰，有云纹、螺旋纹、三角形纹、双头蛇纹、菱形纹等组合成的图案。李 M24 有装饰浮雕人捕虎图案的矛，说明它是用作礼仪性的兵器。此外一些巨型矛也可能是礼仪性兵器，有的在叶上装有倒刺，这种巨型矛在楚雄万家坝墓地有发现，器形较本区巨型矛要原始，可能是从滇西区传入本区的。铜剑除无格剑外，开始出现后来常见的一字格剑。剑茎变化也较明显，在剑茎上常镶嵌玛瑙或绿松石珠，剑茎有的做成跪坐女俑形状，倒铜鼓茎首剑也是后来常见的做法，在剑鞘上有将剑和削放在一起的做法。无格剑有八字形茎首的，源于早期的蛇首形茎首，但已抽象化。刃部除直刃外还出现有曲刃。此外还出土少量山字形剑，显然是来自滇西一带的同类剑，但剑茎为平首椭圆形茎，与滇西剑不同而属于滇池地区的做法，这应是仿滇西剑铸造的，其中 1 件为铜柄铁剑，可能来自川西高原。

新出现的兵器种类有殳、戚、钺、棒锤、镦等。其中钺的数量较少，一种为靴形刃，在本区少见而与个旧石榴坝的同类相近，显然是仿自滇南地区，另一种刃介于新月形和半月形之间。戚有两种，一种为阔叶形刃或圆刃，銎有耳或立兽，另一种少见，只在李 M21 和 M24 出现过，为椭圆形刃，有铜柲，柲背有立体孔雀，銎柲交接处系一小铃，估计也是一种礼仪兵器，在其后均未出现过。棒锤有两种，一种为空心多棱銎带锥刺的，有的顶部有立狗或虎噬牛之类的题材，另一种为横置空心圆筒状銎，作为实用兵器的可能性较小，估计是做礼仪性兵器，也有学者认为是纺织工具，这两种棒锤多组合出现。这一时期出现了后来常见的长管銎四立兽平刺啄，此外也有虎噬牛的啄。铜镞形状增多，有空心或实心铤，有的镞身有血槽一道，还有空心长圆锥形的。铜甲也增多，种类较多，有颈甲、臂甲、衣甲等，此外还有装木柲的铜镦。李 M24 还出土联柄弯管銎的斧、矛、钺各 1 件，弯曲处有玛瑙扣镶嵌的鸟眼形装饰，銎上有立牛，较为奇特，仅在羊甫头 M19 出土过 1 件类似的铜钺，二者之间有一定的联系。

图 102　矛头狼牙棒（江川·战国）

装饰品有镶嵌玛瑙珠和管、绿松石的圆形和卷边纹长方形扣饰，此外还有人物和动物围边的圆形和长方形扣饰，另一种滇池区域特有的浮雕扣饰开始出现，题材丰富，有动物搏斗如虎噬猪、人与动物如剽牛祭铜柱、八人猎虎以及房屋模型等。但总体来看，各种扣饰的数量还较少，而且多出于大、中型墓中，小型墓仅见一两件圆形或长方形扣饰，不见浮雕扣饰，而且多半在男性墓中发现，女性墓一般不见。玉、玛瑙、绿松石等装饰品与过去没有太大区别，石寨山墓地没有李家山墓地那样用珠襦覆盖死者的做法，李家山墓地的珠襦覆盖物比过去规模更大，如 M24 的珠襦长 2 米、宽 1.05 米。

礼乐性器类中铜鼓和贮贝器更加普遍，大型墓中均有，有的同时出有铜鼓和贮贝器。铜鼓有的有破孔，有的完整，是实用礼乐器，形状没有太大变化，属于同一形式。但纹饰方面则更为精细，几何形纹饰的种类和排列方式更多，鼓面多有飞鸟纹，鼓胸一般有船纹，鼓腰格内装饰图案更丰富，有峰牛、水鸟、舞人、磨秋图等。贮贝器与前段相似，但盖上立牛数量增多，最多有 8 牛，此外新出现 1 件虎耳贮贝器。其他乐器有滇池区域特有的直管或曲管葫芦笙。

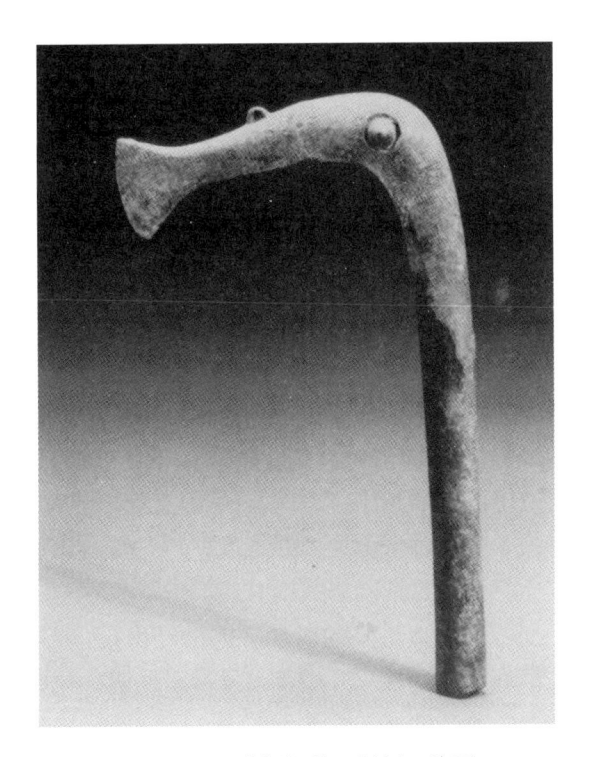

**图103 仿生曲柄铜斧（江川·战国）**

另一种新出现的器物是执伞铜俑，在石 M17 出土有跪坐执伞女俑，其形态与后来的俑略有不同，尺寸也较小。杖头饰与过去相差不大，还有一种鱼形器，也属于仪仗类器物。本段发现的牛虎铜案是艺术上的上乘之作，其实用性不强，主要是作为礼器使用。

铜生活器类数量不少，与中段的器类、器形基本相同，扁腹高圈足尊的肩部焊有铜牛塑像，小口长颈壶与中段基本相似，但带有圈足，而且其上刻划凤、虎、鹿纹。

2. 昆明羊甫头[1]

羊甫头墓地位于昆明市官渡区小板桥镇大羊甫村，西距滇池 4 公里，处在滇池坝区边缘的第一级缓丘台地上，旁有小河流过，原来很可能距离

---

[1] 云南省文物考古研究所等：《昆明羊甫头墓地》，科学出版社 2005 年版。

滇池不远。墓地面积4万多平方米，1998—2001年发掘15000平方米，共清理了滇文化大、中型墓33座、小墓777座。墓葬方向多西南—东北向，头向滇池。墓葬形制均为长方形竖穴土坑墓，少量为梯形和圆角外凸长方形。部分墓葬有二层台或腰坑。大多数大、中型墓为一椁一棺，小型墓多为单棺，少量圆角外凸长方形小型墓也有椁。木棺多有髹漆处理。葬式有仰身直肢、侧身屈肢、解肢及合葬等，还有人殉现象。部分墓葬为分层丛葬，在澄江金莲山、宜良纱帽山都有不少发现，也是早期滇国的考古学文化特征之一。

从随葬品来看，铜器与石寨山和李家山的器类和形式基本相同，发展演变的规律也一致，但由于羊甫头墓地中的大、中型墓葬大多被严重破坏，器物组合不很清楚，不如石寨山和李家山有较多精美礼仪性器物，没有太多仿生类青铜器和反映当时人们生产、生活的塑像的铜鼓、贮贝器等，但该墓群有较多的陶器出土，对陶器的类型学分析可以排列出较为清楚的编年。发掘报告将该墓群分为四期八段，与石寨山和李家山的分期基本可以对应。其中第一、二期属于战国时代。

第一期：本期是该墓地最早的时期，但已经出现像M19这样的大型墓葬，说明这一墓地的文化从一开始就很发达。该期墓葬数量占整个墓地总数的比例较小。

铜器中武器工具类占绝大多数。铜剑多为蛇首镂空扁圆茎无格剑，剑茎和剑身上都饰有几何形纹饰，还有圆茎无格剑等，曲束腰形剑鞘有精美的纹饰。铜矛多凹口椭圆骹长叶形刃和柳叶形刃，在骹部饰双蛇纹较多，也有在骹部布满复杂的几何形纹饰，叶上有饰孔雀翎毛纹的做法，与万家坝墓地的相似。巨型矛也在万家坝墓地后段和石第一期后段的李家山墓地有类似器物发现。铜戈有无胡、长胡和管銎，锋部多为尖锋，没有出现圭首形锋。管銎平刃啄在啄背有四兽塑像，銎部有复杂的几何纹组合，这种啄在石第一期后段开始出现，也是后来滇池地区铜啄常见的形制。凿形啄多饰双蛇纹和卷云纹等，在石寨山和李家山只少量见于第一期后段的李家山墓地。还有一种管銎圆刺啄，形制较为古朴，与石第一期后段的铜鼓首管銎啄相似。铜钺有一种为柄銎一体的曲銎新月形刃，銎部有站立塑像，已残，这种形制的钺在石第一期后段的李家山M24有一件类似的器物，其上的塑像为牛，估计这件钺上的塑像也应为牛。此外，铜斧均为椭圆形銎，形制简单，但纹饰有的较复杂，为卷云纹、动物纹、缠蛇纹等组合而成。铜镞无倒刺和血槽。铜削与石第一期中段相似。尖叶形铜锄和铲都在此时出现，无纹饰。半月形爪镰开始少量出现。

**图 104　铜戈（羊甫头 M19·战国）**

装饰品类以各种扣饰最多，数量较多的为镶嵌玛瑙珠、绿松石珠、玉环的圆形扣饰，也有少量卷边纹长方形镶嵌绿松石珠扣饰，这两种扣饰与石寨山和李家山的同类器完全一致。鹰面纹扣饰只在此期发现，在呈贡天子庙也发现有相似的器形，接近于曲靖八塔台兽面纹扣饰中的猴面纹，但除兽面形状相似外，八塔台扣饰并不镶嵌绿松石，而以各种纹饰组合环绕兽面，这种鹰面纹扣饰应是借鉴了八塔台兽面纹的因素同时结合石寨山、李家山扣饰的装饰方法制作的。各种玉、玛瑙、绿松石珠、管形制较简单，只有扁圆、乳突、鼓形等少数形状。

铜礼乐器不多，铜鼓只在 M19 这样的大墓中出土 1 件，说明这时铜鼓还很少见。形制为石寨山型，鼓面只有太阳纹和三角锯齿纹，不见飞鸟纹、圆圈纹、栉纹等后来常见的纹饰，鼓胸有船纹，鼓腰分格，格内无纹饰，这件铜鼓也不是石寨山型铜鼓的早期形制，纹饰较石第一期中段的鼓

**图 105　玉管与玛瑙珠（羊甫头 M30：15 · 战国）**

要原始一些。铜桶形制接近天子庙的桶形贮贝器，与广西贵县罗泊湾西汉前期墓和广州南越王墓出土的铜桶也相似，但纹饰更简单一些，暗示其年代更早一些。

铜生活用具有双耳宽沿折腹小平底釜和口、腰、腹区分明显的铜鼓形釜，这两种釜都见于万家坝墓地，但万家坝的铜鼓形釜口大、腰长、腹扁鼓，比例不太谐调，而本期的铜鼓形釜口、腰、腹的高度基本相当，显得更匀称，显然是更成熟的器形。鼎腹部最大径较低，呈外斜状。

陶器绝大多数为泥质黑陶，表面磨光，有少量夹砂红褐陶。器类简单，大口釜的腹部扁折。高圈足尊的圈足宽大，略向外折。罐均小口，有侈口和直口，腹部外鼓较多。浅盘高足豆在祥云检村有相似的器形。还有双耳釜形鼎、大口尊和双腹瓮。

综合以上分析来看，本期晚于滇西区域的万家坝墓地，与石第一期前段相比有较大发展，与石第一期中段相当，部分可能相当于石第一期后段。

第二期：墓葬数量较第一期增多，器类和器形有一定的变化，如 M108 等。

武器工具类与第一期相比差别不大，但部分器类形制有所变化。铜剑出现少量一字格剑。铜矛形制变化不大，但骹部多见绹纹、卷云纹的组合，还有短叶短骹和柳叶形。管銎啄刺出现扁平形状，铜戈出现圭首形锋，方銎铜斧开始出现，还出现少量仪仗兵器如矛形器、狼牙棒，铜爪镰大量出现。

装饰品类饰几何形蛇首纹的圆形扣饰与呈贡天子庙的兽面纹扣饰相似,但没有中间的兽面纹,这种兽面纹扣饰在曲靖八塔台第二期有不少发现,其时代基本一致。还有中央有牛头塑像的圆形扣和牛头形扣饰。石坠也在此期开始出现,与石第一期后段相当。

本期出现直筒形贮贝器,顶部有一立牛,与天子庙贮贝器相似,均属贮贝器中较早的形制。

图106 铜螺(羊甫头 M1·战国)

铜生活用具与第一期相比差别不大,宽沿折腹铜釜腹部稍高,折腹不明显。鼎腹部变大,较圆鼓,最大径在腹中部。

陶器数量较多,除泥质陶外,夹砂陶数量增多。器形种类较多,釜、罐都有一些新的形制出现。陶釜腹部不似前期扁折而略成弧形。陶罐腹部最大径较第一期高,少量髹漆。高圈足尊圈足略内收,大口尊肩部最大径往上移。双腹瓮为曲腹而不像第一期为斜腹,还出现大口长鼓腹小平底瓮。

从本期器物来看,与第一期差别不大,器物种类和形制略有发展,其时代与石第一期后段相当。

3. 呈贡天子庙

呈贡天子庙[①]墓地位于昆明市以南约15公里,西临滇池2公里,背靠黄土山。该墓地规模较大,1975年、1976年、1979年、1992年共清理了76座墓葬,除 M41 规模大、出土器物丰富外,其余均为中、小型墓,以小型墓为主。

天子庙 M41 随葬品极多,其年代也较易推断。总体来看,除1件铁削外,均为青铜器,且未出现铜铁合制的兵器,说明尚在铁器大规模传入

---

① 昆明市文物管理委员会:《呈贡天子庙滇墓》,载《考古学报》1985年第4期。云南省博物馆文物工作队:《云南呈贡天子庙古墓群的清理》,《文物资料丛刊》(3),文物出版社1980年版。昆明市文物管理委员会:《呈贡天子庙古墓群第三次发掘简报》,载《云南文物》总(39)。由于前两次发掘墓葬编号重复,因此将第一次发掘墓葬简称为呈 M,第二次发掘墓葬简称为天 M。

滇池区之前，零星的铁器传入也说明滇池区域此时已经开始有少量铁器的使用，距离铁器的大量输入也不会太远。

　　青铜器兵器数量较多，剑均为无格剑，未出现一字格剑，但平首束腰圆茎的无格剑与一字格剑的剑茎相似，实际上可能是处在一字格剑已开始出现但尚未大量使用的时期。兵器除管銎类兵器上有四兽形象外还未出现动物类的铸像。但某些特殊的器物如双钺形仪仗器、銎部顶端呈弧形的管銎戈与羊甫头 M113 一致，二者的年代相差不致太远。斧形啄在石第三期和羊甫头第三期以后才出现，天子庙 M41 已有斧形啄，其年代不会比前两者早许多。铜叉和铜棒锤及带有倒刺的铜镞都是在石第一期后段才出现。铜釜接近于羊甫头第二期的宽沿折腹铜釜。铜桶形贮贝器是借用铜桶来做贮贝器，在其他墓葬未发现此种情况，显示其尚处在贮贝器出现的初期阶段。鹰头形的圆形扣饰也只在羊甫头第一期 M19 有发现，而剽牛祭柱浮雕扣饰和房屋模型则流行于石第三期。陶器方面，折弧腹的高圈足尊和长直口折肩罐接近于羊甫头第三期的同类器物。此外，玛瑙饰品形制多样，塞形、尊形、坠形等在羊甫头也是第三期以后才出现较多。综合以上分析，天子庙 M41 处于羊甫头第一期和第三期之间的第二期，更接近于第三期，与第二期及石第一期后段大体相当。

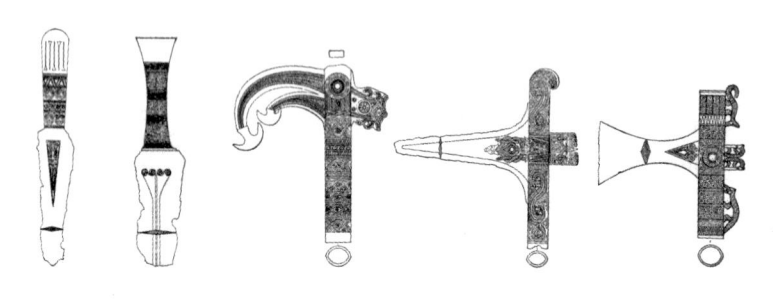

**图 107　天子庙一期武器工具**

　　该墓地的墓葬可以分为四期，其中第一期的墓葬时代为战国时期。

　　呈 M1 和天 M3、M33、M42 与 M41 年代相近，铜釜、铜鼎、鹰面纹和人面纹扣饰、陶高圈足尊都基本一致，因此上述墓葬属同一时期，定为第一期。

## 第五节　滇国主要考古学文化特征的形成

### 一　考古学文化的观察分析

滇国考古学文化①形成主要是在战国时期，通过对其分析，可以分为早、中、晚三期。

早期：大多为小型墓，有少量中型墓。

武器类种类和数量不多，有蛇首形茎首和长方形茎首的无格剑、椭圆銎不对称形刃斧、管銎圆锥状刺啄、直内无胡三角援戈等。工具类开始出现成套的纺织工具，有卷经杆、工字形器、纺轮、绕线板、针线筒等。

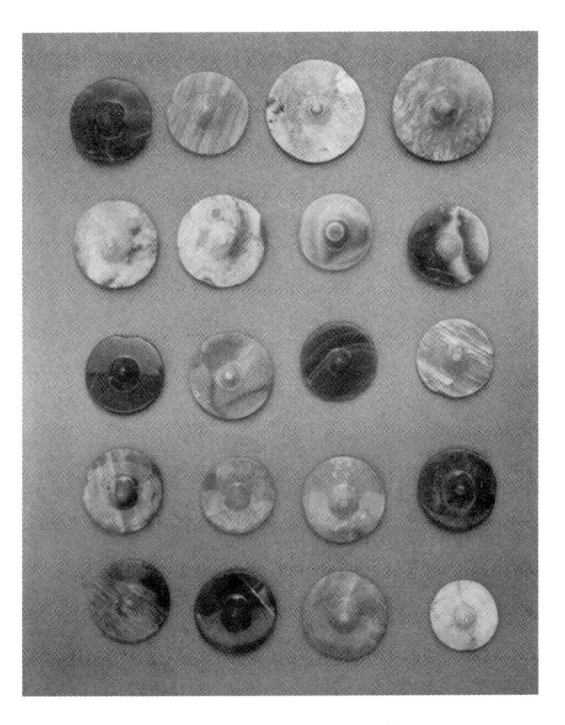

**图 108　玛瑙扣（晋宁·战国）**

装饰品有圆形铜扣饰，女性墓流行随葬镶嵌绿松石的铜钏，一般成组

---

①　彭长林：《云贵高原的青铜时代》，广西科技出版社2008年版，第57—58、160—162、188—189页。

出现，从数只至十数只。玉器有突沿、扁平和圆圈状玉镯，还有木镯，扁圆环状玉玦和玛瑙珠也开始出现。海贝在中型墓葬中出现。

生活用具有勺柄端饰蹲坐裸人塑像的球形勺、顶部饰立牛的豆形器盖斜直腹圈足铜杯。

中期：大型墓葬开始出现，出现大、中、小型墓的区别。大型墓随葬品种类和数量多、质量高，出现了较大地发展。

武器工具类发展迅速，出现较多的种类，数量也很多。铜剑仍多为蛇首镂空扁圆茎无格剑，还有管形首无格剑、圆茎无格剑，剑鞘为曲束腰形。铜矛多为凹口椭圆骹长叶形刃和柳叶形刃，往往在骹部饰双蛇纹或组合复杂的几何形纹饰，少数在叶上饰孔雀翎毛纹，还有巨型矛。铜戈形制多样，有无胡、长胡和管銎，锋部多为尖锋。啄除管銎圆锥刺外，还有凿形啄、管銎菱形刺平刃啄，部分在銎背有四兽塑像。铜钺有不对称形、新月形和圆弧形刃。铜斧均有椭圆銎。铜镞有空心铤和实心铤，均无倒刺和血槽。成套的纺织工具出现，并增加了刷形器、梭口刀、针线盒等新器类。出现各种农业工具如尖叶形铜锄、铲、半月形爪镰等，尖叶形锄肩部较平，还有锛、凿、有銎和实心柄铜削、茎首有塑像的铜匕首。各种装饰开始大量涌现，在器身装饰有繁缛的几何形纹、动物纹，装饰动物或人物塑像的做法开始出现。

装饰品中铜钏仍是女性墓中最常见的饰品，男性墓则有镶嵌玛瑙扣和绿松石珠圆形扣饰和卷云纹边长方形扣饰，还有少量鹰面纹扣饰。玉镯、玉管、玉耳玦、玛瑙珠和管、绿松石珠等大量出现，形制简单，只有扁圆、乳突、鼓形等少数形状。还有将玉管、玛瑙珠和管、绿松石珠串成长方形织物覆盖在死者身上。其他装饰器物有铜牛头、铜牛角等，是装饰在器物上的饰品。

礼乐器类以铜鼓和贮贝器最具特色。铜鼓为石寨山型，发现数量不多，但形制较成熟。鼓面有太阳纹、三角锯齿纹和圆圈纹等几何形纹饰，有的有飞鸟纹，鼓胸有船纹，鼓腰分格，格内有舞人纹等纹饰。本区铜鼓在该段刚一出现便已显现为石寨山型成熟阶段的器形，说明不是最初的石寨山型铜鼓。贮贝器为小耳细腰圆筒状，盖顶有立牛，有的装有海贝，铜桶也可能用作贮贝器。人俑和立牛杖头饰、铸立牛的铜伞盖都是该段新出现的器物。

生活器类有马鞍形铜枕，有立牛和浮雕图案，还有铜勺、带豆形盖的

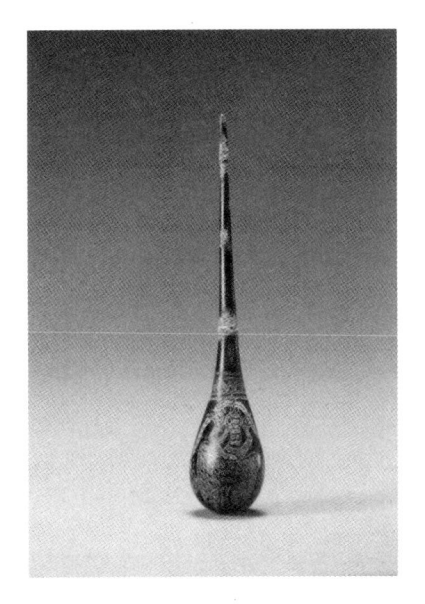

**图 109　铜锥（江川·战国）**

长颈鼓腹圈足壶、小口长颈圆腹平底壶、扁腹高圈足尊、杯、双耳宽沿折腹小平底釜、铜鼓形釜、鼎等，都是本区最具特色的日用铜器。

陶器主要出在羊甫头、八塔台和横大路，有泥质黑陶、夹砂褐陶等，各地陶器种类有一定差距。在羊甫头出现大口长颈釜、高圈足尊、鼓腹罐、浅盘高足豆、大口尊、双腹瓮等，在曲靖八塔台和横大路有釜形鼎、罐形鼎、深腹侈口罐、深腹大喇叭口罐、小平底盘等。刺桐关遗址开始出现少量同心圆纹盘。

晚期：墓葬数量较前段增加较多。

武器工具类除延续前段的外，出现了不少新器类和器形，而且大多为仪仗类器物，实用性不大。铜剑除无格剑外，开始出现少量一字格剑，剑茎上常镶嵌玛瑙或绿松石珠，有倒铜鼓茎首和剑茎做成跪坐女俑形状的，蛇首形茎首已抽象化，刃部除直刃外还出现有曲刃。叶上带倒刺的矛、巨型矛和装饰浮雕人捕虎图案的矛均是礼仪性兵器。铜戈出现圭首形锋，有銎部顶端呈弧形的管銎戈。斧形啄和方銎铜斧开始出现。新出现的武器种类有殳、棒锤、铜叉、双钺形仪仗器等。铜甲种类也增多，有颈甲、臂甲、衣甲等。铜镞形状增多，有的镞身有血槽一道，还有空心长圆锥形的。此段在武器上铸动物塑像的做法增多，有立牛、虎噬牛等题材。纺织工具减少。铜爪镰大量出现。

装饰品新出现人物和动物围边的圆形和长方形扣饰和浮雕扣饰，有虎噬猪、八人猎虎、剽牛祭铜柱、房屋模型等。用玉、玛瑙、绿松石等做成的珠襦覆盖物在大墓中比较盛行。玉、玛瑙、绿松石等饰品形制多样，新出现塞形、尊形、坠形等。石坠也开始出现。

**图110 二人猎鹿铜扣饰（战国）**

礼乐性器类中铜鼓和贮贝器更加普遍，大型墓中均有出现，有的同时出有铜鼓和贮贝器。铜鼓纹饰更为精细，贮贝器盖上立牛数量增多，新出现虎耳贮贝器。还有直管或曲管葫芦笙。执伞铜俑开始出现，尺寸较小。杖头饰与过去相差不大，新出现鱼形器。

铜生活用具与前段相比差别不大。宽沿折腹铜釜腹部稍高，折腹不明显。铜鼎腹部变大，较圆鼓，最大径在腹中部。

陶器数量较多，夹砂陶数量增多。釜、罐都有一些新的形制出现。陶釜腹部不似前期扁折而略成弧形。双腹瓮为曲腹而不像第一期为斜腹，还出现大口长鼓腹小平底瓮。刺桐关遗址陶盘大量出现。

此外，在个别大型墓中还出现零星铁器，是外地传入的。

## 二 葬俗的形成

墓地规模大，墓葬数量众多，墓葬形制、葬式较为复杂，但总体上看墓葬习俗基本一致。

墓地多半为背山面水，有的选择在孤山上如李家山、金莲山等，也有地势稍高的山丘如羊甫头，有的为台地如呈贡石碑村，还有在山腰、山麓的如昆明上马村五台山、安宁太极山等。石寨山则较为特殊，原来应该是滇池边的一个小岛。只有曲靖八塔台和横大路为代表的墓群为人工堆筑的小土山。这些墓地对地形、地貌并不选择，石寨山和李家山的墓葬就分布在岩石之间或凿穿岩层。墓穴的分布有一定的规律，从石寨山、李家山、羊甫头等规模较大的墓地来看，时代较早的墓葬多埋在山顶，随着时代的推进逐渐向地势较低的地方埋葬，时代最晚的墓葬一般分布在位置较低的墓地边缘地带，这种墓葬分布规律表明泛滇池区域的墓地是有一定规划的，各墓地对墓葬的安排是相同的。八塔台和横大路等土堆墓由于是人工层层堆积而成，因此早期墓在下部，越往上时代越晚。从石寨山、李家山等墓地看，大型墓居于中心，而中、小型墓分布在其周围。绝大多数墓地内墓葬相互的打破关系较多，但大型墓之间基本没有打破关系，说明大型墓的埋葬是有一定规划的，而中、小型墓多杂乱无章。这种情况似乎表明大型墓所代表的社会上等阶层的关系是明确的，因而其墓葬的安排有序，而小型墓所代表的社会下层关系并不十分密切，可能来自不同的家族，因而对墓葬的安排也较随意。彼此打破关系很多，中、小型墓打破大型墓的现象常见，说明墓地并无明确的规划。只有呈贡石碑村墓地的小型墓排列整齐有序，显示出此处公共墓地是按一定规则埋葬的，相互之间的关系是固定的。大多数墓葬的方向大致呈东西向，头朝西或东，也有南北向的，但数量较少。

墓葬形制绝大多数为竖穴土坑墓，只在曲靖八塔台和横大路为代表的土堆墓有部分墓葬没有墓穴。不少墓葬墓边不规整，石寨山和李家山不少大型墓葬由于位于岩石之间的缝隙，为规避岩石造成墓边不整齐。金莲山墓地部分墓葬刻意在岩层上挖出墓穴，显示出特殊的埋葬习俗。羊甫头、天子庙等墓地位于黏土或风化基岩层，墓葬较为规整。从墓口看形状有直角长方形、方形、梯形或圆角外凸长方形，有的墓壁向内斜收。圆角外凸长方形只在羊甫头有少量分布，澄江金莲山也发现数座，这种墓葬一般较深，向外凸出是因为椁或棺呈井干式交叉，交叉凸出处墓坑容纳不下而挖去四角。在李家山、羊甫头、天子庙、金莲山等墓地有部分墓葬有二层台。在羊甫头和金莲山等墓地还有部分墓葬有腰坑，而且在墓葬总数中所占比例不少，但大部分墓地没有发现腰坑，说明这种有腰坑的墓葬是比较特殊的葬俗。墓葬填土多原土回填，少数大墓用从其他地方搬运不同的土填埋，羊甫头、天子庙、金莲山有部分墓葬用白膏泥或黑膏泥等填埋墓室下部或涂抹墓壁。天子庙M41的填土有分层，其中还夹有一层铺平的河卵石，显得十分隆重。大部分墓葬没有封土，只在土堆墓中少数有封土，显然是受到中原文化的影响所致。李家山有的墓葬在填平的填土中又挖一圆形圜底的祭祀坑，坑内埋一尖端朝上的锥状石块，并有祭祀时焚烧所遗留下来的炭屑和灰烬。有的祭祀坑有殉人。

　　大型墓多有一椁一棺，部分中、小型墓也有椁，小型墓多为单棺或无棺。椁多近方形，用原木和稍劈方的原木或厚板作壁，横叠放置，相邻的原木两端垂直交叉，交接处劈榫相扣，构成"井干式"木框作四壁。上有盖，用原木横铺一层，下无底如罩。木棺为长方形，用厚木板构成，有的髹红、黑两色漆，有的棺四周钉有铜牛头装饰。棺置椁内右侧，左侧形成边厢。二人合葬的主棺也置右侧，这种以右为尊的习俗与古代少数民族尚左的习俗不同，可能来自中原地区。部分墓葬有垫木坑。

　　葬式多为单人葬，大多为仰身直肢，极少数为侧身屈肢。在大型墓中发现尸体有用衣衾装殓后再用粗麻绳捆扎，然后用由金、玉、玛瑙、绿松石、琉璃等制作的各种管、珠、扣、片、条等形式的饰件缝缀的"珠襦"覆盖或包裹，时代较晚的还用"玉柙（匣）"覆面，这种葬俗在汉代文献中有较多记载，应是受中原文化影响所致，但这种葬俗在滇池区域从战国晚期就开始出现，一直延续至西汉中晚期，说明它虽承自中原文化，但已成为泛滇池区域上层阶层的主要葬俗。此外，也有部分合葬。二人合葬分二男合葬、二女合葬、男女合葬三种，二人头向，大型墓朝一端，中、小型墓则分朝两端。多人合葬主要见于金莲山墓地，有一次或二次葬，最多有数十人。在羊甫头、纱帽山、金莲山、石寨山等墓地有分层丛葬的现象，性别不定，应是同一家庭成员先后埋葬在同一墓室中，十分奇特。在部分墓中发现有殉人。大型墓有的殉葬牛头或整牛，均为尚未长成的小牛。

**图 111　李家山 M24 "珠襦" 覆棺情况**

随葬品主要为青铜器、陶器和玉石器等，青铜器可分为武器工具、礼乐器、装饰品等，时代较晚的有铁器，也有少数有漆器。不同种类的随葬品摆放很有规律。随葬品依墓主性别不同而作不同的组合，甚至铜执伞俑和铜杖头饰等器物上的人物形象，也与墓主性别相同。男性墓随葬工具和兵器，以剑、斧、矛、扣饰等为基本组合；女性墓则以饰品、纺轮为主，武器工具很少，大型墓随葬工具和少量仪仗兵器。

大、中型墓随葬品多分层放置，有的在椁盖板上铺苇席和织物，随葬品用丝织品包裹或用漆箱装盛，有计划地置放，椁室和棺内器物也按类置放。

武器工具在墓室各个位置均有放置，大多按类成堆摆放。剑或带鞘剑、削一般放在茎首向上置于腰部身侧，剑茎上有的有石坠；长柄的戈、矛、斧、钺、啄、棒锤等兵器、仪仗器置于身侧，有的带有短柲或长柲，锋刃部向头端；锄、铲、凿等工具多置于足端。大型墓中兵器和生产工具成对放置。

礼乐器铜鼓和贮贝器多置于头端，贮贝器大多装有海贝，部分铜鼓也装有海贝。葬仪用的执伞俑一般成对，分别置于棺两端。

各种质地的装饰品基本放置于身旁相应的佩戴位置，如钏出于腕臂，玦出于头部两侧的耳部，扣饰出自腹部，还有的用玛瑙扣做成剑饰斜挎在身上，而大量的小饰件则缝缀成"珠襦"盖在棺盖或尸体上。

陶器多置于头、足两端，也有的置于腰坑之内。

从以上分析可以看出，泛滇池区各地葬俗基本一致，属于同一文化类型，但也有一些墓地有特殊之处，如金莲山的多人合葬墓在其他墓地不见，羊甫头、金莲山等地的腰坑、分层丛葬现象也很少见，曲靖八塔台和横大路的土堆墓则极特殊。这些特殊的葬俗说明在统一的文化类型中还有不少特殊的文化现象，这可能与本区存在不同的族群有关。

### 三　陶器

除石寨山、李家山和团山等墓地只有少量陶器外，其他各墓地都发现有陶器，其中羊甫头陶器种类齐全，发展脉络清楚，代表了泛滇池区域陶器发展的基本规律。曲靖土堆墓的陶器与其他地方有一定的区别，部分陶器特点鲜明，别处不见，也被认为是与滇池区域其他地方属于不同类型的主要依据。

羊甫头陶器绝大多数为轮制，从陶质、陶色来看有一个逐步演变的过程：第一期均为泥质陶，陶色大多数为黑色，少量为褐色，器表磨光；第二期出现少量夹砂陶，陶色除黑陶外，还有少量灰陶、褐陶、红陶和彩绘、漆绘；第三期夹砂陶数量增多，黑陶逐渐减少，颜色斑驳不一；第四期夹砂陶居于主要地位，泥质陶很少，陶色以红陶为主，黑、褐、灰陶较少。多数陶器为素面，纹饰有网格纹、水波纹、草叶纹等刻划纹饰，多出现在直口罐、大喇叭口罐的肩部，部分直口罐、大喇叭口罐的肩部还有泥钉装饰，在罐、瓮底部有叶脉纹，是制作陶器衬垫所遗痕迹，不是有意刻划的。器型主要有釜、罐、高圈足尊、大口尊，器型多样，数量丰富，一般在随葬品的陶器中是较为固定的组合。还有少量瓮、豆、盒、鼎、杯、纺轮等，器形从早期的扁平逐步变得圆鼓，器型也由少到多，在第三期达到极盛后在中原文化的影响下后逐渐减少，最后为汉文化取代。从陶器风格来看，大、中型墓葬陶器种类丰富，制作较精致，彩绘、漆绘的陶器少量发现于大、中型墓中，而小型墓陶器种类少，以釜、罐为主，制作粗糙。

此外，呈贡天子庙、石碑村、安宁太极山、昆明上马五台山、澄江金莲山等从陶质、陶色、器类、器形和装饰等与羊甫头基本一致，而圈足壶、束颈平底壶、圜底钵等不见于羊甫头。石寨山和李家山也有少量陶

第一期

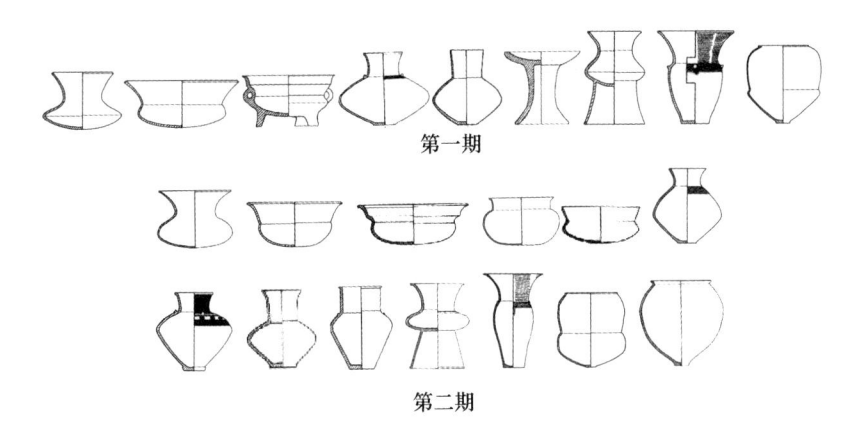

第二期

**图 112　昆明羊甫头第一、二期陶器**

器，部分与羊甫头相似，但敞口长腹圈足杯、单耳长颈壶等则不见于他处。这些墓地的陶器不论泥质还是夹砂陶质地均很疏松，火候不大，颜色斑杂，说明陶器在其生活中处于并不重要的位置。

曲靖土堆墓的陶器完全为手制，只在一些陶豆的盘、柄部发现慢轮加工的痕迹。陶质有夹砂和泥质两种，从早到晚都有。陶色以灰褐色为主，同一件陶器的陶色不均匀，是烧制时受火不匀所致。纹饰也少见，而且绝大多数见于泥质陶上，有刻画篮纹、网格纹、平行点纹、波浪纹、叶脉纹等。器类主要有釜形鼎、罐形鼎、大口尊、深腹罐、盘，还有少量壶、豆、杯等，其中大口尊、深腹罐、盘等器类从早到晚形制基本没有改变，与羊甫头等地的同类器相差不大。

从陶器来看基本可以分为两大类型，彼此区别很明显，羊甫头一类的陶器多为轮制，而土堆墓均为手制；羊甫头陶色中黑陶、红陶数量很多，而土堆墓则多为灰褐陶，黑陶和红陶基本不见；器类方面，羊甫头圜底釜、高圈足尊数量很多，是滇池区域的主要器类之一，但在土堆墓中基本不见这两种器物，少量的圈足尊也为矮足，形制与前者不同，而土堆墓最典型的釜形鼎和罐形鼎在别处从未发现。不过二者相同之处也不少，陶质均有泥质和夹砂，除少数大、中型墓外质地均较疏松，二者的烧造技术是相同的，都是露天堆烧的结果；纹饰方面也基本一致，大多器物为素面，少量有刻划网纹、水波纹等，而且均施于罐、大口尊的肩部，器底部的叶脉纹也相差不大，罐、大口尊的肩部还有泥钉装饰；器类都有大口尊、平底盘、凹底盘等。实际上，从陶器与葬俗的总体特征来看，土堆墓都与本区其他墓葬有较大差别，属于不同的文化类型，但陶器中较多的相似之处也说明它们之间的关系密切。

## 第六节　滇国的社会和经济

### 一　滇国的资源

泛滇池地区是云南高原自然环境最好的区域，有面积较大、适宜农耕的滇池坝和玉溪坝，河湖密布，滇池、抚仙湖、杞麓湖、星云湖等湖泊水量丰富，还有环绕坝子周围的低山丘陵，为农业、畜牧业和渔猎、采集等经济活动打下了良好的基础。[①] 此外，本区和附近区域的铜、铁、铅、锡、金、银等矿产资源极为丰富，为手工业的繁盛也创造了有利的条件。目前本区确切的新石器时代晚期遗址只有通海海东[②]、杨山[③]等几处，这些遗址均为河、湖旁贝丘遗址。从遗址来看，其主要食物来源是河、湖的贝类和鱼类，此外，采集和狩猎也应是其食物来源的重要途径，是否有种植业则无法确定。从遗存来看，遗址内的陶器较为发达，容器和炊器都不少，显示其有稳定的食物来源；石器中斧、锛数量较多，都是后来农业工具的主要种类，由此推断当时可能已有一定的农业经济存在。

青铜时代遗址发现较少，也多为贝丘遗址，说明渔猎、采集仍然在社会生产中占有一定的比例，但大量农业工具的出现说明农业已经在社会经济生产中占有主要地位。从自然环境来看，本区有大面积的平坝，气候温暖，适宜稻作农业的生产，《史记·西南夷列传》有"（庄）蹻至滇池，（地）方三百里，旁平地，肥饶数千里……"的记载，《后汉书·西南夷列传》也有"河土平敞，多出鹦鹉、孔雀，有盐池田渔之饶，金银畜产之富。"从农具来看，锄、铲、镰、卷刃器是当时的主要生产工具，说明当时是以锄耕农业为主的，《史记·西南夷列传》中还记载滇属"……耕田，有邑聚……"的民族。虽然牛在本区大量出现，但基本不用作农耕

---

[①] 彭长林：《云贵高原的青铜时代》，广西科技出版社2008年版，第195—197页。

[②] 云南省考古研究所等：《通海海东贝丘遗址发掘报告》，载《云南文物》1999年总(49)。

[③] 陈泰敏：《通海杨山贝丘遗址》，载《云南文物》2003年总(57)。

而主要作为食物和祭祀的牺牲,牛耕在本区的出现是在东汉前期以后由中原引进的①。

**图113　铜鱼杖头饰（晋宁·西汉）**

## 二　滇国的社会和经济

除农业外,畜牧业也占有一定的地位,《汉书·西南夷列传》记载汉昭帝时益州郡"蛮夷"造反,汉王朝派兵平叛,"大破益州,斩首捕虏五万余级,获畜产十余万",可见当时畜牧业的发展已有相当规模。滇国青铜器上常有家畜的形象出现,在石寨山 M12 的铜鼓盖上有山羊、绵羊和猪混合放牧的情景,用狗来协助放牧,还有牧马、牧牛的情景,其中羊、牛、猪都是移动缓慢的动物,只能在距离居住地不远的地方牧养。马主要作为乘骑和驮运货物,其数量也很多,在青铜器上出现很多骑马的人物形象,也有驯马场面,说明马在当时的经济和社会生活中的重要作用。

---

①　李昆声:《云南牛耕的起源》,载《考古》1980 年第 3 期。

手工业在经济中也占有一定的比例,青铜器制造业是手工业中最重要的部分。滇国青铜文化高度发达,无论从青铜器的种类还是数量来看都显示出青铜制造业的高超技术。青铜器的种类主要有矛、剑、戈、啄、钺、斧、锄、铲等武器工具和铜鼓、贮贝器等礼乐器以及扣饰、钏、镯等装饰品,其中一个显著的特点是在青铜器上有各种繁缛的几何纹、动物和人物的平面或立体装饰。青铜器在社会生活中无疑占有极其重要的地位,在大型墓中随葬了数量繁多的青铜器,从武器工具来看,很多器物并无使用痕迹,还有不少装饰华丽而无实际使用价值,显然是作为代表其身份地位的礼器或权力象征之物。纺织业也是手工业中的重要部分,在女性大型墓中常有成套的纺织工具出土,小型女性墓中也大多有纺轮随葬,在青铜贮贝器上有不少纺织场面的塑像,显示女性是纺织业的承担者,纺织品的生产也均由女性贵族控制。此外,某些纺织物品由于生产成本较高而十分昂贵,它们代表着财富的拥有,对当时的贵族阶层来说显得十分重要,被当作炫耀富贵、确立其身份和地位的标志,说明纺织业在当时经济生活中占有较为重要的地位①。此外,金器、玉器、漆器、陶器制造也有一定比例,除陶器外大多为贵族的奢侈品,其他或许还有一些手工制造业,但已无从考稽。

商业贸易在经济中似乎也占有相当的地位,在贮贝器上有一些商品买卖的场面,其中参加交易的多为妇女,交易品种多为各种农副产品。还有纳贡场面的塑像,表现远方来的人向滇王贡献的场景,一些人为深目高鼻、长须,其衣着也不同于滇国人装束,显然是中亚人的形象,这些人从遥远的中亚来到滇池区域,显然不是因为滇国的威名使他们臣服纳贡,而应是带有商贸性质的交易。在石寨山和李家山大墓中有不少海贝,有的一座墓中就有数万枚海贝,这些海贝都是相隔遥远的南海和印度洋的物产,在滇国的大量出现说明当时存在着规模较大的远距离商业交流。这一点在史籍中也有反映,西汉时张骞在大夏见到蜀竹、邛杖并打听到从蜀地有一条穿过云南高原到达身毒(印度)的商路后,向汉武帝建议派人打通这条西南方向的商路,汉武帝即派四路人马开辟商路,但为昆明族所阻而未

---

① 罗盼霓:《云南青铜时代晚期的纺织物及显示的地位标志》,《铜鼓和青铜文化的再探索》,民族艺术杂志社1997年版。

**图 114　铜五牛针线盒（江川·战国）**

能开通。① 不仅说明这条商路早已存在，而且商贸活动较为发达，后来也成为中国与南亚商贸往来的重要路线。除此之外，滇池区域与巴蜀地区、越北、岭南等地的往来也十分频繁，其中商贸活动应占有相当比例，不过从出土物来看，主要输入物品多为海贝、装饰品一类的奢侈品，并非日常用品，说明这种贸易活动是被上层社会控制的，并未涉及普通民众。

在青铜器上还有不少狩猎场景的装饰，但狩猎者均为滇族上层人物，说明狩猎活动已不是一种经济行为，而是娱乐或宗教性的活动。

### 三　农业、畜牧业和手工业

特别是滇国，《史记·西南夷列传》记载汉武帝派使者寻找通往身毒国的道路，使者在滇国逗留后因不能前行而返回，"使者还，因盛言滇大国，足事亲附。"说明汉王朝已注意到滇国在西南夷中的特殊地位，它的

---

①《史记·西南夷列传》及《大宛列传》。

发达程度要比其他部族高得多。童恩正先生认为滇国的一系列特征表明其属于复杂酋邦①，但从其表现的成熟程度来看应该已经进入了早期国家较为发达的方国阶段。稻作农业作为滇国经济最主要的部分取得了很高的成就，《后汉书·西南夷列传》记载西汉末期文齐为益州太守时，造陂池，"垦田二千余顷"，这种大规模的开垦应是在原来基础较好的地方才能做到，反映了在文齐垦田之前滇池区已有较大规模的稻田。从农具看有尖叶锄、宽叶平刃锄、长条形平刃和凹刃铲、斧、长镰和爪镰等，虽然犁耕和牛耕尚未出现，但这种高度发展的锄耕农业已经为滇文化创造了大量的剩余粮食，从石寨山M12贮贝器上所饰的上仓图可以看出当时粮食的收获不少，需用较大的仓房来贮存。此外，畜牧业也十分发达，《史记·西南夷列传》和《汉书·西南夷列传》记载始元年间益州反叛，汉政府遣军正王平与大鸿胪田广明等平定叛乱，获畜产十余万。在滇文化青铜器上的

图 115 铜锄

---

① 童恩正：《中国西南地区古代的酋邦制度》，《人类与文化》，重庆出版社1998年版。

塑像和图像中有不少表现滇人牧牛、猪、羊、马的情景，其中以牛为主要畜种，用牛祭祀的场面很多，还有以牛作为财富的象征，在象征财富和权力的贮贝器上有很多牛的形象，马、羊、猪、狗、鸡、鸭、兔的形象也不少，说明当时的畜牧业水平很高，与农业一起成为滇文化最主要的经济支柱，为社会分工和社会形态向更高层次发展奠定了坚实的物质基础。

由于农业和畜牧业的高度发展，使得相当数量的人可以脱离农业生产而成为专业的手工业者。手工业的进一步发展又细化出许多不同的门类，专业工匠的出现使手工业的水平得到了很大的提高，创造出前所未有的物质文明。青铜制作业是其中最大的门类，从青铜器的数量、种类和质量看都具有极高的专业水准。纺织、漆器、金银器、陶器、玉石和玛瑙等的制作都形成了专业化的规模，从房屋模型的复杂程度和相似的形制看房屋建筑也达到了专业化水平，从而使整个社会的分工更加细致、复杂，推动着文明的发展。①

**图116　诅盟贮贝器器盖**

随着社会生产和分工的发展，交换和贸易就成为必然，并且越来越成为社会生活的重要组成部分。在滇国举行仪式的地方也是民众交易的集市，每逢重大的社会活动或宗教活动都是人们进行交易的机会，如贮贝器上的"诅盟"和"杀人祭柱"场面都可明显看出，交易的商品有猪、鸡、

---

① 彭长林：《云贵高原的青铜时代》，广西科技出版社2008年版，第274页。

鱼、纺织品、皮革等，这些物品均为生活用品，也反映了社会商品贸易的广泛性。此外，远程贸易也比较频繁地开展起来，无论是战国时期楚文化中出现的各种南亚风格的文化特点还是蜀文化中海贝、象牙等器物均是通过云南高原的商道而来，滇文化本身也有数量较多的外来物品如南亚的蚀花石髓珠、南海和印度洋的海贝、中原的铜镜、带钩等，而各种外来奢侈品均出于大型墓葬中，中小型墓葬基本没有发现，说明对外贸易被上层统治者所垄断，也显示出滇国统治者对社会的控制力很强。中原三代时实行"工商食官"的制度，工商业是从属于官府、服务于官府的。滇国的手工业和商业也是被统治阶层控制和为其服务的，商品的生产、交换和分配都直接为满足统治阶层的需求，民间贸易多为日常生活用品。

### 四 滇青铜文化与早期国家

从早期国家形成来看，早期原始城市的出现无疑是早期国家形成的重要标志之一。遗憾的是我们至今仍未发现较大规模的聚落，更没有早期城市的痕迹，但从一些现象分析仍可推测有早期原始城市的存在。关于原始城市形成的主要标志主要有三个条件：1. 是政治权力和行政管理中心。2. 存在着手工业者阶层，是个手工业技术中心。3. 人口相对集中，居民在 3000 人左右，居民具有多样的社会身份。[①] 考察滇青铜文化的情况，第 1 和第 2 个条件显然都有相当程度的体现，第 3 个条件的特征虽无法了解，不过从羊甫头墓地的规模看当时的人口数量也不少，达到了原始城市的规模，应该已有早期城市的存在。只是这种城市并不像中原地区那样有坚固的城墙，而可能是以木栅一类的木质材料构筑城市的防护围栏或没有围栏，但并不妨碍其存在早期城市的事实。《酉阳杂俎》记载："棘竹，一名笆竹，节皆有刺，数十茎为丛，南夷种以为城。"实际上，像楚、蜀这样高度发达的文明，其城市也有不少不筑城墙而以木栅或荆棘防护的。李昊《创筑羊马城记》记载："管钥成都，而犹树木栅于西州。"《国语·吴语》记述楚灵王时内外叛溃的情况，"王亲独行，屏营彷徨于山林之中……乃匍匐将入于棘围，棘围不纳。"说明他们不是构筑城墙而是种植棘围作为防御之用，但其城市的发展程度是很高的。

---

[①] 张学海：《浅说中国早期城市的发现》，《长江中游史前文化暨第二届亚洲文明学术讨论会论文集》，岳麓书社 1996 年版。

虽然滇文化只有很少的聚落遗址发现，无从了解聚落之间的关系，但各地墓葬的规模和等级也基本代表了聚落的规模和等级。石寨山、李家山、羊甫头、天子庙是等级最高的墓地，墓地规模较大，有滇青铜文化中等级最高的大型墓，它们在不同时期内成为滇青铜文化的权力中心。澄江金莲山、呈贡石碑村、昆明五台山、安宁太极山属于次一级的墓地，从墓葬的规模、随葬品的等级来看都明显低于前一等级。江川团山、呈贡小松山、昆明大团山、东川普车河等墓地规模小，随葬品的数量和级别都很低，应是滇青铜文化中级别最低的墓地。以上三种级别的墓地似乎与都、邑、聚的聚落规模基本对应，彼此之间有一定的统属关系。不过这种聚落结构还比较简单，具有相当的原始性，是刚从族邦古国转变而来的三级结构。从文献记载也可大致看出这种聚落等级的存在，《史记·西南夷列传》说夜郎、滇、邛都均"耕田有邑聚"，《汉书·西南夷列传》载："牂柯、谈指、同并二十四邑凡二万余人皆反"，"句町侯亡波率其邑君长人民击反者"。牂柯太守陈立召夜郎王兴，"兴将数千人往至同亭，从邑君数十人入见立"，兴被杀后，"兴子邪务收余兵，迫胁旁二十二邑反"，以上描述说明当时已有数量较多的大小不同的聚落，有些应该已达到了原始城市的规模。实际上，秦汉王朝在西南夷地区设置的郡县都是在当时古城、古国、方国的政治、经济中心的基础上来设置。方国瑜先生在论说"滇王之印"和"汉叟邑长印"时，认为"汉时授土长职，大者为王，次为侯。……大抵王为一郡之长，侯为一县之长，县属于郡，侯属于王……""盖一县之内，大邑首领任命为侯，即所谓侯邑；小邑首领为长。"[①] 这种分析也证明当时聚落的规模和等级不一，其中较高等级的聚落应该属于早期城市一类的规模，对较低等级的聚落有一定的控制权。

此外，不少墓地里有多种丧葬方式，如羊甫头就有单人葬、分层丛葬，金莲山有单人葬、多人合葬、分层丛葬等葬式，不同的葬俗表明他们应该属于不同的民族，这种不同民族的人同葬一个墓地说明滇国并不完全是以血缘关系的宗族村落为单位，也有以地缘关系杂居的村落为单位，这是社会复杂化的结果，也说明滇国的统治范围已有一定的地域关系，被征服的民族在原地或迁往他处服从胜利者的管辖。[②]

---

① 方国瑜主编：《云南史料丛刊》（第一卷），云南大学出版社1998年版，第88—89页。
② 彭长林：《云贵高原的青铜时代》，广西科技出版社2008年版，第276页。

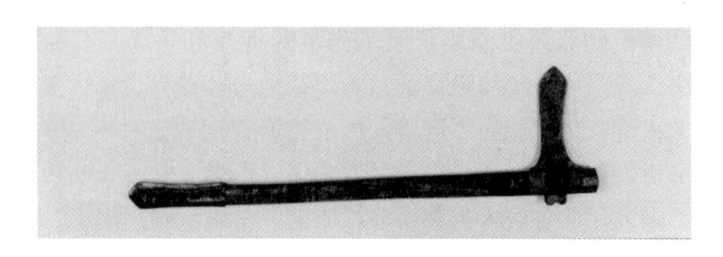

图117　羊甫头带柲铜戈

## 五　滇古墓群与早期国家

曲靖八塔台、横大路等土堆墓属于与滇"同姓相扶"的"劳浸、靡莫"之属，从墓葬形制和随葬品看他们与滇人有一定的区别，说明他们具有一定的独立性，但青铜器和部分陶器属于滇文化系统，表明其主体是在滇文化系统之中，他们是受滇政权节制又有一定独立性的势力，具有一定的特殊性，这与夏商王朝情况类似。夏代实际上是族邦林立的城邦时代，其族邦多以"氏"相称，如"夏后氏"、"有扈氏"等，这种族氏与邦国相提并论的现象说明夏代的族邦脱离氏族社会未远，属于早期国家形态。夏后氏与诸族邦关系错综复杂，其主要表现形式为战争与通婚、对抗与结盟，夏代的国家形态就是在这种斗争与联盟的外部环境中发展演变的。[①] 商代则更进一步，人们所说的殷商王朝，实际上是以商王国为主体的方国联合体，商王国与诸方国均为各自相对独立的国家实体，并非中央王朝与地方政权的关系；它们具有军事联盟的特点，商与诸方国是不平等的联合，商王国居于主导地位，对诸方国有一定的支配权，这种联合体也是不稳定的。[②] 从滇王国的权力分布来看，极有可能是与夏代相似的政权结构，由数个同姓的族邦联合而成的政体。最早的权力中心在羊甫头和天子庙，出现了羊甫头M19、M113、天子庙M41一类的王墓，石寨山和李家山的墓葬级别相对要低一些。到西汉益州郡设立以后，权力的中心发生了变化，羊甫头和天子庙的大型墓葬变少，级别远远不及石寨山和李家山，石寨山和李家山的大型墓葬相差不大，处于大致平等的地位，而石寨

---

[①] 周苏平：《夏代族邦考》，载《中国史研究》1993年第4期。

[②] 周苏平：《商代国家形态探析》，《追寻中华古代文明的踪迹》，复旦大学出版社2002年版。

山要略高一些，这是因为滇国的王族分布于此，主要控制着滇池坝这片最大的地域，李家山是与其势力相当的族邦，控制着玉溪坝，二者是滇国的主要统治力量。曲靖土堆墓族邦的实力显然远远不及石寨山和李家山的族邦，在联合体中处于较低的地位，在土堆墓中潇湘平坡未发现在八塔台和横大路常见的釜形鼎和罐形鼎，显示出一定的区别，说明在土堆墓中也有不同的部族组织。滇国就是由以什数的大大小小的族邦构成的联合体。其他如夜郎、邛都也基本上是这样一种联合体，但由于社会经济、政治、宗教等发展程度较低而未能步入方国的阶段。这与尧舜禹时代情况略似，《左传·昭公七年》云："禹合诸侯于涂山，执玉帛者万国"，言其"万国"，并非各"国"发展程度均相似，而是有的较先进，已跨入早期国家形态，而有的恐怕只是氏族社会阶段而已。

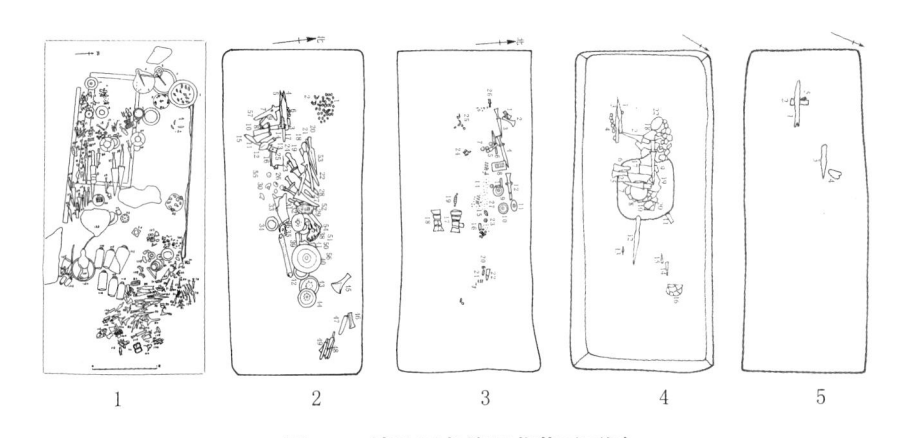

**图118  滇池区各等级墓葬平面图**

社会分层和分化较古国时期更为复杂，从墓葬显示出的等级差别十分明显，大致可以区分出5、6个等级。最高等级为滇王及其近亲的王族墓，他们是整个社会的最高统治者，如羊甫头M113、天子庙M41、石寨山M13、M6（图一百二十三，1）、M71、M3、李家山M24、M47、M51、M68等，这些墓葬随葬品数量多达数百件，种类基本囊括了滇文化中可见的各种器类和器形，而且许多器物基本上只见于这些最高等级的墓葬，如各种礼仪性质的武器工具、铜鼓、贮贝器、执伞俑、杖、浮雕扣饰、金银类装饰品以及大量的作为财富象征的海贝等。等级稍低的为滇王族以下的贵族阶层，他们墓葬的随葬品档次要低于王族，但远远高于其他等级的墓葬，如羊甫头 M101、M102、M150、天子庙 M33、石寨山 M4、M5、李家山 M44、M53、M71（图一百二十三，2）等，这些墓葬随葬品一般有数十件青铜武器、工具、大型生活用具、装饰品等，少数有铜鼓、贮贝器、金器等贵重物品。以上两类墓均有棺、椁，他们掌握着礼神通天的青铜礼器，掌握了对社会和自然界的解释权，也垄断了各种象征身份和地位的贵重物品，拥有这类礼器和贵重物品的多少也成为区分贵族等级的标志。再次一级的为各种中型墓，基本为单棺，少数有椁，随葬品有各种青铜武器工具、少量装饰品、陶器等，如羊甫头 M104、M578、李家山 M63、M82（图一百二十三，3）等，他们是滇国政权的执行者。以上三个等级都是属于滇国政权的统治阶级。中小型墓与小型墓相比墓葬形制稍大一些，有的有单棺，随葬品也有较大区别，如羊甫头 M552（图一百二十三，4）、M582、李家山 M13、M76、五台山 M1、太极山 M12 等，他们是较低级别的官吏或各个家族的族长之类的人物，一般有一、二十件青铜器和陶器等。小型墓也有一定的差别，有的有单棺，但绝大多数没有葬具，随葬品有的有数件青铜武器工具或陶器，但不少没有随葬品，如羊甫头 M746（图一百二十三，5）、李家山 M30、M37 等，他们属于财富有一定差距的普通平民。[1]

**图119 纳贡贮贝器**

---

[1] 彭长林：《云贵高原的青铜时代》，广西科技出版社 2008 年版，第 277—278 页。

### 六　从青铜器图像看早期国家内的社会各阶层

从以上从墓葬分析可以看出整个社会分层明显，社会财富分布严重不均，阶级对立严重，是方国时期社会结构的具体写照。从青铜器上的图像也可看出不同社会等级的差别，最上层是滇国的最高级统治者如"诅盟"仪式上形象最高大者、贮贝器上的鎏金骑士、"杀人祭柱"场面、"初耕"场面和"纺织"场面、坐轿或鎏金的妇女、身穿华服的巫师；其次为身披甲胄的武士，大墓执伞俑所代表的滇王及高级贵族的近侍，人数较多的级别稍低的巫师和乐手、舞者等；人数最多的是滇国的平民，从事农业、畜牧业、手工业等生产，还有军队中装束较简单的步兵等；最下层的是战俘，被用以执贱役和用作祭祀的牺牲。

**图 120　执伞铜俑**

滇文化的这种社会阶层分化十分普遍，不仅存在于不同的聚落，如羊甫头、石寨山、李家山墓地的等级显然要远高于小松山、团山、太极山等等级较低的墓地；而且也存在于同一聚落内的不同亲属集团，如羊甫头墓地内按照亲缘关系可分成不同的族群，各群之间的墓葬大小和随葬品多少并不相同，以大墓为中心的墓群虽然数量较少，但墓葬形制较大，随葬品多于墓葬密集、形制较小的墓群；此外还存在于同一亲属集团的个人之间，石寨山和李家山都既有等级最高的王墓又有等级较低的平民墓。这表明该文化的社会阶层分化还带有浓厚的血缘关系，仍实行聚族而葬的习俗。但大、中、小型墓之间的打破关系十分复杂，中、小型墓打破大型墓的现象很多，表明各阶层之间的等级并不森严，还处在较为平等的阶段，也显示出其社会结构的原始性。另外一个值得注意的现象是并非所有等级高的墓葬都是男性，不少女性墓葬的等级也很高，从数量看只略少于男性大墓，说明女性在社会集团中的地位并不低，在贮贝器等的塑像上不少女性贵族处于中心位置，有的还鎏金以示尊贵，她们在统治集团中也占有相当地位，这是较为特殊的地方，可能与其文化传统有关。

**图 121　播种祭祀贮贝器**

　　虽然滇文化中没有发现确切的大型建筑遗迹，但墓葬的规模和随葬品也说明当时较大规模的强制性社会劳动的存在，而且也应存在相应的组织机构。从大型墓葬来看，每一座墓都随葬大量精美的青铜器、金银器、漆器、玉石和玛瑙、绿松石等器，这些器物从原料的开采、收集到制作过程都需要组织相应的熟练工匠，有的器物如青铜器的制作需要有相当多的工序。大量的原料需求需要组织专业的铜矿开采队伍，精细复杂而统一的纹饰制作也需要专业的工匠，器形多样的铜器种类需要制作很多的模具，而且石、陶范基本为一器一范，大量形制相似的器物肯定是专业的工匠所为，形制复杂的青铜礼乐器制作需要专门的知识和高超的技艺，只有经过长期训练的熟练工匠才能胜任。还有漆木柄的制作需要木工、漆工和画工的协作方能完成。大型空体器如铜鼓、贮贝器的制作更需要精密而统一的协作，珠襦的制作需要玉工、裁缝和大量的人工。如果没有组织严密、分工清楚的机构来组织是无法想象这些工艺复杂的器物能够整齐划一地制作出来，其所花费的社会劳动量和社会资源并不亚于大型建筑所需，因此，滇文化中社会资源和劳动已被滇国上层统治者严密控制并有相应的管理机构。[1]

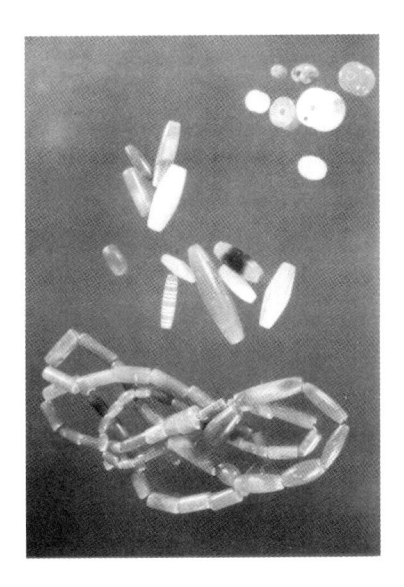

图122 玛瑙珠

---

[1] 彭长林：《云贵高原的青铜时代》，广西科技出版社2008年版，第279页。

### 七　早期国家的贡赋、司法与军事

社会产品的再分配制度也已基本形成，贡赋制度成为滇国统治者聚敛社会财富的主要手段，"上仓图"表现的是平民将部分劳动所得的粮食交给统治者作为贡品，贮贝器上的"纳贡"场面表现滇国统治区内的各族头领携带本地产品向滇王进贡的场景，说明滇国的贡赋制度基本完备。滇王将社会财富聚敛起来以后，除自己享用的部分之外，将其余部分按等级分配给各级统治者，基本形成了财富的分配制度，从各等级墓葬的随葬品的数量和种类可以看出。从青铜器来看，无论是大墓还是小墓，不同墓地出土的同类器物如武器、工具、装饰品、礼乐器的形制、纹饰均相同，基本没有太大的差异，有的甚至一模一样，这说明这些青铜器是集中制作后再分配给各地和各等级人群的。这种贡赋和再分配制度的完备表明滇国社会管理制度的成熟。

**图 123　"上仓图"贮贝器**

作为公共权力机构成熟的特点之一是司法制度的完善，从贮贝器上表现的各种社会状况可知滇国的法制已发展到相当的程度，方慧教授对滇国法制的总结使我们对这一情况有了全面的了解。[①] 滇国的刑罚极为残酷，有斩首、喂蛇、牛践踏等生命刑，有赤身反缚双手下跪、左足戴枷坐地、双手双足被缚赤身伏卧于两段木板之中并被人牵曳、颈上戴枷赤身一前一

---

① 方慧：《滇国法制初探》，载《思想战线》2003 年第 2 期。

后锁于枷上、双手缚于高处后吊打的身体刑，还有脱光衣服赤身于大庭广众之下以示羞耻和训诫的耻辱刑等；民事方面也有专人管理集市贸易并对不符规定者进行斥责；在与周边友好民族的关系上，他们通过"诅盟"的形式结成联盟，各自受其约束，是滇国习惯法的一种。当然，滇国毕竟还处在方国阶段，其法律也是由氏族习惯向习惯法的演变阶段，与后期的成文法律相比还很不成熟，但不可否认的是滇国的司法制度已经出现并为统治阶级服务。

**图 124　吊人铜矛**

作为暴力机构的军队已经较为完善，从反映战争场面的贮贝器来看，滇国的军队有贵族充当的将领，他们多骑马，披甲戴盔，步兵则为普通平民组成，有持矛、斧、钺、弓、弩、剑、盾等，说明他们是训练有素的军队。另外，从贮贝器的驯马场面来看，当时对马的训练也有专人管理，说明骑兵是当时军队的重要组成部分，贮贝器和扣饰上有不少表现骑士的形象，当然他们一般由贵族担任，在军队中的地位较高。军队的完善是出于对外战争和对内镇压的需要出现的。从战争场面来看，他们主要与编发的民族进行了残酷的战争，献俘扣饰表现的是杀掉敌对民族的男性而掠夺妇女、儿童和牛、羊等财富，杀人祭祀场面的裸体被缚者显然也是从敌对民族俘虏的，这说明这种战争已不是部落社会的械斗而是以掠夺人口、财富、土地和资源为目的的战争，是国家有组织的暴力行为。

**图 125　铜臂甲**

以上关于大规模社会劳动的组织、贡赋和再分配制度、司法制度、军队建制等方面论述可以看出在滇国已有集中的、脱离民众的决策和管理机构的存在，虽不像成熟国家那样有严密的组织和分工，但其中也应该出现一定的分工，这也是早期国家的特点之一。

此外，滇国各级统治者也频繁地、大规模地进行各种形式的宗教仪式，有"杀人祭铜柱"、"杀人祭铜鼓"、"初耕"、"祈年"、"孕育"、"诅盟"、"祭祖"以及剽牛、竞渡、乐舞等各种活动，还有身穿祭祀用的服装、手持法铃等法器的男女巫师，而各种祭祀活动均有滇国上层贵族主持，说明这种祭祀活动为上层统治者所垄断，以宗教的名义加强对平民和周边民族的控制。

以上分析可知繁荣期和鼎盛期的滇文化已进入较为成熟的方国时期。在云南高原其他区域也有类似的政权出现，如史籍记载的哀牢国和昆明国。滇池区的青铜文化是云贵高原发展程度最高的。其他较有名还有滇南、滇东南区的句町国，句町侯参加了汉中央政府平定益州的叛乱并被封

**图 126　四巫俑祭器**

王，此后还与新莽政府的大军对抗了数年，说明这支文化也具有高度严密的组织和强大的军事实力，应是属于方国的政权，广西西林出土的铜棺墓和铜鼓墓的墓主应是句町国最高统治者一类的人物。[①]

---

①　彭长林：《云贵高原的青铜时代》，广西科技出版社 2008 年版，第 280—282 页。

## 第六编

# 战国秦汉时期云南与祖国各地及周边国家的经济文化交流

# 第二十七章

# 概　　述

　　云南自古以来，就是伟大祖国的一个组成部分。远在石器时代，就与祖国中原地区、西北地区、东南沿海地区有着广泛的文化关系。

　　云南各民族与祖国各民族血肉相连，除了族源上的渊源关系之外，同时在民族迁徙、交融往来中，在经济文化上相互沟通，相互促进和发展。先秦时期，甘青高原的氐羌民族和沿海及长江下游、珠江流域的百越民族，很早就开始了向云南方向的迁徙活动。周武王时，周族的近亲部落庸、羌、濮、髳、微、卢、彭等，参加了讨伐商纣王的斗争，其中"庸、濮在江汉之南，羌在西蜀，髳、微在巴蜀"，都与云南有关。到了春秋、战国时期，在频繁的民族交往中，整个西南地区的民族连成了一片，史称"西南夷"。

　　中原王朝很早就开始了对云南的经营和开发。传说濮人曾入商王朝献短狗，向周王朝献丹砂。有学者认为这就是云南西部的濮人。直到明、清时期，王朝仍规定顺宁（今凤庆县）的蒲蛮（布朗族）以矮犬（短狗）为贡品。早在公元前4世纪的战国时期，西北地区的秦国就开始经营西南边疆。据《史记·秦本纪》载："（秦惠文王后元）九年（公元前316年），司马错伐蜀，灭之。十一年，公子通国封于蜀……十四年，丹、犁臣蜀，相（陈）壮杀蜀侯，来降……武王元年（公元前310年），诛蜀相壮，伐义渠、丹犁。"《正义》解释说："丹、犁，二戎号也，臣服于蜀，蜀相杀蜀侯，并丹犁二国降秦，在蜀西南姚府管内，本西南夷。"姚府即今云南姚安、大姚一带。秦国统治者每开辟新地，即派遣官吏、士卒及内地移民以实之。如《华阳国志·蜀志》载："周赧王元年（公元前314年），秦惠王封子通国为蜀侯，以陈壮为相。置巴郡，以张若为蜀国守，戎伯尚强，及移秦民万家实之。"秦始皇统一六国后，继续致力于西南边疆的开拓。据《史记·西南夷列传》载："秦时，常頞略通五尺道，诸此国颇置吏焉。"《正义》引《括地志》说："五尺道在郎州。"即今云南曲靖。这些由内地征调来云南修建五尺道的筑路大军，后来有部分成为当地汉族人口的组成部分。秦末汉初，云南还是内地流放罪犯的地区之一。如《三国志·蜀志·吕凯传》说："吕凯，字季平，永昌不韦人也。仕郡五官椽功曹。"斐注引孙盛《蜀世谱》说："其先祖吕不韦。初，秦徙吕不韦子弟宗族于蜀，汉武帝时，开西南夷置郡县，徙吕氏以充之，因曰不韦县。"说明吕氏宗族先由内地迁蜀，后徙永昌，成为云南边疆的汉族移民。又据《史记·西南夷列传》载："楚威王时，使将军庄蹻将兵循江上，略巴蜀黔中以西。蹻至滇池，……以其众王滇，变服，从其俗以长之"。其后，又"使小卜收滇西诸蛮"，小卜战殁于姚安。说明滇楚两地之间的关系非比寻常。庄蹻之部融入滇国，肯定影响了滇文化的发展。

公元前221年，秦王朝统一中国，建立了大一统的多民族国家，紧接着就着手开发"西南夷"地区，设立了一些郡县。刘邦建立汉朝之后，初期内忧外患，无力致力于"西南夷"的开发，到汉武帝时，在经济发展、政局稳定、国势强盛的基础上致力于"西南夷"的开发，经过数度努力，花了约30年时间，在"西南夷"地区逐步设置了郡县。

公元前109年，滇国降汉，汉武帝设益州郡，云南正式归入祖国的版图。同时赐"滇王之印"，实行了羁縻之治。对云南全境形成了统属关系，实行了实际的统治。此时云南分属牂牁、犍为、益州、越嶲诸郡，成为祖国多民族大家庭中的重要组成部分。

从考古材料来看，先秦西汉时期的中原王朝对云南的巨大影响主要表现在礼乐制度和丧葬制度两个方面。中原王朝自商周以来，统治阶级便有了一套礼乐制度，到西周时期，周公将礼乐制度规范化，对周边地区和民族也产生了影响。云南在春秋、战国和西汉时期墓葬中均发现过青铜钟、编钟。例如在祥云大波那战国木椁铜棺墓中出土过编钟，说明昆明国的国王和上层贵族也采纳中原的礼乐制度。在楚雄万家坝春秋墓中，发现一套6枚的羊角钮编钟，编钟仍然是中原礼乐制度的器物，但形制有些变化，掺入了云南的地方民族特色。在晋宁石寨山M6即滇王墓中，出土了一套6枚的编钟，表明一代滇王也接受了中原的礼乐制度。同时，在此墓中也可见中原丧葬制度对滇国和滇王的巨大影响。汉代皇帝和上层贵族死后，有一种特殊的埋葬方式，即死者身穿玉片制成的玉衣（也称玉匣）下葬。

这些小玉片四角穿小孔，以金丝编缀的玉片制成的衣服称"金缕玉衣"，用银丝编缀的玉片制成的衣服称为"银缕玉衣"，用铜丝编缀的玉片制成的衣服则称为"铜缕玉衣"。根据《续汉书·礼仪志》记载，汉代皇帝用金缕玉衣，诸侯王和第一代列侯用银缕玉衣，袭爵列侯用铜缕玉衣。迄今为止，考古发现的汉代玉衣已有10多件，著名的西汉中期的同姓王——中山靖王刘胜夫妇墓在河北满城经考古发掘出土，刘胜本人着金缕玉衣，共用玉片2498片，金丝1100克。刘胜夫人窦绾着金缕玉衣，共用玉片2160片，金丝700克。① 在与刘胜同时期的云南晋宁石寨山第6号墓，即滇王墓中，也发现滇王下葬时所用的玉衣，共有玉片69片和坯片97片，玉片四周穿孔。其形制与中山靖王刘胜夫妇玉衣裁制方法相同。玉为云南所产，有些系用玉璧改制而成。② 按汉制，皇帝丧服的规格是金缕玉衣，如《西京杂志》所记："汉帝送死，皆珠襦玉匣，匣形如铠甲，连以金缕。"而诸侯王的葬服则为银缕玉衣，《后汉书·志第六·礼仪下》"诸侯王、列侯、始封贵人、公主薨，皆令赠印玺、玉柙、银缕；大贵人、长公主铜缕。"滇王死后用玉衣为葬服，足见滇王仰慕汉风，愿意跻身异姓诸侯王的行列而不甘自外。若以滇王身份等级，朝廷应赏赐银缕玉衣。而在考古发掘中，滇王玉衣不论用金或银或铜丝连缀，均会有实物遗存，然出土文物中却没有任何金属丝发现，按南越王玉衣推测，滇王或许用的是丝缕玉衣。③

云南的历史是一部开放型的历史，早在先秦时期，就开启了与东南亚和南亚诸国经济文化交往的先河。用自己的双脚走出了西南丝绸之路，与身毒等国建立了经济文化交往关系，四川的蜀布和邛竹杖等特产源源不断地运往身毒，转销到大夏。与太平洋海岛国家的交往更多，见于史籍记载的就有骠人（骠越）、掸人，焦侥种（位于今缅甸）、交趾、九真、日南（位于今越南）、日南缴外蛮（今柬埔寨等地）、阇婆娑达国（今爪畦）及都元国、邑卢没国、谌离国、甘都卢国、黄支国等国家。与他们建立了友好的商贸和文化交往关系。

---

① 王仲殊：《汉代考古学概说》，中华书局1984年版，第93页。
② 易学钟：《滇王玉衣有关问题初探》，《云南青铜文化论集》，云南人民出版社1991年版，第216—218页。
③ 李昆声：《"滇王之印"与"汉委奴国王"印之比较研究》，《云南青铜文化论集》，云南人民出版社1991年版，第183页。

# 第二十八章

# 云南与祖国各地的经济文化交流

## 第一节　与楚的经济文化交流

战国时期，滇楚关系中最重要的大事就是"庄𫏋入滇"。方国瑜教授指出，战国晚期，蜀守张若、楚将庄𫏋经略西南夷地区，是循着蜀、楚商人入滇通道而来的。这条通道就是我国很早与天竺以及西方各国贸易的"蜀身毒道"。这条通道以滇池地区为枢纽，其西经叶榆（大理）、嶲唐（保山）、滇越（腾冲）、敦忍乙（缅甸太公城）而至曼尼坡入印度；其东出邛（西昌）、僰（宜宾）至蜀地，又出夜郎（贵州）、巴（重庆）而至楚地。开辟这条通道的时间是公元前320—315年。① 也有人认为在公元前5世纪甚至早到公元前11世纪。总之，滇楚之间很早就有经济文化交流。

滇楚关系在考古资料中有实物例证。首先，在楚文化埋葬方式中，有三种典型的内容：一是墓葬中填塞膏泥，二是使用垫木，三是土坑墓中有腰坑。②

"腰坑"是在土坑墓的底部，墓主人腰部位置再往下挖一个小坑，内置器物。甚至杀殉人、犬置于腰坑内。"腰坑墓"始于新石器时代，起源于湖北省，对中原产生影响，商周时在中原盛行，春秋战国至西汉在滇、粤、桂、闽省流行。③ 昆明羊甫头战国秦汉时期墓葬发掘主持人杨帆认

---

① 方国瑜：《滇史丛论》，云南人民出版社1982年版，第21页。
② 云南省文物考古研究所、昆明市博物馆、官渡区博物馆编著：《昆明羊甫头墓地》卷三，科学出版社2005年版，第864页。
③ 杨华：《中国南方先秦时期腰坑墓葬俗文化的考古研究》，《湖南考古2002下》，岳麓书社2004年版。

为：楚雄万家坝二类墓（春秋晚期至战国早期）和羊甫头早期墓群中有"楚式葬制"。羊甫头墓地有确切器物能进行分期编年的滇文化墓葬共 399 座，可分为 4 期 8 段。其中第一期 M19 椁木 $C_{14}$ 年代测定为公元前 756 年—前 400 年，可定为战国中期。第二期在战国后期至秦汉之际。"羊甫头早期墓葬的一部分文化因素是上承楚雄万家坝二类墓葬而又有发展。从墓葬形制上看，用膏泥填塞、垫木、腰坑、二层台等做法一脉相承，在滇文化中晚期的石寨山、李家山墓地中都已渐失这种做法。"[①]

**图 127　羊甫头漆木柄铜斧**

可见"楚式葬制"对滇地的影响远在庄蹻王滇之前的春秋时期就已存在，至战国秦西汉时期仍在云南有着广泛影响。

战国秦汉时期是我国古代在漆器制造业上的一个高峰期，其中，楚文化中的漆器尤为精美。漆器是楚文化的典型代表性文物，以湖北江陵为中心，分布在湖北、湖南、安徽、河南、江苏、浙江等地。楚国漆器在雕刻、漆绘、贴金、针刻、填漆各方面均达到相当高的工艺水准，对滇文化有一定影响，楚地制漆工艺被滇文化不断吸纳、融合，创造出具有地方特色的滇文化漆器。在云南晋宁石寨山 M23 出土的一批西汉中期的漆器，具有明显的楚文化风格[②]。例如，晋石 M23 漆奁，木胎、圆筒形、直壁、平底。奁盖与奁身以子母口相合，通体嵌 5 道银箍，盖面中央嵌一个柿蒂花纹。此圆奁内髹红漆，外髹黑漆，出土时内置一铜镜和 6 件小漆盒。漆圆奁战国中期出现在楚文化中最为丰富，滇文化中的漆圆奁应来自楚地，可能与铜镜一起传入，在江苏姚庄 M101 出土的内髹红漆外髹黑漆的西汉

---

[①] 云南省文物考古研究所、昆明市博物馆、官渡区博物馆编著：《昆明羊甫头墓地》卷三，科学出版社 2005 年版，第 864 页。

[②] 周然朝：《滇文化漆器研究》，硕士学位论文，云南大学，2007 年。

圆奁与晋宁石寨山 M23 圆奁很相似。①

　　在一些战国西汉青铜器的形制、花纹方面，滇楚两地也有很多相似之处。在青铜斧这种器物中，有一种刃部呈半月形的"青铜月口斧"在滇池地区普遍存在，在湖南宁乡、道县、岳阳和湖北宜城楚文化战国墓中均有发现。其中，湖南宁乡黄材出土的青铜月口斧中銎部有凸起几何花纹者，与云南同类器极为相似。②有学者对滇楚两地的青铜剑、戈、矛、斧、钺、矛、镞、弩机等青铜兵器进行对比研究后，得出的结论是"古滇青铜文化曾深受楚文化的影响。"③

　　东周时期的楚国是最先用黄金铸造钱币的诸侯国，楚国所铸金币数量之巨，令人难以想象，以楚国首都"郢"命名的金币"郢爰"为例，仅楚地今安徽一省，自北宋至现代，先后在寿县、合肥、六安、霍邱、凤台、庐江、望江、巢县、凤阳、全椒、阜南等县市出土过大量楚国金币——"郢爰"。1970 年 5 月在阜南县大湾庄一次就出土楚金币 42 块，总重 5737 千克。④说明楚国是大量铸造黄金钱币的国家。这些铸币的黄金从何而来？答案是来自云南。《韩非子》记载："荆南之地，丽水之中生金。人多窃采金。""丽水"就是金沙江，江名即因盛产沙金而得名。澜沧江也产沙金，《华阳国志·南中志》记载："（博南县）西山高 40 里，越之，得澜沧水。有金沙，以水洗取，融之，得黄金。"《后汉书·西南夷列传》记哀牢地方"出铜、铁、铅、锡、金、银。"云南这些黄金开采后源源不断运到内地，其中包括楚都郢，充实着楚国国库。正因为如此，楚国虽不产黄金，却有大量黄金铸造钱币流通天下，作为财富用作交通诸侯、兼并天下的资本。⑤

---

① 洪石：《战国秦汉漆器研究》，文物出版社 2006 年版，第 69、91、101 页。

② 汪宁生：《滇楚关系初探》，《中国西南民族的历史与文化》，云南民族出版社 1989 年版，第 23 页。

③ 邹芙都、江娟丽：《滇楚青铜兵器比较研究》，载《南方文物》2002 年第 3 期。

④ 《楚文化考古大事记》，文物出版社 1984 年版，第 58—59 页。

⑤ 任乃强：《华阳国志校补图注》，上海古籍出版社 1987 年版，第 286 页。吴兴南：《云南对外贸易史》，云南大学出版社 2002 年版，第 11 页。

## 第二节　与巴蜀的经济文化交流

云南与巴、蜀地区的关系更为密切，因其经济发展当时已基本与中原并驾齐驱。《战国策》载苏秦说秦惠王："大王之国，西有巴、蜀汉中之利"。手工业亦比较发达，故"凡郡县有工多者，置工官，主工税物"（《续汉书·郡国志注》），又《汉书·地理志》载成都、广汉和雒县都设有工官，经济普遍发展。又因物产丰富，"巴、蜀亦沃野，地饶卮、姜、丹沙石、铜、铁、竹、木之器。南御滇僰僮，西南近邛、笮，笮马、旄牛。然四塞栈道千里，无所不通，唯褒斜绾毂其口。以所多易所鲜"（《史记·货殖列传》）。上引《史记·西南夷列传》载："秦时常頞略通五尺道，诸此国（即指夜郎、滇、邛都、嶲、昆明等地）颇置吏焉。十余岁秦灭。及汉兴，皆弃此国而闭（按：经方国瑜校改，闭字原作开字）蜀故徼，巴、蜀民或窃出商贾，取其笮马、僰僮、旄牛，以此巴、蜀殷富。"说明巴、蜀与西南夷地区的经济文化交流不断，而且互补性很强，互相为用，已有极其悠长的历史。据《史记·货殖列传》载：卓氏在临邛，"即铁山鼓铸，运筹策，倾滇、蜀之民，富至僮千人"。又纪程郑亦冶铸于临邛，"要椎髻之民，富埒卓氏"。说明此时今四川的冶铸铜铁器以商品的形式大量运销云南地区，与奴隶主换取奴隶。又《华阳国志·蜀志》载：犍为郡僰道县"本有僰人，故秦纪言僰童之富"。以上说明，巴、蜀之富是与西南夷分不开的，它和西南夷的经济文化发展紧紧相连，故《汉书·地理志》载言巴蜀广汉"南贾滇僰童，西近邛笮马、旄牛"，成为其经济发展的重要条件之一。

战国秦汉时期云南与巴、蜀地区，尤其是蜀，即成都平原的密切关系在考古资料上也有迹可循。战国时期，在巴蜀盛行一种扁茎无格柳叶形剑，与西汉时期云南滇池地区盛行的圆茎无格剑非常相似，只需把巴蜀扁茎剑装上木柄后，再与滇池地区无格剑作一个比较，两者风格显然一致，显然是滇与巴蜀交流的产物。[①] 巴蜀地区的直内无胡三角援青铜戈，是源于中原商周时期，到春秋战国时期在中原绝迹而在巴蜀地区盛行，云南的

---

[①] 童恩正：《我国西南地区青铜剑的研究》，载《考古学报》1977年第2期。

同类器物是从中原经四川盆地传入的。[1] 从四川盆地往南传播的三角援戈呈波浪形传播，范围一次比一次大，路线一次比一次远，而且，延续时间很长。这种蜀式戈向南最早传播到四川西南部，尔后在云南西部、西北部、贵州西北部、云南东北部均有发现。传入滇池地区是此类戈的鼎盛时期，而且，最终传播到越南北方的东山文化之中。[2] 在成都平原的三星堆文化中，出土有黄金为外皮、木质为心的金杖，编号为 K1∶1，通长 1.42 米、直径 2.3 厘米，重 500 克，将黄金锤打成金皮后，再包卷在一根木杖上。在金杖的一端，有长 46 厘米的图案，分别为人头像、鸟和鱼。四川学者一般认为，金杖是权杖，王权的象征，又是巫师的神杖。[3] 在云南青铜时代文物中，有为数众多的木制青铜杖头，因木质腐朽而仅存青铜杖头，仅晋宁石寨山 9 座西汉墓中就出土 27 件杖头，以牛、鹿、兔、孔雀、牛首、凫、女俑等为杖头饰。经考证，这些杖头是权杖。[4] 应该是受到三星堆文化的影响，滇地国王、酋长并不像中原以鼎标志权力（如先秦三代以九鼎象征王权），而以杖作为权力的象征。此外，三星堆文化中的凸沿玉镯显然也传入滇池地区而为滇人所珍爱。

**图 128　羊甫头 M113∶2 杖头饰**

---

[1] 童恩正：《我国西南地区青铜戈的研究》，载《考古学报》1979 年第 4 期。
[2] 彭长林：《云贵高原的青铜时代》，广西科技出版社 2008 年版，第 313—314 页。刘弘：《论蜀式戈的南传——西南地区青铜戈的再研究》，载《四川文物》2007 年第 5 期。
[3] 樊一：《三星堆寻梦》，四川民族出版社 1998 年版，第 136—137 页。
[4] 李昆声：《李昆声文物考古论集》，台中：逢甲大学出版社 2007 年版，第 265 页。

# 第二十九章

# 云南与周边国家的经济文化交流

## 第一节 与东南亚国家的经济文化交流

东南亚包括中南半岛的越南、老挝、缅甸、泰国、柬埔寨、新加坡、马来西亚，以及太平洋岛国印度尼西亚和菲律宾等国家。这些国家中，越南、老挝、缅甸与云南山水相连。从云南高原奔腾而下的怒江、澜沧江、红河等江河，形成一个类似凤尾形的水系，流出中国国境，其众多的支系流为万派，哺乳着中南半岛辽阔的土地和人民。高黎贡山、哀牢山、无量山等著名山脉延伸出国境，与中南半岛的支脉相连接。地理上的这种密切关系，为地区经济文化的相互联系及古代文明的传播提供了条件。

东南亚位于太平洋地区并邻近印度洋，很早就成为东亚与南亚、中亚及西亚之间，亚洲与欧洲、内陆和海洋之间的交通要道。因此，云南自古又是中国经过东南亚走向世界的重要门户。

从旧石器时代、新石器时代到金属时代，人类的物质生活及精神生活的不断积累，逐渐形成了各具特色的、具有一定历史继承性的文化传统。中外学者发现，在东南亚各地及环太平洋的一些古代民族中，其文化特征在许多方面都不同程度地与云南境内各民族先民有着重要的相似或相近之处。中外学者把这些具有相似性的文化特征概括为50个方面，其中包括凿齿、文身、猎头、罐葬、石板葬、使用铜鼓、刀耕火种、梯田、祭献用牺牲、嚼槟榔、高顶草屋、巢居、树皮衣、种棉、织彩绵布、戴梳、火绳、竹弓、吹箭、少女房、人祭、竹祭檀、祖先崇拜、多灵魂等。云南与东南亚等地区古代民族风俗习惯所存在的这些广泛相似性，无疑是从远古以来上述地区人民之间长期联系的结果。①

远在先秦时期，中国对东南亚地区就有了初步的了解。当时的史籍已出现交趾、孙朴、续樠、越裳等地名的记载。相传大禹曾"南至交趾、孙朴、续樠之国，丹粟漆树，沸水漂漂，九阳之山，羽人裸毛之处"（吕不韦《吕氏春秋·慎行》）。反映了当时人们所了解的东南亚地区的地名、地理特征、物产及民间风俗的点滴认识。商周之时，云南与东南亚之间已出现了民间贸易往来。商朝建立之初，相传大臣伊尹命四方各族贡献珍物。云南等地的百濮、贯胸、雕题、离身、漆齿等族贡献的礼品中，除云南地方特产短狗、纰罽、象齿、翠羽之外，还有来自滨海地区的物产珠玑、瑇瑁、文犀及"神龟"等物（《逸周书·商书·伊尹朝献》）。这些物品当是云南古代居民通过贸易途径从东南亚获得的。西周建立之初，相传交趾以南的越裳国曾派遣使者，带着白雉作为礼品前来，周成王慎重地把来自万里之外的礼物"荐于宗庙"（《尚书大传》）；秦汉时期的东南亚地区，见于我国史籍的有骠人（骠越）、掸人、僬侥种（位于今缅甸），交趾、九真、日南（位于今越南），日南徼外蛮（今柬埔寨等地），阇婆婆达国（今爪哇）及都元国、邑卢没国、谌离国、甘都卢国、黄支国等太平洋滨海地区或岛屿。而交趾等地则隶属于秦汉中央王朝统治之下。在这一时期，云南与东南亚各地的经济文化交流较先秦时期有了重要的发展。云南、四川、两广与东南亚之间，并通过东南亚与南亚、西亚之间进行着民间贸易活动，形成了一些重要的水陆交通贸易渠道，这些渠道的触角之广，甚至沟通了中国同遥远的大秦（今罗马）等地的联系。

云南通往东南亚各地的古道，这时，已有三条见诸史书的记载。这三条路线是：滇西的永昌—缅甸道，亦称"蜀身毒道"，即由博南（今永平）、嶲唐（今保山）至骠越（位于今缅甸境），再取道通身毒（今印度）、大夏（今阿富汗）等地；滇南的滇池—交趾道，亦称马援故道，即由滇池南行经贲古（今蒙自）至交趾北部的麋冷，可达今中南半岛其他地区；牂牁江—番禺海道，即从滇池地区出发，沿牂牁江（今北盘江）经两广到达番禺（今广州）入海，可航行至东南亚各地。

位于亚洲南部的国际贸易渠道的形成，是当地各族之间长期交往和各

---

① 凌纯声：《中国边疆民族与环太洋文化》，台湾省联经出版事业公司1978年版，第395—397页。

**图 129　石寨山仿波斯铜盒（西汉）**

国商人的贸易活动的结果，他们并不是依靠政府的干预而产生的，这与北方丝绸之路的开辟方式有所不同。北方的丝绸之路主要是西汉政府通过外交努力和其他干预手段而打通的。正因为如此，从云南通向东南亚、南亚及西亚的道路一度具有神秘性。最早发现从滇西经东南亚至西亚商道的西汉政府官员是当时著名的外交家张骞。在张骞出使到达大夏（今阿富汗）发现当地市场上有"邛竹杖""蜀布"之前，这条商道即早已存在。元狩元年（公元前 122 年），张骞从大夏返回，向汉武帝报告了他的发现。汉武帝于是采纳张骞的建议，决心探寻从云南通向中亚的道路。元狩二年（公元前 121 年），汉武帝任命张骞为四川犍为发间使，派遣使者从戎州西北的駹、冉，戎州西南的徙、邛、僰，分四路出发，探寻道路。然而，这四路的使臣均受到阻碍，滇池以西的昆明人劫杀了汉朝使臣。汉武帝的决心没有动摇，元封二年（公元前 109 年），他征发"三辅罪人"及巴蜀士兵数万人，讨伐劫杀汉使臣的昆明族。出征的军队打了胜仗，但"其后遣使，昆明复为寇"，这条道路仍未打通。汉朝官员只是听说在昆明族地区西面千余里有一"滇越"国，四川商人时常贩运货物从那里通过。此后西汉政府仍继续采取措施，为寻找通往中亚商路而努力，这个结果，就是《史记·大宛列传》上说的"汉以求大夏道，始通滇国"。

在汉武帝设置犍为郡、牂牁郡，并扩建从宜宾通往牂牁江的川滇通道之前，牂牁江—番禺道已经是民间贸易往来的一条商路。当时的番禺城，连接着云南通往东南亚的海道，同时还是中外贸易的一个重要中心点。来自东南亚滨海地区的货物及来自中国西南和南方的货物，如犀角、象牙、瑇瑁、珠玑、银、铜、龙眼、荔枝、细布等都汇集在这里，"中国往商贾者多取富焉"（班固《汉书·地理志下》）。从番禺或徐浦、合浦乘船入海，可至都元国，邑卢没国、谌离国、夫甘都卢国、黄支国、已不程国等东南亚滨海地区及岛屿。根据班固《汉书·地理志》的记载，在航路上，常见有贩运商品的"蛮夷贾船"，可见民间各族的航海贸易盛行，而世称"蛮、夷"的云南当无例外。

牂牁江——番禺海道不仅是古代的一条著名的国际商道，而且是中外文化联系的一条重要路线。考古工作者在牂牁江沿岸发现了大量的石寨山型铜鼓，从而表明，从战国至西汉，云南铜鼓曾沿这条路线向外传播。由于从番禺至东南亚的航海路线早已开辟，铜鼓由顺流的海船，传播到印度支那半岛、南洋及西太平洋广大地区。铜鼓在柬埔寨、泰国、马来亚以及印度尼西亚的苏门答腊、甘尼安岛、卡伊群岛的士瓦岛，以及新几内亚的奎岛都有发现。在爪哇等南洋诸岛发现的铜鼓，"鼓的型式绝大多数为石寨山型"，"源于我国云南的铜鼓上的人像、服饰、习俗、乐器、栅居、舟船等铜鼓文化，至今仍保存在台湾的耶美人（Ami）、婆罗洲的雅克人、阿萨姆的那伽人中。……鸟形头饰和羽毛，与达雅克人、那伽人、耶美人在举行宗教仪式舞蹈时的装饰完全相像，铜鼓上的楯、戟、矛、弓、箭等，仍和印度尼西亚的文化特征一致"。①

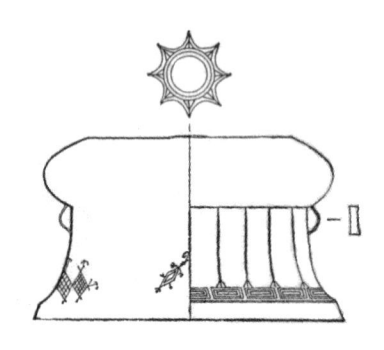

**图130　楚雄万家坝M23：159号鼓（春秋）**

考古资料表明，云南与东南亚国家在铜鼓文化方面有着千丝万缕的联系。本书第四编第三章已详述，最古老的铜鼓——万家坝型的铜鼓在春秋

---

① 凌纯声：《东南亚铜鼓装饰纹样的新解释》，转引自房仲甫《我国铜鼓之海外传播》，载《思想战线》1984年第4期。

早期产生于滇中偏西一带，往东南方向传播，在越南北部被越南著名东山文化所接纳，产生了一批西汉时期在越南本土铸造的东山铜鼓（A型和B型），此类型铜鼓在分类学上属于石寨山型，而石寨山型铜鼓则是万家坝型铜鼓的直接继承者。

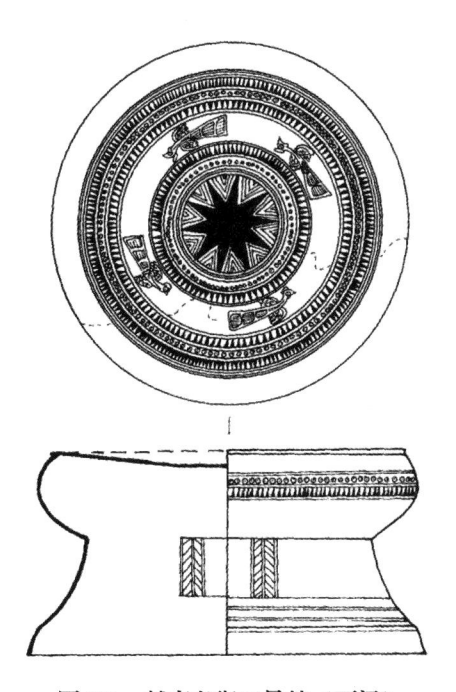

**图131　越南老街Ⅳ号鼓（西汉）**

除越南以外在东南亚的泰国、老挝、柬埔寨、马来西亚和印度尼西亚共发现过27面石寨山型铜鼓。例如，著名的老挝乌汶鼓，是研究东南亚历史和考古学者所熟知的一面铜鼓，此鼓与同属石寨山型的云南出土的广南铜鼓在形制上接近，乌汶鼓鼓面和鼓腰上的三角锯齿纹是石寨山型铜鼓上的"标志性花纹"，鼓面上装饰着从万家坝型铜鼓上"遗传"下来的花纹——鼍纹。这面鼓应该是在西汉中期在云南铸造而传入老挝的。乌汶鼓是中（国）老（挝）古代文化交流的实物例证。而老挝出土的另一面铜鼓——丰沙瓦鼓从器型到花纹接近东山铜鼓，应该是在越南铸造后输入老挝的。所以，东南亚国家有的铜鼓是直接接受中国云南铜鼓文化的影响，有些则是间接影响，通过越南东山文化，再影响到东南亚其他国家。云南青铜时代的石寨山型铜鼓不仅传播到中南半岛上的东南亚国家，而且，传播到更南边的东南亚海岛国家，出土于印度尼西亚爪哇岛展玉的甘蓬巴巴甘铜鼓被称为展玉（Cianjur）鼓，又称巴巴甘（Babakan）鼓，形制与石寨山鼓相似，鼓面和鼓腰上装饰着石寨山型铜鼓的标志性花纹——三角锯齿纹。鼓腰上站着8只可爱的长喙鸟，与云南文山古木鼓相似。展玉鼓也是在云南铸造传播到印尼爪哇岛的。而泰国翁巴（Ongban）86号鼓、89号鼓、马来西亚丁加奴（Kuala Trengganu）一号、二号鼓和柬埔寨托孟鲁塞（Thonommongrussl）鼓均属于石寨山型铜鼓，是受中国云南间接影响，在越南东山文化直接影响下产生的。

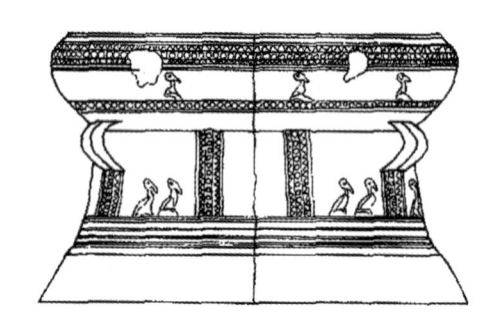

**图132 印尼展玉鼓（西汉）**

东南亚国家发现的石寨山型铜鼓是通过贸易、交换、赠予等方式而输入的。是中国云南与东南亚国家古代友好往来和经济文化交流的实物见证。①

除铜鼓以外，在其他很多青铜器上也可以见到这种交流的实物遗存。例如青铜戈，被认为是越南东山文化中最主要的文物之一，在越南共出过11种不同形制的青铜戈。众所周知，戈这种兵器起源于古代中国，远在新石器时代便有石戈。从殷商至战国时期，是青铜戈的鼎盛时期。几乎遍布中国的大江南北、长城内外。那么，越南的青铜戈从中国何处传入？通过对越南和中国云南出土的一种长胡有翼青铜戈的研究，日本考古学家认为"在越南北部地区铸造的，受云南影响的长胡有翼戈"。"使我们清楚地知道，越南东山时期的青铜文化与云南地区有十分紧密的联系。而另一

---

① 李昆声、黄德荣：《中国与东南亚的古代铜鼓》，云南美术出版社2009年版，第275—278页。

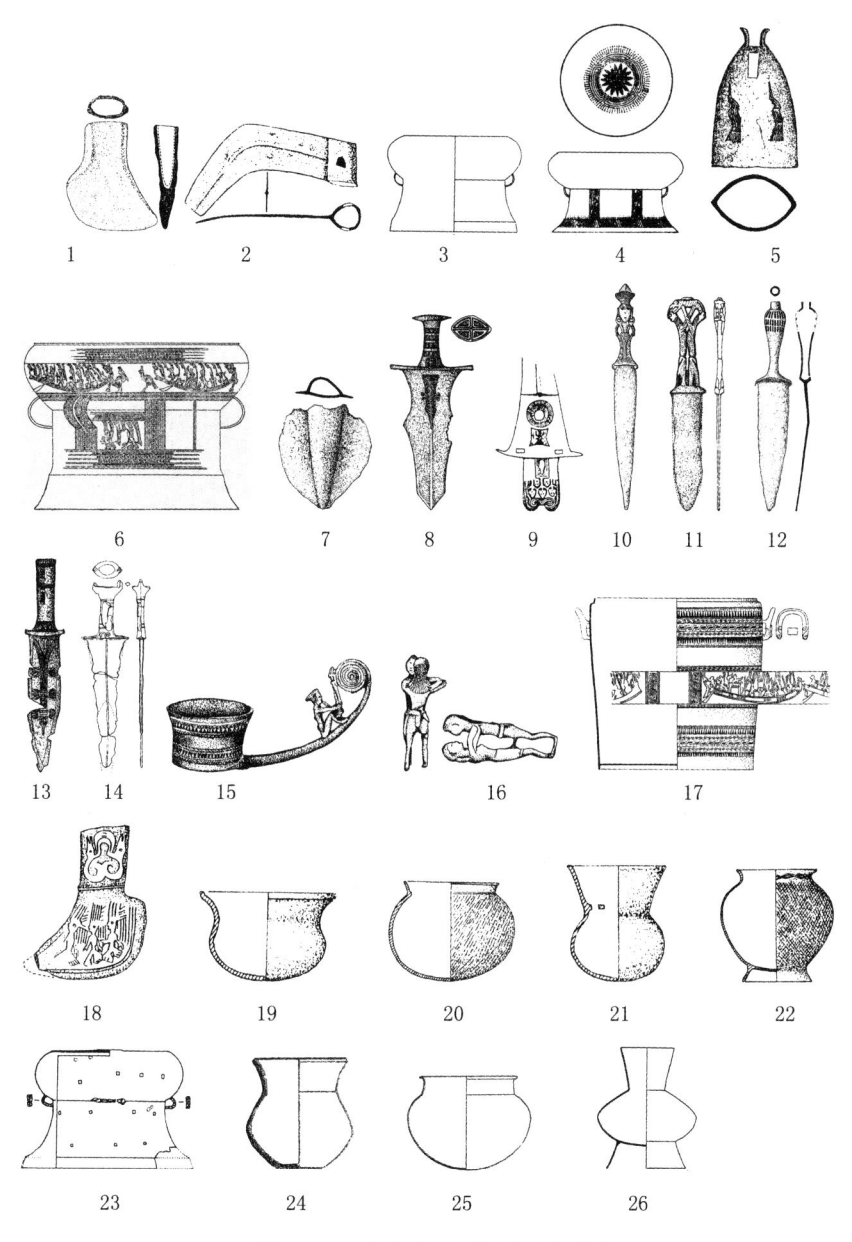

第二十九章　云南与周边国家的经济文化交流　377

**图133　云南与东南亚国家相似器物**

1、2. 越南枧丘文化铜器　3. 越南上农鼓　4. 越南松林鼓　5—22. 越南东山文化器物
23. 泰国曼谷鼓　24—26. 泰国班考陶器

方面，与地域接近的广东、广西的交往却不多。这反映在靴形斧问题上，就形成了亲云南、疏两广的越南青铜文化特征。"① 这种长胡有翼青铜戈大约在公元前2世纪即西汉中期从云南传入越南。

此外，在越南东山文化中有青铜生产工具尖叶形铜钁、青铜兵器一字格剑、直内戈都是来自云南滇池区域青铜文化。在越南枊丘文化中有一种青铜生产工具管銎镰和兵器不对称形铜钺，也是来自云南。②

当然，云南与东南亚国家的经济文化交流应该是双向的而不是单向的。在战国秦汉时期东南亚国家也有一些对云南产生影响的考古文化遗存，如小型的冥器铜鼓和青铜提桶（越南称铜缸）在云南的少量出土，这种器物应该是从越南东山文化直接输入或是在云南仿制的。

## 第二节　与南亚国家的经济文化交流

南亚地区包括今印度、巴基斯坦、孟加拉、阿富汗、尼泊尔、不丹等国家。

战国末至西汉时期，我国和南亚及西亚一带的陆上交通路线主要有两条：一条由长安出发，经甘肃、新疆到阿富汗、伊朗等地的"丝绸之路"；另一条由四川成都出发，经云南西部过澜沧江、怒江至缅甸北部，再过亲敦江到达印度东北，然后沿恒河流域转入印度西北与伊朗高原相接，与北方的"丝绸之路"相接。这条商道古代称蜀身毒道，现在也有学者称其为"南方丝绸之路"，是民间商贾用自己的双脚走出的道路。据《史记·大宛列传》说，张骞出使大夏时，曾见大夏商人从印度购入四川出产的邛杖和蜀布，就是巴蜀商贾通过云南、缅甸销往印度的。西汉元狩元年（公元前122年），博望侯张骞为探求此道曾亲临云南，因当时滇西地区的昆明等少数民族阻拦而未能成行，但仍了解到有关此道的不少情况："然闻其西千余里有乘象国，名曰滇越，而蜀贾奸出物者或至焉。"滇越在今云南腾冲一带，为古越人所建，是当时四川商贾进入缅甸和印度的必经之路。

---

　① ［日］松井千鹤子：《越南北部出土的青铜戈》，载《东南亚》1987年第1期。唐虹、孙晓明译自日本《东南亚历史与文化》1982年第11期。

　② 彭长林：《云贵高原的青铜时代》，广西科技出版社2008年版，第326—327页。

这条商道，大约在战国时期已经由民间开通了，只是因当时滇池区域的滇国尚未内属，因此直到西汉中期博望侯张骞出使大夏时，中原王朝对这条商道仍很陌生。但四川商贾对蜀身毒道是十分清楚的，他们很早就将巴蜀地区所产的铸铁器、邛竹杖、蜀布和丝织品等运往印度和巴基斯坦等地，然后换回南亚地区的珠宝玉器和香料等产品。另在印度的古文献中很早就有关于中国丝织品的记载。蜀身毒道是我国人民在长期的经济生产中，点滴地、逐渐地开拓出来，由点到线，由部落间短距离发展到省区间，以至中、印、缅三国间长距离商道①。

**图134 江川肉红蚀花石髓珠（西汉）**

著名学者季羡林指出，古代中国的蚕丝输入印度有南海道、西域道、西藏道、缅甸道和安南道5条路线。其中，缅甸道开辟很早，是汉武帝时博望侯张骞倡议开辟的。《华阳国志》卷四《南中志》永昌郡记载："明帝乃置郡，以蜀郡郑纯为太守，属县八、户六万，去洛六千九百里，宁州之极西南也。有闽濮、鸠僚、僄越、裸濮、身毒之民"。"身毒之民"就是印度人。② 汉代，不仅在滇西保山有印度人居住，而且，在滇池地区出

---

① 林超明：《林超明文集》第二卷，云南人民出版社2008年版，第265页。
② 季羡林：《中印文化关系史论文集》，生活·读书·新知三联书店1982年版，第51、88—89页。

土文物中还出现印度人形象。在晋宁石寨山出土过1件西汉时期的M13：38"双人铜钹舞扣饰"。青铜制成、器表鎏金，高13厘米，铸两个深目高鼻的男子，身穿长袖紧身衣、下着长裤，腰间佩长剑，每人双手各持一圆形铜钹于手掌心。战国西汉时期云南青铜器上的滇族和昆明族均不穿长裤，这两个人从体质外貌到衣着服饰判断，也应该是南亚人。[1]

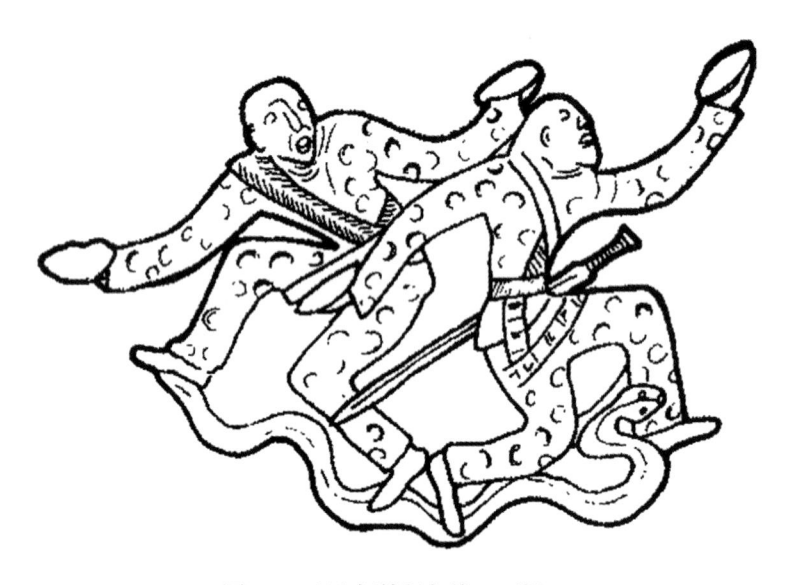

图135　双人铜钹舞扣饰（西汉）

从20世纪50年代至90年代，在滇池地区共发现了18颗人工蚀花的肉红石髓珠（carnelian），这种宝石石质半透明，颜色橙红，经人工用化学方法腐蚀后产生平行线纹，作为装饰用品。1956年在云南晋宁石寨山属于西汉中期的第13号墓中出土一串肉红石髓珠，1972年送往北京预备出国展览时，著名考古学家夏鼐教授从中识别出一颗人工蚀花的肉红石髓珠，此珠呈枣核状，长3.2厘米，其上有10道平行线系人工用化学方法腐蚀出花纹，呈白色，不透明。[2] 1972年，在云南李家山第一次考古发掘中，在第24号墓又出土1颗蚀花的肉红石髓珠。该墓时代为战国末至西

---

[1] 李昆声：《云南艺术史》，云南教育出版社2001年版，第112—113页。
[2] 夏鼐：《我国出土的蚀花的肉红石髓珠》，《考古学和科技史》，科学出版社1979年版，第130页。

汉初期。此珠形状为椭圆形,半透明,表面有多层次的白色圆圈纹。①1991年底至1992年5月进行的江川李家山第二次考古发掘中,共发掘58座墓葬,在属西汉中晚期的第68号和属西汉晚期至东汉初期的第69号墓中,又出土16颗蚀花的肉红石髓珠,形状均为一端稍细的圆柱状珠。最大的1颗是编号为M69:67—2,长6.1厘米,表面饰二组八道条带花纹。② 这种蚀花肉红石髓珠远在公元前2000年在南亚的印度河流域制造,最西分布到埃及,北边分布至伊朗,东到中国新疆和云南。在公元前300年至公元200年是这种装饰品的盛行中期,也就在这一时期传入云南。③

在昆明羊甫头属于西汉时期的第113号墓中出土了8件以猪、牛、猴、鹰爪、人物为装饰的漆木男根——漆木且。一般解释为男性生殖崇拜。④ 有学者解释是从古代印度传入云南的印度教的男性崇拜物——林伽。⑤

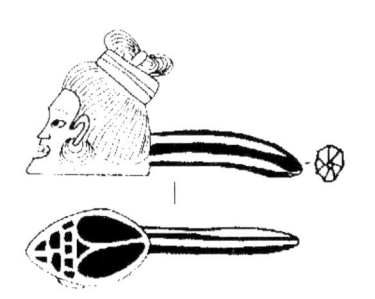

图 136　人物饰漆木且（西汉）

---

① 云南省博物馆:《云南江川李家山古墓群发掘报告》,载《考古学报》1975年第2期。张增祺著:《滇国与滇文化》,云南美术出版社1997年版,第126页。
② 云南省文物考古研究所、玉溪市文物管理所、江川县文化局:《江川李家山——第二次发掘报告》,文物出版社2008年版,第222页。
③ 夏鼐:《我国出土的蚀花肉红石髓珠》,《考古学和科技史》,科学出版社1979年版,第132—133页。
④ 云南省文物考古研究所、昆明市博物馆、官渡区博物馆:《昆明羊甫头墓地》第一卷,科学出版社2005年版,第245页。
⑤ 谢崇安:《壮侗语族先民青铜文化艺术研究》,民族出版社2007年版,第305页。

# 大事记

## 晚中新世—早上新世

（1000万年至400万年前）

迄今为止，云南共有7个县市、10个地点发现古猿化石：开远市（小龙潭）、禄丰县（石灰坝）、元谋县（小河、竹棚、雷老、房背梁子）、保山市（羊邑）、马关县（仙人洞）、广南县（硝洞）、西畴县（马桑洞）。

### 1956年

西南地质局汪泰茂和林文善在开远市小龙潭褐煤层中最先发现了开远古猿化石标本，化石标本系5枚臼齿。1957年，云南省博物馆的考古人员在小龙潭煤层中又收集到5枚牙齿。1980年和1982年，省博的考古人员又在小龙潭煤矿褐煤中发现含12枚牙齿的上颌骨和3枚下齿。迄今为止，在开远市小龙潭煤矿中共发现25枚古猿牙齿化石。经过与其他地点的众多古猿化石材料进行对比研究，认为开远小龙潭的这批古猿化石标本的时代应为中新世，距今800万—1000万年，分属腊玛古猿和西瓦古猿。

### 1975年

1975年5月，禄丰县文化馆王正举根据农民提供的线索，在石灰坝褐煤堆积物中发现禄丰古猿化石。1975—1981年，中国科学院古脊椎动物与古人类研究所、云南省博物馆共进行了10次发掘（其中，联合发掘9次），在石灰坝褐煤层中获取一大批腊玛古猿和西瓦古猿化石标本，地质时代为早上新世中期，距今 800 万年左右，总计牙齿化石 1060 枚、头骨化石 5 件、下颌骨化石 10 件、颅颌残片 47 件、肩胛骨和锁骨化石各 1 件、指骨化石 2 件，以及一大批哺乳动物化石标本。

**1986 年**

元谋古猿化石标本是近年来的最新发现。1986 年 11 月—1987 年 3 月间，云南省地质科学研究所在竹棚豹子洞箐共采集古猿牙齿化石 53 枚，其中，有 1 件上颌骨标本，其上附有 5 枚牙齿化石。1987 年 3 月—1990 年 3 月，由云南省博物馆、楚雄州文物管理所和元谋县元谋人陈列馆组成联合发掘队，先后进行了长达 3 年的 4 次正式发掘。1988 年 3 月 14 日，在小河村蝴蝶梁子发现了迄今为止，我国上新世地层中出土的唯一古猿头骨化石。

**1992 年**

姜础等在元谋县班果乡雷老村采集到一批古猿和哺乳动物化石标本。至此，在元谋各化石产地发现古猿头骨化石 1 具，上下颌骨 20 余件，牙齿化石 2000 余枚。

是年元月，中国科学院古脊椎动物与古人类研究所徐庆华在保山市羊邑煤矿清水沟的褐煤层内发现 1 件比较完整的古猿左下颌骨，其上附有从犬牙到第三臼齿的齿列，此外，还发现 1 枚单独的古猿前臼齿化石，形态接近禄丰腊玛古猿。时代在晚中新世至早上新世，距今 400 万—800 万年。

**1997 年**

5 月，云南科技出版社出版了和志强主编、贾兰坡任顾问的《元谋古猿》一书，该书全面、系统地研究了元谋古猿标本。中国科学院贾兰坡院士在该书"序"中说："在元谋竹棚、蝴蝶梁子和小河村发现古猿化石群，后来在上述地点西南处又发现了出产相似的猿类化石的雷老地点，从而更增加了我对人类起源于南亚的更大的信心，并认为云南很有可能是人类的摇篮。"

**1998 年**

国家重点科研项目"攀登"计划列入了《早期人类起源与环境背景研究》课题，由中国科学院古脊椎动物与古人类研究所和云南省文物考古研究所联合承担的子课题《云南古猿、古人类化石及环境背景的调查、发掘、研究》进行了一系列的田野考古和科研工作。10月—12月，该课题组在元谋竹棚和小河进行田野发掘。

**1999 年**

该课题组在元谋雷老发掘。两次发掘共获古猿上颌骨2件、下颌骨6件、指骨1件和牙齿298枚，还有一批动物化石。其中，在雷老发现的1件下颌骨被评为2000年"中国基础科学研究十大新闻"。2001年，该课题组在香格里拉县尼西乡叶卡村发掘早更新世化石地点，获动物化石100余件。

**2005 年**

云南边境地区——文山州和红河州文物调查项目启动，在这次调查中，云南省文物考古研究所考古调查队又新发现了3个古猿化石地点，即马关县仙人洞、广南县硝洞、西畴县马桑洞。

考古调查队在马关县山车仙人洞内发现5枚古猿牙齿化石。（藏品编号为MW001—MW005）。分别为右上第四前臼齿、左上第三前臼齿、左下第一臼齿、右下第三臼齿和左下第四前臼齿。从形态和尺寸上看，这批古猿化石与猩猩有着明显区别，齿尖更内收，齿冠褶皱简单，更接近禄丰古猿属。与西瓦古猿比较相似，与泰国两种古猿牙齿明显区别，而与中国发现的巫山人、广西么会洞人类、斐氏半人、越南更新世古猿牙齿比较一致，明显区别于巨猿牙齿的特征在于齿冠壁不陡直、尺寸小。这种大型人猿类现在都归属人科。因此，从分类学上，把这些材料归入人科，属、种未定，留待今后深入研究，这在云南更新世地层中发现古猿化石尚属首次。

考古调查队在对广南县博物馆管藏品鉴定动物化石时，从1983年文物普查时在广南县朱琳镇上寨村硝洞下洞采集的一批哺乳动物化石中发现1枚大型人猿类的上臼齿。该牙齿硕大，介于现生大猿类和巨猿间，齿冠釉质褶皱简单，归入人科无疑。在对该地点又进行的两次考察勘探后，又发现古猿左上第三前臼齿1件。

随后，他们又从西畴县文物管理所1983—1984年在西畴马桑洞采集的所藏标本中，识别出1枚古猿化石，编号为DM315，系古猿左下中门齿。齿长6.44毫米，宽2.26毫米；齿冠近远中长8.74毫米，颊舌（残）宽8.90毫米。齿冠完整，仅舌侧面根部微残，齿根基本缺损，颊侧保留部分。齿冠面磨损较深，齿质暴露呈长卵形。由于该下中门齿粗壮与巨猿齿接近，故鉴定为大个体人猿类无疑，归入人科，种属未定。

# 旧石器时代
（约170万年至10000年前）

在旧石器时代考古方面，六十年来最重要的发现是元谋人化石。时至今日，在云南省元谋、丘北、石林、宜良、江川、马关、丽江、昆明、呈贡、罗平、保山、施甸、嵩明、寻甸、镇康、耿马、河口等市县发现一批旧石器时代早、中、晚期的文化遗存和旧石器。其中，有的遗址或地点还发现了古人类化石标本。

云南发现的直立人、早期智人和晚期智人的化石材料以及众多的旧石器地点表明：云南是我国早期人类繁衍、生息、劳动的地方。有了人类，我们就有了历史。元谋人和其所制造的工具——旧石器表明，云南的历史应从170万年前写起。

**1956年**

丽江人的化石标本从20世纪50年代至80年代屡有发现。1956年，在丽江县木家桥首次发现3根股骨化石。1964年发现头骨一具，系少女头骨，具有明显的蒙古人种特征。1975年又发现打制石器。丽江人还用鹿角制造工具，并掌握了钻孔技术。1984年在木家桥又发现16件石制品，有石核、石刮削器、石球等。丽江人头骨较小，表面光滑。除部分颅底破损外，基本保存完好。眉弓、肌脊、乳突和枕外隆凸不发达。额结节和顶结节显著，骨壁较薄。从丽江人的体质特征看，额骨鳞部的前下部有微弱的矢状脊。整个面部包括鼻根的扁平程度都与黄种人一致。额骨与鼻骨相接的骨缝比其与上颌骨相接的骨缝位置稍高，与中国其他人类化石不一致，右侧上第二臼齿的外侧（颊面）上有一个明显的齿尖，称卡氏尖，这在黄种人中少见，而在白种人中多见。头骨枕部有一个发髻状构造，与柳江和资阳古人类头骨化石一致，而与山顶洞人头骨和更早期的中国化石人类不同，却与欧洲尼安德特人接近。上述三项体质特征与中国化石人类的通常形态不大相同，可能反映中国古人类在进化后期与西方的交流逐渐频繁。根据丽江人头骨发现处漾弓江左岸地层判断，时代为晚更新世。

**1965年**

1965年5月1日，我国地质工作者钱方等人在元谋县调查第四纪地层和新构造运动时，在上那蚌村西北发现两枚石化程度很深的人牙。这是一个青年男性个体的上中门齿，形态与北京人同类牙齿基本相似，属直立人（俗称猿人）类型，而且是我国早期类型直立人的代表，胡承志定名为直立人种元谋新亚种（Homoerectus Yuanmouensis Subsp, hov Hu）。我国几个科研单位用古地磁方法对元谋人化石标本进行研究，测定出了元谋人生存的年代为距今170±10万年。

1973年又从元谋人化石产地地层中获取6件石制品，在清理地表时又得到10件石制品。1975年，因雨水冲刷，在元谋人化石产地又出土1件石制品。1980年，又获得5件石制品。共获得的这22件石制品已可以分辨刮削器和尖状器，有些很可能已属于旧石器。与元谋人共生的哺乳动物化石共发现14种。他们是云南马、爪蹄兽、猪、牛类、剑齿象、豪猪、鬣狗、野鼠、斯氏鹿、云南水鹿、最后技角鹿、轴鹿、羚羊等。此外，在该地层中还发现大量的炭屑、烧骨和哺乳动物化石。发现的哺乳动物的肢骨碎片，有的具有明显的人工痕迹，可能是准备用于制作骨器的原料。这些很可能是元谋人使用火的遗迹，由此，我国古人类用火的历史从北京人时代提早到元谋人时代，将人类用火的历史推进100万年左右。

1984年，周国兴等人在元谋人化石产地附近上那蚌村东北部的郭家包7201地点发现原始人的一段长226毫米的胫骨。与北京人的胫骨相比较，骨干细弱，骨壁薄，前后径更大于横径，骨面上布满大头细尾的纤孔（其他动物此种性质不显），著名考古学家贾兰坡院士认为这件标本可能属于幼年个体。

由于发现者认为"该胫骨化石时代应为早更新世末期，元谋组第26层，时代为140万—167万年，该化石年代在100万年以上。"贾兰坡院士说："100万年以上的人类肢骨，在我国还首次见到。"因而元谋人化石的研究将向更高更深的层次发展。吴新智院士根据这根胫骨的复原长度推算这位原始人是少女，生前身高123.6—130.4厘米。

**1972年**

1972年袁振新和1973年祁国琴在西畴县西洒街仙人洞洞穴内发现西畴人的化石标本5枚牙齿，共生哺乳动物化石32种，现生种比例较大，绝灭种仅6种。

**1973年**

1973年，胡绍锦在昆明市呈贡县大渔乡龙潭山第2号洞穴发现昆明人头骨化石及一批旧石器。1977年在第1号洞穴内发现1个中年个体的两枚牙齿化石。1982年和1983年邱中郎、张银运又试掘第2号洞并发现1枚臼齿和旧石器。1983年，黄云忠在第2号洞内偶尔发现人类颅骨化石1具。从1973年到1983年，先后在龙潭山3个洞穴内发现昆明人的化石标本代表10个以上个体，包括从幼年到老年不同年龄层。昆明人在龙潭山洞穴中生存、繁衍时间从距今3万多年前至距今1万8千年前。同时，还发现数以百计的旧石器和石制品。此外，在昆明市郊大板桥发现晚期智人牙齿化石及旧石器。

**1982年**

关于旧石器时代中期的早期智人（俗称古人）的化石材料十分贫乏，但仍有一些线索可循。1982年，郑良在昭通市以北15公里处的过山洞发现1枚人类左下第二臼齿化石，这枚牙齿齿冠较大，接近十字形。从昭通古人类牙齿形态看，既具有某些原始特征，同时又有较多的接近现代人的进步特征，应该属早期智人的牙齿化石。与其共生的哺乳动物化石属华南地区更新世典型的大熊猫——剑齿象动物群，有剑齿象、犀、牛、鹿等。郑良认为昭通人牙齿化石年代应为晚更新世。吴汝康、吴新智认为昭通人属晚期智人，时代为更新世中或晚期。

**1986年**

1986年底至1987年初，云南省博物馆、保山地区文物管理所、保山市博物馆联合发掘的保山塘子沟旧石器时代遗址，是迄今为止我省旧石器时代遗址中文化遗物最丰富的一处，共发掘125平方米，出土各种文化遗存2300多件，其中人类化石7件，代表4个以上青、中、老年个体。其中包括人类头盖骨化石1件，属晚期智人。发掘者鉴于该项人类化石标本"因其出土于古道要塞蒲缥盆地，故命名为'蒲缥人'"。石核、石片和石器400件、骨制品46件、角制品71件、牙制品7件。大量使用骨、角、牙制品，如角锥45件、角铲13件、角矛4件、角棒4件，这是保山塘子沟旧石器时代遗址的一个重要特征。关于塘子沟遗址的年代，其动物群均属现生种，地质时代属全新世。具体年代用$C_{14}$测定出两个数据：中国科学院古脊椎动物与古人类研究所实验室测定为距今8000年左右；中国社会科学院考古研究所实验室测定为距今6250±210年，树轮校正为距今6895±225年。这两个年代数据与新石器时代早期的年代已出现交叉，因塘子沟遗址出土的文化遗物上出现一些新技术因素如磨琢、钻孔、砥砺等，并出现了地面房屋。种种迹象表明，塘子沟遗址本身应有早晚之分，晚期文化已进入新石器时代。2003年11月—2004年1月，云南省考古研究所和中山大学再次发掘塘子沟遗址。此外，1987年还在保山市板桥乡郎义村龙王塘发现新石器时代晚期的洞穴遗址，出土石器、石制品和骨器以及属于南方大熊猫—剑齿象动物群的十数种哺乳动物化石。

**1987年**

1987—1989年，在施甸县发现4处旧石器时代晚期遗址。其中，施甸县姚关乡小汉庄村万仞岗发现一处旧石器时代晚期岩厦遗址。出土人类头骨化石1具，被称为"姚关人"，与其同时出土的各种哺乳动物和鸟类化石、石、骨角器各百余件。在姚关乡的另一个地点火星山大岩房发现的旧石器时代岩厦遗址出土一批动物化石及石、骨、角制品83件，在文化层上部是新石器时代遗址。在火星山的另一处地点大马圈岩房发现另一处旧石器时代岩厦遗址，因破坏严重，仅采集到少量文化遗物。在姚关镇旧石器时代晚期洞穴遗址老虎洞内出土石、骨等文化遗物700多件。

**1989年**

蒙自人系1989年由云南省博物馆、红河州文管所、蒙自县文化馆联合发掘所获。蒙自人化石产地位于蒙自县红寨乡杨干寨马鹿洞内，人类化石包括有头骨、颌骨、肢骨和牙齿化石10件，其中最重要的是一具头盖骨化石，是一个30多岁成年人，这具头盖骨在额骨左右颞鳞处有两个人工钻孔，穿上绳索后可作为盛具使用。与蒙自人共生的文化遗存有：石制品89件、角制品数十件及17种哺乳动物化石，其中似云南轴鹿为大陆绝迹种，其余均为现生种。因此，蒙自人生存时代应为晚更新世—早全新世之间，距今1万年左右。

**1998年**

1998年云南省文物考古研究所发现了富源县大河遗址。2001年、2002年和2006年，云南省文物考古研究所对富源大河遗址进行了三次发掘。2002年的发掘确认了该遗址是一个具有莫斯特文化特点的遗址。2006年的第三次发掘，布方106平方米，实际发掘面积74平方米，共获石制品1400余件，动物化石150余件，人牙化石1枚。发掘揭露的遗迹现象非常丰富，上下两个层位都有人工垫石地面、火塘等，其中人工垫石地面为西南地区首次发现，国内除福建三明船帆洞以外属第二次发现。大河遗址的石制品加工以锤击法为主，偶有锐棱砸击法；有指垫法和压制法的修理技术，有勒瓦娄哇连续剥片技术，常见预制石核和修理台面的技术。石制品的种类主要有：盘状石核、柱状石核、长方形石核、三角形石片、边刮器、端刮器、半月形刮削器、锯齿刃器、尖刃器、凹缺器、雕刻器、砍砸器等，还有少量的骨器。该遗址发现的石制品既有本地区的文化传统，又有典型的欧洲莫斯特文化和勒瓦娄哇技术特点，是莫斯特文化因素在我国南方的首次集中发现。

经北京大学第四纪年代测定实验室用加速器质谱（AMS）测定，得出大河遗址第四、第五文化层的年代分别为距今3.6万年和距今3.8万年；南京师范大学地理科学学院海岸与第四纪研究所用铀系法测定，得出下文化层顶部石笋的年代为距今4.1万年，石铺地面上石笋的年代为距今4.4万年。

大河遗址的发现，表明旧石器时代中晚期的东西方文化交流发生于中国南方的时间早于中国北方，这或许意味着不同的交流路线。

该遗址被评为2006年"中国十大考古发现"之一。

**1999 年**

旧石器时代早期的考古重大发现，除元谋人外，还有不含人类遗骸化石，仅有人类文化遗存的石器与骨器以及动物化石的江川县甘棠箐旧石器时代早期遗址。1999 年云南省博物馆在云南三湖（抚仙湖、星云湖、杞麓湖）地区的江川县甘棠箐的发掘中，获得大量石制品，其中有少数可以确认为石器。动物化石有似山西轴鹿、轴鹿、鹿、水鹿等，根据动物群判断甘棠箐旧石器时代遗址估计在早更新世，距今百万年左右。

**2003 年**

7—9 月，云南省文物考古研究所高峰等人发掘宜良县九乡张口洞旧石器时代洞穴遗址。遗址内堆积较厚，获旧石器和石制品千余件、古人类肢骨化石 3 件、顶骨 1 件、下颌骨 1 件。层位明确的古人类牙齿化石 5 枚，距今超过 11 万年。据铀系法测定，该遗址最早的年代距今超过 30 万年。

**2005 年**

云南省文物考古研究所 2005 年对兰坪玉水坪遗址进行发掘，其下部为旧石器时代堆积，在旧石器时代堆积中发掘出打制石器、动物骨骼和牙齿化石标本 500 余件，标本年代至少可以上溯到 1 万年前，甚至更早。此次发掘是迄今为止怒江州境内的第一次考古发掘。

云南省文物考古研究所在云南边境地区——文山州和红河州文物调查项目中，在文山州博物馆和麻栗坡县文管所收藏中发现几件大型石斧，其特征许多与广西"百色型"石斧相似。其中，文 21（广龙 M—5）和文 47 两件标本，分别为较大型手斧。文 21 保存完好，呈舌状；毛坯为玄武岩砾石，除柄部末端保留小部分石皮外，其余大部分器身均由石片疤组成不保留石皮；系采用交互打击法制成，打制程序已包括粗打、成型和精修等工序，因缺少去薄工序而显得钝厚，但尖端和两侧刃部非常细致的精修，使得标本刃缘协调且对称；整个器身的横断面呈棱角方形，长 69.8 毫米，宽 51 毫米，厚 32 毫米。文 47 的毛坯仍为玄武岩砾石，经过两面加工已具备手斧雏形，但因一侧有发育节理而未进一步加工，致使其形态不太规整，长 75.9 毫米，宽 50.1 毫米，厚 21 毫米。

2005年对景洪市橄榄坝水电站淹没区进行调查时，发现一大型旧石器时代晚期露天遗址，该类型遗址在云南属首次发现，出土打制石器系用锐棱砸击法打制而成。

## 中石器时代

考古学上，在旧石器时代之后还有一个中石器时代，我国目前中石器时代的材料较少，南方尤甚。

### 1973年

周国兴在元谋盆地的牛肩包、石垅箐、大那乌、老城下棋柳、哨房梁子、老鸦塘和那猛渴发现细小石器。这类石器一般仅有二三厘米，有的仅1厘米左右长度，此类石器总共发现约100件。这些细小石器没有与陶片和磨光石器并存的现象，说明这些细石器的下限不会晚到新石器时代。反之，与细石器共存的石片石器具有明显的旧石器文化特征。元谋盆地的细小石器具有我国中石器时代细小石器的鲜明共性，因此，将这批细石器的时代定在中石器时代。

## 新石器时代

（约10000年至3500年前左右）

新石器时代是以发明农业、制陶术和磨制石器为特征的时代。新石器时代遗址和地点在云南有着广泛的分布。目前，共发现近400多处遗址和地点。从遗址的自然环境看，有河湖台地、贝丘遗址和洞穴遗址三种。

### 1938年

原中央博物院吴金鼎、曾昭燏、王介忱等三人在大理地区作文物考查和试掘，发现新石器时代遗址10多处，即打鱼村、捉鱼村、马耳、佛顶、龙泉、三阳、鹤云、白云、莲花、五台、苍琅、中和、虎山等处。

### 1953年

在滇池地区发现昆明官渡遗址。

**1955 年**

1955 年对晋宁县石寨山遗址进行试掘，遗址中有螺蛳壳堆积，出土泥质红陶、夹砂红陶和夹砂灰陶，以泥质红陶盘、碗为典型器物，器底往往有稻谷印痕。石器以有肩石斧、有段石锛和有肩有段石锛为特征。遗址的主人为稻作民族。1982 年，经中国科学院贵阳地化所测定，石寨山螺蛳壳的年代为距今 4260±165 年。

**1959 年**

在昭通城北 40 里的官寨闸心场发现新石器文化遗址，之后，又发现了鲁甸马厂遗址。这一地区陆续发现的这一类型遗址有昭通小过山洞以及大关、永善等处遗址。这一类型遗址的器物以单耳细颈平底小瓶、单耳侈口罐和部分表面打磨极其光亮的黑陶器为特色。石器多为梯形磨光石锛，还有少量有段石锛，为滇东北类型的新石器文化。滇东北地区新石器时代的文化没有出土过石刀和石镞，常见的是梯形石锛，陶器以带耳小平底瓶和侈口小罐为最多，而在滇池和洱海地区没有发现过这两种器形。陶器的纹饰种类不多，比较常见的是平行划纹和粗弦纹，滇池地区的各种花纹和洱海地区断线压纹在这里尚未发现，洱海地区的橙黄色陶及滇池地区的泥质红陶在这里都没有发现。闸心场虽有许多陶器外表呈红黄色，但胎质仍为灰色，马厂陶器中有少数表皮极黑、打磨光亮，在滇池地区也不见。

**20 世纪 50 年代末**

通过 20 世纪 50 年代末和 60 年代初的两次调查，考古工作者在滇池地区发现新石器时代遗址 20 多处。其中，滇池沿岸有 17 处：官渡、石碑村、石子河、古城、团山村、石寨山、河泊所、渠西里、兴旺村、后街、老街、白塔村、白塔山、黑林铺、乌龙铺、安江、象山。这些遗址中，离滇池最近者团山村遗址仅 150 米，最远者白塔村有 6 公里。多数遗址分布在滇池东岸。有些遗址可能延续至青铜时代，有的遗址时代属青铜时代，需进行全面考古发掘才能逐一识别。遗址中往往有螺蛳壳堆积，出土泥质红陶、夹砂红陶和夹砂灰陶，以泥质红陶盘、碗为典型器物，器底往往有同心圆圈纹和稻谷印痕；石器以有肩石斧、有段石锛和有肩有段石锛为特征，遗址主人种植稻谷。滇池地区新石器时代文化主要分布在滇池、抚仙湖、星云湖、杞麓湖附近，多为贝丘遗址。滇池地区新石器时代文化的西界已到禄丰县。在禄丰县城附近的金山茅草洼、长地箐、杉老棵、赵家村岩头、北厂孙家坟、麻栗坡、楚雄罗川观音街、启明桥、腰站小北冲等地点发现数十件有段石锛和有肩有段石锛，其文化面貌与滇池地区石寨山类型有肩有段石器完全一致，禄丰县以上新石器地点可划分为滇池地区新石器文化类型。

## 20 世纪 60 年代

从 20 世纪 60 年代以来，发现的滇南——西双版纳地区新石器时代文化遗址和地点有：景洪市曼蚌囡、曼运、曼迈、曼厅、曼雅新寨；勐腊县大树脚、卡比寨公路；孟连县老鹰山等处。1963 年，试掘孟连县老鹰山新石器时代洞穴遗址。孟连老鹰山是一洞穴遗址，文化层厚 0.9—2 米。石器中除梯形石斧外，也有大量的卵石打制的网坠，具有明显的地方特色。陶器也与景洪雷同，以夹砂灰陶为主，有罐、钵、碗、盘等器形，纹饰有绳纹、划纹和波浪纹。保山马鞍山、双江红后山、新平漠沙亦属此类型。

景洪附近的遗址中的陶器有泥质黄褐陶、夹砂灰陶和夹砂褐陶。器形有罐、碗、器盖和网坠，纹饰有绳纹、方格纹和素面。曼蚌囡遗址有 1 件质地为夹砂红陶的网坠呈圆筒状，形制颇为特殊。石器多采江边砾石打制而成，少数局部或通体磨光，器形有斧、锛、尖状器、盘状器、研磨器、研磨棒、敲砸器、石核、石片、网坠、环。石斧中包括有肩石斧。曼运遗址仅发现石网坠，数量特多，在 1 平方米范围内可采集十数件。制法简单，仅在扁长形砾石上打出两个缺口，形体硕大，最大者长 25.6、宽 11.8 厘米，在我国新石器文化中尚不多见。

## 20 世纪 70 年代

20 世纪 70 年代在澜沧江中游地区发现了忙怀遗址，该遗址位于云县忙怀村，该文化遗存以大量发现用河卵石片打制的有肩石斧为特征，有钺形、靴形、长条形等。没有发现磨制石器，钺形石斧与后来从滇西地区广泛出土的铜钺极为相似，可能它们之间有一定的联系。遗址中出土的陶片极少，试掘后仅发现 11 片，皆夹砂陶，以绳纹为主。据云南省地质局第一区测队提供的线索，知道与忙怀遗址同类型的遗址在澜沧江沿岸有广泛的分布。已知有云县、景东、澜沧等县的曼志、忙亚、忙卡、大水坪、安定、丫口、大小芒介、下景张、新寨、小田、老赵田、拉叭寨、大协厂等十余处。此外，解放初在怒江边的福贡县也采集到这一类型的石器。从该区域遗址大都地处高山深谷和很少出土陶器的情况看，其居民的社会生活可能以游牧为主，其分布范围已远达怒江上游福贡、怒江中游昌宁、龙陵等县。在福贡县曾采集到打制的有肩石器。在昌宁和龙陵县的20多个遗址和地点发现大批打制钺形、靴形和圆形、半圆形刮削器，属于龙陵县的怒江西岸一些地点还发现少量磨制梯形、条形石斧、网坠、手锤。陶器器形有盆、罐、钵、杯、壶、纺轮等。

**1973年**

云南省博物馆发掘元谋大墩子新石器文化遗址，文化内涵丰富，包括陶器、石器、牙器、蚌器。村落中发现房屋遗迹15座、墓葬37座、其中埋葬成人的19座，另37座为瓮棺葬和一座圆坑墓为儿童墓葬，瓮棺上凿有1至3个小圆孔，意在供死者灵魂出入。灶坑、窖穴等。1999年3月进行的第三次发掘，发现房屋遗迹31座、墓葬26座、灰坑15个、祭祀坑2个。遗址中出土大量石器和陶器，还有炭化粳稻、房屋建筑等。房屋多系平地建筑的黏土木结构。丰富的遗物说明大墩子聚落系多种经济结构，除农业外，还经营畜牧业和渔业与狩猎，人们已能驯养猪、鸡、狗等家畜家禽。在意识形态上已产生宗教观念。经$C_{14}$测定，元谋大墩子年代为公元前1260±90年，树轮校正年代为公元前1400±155年，早于滇池地区。

**1974年**

云南省博物馆发掘宾川县白羊村遗址，以后又相继在这一地区调查、清理了祥云清华洞、大理鹿鹅山等遗址20余处。新中国成立后在环洱海区域调查或试掘的遗址有：五指山、余家田、小岭、双鸳村、鹤阳、上关及东岸的海潮河、双廊、赤文岛、鹿鹅山、金梭岛，以及距离洱海较远的祥云清华洞遗址。在白羊村遗址发现房屋遗址、遗迹11座，墓葬24座。房屋是平地起建的黏土木结构建筑。在这些住房周围发掘出埋葬夭折儿童的瓮棺葬10座，这种习俗与元谋大墩子遗址和仰韶文化的西安半坡遗址相同。宾川白羊村遗址出土陶器、石器、骨器、角器、牙器、蚌器共516

件。其中，数量最多的是陶罐。此外，该遗址还发现稻谷粉末及痕迹。白羊村遗址的时代分早晚两期，属于早期的第 9 号房址第 2 号柱洞内的木炭，经中国社会科学院考古研究所用 $C_{14}$ 方法测定年代为距今 3770±85 年。洱海地区新石器时代文化分布于大理、宾川、鹤庆、洱源、祥云、巍山等市县，洱海地区的新石器时代文化之西界可能已达到保山、施甸、腾冲、龙陵等市县，在以上市县出土一批陶、石器。陶器器形有豆、罐、盒、钵、盘、釜、纺轮等；石器有斧、锛、半月形石刀、镞等。

同年，发现位于麻栗坡县城附近的畴阳河西岸小河洞新石器遗址，为一洞穴遗址。1975 年 8 月，云南省文物工作队对该遗址进行调查发掘。小河洞遗址出土的石器以磨制精致的有肩石锛、靴型石锛和三角形石刀为代表。此外，还有梯形和长条形石斧、石印模等。陶器无完整器，均为陶片。其中夹砂灰褐陶占 85% 以上，其次为夹砂红陶。纹饰以绳纹为主，还有划纹、附加堆纹等。出土动物碎骨较多，有鹿、野猪、熊等。在文化层底部红烧土上面的灰烬中发现大量螺蛳壳，渔猎在当时占相当比重。其石器形制与两广地区，特别是左、右江流域相近，应为百越族系遗址。滇东南地区的新石器时代文化分布于麻栗坡、富宁、马关、广南、砚山、文山、金平、西畴等县。

**20 世纪 80 年代**

20 世纪 80 年代，考古工作者在宣威格宜区启文乡尖角洞洞穴遗址发现了属于滇池区域新石器时代的文化遗存。

**1982 年**

1982 年云南省博物馆与楚雄州文物管理所联合发掘永仁县永定镇石板墓 30 座，出土的深腹、大口罐与元谋大墩子相同。在这百余座石板墓中，均从未出土过一件金属器。因而断定为新石器时代墓葬。若以元谋大墩子新石器时代村落遗址的第 5 号房屋第 12 号柱洞内出土的木炭所作 $C_{14}$ 测定的年代距今 3210±90 年为标尺，金沙江中游地区这百余座石板墓的时代与此相距不远。这些石板墓与青铜时代的滇西北、川西、乃至我国河北、内蒙、东北地区石板墓关系如何，尚待进一步研究确定。

### 1983 年

永仁菜园子遗址系 1983 年试掘的一处新石器时代遗址，出土遗物有陶、石、骨器百余件，并发现 7 座房屋基址。这些文化遗物、房屋遗迹均与元谋大墩子相似，同属金沙江中游新石器时代文化无疑。

从 1983—1993 年，在永仁县维的、永定镇菜园子、武定县田心、元谋县大墩子、虎溪村发现一批百余座新石器时代石板墓。

同年，文山州进行文物普查时在广南县八宝区铜木犁洞、板磨乡龙根洞、珠琳镇西北洞穴发现三处新石器时代洞穴遗址。文山、富宁、马关、砚山等县新石器时代地点均出土以罐类为主要器形的夹砂陶器。石器以有肩石斧、石钺、靴形石斧、石刀等为特征。该地区出土的双肩石器与广东、广西一些地点出土的同类器物接近，应属百越先民的文化遗存。

### 1984 年

1984 年在通海县海东发现一处重要的贝丘遗址。1988 年 12 月至 1989 年 6 月进行正式发掘。发掘面积 372 平方米，墓葬 30 座，火堆 33 处，出土陶器、石器等，以有肩有段石器为特色。这一遗址的 $C_{14}$ 年代测定为距今 4000—5000 年。

### 1985 年

云南省博物馆正式发掘永仁县维的村新石器时代石板墓 60 座，建墓材料为红砂岩质地的层状石板，当地村民称为"猪肝石"。石板墓内出土的陶器、石器与元谋大墩子、永仁菜园子器物之质地、形制相同。

同年在维西县戈登村一洞穴内发现一批石器、陶器、骨器和哺乳动物化石。石器有斧、锛、刀、镞、针、石球等 33 件。陶器以高领、宽耳器为特征，纹饰有绳纹、树叶纹、水波纹、网状方格纹等，以树叶纹为特征。

### 20 世纪 90 年代

20 世纪 80 年代至 90 年代，考古工作者在环滇池区域作了一些调查，发现的新石器时代遗址和地点有江川县头嘴山、光坟头、太平地、螺蛳山贝丘遗址；通海县空山、打坝山贝丘遗址，以螺蛳壳堆积和有段石器为其特征。遗址最明显的特征是普遍存在螺蛳壳堆积，江川头嘴山、螺蛳山、光山遗址和滇池沿岸遗址情况相同。滇池沿岸遗址中每个螺蛳壳尾部均有一个被敲通的小孔，表明捕捞螺蛳是当时滇池沿岸居民经济生活的重要手段，取食螺肉的方法是敲破螺蛳尾部，这种古老的方法一直沿袭至今。

**1991 年**

1991 年底至 1992 年初发掘的龙陵县大花石遗址也发现平地起建的木构建筑。昌宁县达丙营盘山遗址发现的长方形地穴建筑，其建筑方法是洱海地区苍山之麓半地穴房屋与宾川平地起建房屋这两种房屋的建筑方法之结合。此外，保山市将台寺遗址内发现平地起建的木结构房屋遗迹。昌宁县达丙营盘山房屋炭化木柱的 $C_{14}$ 年代为距今 3304±82 年。

**1993 年**

1993—1996 年对永平新光新石器时代遗址的发掘是云南省规模较大的发掘之一，共开探方 108 个、发掘面积 2700 平方米，先后进行了 5 次发掘。文化堆积厚 1—2 米，文化层有 16 层，新石器时代 11 层，遗迹主要有房屋、灰坑及大量柱洞，房屋遗迹早期为半地穴建筑，晚期出现地面建筑，而且有多间房屋构成的长屋。排水沟较为完整。出土器物主要是石器、陶器，石器均为磨制，约 2000 件。罐的种类较多。陶器纹饰多为刻划，有的陶器饰有红白彩绘。该遗址的文化特征似乎代表了一种新的文化类型。

**1996 年**

1996 年云南省文物考古研究所发掘了南华县孙家屯墓地。在已发掘的 70 座墓葬中出土 918 件陶器，无石器或铜器随葬。陶质为夹砂陶，有红褐色、黑褐和灰褐陶。器形有壶、罐、单耳罐、双耳罐、釜、单耳釜、双耳釜等。器耳多为桥形，也有圆柱形。这些陶器多为平底器，器底多数有叶脉纹，少量为圜底器。南华县孙家屯 M35：11、M59：5、M67：32 共 3 件陶片曾由国家地震地质研究所作过热释光年代测定，距今 3600—4000 年，大致可以确定为新石器时代晚期墓葬。该墓地属于滇西北地区新石器时代文化，孙家屯的发掘似乎说明滇西北地区新石器时代文化最南端的分布已达楚雄州的南华县。

### 2004 年

2004 年至 2006 年云南省文物考古研究所对大理银梭岛贝丘遗址进行发掘，第二次发掘面积为 300 平方米。发掘共布 5×5 平方米探方 12 个，其中两个探方在东部，一个在西部，均有早期文化堆积。经发掘，出土大量陶器残片，出土小件器物约 6000 件，小件器物中有石器、陶器、骨器、牙器、木器等。和第一次发掘相比较，这次发掘发现的文化堆积属早期的较多，获得了更多新石器时代的遗物和信息，为洱海地区早期考古学文化的研究提供了重要材料。

### 2005 年

2005 年云南省文物考古研究所对潞西尖山遗址进行了发掘，发掘面积 368 平方米，清理半地穴式房址 5 座，出土石斧、石箭镞、石环、石手镯等 1300 余件，其中圆孔方形石盘、五瓣花形石饰品属云南首次发现。

### 2006 年

从 2006 年到 2007 年，云南省文物考古研究所在思茅市景谷县连续对白银渡、上船口、南北渡、营盘地和大丙屯遗址进行了考古发掘。这些遗址都出土打制和磨制石器，其中以石斧为主要的器形，其原料主要为河滩上的砾石，器形有条形、梯形、扇形。以星形器和花形器为特征性器物。其年代多在距今 3000 年至 4000 年，这些遗址为澜沧江流域史前文化的研究提供了丰富的资料。

### 2007 年

3 月至 5 月，云南省文物考古研究所为配合澜沧江糯扎渡电站建设，在澜沧江西岸二级台地上的澜沧县大凹子新石器时代遗址进行考古发掘，在 1000 平方米发掘面积内出土 700 多件石器和少量碎陶片。石器有打制和磨制两种，以打制石器为主，原料均采自澜沧江畔的砾石，器形有斧、锛、镞、矛、锥、镯、砍砸器，此次发掘大大丰富了以忙怀类型为代表的澜沧江中游新石器时代文化的内涵。同时表明，云南各地经济社会发展不平衡由来已久，在 3000 多年前的新石器时代晚期，这里的原始氏族先民还以使用打制石器为主，而在经济发达的滇池地区，均使用磨制精细的石器，根本没有打制石器的踪影了。

# 夏、商、周、秦、西汉（云南青铜时代）
（公元前19世纪至公元1世纪）

## 一　与云南有关的历史事件

### 周武王时（公元前12世纪）

云南即与中原王朝产生交往。根据先秦古籍《逸周书·王会》记载："臣（伊尹）请……正南：瓯、邓、桂国、损子、产里、濮、九菌，请令以珠玑……短狗为献。"这里献短狗者为濮人，他们参加了周武王伐纣和周成王的成周之会。濮人为广泛分布于中南西南一带的族群，古代把元江称为仆水（濮水），就是因为它流经濮人居住地区。云南的濮人与中原王朝交往很早，直到明清时期，王朝尚规定永昌、顺宁贡濮竹，顺宁蒲蛮贡矮犬。《逸周书·王会》又记载"卜人以丹沙"。唐樊绰《蛮书》载，永昌出丹砂。因而，古文献记载的这一部分濮人的祖先应是云南的土著居民之一。而忙怀遗址所在之云县，明清时期皆属顺宁府，忙怀村村民今日仍自称为蒲人。至于《逸周书·伊尹》篇中提及的"产里"旧称车里、彻里，一说为今天的西双版纳首府景洪，《吕氏春秋》载："产里以象齿、短狗为献"，西双版纳自古至今都是我国主要的产象区。

### 战国时期（公元前475年至公元前221年）

秦国曾有一次大规模的征伐羌人的军事行动，迫使羌人西迁，其中一支——牦牛（种）到达越嶲郡。越嶲郡在今四川西南部和云南北部。自先秦以来，羌人从我国西北往西南迁徙，迁徙路线是沿横断山脉的几条大河——怒江、澜沧江、金沙江的河谷通道移动的，他们与当地土著居民不断交流、融合。据《后汉书·西羌传》载，这部分生活在甘青高原的羌人，由于"畏秦之威"而向西部和西南部迁徙，"其后子孙分别，各自为种，任随所之。或为牦牛种，越嶲羌（四川凉山州与云南北部）是也；或为白马种，广汉羌是也"。

### 公元前 316 年（秦惠文王九年）

秦遣司马错灭巴蜀，兵临滇国北境。

### 公元前 311 年（秦惠文王十四年）

西南夷部落丹、犁臣属于秦。《史记·正义》曰："丹、犁，二戎号也，臣伏于蜀。蜀相杀蜀侯，并丹、犁二国降秦。在蜀西南姚府管内，本西南夷。"唐代姚府即今云南姚安、大姚一带。

### 公元前 310 年（秦武王元年）

秦再伐丹、犁。

### 公元前 285 年（秦昭襄王二十二年）

秦遣张若取笮及其江南地，兵临滇国西境。《华阳国志·蜀志》云："（周赧王）三十年，疑蜀侯绾反，王复诛之，但置蜀守。张若因取笮及（其）江南地也"。笮地在今四川盐源县一带。

### 公元前 280 年前后（楚顷襄王时）

楚将庄蹻入滇，留王滇池，称滇王。根据《史记·西南夷列传》载："始楚威王时，使将军庄蹻将兵循江上，略巴、黔中以西。庄蹻者，故楚庄王苗裔也。蹻至滇池，池方三百里，旁平地，肥饶数千里，以兵威定属楚，欲归报，会秦击夺楚巴、黔中郡，道塞不通，因还，以其众王滇，变服，从其俗，以长之"。但根据后人考证，庄蹻入滇的时间，司马迁《史记》记述有误，其时间不在楚威王时（公元前 339 年至前 329 年），而应在楚顷襄王时，即公元前 280 年左右。

### 公元前 250 年（秦孝文王元年）

秦以李冰为蜀守，于僰道修筑至滇东北之通道，为秦经营云南作准备。《华阳国志·蜀志》云："僰道有故蜀王兵兰，亦有神作大滩江中。其崖嶄峻不可凿，（冰）乃积薪烧之，故其处悬崖有赤白五色"。僰道县即今四川宜宾，崭峻不可凿之悬崖在云南盐津县豆沙关一带。

### 公元前 221 年（秦始皇二十六年）

秦统一中国后，即遣常頞略通"五尺道"，云南东北及其周围地区始设郡"置吏"。《史记·西南夷列传》载："秦时常頞略通五尺道，诸此国颇置吏焉"，但所设郡置吏的具体情况史籍缺载。

### 公元前 202 年（汉高祖五年）

因北方匈奴和南越割据势力为汉廷心腹大患，故无暇顾及西南夷地区。然而民间的经济、文化交流从未因此而中断过。《汉书·西南夷传》载："及汉兴，皆弃此国而关蜀故徼。巴蜀民或窃出商贾，取其筰马、僰僮、髦牛，以此巴蜀殷富"。又《史记·西南夷列传》云："然闻其（昆明）西可千余里有乘象国，名曰滇越，而蜀贾奸出物者或至焉。"滇越即今云南腾冲一带。

### 公元前 135 年（汉武帝建元六年）

汉遣唐蒙出使夜郎，发巴蜀士卒筑道，自僰道通牂牁江，设犍为郡，滇东北地区置于汉廷直接控制之下。《史记·平准书》说："当是时，汉通西南夷道，行者数万人，千里负担馈粮，率十余钟致一石，散币于邛僰以集之。数岁道不通，蛮夷因以数攻，吏发兵诛之。"又《水经注·江水》："汉武帝感相如之言，使县令南通僰道，费功无成。唐蒙南入斩之，乃凿石开阁，以通南中，迄于建宁，二千余里。山道广丈余，深三四丈，其鏨凿之迹犹存"。

### 公元前 130 年（汉武帝元光五年）

汉通邛、筰、冉、駹、斯榆诸地，置一都尉十余县，隶属于蜀郡。《史记·司马相如列传》载："是时邛、筰之君长闻南夷与汉通，得赏赐多，多欲愿为内臣妾，请吏，比南夷。天子问相如，相如曰：'邛、筰、冉、駹者近蜀，道亦易通，秦时尝通为郡县，至汉兴而罢。今诚复通，为置郡县，愈于南夷。'天子以为然，乃拜相如为中郎将，建节往使。副使王然于、壶充国、吕越人驰四乘之传，因巴、蜀吏币物以赂西夷。……司马长卿便略定西夷，邛、筰、冉、駹、斯榆之君皆请为内臣。"

### 公元前122年（汉武帝元狩元年）

汉武帝以张骞之言，欲取道云南至身毒，以通大夏，为共击匈奴事，但西行道路为"昆明"所阻，道未通。《史记·西南夷列传》载："及元狩元年，博望侯张骞使大夏来，言居大夏时见蜀布、邛竹杖，使问所从来，曰：'从东南身毒国，可数千里，得蜀贾人市。'或闻邛西可二千里有身毒国。骞因盛言大夏在汉西南，慕中国，患匈奴隔其道，诚通蜀，身毒道便近，有利无害。于是天子乃令王然于、柏始昌、吕越人等，使间出西夷西，指求身毒国。至滇，滇王尝羌乃留，为求道西十余辈。岁余，皆闭昆明，莫能通身毒国。"

### 公元前111年（汉武帝元鼎六年）

汉遣郭昌、卫广平南夷，置牂牁、越嶲诸郡。滇国东部及北部地区为西汉王朝所有。《汉书·西南夷传》载："及至南粤反，上使驰义侯因犍为发南夷兵。且兰君恐远行，旁国虏其老弱，乃与其众反，杀使者及犍为太守。汉乃发巴、蜀罪人尝击南越者八校尉击之。会粤已破，汉八校尉不下，中郎将郭昌、卫广引兵还，行诛隔滇道者且兰，斩首数万，遂平南夷为牂牁郡。……南粤破后，及汉诛且兰、邛郡，并杀莋侯，冉駹。皆震恐，请臣置吏。以邛都为粤嶲郡，莋都为沈黎郡，冉駹为文山郡，广汉西白马为武都郡。"

### 公元前109年（汉武帝元封二年）

汉遣将军郭昌、中郎将卫广发巴蜀兵击灭劳浸、靡莫，至滇，滇王降汉，以其地置益州郡，赐滇王王印，令其复长其民。《史记·西南夷列传》载："上使王然于以越破及诛南夷兵威风喻滇王入朝。滇王者，其众数万人，其旁东北有劳浸、靡莫，皆同姓相扶，未肯听。劳浸、靡莫数侵犯使者吏卒。元封二年，天子发巴、蜀兵击灭劳江浸、靡莫，以兵临滇。滇王始首善，以故弗诛。滇王离难西南夷，举国降，请置吏入朝。于是以为益州郡，赐滇王王印，复长其民。"又《汉书·武帝纪》："（元封）二年……又遣将军郭昌、中郎将卫广发巴蜀兵平西南夷未服者，以为益州郡。"

## 二　云南青铜时代考古重要发现

**1955 年**

1955 年至 1960 年先后 4 次发掘晋宁石寨山古墓群，出土文物为滇池地区青铜文化的典型代表。共发掘 50 座墓葬，出土器物 4000 多件。其中在 6 号墓内发现了黄金质地"滇王之印"，与《史记·西南夷列传》"元封二年（公元前 109 年），天子发巴、蜀兵击灭劳浸、靡莫，以兵临滇。滇王始首善，以故弗诛。滇王离难西南夷，举国降，请置吏入朝。于是以为益州郡，赐滇王王印"之记载吻合。在清理 6 号墓发掘物时，出土的 69 片玉片札片和 97 片玉片坯片，确认为玉衣之半成品。证明 6 号墓为一代滇王之墓，石寨山古墓群是滇国上层贵族墓地。根据出土器物，可将石寨山墓群分为三期：早期在战国；中期属西汉；晚期属东汉早期。墓内出土的铜鼓、贮贝器、葫芦笙、枕、伞盖、啄、狼牙棒、各种扣饰等文物，具有浓郁的地方民族特色，系少数民族先民的文化遗物。1996 年，又在晋宁石寨山滇王族墓群发掘古墓葬 36 座，出土一批青铜器，如贮贝器、铜跪俑、装饰动物的青铜兵器等，其风格与 20 世纪 50 至 60 年代发掘的器物完全一致。

**1957 年**

1957 年在剑川县挖掘河道时发现剑川海门口青铜文化遗址，共出土千余件文物，有陶器、石器、骨器、角器和铜器等。石器、陶器的数量较多，石器有 169 件。最重要的是发现 15 件铜器，有斧、钺、刀、凿、环、鱼钩和铜饰品，还有 1 件制造铜器的石范。原发掘报告认为这些铜器系红铜，因而认为该遗址属铜石并用遗址。根据 1979 年 5 月中国冶金史编写组用手提式同位素源 X 光萤光仪对剑川海门口铜器检测的结果，其中有 10 件是锡青铜（个别含铅），其中 3 件铜钺、1 件铜斧、1 件铜刀，1 件残铜片含铜量达 60% 以上，含锡量在 1% 至 10%，还有一件铜钺含铜量在 60% 以上，含锡量高于 10%，表明这些铜器已属于青铜器。海门口遗址属云南早期青铜文化遗址。该遗址的年代经放射性碳素测定，共有 3 个数据：距今 3100±90 年；距今 3115±90 年；距今 3285±155 年。表明云南在商代即已进入青铜时代。

## 1964 年

在祥云县大波那发现战国时期的木椁铜棺墓，铜棺重达 257 千克，由 7 块铜板斗合而成，铜棺上遍铸动物和其他花纹。这样巨大的铜棺，在国内青铜时代文物中极为罕见。1977 年，在木椁铜棺墓附近又发现一座木椁墓，此墓发现肢解后的奴隶殉葬现象，这在云南尚属首见。20 世纪 80 年代，在弥渡发现数百座石板墓，墓中发现大量的青铜牛、马模型，为寻找司马迁在《史记·西南夷列传》中记载的游牧民族嶲、昆明人的考古文化遗存提供了信息。

同年发掘的安宁太极山古墓群，也是滇池地区青铜文化墓葬较集中的地点，共发掘 17 座墓。1993 年进行了第二次发掘，发现墓葬 40 座，出土文物 181 件，出土文物面貌与石寨山一致。但墓内随葬器物远不如石寨山的丰富和豪华，墓主应是中小贵族，墓群的时代分为早晚两期，均在西汉。

## 1972 年

发掘江川李家山古墓群，共发掘 27 座古墓，出土各类文物 1300 多件，其中青铜器 1000 余件。例如牛虎铜案已列入"国宝"级文物，曾在数十个国家展出过，已成为海内外知名度极高的文物精品。

## 1974 年

1974 年和 1979 年在呈贡县龙街的石碑村先后清理发掘小型土坑墓 182 座，墓葬排列有序，似原为一处公共墓地。随葬青铜器有戈、矛、剑、镞、甲、半月形爪镰、削、凿等，另有玉石装饰品和陶器。晚期墓葬中发现铁器及铜铁合制器物以及西汉五铢钱 200 多枚。整个墓葬被推断属西汉中晚期。

## 1975 年

1975 年，在昆明郊区黑林铺的大团山发掘小型土坑墓 6 座，随葬青铜器仅 10 件，有戈、矛、斧、甲及蜥蜴形扣饰等。另有陶盘、陶壶各 1 件，陶盘似因袭滇池地区新石器陶器的风格。其年代经推断，可早到春秋晚期或战国早期。

同年，发掘呈贡县天子庙古墓群。1975年发掘9座，1979年12月至1980年元月发掘44座，1992年6月清理23座，均为竖穴土坑墓。其中最重要的是41号墓，出土各类器物310余件。青铜兵器156件，种类有矛、斧、钺、啄、镞、锤、剑、戈、凿、扣饰等。其中有2件"隼嘴式双钺形戈"以及3件提筒，其器形为云南其他地点所未见。该墓墓主椁板经中国科学院古脊椎动物与古人类研究所用放射性$C_{14}$测定，并经树轮校正后的年代为距今2290±70年。

1975年底至1976年初，云南省博物馆对楚雄万家坝青铜文化墓群进行正式发掘，出土文物1245件，最重要的是发现5面属于春秋时期的早期铜鼓，研究者以铜鼓出土地命名，将此类型铜鼓定名为万家坝型铜鼓，是我国和世界上最早的铜鼓。还有一批青铜农具，数量多达百余件，在我国青铜时代墓葬中甚为罕见。在万家坝墓群中，无论是大、中、小型墓，墓内均有为数不少的内地常见的二层台和腰坑，带腰坑的竖穴土坑墓是商墓和楚墓的特点。万家坝古墓群受中原文化和楚文化的影响是比较明显的。万家坝型铜鼓在云南的分布：西起腾冲，东至曲靖，西北起永胜，东南至广南。在这片广阔的分布地带内，滇中至滇西一线是起源地。楚雄万家坝古墓群的科学发掘，对早期铜鼓即万家坝型铜鼓的研究获得了突破性的成果。我国考古学者、民族学者、历史学者均一致认为，古代铜鼓产生于春秋时期，起源地在中国云南以楚雄万家坝为中心的滇西地区。1988年10月，在由云南省博物馆和中国古代铜鼓研究会在昆明联合举办的《中国南方及东南亚地区古代铜鼓和青铜文化国际学术讨论会》上，关于中国云南是世界铜鼓起源地的观点，已被许多国家的考古学者赞同。楚雄万家坝的测定年代数据有：一为公元前425±80年（$M_1$）和公元前455±80年（$M_{23}$），另一测定为公元前400±85年（$M_1$）和公元前690±90年（$M_{23}$）。

### 1976年

江川县团山发掘小型土坑墓11座，出土青铜戈、矛、镞、凿、饰牌等，未见铁器，被认为与江川李家山早期墓葬同时，约当战国或西汉初年。

同年至翌年，在德钦县纳古共发掘清理出石棺墓23座，均为单人葬，可分辨出有侧身屈肢、直肢两种葬式。随葬器物有铜器（曲茎剑、矛、镯、饰牌等），石棺葬中常见扁宽耳陶罐、石镞及绿松石珠等。石砌墓室形制基本一致，随葬品亦无甚悬殊，显示出社会分化尚不显著。墓中发现的双环首青铜短剑，是我国北方典型的青铜器物，这类器物在我国东北及内蒙发现较多，说明滇西北青铜文化与我国北方草原游牧民族有密切关系。经 $C_{14}$ 测定，其年代距今 2900±100 年、距今 2815±100 年与距今 3035±130 年。

### 1977 年

在昆明北郊上马村的五台山，发掘土坑墓 13 座，内有 1 座大墓，出土青铜器有剑、矛、戈、啄、斧、不对称形钺、甲、镞、半月形爪镰、玉石装饰品等，无铁器发现。其年代被认为与大团山相当。

同年，德钦县石底村清理土坑墓两座，出土宽扁耳陶罐、陶纺轮外，尚有铜器 15 件，有矛、剑、刀、杯、匕及 1 件鹿形枕头饰。从出土器物看，被认为与同一地区的永芝和纳古石棺墓属同一文化类型。

同年，在昆明市西郊的王家墩，发现云南早期青铜遗址。该遗址原在滇池西岸的水位以下，1969 年"围湖造田"时，排干该地蓄水后成为陆地。遗址中有成排的木桩，木桩的下端均削成锥形，上端凿有榫口，显然是"干栏"式建筑的底架。遗址中有较厚的贝丘堆积，从中采集到石斧、石锛、石镯、陶片、兽骨及炼铜渣和铅弹丸等遗物。另外还发现两件完整的青铜器，器形简单，制作粗拙，说明其时代较早。其中 1 件为铜锛，长条形、单面刃，上端两侧均有"段"，呈台阶状，与新石器时代的有段石锛相似。另 1 件为铜戈。从 2 件青铜器器形简单、实心、制作古朴等特点看，其时代早于晋宁石寨山墓地。另外这 2 件铜器和大量石器共存，也说明它的时代较石寨山墓地早，年代与剑川海门口遗址的时代大致相当，约当公元前 12 世纪。遗址中有炼铜渣的出现，说明这 2 件铜器是当地生产的，非外地传入。

1977 年至 1982 年对曲靖珠街八塔台古墓群进行了 7 次发掘，墓葬层层叠压，最下层也是最重要的为春秋战国时期的竖穴土坑墓，共 128 座，出土青铜器、陶器、玉石器等文物 200 多件，较重要的有铜鼓、釜、扣饰、矛、戈、剑及陶鼎等，其风格也接近石寨山，应属滇池地区青铜文化范畴。但八塔台发现的喇叭形茎一字格青铜剑、无胡两穿青铜戈、靴形铜斧、卷云纹剑首的铜柄铁剑等，在贵州赫章可乐、威宁中水均有同类器物发现。因此，八塔台土坑墓又与古夜郎文化有一定关系。八塔台出土为数不少的春秋战国时期的釜形陶鼎，在石寨山和李家山同期墓中一件也未发现，而且，陶器组合中有鼎、豆、罐；鼎、豆、钵；鼎、豆、盘。显然受到我国东南地区的器物组合鼎、豆、盘的影响。这些因素表明，八塔台青铜时代墓群与我国其他地区古代文化也有关系。根据《史记·西南夷列传》记载，滇国"东北有劳浸、靡莫，皆同姓相扶"。曲靖之方位正在滇国东北，八塔台墓群的主人可能就是滇国"同姓相扶"的劳浸、靡莫。

**1978 年**

对剑川海门口遗址进行第二次发掘。出土文物有大量石器、陶器、骨角器及"干栏"式房屋建筑的木桩，另有铜器 12 件。其中铜斧 1 件、铜锥 5 件、铜镯 3 件、铜饰片 1 件、铲形铜器 1 件及残铜片 1 件。尤其值得注意的是，遗址中发现一件铜斧是砍在一根"干栏"式建筑的木桩上，銎部还残留一段木柄，证明海门口遗址的铜器与其他遗物属同一地层，时代也相近，都是商代晚期的青铜器文化遗物。

同年，中国科技大学金正耀等研究者用现代实验方法，对河南安阳的妇好墓青铜器进行研究，发现商代河南安阳妇好墓出土的 91 件青铜器的矿料不是产自中原，而是来自云南永善县金沙厂和洛红厂等地。证明早在 3200 年前，云南的铜矿资源已经开发利用，而且远销中原地区。

同年，宁蒗县城所在的大兴镇发掘清理出土坑墓 11 座，均系小型墓葬，木棺保存，人骨已朽。出土铜器有缠縢纹茎剑、斧、矛、削等，陶器有各种形状的扁宽耳罐与滇西北石棺墓出土者同。另在填土中采集到 1 件铜柄铁剑。这里的木质随葬器物保存较好，有杯、纺锤、箭箙、镞、枕等，是研究当时人们日常生活的重要材料。$C_{14}$ 测定年代为距今 2460 ± 80 年。

**1980 年**

10 月至 11 月，云南省博物馆在剑川县鳌凤山遗址中，共发掘 540 平方米，清理土坑墓 217 座，瓮棺葬和火葬墓 125 座，出土各类器物 572 件，其中，青铜器 227 件，种类有剑、矛、钺、戈、镞、臂甲、剑鞘、削、凿等。鳌凤山古墓群反映出很复杂的文化特征，该墓群出土"山"字形格螺旋纹柄的青铜剑是典型的洱海地区青铜文化器物；而同时出土的一字形格剑又是滇池地区青铜文化器物，此墓群出土的钺形石范又与剑川海门口出土者相同；出土陶器中的"安佛拉"式双耳罐是我国西北地区"齐家文化"器物；又在埋葬习俗上出现断肢葬、解肢葬、杀殉、夫妇合葬、儿童瓮棺葬墓。剑川鳌凤山古墓群年代，经中国社会科学院考古研究所用 $C_{14}$ 测定，早期墓（以 M50 人骨为代表）为距今 2420±75 年；中期墓（以 M19 人骨为代表）为距今 2295±75 年。该墓群所反映的多种文化特征、复杂的埋葬习俗说明，剑川在战国时期是西北许多少数民族先民交流、融合、迁徙的重要地点。

**1982 年**

红河哈尼族彝族自治州文物普查时，发现一批青铜器。在此之前，红河流域地区石屏、河口、金平、红河、建水、屏边、元阳、蒙自、泸西等县也发现青铜文化遗址。根据其文化内涵，研究者将这一地区的青铜文化列为一种新的类型，器物主要是青铜矛、斧、钺、锛、锄、剑、戈、凿、鼓等，以兵器居多。青铜钺的种类较多，其中有的形制接近越南北部同类器物，而祖型或为当地石器，或来源于滇池地区。这一地区是滇池地区青铜文化往越南传播的中途站。其年代与滇池地区青铜文化相当或略晚。

**1984 年**

1984 年至 1985 年初，在东川市西北边 12 公里处的普车河发掘 39 座古墓，出土文物 180 余件，青铜器种类有戈、矛、剑、镞、斧、削、镰、扣饰等，风格与石寨山、李家山相同，但时代略晚，仍属滇池地区青铜文化。

**1991 年**

1991 年 12 月至 1992 年 4 月，在江川李家山进行第二次发掘，共发掘 58 座墓葬，出土金、铜、铁、玉、玛瑙等各类文物 2066 件。青铜器的种类与对该地第一次发掘及石寨山出土文物类似，如铜鼓、贮贝器、俑、编钟、狼牙棒、镂空锤、凿、镢、扣饰等文物。1994 年又发掘一座古墓，至此，20 多年时间内，共计在江川李家山发掘古墓 86 座。

**1992 年**

在宣威市来宾镇朱屯村小学和苏家坡村发现青铜直援无胡戈、一字格剑、铜锄等石寨山、李家山典型器物，时代属战国至西汉。说明滇池地区青铜文化之东北界已达到今宣威市。

**1994 年**

1994 年，云南省文物考古研究所、保山地区文管所和昌宁县文管所对昌宁坟岭岗青铜时代墓地进行了发掘。发掘面积 850 平方米，清理墓葬 50 座，出土随葬器物 279 件，其中铜器 260 件，包括剑、矛、臂甲、手镯、指环、铜镜、各种装饰片、盘、铃等，另外还出土许多陶器和石器，并出土了一片麻制衣袖残片。

**1995 年**

1995 年发现的弥渡合家山遗址，石、泥范埋藏在地下 0.3—0.4 米处，耕作时发现，在出土地点附近还发现数块有人工加工凹槽的大青石部分沙泥炉条、兽首形沙泥条残件，陶豆形器残件，网坠形器。石、陶范共 23 件，大多数基本完整，内有甲范 2 件、戈范 5 件、矛、短剑范 2 件、曲刃范、条形锄范、鼓范是此次的新发现。矛、短剑范为一范、矛、短剑模同在一范上更是新技术。在该地点附近还发现一石室，出土铜器 44 件。推测是一处青铜冶铸遗址。

**1996 年**

1996 年，又在晋宁石寨山滇王族墓群发掘古墓葬 36 座，出土一批青铜器，如贮贝器、铜跪俑、装饰动物的青铜兵器等，其风格与 20 世纪 50 年代至 60 年代发掘的器物完全一致，这 36 座古墓也应属滇国贵族墓葬。

**1998 年**

1998 年至 1999 年对昆明羊甫头墓地进行了发掘，面积约 4 万平方米，共发掘战国至东汉时期墓葬 524 座，出土各种文物 4000 多件。墓葬均为竖穴土坑墓，分为大、中、小三种类型。大、中型墓葬葬具多为一椁一棺。葬式有五种：合葬、解肢葬、叠葬、仰身直肢葬、侧身屈肢葬。大型墓中发现人殉现象，如 M113 腰坑中用人头骨殉葬。有二层台和腰坑。随葬品一般为 1—60 件，量多达 391 件（套）。有的分层埋葬，有二层、三层或四层的埋葬。随葬品以青铜器为主，陶器、漆木器次之，还有少量金、银器、玉石器，种类有兵器、生产工具、纺织工具、生活用具、乐器等。陶器及保存完整的漆木器出土，则是其他墓地所罕见。漆器包括各种兵器的木柄和木雕漆器，木雕漆器在人面形或动物形头部后均雕一且形器，极具特色。羊甫头墓地是最近几年滇文化最重要的发现，出土文物具有极高的科学价值。该遗址被评为 1999 年 "全国十大考古发现" 之一。

**2003 年**

2003 年 10 月至 2004 年元月，云南省文物考古研究所在大理市海东镇位于洱海中的小岛——银梭岛发掘一处贝丘遗址，出土一批石器、陶器、青铜鱼钩、铜箭镞和铜矿等。该遗址是洱海地区首次发现的青铜时代大型贝丘遗址。

**2006 年**

2006 年至 2008 年，云南省文物考古研究所与玉溪市文物管理所对澄江金莲山古墓群进行了两次发掘，2006 年发现的金莲山墓葬群，分布面积达 4 万平方米，墓葬数量在 1000 座左右，墓葬遗骸达数千具，是迄今为止滇青铜文化考古中发现的规模最大的墓葬群。研究人员初步推断该墓葬群为战国至东汉时期的平民墓葬群，对研究古滇文明具有重大价值。

自 2008 年 10 月以来，云南省考古研究所考古队对澄江县金莲山古墓葬群进行了研究性发掘，目前共发掘、清理墓葬 193 座，出土青铜器、陶器、玉器和铁器等文物 400 多件。

**2008 年**

国家文物局于 2007 年 12 月批准对海门口遗址进行第三次考古发掘，项目由云南省文物考古研究所负责，大理州、剑川县文化部门组成联合考古队，于 2008 年 1 月 8 日起正式开始发掘，至 5 月 25 日发掘工作结束，共用时 125 天。共布 5 米×10 米探方 25 个，5 米×5 米探方 3 个，5 米×2 米探方 7 个，完成发掘面积 1395 平方米，并将航拍、全站仪测绘、坐标布方法、数码照相制图、浮选、水洗、数据库管理等各种先进技术全方位运用于发掘和记录中，取得了较好的收获。在1395平方米的范围内，分别从10个堆积层出土了2000多件文物。在此次发掘中在总面积超过5万平方米的发掘区，发现木桩分布集中区面积达到2万至2.5万平方米的早期"干栏式"建筑遗址，其保存之好、面积之大，极为罕见。探方中基本都有木桩和横木，共清理出4000多根，虽大部分的桩柱为房子的基础，但由于早晚关系等，使其变得密集，不能辨认出它们各自的单位。桩柱头出露的层位不一，桩柱底部在地层中也有高有低，木桩底部均被砍削成钝尖状，柱身上大多有人工加工的痕迹。长的有约2米多，短的几十厘米，直径5—40厘米，有圆木的、剖成几块呈"三角状"的、多边砍成棱的、有特别粗的。桩柱间有掉落的横木，在一些横木上和桩柱上发现凿有榫口和榫头，以及连接在一起的榫卯构件，也在桩柱间发现了木门转轴和门销等构件。石器有斧、锛、刀、凿、镞、锥、针、磨盘、砺石、圆饼形器，并有玉刀、珠等。其中最多的是石锥和石针，其次是石箭镞，之后是锛和斧，砺石也特别多，石磨盘和圆形研磨器也出土了几件。石器中有1件石范，由青灰色砂岩制成，形状似一斧或钺。出土的铜器中有环形器，最有代表性的是钻、镞和铃；出土的铁器中，有1件铁刀，1件铁镰，保存状况较好；木器有木勺、拍、杵、刀、铲、耜、耙、桨、楔子等，其中木桨有10件，木耜也不少，木耙有两齿、三齿和四齿的，这些木器的木材均是红褐色且质硬；还有少量完整的彩陶罐、彩陶片、黑陶片。磨光黑陶、镂空圈足器为云南早期遗址中第一次发现，在周边已发掘的早期遗址中没有出现过。出土的骨角牙器数量较多，有骨锥、匕、铲、镯、簪，有角凿、矛、抿和牙饰件。骨器多用动物的大骨块磨制而成；角器多用鹿角磨制而成；牙饰多用动物牙在根部钻孔而成。骨铲、骨锥加工精细，既是生产工具，也是精美的艺术品。农作物有炭化稻、麦、粟、稗子，还有不少的桃核出土。稻、麦、粟同时出土在我国西南地区还是第一次。该遗址被评为2008年"全国十大考古发现"之一。

**2009年**

2009年4月3日中国文物报刊登《2008年度全国十大考古新发现》一文，指出：海门口遗址位于云南省剑川县甸南镇海门口村北的剑湖出水口南部，曾于1957年和1978年进行两次发掘。2008年进行了第三次发掘，揭露面积1395平方米。在遗址的层位序列、遗存内涵、聚落形态等方面均取得了突破性的成果。

发掘区域内的文化堆积可初步划分为三期。第一期属云南新石器时代晚期，年代大致介于距今 5300—3900 年。第二期属云南铜器时代的早期，年代大致介于距今 3800—3200 年。第三期属云南铜器时代的中晚期，年代大致介于 3100—2500 年。在已探明的 50000 多平方米遗址范围内，木桩柱分布密集区面积约为 20000 平方米。本次发掘共清理木桩 4000 根及少量横木，其中可明确编号的房址 2 座，同时发现的遗迹还有火堆、成组灰白色石块、人骨坑、柱洞等。出土的遗物极为丰富，其中包括各时期的农作物标本，如一期发现有稻、粟、麦、稗等。

北京大学考古文博学院李伯谦教授说："海门口遗址过去作过两次发掘。2008 年的发掘，面积大，出土遗迹、遗物丰富，地层叠压关系丰富，是一处从新石器时代晚期直至青铜时代的大型水滨木构干栏式建筑聚落遗址。出土的铜器和铸铜的石范，以确切的地层关系证明该遗址为云贵高原最早的青铜时代遗址，滇西地区是云贵高原青铜文化和青铜冶铸技术的重要起源地之一。遗址中稻、粟、麦等多种谷物遗存共同出现的现象为研究粟作农业向南传播和稻、麦轮作技术起源的时间和地点提供了重要的物证。而根据地层关系和出土陶器的类型学研究结果而建立的该地区由新石器时代到青铜时代的分期、年代标尺，对于我国西南地区尤其是云贵高原考古的深入开展更具有深远的意义。"

# 参考文献

## 一　近人著作

蔡葵：《考古与古代史》，云南大学出版社1995年版。

方国瑜：《滇史丛论》第一辑，上海人民出版社1982年版。

耿德铭：《哀牢国与哀牢文化》，云南人民出版社2003年版。

管彦波：《云南稻作源流史》，民族出版社2005年版。

和志强主编：《元谋古猿》，云南科技出版社1997年版。

黄懿陆：《滇国史》，云南人民出版社2004年版。

霍巍、赵德云：《战国秦汉时期中国西南的对外文化交流》，巴蜀书社2007年版。

蒋廷瑜：《古代铜鼓通论》，紫禁城出版社1999年版。

蒋志龙：《滇国探秘》，云南教育出版社2002年版。

李昆声、黄德荣：《中国与东南亚的古代铜鼓》，云南美术出版社2009年版。

李昆声：《李昆声文物考古论集》，台北：逢甲大学出版社2007年版。

李昆声：《云南艺术史》，云南教育出版社1995年版。

彭长林：《云贵高原的青铜时代》，广西科技出版社2008年版。

祁庆富：《西南夷》，吉林教育出版社1990年版。

申旭：《中国西南对外关系史研究》，云南美术出版社1994年版。

苏秉琦：《中国文明起源新探》，生活·读书·新知三联书店1999年版。

汪宁生：《汪宁生论著萃编》，云南民族出版社2001年版。

吴汝康、吴新智：《中国古人类遗址》，上海科技教育出版社1999年版。

吴兴南：《云南对外贸易史》，云南大学出版社2002年版。

云南省博物馆编：《人类起源与史前文化》，云南人民出版社1991年版。

云南省博物馆：《云南晋宁石寨山古墓群发掘报告》，文物出版社1959年版。

云南省文物考古研究所等：《江川李家山——第二次发掘报告》，科学出版社2007年版。

云南省文物考古研究所，昆明市博物馆、官渡区博物馆编著：《昆明羊甫头墓地》，科学出版社2005年版。

中国古代铜鼓研究会编：《中国古代铜鼓》，文物出版社1988年版。

## 二　近人论文

程明：《昆明市旧石器考古》，《"元谋人"发现40周年纪念会暨古人类国际学术研讨会文集》，云南科技出版社2006年版。

崔剑锋、吴小红：《铅同位素考古研究》，文物出版社2008年版。

丁长芬：《昭通青铜文化初论》，《云南文物》（总第55期），2002年第1期。

胡绍锦：《云南旧石器》，《"元谋人"发现三十周年纪念暨古人类国际学术研讨会文集》，云南科技出版社1998年版。

黄德荣：《大英博物馆收藏的云南晋宁梁王山出土的青铜器》，《云南文物》第42期。

黄德荣：《英国格拉斯哥收藏的晋宁石寨山青铜奁》，《云南文物》第45期。

黄德荣：《流散在国外的云南古代文物》，《云南文物》第55期。

吉学平：《云南沧源农克硝洞新发现石制品的技术类型学初步研究》，《"元谋人"发现40周年纪念会暨古人类国际学术研讨会文集》，云南科技出版社2006年版。

贾兰坡：《我国西南地区在考古学和古人类研究中的地位》，《云南社会科学》1984年第3期。

蒋志龙、徐文德:《云南昆明天子庙贝丘遗址发掘获重要收获》,《中国文物报》,2005年9月16日。

昆明市博物馆、禄劝县文物管理所、凉山州博物馆、会理县文物管理所:《金沙江中游地区两处新石器时代石棺葬的发掘》,《考古》2007年第11期。

昆明市文物管理委员会:《呈贡天子庙滇墓》,《考古学报》1985年第4期。

昆明市文物管理委员会:《呈贡天子庙古墓群第三次发掘简报》,《云南文物》第39期。

李昆声、黄德荣:《再论万家坝型铜鼓》,《考古学报》2007年第2期。

李昆声、肖秋:《试论云南新石器时代文化》,《文物集刊》(第二辑),1980年。

李永衡、王涵:《昆明市西山区王家墩发现青铜器》,《考古》1983年第5期。

刘建辉、郑良、高峰、吉学平:《云南江川甘棠菁旧石器遗址初步研究》,《"元谋人"发现40周年纪念会暨古人类国际学术研讨会文集》,云南科技出版社2006年版。

钱方:《元谋人的发现及三十年以来所取得的主要研究成果》,《"元谋人"发现三十周年纪念暨古人类国际学术研讨会文集》云南科技出版社1998年版。

钱方:《在元谋人发现40周年纪念会上的发言》,《"元谋人"发现40周年纪念会暨古人类国际学术研讨会文集》,云南科技出版社2006年版。

童恩正:《中国西南的旧石器时代文化》,《中国西南民族考古论集》,文物出版社1990年版。

王大道:《云南青铜文化与新石器晚期文化的关系》,《中国及邻近地区古文化研究》,香港中文大学出版社1994年版。

王涵:《云南昭通营盘古墓葬发掘简报》,《云南文物》总第41期。

吴新智:《关于中国人起源的新思考》,《"元谋人"发现40周年纪念会暨古人类国际学术研讨会文集》,云南科技出版社2006年版。

游有山:《鲁甸野石新石器时代遗址调查报告》,《云南文物》1985

年总第 18 期。

游有山：《巧家县发掘新石器晚期墓葬》，《中国文物报》1992 年 8 月 2 日。

云南省博物馆筹备处：《剑川海门口古文化遗址清理简报》，《考古通讯》1958 年第 6 期。

云南省博物馆等：《云南晋宁石寨山第三次发掘简报》，《考古》1959 年第 9 期。

云南省博物馆考古发掘工作组：《云南晋宁石寨山古遗址及墓葬》，《考古学报》1956 年第 1 期。

云南省博物馆文物工作队：《云南呈贡天子庙古墓群的清理》，《文物资料丛刊》（3），文物出版社 1980 年版。

云南省博物馆文物工作队：《云南德钦县纳古石棺墓》，《考古》1983 年第 3 期。

云南省博物馆文物工作队：《云南德钦永芝发现的古墓葬》，《考古》1975 年第 4 期。

云南省博物馆文物工作队：《云南首次在山洞里发现古人类化石和打击石器》，《西南地层古生物通讯》1973 年第 3 期。

云南省博物馆文物工作队：《云南云县忙怀新石器时代遗址调查》，《考古》1977 年第 3 期。

云南省博物馆：《元谋大墩子新石器时代遗址》，《考古学报》1977 年第 1 期。

云南省博物馆：《云南宾川白羊村遗址》，《考古学报》1981 年第 3 期。

云南省博物馆：《云南剑川海门口青铜时代早期遗址》，《考古》1995 年第 7 期。

云南省博物馆：《云南江川李家山古墓葬发掘报告》，《考古学报》1975 年第 2 期。

云南省博物馆：《云南晋宁石寨山古墓第四次发掘简报》，《考古》1963 年第 9 期。

云南省博物馆：《云南丽江人头骨的初步研究》，《古脊椎动物与古人类》1997 年第 15 卷第 2 期。

云南省考古研究所、大理市博物馆、大理市文馆所、大理州文馆所：

《云南大理市海东金梭岛遗址发掘简报》,《考古》2009年第8期。

云南省考古研究所等:《通海海东贝丘遗址发掘报告》,《云南文物》总第49期。

云南省文物工作队:《楚雄万家坝古墓群发掘报告》,《考古学报》1983年第3期。

云南省文物考古研究所编著:《曲靖八塔台与横大路》,科学出版社2003年版。

云南省文物考古研究所、大理州文管所、剑川县文管所:《剑川海门口遗址》,《考古》2009年第7期。

云南省文物考古研究所、大理州文管所、剑川县文管所:《云南剑川县海门口遗址第三次发掘》,《考古》2009年第8期。

云南省文物考古研究所、大理州文物管理所、永平县文物管理所:《永平新光遗址第四次发掘报告》,《云南文物》(总第65期)2007年1期。

云南省文物考古研究所、大理州文物管理所、永平县文物管理所:《云南永平新光遗址发掘报告》,《考古学报》2002年第2期。

云南省文物考古研究所等:《玉溪刺桐关青铜时代遗址发掘报告》,《云南考古报告集》(之二),云南科技出版社2006年版。

云南省文物考古研究所等:《云南江川县李家山古墓群第二次发掘》,《考古》2001年第12期。

云南省文物考古研究所:《剑川鳌凤山古墓发掘报告》,《考古学报》1990年第12期。

云南省文物考古研究所、晋宁县文管所:《云南晋宁县小平山遗址试掘简报》,《考古》2009年第8期。

云南省文物考古研究所、文山州文物管理所、红河州文物管理所:《云南边境地区(文山州和红河州)考古调查报告》,云南科技出版社2008年版。

云南省文物考古研究所、玉溪市文管所、通海县文化局:《通海海东贝丘遗址发掘报告》,《云南文物》(总第49期)1999年第2期。

云南省文物考古研究所:《云南昌宁坟岭岗青铜时代墓地》,《文物》2005年第8期。

云南省文物考古研究所、昭通市文管所、鲁甸县文管所:《云南鲁甸县野石山遗址发掘简报》,《考古》2009 年第 8 期。

云南省文物考古研究所、中国社会科学院考古研究所云南工作队、成都市文物考古研究所、楚雄州博物馆、永仁县文化馆:《云南永仁菜园子、磨盘地遗址 2001 年发掘报告》,《考古学报》2003 年第 2 期。

云南文物考古研究所等:《云南晋宁石寨山第五次抢救性清理发掘简报》,《文物》1998 年第 6 期。

张兴永、高峰、乐琪:《施甸姚关人头骨化石初步研究》,《保山史前考古》,云南科技出版社 1992 年版。

郑良:《云南昭通发现的人类》,《人类学学报》(第 4 卷) 1985 年第 2 期。

周国兴:《元谋盆地人类化石与文化遗存的研究》,《"元谋人"发现三十周年纪念暨古人类国际学术研讨会文集》,云南科技出版社 1998 年版。

周国兴、张兴永:《云南元谋盆地的细石器遗存》,《北京自然博物馆研究报告》1980 年第 5 期。

# 后　记

本卷为《云南通史》第一卷——先秦时期。所述内容，上迄170万年前的元谋人，下至战国。实际涵盖内容，因古猿的发现与研究，涉及人类起源这一重大的学术问题，所以本书上溯至云南各地古猿。而寒武纪生命大爆发及澄江动物群化石是当今国际学术界所瞩目的重大科学发现，本书再上溯至5.3亿年前。本卷之下限在战国，秦始皇统一中国前。但因照顾到历史事件的延续性和考古资料的完整性，某些内容，某个问题无法"一刀切"，而叙述到西汉时期。

本书曾先后有两个稿本，第一稿由钱成润负责，自2003年开始至2009年春节前完成。后因钱成润患心脏病，不能坚持工作，经本书总主编何耀华请示领导后，由李昆声主持第二稿的撰写工作，并于2009年6月中旬完成第二稿。第二稿比第一稿有较大的改动和较多的增、删。现将本书执笔撰写人分工情况记录如次：

明庆忠：第一编第一、二、三章，第四章第一节，第五章第一节；第二编第七、九章第一节；第三编第十五章。

李昆声、钱成润：第一编第四章第二节、第五章第二、三节；第二编第六、八章，第九章第二节，第十章，第十三章；第三编第十四、十六、十七、十八章；第四编第二十三章；第五编第二十四、二十五章，第二十六章第一、二、三节；第六编；大事记。

张涛：第二编第十一、十二章。

彭长林：第四编第十九、二十一、二十二章；第五编第二十六章第四、五、六节。

全书由李昆声统稿。并由李昆声的研究生云南大学考古研究中心陈果博士和博士研究生胡习珍、王蓓蓓，硕士研究生文国勋、华春涌参与编务、整理资料等工作。云南省志办总编室主任陈天武、《云南小康年鉴》副主编郑灵琳整理部分资料和参与编务工作。

　　《云南通史》第一卷为先秦时期，云南历史没有文字记载，本卷主要采用考古资料写成。在理论上用我的老师、已故苏秉琦教授关于中国文明起源的理论，即古文化→古城→古国→方国→帝国的演进模式驾驭本卷，在资料上尽可能使用最新考古资料。但因时间仓促和水平有限，缺点错误在所难免，盼读者不吝赐正。

李昆声

2009年6月16日撰

2009年10月10日修订